# 머리말
PREFACE

**"생명과 재산을 지켜주는 수호자! 경비지도사"**

현대인들은 자신의 의지와 상관없이 외부로부터 가해지는 각종의 위협에 노출되어 있다. 그러나 국가 경찰력이 각종 범죄의 급격한 증가 추세를 따라잡기에는 현실적으로 한계가 있으며, 이에 국가가 사회의 다변화 및 범죄의 증가에 효과적으로 대응하고 경찰력을 보완할 수 있는 전문인력을 양성하고자 경비지도사 국가자격시험을 시행한 지도 28년이 되었다.

경비지도사는 사람의 신변보호, 국가중요시설의 방호, 시설에 대한 안전업무 등을 담당하는 경비인력을 효율적으로 관리, 감독할 수 있는 전문인력으로서 그 중요성이 나날이 커지고 있으며, 그 수요 역시 꾸준히 증가하고 있지만, 합격인원을 한정하고 있기 때문에 경비지도사를 준비하는 수험생들의 부담감 역시 커지고 있다. 해마다 높아지고 있는 합격점에 대한 부담감을 안고 시험 준비에 어려움을 겪고 있을 수험생들을 위하여 본서를 권하는 바이다.

대부분의 자격시험이 그러하듯, 학습을 시작하는 수험생에게는 기출문제를 통해 출제경향과 난이도 등을 파악하는 것이 가장 기초라 할 수 있다. 그 다음이 학습계획에 따라 이론을 숙지하고 반복된 문제풀이를 통하여 지식을 완전히 습득하는 것이라 할 수 있을 것이다. 경비지도사 시험에는 분명 "출제의 흐름"이 있고, 빈출되는 주제와 문제가 있다. 이러한 것들을 가장 확실하게 알 수 있는 것이 바로 기출문제이다.

이에 따라 국가자격시험 전문출판사인 시대에듀가 수험생의 입장에서 더 필요하고 중요한 것을 생각하며 본서를 내놓게 되었다.

**"2025 시대에듀 경비지도사 1차 10개년 기출문제해설 [일반·기계경비]"의 특징은 다음과 같다.**

1. 최신 개정법령과 최근 기출문제의 출제POINT를 완벽하게 반영하여 수록하였다.
2. 문제편과 해설편을 분리하였고, 해설편에는 문제와 함께 보기 지문에 대한 첨삭해설을 수록하였다.
3. 해설마다 키워드를 병기하여 보다 빠르고 효율적으로 중요부분을 찾아 학습할 수 있도록 하였다.
4. 핵심만 콕과 꼼꼼한 첨삭해설, 필요한 법령을 수록하여 심화학습까지 가능하도록 구성하였다.
5. 시험에 자주 출제되는 고난도 포인트만을 선별하여 강조 표시 등으로 강약 조절을 하였다.

끝으로 본서가 모든 수험생들에게 합격의 지름길을 제시하는 안내서가 될 것을 확신하면서 본서로 공부하는 모든 수험생들에게 행운이 함께하기를 기원한다.

대표 편저자 씀

# STRUCTURES
# 도서의 구성 및 특징

## PART 01 문제편

### 최근 10개년 기출문제(2024~2015년)

▶ 실전 테스트 및 반복 학습이 가능하도록 정답 및 해설편과 분리하여 수록하였다.
▶ 실전과 같은 문제풀이 연습을 위해 톡! 뜯어지는 정답 마킹표를 제공한다.
▶ 구법 기준으로 출제된 문제는 최신법령을 반영하여 수정 후 기출수정 표시를 하였다.

  ※ 단, 명칭 변경 및 자구 수정 등은 기출수정 표시 제외

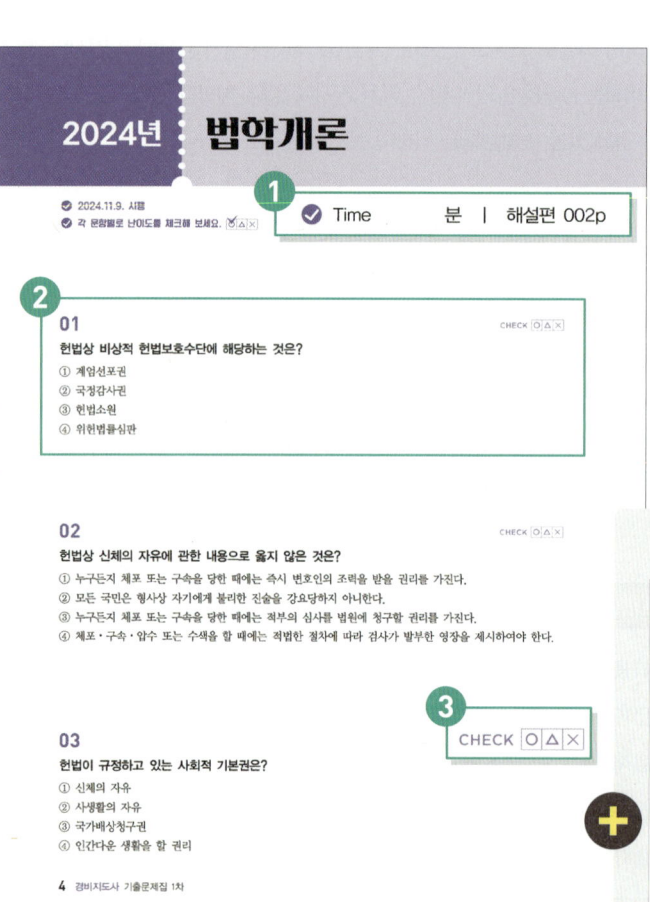

❶ 소요 시간&해당 정답 및 해설 페이지
❷ 최근 10개년 기출문제
❸ 난이도 체크 박스

※ 실제 시험장에서 사용되는 답안지와는 규격, 형식, 재질 등이 상이한 연습용 모의 답안지입니다.

2025 시대에듀 경비지도사 1차 10개년 기출문제해설 [일반·기계경비]
합격의 공식 Formula of pass | 시대에듀 www.sdedu.co.kr

## PART 02 정답 및 해설편

## 최근 10개년 기출문제의 정답 및 해설

▶ 최신 개정법령을 반영한 상세해설을 문제와 함께 수록하였다.
▶ 지문에 대한 첨삭해설을 통해 심화학습까지 가능하도록 꼼꼼하게 구성하였다.
▶ 자주 출제되는 중요 부분과 핵심내용은 법령 및 핵심만 콕으로 수록하였다.

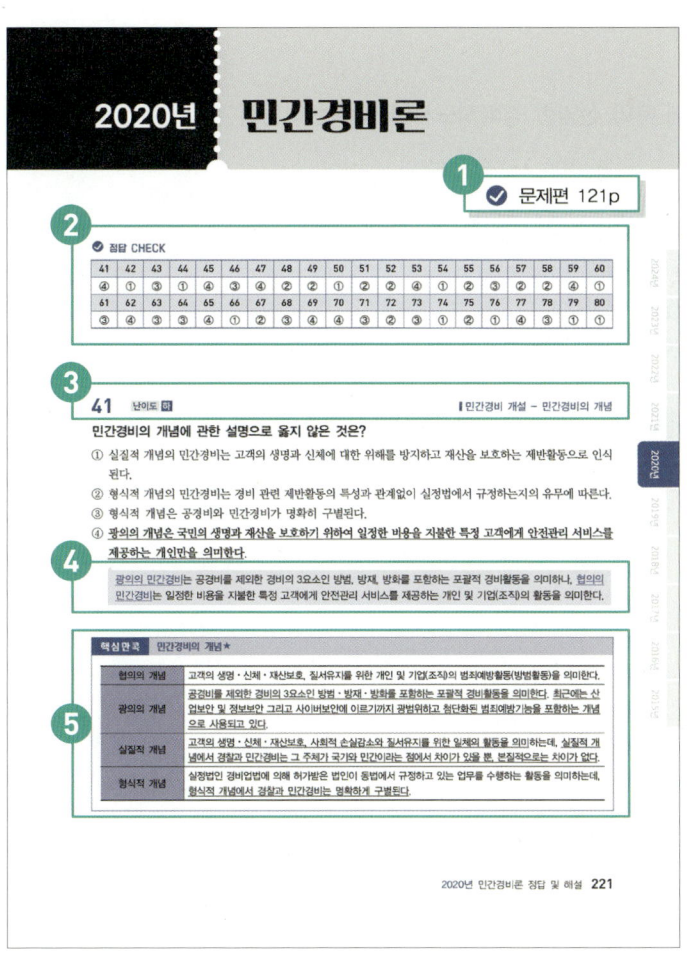

❶ 해당 문제편 페이지
❷ 정답 CHECK
❸ 난이도 및 기출 주제 키워드
❹ 문제 및 보기 지문에 대한 첨삭해설
❺ 심화학습까지 가능한 핵심만 콕&법령

INTRODUCTION
# 경비지도사 소개 및 시험안내

## ➕ 경비지도사란?
경비원을 지도·감독 및 교육하는 자를 말하며, 일반경비지도사와 기계경비지도사로 구분한다.

## ➕ 주요업무
경비업자가 대통령령이 정하는 바에 따라 선임한 경비지도사의 직무는 다음과 같다(경비업법 제12조 제2항, 동법 시행령 제17조 제1항).

> 1. 경비원의 지도·감독·교육에 관한 계획의 수립·실시 및 그 기록의 유지
> 2. 경비현장에 배치된 경비원에 대한 순회점검 및 감독
> 3. 경찰기관 및 소방기관과의 연락방법에 대한 지도
> 4. 집단민원현장에 배치된 경비원에 대한 지도·감독
> 5. 그 밖에 대통령령이 정하는 직무
>    [1] 기계경비업무를 위한 기계장치의 운용·감독(기계경비지도사의 경우에 한한다)
>    [2] 오경보방지 등을 위한 기기관리의 감독(기계경비지도사의 경우에 한한다)

## ➕ 응시자격 및 결격사유

| 응시자격 | 제한 없음 |
|---|---|
| 결격사유 | 경비업법 제10조 제1항 각호의 1에 해당하는 자 |

※ 결격사유에 해당하는 자는 시험 합격 여부와 관계없이 시험을 무효처리한다.

## ➕ 2025년 일반 · 기계경비지도사 시험 일정

| 회 차 | 응시원서 접수기간 | 제1차 · 제2차 시험 동시 실시 | 합격자 발표일 |
|---|---|---|---|
| 27 | 9.22~9.26/<br>11.6~11.7(추가) | 11.15 (토) | 12.31 (수) |

## ➕ 합격기준

| 구 분 | 합격기준 |
|---|---|
| 제1차 시험 | 매 과목 100점을 만점으로 하여 매 과목 40점 이상, 전 과목 평균 60점 이상 득점한 자 |
| 제2차 시험 | • 선발예정인원의 범위 안에서 전 과목 평균 60점 이상을 득점한 자 중에서 고득점순으로 결정<br>• 동점자로 인하여 선발예정인원이 초과되는 때에는 동점자 모두를 합격자로 결정 |

※ 제1차 시험 불합격자는 제2차 시험을 무효로 한다.

## ➕ 경비지도사 자격시험

| 구 분 | 과목구분 | 일반경비지도사 | 기계경비지도사 | 문항수 | 시험시간 | 시험방법 |
|---|---|---|---|---|---|---|
| 제1차<br>시험 | 필 수 | 1. 법학개론<br>2. 민간경비론 | | 과목당<br>40문항<br>(총 80문항) | 80분<br>(09:30~10:50) | 객관식<br>4지택일형 |
| 제2차<br>시험 | 필 수 | 1. 경비업법(청원경찰법 포함) | | 과목당<br>40문항<br>(총 80문항) | 80분<br>(11:30~12:50) | 객관식<br>4지택일형 |
| | 선택<br>(택1) | 1. 소방학<br>2. 범죄학<br>3. 경호학 | 1. 기계경비개론<br>2. 기계경비기획<br>및 설계 | | | |

# INTRODUCTION
# 경비지도사 소개 및 시험안내

## 일반경비지도사 제1차 시험 검정현황

| 구 분 | 대상자 | 응시자 | 합격자 | 합격률 |
|---|---|---|---|---|
| 2020년(제22회) | 8,090 | 5,860 | 3,679 | 62.78% |
| 2021년(제23회) | 7,538 | 5,317 | 4,098 | 77.07% |
| 2022년(제24회) | 7,093 | 4,834 | 2,656 | 54.94% |
| 2023년(제25회) | 6,414 | 4,620 | 2,123 | 45.95% |
| 2024년(제26회) | 6,501 | 4,692 | 2,924 | 62.31% |

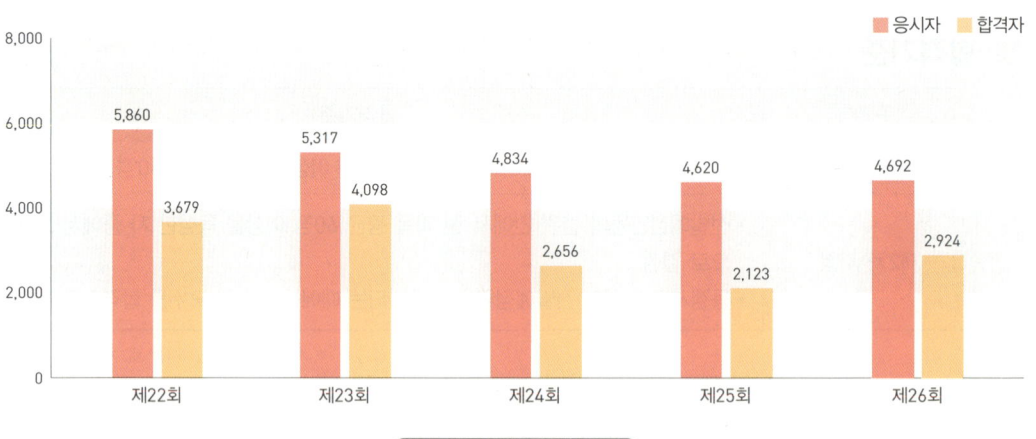

제1차 시험 응시자와 합격자수

제1차 시험 합격률

REVISED LAW

# 최신 개정법령 소개

## ➕ 경비지도사 제1차 시험 관련 법령

본 도서에 반영된 주요 최신 개정법령은 아래와 같다(적색 : 2024년 이후 개정법령).

| 구 분 | 법 령 | 시행일 |
| --- | --- | --- |
| 헌 법 | 헌 법 | 1988.02.25 |
| | 국민의 형사재판 참여에 관한 법률 | 2017.07.26 |
| 민사법 | 민 법 | 2025.01.31 |
| | 민사소송법 | 2025.07.12 |
| 형사법 | 형 법 | 2024.02.09 |
| | 형사소송법 | 2025.01.17 |
| 상 법 | 상 법 | 2025.01.31 |
| 사회법 일반 | 근로기준법 | 2025.10.23 |
| | 노동조합 및 노동관계조정법 | 2021.07.06 |
| | 산업재해보상보험법 | 2025.01.01 |
| | 사회보장기본법 | 2025.06.21 |
| | 국민연금법 | 2024.12.20 |
| | 국민건강보험법 | 2025.04.23 |
| | 고용보험법 | 2025.02.23 |
| 행정법 일반 | 행정절차법 | 2023.03.24 |
| | 행정소송법 | 2017.07.26 |
| | 행정심판법 | 2023.03.21 |
| | 정부조직법 | 2024.06.27 |
| 기타 법령 | 경비업법 | 2025.01.31 |
| | 청원경찰법 | 2022.11.15 |
| | 경찰관직무집행법 | 2024.09.20 |
| | 국가경찰과 자치경찰의 조직 및 운영에 관한 법률 | 2023.02.16 |
| | 통합방위법 | 2024.01.16 |
| | 대통령 등의 경호에 관한 법률 | 2025.06.04 |

※ 경비지도사 자격시험에서 법률 등을 적용하여 정답을 구하여야 하는 문제는 시험 시행일 현재 시행 중인 법률 등을 적용하여 정답을 구하여야 한다.

## ➕ 개정법령 관련 대처법

❶ 최신 개정사항은 당해 연도 시험에 출제될 확률이 높으므로, 시험 시행일 전까지 최신 개정법령 및 개정사항을 필히 확인해야 한다.

❷ 최신 개정법령은 아래 법제처의 국가법령정보센터 홈페이지 등을 통해 확인이 가능하다.

| 법제처 국가법령정보센터 | www.law.go.kr |
| --- | --- |

❸ 도서 출간 이후의 최신 개정법령 및 개정사항에 대한 도서 업데이트(추록)는 아래의 시대에듀 홈페이지 및 서비스를 통해 제공받을 수 있다.

| 시대에듀 홈페이지 | www.sdedu.co.kr<br>www.edusd.co.kr |
| --- | --- |
| 시대에듀 경비지도사 독자지원카페 | cafe.naver.com/sdsi |

ANALYSIS

# 최근 5년간 출제경향 분석

## ➕ 제1과목 법학개론

❖ 법학개론 회당 평균 출제횟수 : 법학 일반(8.2문제), 형사법(7.2문제), 민사법(7문제) 순이다.

| 출제영역 | | 2020<br>(제22회) | 2021<br>(제23회) | 2022<br>(제24회) | 2023<br>(제25회) | 2024<br>(제26회) | 총 계<br>(문항수) | 회별출제<br>(평균) |
|---|---|---|---|---|---|---|---|---|
| 제1장 | 법학 일반 | 8 | 8 | 8 | 9 | 8 | 41 | 8.2 |
| 제2장 | 헌 법 | 5 | 5 | 6 | 5 | 5 | 26 | 5.2 |
| 제3장 | 민사법 | 7 | 7 | 7 | 7 | 7 | 35 | 7 |
| 제4장 | 형사법 | 8 | 7 | 7 | 7 | 7 | 36 | 7.2 |
| 제5장 | 상법 일반 | 4 | 4 | 4 | 4 | 5 | 21 | 4.2 |
| 제6장 | 사회법 일반 | 4 | 4 | 4 | 4 | 4 | 20 | 4 |
| 제7장 | 행정법 일반 | 4 | 5 | 4 | 4 | 4 | 21 | 4.2 |
| 합계(문항수) | | 40 | 40 | 40 | 40 | 40 | 200 | 40 |

⋯▶ 2024년도 법학개론 총평 : 대부분 주요 빈출 주제에서 출제되었으나, 헌법상 대통령의 헌법기관 구성 권한에 관한 문제(5번), 경비계약과 손해배상에 관한 문제(18번), 상법상 회사에 관한 문제(36번), 상법상 주식회사에 관한 문제(37번)에서 어려움을 겪었을 것으로 생각된다. 특히 36번은 시행령과 관련된 지문이 출제되어 변별력이 있는 문제였다.

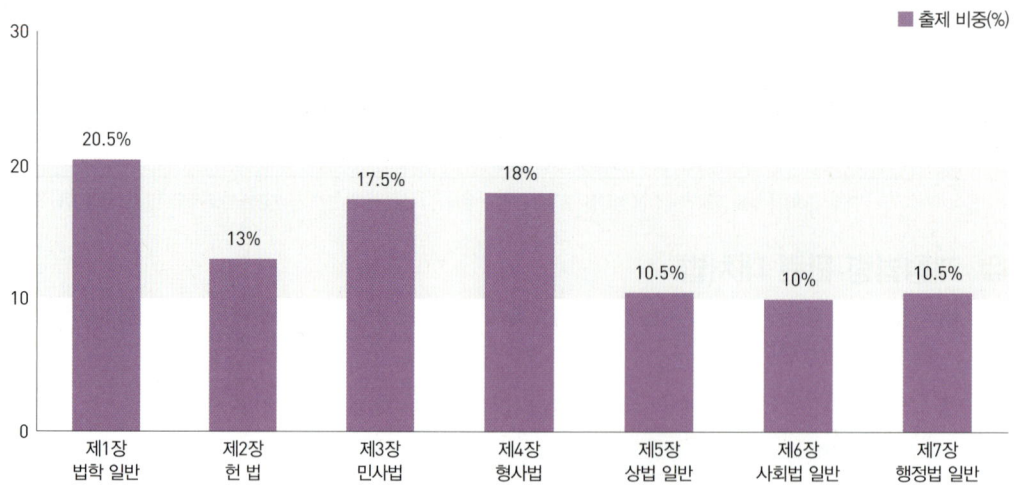

2020~2024년 경비지도사 법학개론 출제경향

## 2024년 제26회 법학개론 주제별 출제 분석

기본서의 목차별로 정리한 2024년 법학개론 과목의 기출주제입니다(중복 출제된 주제 있음).

| CHAPTER | POINT | 2024년 제26회 기출주제 |
| --- | --- | --- |
| 제1장<br>법학 일반 | 1. 법의 의의 | 법과 도덕 |
| | 2. 법원(法源) | 법원(法源) |
| | 3. 법의 구조(체계)와 분류 | 법의 분류 |
| | 4. 법의 적용과 해석 | 법의 적용, 법의 해석방법(물론해석) |
| | 5. 권리와 의무 | 사법(私法)상의 권리, 형성권, 권리의 원시취득(原始取得) 사유 |
| 제2장<br>헌 법 | 1. 헌법 총설 | 헌법의 수호 |
| | 2. 대한민국 헌법 | - |
| | 3. 기본권 | 신체의 자유, 헌법이 규정하는 사회적 기본권 |
| | 4. 통치구조 | 국회의원, 대통령의 헌법기관 구성 권한 |
| 제3장<br>민사법 | 1. 민 법 | 법정추인 사유, 담보물권, 사용대차 |
| | 2. 경비업무와 손해배상 | 경비계약, 채무불이행의 유형, 불법행위책임(사용자책임) |
| | 3. 민사소송법 일반 | 당사자능력 |
| 제4장<br>형사법 | 1. 형 법 | 책임능력, 재물을 객체로 하는 범죄 |
| | 2. 형사소송법 일반 | 형사소송의 지도이념, 소송의 주체, (준)현행범인, 공소, 상소 |
| 제5장<br>상법 일반 | 1. 상법총칙 | - |
| | 2. 회사법 | 회사의 종류, 회사 일반, 주식회사의 자본금 |
| | 3. 보험법 | 보험계약의 성질, 보험계약의 관계자 |
| 제6장<br>사회법 일반 | 1. 사회법의 이해와 노동법 | 근로기준법의 내용 |
| | 2. 사회보장법 | 산업재해보상보험법의 내용, 사회보장기본법의 내용, 국민연금법상 급여의 종류 |
| 제7장<br>행정법 일반 | 1. 행정법의 개요 | 행정법의 일반원칙(비례의 원칙) |
| | 2. 행정조직법 | 행정관청 |
| | 3. 행정작용법 | 행정행위의 종류, 행정조사 |
| | 4. 행정구제법 | - |

# ANALYSIS
# 최근 5년간 출제경향 분석

## ➕ 제2과목 민간경비론

❖ 민간경비론 회당 평균 출제횟수 : 경비와 시설보호의 기본원칙(8.2문제), 민간경비의 조직(7.8문제), 세계 각국의 민간경비(7.4문제) 순이다.

| 출제영역 | | 2020<br>(제22회) | 2021<br>(제23회) | 2022<br>(제24회) | 2023<br>(제25회) | 2024<br>(제26회) | 총 계<br>(문항수) | 회별출제<br>(평균) |
|---|---|---|---|---|---|---|---|---|
| 제1장 | 민간경비 개설 | 7 | 7 | 4 | 4 | 5 | 27 | 5.4 |
| 제2장 | 세계 각국의 민간경비 | 8 | 5 | 7 | 10 | 7 | 37 | 7.4 |
| 제3장 | 민간경비의 환경 | 3 | 3 | 2 | 1 | 4 | 13 | 2.6 |
| 제4장 | 민간경비의 조직 | 7 | 8 | 8 | 9 | 7 | 39 | 7.8 |
| 제5장 | 경비와 시설보호의 기본원칙 | 7 | 9 | 10 | 8 | 7 | 41 | 8.2 |
| 제6장 | 컴퓨터 범죄 및 안전관리 | 5 | 4 | 6 | 5 | 6 | 26 | 5.2 |
| 제7장 | 민간경비산업의 과제와 전망 | 3 | 4 | 3 | 3 | 4 | 17 | 3.4 |
| 합계(문항수) | | 40 | 40 | 40 | 40 | 40 | 200 | 40 |

⋯▶ 2024년도 민간경비론 총평 : 앞부분에 생소한 지문 또는 최근 출제되지 않았던 지문이 상당수 출제되었다. 민간경비원의 법적 지위 유형 구분과 관련된 문제(41번, 60번 답항 ①), 민간경비와 공경비를 구분하는 기준에 관한 문제(42번 답항 ③), 민간경비 활동에 있어서 '서비스주체의 다원화'에 초점을 맞추고 등장한 이론에 관한 문제(44번), 민간경비의 개념에 관한 문제(46번), 일본의 민간경비에 관한 문제(49번 답항 ④, 60번 답항 ②), 외곽감지시스템에 관한 문제(66번)에서 어려움을 겪었을 것으로 생각된다.

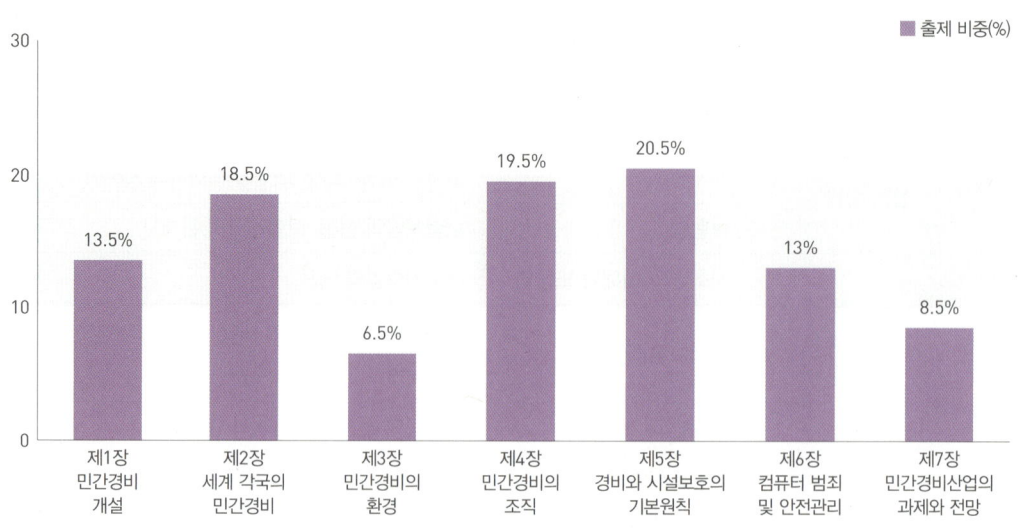

2020~2024년 경비지도사 민간경비론 출제경향

## 2024년 제26회 민간경비론 주제별 출제 분석

기본서의 목차별로 정리한 2024년 민간경비론 과목의 기출주제이다(중복 출제된 주제 있음).

| CHAPTER | POINT | 2024년 제26회 기출주제 |
| --- | --- | --- |
| 제1장<br>민간경비<br>개설 | 1. 민간경비와 공경비 | 민간경비의 개념 |
| | 2. 민간경비와 공경비의 제관계 | 민간경비와 공경비의 관계, 민간경비와 공경비 구분 기준으로서 경비서비스 항목 |
| | 3. 민간경비 성장의 이론적 배경 | 공동화이론, 공동생산이론 |
| 제2장<br>세계 각국의<br>민간경비 | 1. 각국 민간경비의 역사적 발전 | 고대 민간경비, 미국 민간경비의 발전(에드윈 홈즈), 일본 민간경비의 발전, 우리나라 민간경비의 발전 |
| | 2. 각국 민간경비산업 현황 | 각국의 민간경비제도 |
| | 3. 각국 민간경비의 법적 지위 | 각국 민간경비의 법적 지위, 우리나라 민간경비원의 법적 지위 |
| 제3장<br>민간경비의 환경 | 1. 국내 치안여건의 변화 | 우리나라 치안환경변화 |
| | 2. 국내 경찰의 역할과 방범실태 | 자치경찰사무, 방범경찰활동의 한계요인, 민간방범활동 |
| 제4장<br>민간경비의 조직 | 1. 민간경비의 유형 | 자체경비와 계약경비, 민간경비 조직편성의 원리<br>(조정·통합의 원리) |
| | 2. 경비원 교육 등 | 경비원 등의 교육, 일반경비원 신임교육 제외 대상, 경비지도사 기본교육 과목, 경비지도사의 직무 |
| | 3. 경비원 직업윤리 | – |
| | 4. 경비위해요소 분석과 조사업무 | 경비위해요소 |
| 제5장<br>경비와<br>시설보호의<br>기본원칙 | 1. 경비계획의 수립 | 경비계획의 수준, 경비계획 수립 순서 |
| | 2. 외곽경비 | 외곽경비, 외곽감지시스템, 환경설계를 통한 범죄예방(CPTED) |
| | 3. 내부경비 | 자물쇠(핀날름쇠 자물쇠) |
| | 4. 시설물에 따른 경비 | 시설물 내부 경비요령 |
| | 5. 재해예방과 비상계획 | – |
| 제6장<br>컴퓨터 범죄 및<br>안전관리 | 1. 컴퓨터 관리 및 안전대책 | 정보보호의 기본원칙 |
| | 2. 컴퓨터 범죄 및 예방대책 | 컴퓨터 범죄의 특징(고의 입증 곤란성), 컴퓨터 범죄의 유형, 컴퓨터 부정조작 유형, 함정문 수법(trap door), 컴퓨터 범죄의 예방대책(관리적 대책) |
| 제7장<br>민간경비산업의<br>과제와 전망 | 1. 한국 민간경비산업의 문제점 | 경찰과 민간경비의 협력증진 방안, 청원경찰과 민간경비제도의 이원화에 관한 문제점 |
| | 2. 민간경비산업의 전망 등 | 융합보안, 우리나라 민간경비업의 발전방안 |

PROCESS
# 시험접수부터 자격증 취득까지

### 1. 응시자격조건

- 경비업법 제10조 제1항의 결격사유에 해당하지 않는 어느 누구나 응시할 수 있습니다.
- 결격사유 기준일은 원서접수 마감일이며, 해당자는 시험합격 여부와 상관없이 시험을 무효처리합니다.

### 2. 필기원서접수

※ 인터넷 원서 접수 사이트 : q-net.or.kr

### 8. 자격증 발급

- 경비지도사 기본교육 종료 후 교육기관에서 일괄 자격증 신청
- 경찰청에서 교육 사항 점검 후, 20일 이내 해당 주소지로 우편 발송

### 7. 경비지도사 기본교육

## 3. 일반·기계 경비지도사의 시험

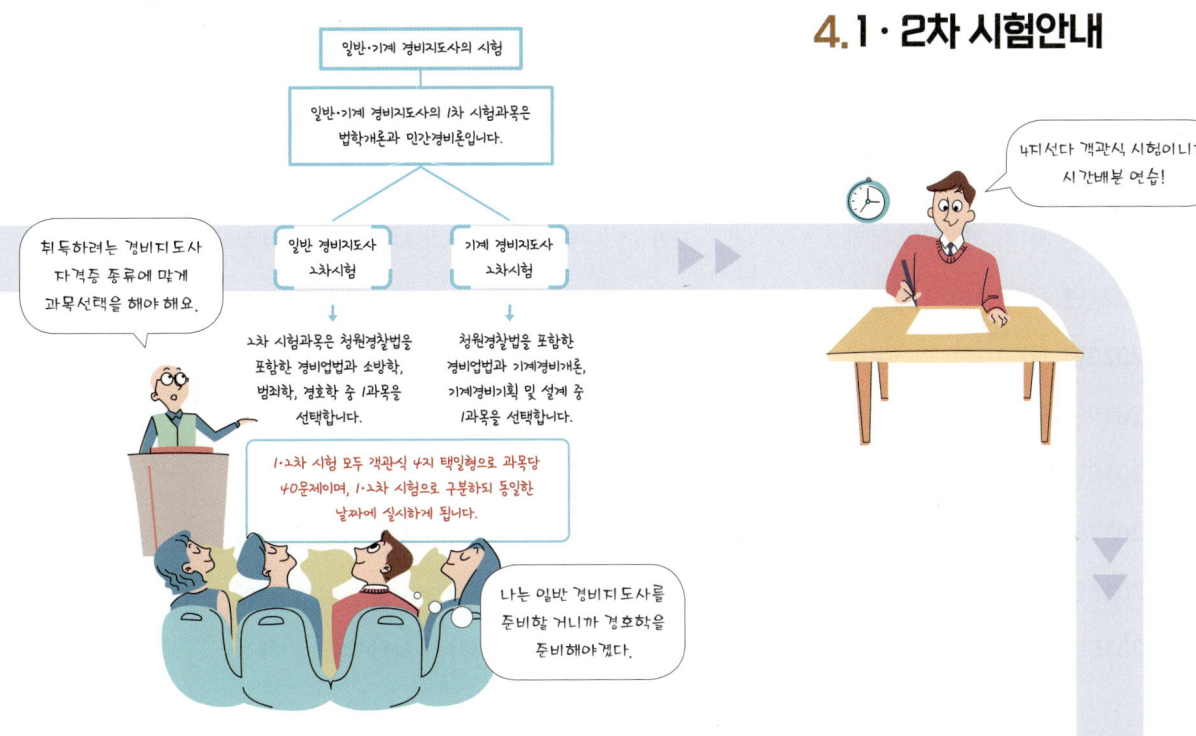

## 4. 1·2차 시험안내

## 5. 합격기준

## 6. 합격자발표

※ 확인 홈페이지 : q-net.or.kr

# 이 책의 차례

## PART 1 | 최근 10개년 기출문제

### 제1과목 법학개론

| | |
|---|---|
| 2024년 제1차 시험 기출문제 | 4 |
| 2023년 제1차 시험 기출문제 | 32 |
| 2022년 제1차 시험 기출문제 | 58 |
| 2021년 제1차 시험 기출문제 | 84 |
| 2020년 제1차 시험 기출문제 | 110 |
| 2019년 제1차 시험 기출문제 | 136 |
| 2018년 제1차 시험 기출문제 | 162 |
| 2017년 제1차 시험 기출문제 | 188 |
| 2016년 제1차 시험 기출문제 | 214 |
| 2015년 제1차 시험 기출문제 | 240 |

### 제2과목 민간경비론

| | |
|---|---|
| 2024년 제1차 시험 기출문제 | 16 |
| 2023년 제1차 시험 기출문제 | 44 |
| 2022년 제1차 시험 기출문제 | 69 |
| 2021년 제1차 시험 기출문제 | 96 |
| 2020년 제1차 시험 기출문제 | 121 |
| 2019년 제1차 시험 기출문제 | 148 |
| 2018년 제1차 시험 기출문제 | 173 |
| 2017년 제1차 시험 기출문제 | 200 |
| 2016년 제1차 시험 기출문제 | 226 |
| 2015년 제1차 시험 기출문제 | 252 |

## PART 2 | 정답 및 해설편

### 제1과목 법학개론

| | |
|---|---|
| 2024년 제1차 시험 정답 및 해설 | 2 |
| 2023년 제1차 시험 정답 및 해설 | 49 |
| 2022년 제1차 시험 정답 및 해설 | 94 |
| 2021년 제1차 시험 정답 및 해설 | 141 |
| 2020년 제1차 시험 정답 및 해설 | 196 |
| 2019년 제1차 시험 정답 및 해설 | 248 |
| 2018년 제1차 시험 정답 및 해설 | 296 |
| 2017년 제1차 시험 정답 및 해설 | 347 |
| 2016년 제1차 시험 정답 및 해설 | 392 |
| 2015년 제1차 시험 정답 및 해설 | 434 |

### 제2과목 민간경비론

| | |
|---|---|
| 2024년 제1차 시험 정답 및 해설 | 24 |
| 2023년 제1차 시험 정답 및 해설 | 71 |
| 2022년 제1차 시험 정답 및 해설 | 117 |
| 2021년 제1차 시험 정답 및 해설 | 169 |
| 2020년 제1차 시험 정답 및 해설 | 221 |
| 2019년 제1차 시험 정답 및 해설 | 273 |
| 2018년 제1차 시험 정답 및 해설 | 321 |
| 2017년 제1차 시험 정답 및 해설 | 370 |
| 2016년 제1차 시험 정답 및 해설 | 412 |
| 2015년 제1차 시험 정답 및 해설 | 456 |

P/A/R/T/1

# 기출문제

## 최근 10개년 기출문제

2024년 | 제26회 제1차 시험 기출문제
2023년 | 제25회 제1차 시험 기출문제
2022년 | 제24회 제1차 시험 기출문제
2021년 | 제23회 제1차 시험 기출문제
2020년 | 제22회 제1차 시험 기출문제
2019년 | 제21회 제1차 시험 기출문제
2018년 | 제20회 제1차 시험 기출문제
2017년 | 제19회 제1차 시험 기출문제
2016년 | 제18회 제1차 시험 기출문제
2015년 | 제17회 제1차 시험 기출문제

# 2024

# 제26회 경비지도사 제1차 시험 기출문제

1. 법학개론
2. 민간경비론

# 2024년도 제26회 경비지도사 1차 국가자격시험

| 교 시 | 문제형별 | 시험시간 | 시 험 과 목 |
|---|---|---|---|
| 1교시 | A | 80분 | ❶ 법학개론<br>❷ 민간경비론 |

| 수험번호 | | 성 명 | |
|---|---|---|---|

## 【 수 험 자 유 의 사 항 】

1. **시험문제지 표지**와 시험문제지 내 **문제형별**의 동일여부 및 시험문제지의 **총면수, 문제번호 일련순서, 인쇄상태** 등을 확인하시고, 문제지 표지에 수험번호와 성명을 기재하시기 바랍니다.
2. 답은 각 문제마다 요구하는 **가장 적합하거나 가까운 답 1개**만 선택하고, 답안카드 작성 시 시험문제지 **형별누락, 마킹착오**로 인한 불이익은 전적으로 **수험자에게 책임**이 있음을 알려드립니다.
3. 답안카드는 국가전문자격 공통 표준형으로 문제번호가 1번부터 125번까지 인쇄되어 있습니다. 답안 마킹 시에는 반드시 **시험문제지의 문제번호와 동일한 번호**에 마킹하여야 합니다.
4. **감독위원의 지시에 불응하거나 시험시간 종료 후 답안카드를 제출하지 않을 경우** 불이익이 발생할 수 있음을 알려 드립니다.
5. 시험문제지는 시험 종료 후 가져가시기 바랍니다.

### 안내사항

1. 수험자는 **QR코드**를 통해 가답안을 확인하시기 바랍니다.
   (※ 사전 설문조사 필수)
2. 시험 합격자에게 '**합격축하 SMS(알림톡) 알림 서비스**'를 제공하고 있습니다.

― 수험자 여러분의 합격을 기원합니다 ―

# 2024년 법학개론

- 2024.11.9. 시행
- 각 문항별로 난이도를 체크해 보세요.

Time    분 | 해설편 002p

## 01
헌법상 비상적 헌법보호수단에 해당하는 것은?
① 계엄선포권
② 국정감사권
③ 헌법소원
④ 위헌법률심판

## 02
헌법상 신체의 자유에 관한 내용으로 옳지 않은 것은?
① 누구든지 체포 또는 구속을 당한 때에는 즉시 변호인의 조력을 받을 권리를 가진다.
② 모든 국민은 형사상 자기에게 불리한 진술을 강요당하지 아니한다.
③ 누구든지 체포 또는 구속을 당한 때에는 적부의 심사를 법원에 청구할 권리를 가진다.
④ 체포·구속·압수 또는 수색을 할 때에는 적법한 절차에 따라 검사가 발부한 영장을 제시하여야 한다.

## 03
헌법이 규정하고 있는 사회적 기본권은?
① 신체의 자유
② 사생활의 자유
③ 국가배상청구권
④ 인간다운 생활을 할 권리

## 04

헌법상 국회의원에 관한 설명으로 옳지 않은 것은?

① 국회의원을 제명하려면 국회재적의원 3분의 2 이상의 찬성이 있어야 한다.
② 국회의원의 직무집행이 헌법과 법률에 위배된 경우에 국회의원은 탄핵소추의 대상이 된다.
③ 국회의원은 국회에서 직무상 행한 발언과 표결에 관하여 국회 외에서 책임을 지지 아니한다.
④ 국회의원은 현행범인인 경우를 제외하고는 회기 중 국회의 동의 없이 체포 또는 구금되지 아니한다.

## 05

헌법상 대통령의 헌법기관 구성 권한에 관한 설명으로 옳지 않은 것은?

① 대법원장은 국회의 동의를 얻어 대통령이 임명한다.
② 대법관은 대법원장의 제청으로 국회의 동의를 얻어 대통령이 임명한다.
③ 헌법재판소의 장은 국회의 동의를 얻어 재판관 중에서 대통령이 임명한다.
④ 헌법재판소 재판관은 헌법재판소장의 제청으로 국회의 동의를 얻어 대통령이 임명한다.

## 06

형법상 형을 감경해야 하는 자의 행위에 해당하는 것은?

① 14세가 되지 아니한 자의 행위
② 듣거나 말하는 데 모두 장애가 있는 사람의 행위
③ 심신장애로 인하여 의사를 결정할 능력이 없는 자의 행위
④ 심신장애로 인하여 사물을 변별할 능력이 없는 자의 행위

## 07

근로기준법에 관한 설명으로 옳지 않은 것은?

① 근로기준법에서 정하는 근로조건은 최저기준이다.
② 근로조건은 근로자와 사용자가 동등한 지위에서 자유의사에 따라 결정하여야 한다.
③ 근로기준법에서 정하는 기준에 미치지 못하는 근로조건을 정한 근로계약은 그 부분에 한정하여 무효로 한다.
④ 상시 5명 이하의 근로자를 사용하는 사업 또는 사업장에 대하여는 근로기준법이 적용되지 않는다.

## 08

**산업재해보상보험법에 관한 설명으로 옳지 않은 것은?**

① 근로자의 보험급여를 받을 권리는 퇴직하여도 소멸되지 아니한다.
② 보험급여의 수급권자가 사망한 경우 아직 지급되지 아니한 보험급여는 그 수급권자의 유족의 청구가 있어도 지급하지 아니한다.
③ 보험급여를 받을 권리는 양도할 수 없다.
④ 보험급여로서 지급된 금품에 대하여는 국가나 지방자치단체의 공과금을 부과하지 아니한다.

## 09

**사회보장기본법상 국가·지방자치단체 및 민간부문의 도움이 필요한 모든 국민에게 복지, 보건의료, 교육, 고용, 주거, 문화, 환경 등의 분야에서 인간다운 생활을 보장하고 상담, 재활, 돌봄, 정보의 제공, 관련 시설의 이용, 역량 개발, 사회참여 지원 등을 통하여 국민의 삶의 질이 향상되도록 지원하는 제도는?**

① 공공부조
② 사회보험
③ 사회서비스
④ 평생사회안전망

## 10

**국민연금법상 급여에 해당하지 않는 것은?**

① 노령연금
② 장애연금
③ 유족연금
④ 직업재활급여

## 11

사법(私法)상의 권리에 해당하지 않는 것은?

① 임차권
② 입법권
③ 상속권
④ 전세권

## 12

권리의 작용에 따른 분류로서 형성권에 해당하는 것은?

① 취소권
② 소유권
③ 부양청구권
④ 동시이행항변권

## 13

권리의 원시취득(原始取得) 사유에 해당하지 않는 것은?

① 선의취득
② 무주물선점
③ 상속에 의한 저당권의 취득
④ 건물의 신축에 의한 소유권의 취득

## 14

민법상 취소할 수 있는 법률행위에 관한 취소권자의 행위 중 '법정추인' 사유에 해당하지 않는 것은?

① 경 개
② 담보의 제공
③ 철회권의 행사
④ 전부나 일부의 이행

## 15

민법상 부동산의 사용, 수익을 목적으로 하는 권리를 객체로 하여 설정할 수 없는 담보물권은?

① 질권
② 지역권
③ 저당권
④ 지상권

## 16

민법상 당사자 일방이 상대방에게 무상으로 사용, 수익하게 하기 위하여 목적물을 인도할 것을 약정하고 상대방은 이를 사용, 수익한 후 그 물건을 반환할 것을 약정함으로써 효력이 생기는 전형계약은?

① 임대차
② 사용대차
③ 소비임치
④ 소비대차

## 17

甲이 경비업자 乙과 도급계약의 형식으로 경비계약을 체결하였다. 이에 관한 설명으로 옳지 않은 것은?

① 甲과 乙 사이의 경비계약은 유상계약이다.
② 乙은 경비계약상 채무를 선량한 관리자의 주의로 이행하여야 한다.
③ 甲이 파산하더라도 乙은 더 이상 경비계약을 해제할 수 없다.
④ 甲은 乙이 경비업무를 완성하기 전이라면 乙의 손해를 배상하고 乙과의 경비계약을 해제할 수 있다.

**18**

甲은 경비업자 乙과 경비계약을 체결하였으나, 乙이 고용한 경비원 丙의 경비업무 수행 중 과실로 甲의 아들 丁이 사망하는 손해가 발생하였다. 이에 관한 설명으로 옳지 않은 것은?

① 甲은 乙에게 사용자책임을 물을 수 있다.
② 甲은 乙에게 丁의 사망을 이유로 한 정신적 손해의 배상을 청구할 수 있다.
③ 丁의 위자료청구권과 甲의 위자료청구권은 별개의 권리이다.
④ 乙이 甲에게 손해를 배상하더라도 乙은 원칙적으로 丙에게 구상권을 행사할 수 없다.

**19**

민사소송의 주체가 될 수 있는 일반적 능력으로서 민법상 권리능력에 대응하는 것은?

① 당사자능력
② 책임능력
③ 변론능력
④ 소송능력

**20**

경비업자의 채무불이행의 유형에 해당하지 않는 것은?

① 이행지체
② 이행불능
③ 불완전이행
④ 권리의 하자

**21**

형법상 재물을 객체로 하는 범죄가 아닌 것은?

① 절도죄
② 강도죄
③ 배임죄
④ 횡령죄

**22**

형사소송의 지도이념이 아닌 것은?

① 직권주의 원칙
② 적정절차의 원리
③ 신속한 재판의 원칙
④ 실체적 진실주의

**23**

형사소송의 주체에 해당하는 것은?

① 변호사
② 사법경찰관
③ 검 사
④ 피해자

**24**

형사소송법상 현행범인으로 보는 경우에 해당하는 사람을 모두 고른 것은?

> ㄱ. 범인으로 불리며 추적되고 있을 때
> ㄴ. 신체나 의복류에 증거가 될 만한 뚜렷한 흔적이 있을 때
> ㄷ. 누구냐고 묻자 도망하려고 할 때

① ㄱ, ㄴ
② ㄱ, ㄷ
③ ㄴ, ㄷ
④ ㄱ, ㄴ, ㄷ

**25**

형사소송법상 공소에 관한 설명으로 옳은 것은?

① 공소는 검사가 제기하여 수행한다.
② 범죄사실의 일부에 대한 공소의 효력은 범죄사실 일부에만 미친다.
③ 공소는 제2심판결의 선고 전까지 취소할 수 있다.
④ 공소취소는 공판정에서도 이유를 기재한 서면으로 하여야 한다.

## 26

**형사소송법상 상소에 관한 설명으로 옳지 않은 것은?**

① 검사 또는 피고인은 상소를 할 수 있다.
② 상소는 재판의 일부에 대하여 할 수 없다.
③ 상소의 제기기간은 재판을 선고 또는 고지한 날로부터 진행된다.
④ 항소를 함에는 항소장을 원심법원에 제출하여야 한다.

## 27

**행정기관에 관한 설명이다. (    )에 들어갈 올바른 용어는?**

> (    )이라 함은 국가의사를 결정하여 이를 자기의 이름으로 외부에 표시하는 권한을 가진 행정기관을 말한다.

① 행정관청
② 보좌기관
③ 보조기관
④ 집행기관

## 28

**행정행위에 관한 설명으로 옳지 않은 것은?**

① 하명과 허가는 명령적 행위에 해당한다.
② 특허와 인가는 형성적 행위에 해당한다.
③ 면제와 공법상 대리는 명령적 행위에 해당한다.
④ 확인과 공증은 준법률행위적 행정행위에 해당한다.

## 29

행정기관이 사인으로부터 행정상 필요한 자료나 정보를 수집하기 위하여 행하는 일체의 행정작용은?

① 행정지도
② 행정조사
③ 대집행
④ 행정상 즉시강제

## 30

어떤 행정목적을 달성하기 위한 수단은 그 목적달성에 유효·적절하고 또한 가능한 한 최소침해를 가져오는 것이어야 하며 아울러 그 수단의 도입으로 인한 침해가 의도하는 공익을 능가하여서는 아니 된다는 헌법상의 원칙은?

① 평등의 원칙
② 비례의 원칙
③ 부당결부금지의 원칙
④ 신뢰보호의 원칙

## 31

법과 도덕을 비교한 것으로 옳지 않은 것은?

① 법은 사회규범이지만, 도덕은 사회규범이 아니다.
② 법은 행위의 외면성을 다루지만, 도덕은 행위의 내면성을 다룬다.
③ 법은 강제성을 가지지만, 도덕은 비강제성을 갖는다.
④ 법은 타율성을 가지지만, 도덕은 자율성을 갖는다.

## 32

법원(法源)에 관한 설명으로 옳지 않은 것은?

① 헌법에 의하여 체결·공포된 조약과 일반적으로 승인된 국제법규는 국내법과 같은 효력을 가진다.
② 민사에 관하여 법률에 규정이 없으면 관습법에 의하고 관습법이 없으면 조리에 의한다.
③ 성문법은 불문법에 비해 사회변화에 따른 필요에 신속히 대응할 수 있다는 장점이 있다.
④ 상사에 관하여 상법에 규정이 없으면 상관습법에 의하고 상관습법이 없으면 민법의 규정에 의한다.

## 33

다음 중 법의 분류가 옳지 않은 것은?

① 형법은 공법이며 실체법이다.
② 형사소송법은 공법이며 절차법이다.
③ 민법은 사법이며 실체법이다.
④ 민사소송법은 사법이며 절차법이다.

## 34

법의 적용에 관한 설명으로 옳지 않은 것은?

① 구체적 사실을 확정하는 것은 법률문제가 아닌 사실문제이다.
② 법을 적용하기 위한 사실의 확정은 증거에 의한다.
③ 추정은 명확하지 못한 사실을 그대로 가정하여 법률효과를 발생시키는 것이다.
④ 간주 규정에 따라 법이 의제한 효과는 반증에 의해 번복할 수 있다.

## 35

'자전거 통행금지'라는 게시판이 있는 경우, 오토바이도 통행하지 못한다고 해석하는 것은 법의 해석 방법 중 어디에 해당하는가?

① 유추해석
② 확장해석
③ 물론해석
④ 반대해석

## 36

상법상 회사에 관한 설명으로 옳은 것은?

① 유한회사는 사원의 지분에 관하여 지시식 또는 무기명식의 증권을 발행하지 못한다.
② 유한책임회사의 대표기관은 대표이사이다.
③ 주식회사 중 상장회사는 반드시 사외이사를 선임하여야 한다.
④ 회사의 사단성은 상법전에 명시되어 있다.

## 37

상법상 주식회사에 관한 설명으로 옳은 것은?

① 주식회사의 자본금은 5천만원 이상이어야 한다.
② 주식은 액면주식과 무액면주식을 혼합하여 발행할 수 있다.
③ 액면주식 1주의 금액은 100원 이상으로 하여야 한다.
④ 액면주식의 금액은 주식 발행 시의 시장가에 따라 변할 수 있다.

**38**

회사의 구성원 중 무한책임사원이 있는 회사는?

① 합자회사
② 유한회사
③ 주식회사
④ 유한책임회사

**39**

인보험계약에서 보험회사로부터 보험금을 받을 자로 보험계약상 지정을 받은 자에 해당하는 것은?

① 보험자
② 보험수익자
③ 피보험자
④ 보험계약자

**40**

보험계약의 성질에 관한 설명으로 옳지 않은 것은?

① 유상·쌍무계약이다.
② 사행계약이다.
③ 서면으로 체결되어야 하는 요식계약이다.
④ 계약관계자에게 선의가 요구되는 선의계약이다.

# 2024년 민간경비론

- 2024.11.9. 시행
- 각 문항별로 난이도를 체크해 보세요. ✓△✕

## 41
민간경비와 공경비의 개념에 관한 내용으로 옳지 않은 것은?
① 공경비는 일반 국민들을 위하여 관할 구역 내에서 법 집행의 권한을 가진다.
② 비렉(A. J. Bilek)은 민간경비원의 법적 지위를 크게 3가지 유형으로 구분하였다.
③ 우리나라의 청원경찰은 경찰관 신분을 가진 민간경비원으로 강제력 행사가 가능하다.
④ 제한된 근무지역 내에서 경찰권을 일부 행사할 수 있는 민간경비원도 있다.

## 42
민간경비와 공경비를 구분하는 기준으로서 경비서비스 항목이 아닌 것은?
① 기 능
② 역 할
③ 전달조직
④ 적법성

## 43
민간경비의 이론적 배경 중 공동화이론에 관한 설명으로 옳은 것은?
① 민간경비 시장의 성장을 범죄의 증가에 따른 직접적 대응으로 보았다.
② 경찰과 민간경비는 상호보완적 관계에 있다.
③ 개인이나 집단과 조직 등의 안전과 보호는 해당 개인이나 조직이 담당하여야 한다.
④ 치안서비스의 생산과 공급에 민간의 역할을 증대시킨다.

## 44

민간경비 활동에 있어서 '서비스주체의 다원화'에 초점을 맞추고 등장한 이론은?

① 이익집단이론
② 공동생산이론
③ 경제환원이론
④ 수익자부담이론

## 45

민간경비와 공경비의 관계에 관한 다음 대화 중 옳은 설명을 한 사람은?

- 김하나 : 공경비의 주체는 영리 기업이야.
- 배성진 : 민간경비는 모든 시민을 상대로 경비업무를 수행하지.
- 박서연 : 아니야, 민간경비는 특정고객을 대상으로 경비업무를 수행해.
- 정수혁 : 민간경비는 법 집행 및 범죄 수사를 하지.

① 김하나
② 배성진
③ 박서연
④ 정수혁

## 46

민간경비의 개념에 관한 설명으로 옳지 않은 것은?

① 실질적 개념 : 민간경비는 경찰이 수행하는 경비활동과 본질적으로 차이가 있다.
② 형식적 개념 : 경비의 주체를 공적 주체와 사적 주체로 명확하게 구분한다.
③ 대륙법계 개념 : 민간경비는 국가의 지도·감독하에 제한적인 기능만을 담당한다.
④ 영미법계 개념 : 민간경비의 업무범위가 경찰과 유사하나 집행 권한에 차이가 있다.

## 47

**고대 민간경비에 관한 설명으로 옳지 않은 것은?**

① 고대 그리스 도시국가에서는 최초의 국가경찰로 추정되는 자경단원(Vigilance man)제도가 있었다.
② 함무라비 시대에는 정부가 법 집행을 할 수 있고 개인에게 책임을 부여할 수 있었다.
③ 고대 로마 시대에는 지배자가 통치하는 군대가 운영되었으며, 이들은 최초의 비무장 수도경찰로 간주된다.
④ 원시시대의 대표적인 경비 형태는 절벽 동굴이나 수상가옥 등 주거지를 이용한 방법이다.

## 48

**다음의 내용에 해당하는 민간경비와 관련된 인물은?**

| 야간경비회사인 방호회사를 설립하여 최초의 중앙감시방식 방호서비스를 시작하였다. |

① 딘글(J. Dingle)
② 핑커톤(A. Pinkerton)
③ 헨리 필딩(Henry Fielding)
④ 에드윈 홈즈(Edwin Holmes)

## 49

**일본의 민간경비에 관한 내용 중 옳지 않은 것은?**

① 일본은 제2차 세계대전 이후에 현대적 민간경비업의 출현을 맞이하게 되었다.
② 일본의 민간경비는 1964년 오사카 만국박람회(EXPO) 기간 최초로 투입되었으며, 그 역할이 대단한 것으로 평가되고 있다.
③ 1980년대 초 한국에 진출하였고 그 후반에는 중국에까지 진출하였다.
④ 일본의 민간경비는 시설경비·공항보안뿐 아니라 핵연료물질 운반 등 폭넓은 분야로 발전하였다.

## 50

**우리나라의 민간경비에 관한 내용 중 옳지 않은 것은?**

① 용역경비업법에 근거하여 미8군부대 용역경비를 실시한 것이 민간경비의 효시라 할 수 있다.
② 용역경비업법이 경비업법으로 변경됨으로써 포괄적인 개념의 전문경비제도를 도입하는 계기가 되었다.
③ 1980년대 이후 기계경비시스템이 점차적으로 도입되었다.
④ 경비협회의 업무는 경비업법에 규정되어 있다.

## 51

**경비원 등의 교육에 관한 설명 중 옳지 않은 것은?(단, 신임교육 면제 대상자는 제외)**

① 경비지도사는 경비지도사시험에 합격하고 38시간의 기본교육을 받아야 한다.
② 일반경비원은 24시간의 신임교육을 받아야 한다.
③ 특수경비원은 80시간의 신임교육을 받아야 한다.
④ 청원경찰로 임용된 사람은 2주간 76시간의 교육을 받아야 한다.

## 52

**일반경비원 신임교육 제외 대상이 아닌 사람은?**

① 교정직 공무원으로 근무한 경력이 있는 사람
② 경찰공무원으로 근무한 경력이 있는 사람
③ 경비지도사 자격이 있는 사람
④ 대통령 등의 경호에 관한 법률에 따른 경호공무원으로 근무한 경력이 있는 사람

## 53

**자체경비와 계약경비에 관한 설명으로 옳지 않은 것은?**

① 자체경비는 계약경비보다 자신을 고용한 회사나 고용주에 대한 충성도가 상대적으로 높다.
② 자체경비는 계약경비보다 결원의 보충 및 추가인력의 배치가 상대적으로 어렵다.
③ 계약경비는 자체경비보다 상대적으로 전문성이 높다.
④ 계약경비는 자체경비보다 정해진 절차에 따라 소신 있는 경비업무수행이 상대적으로 곤란하다.

## 54

**최근 민간경비의 치안환경변화에 관한 설명으로 옳지 않은 것은?**

① 국제화·개방화에 따라 내국인의 해외범죄, 외국인의 국내범죄가 증가하고 있다.
② 인터넷 등 컴퓨터통신망의 발달에 따라 해킹 등 첨단사이버범죄가 대폭 증가하고 있다.
③ 치안환경이 변화되면서 보이스피싱 등 신종사기범죄는 많이 줄어들었다.
④ 청소년에 의한 마약범죄 증가가 사회문제로 대두되었다.

## 55

**방범경찰활동의 한계요인으로 옳지 않은 것은?**

① 치안수요 증가로 인한 경찰인력의 부족
② 지역사회 문제해결을 위한 경찰과 지역주민의 협력
③ 경찰의 민생치안부서 근무 기피현상
④ 경찰활동에 대한 주민들의 이해부족

## 56

국가경찰과 자치경찰의 조직 및 운영에 관한 법률에 규정된 자치경찰사무에 해당하지 않는 것은?

① 주민참여 방범활동의 지원 및 지도
② 외국 정부기관 및 국제기구와의 국제협력
③ 지역 내 다중운집 행사 관련 혼잡 교통 및 안전 관리
④ 안전사고 및 재해·재난 시 긴급구조지원

## 57

민간에 의한 방범활동으로 옳지 않은 것은?

① 자율방범대에 의한 방범활동
② 교통단속과 교통위해의 방지활동
③ 시민단체에 의한 방범활동
④ 언론매체에 의한 방범활동

## 58

민간경비원의 법적 지위와 권한에 관한 설명 중 옳지 않은 것은?

① 민간경비원이 수집한 증거가 법정에서 원용될 경우 증거능력이 인정된다.
② 민간경비원의 정당방위나 긴급피난은 위법성이 조각된다.
③ 민간경비원은 현행범을 체포할 수 있다.
④ 민간경비원은 범인을 검거하기 위하여 압수·수색을 할 수 있다.

## 59

다음에 해당하는 민간경비 조직편성의 원리는?

> 조직의 공동목표를 달성하기 위해 하위조직들이 수행하고 있는 업무가 통일성 내지 조화를 이루도록 해야 한다.

① 조정·통합의 원리
② 전문화의 원리
③ 계층제의 원리
④ 명령통일의 원리

## 60

각국의 민간경비제도에 관한 설명으로 옳지 않은 것은?

① 미국에서는 경찰관 신분을 가지고 민간경비분야에서 부업을 하고 있는 경우가 있다.
② 일본에는 교통유도경비에 관한 검정제도가 있다.
③ 한국의 청원경찰은 경비구역에서 발생한 범죄에 대하여 범죄수사를 할 수 있다.
④ 영국의 로버트 필(Robert Peel) 경은 수도경찰법을 의회에 제출하여 수도경찰을 창설하였다.

## 61

경비업법령상 경비지도사에 관한 설명으로 옳은 것은?

① 일반경비지도사와 특수경비지도사로 구분한다.
② 특수경비원은 특수경비지도사만이 지도·감독·교육을 할 수 있다.
③ 소방기관과의 연락방법에 대한 지도는 경비지도사의 직무이다.
④ 경비지도사는 경비원의 지도교육과 순회감독을 분기별 1회 실시하여야 한다.

## 62

경비업법령상 일반경비지도사 시험에 합격하고 받아야 하는 기본교육 과목으로 옳은 것은?

① 일반경비 현장실습
② 일반조사론
③ 기계경비 현장실습
④ 민간조사론

## 63

경비위해요소에 관한 설명으로 옳지 않은 것은?

① 자연적 위해는 자연현상에 의해 야기되는 자연재해이다.
② 특정한 위해는 특정 시설물 및 국가 등에 따라 성질이나 유형이 다양하게 나타나는 위해이다.
③ 경비위해요소 분석의 첫 번째 단계는 경비위해요소의 위험도를 서열화하는 것이다.
④ 경비위해요소의 유형에는 자연적 위해, 인위적 위해, 특정한 위해가 있다.

## 64

경비의 중요도에 따른 경비수준에 관한 설명 중 ( )에 들어갈 용어로 옳은 것은?

- ( ㄱ ) - 전혀 패턴이 없는 외부와 내부의 이상행동 및 침입을 감지하고 저지, 방어, 대응공격을 위한 경비수준
- ( ㄴ ) - 대부분의 패턴이 없는 외부 및 내부의 행동을 발견·저지·방어·예방하도록 계획되어진 것으로, 교도소나 제약회사 또는 전자회사 등에서 이루어지는 경비수준

① ㄱ : 최고수준경비(Level Ⅴ), ㄴ : 상위수준경비(Level Ⅳ)
② ㄱ : 최고수준경비(Level Ⅴ), ㄴ : 하위수준경비(Level Ⅱ)
③ ㄱ : 중간수준경비(Level Ⅲ), ㄴ : 상위수준경비(Level Ⅳ)
④ ㄱ : 상위수준경비(Level Ⅳ), ㄴ : 중간수준경비(Level Ⅲ)

## 65

**경비계획 수립의 순서로 옳은 것은?**

① 경비문제의 인지 → 경비목표 설정 → 경비위해요소의 조사·분석 → 최종안 선택 → 경비실시·평가
② 경비위해요소의 조사·분석 → 경비문제의 인지 → 경비목표 설정 → 경비실시·평가 → 최종안 선택
③ 경비목표 설정 → 경비위해요소의 조사·분석 → 경비문제의 인지 → 경비실시·평가 → 최종안 선택
④ 경비문제의 인지 → 경비위해요소의 조사·분석 → 경비목표 설정 → 경비실시·평가 → 최종안 선택

## 66

**외곽감지시스템에 관한 설명으로 옳지 않은 것은?**

① 광케이블감지시스템은 광케이블의 충격과 절단을 감지한다.
② 적외선변화감지시스템은 침입에 따른 적외선의 증가량을 감지한다.
③ 장력변화감지시스템은 철선이나 광케이블의 장력변화를 감지한다.
④ 펜스충격감지시스템은 울타리를 침입할 때 발생되는 충격을 감지한다.

## 67

**외곽경비에 관한 설명으로 옳지 않은 것은?**

① 하수구, 배수관, 맨홀 뚜껑 등의 점검은 경비계획에 포함시켜야 한다.
② 외곽경비는 자연적 장애물과 인공적 구조물 등을 이용하여 시설을 보호한다.
③ 콘서티나 철사는 빠른 설치의 장점을 가지고 있다.
④ 비상시에만 사용하는 출입구는 평상시에 개방되어 있어야 한다.

## 68

**핀날름쇠 자물쇠에 관한 설명으로 옳은 것을 모두 고른 것은?**

ㄱ. 열쇠의 양쪽에 홈이 규칙적으로 파여 있는 형태이다.
ㄴ. 열쇠의 양쪽에 홈이 불규칙적으로 파여 있는 형태이다.
ㄷ. 열쇠의 홈이 한쪽 면에만 있다.
ㄹ. 돌기형 자물쇠에 비해 안전성이 높다.
ㅁ. 판날름쇠 자물쇠에 비해 안전성이 높다.

① ㄱ, ㄷ, ㄹ
② ㄱ, ㄹ, ㅁ
③ ㄴ, ㄷ, ㅁ
④ ㄴ, ㄹ, ㅁ

## 69

**시설물 내부의 경비요령에 관한 내용으로 옳지 않은 것은?**

① 사무실 등의 출입문은 관계자들의 편리성과 내구성을 고려하면서 통제관리가 필요하다.
② 반입물품뿐만 아니라 내부에서 외부로의 반출물품도 검색과 관리가 필요하다.
③ 건물내부의 중요구역 여부를 고려한 경비설계가 필요하다.
④ 출입문은 따로 구분하지 않고 일원화하여 관리하는 것이 효과적이다.

## 70

**환경설계를 통한 범죄예방(Crime Prevention Through Environmental Design)에 관한 설명으로 옳은 것은?**

① 범죄의 원인을 환경적 요인보다는 개인적 요인에서 찾는다.
② CPTED의 기본전략은 자연적인 접근통제와 감시, 영역성의 완화에서 출발한다.
③ 물리적 환경을 개선하여 범죄를 억제하고 주민의 불안감을 해소하고자 하는 이론이다.
④ 뉴만(O. Newman)의 방어공간 개념과는 무관하다.

**71**

컴퓨터 부정조작의 유형으로 옳지 않은 것은?

① 입력조작
② 프로그램조작
③ 콘솔조작
④ 메모리 해킹

**72**

다음 컴퓨터 범죄의 특성에 해당하는 것은?

> 범죄 행위가 단순히 데이터의 변경, 멸실 등의 형태에 불과할 경우 실수라고 변명한다면 형사처벌이 어렵다.

① 광범위성
② 고의 입증 곤란성
③ 자동성
④ 범행영속성

**73**

컴퓨터 범죄의 유형에 해당하지 않는 것은?

① 컴퓨터 부정조작
② 자료의 부정변개
③ 소프트웨어 파괴
④ 컴퓨터 절도

## 74

컴퓨터 시스템의 관리적 안전대책으로 옳은 것은?

① 데이터의 암호화
② 컴퓨터실 출입통제
③ 침입차단시스템
④ 기록문서화 철저

## 75

다음의 설명에 해당하는 범죄로 옳은 것은?

> 대규모 프로그램을 개발할 때 프로그램을 수정할 수 있는 명령어가 끼어 있고 프로그램 개발이 완성되면 명령어를 삭제해야 하나 고의 또는 과실에 의해 이를 삭제하지 않아 이 명령어를 이용하여 프로그램을 조작

① 데이터 디들링(data diddling)
② 스캐빈징(scavenging)
③ 함정문 수법(trap door)
④ 스푸핑(spoofing)

## 76

정보보호의 기본원칙으로 옳지 않은 것은?

① 책임성의 원칙
② 인식성의 원칙
③ 윤리성의 원칙
④ 독자성의 원칙

## 77

융합보안에 관한 설명으로 옳지 않은 것은?

① 물리적 보안영역, 관리적 보안영역, 기술적 보안영역을 통합적으로 관리한다.
② 인력에 의한 출입통제와 통제시스템의 관리에만 주력한다.
③ 물리적 보안인증과 사이버 보안인증을 통합적으로 관리하여 보안관리를 강화한다.
④ 개인, 기업, 정부단체 등의 데이터를 통합해 정확한 사고징후를 감지하고 총체적으로 대응할 수 있다.

## 78

청원경찰과 민간경비제도의 이원화에 따른 문제점으로 옳지 않은 것은?

① 지휘체계의 이원화에 따른 혼란
② 보수의 차별화 문제
③ 청원주의 비용 부담 가중
④ 청원경찰 인력의 지속적 증가

## 79

우리나라 민간경비업의 발전방안으로 옳지 않은 것은?

① 민간경비와 청원경찰제도의 일원화
② 방범서비스산업에 대한 규제 강화
③ 민간경비와 경찰의 협업체계 구축
④ 경비관련 자격증제도의 도입을 통한 전문화

## 80

경찰과 민간경비의 협력증진방안으로 옳지 않은 것은?

① 경찰과 민간경비 책임자의 정기적인 간담회의 개최
② 경찰의 민간경비 전담 부서의 운영
③ 비상연락망 및 개별출동시스템 구축
④ 경찰의 경비자문 서비스센터의 운영

나는 젊었을 때, 10번 시도하면 9번 실패했다.
그래서 10번씩 시도했다.

- 조지 버나드 쇼 -

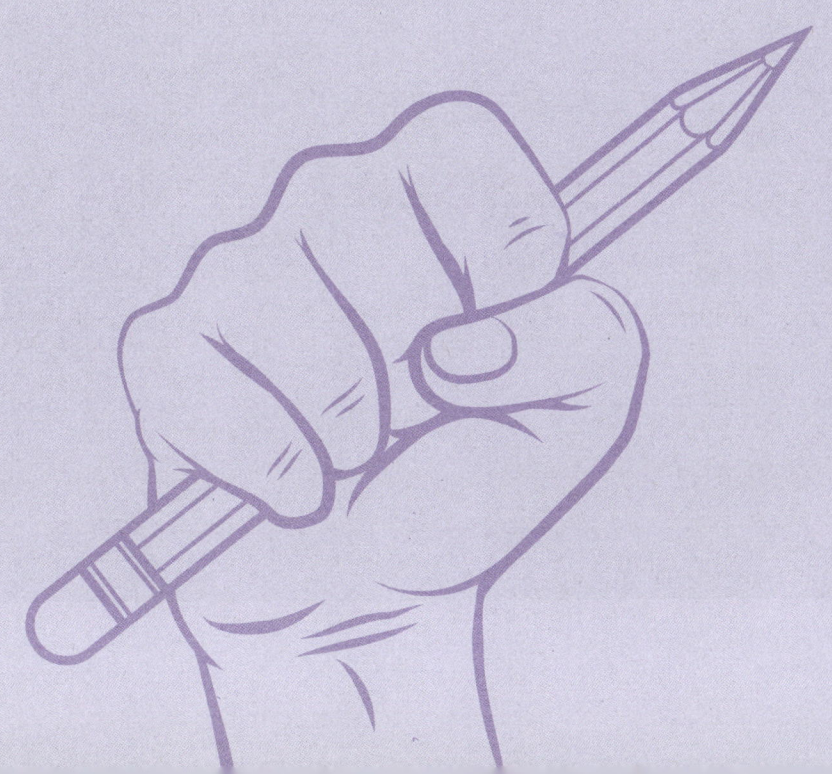

# 2023

## 제25회 경비지도사
## 제1차 시험 기출문제

❶ 법학개론
❷ 민간경비론

# 2023년도 제25회 경비지도사 1차 국가자격시험

| 교시 | 문제형별 | 시험시간 | 시험과목 |
|---|---|---|---|
| 1교시 | A | 80분 | ❶ 법학개론<br>❷ 민간경비론 |

**수험번호**                **성 명**

## 【수험자 유의사항】

1. **시험문제지 표지**와 시험문제지 내 **문제형별**의 동일여부 및 시험문제지의 **총면수, 문제번호 일련순서, 인쇄상태** 등을 확인하시고, 문제지 표지에 수험번호와 성명을 기재하시기 바랍니다.

2. 답은 각 문제마다 요구하는 **가장 적합하거나 가까운 답 1개**만 선택하고, 답안카드 작성 시 시험문제지 **형별누락, 마킹착오**로 인한 불이익은 전적으로 **수험자에게 책임**이 있음을 알려드립니다.

3. 답안카드는 국가전문자격 공통 표준형으로 문제번호가 1번부터 125번까지 인쇄되어 있습니다. 답안 마킹 시에는 반드시 **시험문제지의 문제번호와 동일한 번호**에 마킹하여야 합니다.

4. **감독위원의 지시에 불응**하거나 시험시간 종료 후 답안카드를 제출하지 않을 경우 불이익이 발생할 수 있음을 알려 드립니다.

5. 시험문제지는 시험 종료 후 가져가시기 바랍니다.

### 안내사항

1. 수험자는 **QR코드**를 통해 가답안을 확인하시기 바랍니다.
   (※ 사전 설문조사 필수)
2. 시험 합격자에게 '**합격축하 SMS(알림톡) 알림 서비스**'를 제공하고 있습니다.

— 수험자 여러분의 합격을 기원합니다 —

# 2023년 법학개론

- 2023.11.11. 시행
- 각 문항별로 난이도를 체크해 보세요.
- Time   분  |  해설편 049p

## 01

甲의 행위에 대하여 우리 형법을 적용할 수 있는 근거는?

> 한국인 甲은 미국을 여행하던 중 미국 뉴욕의 한 공원에서 미국인 乙과 시비 끝에 乙을 살해하였다.

① 속지주의
② 속인주의
③ 기국주의
④ 보호주의

## 02

법원(法源)에 관한 설명으로 옳지 않은 것을 모두 고른 것은?

> ㄱ. 「경비업법 시행령」은 행정안전부령이다.
> ㄴ. 민사관계에서 법률에 규정이 없으면 조리가 관습법에 우선하여 적용된다.
> ㄷ. 상사(商事)에 관하여 「상법」에 규정이 없으면 「민법」에 의하고, 「민법」의 규정이 없으면 상관습법에 의한다.

① ㄴ
② ㄱ, ㄷ
③ ㄴ, ㄷ
④ ㄱ, ㄴ, ㄷ

## 03

법의 구조에 관한 설명으로 옳은 것은 모두 몇 개인가?

- 「형법」과 「군형법」은 일반법과 특별법 관계이다.
- 실정법은 불문법만으로 존재하며 이에는 관습법·판례법·조리 등이 있다.
- 「형법」상 존속살해죄는 살인죄의 특별규정이다.
- 임의법은 당사자의 의사로 그 적용을 배제하거나 변경할 수 없는 법이다.

① 0개  ② 1개
③ 2개  ④ 3개

## 04

시공을 초월하여 영구불변의 보편타당성을 지닌 법은?

① 자연법
② 강행법
③ 일반법
④ 실체법

## 05

법의 해석에 관한 설명으로 옳지 않은 것은?

① 미성년자 통행금지 규정이 있는 경우 성년자는 통행 가능하다고 해석하는 것은 반대해석이다.
② 법률 자체에 법의 해석규정을 두는 것은 사법해석이다.
③ 과실책임을 물을 때 그보다 중한 고의책임은 당연히 포함되는 것으로 해석하는 경우 물론해석에 해당한다.
④ 생명침해로 인한 위자료를 청구할 수 있는 배우자에 사실혼관계의 배우자가 포함된다고 해석하는 것은 확장해석이다.

## 06

"실종선고를 받은 자는 전조(前條)의 기간이 만료한 때에 사망한 것으로 본다"는 민법 제28조의 규정에서 '본다'의 법률적 의미는?

① 추 정
② 반 증
③ 간 주
④ 입 증

## 07

국가적 공권에 해당하는 것은?

① 자유권
② 평등권
③ 참정권
④ 조직권

## 08

의무에 관한 설명으로 옳지 않은 것은?

① 경비업자가 경비원을 허가받은 경비업무 외에 종사하게 하여서는 아니 되는 의무는 작위의무이다.
② 계약상 의무에는 부수적 의무도 포함된다.
③ 의무불이행에 대해 손해배상이나 강제집행을 할 수 없는 의무를 간접의무라 한다.
④ 납세의 의무는 공법상의 의무이다.

## 09

권리와 의무에 관한 설명으로 옳은 것은?

① 권리의 침해에 대한 자력구제는 항상 허용된다.
② 모든 채권자는 채권의 행사 여부와 관계없이 동일한 순위로 채무자에게 변제받을 수 있다.
③ 권리는 권리의 객체가 될 수 없다.
④ 법률관계에서 의무만 있고 이에 대응하는 권리가 없는 경우도 있다.

## 10

**지방자치에 관한 헌법 제117조 제1항 규정이다. (　)에 들어갈 내용은?**

> 지방자치단체는 주민의 (　ㄱ　)에 관한 사무를 처리하고 재산을 관리하며, (　ㄴ　)의 범위 안에서 자치에 관한 규정을 제정할 수 있다.

① ㄱ : 복 리,　ㄴ : 조 례
② ㄱ : 복 리,　ㄴ : 법 령
③ ㄱ : 권 익,　ㄴ : 조 례
④ ㄱ : 권 익,　ㄴ : 법 령

## 11

**영장주의에 관한 헌법 제12조 제3항 규정이다. (　)에 들어갈 숫자는?**

> 체포·구속·압수 또는 수색을 할 때에는 적법한 절차에 따라 검사의 신청에 의하여 법관이 발부한 영장을 제시하여야 한다. 다만, 현행범인인 경우와 장기 (　)년 이상의 형에 해당하는 죄를 범하고 도피 또는 증거인멸의 염려가 있을 때에는 사후에 영장을 청구할 수 있다.

① 1
② 3
③ 5
④ 7

## 12

**헌법상 기본권에 관한 규정 내용으로 옳지 않은 것은?**

① 모든 국민은 법률이 정하는 바에 의하여 국가기관에 문서로 청원할 권리를 가진다.
② 모든 국민은 소급입법에 의하여 참정권의 제한을 받거나 재산권을 박탈당하지 아니한다.
③ 공공필요에 의한 재산권의 수용·사용 또는 제한은 법률로써 하되, 상당한 보상을 지급하여야 한다.
④ 국민의 자유와 권리는 헌법에 열거되지 아니한 이유로 경시되지 아니한다.

## 13

헌법상 명시적 규정이 없는 것은?

① 지방자치단체 주민이 제기하는 주민소송
② 대통령의 취임선서
③ 국민경제자문회의의 설치
④ 정당사무에 관한 중앙선거관리위원회의 규칙제정권

## 14

국회의 권한에 해당하지 않는 것은?

① 대통령의 특별사면에 대한 동의권
② 국회의원 징계권
③ 감사위원에 대한 탄핵소추권
④ 중앙선거관리위원회 위원 3인의 선출권

## 15

민법상 전형계약에 관한 설명으로 옳지 않은 것은?

① 임대차는 유상계약이다.
② 여행계약은 쌍무계약이다.
③ 사용대차는 무상계약이다.
④ 조합은 요식계약이다.

## 16

민법상 소유에 관한 설명으로 옳은 것은?

① 합유자는 합유물의 분할을 청구할 수 있다.
② 공유자는 특약이 있어야 공유물의 분할을 청구할 수 있다.
③ 합유물을 분할하는 경우 총유물의 분할에 관한 규정을 적용한다.
④ 총유물은 정관 기타의 규약에 좇아 각 사원이 사용할 수 있다.

## 17

경비계약에 관한 설명으로 옳은 것은?

① 경비업자가 경비업무를 이행하지 않는 경우 계약상대방은 법원에 직접강제를 청구할 수 없다.
② 경비업자는 경비대상물에 대하여 자기재산과 동일한 주의의무를 부담한다.
③ 경비계약은 일종의 임치계약으로 유상계약이다.
④ 경비계약은 서면으로 작성하여야 계약의 효력이 발생한다.

## 18

호텔을 운영하는 甲은 경비업자 乙과 경비계약을 체결하였다. 경비업자 乙의 경비원 丙의 근무태만으로 투숙객 丁의 그림을 도난당했다. 이에 관한 설명으로 옳지 않은 것은?

① 甲은 丁에게 숙박계약상의 채무불이행책임을 부담한다.
② 乙은 丁에게 경비계약상의 채무불이행책임을 직접 부담한다.
③ 乙은 甲에게 경비계약상의 불완전이행책임을 부담한다.
④ 丙은 甲에게 경비계약상의 채무불이행책임을 부담하지 않는다.

## 19

경비회사 甲의 자동차 키(key) 관리 부실로 인해 경비원 乙이 경비회사의 차량으로 점심식사를 하러 가던 중, 교통사고로 丙에게 손해를 가한 경우 이에 관한 설명으로 옳은 것은?

① 乙의 차량 사용은 외형적으로는 직무범위에 속하나 실질적으로 직무범위에 속하는 것이 아니므로 甲의 사용자책임은 발생하지 않는다.
② 甲과 乙의 관계가 법률적 관계가 아니라 사실적·일시적 관계인 경우에도 사용자책임이 인정된다.
③ 甲은 乙에 대한 선임·감독에 대해 무과실책임을 부담한다.
④ 甲과 乙은 丙에게 진정연대책임을 부담한다.

## 20

甲은 乙에게 경비계약의 체결에 관한 대리권을 수여하였다. 대리권이 소멸하는 경우는 모두 몇 개인가?

- 甲의 사망
- 乙의 사망
- 乙의 파산
- 甲에 대한 성년후견의 개시

① 1개
② 2개
③ 3개
④ 4개

## 21

민사소송절차 중 특별소송절차에 해당하는 것은?

① 소액사건심판절차
② 증거보전절차
③ 강제집행절차
④ 가압류

## 22

형법상 소추조건이 다른 범죄는?

① 과실치상죄
② 폭행죄
③ 모욕죄
④ 협박죄

## 23

형사소송법상 공판절차의 기본원칙으로 옳지 않은 것은?

① 공개주의
② 구두변론주의
③ 집중심리주의
④ 간접주의

## 24

형법상 명예에 관한 죄에 대한 설명으로 옳지 않은 것은 모두 몇 개인가?

- 모욕죄는 공연히 사실을 적시한 경우에 성립한다.
- 명예훼손죄는 적시한 사실이 허위인 경우에만 벌한다.
- 출판물 등에 의한 명예훼손죄는 명예훼손의 고의만으로도 성립한다.
- 사자명예훼손죄는 공연히 사실을 적시하여 사자의 명예를 훼손한 경우에 성립한다.

① 1개
② 2개
③ 3개
④ 4개

## 25

"열 사람의 범죄인을 놓치는 한이 있더라도 한 사람의 죄 없는 사람을 벌해서는 안 된다"는 형사소송법의 이념은?

① 적극적 실체적 진실주의
② 적정절차의 원리
③ 소극적 실체적 진실주의
④ 신속한 재판의 원리

## 26

형사소송법상 피고인이 변호인이 없는 때에 법원이 직권으로 국선변호인을 선정해야 하는 경우가 아닌 것은?

① 피고인이 농아자인 때
② 피고인이 65세인 때
③ 피고인이 심신장애의 의심이 있는 때
④ 피고인이 구속된 때

## 27

형사소송법상 공소제기의 기본원칙이 아닌 것은?
① 국가소추주의
② 기소법정주의
③ 기소편의주의
④ 기소독점주의

## 28

형사소송법상 상소에 관한 설명으로 옳지 않은 것은?
① 피고인의 법정대리인은 피고인을 위하여 상소할 수 있다.
② 항고는 법원의 판결에 대한 상소이다.
③ 상고 제기기간은 7일이다.
④ 즉시항고 제기기간은 7일이다.

## 29

상법상 회사에 관한 설명으로 옳은 것은?
① 상법은 회사의 종류로서 합명회사, 합자회사, 유한회사, 주식회사만을 인정하고 있다.
② 회사는 다른 회사의 무한책임사원이 될 수 있다.
③ 합명회사의 재산으로 회사의 채무를 완제할 수 없는 때에는 각 사원은 연대하여 변제할 책임이 있다.
④ 회사는 지점소재지에서 설립등기를 함으로써 성립한다.

## 30

상법상 주주총회의 결의에 관한 설명이다. ( )에 들어갈 내용은?

주식회사 정관변경의 특별결의는 출석한 주주의 의결권의 ( ㄱ ) 이상의 수와 발행주식총수의 ( ㄴ ) 이상의 수로써 하여야 한다.

① ㄱ : 2분의 1, ㄴ : 3분의 1
② ㄱ : 2분의 1, ㄴ : 4분의 1
③ ㄱ : 3분의 2, ㄴ : 3분의 1
④ ㄱ : 3분의 2, ㄴ : 4분의 1

## 31

상법상 인보험에 해당하지 않는 것은?

① 생명보험
② 상해보험
③ 질병보험
④ 화재보험

## 32

상법상 소멸시효에 관한 설명이다. ( )에 들어갈 숫자를 순서대로 나열한 것은?

보험금청구권은 ( )년간, 보험료 또는 적립금의 반환청구권은 ( )년간, 보험료청구권은 ( )년간 행사하지 아니하면 시효의 완성으로 소멸한다.

① 2, 2, 3
② 2, 3, 2
③ 3, 2, 2
④ 3, 3, 2

## 33

**근로기준법의 규정 내용으로 옳지 않은 것은?**

① 사용자는 근로계약 불이행에 대한 위약금 또는 손해배상액을 예정하는 계약을 체결할 수 있다.
② 사용자는 근로자 명부와 대통령령으로 정하는 근로계약에 관한 중요한 서류를 3년간 보존하여야 한다.
③ 사용자는 사고의 발생이나 그 밖의 어떠한 이유로도 근로자에게 폭행을 하지 못한다.
④ 사용자는 근로계약에 덧붙여 강제 저축 또는 저축금의 관리를 규정하는 계약을 체결하지 못한다.

## 34

**산업재해보상보험법의 내용에 관한 설명으로 옳은 것은?**

① 산업재해보상보험법에 따른 보험 관계의 성립과 소멸에 대하여는 보험료징수법으로 정하는 바에 따른다.
② 보험급여의 결정과 지급은 근로복지공단의 사업 범위에 해당하지 않는다.
③ 산업재해보상보험법에 따른 산업재해보상보험 사업은 금융위원회 위원장이 관장한다.
④ 근로복지공단은 조합으로 한다.

## 35

**사회보험에 해당되지 않은 것은?**

① 국민연금
② 고용보험
③ 산업재해보상보험
④ 자동차보험

## 36

**사회보장기본법에 관한 설명으로 옳지 않은 것은?**

① 사회보장수급권은 타인에게 양도하거나 담보로 제공할 수는 있지만, 이를 압류할 수는 없다.
② 사회보장수급권의 포기는 취소할 수 있다.
③ 국가는 관계법령에서 정하는 바에 따라 최저보장수준과 최저임금을 매년 공표하여야 한다.
④ 사회보장에 관한 주요 시책을 심의·조정하기 위하여 국무총리 소속으로 사회보장위원회를 둔다.

## 37

행정조직 내부에서 그 조직과 활동 등 행정의 사무처리 기준을 규율하는 일반·추상적 명령으로서 법규적 성질을 갖지 않는 것은?

① 행정규칙
② 법규명령
③ 행정지도
④ 행정상 사실행위

## 38

다음 설명에 해당하는 행정의 법 원칙은?

> 행정작용은 법률에 위반되어서는 아니 되며, 국민의 권리를 제한하거나 의무를 부과하는 경우와 그 밖에 국민생활에 중요한 영향을 미치는 경우에는 법률에 근거하여야 한다.

① 비례의 원칙
② 부당결부금지의 원칙
③ 법치행정의 원칙
④ 신뢰보호의 원칙

## 39

의무자가 행정상 의무 중 금전급부의무를 이행하지 아니하는 경우 행정청이 의무자의 재산에 실력을 행사하여 그 행정상 의무가 실현된 것과 같은 상태를 실현하는 행정상 강제수단은?

① 과징금
② 강제징수
③ 과태료
④ 이행강제금

## 40

법률행위적 행정행위에 해당하지 않는 것은?

① 허 가
② 특 허
③ 통 지
④ 인 가

# 2023년 민간경비론

- 2023.11.11. 시행
- 각 문항별로 난이도를 체크해 보세요.

## 41

**민간경비와 공경비에 관한 내용으로 옳지 않은 것은?**

① 민간경비와 공경비의 영역이 뚜렷하고 확실하게 구분되는 것은 아니다.
② 범죄와 관련한 치안서비스를 제공한다는 점에서 민간경비와 공경비의 역할은 유사하다.
③ 민간경비와 공경비 모두 의뢰자로부터 받은 대가 내지 보수만큼만 자신의 역할과 기능을 수행한다.
④ 사회가 다원화되면서 민간경비의 중요성이 강조되고 있다.

## 42

**민간경비의 성장에 관한 이론적 설명으로 옳지 않은 것은?**

① 경제환원이론은 경기변동의 영향을 받아 민간경비가 성장한다는 이론이다.
② 공동생산이론은 경찰과 민간이 치안서비스를 공동으로 생산한다는 이론이다.
③ 공동화이론은 공경비 자원의 한계로 발생하는 치안서비스 수요의 공백을 민간경비가 채워준다는 이론이다.
④ 이익집단이론은 공동화이론과 유사하나 공경비가 독립적 행위자로서의 고유영역을 가진다는 점을 강조한 이론이다.

## 43

**수익자부담이론에 관한 설명으로 옳지 않은 것은?**

① 경찰의 근본적 역할 및 기능은 개인의 안전과 사유재산의 보호에 있다는 일반적 통념에 의문을 제기하면서 출발한다.
② 자본주의 사회에서 경찰의 공권력 작용은 질서유지와 체제수호와 같은 거시적 역할 및 기능에 한정시켜야 한다고 주장한다.
③ 사회구성원으로서의 개인이나 집단의 안전과 보호는 결국 해당 개인이나 집단이 담당하여야 한다고 주장한다.
④ 경기침체에 따른 국민소득 감소 및 치안비용 부담의 증가와 함께 주장되었다.

## 44

**각국의 민간경비산업에 관한 설명으로 옳지 않은 것은?**

① 미국은 제2차 세계대전 중 전쟁수요에 힘입어 한층 더 확대되었다.
② 일본은 1964년 동경올림픽과 1970년 오사카만국박람회 개최 후 급속하게 발전하였다.
③ 한국은 1960년대 경제발전과 더불어 급속하게 성장하였다.
④ 독일은 1990년대 통일 후 치안수요의 증가로 인해 양적으로 확산되었다.

## 45

**미국의 민간경비 발전과정에 기여한 인물을 모두 고른 것은?**

ㄱ. 포프(A. Pope)
ㄴ. 브링크(W. Brink)
ㄷ. 허즈버그(F. Herzberg)
ㄹ. 웰즈(H. Wells)

① ㄱ, ㄷ
② ㄱ, ㄴ, ㄹ
③ ㄴ, ㄷ, ㄹ
④ ㄱ, ㄴ, ㄷ, ㄹ

## 46

**민간경비의 민영화에 관한 설명으로 옳지 않은 것은?**

① 국가권력의 시장개입을 비판하고 작은 정부를 지향하는 신자유주의적 흐름을 반영한다.
② 공경비의 일부 활동을 민간에 이전하여 민간경비로 전환하는 것도 민영화이다.
③ 민영화는 모든 부문에서의 배타적 자율화를 의미하며 국가권력의 개입이 전적으로 배제된다.
④ 대규모 행사의 안전관리에 참여하여 공권력의 부담을 감소시키는 것도 민영화이다.

## 47

**민간경비의 역사적 발전과정에 관한 설명으로 옳지 않은 것은?**

① 규환제도(Hue and Cry)는 범죄 대응 시 시민의 도움을 의무화하였다.
② 레지스 헨리시 법(The Legis Henrici Law)은 모든 범죄를 국왕의 안녕질서에 대한 도전으로 보았다.
③ 보우가 주자들(Bow Street Runners)의 운영을 통해 범죄예방에 있어서 시민의 자발적 단결이 중요시되었다.
④ 핑커톤(A. Pinkerton)은 민간경비회사가 노사분규에 지속적으로 개입하는 것을 정당화하고 지지하였다.

## 48
우리나라 민간경비의 발전과정에 관한 설명으로 옳지 않은 것은?
① 1950년대 주한미군에 대한 군납경비의 형태로 태동하였다.
② 1960년대 국가중요시설에 대한 경비문제가 중요하게 대두되면서 청원경찰법이 제정되었다.
③ 1970년대 용역경비업법이 제정되면서 민간경비는 제도적 틀에서 보호받기 시작하였다.
④ 1980년대 대기업이 민간경비산업에 진출하면서 무인경비시설이 확대되기 시작하였다.

## 49
우리나라 민간경비산업의 미래에 관한 예측으로 옳은 것은?
① 고객의 수가 증가하면서 모든 경비업체의 매출이 증가할 것이다.
② 정보화사회의 발전에 따른 첨단범죄의 증가로 이에 대응하는 민간경비의 전문성이 요구될 것이다.
③ 대규모 주상복합시설이 등장하면서 범죄라는 위험에 집중할 수 있는 단일대응체계가 확립될 것이다.
④ 대기업의 참여가 감소하면서 참여주체가 중소기업으로 전환될 것이다.

## 50
각국 민간경비의 법적 관계에 관한 설명으로 옳지 않은 것은?
① 미국은 주정부 또는 지방자치단체 차원에서 규제가 이뤄지다 보니 주에 따라 민간경비업의 규제방식과 실태가 다르다.
② 일본은 경비업법 제정을 통하여 민간경비업에 대한 규제사항을 정립하고 안전사회의 기반을 형성하는 산업으로 발전하였다.
③ 호주는 독립된 '민간경비산업위원회(Security Industry Authority)'를 통하여 민간경비업을 통합 및 규제한다.
④ 한국에서 민간경비원은 사법(私法)적 규율의 대상이므로 사인(私人)적 지위에 불과하다.

## 51
우리나라 치안환경의 변화로 옳지 않은 것은?
① 인구의 고령화로 인하여 노인범죄 및 노인대상범죄가 증가하고 있다.
② 전체적으로 도시와 농촌 간의 범죄 발생차이가 적어 통일적인 치안활동이 요구된다.
③ 다문화 사회 및 인구구조의 글로벌화로 외국인 근로자 및 불법체류자 등에 의한 범죄가 증가하고 있다.
④ 빈부격차의 심화와 사회 해체적 범죄 양상이 나타나고 있다.

## 52

우리나라 민간경비와 경찰의 협력방안으로 옳지 않은 것은?

① 지역방범활동 협력 강화
② 상호 정보교환 네트워크 구축
③ 공공안전과 관련된 교육훈련 등의 지속적 교환
④ 경찰의 민간경비 겸업화

## 53

민간경비업무의 자격증제도에 관한 설명으로 옳지 않은 것은?

① 미국은 대다수 주에서 민간경비 서비스에 대한 자격증제도를 두고 있으며 점차 증가 추세에 있다.
② 일본은 6개 경비업무 영역에 걸쳐 자격증제도를 운영하고 있다.
③ 한국은 청원경찰제도를 운영하고 있으며, 청원경찰이 되기 위해서는 경비지도사 자격증을 소지하여야 한다.
④ 민간경비업무 관련 자격증제도는 경비원의 업무능력 유무를 공식적으로 인정하는 것으로 적절한 경비업무를 수행할 수 있도록 한다.

## 54

기계경비의 장·단점에 관한 설명으로 옳지 않은 것은?

① 기계경비를 운영하는 경우 잠재적 범죄자에 대한 예방 효과는 미미하다.
② 장기적으로 경비 소요비용의 절감 효과를 가져온다.
③ 기계경비를 너무 맹신하였을 때 범죄자에게 역이용될 가능성이 있다.
④ 외부 침입을 정확하게 탐지하고 신속하게 대응할 수 있다.

## 55

**우리나라 호송경비업무에 관한 설명으로 옳은 것은?**

① 1995년 경비업법 개정으로 도입되었다.
② 경비인력 기준은 무술유단자인 일반경비원 3명 이상, 경비지도사 1명 이상이다.
③ 운반 중에 있는 현금·유가증권·귀금속·상품 그 밖의 물건에 대하여 도난·화재 등 위험발생을 방지하는 업무를 의미한다.
④ 업무수행을 위해 관할경찰서의 협조를 얻고자 하는 때에는 현금 등의 운반을 위한 도착 전일까지 도착지의 경찰서장에게 호송경비통지서(전자문서로 된 통지서를 포함한다)를 제출하여야 한다.

## 56

**계약경비와 자체경비에 관한 설명으로 옳은 것은?**

① 자체경비는 경비부서에서 오래 근무함으로써 회사운영, 매출, 인사 등에 관한 지식이 높아 여러 부분에서 계약경비보다 비용이 적게 든다.
② 계약경비는 자체경비에 비해 고용주나 회사에 대하여 상대적으로 충성심이 높다.
③ 계약경비는 자체경비에 비해 비상시 인적자원을 탄력적으로 운영할 수 있다.
④ 자체경비는 인사관리 측면에서 결원의 보충이 용이하다.

## 57

**혼잡경비에 관한 설명으로 옳지 않은 것은?**

① 일본은 경비업법 제2조 제2호 업무에 혼잡경비를 규정하고 있다.
② 한국은 경비업법에서 혼잡·교통유도경비업무를 경비업무의 한 유형으로 규정하고 있다.
③ 혼잡경비는 각종 행사를 위해 모인 불특정 군중에 의해 발생되는 혼란 상태를 사전에 예방·경계하고, 위험한 사태가 발생한 경우에 신속하게 조치해 확대를 방지하는 경비활동이다.
④ 혼잡경비업무의 대상은 장소와 시설에 국한된다.

## 58

민간경비의 교육훈련에 관한 설명으로 옳지 않은 것은?

① 직무수행에 필요한 지식과 기술 습득, 일반능력 개발, 가치관의 발전적 변화를 촉진하는 계획적 활동이다.
② 조직적 통제와 조정의 필요성을 증가시키게 된다.
③ 경영적 측면에서는 경영전략의 전개에 필요한 인력의 확보, 기업문화의 전승을 위해서 실시되는 것이다.
④ 개인적 측면에서는 개개인이 보유한 잠재능력을 개발·육성하고, 직장생활 능력 및 사회적 능력을 향상시키는 전인교육을 지향해야 한다.

## 59

경비업법상 경비원 교육에 관한 설명으로 옳지 않은 것은?

① 특수경비원의 교육 시 관할 시·도 경찰청 소속 경찰공무원이 교육기관에 입회하여 대통령령이 정하는 바에 따라 지도·감독하여야 한다.
② 경비업자는 경비업무를 적정하게 실시하기 위하여 경비원으로 하여금 대통령령으로 정하는 바에 따라 경비원 신임교육 및 직무교육을 받게 하여야 한다.
③ 경비원이 되려는 사람은 대통령령으로 정하는 교육기관에서 미리 일반경비원 신임교육을 받을 수 있다.
④ 특수경비업자는 대통령령으로 정하는 바에 따라 특수경비원으로 하여금 특수경비원 신임교육과 정기적인 직무교육을 받게 하여야 한다.

## 60

민간경비원의 윤리의식 제고방안으로 옳지 않은 것은?

① 선발기준 완화
② 직업윤리의 법제화
③ 법령 준수의식 제고
④ 직무교육 강화

## 61

경비업법령상 일반경비지도사 자격취득 교육과목으로 옳지 않은 것은?

① 특수경비
② 체포·호신술
③ 혼잡·다중운집 인파 관리
④ 인력경비개론

## 62

**경비위해요소에 관한 설명으로 옳지 않은 것은?**

① 자연적 위해에는 홍수, 폭풍, 지진 등이 있다.
② 경비위해요소 분석단계는 위해요소 인지, 손실발생 예측, 위해정도 평가, 비용효과 분석 순이다.
③ 인위적 위해란 특정 지역 및 국가 등에 따라 성질이나 유형이 다양하게 나타나는 위해이다.
④ 효과적인 경비프로그램을 실행하기 위해서는 경비위해요소 조사와 분석이 선행되어야 한다.

## 63

**경비계획을 수립함에 있어 고려해야 할 사항으로 옳지 않은 것은?**

① 건물에는 정교하면서도 파손되기 어려운 잠금장치를 설치해야 한다.
② 경비실은 출입구와 비상구에 인접한 곳에 설치해야 한다.
③ 경비계획 과정에는 관련 분야나 계층의 충분한 참여가 이루어져야 한다.
④ 경비진단결과 나타난 손실발생의 가능성을 고려해야 한다.

## 64

**일정한 형식이 전혀 없는 외부와 내부의 이상행동 및 침입을 감지하고 저지, 방어, 대응공격을 위한 경비수준은?**

① 하위수준경비(Level-Ⅱ)
② 중간수준경비(Level-Ⅲ)
③ 상위수준경비(Level-Ⅳ)
④ 최고수준경비(Level-Ⅴ)

## 65

**외곽경비에 관한 설명으로 옳은 것은?**

① 경비조명은 시설물에 대한 감시활동보다는 미적인 효과가 더 중요하다.
② 건물의 측면이나 후면 등 눈에 잘 띄지 않는 건물외벽에는 주기적인 순찰과 함께 CCTV 등 감시장치를 설치해야 한다.
③ 건물자체에 대한 경비활동으로 건물에 대한 출입통제, 출입문·창문에 대한 보호조치 등을 말한다.
④ 각종 잠금장치를 활용하여 범죄자의 침입시간을 지연시킨다.

## 66

감시시스템 장치인 CCTV는 무엇의 줄임말인가?

① Closed Cycle Television
② Closed Circle Television
③ Closed Circuit Television
④ Closed Construction Television

## 67

보호지역 중 비밀 또는 주요 시설에 대한 비인가자의 접근을 방지하기 위하여 안내를 받아 출입하여야 하는 장소는?

① 제한지역
② 제한구역
③ 통제지역
④ 통제구역

## 68

비상상황 발생 시 경비원의 역할로 옳지 않은 것은?

① 안전을 확보하기 위하여 비상계획서를 작성하고 책임자를 지정한다.
② 상황에 따라 필요시 보호 우선순위에 의한 안전을 확보한다.
③ 탈출 시 발생하는 혼란상황을 방지하기 위해 출입구와 비상구를 확실하게 장악하고 통제한다.
④ 인파가 무질서한 경우가 많으므로 적절한 안내와 통솔을 통하여 질서를 도모한다.

## 69

화재발생 시 경비원의 피난유도 원칙으로 옳지 않은 것은?

① 초고층 빌딩 등 특수한 경우를 제외하고 엘리베이터는 사용하지 않는다.
② 연기가 상승하는 속도는 사람이 계단을 오르는 속도보다 느리므로 반드시 옥상으로 유도한다.
③ 피난자가 다수인 경우에는 사람들을 분산하여 혼란을 방지하고 위험장소에 있는 자가 조기에 피난할 수 있도록 한다.
④ 화재층을 기준으로 화재층, 상층, 하층 순으로 피난시킨다.

## 70

사고발생 시 경비원의 현장보존 방법으로 옳은 것은?

① 현장의 모든 물건은 증거확보를 위해 보존이 용이한 곳으로 옮겨 보관한다.
② 현장을 중심으로 가능한 한 좁은 범위를 보존범위로 정하여 확보한다.
③ 현장에 담배꽁초나 휴지가 있으면 청소하여 청결을 유지한다.
④ 현장보존의 범위에 있는 모든 사람을 신속히 퇴장시킨다.

## 71

신종금융범죄 유형에 관한 설명으로 옳지 않은 것은?

① 파밍(Pharming) - 악성코드에 감염된 사용자 PC를 조작하여 금융정보를 빼내는 행위
② 피싱(Phishing) - 가짜사이트로 접속을 유도하여 은행 계좌정보 등을 불법적으로 알아내 이를 이용하는 행위
③ 메모리 해킹(Memory Hacking) - 악의적인 내용을 담은 전자우편을 인터넷상의 불특정 다수에게 무차별로 살포하여 온라인 공해를 일으키는 행위
④ 스미싱(Smishing) - 문자메시지 내의 인터넷 주소를 클릭하면 악성코드를 스마트폰에 설치하여 금융정보를 탈취하는 행위

## 72

컴퓨터 범죄의 특성 중 범행의 연속성에 관한 설명으로 옳은 것은?

① 행위자가 조작방법을 터득한 이상 임의로 쉽게 사용할 수 있어 조작행위가 빈번할 수 있다.
② 프로그램을 부정조작해 놓으면 자동·반복적으로 컴퓨터 시스템에 문제를 일으킬 수 있다.
③ 대량의 데이터를 처리하므로 범죄의 영향이 광범위하게 미칠 경우가 많다.
④ 발각이나 사후증명을 피하기 위한 수법이 지속적으로 발전되고 있어 범행 발견과 검증이 곤란하다.

## 73
컴퓨터의 부정조작 중 입력조작에 관한 설명으로 옳은 것은?
① 개개의 명령을 변경 혹은 삭제하거나 새로운 명령을 삽입하여 기존의 프로그램을 변경하는 것
② 입력될 자료를 조작하여 컴퓨터로 하여금 거짓 처리결과를 만들어 내는 것
③ 프로그램이 처리할 기억정보를 변경시키는 것
④ 특별한 컴퓨터지식이 없어도 되며 올바르게 출력된 출력인쇄를 사후에 변조하는 것

## 74
컴퓨터 범죄의 예방대책 중 관리적 대책으로 옳지 않은 것은?
① 직무권한의 명확화
② 스케줄러 점검
③ 액세스 제도
④ 데이터의 암호화

## 75
컴퓨터에 대한 물리적 접근통제 방법으로 옳지 않은 것은?
① 최소한의 출입구만 설치하며, 그 출입구에는 안전장치가 설치되어야 한다.
② 퇴직하거나 해고된 직원이 있으므로 정기적으로 자물쇠와 열쇠를 바꾼다.
③ 허가된 사람에 한해서는 출입이 가능하도록 하고, 접근권한의 갱신은 정기적으로 할 필요가 없다.
④ 출입구는 2중문 시설을 갖추어 전자장치로 출입을 통제할 수 있어야 한다.

## 76
청원경찰제도에 관한 설명으로 옳지 않은 것은?
① 청원경찰은 무기휴대가 불가능하다.
② 청원경찰의 경비는 청원주가 부담한다.
③ 청원경찰은 우리나라에만 있는 제도이다.
④ 배치된 시설 또는 기관의 장이나 지역을 관할하는 경찰서장의 감독을 받아 해당 경비구역 내에서 직무를 수행한다.

## 77

**경비업법 개정과 관련된 내용으로 옳지 않은 것은?**

① 1999년 용역경비업법에서 경비업법으로 변경되었다.
② 2001년 특수경비업무가 추가되었다.
③ 2009년 특수경비원 연령상한을 58세에서 60세로 연장하였다.
④ 2013년 누구든지 경비원으로 채용되기 전에도 개인적으로 일반경비원 신임교육을 받을 수 있도록 하였다.

## 78

**융합보안에 관한 설명으로 옳지 않은 것은?**

① 물리보안요소와 정보보안요소를 상호 연계하여 보안의 효과성을 높이는 활동이다.
② 정보보안요소에는 출입통제, 접근감시, 잠금장치 등이 있다.
③ 인적자원 보안, 사업 연속성, 위험관리, 재난복구 등을 논리적, 물리적으로 통합하는 것을 의미한다.
④ 물리적 보안장비 및 각종 재난·재해 상황에 대한 관리까지 포함한다.

## 79

**우리나라 민간경비업의 문제점으로 옳지 않은 것은?**

① 최근 기계경비 시장의 성장으로 인해 인력경비는 많은 비중을 차지하지 않는다.
② 민간경비업체는 충분한 자본을 바탕으로 꾸준한 매출을 올리는 소수를 제외하고는 대체로 영세성을 면하지 못하고 있다.
③ 경비업체의 대다수가 수도권에 편중되어 지역불균형이 심각한 상태이다.
④ 경비분야에 있어서 유능한 연구인력과 경비원이 부족한 실정이다.

## 80

**민간조사제도에 관한 설명으로 옳지 않은 것은?**

① 경찰을 비롯한 형사사법기관의 업무부담을 경감시킬 수 있다.
② 우리나라는 민간조사업무가 경비업법에 규정되어 있지 않아 민간조사활동은 불법이다.
③ 사생활 침해 등 개인의 인권과 권익을 침해할 수 있다.
④ 의뢰인은 국가기관의 복잡한 절차를 거치지 않고 민간조사기관에 의뢰해서 서비스를 제공받을 수 있다.

자신의 능력을 믿어야 한다.
그리고 끝까지 굳게 밀고 나가라.

– 로잘린 카터 –

# 2022

# 제24회 경비지도사
# 제1차 시험 기출문제

1. 법학개론
2. 민간경비론

# 2022년도 제24회 경비지도사 1차 국가자격시험

| 교시 | 문제형별 | 시험시간 | 시험과목 |
|---|---|---|---|
| 1교시 | A | 80분 | ❶ 법학개론<br>❷ 민간경비론 |

수험번호 _____   성 명 _____

## 【 수 험 자 유 의 사 항 】

1. **시험문제지 표지**와 시험문제지 내 **문제형별**의 **동일여부** 및 시험문제지의 **총면수, 문제번호 일련순서, 인쇄상태** 등을 확인하시고, 문제지 표지에 수험번호와 성명을 기재하시기 바랍니다.

2. 답은 각 문제마다 요구하는 **가장 적합하거나 가까운 답 1개**만 선택하고, 답안카드 작성 시 시험문제지 **형별누락, 마킹착오**로 인한 불이익은 전적으로 **수험자에게 책임**이 있음을 알려드립니다.

3. 답안카드는 국가전문자격 공통 표준형으로 문제번호가 1번부터 125번까지 인쇄되어 있습니다. 답안 마킹 시에는 반드시 **시험문제지의 문제번호와 동일한 번호**에 마킹하여야 합니다.

4. **감독위원의 지시에 불응하거나 시험시간 종료 후 답안카드를 제출하지 않을 경우** 불이익이 발생할 수 있음을 알려 드립니다.

5. 시험문제지는 시험 종료 후 가져가시기 바랍니다.

### 안내사항

1. 수험자는 **QR코드**를 통해 가답안을 확인하시기 바랍니다.
   (※ 사전 설문조사 필수)
2. 시험 합격자에게 '**합격축하 SMS(알림톡) 알림 서비스**'를 제공하고 있습니다.

— 수험자 여러분의 합격을 기원합니다 —

# 2022년 법학개론

- 2022.11.12. 시행
- 각 문항별로 난이도를 체크해 보세요. ○△×

Time    분 | 해설편 094p

## 01

법의 효력에 관한 설명으로 옳지 않은 것은?

① 형법은 대한민국영역 외에서 죄를 범한 내국인에게 적용한다.
② 외국의 영해에 있는 우리나라의 선박 안에서 외국인이 죄를 범한 경우 우리나라 형법이 적용되지 않는다.
③ 경과법은 독립된 시행법으로 제정되는 경우도 있다.
④ 행정법령의 경우, 새로운 법령 등은 법령 등에 특별한 규정이 있는 경우를 제외하고는 그 법령 등의 효력 발생 전에 완성된 사실관계에 대해서는 적용되지 아니한다.

## 02

법원(法源)에 관한 설명으로 옳은 것은?

① 제정법의 경우 그 효력은 상위법이 하위법에 우선한다.
② 민법은 상사에 관하여 원칙적으로 상관습법에 우선하여 적용된다.
③ 일반적으로 승인된 국제법규라도 국회의 비준을 거치지 않은 경우 국내법과 같은 효력은 인정되지 않는다.
④ 헌법재판소는 관습헌법을 인정하지 않는다.

## 03

법의 분류와 체계에 관한 설명으로 옳은 것은?

① 권리의무의 발생・변경・소멸 등을 규정한 법은 절차법이다.
② 상법은 민법의 특별법이다.
③ 민사소송법은 사법이다.
④ 일반법과 특별법이 충돌하는 경우 일반법이 우선한다.

## 04

국회가 제정한 법률과 같은 지위의 효력이 있는 것은?

① 대통령의 긴급명령
② 자치법규
③ 시행령
④ 시행규칙

## 05

당사자의 반증에 의하여 법률효과가 번복될 수 있는 것은?

① 추 정
② 준 용
③ 간 주
④ 부적용

## 06

미성년자에 대한 흡연금지 규정이 있는 경우에 성년자의 흡연은 허용된다고 하는 해석은?

① 물론해석
② 보정해석
③ 유추해석
④ 반대해석

## 07

헌법상 명시되어 있는 권리가 아닌 것은?

① 청원권
② 알권리
③ 단체행동권
④ 신속한 재판을 받을 권리

## 08

**권리와 의무에 관한 설명으로 옳지 않은 것은?**

① 권리는 자연인만이 행사할 수 있는 것이 아니다.
② 사권(私權)을 권리의 작용에 따라 분류할 경우 해제권은 청구권에 해당한다.
③ 소유권은 사용, 수익, 처분권능으로 구성된다.
④ 권리 없이 의무만 있는 경우가 있다.

## 09

**부작위의무에 해당하는 것은?**

① 음식물을 배달해야 하는 의무
② 빌린 노트북을 반환해야 하는 의무
③ 임대인이 임대목적물을 수선하는 것에 대하여 임차인이 방해하지 않아야 하는 의무
④ 노래를 불러주어야 하는 의무

## 10

**헌법 분류 중 우리나라 헌법이 해당하지 않는 것은?**

① 성문헌법
② 민정헌법
③ 연성헌법
④ 모방적 헌법

## 11

**헌법 조문의 일부이다. (   )에 들어갈 올바른 용어는?**

○ 대한민국은 ( ㄱ )공화국이다.
○ 외국인은 국제법과 ( ㄴ )이 정하는 바에 의하여 그 지위가 보장된다.

① ㄱ : 민주, ㄴ : 조약
② ㄱ : 민주, ㄴ : 헌법
③ ㄱ : 자유, ㄴ : 조약
④ ㄱ : 자유, ㄴ : 헌법

## 12
헌법상 국민의 권리·의무에 관한 설명으로 옳지 않은 것은?
① 의무교육은 무상으로 한다.
② 연소자의 근로는 특별한 보호를 받는다.
③ 모든 국민은 병역의 의무를 진다.
④ 모든 국민은 보건에 관하여 국가의 보호를 받는다.

## 13
헌법상 국무회의의 심의사항이 아닌 것은?
① 사 면
② 영전수여
③ 정당해산결정
④ 국립대학교총장의 임명

## 14
헌법상 헌법재판소와 법원에 관한 설명으로 옳은 것은?
① 대법원에 부를 둘 수 있다.
② 대법관은 연임할 수 없다.
③ 군사법원의 상고심은 헌법재판소에서 관할한다.
④ 대법원장의 임기는 10년이다.

## 15
민법상 조건과 기한에 관한 설명으로 옳은 것은?
① 해제조건 있는 법률행위는 조건이 성취한 때로부터 그 효력이 생긴다.
② 조건이 법률행위의 당시에 이미 성취할 수 없는 것인 경우에는 그 조건이 해제조건이면 조건 없는 법률행위로 한다.
③ 시기 있는 법률행위는 기한이 도래한 때로부터 그 효력을 잃는다.
④ 기한은 채권자의 이익을 위한 것으로 추정한다.

## 16

민법상 계약의 성립에 관한 설명으로 옳지 않은 것은?

① 격지자 간의 계약은 승낙의 통지가 도달한 때에 성립한다.
② 승낙자가 청약에 대하여 변경을 가하여 승낙한 때에는 그 청약의 거절과 동시에 새로 청약한 것으로 본다.
③ 교환계약은 당사자 쌍방이 금전 이외의 재산권을 상호이전할 것을 약정함으로써 성립한다.
④ 당사자 간에 동일한 내용의 청약이 상호교차된 경우에는 양청약이 상대방에게 도달한 때에 계약이 성립한다.

## 17

부동산에 대하여 용익권능과 담보권능이 모두 인정될 수 있는 물권은?

① 저당권                    ② 유치권
③ 질 권                     ④ 전세권

## 18

건물의 소유자 甲이 경비업자 乙과 경비계약을 체결한 경우, 민법상 계약의 효력에 관한 설명으로 옳지 않은 것은?

① 선량한 풍속 기타 사회질서에 위반한 사항을 내용으로 하는 甲과 乙의 경비계약은 무효이다.
② 甲이 乙과 통정하여 허위의 의사표시로 체결한 경비계약은 무효이다.
③ 甲이 경비계약을 내용상 착오에 기하여 체결한 경우, 甲에게 중대한 과실이 있더라도 甲은 그 계약을 취소할 수 있다.
④ 甲이 乙의 사기에 의하여 경비계약을 체결한 경우, 甲은 그 계약을 취소할 수 있다.

## 19

경비업자가 경비계약상의 의무를 부주의로 위반하여 계약 상대방에게 손해를 가한 경우의 책임은?

① 하자담보책임
② 채무불이행책임
③ 부당이득반환책임
④ 사무관리에 기한 비용상환책임

## 20

경비업자 X의 피용자 甲과 乙이 통상적인 경비업무를 수행하다가 부주의로 행인 丙에게 부상을 입힌 경우의 민법상 책임에 관한 설명으로 옳지 않은 것은?

① 甲과 乙은 丙에 대하여 일반 불법행위책임을 진다.
② X가 甲과 乙의 선임 및 그 사무감독에 상당한 주의를 하지 않았다면 丙에 대하여 손해배상책임이 있다.
③ 丙은 X에 대하여 채무불이행책임을 물을 수 없다.
④ 甲과 乙은 자신의 과실비율에 따라 손해의 일부만을 丙에 대하여 직접 배상해야 하는 것이 원칙이다.

## 21

형성의 소에 해당될 수 있는 것은?

① 금전의 지급을 구하는 경우
② 물건의 인도를 구하는 경우
③ 대여금채권의 부존재 확인을 구하는 경우
④ 부부가 이혼을 구하는 경우

## 22

형법상 '상당한 이유'를 요건으로 하고 있지 않은 위법성조각사유는?

① 피해자의 승낙
② 긴급피난
③ 자구행위
④ 정당방위

## 23

주거침입죄에 관한 설명으로 옳지 않은 것은?

① 관리하는 건조물도 주거침입죄의 객체가 된다.
② 침입 당시에 주거자가 현존하지 않더라도 주거침입죄는 성립한다.
③ 빌딩 내의 사무실도 주거침입죄의 객체가 된다.
④ 주거침입죄의 미수범은 처벌하지 않는다.

## 24
우리나라 형사소송법의 지도이념과 기본구조가 아닌 것은?
① 실체적 진실주의
② 규문주의
③ 적정절차의 원리
④ 탄핵주의

## 25
형사소송법상 소송의 주체가 아닌 것은?
① 법 원
② 검 사
③ 피고인
④ 변호사

## 26
형사소송법상 현행범인의 체포에 관한 설명으로 옳은 것은?
① 사법경찰관리가 현행범인의 인도를 받은 때에는 체포자의 성명, 주거, 체포의 사유를 물어야 하고 필요한 때에는 체포자에 대하여 경찰관서에 동행함을 요구할 수 있다.
② 범죄를 실행하고 난 직후의 사람은 현행범인이 아니다.
③ 사법경찰관리는 현행범인을 영장 없이 체포할 수 없다.
④ 사법경찰관은 범행 직후의 범죄 장소에서 현행범인을 체포할 때 긴급을 요하더라도 영장 없이 수색할 수 없다.

## 27
형사소송법상 재판에 관한 설명으로 옳은 것은?
① 공소사실이 모두 증명되었다면 책임조각사유가 존재하더라도 유죄판결을 해야 한다.
② 공소기각의 재판을 하는 경우에는 대리인의 출석이 허용되지 않는다.
③ 보통항고의 항고기간은 1개월이다.
④ 형의 면제 판결이 선고된 때에는 구속영장은 효력을 잃는다.

## 28
형사소송법상 즉시항고의 제기기간은?
① 3일
② 5일
③ 7일
④ 결정 즉시

## 29
상법상 회사 일반에 관한 설명으로 옳은 것은?
① 모든 회사는 다른 회사의 무한책임사원이 될 수 있다.
② 해산 후의 회사와 존립 중인 회사가 합병하는 경우 해산 후의 회사가 존립 중인 회사를 흡수하여 합병할 수 있다.
③ 법원은 회사의 설립목적이 불법한 것인 때 검사의 청구에 의하여 회사의 해산을 명할 수 있다.
④ 모든 회사의 설립 시 정관에 기명날인하는 사원은 2인 이상이어야 한다.

## 30
상법상 주식회사에 허용될 수 없는 것은?
① 주주의 제명
② 무액면주식
③ 자본금의 감소
④ 회사채의 발행

## 31
상법상 보험계약에 관한 설명으로 옳은 것은?
① 보험자가 보험계약 체결 전 서면으로 질문한 사항은 중요한 사항으로 간주한다.
② 보험사고가 전쟁 기타의 변란으로 인하여 생긴 때에는 당사자 간에 다른 약정이 없으면 보험자는 보험금액을 지급할 책임이 없다.
③ 보험계약은 그 계약 전의 어느 시기를 보험기간의 시기(始期)로 할 수 없다.
④ 보험계약 당시에 보험계약자가 고의로 인하여 중요한 사항을 고지하지 아니한 경우 보험자가 계약 당시에 그 사실을 알았더라도 보험자는 계약을 해지할 수 있다.

## 32

**상법상 손해보험에 관한 설명으로 옳지 않은 것은?**

① 금전으로 산정할 수 없는 이익도 보험계약의 목적으로 할 수 있다.
② 당사자 간에 보험가액을 정하지 아니한 때에는 사고 발생 시의 가액을 보험가액으로 한다.
③ 보험의 목적의 성질, 하자 또는 자연소모로 인한 손해는 원칙적으로 보험자가 이를 보상할 책임이 없다.
④ 피보험자가 보험의 목적을 양도한 때에는 양수인은 보험계약상의 권리와 의무를 승계한 것으로 추정한다.

## 33

**근로기준법상 근로계약에 관한 설명으로 옳지 않은 것은?**

① 근로기준법에 따라 사용자가 명시한 근로조건이 사실과 다를 경우에 근로자는 근로조건 위반을 이유로 손해의 배상을 청구할 수 있으며 즉시 근로계약을 해제할 수 있다.
② 근로계약 내용의 일부가 근로기준법에서 정하는 기준을 충족하지 못하는 경우 그 근로계약 전부를 무효로 한다.
③ 사용자는 근로계약 불이행에 대한 위약금을 예정하는 계약을 체결하지 못한다.
④ 사용자는 근로계약에 덧붙여 강제 저축을 규정하는 계약을 체결하지 못한다.

## 34

**산업재해보상보험법상 업무상 재해 및 보험급여에 관한 설명으로 옳지 않은 것은?**

① 근로자의 자해행위가 원인이 되어 발생한 사망은 정상적인 인식능력 등이 뚜렷하게 낮아진 상태에서 발생한 경우라도 업무상의 재해로 인정될 수 있는 경우는 절대 없다.
② 업무상 재해의 인정 시 업무와 재해 사이에 상당인과관계(相當因果關係)가 요구된다.
③ 유족급여는 근로자가 업무상의 사유로 사망한 경우에 유족에게 지급한다.
④ 보험급여를 받을 권리는 양도 또는 압류하거나 담보로 제공할 수 없다.

## 35
사회보험과 관계가 없는 법률은?
① 국민연금법
② 국민건강보험법
③ 고용보험법
④ 국가배상법

## 36
사회보장기본법에 관한 설명으로 옳지 않은 것은?
① 국가와 지방자치단체는 가정이 건전하게 유지되고 그 기능이 향상되도록 노력하여야 한다.
② 사회보장에 관한 다른 법률을 제정하거나 개정하는 경우에는 사회보장기본법에 부합되도록 하여야 한다.
③ 국내에 거주하는 외국인에게 사회보장제도를 적용할 때에는 상호주의의 원칙에 따르되, 관계 법령에서 정하는 바에 따른다.
④ 고용노동부장관은 사회보장에 관한 기본계획을 매년 수립하여야 한다.

## 37
행정주체에 해당하는 것은?
① 대통령
② 법원행정처장
③ 공무수탁사인
④ 세종특별자치시의회 의장

## 38

정부조직법상 국무총리 소속의 중앙행정기관이 아닌 것은?

① 법제처
② 질병관리청
③ 국가보훈부
④ 식품의약품안전처

## 39

행정처분의 부관에 해당하지 않는 것은?

① 부 담
② 기 한
③ 의 제
④ 철회권의 유보

## 40

행정청은 행정작용을 할 때 상대방에게 해당 행정작용과 실질적인 관련이 없는 의무를 부과해서는 안 된다는 행정법상 원칙은?

① 권한남용금지의 원칙
② 부당결부금지의 원칙
③ 신뢰보호의 원칙
④ 법치행정의 원칙

## 2022년 민간경비론

2022.11.12. 시행

### 41
민간경비의 개념에 관한 설명으로 옳지 않은 것은?
① 형식적 개념은 공경비와 민간경비가 명확히 구분된다.
② 실질적 개념은 자율방범대 및 개인적 차원의 범죄예방활동도 포함한다.
③ 협의의 개념은 주요 기능으로 방범·방재·방화를 들고 있다.
④ 광의의 개념에서 공경비와 민간경비는 본질적 차이가 없다고 본다.

### 42
민간경비와 공경비에 관한 설명으로 옳지 않은 것은?
① 민간경비는 공경비와 상호관련성을 가진다.
② 경비업법상 공항 등(항공기 포함하지 않음) 국가중요시설의 경비 및 도난·화재 그 밖의 위험발생을 방지하는 것은 민간경비의 업무이다.
③ 영미법계 국가의 민간경비원이 대륙법계 민간경비원보다 폭넓은 권한을 행사한다.
④ 민간경비는 범죄예방을 임무로 하지만, 경비대상이 공경비와 구별된다.

## 43

甲과 乙의 대화내용에 해당하는 민간경비의 이론적 배경이 올바르게 연결된 것은?

> 甲 : "경찰의 역할 수행은 사실상 근본적으로 한정적일 수밖에 없어."
> 乙 : "그래. 이제는 민간경비도 자체적인 고유한 영역을 가져야 한다고 생각해."

> ㄱ. 민영화이론   ㄴ. 경제환원론
> ㄷ. 이익집단이론   ㄹ. 수익자부담이론
> ㅁ. 공동생산이론

① 甲 - ㄱ, 乙 - ㄷ
② 甲 - ㄱ, 乙 - ㅁ
③ 甲 - ㄴ, 乙 - ㄱ
④ 甲 - ㅁ, 乙 - ㄷ

## 44

환경설계를 통한 범죄예방(CPTED)에 관한 설명으로 옳지 않은 것은?

① 물리적 환경을 개선하여 범죄를 억제하고 주민의 불안감을 해소하는 제도이다.
② 시야가 차단된 폐쇄형 담장을 투시형 담장으로 바꾸는 것은 자연적 감시이다.
③ 범죄의 원인을 환경적 요인에서 찾으며 모든 인간은 잠재적 범죄욕망을 가진다고 보았다.
④ 딘글(J. Dingle)이 주장한 방어공간이론은 보호가치가 높은 자산일수록 보다 많은 물리적 통제 공간을 형성해야 한다는 것이다.

## 45

고대 민간경비에 관한 설명으로 옳은 것은?

① 원시시대에는 동해보복형(同害報復形)의 처벌을 하였다.
② 공경비와 민간경비가 분리된 시대는 함무라비 시대이다.
③ 그리스시대에는 법 집행을 위해 최초의 국가경찰인 자경단원제도를 운영하였다.
④ 로마시대에는 최초의 무장 수도경찰을 운영하였고, 민간경비가 크게 성장하여 경비책임이 개인에게 귀속되었다.

## 46

각국의 민간경비에 관한 설명으로 옳지 않은 것은?

① 영국의 윈체스터 법에는 주·야간 감시제도, 15세 이상 60세 미만 남자의 무기비치 의무화가 규정되었다.
② 미국의 민간경비는 남북전쟁시대에 금괴수송을 위한 철도경비를 강화하면서 획기적으로 발전했다.
③ 독일의 민간경비업체는 개인회사, 주식회사, 중소기업 형태로 다양하다.
④ 일본의 공안위원회는 민간경비에 대한 주요 정책을 다루고 있다.

## 47

영국의 로버트 필(Robert Peel)이 행한 경찰개혁에 관한 내용으로 옳지 않은 것은?

① 경찰은 헌신적이고 윤리적이며, 중앙정부로부터 봉급을 받는 요원들이어야 한다고 주장하였다.
② 수도경찰법을 의회에 제출하여 수도경찰을 창설하였다.
③ 범죄와 혼란을 바로잡기 위해서는 엄격하게 선발되고 훈련된 사람으로 조직된 기관이 필요하다고 하였다.
④ 교구경찰, 수상경찰, 상인경찰 등을 능률적인 유급경찰로 통합하였다.

## 48

특수경비원과 청원경찰에 관한 내용으로 옳은 것은?

① 특수경비원이 휴대할 수 있는 무기종류는 권총·소총과 도검 등이다.
② 특수경비원은 특정한 경우 사법경찰권한이 허용된다.
③ 청원경찰의 임용은 관할 경찰서장이 승인한다.
④ 청원경찰은 형법이나 기타 벌칙을 적용할 때에는 공무원으로 간주된다.

## 49

우리나라 민간경비의 현황에 관한 설명으로 옳은 것은?

① 민간조사업을 하고자 하는 사람은 관할 시·군·구청의 승인을 얻어야 한다.
② 기계경비의 수요가 늘고 있으나, 아직까지 인력경비의 의존도가 높다.
③ 특수경비원은 청원경찰제도가 도입되면서 상호 대등한 입지를 갖게 되었다.
④ 공경비에 비해 민간경비산업은 성장에 많은 어려움을 겪고 있다.

## 50

민간경비와 공경비의 관계에 관한 설명으로 옳지 않은 것은?

① 민간경비원의 신분은 민간인과 동일하게 취급한다.
② 공경비의 한계는 민간경비 성장의 발판이 되었다.
③ 민간경비는 공익보호를 목적으로 하며 법령에 의한다.
④ 민간경비는 공경비에 비해 사전적·특정적·제한적 활동을 하는 특징을 가진다.

## 51

기계경비의 단점에 관한 설명으로 옳지 않은 것은?

① 24시간 지속적으로 감시할 수 있다.
② 고장 시 신속한 대응이 어렵다.
③ 오경보 및 허위경보의 위험성이 크다.
④ 초기 설치비용이 많이 든다.

## 52

군중관리의 기본원칙으로 옳지 않은 것은?

① 밀도의 희박화
② 지시의 철저
③ 이동의 다양화
④ 경쟁적 상황의 해소

## 53

경비위해요소 분석에 관한 설명으로 옳지 않은 것은?

① 경비위해요소란 경비대상의 안전성에 위험을 끼치는 제반요소를 의미한다.
② 모든 시설물마다 표준화된 인력경비시스템을 적용하는 것은 아니다.
③ 총체적 경비는 특정한 손실이 발생할 때마다 그 사건에만 대응하는 경비형태이다.
④ 손실예방을 위한 최적의 방어책을 세우기 위해서는 위해요소에 대한 인지와 평가가 우선적으로 선행되어야 한다.

## 54

우리나라 치안환경에 관한 설명으로 옳은 것은?

① 이기주의로 인한 집단행동이 감소하고 있다.
② 다문화가정에 대한 치안수요는 감소하고 있다.
③ 금융·보험, 컴퓨터 등과 관련된 화이트칼라 범죄가 증가하고 있다.
④ 인구의 탈도시화 현상으로 범죄가 감소하게 되어 도시 유형에 맞는 치안활동의 필요성이 줄어든다.

## 55

경비업법령상 경비원 A가 일반경비원 신임교육을 받아야 하는 시간은?

> 경비원 A는 일반경비원 신임교육을 받은 지 5년이 지난 후 일반경비원으로 채용되었다(단, 채용 전 다른 경비업무 종사이력은 없다).

① 교육면제
② 24시간
③ 76시간
④ 88시간

## 56

경비업법령상 특수경비원 교육에 관한 사항으로 옳지 않은 것은?

① 특수경비업자는 특수경비원을 채용한 경우 특수경비업자 부담으로 특수경비원에게 특수경비원 신임교육을 받도록 하여야 한다.
② 특수경비업자는 소속 특수경비원에게 매월 3시간 이상의 직무교육을 받도록 하여야 한다.
③ 특수경비원의 교육 시 관할 시·도 경찰청 소속 경찰공무원이 교육기관에 입회하여 지도·감독하여야 한다.
④ 특수경비업자는 특수경비원 신임교육을 받지 아니한 자를 특수경비업무에 종사하게 하여서는 안 된다.

## 57

각국 민간경비원의 법적 지위와 권한에 관한 설명으로 옳지 않은 것은?

① 미국에서 경찰관이 행하는 수색과 민간경비원이 행하는 수색에는 차이가 없다.
② 미국에서 민간경비원이 경찰과 협력 또는 기소를 목적으로 증거를 수집하여 경찰에 제공하는 대리인으로 활동한 경우 헌법적 제한이 따른다.
③ 일본에서 민간경비원은 업무의 특수성으로 인해 헌법에 규정된 국민의 권리를 침해할 우려가 있으므로 주의가 필요하다.
④ 한국에서 민간경비원이 증거를 수집할 수 있는 형사소송법상의 규정은 없다.

## 58

민·경 협력 범죄예방에 관한 다음 내용에 해당하는 것은?

> 경찰이 방범활동에 대한 주민의 의견을 직접 들어 치안활동에 반영하는 것으로 치안행정상 주민참여와 관련이 있다.

① 아동안전지킴이
② 자율방범대
③ 방범리콜제도
④ 경찰홍보

## 59

인력경비와 기계경비에 관한 설명으로 옳은 것은?

① 인력경비는 넓은 장소를 효과적으로 감시할 수 있다.
② 기계경비는 고객과의 친밀한 관계형성이 용이하다.
③ 인력경비는 장기적으로 경비비용의 절감 효과가 있다.
④ 기계경비는 유지보수에 전문인력이 요구된다.

## 60

비상시 민간경비원의 임무로 옳지 않은 것은?

① 출입구와 비상구의 출입통제
② 비상인력과 시설 내의 이동통제
③ 경찰서, 소방서 등과 통신업무 차단
④ 경제적으로 보호할 가치가 있는 물건에 대하여 보호조치 실시

## 61

경비계획 수립의 기본원칙으로 옳지 않은 것은?

① 잠금장치는 정교하고 쉽게 파손되지 않도록 만들어져야 한다.
② 직원 출입구는 주차장으로부터 가까운 곳에 위치해야 한다.
③ 경비관리실은 가능한 한 건물에서 통행이 많은 곳에 설치한다.
④ 경비원 대기실은 시설물 출입구와 비상구에 인접하도록 한다.

## 62

외곽경비에 관한 설명으로 옳지 않은 것은?

① 기본 목적은 범죄자의 불법침입을 지연시키는 것이다.
② 시설물의 일상적인 업무활동에서 벗어난 곳에 위치한 폐쇄된 출입구는 정기적인 확인이 필요 없다.
③ 담장의 설치는 시설물 내의 업무활동을 은폐하고, 내부 관찰이 불가능하도록 해야 한다.
④ 가시지대 내에서 감시활동이 이루어질 때에는 잠금장치가 설치된 문을 주의 깊게 살펴야 한다.

## 63

경비조명에 관한 설명으로 옳지 않은 것은?

① 보안조명은 타인의 사생활을 방해하도록 설치되어서는 안 된다.
② 보안조명은 경계구역의 안과 밖을 비출 수 있도록 적당한 밝기와 높이에 설치한다.
③ 외부조명은 경계대상물이 경계선에서 가깝거나 건물 자체가 경계선의 일부분일 경우 건물을 직접적으로 비추도록 해야 한다.
④ 가스방전등은 매우 높은 빛을 빨리 발산하기 때문에 경계구역과 사고 발생지역에 사용하기가 유용하다.

## 64

**건물의 출입통제에 관한 설명으로 옳은 것을 모두 고른 것은?**

> ㄱ. 내부반입은 검색 관리가 필요하지만, 외부반출은 검색 관리가 필요 없다.
> ㄴ. 외부인이 예약 없이 방문하는 경우에는 별도의 대기실에 대기시킨 후 방문 대상자에게 통보해야 한다.
> ㄷ. 경비원은 상근직원이라도 매일 모든 출입자의 신분증을 확인해야 한다.
> ㄹ. 신원이 확인된 외부인에 대해서는 이동 가능한 지역을 지정할 필요 없다.

① ㄱ, ㄴ
② ㄱ, ㄹ
③ ㄴ, ㄷ
④ ㄷ, ㄹ

## 65

**다음에 해당하는 경보시스템은?**

> 일정 지역에 국한하여 한두 개의 경보장치를 설치하는 방식으로 사이렌이나 경보음이 울리는 경보시스템

① 제한적 경보시스템
② 국부적 경보시스템
③ 상주 경보시스템
④ 외래 경보시스템

## 66

**재난재해에 관한 대처요령으로 옳지 않은 것은?**

① 경비원은 폭발물 협박이 있는 경우 책임자에게 보고하고 내부 인원을 대피시킨 후 폭발물 설치 여부를 탐색한다.
② 지진 발생 시 가스밸브를 잠그고 건물 밖 공터 등으로 대피한다.
③ 엘리베이터 안에서 지진 발생 시 모든 층을 누르고 가장 먼저 정지하는 층에 내려서 대피한다.
④ 화재 대피 시에는 수건 등을 물에 적셔서 입과 코를 막고 낮은 자세로 대피한다.

## 67

다음에 해당하는 경비위해 분석단계는?

> 경비의 위해요소 분석에 있어서 가장 선행되어야 하는 것으로, 경비대상시설이 안고 있는 경비상의 취약점을 파악하는 단계

① 위험요소의 분류
② 경비위해요소의 인지
③ 경비위험도의 평가
④ 경비비용효과의 분석

## 68

경비조사활동(업무)에 관한 설명으로 옳지 않은 것은?

① 경비위해요소와 경비대상에 대한 다양한 정보를 수집하는 활동이다.
② 경비상태의 취약점을 보완할 수 있는 종합적인 경비프로그램을 만들기 위한 객관적인 분석방법이 사용되어야 한다.
③ 경비전문가에 의한 조사는 경비위해 분석이 조직내부 관계자에 의하여 영향을 받지 않기 때문에 조직 내 타 부서의 협조가 용이하다.
④ 경비조사보고서는 유용한 자료이므로 정기적으로 정리하면 특정 계절에 발생하는 경비문제를 확인할 수 있는 장점이 있다.

## 69

중요도에 따라 분류한 경비수준으로 다음 내용에 해당하는 것은?

> ○ 기본적으로 의사소통장비를 갖춘 경비원에 의한 경비
> ○ 대부분의 패턴이 없는 외부행동과 일정 패턴이 없는 내부행동을 발견, 방해하도록 계획된 경비
> ○ 물품창고, 제조공장, 대형소매점 수준의 경비

① 최저수준경비
② 하위수준경비
③ 중간수준경비
④ 상위수준경비

## 70

경비부서 조직화에 관한 설명으로 옳지 않은 것은?

① 최고관리자는 중간관리자에게 책임의 범위 내에서 업무를 수행할 수 있도록 재량권을 부여하여야 한다.
② 경비인력 수요는 일반적으로 해당 경비시설물의 규모에 반비례한다.
③ 상급자의 통솔범위는 부하의 자질이 높을수록 넓다.
④ 경비원은 자신을 직접 관리하고 있는 경비책임자로부터 지시를 받아야 하고, 항상 그 책임자에게 보고해야 한다.

## 71

융합보안에 관한 설명으로 옳지 않은 것은?

① 내·외적 정보침해에 따른 기술적 대응은 포함되지 않는다.
② 물리적 보안요소와 정보보안요소를 통합해 효율성을 높이는 활동이다.
③ 4차 산업혁명에 따른 위협의 다변화에 따라 필요성이 대두되었다.
④ 보안산업의 새로운 트렌드이며, 차세대 고부가가치 산업으로 급부상하고 있다.

## 72

정보보호의 기본원칙으로 옳지 않은 것은?

① 정보보호의 목표는 비밀성·무결성·가용성이다.
② 정보시스템 소유자·공급자·사용자 및 기타 관련자 간의 책임을 명확하게 해야 한다.
③ 정보시스템의 보안은 정보의 합법적 사용과 전달이 상호 조화를 이루게 해야 한다.
④ 정보보호의 요구사항은 조직의 기본적인 원칙이므로 시간의 변화에 따른 재평가는 없다.

## 73

스턱스넷(Stuxnet)에 관한 설명으로 옳지 않은 것은?

① 2010년에 발견된 웜 바이러스이다.
② 마이크로소프트 윈도우를 통하여 감염된다.
③ 산업시설을 감시하고 파괴하는 악성 소프트웨어이다.
④ 인터넷을 이용하여 타인의 신상정보를 공개하거나 거짓 메시지를 남겨 괴롭히는 데 사용된다.

## 74
컴퓨터 범죄에 관한 관리적 안전대책으로 옳지 않은 것은?
① 중요한 데이터의 경우 특정 직급 이상만 접근할 수 있도록 키(key)나 패스워드 등을 부여한다.
② 컴퓨터실과 파일 보관장소는 허가받은 자만 출입할 수 있도록 통제한다.
③ 근무자들에 대하여 정기적인 배경조사를 실시한다.
④ 회사 내부의 컴퓨터 기술자, 사용자, 프로그래머의 기능을 분리한다.

## 75
우리나라의 경찰과 민간경비 간의 관계 개선방안으로 옳지 않은 것은?
① 상호 업무기준의 설정
② 경비자문서비스센터의 운영
③ 전임책임자제도의 실시
④ 범죄신고시스템의 통합

## 76
우리나라 민간경비원의 법적 권한에 관한 설명으로 옳지 않은 것은?
① 현행범에 대한 체포권한이 있다.
② 범죄수사권이 없다.
③ 자구행위는 위법성이 조각되지 않는다.
④ 현행범에 대해서 수색할 권한은 없다.

## 77
컴퓨터 범죄의 유형에 관한 설명으로 옳지 않은 것은?
① 컴퓨터 부정조작 : 컴퓨터의 처리결과나 출력인쇄를 변경시키는 행위
② CD(Cash Dispenser) 범죄 : 현금자동지급기를 중심으로 하는 범죄 행위
③ 컴퓨터 스파이 : 컴퓨터 시스템의 자료를 권한 없이 획득, 불법이용 또는 누설하는 행위
④ 컴퓨터 부정사용 : 권한 없는 자가 컴퓨터가 있는 시설을 파괴하는 행위

## 78

형법에 규정된 컴퓨터 범죄로 옳지 않은 것은?

① 불법감청죄
② 컴퓨터 업무방해죄
③ 전자기록 손괴죄
④ 컴퓨터 등 사용사기죄

## 79

다음 설명에 해당하는 사이버테러 유형은?

> 데이터가 일시적으로 저장되는 공간에 할당된 버퍼의 양을 초과하는 데이터를 입력함으로써 프로그램이 비정상적으로 동작하도록 하는 공격 행위

① 버퍼 오버플로(Buffer Overflow)
② 플레임(Flame)
③ 슈퍼재핑(Super Zapping)
④ 허프건(Huffgun)

## 80

민간경비산업의 발전방안으로 옳지 않은 것은?

① 민간경비 관련 법규의 정비
② 민간경비체계와 업무의 다양화
③ 경찰과 민간경비의 협조체계 구축
④ 인력경비산업 육성을 위한 기계경비산업의 축소

대부분의 사람은 마음먹은 만큼 행복하다.

– 에이브러햄 링컨 –

# 2021

# 제23회 경비지도사
# 제1차 시험 기출문제

① 법학개론
② 민간경비론

# 2021년도 제23회 경비지도사 1차 국가자격시험

| 교시 | 문제형별 | 시험시간 | 시험과목 |
|---|---|---|---|
| 1교시 | A | 80분 | ❶ 법학개론<br>❷ 민간경비론 |

| 수험번호 | | 성명 | |
|---|---|---|---|

【 수 험 자 　 유 의 사 항 】

1. **시험문제지 표지**와 시험문제지 내 **문제형별**의 동일여부 및 시험문제지의 **총면수, 문제번호 일련순서, 인쇄상태** 등을 확인하시고, 문제지 표지에 수험번호와 성명을 기재하시기 바랍니다.
2. 답은 각 문제마다 요구하는 **가장 적합하거나 가까운 답 1개**만 선택하고, 답안카드 작성 시 시험문제지 **형별누락, 마킹착오**로 인한 불이익은 전적으로 **수험자에게 책임**이 있음을 알려드립니다.
3. 답안카드는 국가전문자격 공통 표준형으로 문제번호가 1번부터 125번까지 인쇄되어 있습니다. 답안 마킹 시에는 반드시 **시험문제지의 문제번호와 동일한 번호**에 마킹하여야 합니다.
4. **감독위원의 지시에 불응**하거나 시험시간 종료 후 답안카드를 제출하지 않을 경우 불이익이 발생할 수 있음을 알려 드립니다.
5. 시험문제지는 시험 종료 후 가져가시기 바랍니다.

### 안내사항

1. 수험자는 **QR코드**를 통해 가답안을 확인하시기 바랍니다.
   (※ 사전 설문조사 필수)
2. 시험 합격자에게 '**합격축하 SMS(알림톡) 알림 서비스**'를 제공하고 있습니다.

— 수험자 여러분의 합격을 기원합니다 —

# 2021년 법학개론

- 2021.11.06. 시행
- 각 문항별로 난이도를 체크해 보세요.

## 01

( )에 들어갈 것으로 옳은 것은?

> 한 국가의 법은 국적을 묻지 않고 그 영토 내에 있는 모든 사람에게 적용된다는 주의를 ( )라고 한다.

① 속지주의
② 보호주의
③ 세계주의
④ 속인주의

## 02

법원(法源)에 관한 설명으로 옳지 않은 것은?

① 관습법은 관습이 법적 확신을 얻어 규범화된 것이다.
② 조리는 사물의 이치나 본성을 뜻하는 불문법이다.
③ 규칙은 지방의회에서 제정하는 자치법규이다.
④ 명령은 행정기관에 의해 제정된 성문법이다.

## 03

법의 분류에 관한 설명으로 옳지 않은 것은?

① 형사소송법은 공법이며 절차법이다.
② 민법은 사법이며 실체법이다.
③ 민법은 상법에 대한 특별법이다.
④ 형법은 공법이며 실체법이다.

## 04

**대륙법계의 특징으로 옳지 않은 것은?**

① 제정법에 대한 판례법의 우위
② 독일법계와 프랑스법계 중심
③ 성문법 중심
④ 일반적·추상적 규범으로 체계화

## 05

**법의 적용에 관한 설명으로 옳지 않은 것은?**

① 법의 적용은 구체적인 사안을 법규범에 적용하는 것을 말한다.
② 법의 적용은 구체적 사안을 상위개념(대전제)으로 하고, 추상적인 법규범을 하위개념(소전제)으로 하여 결론을 도출하는 것이다.
③ 법의 적용을 위해서는 우선 법이 적용되어야 할 구체적 사실을 확정해야 한다.
④ 국가생활에서 궁극적인 법의 적용은 재판에 의해서 실현된다고 할 수 있다.

## 06

**신분권에 관한 설명으로 옳지 않은 것은?**

① 일신전속적 권리에 속한다.
② 거래의 객체가 될 수 없다.
③ 동거청구권, 부양청구권 등이 이에 속한다.
④ 사단법인에 소속된 구성원으로서의 지위에 기하여 발생하는 권리이다.

## 07

법의 해석방법 가운데 물론해석에 해당되는 것은?

① '소멸시효의 이익은 미리 포기하지 못한다'는 규정이 있는 경우, 시효완성 후의 포기는 허용된다고 해석하는 것
② '자전거 통행금지'라는 게시판이 있는 경우, 오토바이도 통행하지 못한다고 해석하는 것
③ '배우자'의 개념에 대해서, 법률상 배우자뿐만 아니라 사실상 배우자를 포함한다고 해석하는 것
④ '미성년자가 혼인을 할 때에는 부모의 동의를 얻어야 한다'는 규정이 있는 경우, 성년자가 혼인을 할 때에는 부모의 동의를 필요로 하지 않는다고 해석하는 것

## 08

헌법에 규정되어 있는 의무가 아닌 것은?

① 타인의 권리 존중의무
② 근로의 의무
③ 재산권 행사의 공공복리적합의무
④ 환경보전의무

## 09

권리와 구별되는 개념에 관한 설명으로 옳은 것은?

① 권원은 권리의 내용을 이루는 개개의 법률상 작용을 말한다.
② 권능은 일정한 법률상 또는 사실상의 행위를 하는 것을 정당화하는 법률상의 원인이다.
③ 권한은 타인을 위하여 그 자에게 일정한 법률효과를 발생하게 하는 행위를 할 수 있는 법률상 자격이다.
④ 반사적 이익은 법에 의해 보호되는 이익으로서 그것이 침해된 자도 법률상 구제를 받을 수 있음이 원칙이다.

## 10

헌법 제37조 제2항의 규정이다. (   )에 들어갈 것은?

> 국민의 모든 자유와 권리는 국가안전보장·질서유지 또는 공공복리를 위하여 필요한 경우에 한하여 (   )(으)로써 제한할 수 있으며, 제한하는 경우에도 자유와 권리의 본질적인 내용을 침해할 수 없다.

① 헌 법
② 법 률
③ 대통령령
④ 부 령

## 11

국민의 근로와 관련하여 헌법에 명시되어 있지 않은 것은?

① 연소자는 우선적으로 근로의 기회를 부여받는다.
② 국가는 법률이 정하는 바에 의하여 최저임금제를 시행하여야 한다.
③ 공무원인 근로자는 법률이 정하는 자에 한하여 단결권·단체교섭권 및 단체행동권을 가진다.
④ 법률이 정하는 주요방위산업체에 종사하는 근로자의 단체행동권은 법률이 정하는 바에 의하여 이를 제한하거나 인정하지 아니할 수 있다.

## 12

헌법상 법원 및 법관에 관한 규정의 내용으로 옳은 것은?

① 법률의 위헌 여부는 대법원이 이를 최종적으로 심사할 권한을 가진다.
② 법원은 명령·규칙의 위헌 여부에 대하여 헌법재판소에 제청하고 그 심판에 의하여 재판한다.
③ 대법원장과 대법관이 아닌 법관은 국회의 동의를 얻어 대통령이 임명한다.
④ 법관은 탄핵 또는 금고 이상의 형의 선고에 의하지 아니하고는 파면되지 아니한다.

## 13

헌법상 '국가안전보장회의'의 주재자는?

① 대통령
② 국방부장관
③ 국가정보원장
④ 행정안전부장관

## 14

민법상 법인에 관한 설명으로 옳지 않은 것은?

① 법인은 법률의 규정에 의함이 아니면 성립하지 못한다.
② 영리 아닌 사업을 목적으로 하는 사단은 주무관청의 허가를 얻어 이를 법인으로 할 수 있다.
③ 법인은 그 주된 사무소의 소재지에서 설립등기를 함으로써 성립한다.
④ 법인의 대표자가 그 직무에 관하여 타인에게 가한 손해에 대해 법인은 배상할 책임이 없다.

## 15

민법상 기한의 이익에 관한 설명으로 옳은 것은?

① 무상임치의 경우 채무자만이 기한의 이익을 가진다.
② 기한의 이익을 가지는 자는 그 이익을 포기할 수 없다.
③ 채무자가 담보제공의 의무를 이행하지 아니하는 때에는 기한의 이익을 상실한다.
④ 당사자 사이에 체결한 기한이익의 상실에 관한 특약은 효력이 없다.

## 16

민법상 담보물권이 아닌 것은?

① 지상권
② 유치권
③ 질 권
④ 저당권

## 17

경비업무를 도급하는 내용으로 경비계약을 체결하는 경우 그 계약의 법적 성질로 옳지 않은 것은?

① 낙성계약
② 쌍무계약
③ 무상계약
④ 불요식계약

## 18

경비업자 甲이 고용한 경비원 乙이 근무 중 과실로 타인에게 손해를 끼쳤다. 이때 甲이 지는 책임에 관한 설명으로 옳지 않은 것은?

① 乙이 업무집행에 관하여 타인에게 손해를 끼친 경우 甲은 피해자에게 손해배상의무를 진다.
② 甲에게 배상책임을 지게 하는 취지는 피용자의 자력부족 때문에 피해자가 충분한 구제를 받을 수 없게 되는 상황을 방지하기 위함이다.
③ 甲과 乙 사이에 유효한 고용계약이 체결되지 않았더라도 실질적으로 사용관계가 있으면 甲은 배상책임을 진다.
④ 만약 乙이 일시적으로만 업무를 수행하였다면 甲은 배상책임을 지지 아니한다.

## 19

甲과 乙은 丙의 귀금속 상점에 침입하여 재물을 절도하였다. 이에 관한 설명으로 옳지 않은 것은?

① 甲과 乙은 丙의 손해에 대해 연대하여 배상할 책임이 있다.
② 甲과 乙은 丙의 손해에 대해 공동불법행위자로서의 책임을 진다.
③ 甲과 乙의 손해배상범위는 원칙적으로 상당인과관계에 있는 모든 손해이다.
④ 甲과 乙의 절도행위를 丁이 교사(敎唆)한 경우에 丁은 甲・乙과 연대책임을 지지 않는다.

## 20

甲은 경비업자 乙과 경비계약을 체결하였다. 그런데 그 경비계약의 내용을 乙이 제대로 이행하지 않아 甲에게 손해가 발생하였다면, 乙에 대한 甲의 손해배상청구권이 발생하기 위한 요건에 해당하지 않는 것은?

① 乙의 작위 또는 부작위
② 甲의 손해
③ 乙의 행위와 甲의 손해 사이의 인과관계
④ 甲의 책임능력

## 21

형법상 甲의 행위는?

> 甲은 어두운 골목길을 지나다가 강도를 만나 그를 피해 乙의 집에 무단으로 침입하였다.

① 정당방위
② 자구행위
③ 긴급피난
④ 정당행위

## 22

형법상 재산범죄에 관한 설명으로 옳지 않은 것은?

① 친족상도례는 모든 재산범죄에 적용된다.
② 절도죄는 타인의 재물을 절취함으로써 성립한다.
③ 강도죄는 예비·음모한 자에 대한 처벌규정이 있다.
④ 준강도는 목적범이며, 행위주체는 절도범이다.

## 23

형사소송법상 신속한 재판을 위한 제도로 옳지 않은 것은?

① 궐석재판
② 집중심리
③ 불필요한 변론의 제한
④ 피고인의 진술거부권

## 24

형사소송법상 변호인에 관한 설명으로 옳지 않은 것은?

① 변호인은 원칙적으로 변호사 중에서 선임하여야 한다.
② 변호인 선임은 당해 심급에 한하여 효력이 있다.
③ 피고인 또는 피의자는 변호인을 선임할 수 있다.
④ 공소제기 전에 선임된 변호인은 제1심의 변호인이 될 수 없다.

## 25

(    )에 들어갈 말로 옳은 것은?

> 형사소송법상 고소권자와 범인 이외의 제3자가 수사기관에 범죄사실을 신고하여 범인의 소추를 구하는 의사표시를 (    )(이)라고 한다.

① 고 발
② 고 소
③ 자 수
④ 자 백

## 26

형사소송법상 증거에 관한 설명으로 옳지 않은 것은?

① 공소범죄사실에 대한 거증책임은 원칙적으로 검사에게 있다.
② 피고인의 자백이 그 피고인에게 불이익한 유일의 증거인 경우 이를 유죄의 증거로 한다.
③ 증거란 사실인정의 근거가 되는 자료이다.
④ 적법절차에 따르지 아니하고 수집한 자료는 증거로 할 수 없다.

## 27

형사소송법상 제1심 판결에 불복하여 제2심 법원에 제기하는 상소는?

① 항 고
② 상 고
③ 항 소
④ 재 심

## 28

상법상 주식회사의 기관이 아닌 것은?

① 주주총회
② 지배인
③ 대표이사
④ 이사회

## 29

상법상 회사의 종류가 아닌 것은?

① 유한회사
② 유한책임회사
③ 합자회사
④ 조합회사

## 30

상법상 손해보험의 종류가 아닌 것은?

① 생명보험
② 보증보험
③ 해상보험
④ 책임보험

## 31

상법상 보험계약 체결 시 약관의 설명의무에 관한 내용이다. ( )에 들어갈 것을 순서대로 나열한 것은?

> 설명의무 위반 시 ( )는 보험계약이 성립한 날부터 ( )개월 이내에 그 계약을 취소할 수 있다.

① 보험계약자, 1
② 보험계약자, 3
③ 보험자, 1
④ 보험자, 3

## 32

근로기준법상 해고에 관한 내용이다. ( )에 공통적으로 들어갈 숫자는?

> ○ 사용자가 근로자를 해고하려고 하는 경우, 근로자가 계속 근로한 기간이 ( )개월 미만인 경우에는 해고의 예고를 하지 않을 수 있다.
> ○ 사용자가 근로자에게 부당해고 등을 하면 근로자는 부당해고 등이 있었던 날로부터 ( )개월 이내에 노동위원회에 구제신청을 할 수 있다.

① 1
② 2
③ 3
④ 4

## 33

산업재해보상보험법상 보험급여의 종류가 아닌 것은?

① 요양급여
② 휴업급여
③ 생계급여
④ 직업재활급여

## 34

**사회보험에 관한 설명으로 옳은 것은?**

① 사회보험에 따른 비용은 국가가 그 전부를 부담하는 것이 원칙이다.
② 사회보험 및 사보험은 임의가입이 원칙이다.
③ 우리나라는 특수직역 종사자를 모두 포괄한 국민 단일연금체계로 운영하여 사회통합에 기여하고 있다.
④ 「국민연금법」상 수급권은 이를 압류하거나 담보로 제공할 수 없다.

## 35

**사회보장기본법상 사회보장수급권에 관한 설명으로 옳지 않은 것은?**

① 사회보장수급권은 관계 법령에서 정하는 바에 따라 사회보장급여를 받을 권리를 의미한다.
② 사회보장수급권은 포기할 수 없다.
③ 사회보장수급권은 관계 법령에서 정하는 바에 따라 다른 사람에게 양도할 수 없다.
④ 사회보장수급권이 제한되거나 정지되는 경우에는 제한 또는 정지하는 목적에 필요한 최소한의 범위에 그쳐야 한다.

## 36

**행정청이 법률의 근거가 없음에도 불구하고 상대방에게 영업취소 처분을 하였다면 어떤 원칙에 위배되는가?**

① 비례의 원칙
② 법률유보의 원칙
③ 법률우위의 원칙
④ 신뢰보호의 원칙

## 37
행정청이 어떠한 처분을 하기 전에 당사자등의 의견을 직접 듣고 증거를 조사하는 절차는?
① 청 문
② 사전통지
③ 의견제출
④ 행정조사

## 38
행정청이 영업허가를 하면서 "허가기간은 2021년 12월 31일까지"라고 부관을 붙인 경우, 그 부관의 종류는?
① 시 기
② 종 기
③ 부 담
④ 정지조건

## 39
행정상 사실행위에 해당하는 것은?
① 건축허가
② 도로포장
③ 운전면허
④ 허가취소

## 40
(   )에 들어갈 것으로 옳은 것은?

| 행정청이 자기에게 주어진 권한의 일부를 법에 근거하여 타자에게 이전하여 그 자의 이름과 권한과 책임으로 특정의 사무를 처리하게 하는 것을 (   )(이)라고 한다. |

① 대 결
② 위임전결
③ 권한의 대리
④ 권한의 위임

# 2021년 민간경비론

2021.11.06. 시행

## 41
경비업무 중 '경비를 필요로 하는 시설 및 장소에서의 도난·화재 그 밖의 혼잡 등으로 인한 위험발생 방지 업무'에 해당하는 것은?
① 호송경비업무
② 시설경비업무
③ 특수경비업무
④ 기계경비업무

## 42
민간경비의 주요 임무로 옳지 않은 것은?
① 질서유지활동
② 범죄수사활동
③ 위험방지활동
④ 범죄예방활동

## 43
민간경비의 실질적 개념에 관한 설명으로 옳지 않은 것은?
① 경비업법에 의하여 허가받은 법인이 경비업법상 규정된 업무를 수행하는 경비활동이다.
② 민간경비뿐만 아니라 지역 내 자율방범대 및 개인적 차원 등에서 이루어지는 범죄예방 관련 제반활동이다.
③ 민간차원에서 수행하는 개인 및 집단의 생명과 신체에 대한 위해방지, 재산보호 등과 관련된 활동이다.
④ 정보보호, 사이버보안은 실질적 개념의 민간경비에 속한다.

## 44

민간경비와 공경비의 차이점에 관한 설명으로 옳지 않은 것은?

① 민간경비의 주체는 민간기업이고, 공경비의 주체는 정부이다.
② 민간경비는 고객지향적 서비스이고, 공경비는 시민지향적 서비스이다.
③ 민간경비의 목적은 고객의 범죄예방 및 손실보호이고, 공경비의 목적은 국민의 안녕과 질서유지이다.
④ 민간경비의 임무는 범죄예방이고, 공경비의 임무는 범죄대응에 국한된다.

## 45

공동화이론에 관한 설명으로 옳지 않은 것은?

① 경찰이 수행하는 경찰 본연의 기능·역할을 민간경비가 보완한다.
② 경찰은 거시적 질서유지기능을 하고 개인의 신체와 재산보호는 개인비용으로 부담해야 한다.
③ 민간경비와 공경비의 관계는 상호 갈등·경쟁관계가 아니라, 상호 보완적·역할분담적 관계를 갖는다.
④ 범죄증가에 비례해 경찰력이 증가해야 하지만, 현실적으로 어려워 그 공백을 메우기 위해 민간경비가 발전한다.

## 46

민영화이론에 관한 설명으로 옳은 것은?

① 복지국가 확장의 부작용에 따른 재정위기를 극복하기 위해 국가의 역할범위를 축소하고 재정립한다.
② 그냥 내버려 두면 보호받지 못한 채로 방치될 만한 재산을 민간경비가 보호한다.
③ 경기침체에 따른 실업자의 증가로 범죄가 증가함으로써 민간경비시장이 성장·발전한다.
④ 경찰의 치안서비스 제공과정에서 시민과 민간경비의 능동적 참여를 다각적으로 유도한다.

## 47

일본의 민간경비 발전과정에 관한 설명으로 옳지 않은 것은?

① 1960년대에 한국과 중국으로 진출하면서 비약적인 발전을 하였다.
② 1964년 동경올림픽 선수촌 경비를 계기로 민간경비의 역할이 널리 인식되었다.
③ 1970년 오사카 만국박람회(EXPO) 개최 시 민간경비가 투입되었다.
④ 경비업법 제정 당시 신고제로 운영하였으나, 그 후 허가제로 바뀌었다.

## 48

한국 민간경비의 역사적 발전과정에 관한 설명으로 옳지 않은 것은?

① 1977년 설립된 한국경비실업은 경비업 허가 제1호를 취득하였다.
② 1989년 용역경비업법은 용역경비업자가 대통령령으로 정하는 기계경비시설을 설치·폐지·변경한 경우 허가관청에 신고하여야 한다고 규정하였다.
③ 2001년 경비업법이 전면개정되면서 경비업의 종류에 신변보호업무가 추가되었다.
④ 2013년 경비업법 개정으로 집단민원현장에 배치된 경비원의 지도·감독 규정이 강화되었다.

## 49

미국의 민간경비산업에 관한 설명으로 옳지 않은 것은?

① 현재 계약경비업체가 자체경비업체보다 비약적인 발전을 보이고 있다.
② 경찰과 민간경비는 업무수행에 있어 상명하복의 관계가 명확하다.
③ 제2차 세계대전 이후 민간경비산업이 급속히 발전하였다.
④ 2001년 9.11테러 이후 국토안보부를 설치하였으며, 이는 공항경비 등 민간경비산업이 발전하는 중요한 계기가 되었다.

## 50

순수공공재 이론에서 "치안서비스라는 재화는 이용 또는 접근에 대해서 제한할 수 없다"는 내용에 해당하는 것은?

① 비경합성
② 비배제성
③ 비거부성
④ 비순수성

## 51

일본 민간경비원의 법적 지위에 관한 설명으로 옳은 것은?

① 민간인 지위 이상의 특권이나 권한을 부여받는다.
② 현행범 체포는 위법성이 조각되지 않는다.
③ 정당방위는 위법성이 조각된다.
④ 긴급피난은 정당성이 인정되지 않는다.

## 52

우리나라 민간경비제도에 관한 설명으로 옳지 않은 것은?

① 1976년 용역경비업법이 제정되면서 본격적인 민간경비가 실시되었다.
② 1997년 제1회 경비지도사 자격시험이 실시되었다.
③ 1999년 용역경비업법이 경비업법으로 변경되었다.
④ 2021년 국가경찰과 자치경찰의 조직 및 운영에 관한 법률을 통해 경찰관 신분을 가진 민간경비원이 합법화되었다.

## 53

경비원이 다른 부서의 관리자들로부터 명령을 받게 된다면 업무수행에 차질이 생길 것이다. 이 문제를 방지하기 위한 민간경비 조직편성의 원리는?

① 계층제의 원리
② 통솔범위의 원리
③ 명령통일의 원리
④ 조정·통합의 원리

## 54

**우리나라 치안여건의 변화에 관한 설명으로 옳지 않은 것은?**

① 과거에 비해 인터넷, 클럽, SNS 등 마약류의 구입경로가 다양하지만 마약범죄는 감소추세에 있다.
② 무선인터넷과 스마트폰 보급의 확대로 사이버범죄가 증가하고 있다.
③ 노령인구 증가로 노인범죄가 사회문제시되고 있다.
④ 금융, 보험, 신용카드 등과 관련된 지능화·전문화된 범죄가 증가하고 있다.

## 55

**범죄예방 및 안전사고 방지를 위하여 관내 주택, 고층빌딩, 금융기관 등에 대한 방범시설 및 안전설비의 설치상황, 자위방범역량 등을 점검하여 문제점을 보완하는 경찰활동에 해당하는 것은?**

① 문안순찰
② 방범진단
③ 방범홍보
④ 경찰방문

## 56

**기계경비의 장점에 관한 설명으로 옳지 않은 것은?**

① 장기적으로 운영비용의 절감 효과를 기대할 수 있다.
② 화재예방과 같은 다른 예방시스템과 통합운용이 가능하다.
③ 24시간 동일한 조건으로 지속적 감시가 가능하다.
④ 기계경비를 잘 아는 범죄자에게 역이용당할 우려가 있다.

## 57

**자체경비와 계약경비의 장단점에 관한 설명으로 옳지 않은 것은?**

① 계약경비는 자체경비보다 다양한 경비분야에 전문성을 갖춘 경비인력을 쉽게 제공할 수 있다.
② 자체경비는 신분보장의 불안정성과 저임금으로 계약경비보다 이직률이 높다.
③ 계약경비는 경비인력의 추가 및 감축에 있어 자체경비보다 탄력적 운용이 가능하다.
④ 자체경비는 계약경비보다 고용주에게 높은 충성심을 갖는 경향이 있다.

## 58

경비업법령상 경비원의 교육에 관한 설명으로 옳지 않은 것은?

① 경비원이 되려는 사람은 대통령령으로 정하는 교육기관에서 미리 일반경비원 신임교육을 받을 수 있다.
② 일반경비원 신임교육은 44시간이다.
③ 특수경비원 신임교육은 80시간이다.
④ 일반경비원의 교육실시에 필요한 사항은 행정안전부령으로 정한다.

## 59

국가경찰과 자치경찰의 조직 및 운영에 관한 법률상 경찰의 사무에 관한 내용으로 옳지 않은 것은?

① 지역 내 교통활동에 관한 사무는 자치경찰이 담당한다.
② 공공안녕에 대한 위험의 예방과 대응을 위한 정보의 수집·작성 및 배포에 관한 사무는 국가경찰이 담당한다.
③ 학교폭력 등 소년범죄에 해당하는 수사사무는 자치경찰이 담당한다.
④ 가정폭력, 아동학대범죄에 해당하는 수사사무는 국가경찰이 담당한다.

## 60

환경설계를 통한 범죄예방(CPTED)에 관한 설명으로 옳지 않은 것은?

① 브랜팅햄(P. Brantingham)과 파우스트(F. Faust)의 범죄예방 구조모델 개념과 관련된다.
② 뉴만(O. Newman)의 방어공간 개념과 관련된다.
③ 지역의 환경을 개선하여 범죄자의 범법심리를 억제하고, 주민의 범죄에 대한 두려움을 줄이는 기법을 말한다.
④ 범죄의 원인을 환경적 요인보다는 개인적 요인에서 찾는다.

## 61

경비지도사에 관한 설명으로 옳은 것은?

① 일반경비지도사와 특수경비지도사로 구분한다.
② 경비현장에 배치된 경비원 순회점검 직무를 행정안전부령이 정하는 바에 따라 성실하게 수행하여야 한다.
③ 경비지도사제도는 경비업법 제7차 개정 때 도입되었다.
④ 경비원을 지도·감독·교육하는 현장책임자라 할 수 있다.

## 62

경비위해요소 분석에 관한 설명으로 옳지 않은 것은?

① 경비위해요소 분석은 경비대상의 취약점을 파악하여 범죄, 화재, 재난 등으로부터 안전하게 보호하기 위한 계획을 수립하기 위함이다.
② 지진, 폭풍, 홍수 등 자연적 위해요소는 대규모의 인적·물적 피해를 발생시킨다.
③ 비용효과 분석은 투입 대비 산출규모를 비교하여 적정한 경비수준을 결정하는 과정으로 절대적 기준이 있다.
④ 경비위해요소 분석자료는 경비계획에 있어서 경비조직 등의 규모를 판단하는 근거가 된다.

## 63

경비진단을 위한 물리적 사전조사의 착안사항으로 옳지 않은 것은?

① 위험을 야기할 수 있는 인물의 유무
② 경비대상시설의 형태와 용도
③ 시설 내의 예측할 수 있는 침입경로
④ 주변 구조물 등의 상황

## 64

민간경비의 윤리에 관한 설명으로 옳지 않은 것은?

① 민간경비의 윤리가 확립되지 않으면 고객 및 국민으로부터 신뢰를 얻을 수 없다.
② 민간경비의 윤리문제는 민간경비 자체에 한정된다.
③ 경찰과 시민의 민간경비에 대한 인식전환이 필요하다.
④ 자격증제도의 도입 등을 통한 전문화는 민간경비의 윤리성을 제고시킬 수 있다.

## 65

경비계획 수립의 기본원칙으로 옳은 것은?

① 건물출입구 수는 안전규칙 범위 내에서 최대한으로 유지되어야 한다.
② 경비관리실은 건물 내부에서 통행이 가급적 적은 곳에 설치하여야 한다.
③ 정상적인 출입구 외에 건물 외부와 연결되는 천장, 환풍기, 하수도관 등에 대한 안전확보방안을 강구하여야 한다.
④ 효과적인 경비를 위해서는 물건을 선적하거나 수령하는 지역은 동일 지역에서 이루어지도록 설계되어야 한다.

## 66

**다음 설명에 해당하는 경비수준은?**

일정한 형식이 없는 외부와 내부의 이상행동을 감지하여 저지·방어하기 위한 첨단시스템장치를 구비하고, 고도로 훈련받은 무장경비원이 배치되어 경비하는 시스템이다.

① 최저수준경비(Level-1)
② 하위수준경비(Level-2)
③ 중간수준경비(Level-3)
④ 상위수준경비(Level-4)

## 67

**외곽경비에 관한 설명으로 옳지 않은 것은?**

① 시설물의 경계지역은 시설물 자체의 특성과 위치에 의해 결정된다.
② 담장을 설치할 경우 가시지대를 넓히기 위해 주변 장애물을 제거해야 한다.
③ 경계구역 내 옥상이 없는 건물이나 외곽지역도 경비활동의 대상으로 고려되어야 한다.
④ 경비조명은 시설물에 대한 감시활동보다는 미적인 효과가 더 중요하다.

## 68

**국가중요시설 경비에 관한 설명으로 옳지 않은 것은?**

① 국가중요시설 중요도에 따라 가급, 나급, 다급, 라급, 마급으로 분류된다.
② 국가중요시설 내 보호지역은 제한지역, 제한구역, 통제구역으로 구분된다.
③ 국가중요시설은 국방부장관이 관계 행정기관의 장 및 국가정보원장과 협의하여 지정한다.
④ 국가중요시설 경비의 효율화를 위해서는 교육훈련 강화를 통한 경비전문화가 필요하다.

## 69

**순찰경비에 관한 설명으로 옳지 않은 것은?**

① 복수순찰은 단독순찰에 비해 인원의 경제적 배치가 가능하고 여러 지역을 분산하여 순찰할 수 있다.
② 난선순찰은 경비원의 판단에 따라 경로를 선택하는 순찰이다.
③ 자동차순찰은 넓은 지역을 신속하게 순찰할 수 있다.
④ 실내순찰은 순찰경로가 경비대상시설의 내부로 한정되는 순찰이다.

## 70

**비상사태 발생 시 민간경비의 대응으로 옳은 것을 모두 고른 것은?**

> ㄱ. 응급환자에 대한 조치
> ㄴ. 경제적 가치가 있는 자산의 보호
> ㄷ. 비상계획서 작성 및 책임자 지정
> ㄹ. 발생지역 내의 질서유지 및 출입통제

① ㄱ, ㄴ, ㄷ
② ㄱ, ㄴ, ㄹ
③ ㄱ, ㄷ, ㄹ
④ ㄴ, ㄷ, ㄹ

## 71

**국가보안시설 및 기업의 산업스파이 문제에 관한 설명으로 옳지 않은 것은?**

① 핵심정보에 접근하는 자는 비밀보장각서 등을 작성하고, 비밀인가자의 범위를 최소한으로 제한해야 한다.
② 최근 기업규모별 산업기술 유출건수는 대기업보다 중소기업에서 더 많이 발생하고 있어 체계적인 보안대책이 요구된다.
③ 산업스파이는 외부인이 시설의 전산망에 침입하여 핵심정보를 절취해 가는 경우가 많아 방어시스템을 구축해야 한다.
④ 첨단 전자장비의 발전으로 산업스파이에 의한 산업기밀이 유출될 수 있는 위험요소들이 더욱 많아지고 있다.

## 72

다음의 사례에 해당하는 신종금융범죄는?

> '9월의 카드 거래내역'이라는 제목의 이메일에서 안내하는 인터넷주소를 클릭하자 가짜 은행사이트에 접속되었고, 보안카드번호 전부를 입력한 결과 범행계좌로 자신의 돈이 무단이체되는 사건이 발생하였다.

① 피싱(Phishing)
② 파밍(Pharming)
③ 스미싱(Smishing)
④ 메모리 해킹(Memory Hacking)

## 73

물리적 통제시스템인 CCTV에 관한 설명으로 옳은 것은?

① 영상정보를 불특정 다수에게 전달함으로써 범죄 발생 시 신속한 대응이 가능하다.
② 고정형 영상정보처리기기의 무분별한 설치는 인권침해 가능성이 높아 개인정보보호법에서 엄격하게 규제하고 있다.
③ 국가중요시설에 고정형 영상정보처리기기를 설치·운영하려는 자는 관련 안내판을 설치하여 정보주체가 쉽게 알아볼 수 있도록 해야 한다.
④ 디지털(DVR) 방식에서 아날로그(VCR) 방식으로 전환되어 그 효율성이 증대되었다.

## 74

정보보호의 목표 중 다음 설명에 해당하는 것은?

> 한 번 생성된 정보는 원칙적으로 수정되어서는 안 되며, 원래의 그 상태로 유지되어야 한다. 만약 수정이 필요할 경우, 허가받은 사람에 의해서 허용된 절차에 따라 수정되어야 한다.

① 비밀성
② 가용성
③ 영리성
④ 무결성

## 75

**컴퓨터보안 관련 위해요소와 그 내용의 연결로 옳지 않은 것은?**

① 트로이 목마(Trojan Horse) : 실제로는 파일삭제 등 악의적인 목적을 가지고 있지만, 좋은 것처럼 가장하는 프로그램
② 서비스거부 공격(Denial of Service Attack) : 악의적으로 특정 시스템의 서버에 수많은 접속을 시도하여 다른 이용자가 정상적으로 이를 사용하지 못하도록 하는 수법
③ 자료의 부정변개(Data Diddling) : 금융기관의 컴퓨터 시스템에서 이자계산이나 배당금 분배 시 단수 이하의 적은 금액을 특정 계좌로 모으는 수법
④ 바이러스(Virus) : 컴퓨터 프로그램이나 실행 가능한 부분을 복제·변형시킴으로써 시스템에 장애를 주는 프로그램

## 76

**컴퓨터 시스템의 보안 및 컴퓨터 범죄에 관한 설명으로 옳지 않은 것은?**

① 컴퓨터 범죄는 다른 범죄에 비해 증거인멸이 용이하며, 고의 입증이 어렵다.
② 컴퓨터보안을 위한 체계적 암호관리는 숫자·특수문자 등을 사용하고, 최소 암호수명을 설정하여 주기적으로 관리해야 한다.
③ 타인의 컴퓨터에 있는 전자기록 등을 불법으로 조작하면, 형법상의 전자기록위작·변작죄 등이 적용될 수 있다.
④ 시설 내 중앙컴퓨터실은 화재 발생 시 그 피해가 심각하기 때문에 스프링클러(Sprinkler) 등 화재대응시스템을 구축해야 한다.

## 77

**민간경비원의 동기부여이론에 관한 설명으로 옳지 않은 것은?**

① 허즈버그(F. Herzberg)의 동기-위생이론 중 동기요인은 조직정책, 감독, 급여, 근무환경 등과 관련된다.
② 인간관계론적 관점에서 등장한 동기부여이론은 조직 내 구조적인 면보다는 인간적 요인을 중요시한다.
③ 매슬로우(A. Maslow)의 욕구계층이론 중 안전욕구는 2단계 욕구에 해당한다.
④ 맥그리거(D. McGregor)의 X·Y이론 중 Y이론은 인간잠재력의 능동적 발휘와 관련된다.

## 78

다음 설명에 해당하는 경비개념은?

> 물리적 보안요소(CCTV, 출입통제장치 등), 기술적 보안요소(불법출입자 정보인식시스템 등), 관리적 보안요소(조직·인사관리 등)를 상호 연계하여 시큐리티의 효율성을 높이고자 하는 접근방법이다.

① 혼성(Hybrid) 시큐리티
② 종합(Total) 시큐리티
③ 융합(Convergence) 시큐리티
④ 도시(Town) 시큐리티

## 79

민간경비의 공공관계(PR) 개선에 관한 설명으로 옳지 않은 것은?

① 공공관계 개선은 관련 정책 및 프로그램을 통한 민간경비의 이미지 향상을 의미한다.
② 민간경비는 특정 고객에게 경비서비스를 제공하지만 일반시민과의 관계개선도 중요하다.
③ 민간경비의 언론관계는 기밀유지 등을 위해 무반응적(Inactive) 대응이 원칙이다.
④ 민간경비는 장애인·알코올중독자 등 특별한 상황에 처한 사람들의 특성을 잘 이해하고 있어야 한다.

## 80

경찰과 민간경비의 관계개선을 위해서는 향후 경찰조직 내의 전담부서의 확대가 요구된다. 현재 경찰청에서 경비업법상 경비업을 관리하고 있는 부서는? [기출수정]

① 범죄예방대응국
② 생활안전교통국
③ 치안정보국
④ 수사국

# 2020
# 제22회 경비지도사 제1차 시험 기출문제

① 법학개론
② 민간경비론

# 2020년도 제22회 경비지도사 1차 국가자격시험

| 교 시 | 문제형별 | 시험시간 | 시 험 과 목 |
|---|---|---|---|
| 1교시 | A | 80분 | ❶ 법학개론<br>❷ 민간경비론 |

| 수험번호 | | 성 명 | |
|---|---|---|---|

## 【 수 험 자 유 의 사 항 】

1. **시험문제지 표지**와 시험문제지 내 **문제형별의 동일여부** 및 시험문제지의 **총면수, 문제번호 일련순서, 인쇄상태** 등을 확인하시고, 문제지 표지에 수험번호와 성명을 기재하시기 바랍니다.

2. 답은 각 문제마다 요구하는 **가장 적합하거나 가까운 답 1개**만 선택하고, 답안카드 작성 시 시험문제지 **형별누락, 마킹착오**로 인한 불이익은 전적으로 **수험자에게 책임**이 있음을 알려드립니다.

3. 답안카드는 국가전문자격 공통 표준형으로 문제번호가 1번부터 125번까지 인쇄되어 있습니다. 답안 마킹 시에는 반드시 **시험문제지의 문제번호와 동일한 번호**에 마킹하여야 합니다.

4. 감독위원의 지시에 불응하거나 시험시간 종료 후 답안카드를 제출하지 않을 경우 불이익이 발생할 수 있음을 알려 드립니다.

5. 시험문제지는 시험 종료 후 가져가시기 바랍니다.

### 안내사항

1. 수험자는 **QR코드**를 통해 가답안을 확인하시기 바랍니다.
   (※ 사전 설문조사 필수)
2. 시험 합격자에게 '**합격축하 SMS(알림톡) 알림 서비스**'를 제공하고 있습니다.

— 수험자 여러분의 합격을 기원합니다 —

# 2020년 법학개론

- 2020.11.21. 시행
- 각 문항별로 난이도를 체크해 보세요.

## 01

법원(法源)에 관한 현행법의 설명으로 옳지 않은 것은?

① 상사에 관하여 상관습법은 민법에 우선하여 적용된다.
② 대법원 판결은 모든 사건의 하급심을 기속한다.
③ 민사관계에서 조리는 성문법과 관습법이 존재하지 않는 경우에 적용된다.
④ 민사관계에서 법령 중의 선량한 풍속 기타 사회질서에 관계없는 규정과 다른 관습이 있는 경우에 당사자의 의사가 명확하지 아니한 때에는 그 관습에 의한다.

## 02

법의 효력에 관한 설명으로 옳지 않은 것은?

① 「국제사법(國際私法)」에 따르면 사람의 권리능력은 우리나라 법에 의한다.
② 속지주의는 국가의 법은 자국의 영토 내에 있는 모든 사람에게 적용된다는 주의를 말한다.
③ 구법(舊法)과 신법 사이의 법 적용의 문제를 해결하기 위해 제정된 법을 경과법이라고 한다.
④ 헌법에 의하면 법률은 특별한 규정이 없는 한 공포한 날로부터 20일을 경과함으로써 효력을 발생한다.

## 03

우리나라 법의 체계에 관한 설명으로 옳은 것은?

① 대법원규칙은 법률과 동등한 효력을 가진다.
② 대통령령과 총리령은 동등한 효력을 가진다.
③ 헌법에 의하여 체결·공포된 조약은 국내법에 우선한다.
④ 대통령은 법률의 효력을 가지는 긴급명령을 발할 수 있다.

## 04

법의 분류에 관한 설명으로 옳지 않은 것은?

① 절차법에서는 원칙적으로 신법우선의 원칙이 적용된다.
② 일반법과 특별법이 충돌하는 경우에는 특별법이 우선한다.
③ 당사자가 임의법과 다른 의사를 표시한 때에는 그 의사에 의한다.
④ 사회법은 사법(私法)원리를 배제하고, 공공복리의 관점에서 사회적 약자보호와 실질적 평등을 목적으로 한다.

## 05

우리나라 소송에 관한 설명으로 옳지 않은 것은?

① 사실의 인정은 증거에 의하여야 한다.
② 사실확정에 있어서 추정은 반증에 의해 그 효과가 부인될 수 있다.
③ 증인신문은 원칙적으로 법원의 신문 후에 당사자에 의한 교호신문(交互訊問)의 형태로 진행된다.
④ 형사소송에서 피고인의 자백이 그 피고인에게 불이익한 유일한 증거인 때에는 이를 유죄의 증거로 하지 못한다.

## 06

'민법 제3조는 "사람은 생존한 동안 권리와 의무의 주체가 된다."라고 규정하고 있으므로 원칙적으로 태아에게는 권리능력이 인정되지 않는다'라고 하는 해석은?

① 축소해석
② 반대해석
③ 물론해석
④ 유추해석

## 07

권리에 관한 설명으로 옳지 않은 것은?

① 친권은 권리이면서 의무적 성질을 가진다.
② 인격권은 상속이나 양도를 할 수 없는 것이 원칙이다.
③ 청구권적 기본권으로는 청원권, 재판청구권, 환경권 등이 있다.
④ 물건에 대한 소유권은 권리이고, 그 사용권은 권능에 해당한다.

## 08

상대방의 권리를 승인하지만 그 효력발생을 연기하거나 영구적으로 저지하는 효과를 발생시키는 권리는?

① 형성권
② 항변권
③ 지배권
④ 상대권

## 09

개인적(주관적) 공권에 해당하는 것은?

① 참정권
② 입법권
③ 사법권
④ 사원(社員)권

## 10

헌법상 명문 규정이 없는 헌법보호수단은?

① 저항권
② 계엄선포권
③ 위헌법률심판제도
④ 정당해산심판제도

## 11

헌법상 신체의 자유에 관한 설명으로 옳지 않은 것은?

① 모든 국민은 고문을 받지 아니할 권리가 있다.
② 모든 국민은 형사상 자기에게 불리한 진술을 강요당하지 아니한다.
③ 누구든지 체포 또는 구속을 당한 때에는 즉시 국선변호인의 조력을 받을 권리를 가진다.
④ 누구든지 체포 또는 구속을 당한 때에는 적부의 심사를 법원에 청구할 권리를 가진다.

## 12

헌법상 국회의 권한에 관한 설명으로 옳지 않은 것은?

① 국회는 국가의 예산안을 심의·확정한다.
② 국회는 국무총리의 해임을 대통령에게 건의할 수 있다.
③ 국회는 특정한 국정사안에 대하여 조사할 수 있다.
④ 국회는 정부의 동의 없이 정부가 제출한 지출예산 각항의 금액을 증가할 수 있다.

## 13

헌법상 재판청구권에 관한 설명으로 옳은 것을 모두 고른 것은?

ㄱ. 형사피고인은 상당한 이유가 없는 한 지체 없이 공개재판을 받을 권리를 가진다.
ㄴ. 모든 국민은 신속한 재판을 받을 권리를 가진다.
ㄷ. 모든 국민은 헌법과 법률이 정한 법관에 의하여 법률에 의한 재판을 받을 권리를 가진다.

① ㄱ, ㄴ
② ㄱ, ㄷ
③ ㄴ, ㄷ
④ ㄱ, ㄴ, ㄷ

## 14

헌법상 탄핵 대상이 아닌 자는?

① 국무위원
② 국회의원
③ 헌법재판소 재판관
④ 중앙선거관리위원회 위원

**15**

민법상 소멸시효제도에 관한 설명으로 옳은 것은?

① 지상권은 소멸시효의 대상이 된다.
② 소멸시효의 이익은 미리 포기할 수 있다.
③ 소멸시효 완성의 효력은 소급되지 않는다.
④ 소멸시효는 법률행위에 의하여 이를 연장할 수 있다.

**16**

경비업자 甲에게 소속된 경비원 乙의 업무 중 불법행위로 인하여 제3자 丙이 손해를 입었다. 이에 관한 설명으로 옳은 것은?

① 丙은 甲에게 직접 손해배상을 청구할 수 없다.
② 乙은 丙에 대하여 일반 불법행위책임을 진다.
③ 甲에 갈음하여 그 사무를 감독하는 자는 손해배상책임을 부담하지 않는다.
④ 甲이 丙에게 손해를 배상한 경우, 乙의 귀책사유가 없더라도 배상한 손해 전부에 대하여 乙에게 구상권을 행사할 수 있다.

**17**

민법상 합유에 관한 설명으로 옳은 것은?

① 합유는 조합계약에 의하여만 성립한다.
② 합유물의 보존행위는 합유자 각자가 할 수 없다.
③ 합유자 전원의 동의 없이 합유물에 대한 지분을 처분하지 못한다.
④ 합유가 종료하기 전이라도 합유물의 분할을 청구할 수 있다.

**18**

경비업체 甲과 상가 건물의 건물주 乙이 경비계약을 체결하였다. 이 계약의 법적 성질로 옳은 것은?

① 매매계약성
② 편무계약성
③ 요물계약성
④ 낙성계약성

## 19

민법상 이행지체에 따른 효과가 아닌 것은?

① 계약해제권
② 대상(代償)청구권
③ 손해배상청구권
④ 강제이행청구권

## 20

경비업자 甲은 경비업무 중 취득한 고객 乙의 개인적인 비밀을 부주의로 누설하여 손해를 입혔다. 이에 관한 설명으로 옳지 않은 것은?

① 甲은 채무불이행에 의한 손해배상책임을 질 수 있다.
② 甲은 乙의 재산적 손해에 대하여 배상책임을 진다.
③ 乙에게 정신적 손해가 발생하였더라도 甲은 이에 대하여 배상책임을 지지 않는다.
④ 甲에게 불법행위책임을 묻는 경우, 행위와 결과에 대한 인과관계의 증명책임은 乙이 부담한다.

## 21

경비업자 甲은 경비계약 위반을 이유로 고객 乙에게 손해배상청구소송을 제기하여 승소하였다. 이후 乙이 판결내용에 따른 이행을 하지 않는 경우, 甲이 국가기관의 강제력에 의하여 판결내용을 실현하기 위한 절차는?

① 독촉절차
② 강제집행절차
③ 집행보전절차
④ 소액사건심판절차

## 22

형사소송법에 관한 설명으로 옳지 않은 것은?

① 규문주의가 기본 소송구조이다.
② 국가소추주의를 규정하고 있다.
③ 형법을 적용·실현하기 위한 절차를 규정하는 법률이다.
④ 실체적 진실주의, 적법절차의 원칙, 신속한 재판의 원칙을 지도이념으로 한다.

## 23

형사소송법상 법관이 불공정한 재판을 할 염려가 있는 경우에 검사 또는 피고인의 신청에 의하여 그 법관을 직무에서 탈퇴하게 하는 제도는?

① 제 척
② 기 피
③ 회 피
④ 진 정

## 24

형사소송법상 고소에 관한 설명으로 옳지 않은 것은?

① 고소의 취소는 대리가 허용되지 않는다.
② 고소는 제1심 판결선고 전까지 취소할 수 있다.
③ 고소를 취소한 자는 동일한 사건에 대하여 다시 고소할 수 없다.
④ 친고죄의 고소기간은 원칙적으로 범인을 알게 된 날로부터 6월이다.

## 25

형법상 범죄의 성립과 처벌에 관한 설명으로 옳지 않은 것은?

① 범죄의 성립과 처벌은 행위시의 법률에 따른다.
② 범죄 후 법률이 변경되어 그 행위가 범죄를 구성하지 아니하게 되거나 형이 구법보다 가벼워진 경우에는 신법에 따른다.
③ 재판이 확정된 후 법률이 변경되어 그 행위가 범죄를 구성하지 아니하게 된 경우에는 형의 집행을 면제한다.
④ 대한민국 영역 외에서 '우표와 인지에 관한 죄'를 범한 외국인에게는 우리나라 형법을 적용할 수 없다.

## 26

형법상 국가적 법익에 대한 죄가 아닌 것은?

① 소요죄
② 도주죄
③ 위증죄
④ 직무유기죄

## 27

형사소송법상 상소에 관한 설명으로 옳지 않은 것은?

① 상소의 제기기간은 7일이다.
② 상소장은 원심법원에 제출하여야 한다.
③ 법원의 결정에 대해 불복하는 상소는 상고이다.
④ 검사는 피고인의 이익을 위하여 상소할 수 있다.

## 28

형사소송에서 '사실인정의 기초가 되는 경험적 사실을 경험자 자신이 직접 법원에 진술하지 않고, 타인의 진술 등의 방법으로 간접적으로 법원에 보고하는 형태의 증거는 원칙적으로 증거능력이 인정되지 않는다'는 원칙은?

① 전문법칙
② 자백배제법칙
③ 자백의 보강법칙
④ 위법수집증거배제원칙

## 29

상법상 유효하게 사망보험계약을 체결할 수 있는 자는?

① 15세 미만자
② 심신상실자
③ 70세 이상인 자
④ 의사능력 없는 심신박약자

## 30

상법상 주식회사의 최고의결기관은?

① 대표이사
② 이사회
③ 감사위원회
④ 주주총회

## 31

상법상 상업사용인에 관한 설명으로 옳지 않은 것은?

① 지배인의 선임과 그 대리권의 소멸에 관한 사항은 등기사항이다.
② 영업의 특정한 종류 또는 특정한 사항에 대한 위임을 받은 사용인에 관한 사항은 등기사항이다.
③ 영업의 특정한 종류 또는 특정한 사항에 대한 위임을 받은 사용인은 이에 관한 재판 외의 모든 행위를 할 수 있다.
④ 지배인은 영업주에 갈음하여 그 영업에 관한 재판상 또는 재판 외의 모든 행위를 할 수 있다.

## 32

상법상 보험계약에 관한 설명으로 옳지 않은 것은?

① 보험금의 지급자는 보험자이다.
② 보험수익자는 인보험에서만 존재한다.
③ 보험료 반환의무는 보험계약자가 부담한다.
④ 생명보험의 보험계약자는 보험수익자를 지정 또는 변경할 권리가 있다.

## 33

생활이 어려운 사람에게 필요한 급여를 실시하여 이들의 최저생활을 보장하고 자활을 돕는 것을 목적으로 하는 법률은?

① 국민연금법
② 최저임금법
③ 국민기초생활보장법
④ 산업재해보상보험법

## 34

**근로기준법상 미성년자의 근로에 관한 설명으로 옳은 것을 모두 고른 것은?**

ㄱ. 미성년자는 독자적으로 임금을 청구할 수 있다.
ㄴ. 친권자는 미성년자의 근로계약을 대리할 수 없다.
ㄷ. 고용노동부장관은 근로계약이 미성년자에게 불리하다고 인정하는 경우에는 이를 해지할 수 있다.

① ㄱ, ㄴ
② ㄱ, ㄷ
③ ㄴ, ㄷ
④ ㄱ, ㄴ, ㄷ

## 35

**산업재해보상보험법에 관한 설명으로 옳은 것은?**

① 「산업재해보상보험법」은 가구 내 고용활동에는 적용되지 않는다.
② 「산업재해보상보험법」에 따른 산업재해보상보험 사업은 보건복지부장관이 관장한다.
③ 근로자의 업무와 상당인과관계가 없는 재해도 업무상 재해로 인정된다.
④ 사망한 자의 사실혼 관계에 있는 배우자는 유족급여 대상이 아니다.

## 36

**국민연금법에 관한 설명으로 옳은 것은?**

① 국민연금수급권은 담보로 제공할 수 있다.
② 국민연금공단 이사장은 보건복지부장관이 임명한다.
③ 「국민연금법」에 따른 급여는 연금급여와 실업급여로 구분된다.
④ 국민연금가입자는 사업장가입자, 지역가입자, 임의가입자 및 임의계속가입자로 구분한다.

## 37

행정청의 처분등이나 부작위에 대하여 제기하는 행정소송은?

① 항고소송
② 기관소송
③ 민중소송
④ 당사자소송

## 38

행정청이 행정목적을 달성하기 위하여 부과한 일반적·상대적 금지를 일정한 요건을 갖춘 경우에 해제하여 일정한 행위를 적법하게 할 수 있게 하는 행정행위는?

① 인 가
② 특 허
③ 확 인
④ 허 가

## 39

행정법상 행정주체가 아닌 것은?

① 영조물법인
② 공공조합
③ 지방자치단체
④ 행정각부의 장관

## 40

행정주체의 의사를 결정할 수는 있지만 이를 대외적으로 표시할 권한이 없는 행정기관은?

① 행정청
② 의결기관
③ 집행기관
④ 자문기관

# 2020년 민간경비론

2020.11.21. 시행
각 문항별로 난이도를 체크해 보세요.

Time    분 | 해설편 221p

## 41

민간경비의 개념에 관한 설명으로 옳지 않은 것은?

① 실질적 개념의 민간경비는 고객의 생명과 신체에 대한 위해를 방지하고 재산을 보호하는 제반활동으로 인식된다.
② 형식적 개념의 민간경비는 경비 관련 제반활동의 특성과 관계없이 실정법에서 규정하는지의 유무에 따른다.
③ 형식적 개념은 공경비와 민간경비가 명확히 구별된다.
④ 광의의 개념은 국민의 생명과 재산을 보호하기 위하여 일정한 비용을 지불한 특정 고객에게 안전관리 서비스를 제공하는 개인만을 의미한다.

## 42

민간경비업무에 관한 내용으로 옳지 않은 것은?

① 시설경비를 실시함으로써 절도, 강도 등의 범죄 억제효과 및 수사를 통한 피해회복
② 대규모 행사장의 혼잡을 적절하게 해소하여 참가자의 안전 확보에 기여
③ 국내외의 정치·경제·체육계 요인 등을 경호함으로써 사회불안과 혼란을 미연에 방지
④ 국가중요시설의 경비업무를 담당하여 국민의 불안을 경감하고 불법 가해행위를 미연에 방지

## 43

경비업법상 경비업무로 명시되어 있지 않은 것은?

① 신변보호업무
② 시설경비업무
③ 인력경비업무
④ 호송경비업무

## 44

**민간경비의 성장이론과 그 내용의 연결이 옳지 않은 것은?**

① 비용공동부담이론 – 경기침체로 인해 실업자가 증가하면 범죄율이 증가하고 민간경비의 발전으로 이어진다는 이론
② 수익자부담이론 – 경찰의 공권력 작용은 질서유지나 체제수호 등과 같은 거시적 역할에 한정하고 개인이나 집단의 안전과 보호는 해당 개인이나 집단이 담당하여야 한다는 이론
③ 공동화이론 – 경찰이 수행하고 있는 본연의 기능이나 역할을 민간경비가 보완하거나 대체하면서 성장했다는 이론
④ 이익집단이론 – '그냥 내버려 두면 보호받지 못한 채로 방치될 재산을 민간경비가 보호한다'는 시각에서 출발한 이론

## 45

**민간경비에 관한 설명으로 옳지 않은 것은?**

① 민간경비의 역할은 범죄예방 및 손실감소이다.
② 민간경비원은 현행범을 영장 없이 체포할 수 있다.
③ 민간경비의 주체는 영리기업이다.
④ 민간경비업자는 불특정 다수인에게 경비서비스를 제공할 의무가 있다.

## 46

**민영화이론에서 말하는 민영화의 내용에 관한 설명으로 옳지 않은 것은?**

① 자원이용의 효율성을 높일 수 있다.
② 민간의 활동이 활성화될 수 있다.
③ 공공지출과 행정비용의 증가효과를 유발하기 위한 방법이다.
④ 재화나 서비스의 생산이 공공분야에서 민간분야로 이전되는 것이다.

## 47

범죄자에 대한 처벌은 국왕에 의해서 처벌되어야 한다는 의미로 다음 주장을 한 사람은?

> 모든 범죄는 더 이상 개인에 대한 위법이 아니라 국왕의 평화에 대한 도전이다.

① 헨리 필딩(Henry Fielding)
② 함무라비(Hammurabi) 국왕
③ 로버트 필(Robert Peel)
④ 헨리(Henry) 국왕

## 48

핑커톤(Allan Pinkerton)에 관한 설명으로 옳은 것은?

① 보우가의 주자(The Bow Street Runners)에 영향을 주었다.
② 서부개척시대에 치안의 공백을 메우는 역할을 수행하였다.
③ 링컨 대통령의 경호를 담당하는 것은 남북전쟁 종료 이후부터이다.
④ 프로파일링 수사기법과는 무관하다.

## 49

각국의 민간경비산업 현황에 관한 설명으로 옳은 것은?

① 미국의 민간경비산업은 계약경비시스템에서 상주경비시스템으로 변화하며 성장하고 있다.
② 일본의 민간경비산업은 다양한 영역에서 운영되고 있으며, 전문자격증제도를 운영하고 있다.
③ 영국의 민간경비산업은 제1차 세계대전을 계기로 크게 발전하였다.
④ 독일의 민간경비산업의 시장은 유럽에서 가장 낮은 비중을 차지하고 있다.

## 50
각국의 경비업 허가에 관한 설명으로 옳은 것은?
① 미국은 대부분 주정부 차원에서 경비업 허가가 이루어지므로 주에 따라 규제방식과 실태가 다르다.
② 독일에서는 국가경찰청장이 경비업의 허가권자이다.
③ 일본에서 경비업을 하고자 하는 자는 경시청에 신고하여야 한다.
④ 우리나라에서는 법인이 아니라도 경비업 허가 대상이 될 수 있다.

## 51
각국 민간경비원의 실력행사에 관한 설명으로 옳은 것은?
① 미국의 민간경비원은 타인의 재산에 대한 침해를 막을 수 있는 경우에만 예외적으로 정당성을 인정받는다.
② 일본의 민간경비원은 형사법상 문제 발생 시 일반 사인(私人)과 동일하게 취급된다.
③ 독일은 민간경비원의 실력행사에 관한 명시적 규정을 두고 있으며, 예외적인 경우 공권력의 행사로 인정받는다.
④ 한국의 민간경비원은 법률상 실력행사에 관한 특별한 권한을 가지고 있다.

## 52
우리나라의 치안환경에 관한 설명으로 옳지 않은 것은?
① 우리나라 인구구조의 특징상 혼자 사는 여성들이 범죄에 노출될 가능성이 높다.
② 1인 가구 증가로 조직범죄가 줄어들고 있다.
③ 청소년범죄가 흉포화되고 있다.
④ 고령화 현상으로 생계형 노인범죄가 사회적 문제로 대두되고 있다.

## 53
현대사회 범죄의 양상으로 옳지 않은 것은?
① 외국인범죄의 증가
② 마약범죄의 증가
③ 저연령화
④ 경제범죄의 감소

## 54

경찰이 관내의 각 가정, 기업체, 기타 시설을 방문하여 범죄예방, 선도, 안전사고 방지 등에 대해 지도·계몽하는 활동은?

① 방범심방
② 임의동행
③ 방범단속
④ 불심검문

## 55

치안서비스 공동생산이론에 관한 내용으로 옳지 않은 것은?

① 자율방범대 운용의 활성화
② 민간경비는 공경비의 보조적 차원의 역할 수행
③ 민간경비의 적극적 참여 유도
④ 목격한 범죄행위 신고, 증언행위의 중요성 강조

## 56

기계경비의 장점에 관한 설명으로 옳지 않은 것은?

① 24시간 지속적인 감시가 가능하다.
② 장기적으로는 운용비용의 절감 효과가 있다.
③ 사건 발생 시 현장에서의 신속한 대처가 용이하다.
④ 야간에는 경비의 효율성이 더욱 증대된다.

## 57

자체경비와 계약경비에 관한 설명으로 옳은 것은?

① 계약경비는 자체경비보다 상대적으로 이직률이 낮은 편이다.
② 계약경비는 자체경비보다 사용자의 비용부담이 상대적으로 저렴하다.
③ 자체경비는 경비회사로부터 훈련된 경비원을 파견받아서 운용한다.
④ 계약경비는 자체경비보다 사용자에 대한 충성심이 높은 편이다.

## 58

경비업법령상 다음 사례에서 甲과 乙이 각각 이수하여야 하는 신임교육의 시간을 모두 합한 숫자는?

甲은 일반경비원으로 A경비회사에, 乙은 특수경비원으로 B경비회사에 취업을 하게 되었다(단, 甲과 乙은 경비원 신임교육 제외 대상이 아님).

① 102
② 104
③ 122
④ 132

## 59

경비업법상 특수경비원의 결격사유로 명시되어 있지 않은 것은?

① 18세 미만인 사람
② 금고 이상의 형의 집행유예선고를 받고 그 유예기간 중에 있는 자
③ 파산선고를 받고 복권되지 아니한 자
④ 피특정후견인

## 60

경비업법령상 기계경비지도사 자격취득을 위하여 경찰청장이 시행하는 경비지도사 시험에 합격하고 받아야 하는 기본교육의 과목에 해당하지 않는 것은?

① 기계경비개론
② 기계경비 기획 및 설계
③ 인력경비개론
④ 기계경비 현장실습

## 61

경비위해요소 분석에 관한 설명으로 옳은 것은?

① 경비위해요소 분석단계는 '비용효과 분석 → 위해요소 손실발생 예측 → 위해요소 인지 → 위해정도 평가'이다.
② 경비위해요소의 형태는 인위적 위해만을 말한다.
③ 효과적인 경비프로그램을 실행하기 위해서는 경비위해요소 분석과 조사가 선행되어져야 한다.
④ 모든 경비대상 시설물에 대해 동일하게 표준화된 인력경비와 기계경비시스템을 적용하여야 한다.

## 62

경비업법상 경비지도사의 직무로 명시되어 있지 않은 것은?

① 집단민원현장에 배치된 경비원에 대한 지도·감독
② 경비원의 지도·감독·교육에 관한 기록의 유지
③ 소방기관과의 연락방법에 대한 지도
④ 의뢰인의 요구사항을 파악하여 지도

## 63

경비의 중요도에 따른 분류 중 상위수준경비(Level Ⅳ)에 해당하는 설명은?

① 전혀 패턴이 없는 외부 및 내부의 활동을 발견·억제하고 문제를 해결하도록 하는 경비이다.
② 중요 교도소, 중요 군사시설, 정부의 특별연구기관 등에서 시행되고 있는 수준의 경비이다.
③ 대부분의 패턴이 없는 외부 및 내부활동을 발견·방해하도록 계획된 경비이다.
④ 단순한 물리적 장벽과 자물쇠가 설치되고 보강된 출입문 등이 설치된 수준의 경비이다.

## 64

경비계획의 수립과정에 맞게 ( )에 들어갈 내용을 순서대로 옳게 나열한 것은?

( ㄱ ) → ( ㄴ ) → 자료 및 정보의 분석 → ( ㄷ ) → ( ㄹ ) → 최선안 선택 → 실시 → 평가

① ㄱ : 목표의 설정, ㄴ : 문제의 인지, ㄷ : 전체계획 검토, ㄹ : 비교검토
② ㄱ : 문제의 인지, ㄴ : 전체계획 검토, ㄷ : 비교검토, ㄹ : 목표의 설정
③ ㄱ : 문제의 인지, ㄴ : 목표의 설정, ㄷ : 전체계획 검토, ㄹ : 비교검토
④ ㄱ : 비교검토, ㄴ : 문제의 인지, ㄷ : 목표의 설정, ㄹ : 전체계획 검토

## 65

외곽경비에 관한 설명으로 옳은 것은?

① 비상구나 긴급 목적을 위한 출입구의 경우 평상시에는 개방되어 있어야 한다.
② 자연적 방벽에는 인공적인 구조물을 설치해서는 안 된다.
③ 폐쇄된 출입구의 경우 확인이 필요하지 않다.
④ 외곽경비의 근본 목적은 내부의 시설·물건 및 사람을 보호하기 위한 것이다.

## 66

경비조명에 관한 설명으로 옳지 않은 것은?

① 프레이넬등은 특정한 지역에 빛을 집중시키거나 직접적으로 비출 필요가 있을 때 사용하는 등이다.
② 상시조명은 장벽이나 벽의 외부를 비추는 데 사용되며, 감옥이나 교정기관에서 주로 이용되어 왔다.
③ 조명시설의 위치가 경비원의 시야를 방해해서는 안 되며, 가능한 한 그림자가 생기지 않도록 설치해야 한다.
④ 조명은 침입자의 침입의도를 사전에 포기하도록 하는 심리적 압박작용을 한다.

## 67

**국가중요시설 경비에 관한 설명으로 옳은 것은?**

① 국가중요시설의 분류에 따라 국가보안상 국가경제, 사회생활에 중대한 영향을 미치는 행정시설을 가급으로 분류한다.
② 경비구역 제3지대(핵심방어지대)는 시설의 가동에 결정적으로 영향을 미치는 특성을 갖는 구역이다.
③ 제한구역은 비인가자의 출입이 일체 금지되는 보안상 극히 중요한 구역이다.
④ 통합방위사태는 4단계(갑・을・병・정)로 구분된다.

## 68

**경보시스템에 관한 설명으로 옳지 않은 것은?**

① 일반적으로 진동감지기는 전시 중인 물건이나 고미술품 보호를 위하여 설치한다.
② 압력감지기는 침입이 예상되는 통로나 출입문 앞에 설치한다.
③ 제한적 경보시스템은 전화회선 등을 이용하여 외부의 경찰서 등으로 비상사태가 감지되면 자동으로 연락이 취해지는 경보체계이다.
④ 전자파울타리는 레이저광선을 그물망처럼 만들어 전자벽을 만드는 것이다.

## 69

**재난에 대한 경비요령으로 옳지 않은 것은?**

① 평상시 순찰활동을 통해 건물의 축대나 벽면의 균열 및 붕괴 여부 등을 확인・점검한다.
② 재난 발생 시 경찰관서나 소방관서 등 관계기관에 신속히 신고한다.
③ 부상자에 대한 의료구조와 방치된 사람에 대한 피난처 확보에 주력한다.
④ 경찰관과 협력하여 비상지역에 대한 접근과 대피가 불가능하도록 통로를 폐쇄한다.

## 70

**컴퓨터 범죄의 특징으로 옳지 않은 것은?**

① 살인 및 상해와 같은 범죄에 비해 죄의식이 희박하다.
② 단순한 유희나 향락을 목적으로 하기도 하나, 회사에 대한 개인적인 보복으로 범해지기도 한다.
③ 컴퓨터 부정조작의 경우 행위자가 조작방법을 터득하게 되면 임의로 사용이 가능하기 때문에 조작행위가 빈번할 가능성이 높다.
④ 컴퓨터 범죄는 다른 범죄에 비해 고의의 입증이 용이하다.

# 71

컴퓨터 범죄의 수법에 관한 설명으로 옳은 것은?

① 컴퓨터의 일정한 작동 시마다 부정행위가 이루어질 수 있도록 프로그램을 조작하는 수법은 데이터 디들링(Data Diddling)이다.
② 악성코드에 감염된 사용자 PC를 조작하여 금융정보를 빼내는 수법은 스푸핑(Spoofing)이다.
③ 금융기관의 컴퓨터 시스템에서 이자 계산이나 배당금 분배 시 단수 이하의 적은 수를 특정 계좌로 모이게 하는 수법은 살라미 기법(Salami Techniques)이다.
④ 프로그램 속에 은밀히 범죄자만 아는 명령문을 삽입하여 이를 이용하는 수법은 스팸(Spam)이다.

# 72

쓰레기통이나 주위에 버려진 명세서 또는 복사물을 찾아 습득하는 등 '쓰레기 주워 모으기'라고 불리는 컴퓨터 범죄수법은?

① 메모리 해킹(Memory Hacking)
② 스캐빈징(Scavenging)
③ 슈퍼재핑(Super Zapping)
④ 스미싱(Smishing)

# 73

사이버공격의 유형에서 멀웨어(Malware) 공격을 모두 고른 것은?

```
ㄱ. 바이러스
ㄴ. 마이둠
ㄷ. 버퍼 오버플로
ㄹ. 트로이 목마
```

① ㄱ, ㄴ, ㄷ
② ㄱ, ㄴ, ㄹ
③ ㄱ, ㄷ, ㄹ
④ ㄴ, ㄷ, ㄹ

## 74

컴퓨터 범죄 예방대책에 관한 설명으로 옳지 않은 것은?

① 거래기록 파일 등 데이터 파일에 대한 백업을 할 때는 내부와 외부에 이중으로 파일을 보관해서는 안 된다.
② 도큐멘테이션(Documentation)에 대한 백업을 할 때는 '사용 중인 업무처리 프로그램의 설명서', '주요 파일 구성내용 및 거래코드 설명서' 등을 포함시켜야 한다.
③ 컴퓨터실 위치 선정 시 화재, 홍수, 폭발 및 외부의 불법침입자에 의한 위험을 고려하여야 한다.
④ 프로그래머는 기기조작을 하지 않고 오퍼레이터는 프로그래밍을 하지 않는다는 원칙을 철저히 준수한다.

## 75

우리나라 민간경비의 역사적 발전에 관한 설명으로 옳은 것은?

① 1972년 용역경비업법이 제정되어 법적 기반이 마련되었다.
② 1978년 사단법인 한국용역경비협회가 설립되었다.
③ 1995년 경찰청에서는 용역경비의 담당을 방범과에서 경비과로 이관했다.
④ 2001년 경비업법의 개정으로 청원경찰이 도입되었다.

## 76

우리나라 민간경비산업의 문제점과 개선방안으로 옳지 않은 것은?

① 청원경찰에게 총기 휴대가 금지되어 있어 실제 사태 발생 시 큰 효용을 거두지 못하고 있다.
② 보험회사들의 민간경비업에 대한 이해부족은 보험상품 개발을 꺼리는 요인이 되고 있다.
③ 민간경비원의 교육과정은 교육과목이 많고 내용도 비현실적이라는 지적이 있다.
④ 경찰과 민간경비와의 긴밀한 협력을 위해 지속적인 인적·물적 지원이 이루어져야 한다.

## 77

우리나라 민간경비산업에 관한 설명으로 옳지 않은 것은?

① 1993년 대전엑스포에서는 민간경비업체가 경비업무에 참여하였다.
② 민간조사제도는 아직까지 법제화되지 못했다.
③ 초기 국내 기계경비산업은 외국과의 합작 또는 기술제휴 방식으로 이루어졌다.
④ 현재 경비원에 대한 교육시설은 각 광역지방자치단체장이 지정하여 고시하고 있다.

## 78

외국에서는 찾아보기 어려운 우리나라의 제도로 경찰과 민간경비의 과도기적 시기에 만들어진 제도는?

① 특수경비원제도
② 전문경비제도
③ 청원경찰제도
④ 기계경비업무

## 79

다음 사례에 해당되는 개념은?

> A회사는 출입통제, 접근감시, 잠금장치 등 물리적 보안요소와 불법침입자 정보인식시스템 등 정보보안요소를 상호 연계하여 보안의 효과성을 높이고자 한다.

① 융합보안
② 절차적 통제
③ 방화벽
④ 정보보호

## 80

국내 민간경비산업의 발전방안 및 전망에 관한 설명으로 옳지 않은 것은?

① 경찰과 민간경비업계는 차별적 관계에 있다는 인식을 확립해 나가야 한다.
② 과거에 비해 기계경비의 비중이 높아지고 있으며, 이 경향은 앞으로도 지속될 것이다.
③ 민간경비업체들의 영세성을 탈피하기 위한 경비업체 업무의 다변화가 필요하다.
④ 인구 고령화 추세에 따른 긴급통보시스템, 레저산업 안전경비 등 각종 민간경비 분야가 발전할 것으로 전망된다.

할 수 있다고 믿는 사람은 그렇게 되고,
할 수 없다고 믿는 사람도 역시 그렇게 된다.

- 샤를 드골 -

# 2019

# 제21회 경비지도사
# 제1차 시험 기출문제

1. 법학개론
2. 민간경비론

# 2019년도 제21회 경비지도사 1차 국가자격시험

| 교시 | 문제형별 | 시험시간 | 시험과목 |
|------|---------|---------|---------|
| 1교시 | A | 80분 | ❶ 법학개론<br>❷ 민간경비론 |

| 수험번호 | | 성 명 | |

## 【수 험 자 유 의 사 항】

1. **시험문제지 표지**와 시험문제지 내 **문제형별**의 **동일여부** 및 시험문제지의 **총면수, 문제번호 일련순서, 인쇄상태** 등을 확인하시고, 문제지 표지에 수험번호와 성명을 기재하시기 바랍니다.

2. 답은 각 문제마다 요구하는 **가장 적합하거나 가까운 답** 1개만 선택하고, 답안카드 작성 시 시험문제지 **형별누락, 마킹착오**로 인한 불이익은 전적으로 **수험자에게 책임**이 있음을 알려드립니다.

3. 답안카드는 국가전문자격 공통 표준형으로 문제번호가 1번부터 125번까지 인쇄되어 있습니다. 답안 마킹 시에는 반드시 **시험문제지의 문제번호와 동일한 번호**에 마킹하여야 합니다.

4. **감독위원의 지시에 불응**하거나 시험시간 종료 후 답안카드를 제출하지 않을 경우 불이익이 발생할 수 있음을 알려 드립니다.

5. 시험문제지는 시험 종료 후 가져가시기 바랍니다.

### 안내사항

1. 수험자는 **QR코드**를 통해 가답안을 확인하시기 바랍니다.
   (※ 사전 설문조사 필수)

2. 시험 합격자에게 '**합격축하 SMS(알림톡) 알림 서비스**'를 제공하고 있습니다.

– 수험자 여러분의 합격을 기원합니다 –

# 2019년 법학개론

2019.11.16. 시행

## 01
법의 의의에 관한 설명으로 옳지 않은 것은?
① 법은 사회규범의 일종이다.
② 법은 재판규범이 되기도 한다.
③ 법은 존재법칙이지만 자연현상은 당위법칙이다.
④ 법은 양면성을 갖지만 도덕은 일면성을 갖는다.

## 02
지방자치단체의 자치입법에 해당하는 것을 모두 고른 것은?

```
ㄱ. 조 례
ㄴ. 규 칙
ㄷ. 교육규칙
```

① ㄱ, ㄴ
② ㄱ, ㄷ
③ ㄴ, ㄷ
④ ㄱ, ㄴ, ㄷ

## 03
법의 분류에 관한 설명으로 옳은 것은?
① 민사소송법은 사법이다.
② 공법이 축소되고 사법이 확대되는 '공법의 사법화' 경향이 강해지고 있다.
③ 형법은 범죄를 저지른 사람에게만 적용된다는 점에서 특별법이다.
④ 권리나 의무의 발생·변경·소멸을 규율하는 법은 실체법이다.

## 04

성문법과 불문법에 관한 설명으로 옳은 것은?

① 조례는 불문법에 해당한다.
② 헌법에 의하여 체결·공포된 조약은 성문법에 해당한다.
③ '죄형법정주의'의 '법'에는 법률 및 관습법이 포함된다.
④ 성문법은 사회적 변화에 신속히 대응할 수 있는 장점이 있다.

## 05

법의 적용에 관한 설명으로 옳은 것은?

① 간주의 효과는 반증이 있으면 뒤집을 수 있다.
② 사실의 진실 여부와는 관계없이 의제하는 것은 추정이다.
③ 입증책임은 원칙적으로 사실의 존부를 주장하는 자가 부담한다.
④ 2인 이상이 동일한 위난으로 사망한 경우에는 동시에 사망한 것으로 간주한다.

## 06

권리자의 일방적 의사표시에 의하여 법률관계를 변동시킬 수 있는 권리는?

① 형성권
② 청구권
③ 항변권
④ 지배권

## 07

유권해석에 해당하는 것은?

① 문리해석
② 반대해석
③ 행정해석
④ 유추해석

**08**

권리와 의무에 관한 설명으로 옳지 않은 것은?

① 공권(公權)은 공법관계에서 인정되는 권리이다.
② 권리에서 파생되는 개개의 법률상의 작용을 권능이라고 한다.
③ 헌법상 납세의 의무는 의무만 있고 권리를 수반하지 않는 경우에 해당한다.
④ 어떤 행위를 하지 않아야 하는 의무를 작위의무라 하고, 어떤 행위를 하여야 하는 의무를 부작위의무라 한다.

**09**

권리의 충돌에 관한 설명으로 옳은 것은?

① 채권 상호 간에는 원칙적으로 성립의 선후에 따른 우선순위의 차이가 없다.
② 물권과 채권이 충돌할 경우에는 원칙적으로 채권이 우선한다.
③ 소유권과 이를 제한하는 제한물권 사이에서는 원칙적으로 소유권이 우선한다.
④ 동일물에 성립한 전세권과 저당권은 그 성립시기에 상관없이 저당권이 우선한다.

**10**

헌법상 국회의원 선거에서 보장하고 있는 선거원칙이 아닌 것을 모두 고른 것은?

```
ㄱ. 제한선거
ㄴ. 직접선거
ㄷ. 공개선거
```

① ㄱ
② ㄱ, ㄷ
③ ㄴ, ㄷ
④ ㄱ, ㄴ, ㄷ

**11**

대한민국 헌법 전문에서 언급하고 있는 내용이 아닌 것은?

① 3·1운동
② 4·19민주이념
③ 5·18민주화운동
④ 정의·인도와 동포애

## 12

헌법 제113조 제1항의 규정이다. (　)에 들어갈 숫자는?

> 헌법재판소에서 법률의 위헌 결정, 탄핵의 결정, 정당해산의 결정 또는 헌법소원에 관한 인용결정을 할 때에는 재판관 (　)인 이상의 찬성이 있어야 한다.

① 5　　　　　　　　　　② 6
③ 7　　　　　　　　　　④ 8

## 13

헌법상 국회의원에 관한 설명으로 옳지 않은 것은?

① 국회의원의 수는 법률로 정하되, 200인 이상으로 한다.
② 국회의원은 현행범인인 경우를 제외하고는 회기 중 국회의 동의 없이 체포 또는 구금되지 아니한다.
③ 국회의원이 회기 전에 체포 또는 구금된 때에는 현행범인이 아닌 한 국회의 요구가 있으면 회기 중 석방된다.
④ 국회의원은 국회에서 직무상 행한 발언과 표결에 관하여 국회 내·외에서 책임을 지지 아니한다.

## 14

헌법 제37조 제2항의 규정이다. (　)에 들어갈 용어가 순서대로 옳은 것은?

> 국민의 모든 자유와 권리는 (　)·(　) 또는 (　)를 위하여 필요한 경우에 한하여 법률로써 제한할 수 있으며, 제한하는 경우에도 자유와 권리의 본질적인 내용을 침해할 수 없다.

① 국가안전보장, 질서유지, 공공복리
② 국가안전보장, 질서유지, 환경보호
③ 국가안전보장, 환경보호, 공공복리
④ 환경보호, 질서유지, 공공복리

## 15

민법상 법인의 기관에 관한 설명으로 옳지 않은 것은?

① 법인은 이사를 두어야 한다.
② 이사는 선량한 관리자의 주의로 그 직무를 행하여야 한다.
③ 법인은 2인 이상의 감사를 두어야 한다.
④ 사단법인의 이사는 매년 1회 이상 통상총회를 소집하여야 한다.

## 16

민법상 대리에 관한 설명으로 옳지 않은 것은?

① 대리인은 행위능력자임을 요하지 아니한다.
② 복대리인은 그 권한 내에서 대리인을 대리한다.
③ 임의대리인은 본인의 승낙이 있거나 부득이한 사유가 있는 경우, 복대리인을 선임할 수 있다.
④ 대리인이 그 권한 내에서 본인을 위한 것임을 표시한 의사표시는 직접 본인에게 대하여 효력이 생긴다.

## 17

민법상 당사자 일방이 금전 기타 대체물의 소유권을 상대방에게 이전할 것을 약정하고 상대방은 그와 같은 종류, 품질 및 수량으로 반환할 것을 약정함으로써 그 효력이 생기는 전형계약은?

① 소비대차
② 사용대차
③ 임대차
④ 위 임

## 18

민법상 타인의 토지에 건물 기타 공작물이나 수목을 소유하기 위하여 그 토지를 사용할 수 있는 물권은?

① 지역권
② 지상권
③ 유치권
④ 저당권

## 19

경비업자 甲과 경비계약을 체결한 乙은 甲의 과실로 인한 채무불이행으로 손해를 입었다. 이에 관한 설명으로 옳지 않은 것은?

① 다른 의사표시가 없으면 甲은 乙의 손해를 금전으로 배상하여야 한다.
② 채무불이행에 관하여 손해배상액을 예정한 경우, 그 금액이 부당히 과다하면 법원은 적당히 감액할 수 있다.
③ 甲의 채무불이행에 관하여 乙에게도 과실이 있다면 법원은 손해배상의 책임 및 그 금액을 정함에 이를 참작하여야 한다.
④ 만약, 甲의 채무불이행에 고의나 과실이 없었더라도 乙은 甲에게 손해배상을 청구할 수 있다.

## 20

경비업자 甲의 불법행위와 관련한 민법 제766조 제1항의 규정이다. ( )에 들어갈 숫자는?

> 불법행위로 인한 손해배상의 청구권은 피해자나 그 법정대리인이 그 손해 및 가해자를 안 날로부터 ( )년간 이를 행사하지 아니하면 시효로 인하여 소멸한다.

① 1
② 3
③ 5
④ 10

## 21

경비업자 甲은 乙의 귀중품을 경비하던 중, 이를 절취하려는 丙의 손목시계를 정당방위로 부득이 파손하였다. 이에 관한 설명으로 옳은 것을 모두 고른 것은?

> ㄱ. 甲과 乙은 丙에게 정신적 손해를 배상할 책임이 없다.
> ㄴ. 甲은 丙에게 손목시계에 대한 재산적 손해를 배상할 책임이 있다.
> ㄷ. 乙은 丙에게 손목시계에 대한 재산적 손해를 배상할 책임이 없다.

① ㄱ, ㄴ
② ㄱ, ㄷ
③ ㄴ, ㄷ
④ ㄱ, ㄴ, ㄷ

## 22

형법상 미수범 등에 관한 설명으로 옳지 않은 것은?

① 미수범의 형은 기수범보다 감경하여야 한다.
② 범인이 실행에 착수한 행위를 자의(自意)로 중지한 때에는 형을 감경 또는 면제한다.
③ 범죄의 음모가 실행의 착수에 이르지 아니한 때에는 법률에 특별한 규정이 있어야 처벌할 수 있다.
④ 실행 수단의 착오로 인하여 결과발생이 불가능하더라도 위험성이 있는 때에는 처벌하되, 형을 감경 또는 면제할 수 있다.

## 23

형법상 '죄를 범한 사람이 약취·유인한 자를 안전한 장소로 풀어 준 때에는 그 형을 감경할 수 있다'는 별도의 감경규정이 없는 범죄는?

① 인질강요죄
② 인질강도죄
③ 인신매매죄
④ 미성년자 약취·유인죄

## 24

형사소송법상 형사피고인이 변호인이 없는 때에 법원이 직권으로 국선변호인을 선정해야 하는 경우가 아닌 것은?

① 피고인이 구속된 때
② 피고인이 미성년자인 때
③ 피고인이 심신장애가 있는 것으로 의심되는 때
④ 피고인이 단기 2년의 금고에 해당하는 사건으로 기소된 때

## 25

형사소송법상 면소판결의 선고를 해야 하는 경우는?

① 피고인에 대하여 재판권이 없을 때
② 친고죄 사건에서 고소가 취소되었을 때
③ 공소의 시효가 완성되었을 때
④ 공소가 제기된 사건에 대하여 다시 공소가 제기되었을 때

## 26

형사소송법상 무기징역에 해당하는 범죄의 공소시효기간은?

① 7년
② 10년
③ 15년
④ 20년

## 27

형사소송법상 고소·고발에 관한 설명으로 옳은 것은?

① 고소를 취소한 자는 다시 고소할 수 있다.
② 고소의 취소는 대법원 확정판결 전까지 가능하다.
③ 피해자의 법정대리인은 피해자의 동의 없이는 독립하여 고소할 수 없다.
④ 친고죄의 공범 중 그 1인에 대한 고소는 다른 공범자에 대하여도 효력이 있다.

## 28

형사소송법상 재심청구에 관한 설명으로 옳지 않은 것은?

① 재심의 청구는 원판결의 법원이 관할한다.
② 재심의 청구로 형의 집행은 정지된다.
③ 재심의 청구가 청구권의 소멸 후인 것이 명백한 때에는 결정으로 기각하여야 한다.
④ 재심의 청구는 형의 집행을 받지 아니하게 된 때에도 할 수 있다.

## 29

상법상 주주총회의 특별결의사항에 해당하지 않는 것은?

① 영업 전부의 양도
② 영업 전부의 임대
③ 타인과 영업의 손익 일부를 같이 하는 계약
④ 회사의 영업에 중대한 영향을 미치는 다른 회사의 영업 일부의 양수

## 30

상법상 회사에 관한 설명으로 옳지 않은 것은?

① 회사는 다른 회사의 무한책임사원이 될 수 있다.
② 회사의 주소는 본점소재지에 있는 것으로 한다.
③ 회사는 본점소재지에서 설립등기를 함으로써 성립한다.
④ 회사는 합명회사, 합자회사, 유한책임회사, 주식회사와 유한회사로 분류된다.

## 31

보험계약의 직접 당사자로서 보험사고가 발생한 경우에 보험금을 지급할 의무를 지는 자는?

① 보험자
② 피보험자
③ 보험계약자
④ 보험수익자

## 32

상법상 피보험자가 보험기간 중에 사고로 인하여 제3자에게 배상할 책임을 지는 경우에 이를 보상하는 보험은?

① 보증보험
② 생명보험
③ 상해보험
④ 책임보험

## 33

근로기준법 제24조 제1항의 규정이다. (　)에 각각 들어갈 용어로 옳지 않은 것은?

> 사용자가 경영상 이유에 의해 근로자를 해고하려면 긴박한 경영상의 필요가 있어야 한다. 이 경우 경영 악화를 방지하기 위한 사업의 (　)·(　)·(　)은/는 긴박한 경영상의 필요가 있는 것으로 본다.

① 양 도
② 위 탁
③ 인 수
④ 합 병

## 34

산업재해보상보험법상 진폐에 따른 보험급여의 종류에 해당하지 않는 것은?

① 장해급여
② 요양급여
③ 간병급여
④ 장례비

## 35

국민연금법상 국민연금가입자의 종류에 해당하는 것을 모두 고른 것은?

ㄱ. 지역가입자
ㄴ. 사업장가입자
ㄷ. 임의가입자
ㄹ. 임의계속가입자

① ㄱ, ㄷ
② ㄱ, ㄴ, ㄹ
③ ㄴ, ㄷ, ㄹ
④ ㄱ, ㄴ, ㄷ, ㄹ

## 36

사회보장기본법상 생애주기에 걸쳐 보편적으로 충족되어야 하는 기본욕구와 특정한 사회위험에 의하여 발생하는 특수욕구를 동시에 고려하여 소득·서비스를 보장하는 맞춤형 사회보장제도는?

① 사회보험
② 공공부조
③ 사회서비스
④ 평생사회안전망

## 37
행정행위의 부관에 해당하지 않는 것은?
① 조 건
② 철 회
③ 부 담
④ 기 한

## 38
사인(私人)이 행정청에 대하여 어떠한 사실을 알리는 공법상의 행위는?
① 신 고
② 확 인
③ 하 명
④ 수 리

## 39
행정주체에 해당하지 않는 것은?
① 한국은행
② 부산광역시
③ 세종특별자치시
④ 행정안전부장관

## 40
甲에게 수익적이지만 동시에 乙에게는 침익적인 결과를 발생시키는 행정행위는?
① 대인적 행정행위
② 혼합적 행정행위
③ 복효적 행정행위
④ 대물적 행정행위

# 2019년 민간경비론

- 2019.11.16. 시행
- 각 문항별로 난이도를 체크해 보세요.

Time    분  |  해설편 273p

## 41
우리나라 민간경비의 주요 임무가 아닌 것은?
① 범죄예방
② 위험방지
③ 증거수집
④ 질서유지

## 42
국가독점에 의한 비효율성을 극복하기 위해 시장경쟁논리를 도입하여 효율성을 증대시키고자 하는 민간경비이론은?
① 경제환원이론
② 이익집단이론
③ 수익자부담이론
④ 민영화이론

## 43
민간경비산업이 급성장한 계기를 연결한 것으로 옳지 않은 것은?
① 한국 - 1986년 아시안게임, 1988년 서울올림픽
② 미국 - 제1차 세계대전, 제2차 세계대전
③ 영국 - 제2차 세계대전, 1948년 런던올림픽
④ 일본 - 1964년 동경올림픽, 1970년 오사카만국박람회

## 44

핑커톤(Allan Pinkerton)의 업적에 관한 설명으로 옳지 않은 것은?

① 미국 철도수송경비의 발전에 기여했다.
② 오늘날 프로파일링(profiling) 수사기법에 영향을 주었다.
③ 남북전쟁 당시 링컨 대통령의 경호업무를 수행하였다.
④ 최초의 중앙감시방식 경보서비스 회사를 설립하였다.

## 45

기계경비의 단점에 관한 설명으로 옳지 않은 것은?

① 오경보로 인한 불필요한 출동은 경찰력 운용의 효율성에 장애요인이 된다.
② 야간에는 경비활동의 제약을 받아 효율성이 저하된다.
③ 오경보 방지를 위한 유지·보수에 많은 비용이 발생한다.
④ 계약상대방에게 기기 사용요령 및 운영체계 등에 관하여 설명해야 하는 번거로움이 있다.

## 46

경비업법상 규정된 경비업무에 관한 설명으로 옳지 않은 것은?

① 특수경비업무 : 운반 중에 있는 현금·유가증권·귀금속·상품 그 밖의 물건에 대하여 도난·화재 등 위험발생 방지
② 시설경비업무 : 경비를 필요로 하는 시설 및 장소에서의 도난·화재 그 밖의 혼잡 등으로 인한 위험발생 방지
③ 신변보호업무 : 사람의 생명이나 신체에 대한 위해의 발생을 방지하고 그 신변을 보호
④ 기계경비업무 : 경비대상시설에 설치한 기기에 의하여 감지·송신된 정보를 그 경비대상시설 외의 장소에 설치한 관제시설의 기기로 수신하여 도난·화재 등 위험발생 방지

## 47

환경설계를 통한 범죄예방(CPTED)에 관한 설명으로 옳지 않은 것은?

① 범죄의 원인을 환경적 요인에서 찾고자 한다.
② 동심원영역론(Concentric Zone Theory)은 CPTED의 접근방법 중 하나이다.
③ 2차적 기본전략은 자연적 접근방법을 통해 범죄예방효과를 극대화하고자 한다.
④ 모든 인간은 잠재적 범죄 욕망을 가지고 있기 때문에 사전에 범행 기회를 차단하고자 한다.

## 48

다음 설명 중 옳지 않은 것은?

① 공경비의 대상은 국민이고, 민간경비는 특정 의뢰인이다.
② 공경비의 목적은 법집행이고, 민간경비는 의뢰자의 보호 및 손실감소이다.
③ 공경비의 주체는 정부이고, 민간경비는 영리기업이다.
④ 공경비의 임무는 범죄의 예방과 대응이고, 민간경비는 범죄의 예방과 피해회복이다.

## 49

로버트 필(Robert Peel)의 업적에 관한 설명으로 옳지 않은 것은?

① 영국 수도경찰을 창설하였다.
② 교구경찰, 주·야간경비대, 수상경찰, 보우가경찰대 등으로 경찰 조직을 더욱 세분화하였다.
③ Peelian Reform(형법개혁안)은 현대적 경찰 조직 설립의 시초가 되었다.
④ 경찰은 훈련되고 윤리적이며, 정부의 봉급을 받는 요원이어야 한다고 주장하였다.

## 50

범죄예방 및 안전사고 방지를 위해 관내 금융기관 등 현금다액취급업소, 상가, 여성운영업소 등에 대하여 방범시설 및 안전설비의 설치상황, 자위방범역량 등을 점검하여 미비점을 보완하도록 지도하기 위한 경찰활동은?

① 방범홍보
② 경찰방문
③ 생활방범
④ 방범진단

## 51
우리나라 경비업법에 규정된 경비업무로 옳은 것은?
① 탐정업무
② 핵연료물질 등의 위험물 운반경비업무
③ 호송경비업무
④ 민간조사업무

## 52
우리나라 민간경비산업에 관한 설명으로 옳지 않은 것은?
① 1976년 용역경비업법이 제정되었고, 1978년 한국용역경비협회가 설립되었다.
② 인건비 절감을 위해서 인력경비보다 기계경비의 성장이 가속화될 것이다.
③ 2001년 경비업법 개정으로 특수경비업무가 도입되어 청원경찰의 입지가 축소되었다.
④ 비용절감 등의 정책시행으로 인하여 계약경비보다 자체경비가 발전하고 있다.

## 53
경비업법령에 따른 일반경비원과 특수경비원의 신임교육에 공통되는 과목은?
① 사 격
② 폭발물 처리요령
③ 총기조작
④ 기계경비실무

## 54
특정한 손실 발생 시 회사에 얼마나 심각한 영향을 미치는지를 고려하고, 손실에 의한 위험의 빈도를 조사하는 경비위해요소 분석단계는?
① 경비위해요소 인지
② 손실발생 가능성 예측
③ 손실(경비위험도) 평가
④ 경비활동 비용효과 분석

## 55

경비위해요소 분석에 관한 설명으로 옳지 않은 것은?

① 경비계획 수립 시 모든 시설물마다 인력경비와 기계경비시스템을 동일하게 적용해야만 한다.
② 손실이 크게 예상되지 않는 소규모 경비시설물은 손쉬운 손실예방책인 성능이 우수한 잠금장치를 사용할 수 있다.
③ 기업의 손실영역이 증가하고 복잡해지면 1차원적 경비형태만으로 대응하기 어렵다.
④ 손실예방을 위해 최적의 방어책을 세우기 위해서는 위해요소에 대한 인지와 평가가 우선적으로 선행되어야 한다.

## 56

확인된 위험의 대응방법에 관하여 옳게 연결된 것은?

> ㄱ. 물리적·절차적 관점에서 위험요소를 감소시키거나 최소화시키는 방법을 강구한다.
> ㄴ. 범죄 및 손실이 발생할 기회를 전혀 제공하지 않는 것과 관련된다.

① ㄱ : 위험의 감소, ㄴ : 위험의 회피
② ㄱ : 위험의 감소, ㄴ : 위험의 분산
③ ㄱ : 위험의 제거, ㄴ : 위험의 감수
④ ㄱ : 위험의 제거, ㄴ : 위험의 대체

## 57

폭발·화재의 위험은 화학공장이 더 크고, 절도·강도에 의한 잠재적 손실은 소매점에서 더욱 크게 나타난다는 설명과 관련된 위해는?

① 자연적 위해
② 인위적 위해
③ 특정한 위해
④ 지형적 위해

# 58

다음 설명에 관한 경비부서 관리자의 역할은?

> 경비원에 대한 감독, 순찰, 화재와 경비원의 안전, 교통통제, 출입금지구역에 대한 감시

① 관리상의 역할
② 조사상의 역할
③ 예방상의 역할
④ 경영상의 역할

# 59

외곽시설물 경비의 2차적 방어수단은?

① 경보장치
② 외 벽
③ 울타리
④ 외곽방호시설물

# 60

경비조사의 과정을 순서대로 나열한 것은?

> ㄱ. 경비대상의 현상태 점검
> ㄴ. 경비방어상 취약점 확인
> ㄷ. 보호의 정도 측정
> ㄹ. 경비활동 전반에 걸친 객관적 분석
> ㅁ. 종합적인 경비프로그램의 수립

① ㄱ - ㄴ - ㄷ - ㄹ - ㅁ
② ㄴ - ㄷ - ㄹ - ㄱ - ㅁ
③ ㄷ - ㄹ - ㄱ - ㄴ - ㅁ
④ ㄹ - ㄱ - ㄴ - ㄷ - ㅁ

## 61

**총체적 경비에 관한 설명으로 옳은 것은?**

① A경비회사는 2019년 1월에 시설경비원을 고용하여 단일 예방체제를 구축하였다.
② B경비회사는 손실예방을 위해 전체적인 계획 없이 2019년 9월(1개월간)에만 필요하여 단편적으로 경비체제를 추가하였다.
③ C경비회사는 2019년 10월에 특정한 손실이 발생하여 이에 대응하기 위해 경비체제를 마련하였다.
④ D경비회사는 2020년 1월부터는 언제 발생할지 모를 상황에 대비하고 각종 위해요소를 차단하기 위해 인력경비와 기계경비를 종합한 표준화된 경비체제를 갖출 것이다.

## 62

**외곽경비에 관한 설명으로 옳지 않은 것은?**

① 경계구역 내 가시지대를 가능한 한 넓히기 위해 모든 장애물을 양쪽 벽으로부터 제거하여야 한다.
② 지붕은 침입자가 지붕을 통하여 창문으로 들어올 수 있는 취약지점이기 때문에 주의하여야 한다.
③ 일정 기간이나 비상시에만 사용하는 출입구의 경우 평상시에는 폐쇄하고 잠겨 있어야 한다.
④ 건물 자체에 대한 경비활동으로 건물에 대한 출입통제, 출입문·창문에 대한 보호조치 등을 말한다.

## 63

**보호대상인 물건에 직접적으로 센서를 부착하여 그 물건이 움직이게 되면 진동이 발생되어 경보가 발생하는 장치로 정확성이 높아 일반적으로 전시 중인 물건이나 고미술품 보호에 사용되는 경보센서(감지기)는?**

① 음파 경보시스템
② 초음파 탐지장치
③ 적외선감지기
④ 진동감지기

## 64

**경계구역의 경비조명에 관한 설명으로 옳지 않은 것은?**

① 조명시설의 위치는 경비원의 눈을 부시게 하는 것을 피해야 한다.
② 경비조명은 가능한 한 그림자가 넓게 생기도록 하여야 한다.
③ 경계 조명시설물은 경계구역에서 이용되며, 진입등은 경계지역 내에 위치하여야 한다.
④ 경비조명은 경계구역 내 모든 부분을 충분히 비출 수 있도록 적당한 밝기와 높이로 설치한다.

## 65

**국가중요시설 경비에 관한 설명으로 옳지 않은 것은?**

① 국가중요시설이란 공공기관, 공항·항만, 주요 산업시설 등 적에 의하여 점령 또는 파괴되거나 기능이 마비될 경우 국가안보와 국민생활에 심각한 영향을 주게 되는 시설을 말한다.
② 3지대 방호개념은 제1지대-주방어지대, 제2지대-핵심방어지대, 제3지대-경계지대이다.
③ 국가중요시설은 중요도와 취약성을 고려하여 제한지역, 제한구역, 통제구역으로 보호지역을 설정하고 있다.
④ 국가중요시설의 통합방위사태는 갑종사태, 을종사태, 병종사태로 구분된다.

## 66

**하나의 문이 잠길 경우 전체의 문이 동시에 잠기는 방식으로 교도소 등 동시다발적 사고 발생의 우려가 높은 장소에서 사용되는 패드록(Pad-Locks) 잠금장치는?**

① 기억식 잠금장치
② 전기식 잠금장치
③ 일체식 잠금장치
④ 카드식 잠금장치

## 67

**소화방법에 관한 설명 중 (   )에 들어갈 용어로 옳은 것은?**

- ( ㄱ )소화 - 연소반응에 관계된 가연물이나 그 주위의 가연물을 ( ㄱ )하여 소화하는 방법
- 질식소화 - 연소범위의 산소공급원을 차단시켜 연소가 되지 않도록 하는 방법
- ( ㄴ )소화 - 연소물을 ( ㄴ )하여 연소물을 착화온도 이하로 떨어뜨려 소화하는 방법으로 물을 많이 사용함
- ( ㄷ )소화 - 연소의 연쇄반응을 부촉매 작용에 의해 ( ㄷ )하는 소화방법

① ㄱ : 억제, ㄴ : 냉각, ㄷ : 제거
② ㄱ : 억제, ㄴ : 제거, ㄷ : 냉각
③ ㄱ : 냉각, ㄴ : 억제, ㄷ : 제거
④ ㄱ : 제거, ㄴ : 냉각, ㄷ : 억제

## 68

**다음에 해당하는 호송경비의 방식은?**

> 운송업자 A가 고가미술품을 자신의 트럭에 적재하여 운송하고, 이 적재차량의 경비는 경비업자 B가 무장경비차량 및 경비원을 통해 경비하였다.

① 통합호송방식
② 분리호송방식
③ 휴대호송방식
④ 동승호송방식

## 69

**화재유형에 따른 화재대책에 관한 설명으로 옳지 않은 것은?**

① 유류화재는 옥내소화전을 사용하여 온도를 발화점 밑으로 떨어뜨리는 것이 가장 효과적인 진압방법이다.
② 금속화재는 물과 반응하여 강한 수소를 발생하는 것이 대부분이므로 화재 시 수계 소화약제를 사용해서는 안 된다.
③ 가스화재는 점화원을 차단하고 살수 및 냉각으로 진압하는 것이 효과적이다.
④ 전기화재는 소화 시 물 등의 전기전도성을 가진 약제를 사용하면 감전의 위험이 있으므로 주의해야 한다.

## 70

**경보시스템 종류에 관한 설명으로 옳지 않은 것은?**

① 중앙관제시스템은 전용전화회선을 통해 비상감지 시 직접 외부의 각 관계기관에 자동으로 연락이 취해지는 방식이다.
② 국부적 경보시스템은 가장 원시적인 경보체계로 일정 지역에 국한해 한두 개의 경보장치를 설치하거나 단순히 사이렌이나 경보음이 울리는 것이다.
③ 제한적 경보시스템은 사이렌이나 타종, 비상등과 같은 제한된 경보장치를 설치하여 화재예방시설에 주로 사용되며 사람이 없으면 대응할 수 없는 단점이 있다.
④ 다이얼 경보시스템은 비상사태가 발생하였을 경우 사전에 입력된 전화번호로 긴급연락을 하는 것으로 설치가 간단하고 유지비가 저렴하다.

**71**

비상사태의 유형에 따른 경비원의 대응에 관한 설명으로 옳지 않은 것은?

① 지진 : 지진 발생 후 치안공백으로 인한 약탈과 방화행위에 대비
② 가스폭발 : 가스폭발 우려가 있을 시 우선 물건이나 장비를 고지대로 이동
③ 홍수 : 폭우가 예보되면 우선적으로 침수 가능한 지역에 대해 배수시설 점검
④ 건물붕괴 : 자신이 관리하는 건물의 벽에 금이 가거나 균열이 있는지 확인

**72**

폭발물에 의한 테러 위협에 관한 설명으로 옳지 않은 것은?

① 폭발물에 의한 테러 위협을 당하면 우선적으로 사람들을 건물 밖으로 대피시킨다.
② 테러 협박전화가 걸려오면 경비책임자에게 보고하고, 위험이 감지되면 경찰서나 소방서 등 관련 기관에 신속하게 연락한다.
③ 경비원은 폭발물이 발견되면 그 지역을 자주 출입하는 사람이나 출입이 제한된 사람들의 명단을 파악한 후 신속하게 폭발물을 제거한다.
④ 경비원은 폭발물의 폭발력을 약화시키기 위하여 모든 창문과 문은 열어둔다.

**73**

컴퓨터 활용에 잠재된 위험요소로 옳지 않은 것은?

① 컴퓨터를 통한 사기・횡령
② 과도한 프로그램의 작성 및 활용
③ 조작자의 실수
④ 비밀정보의 절취

## 74

컴퓨터 에러(Error) 방지 대책으로 옳지 않은 것은?

① 적절한 컴퓨터 언어를 사용했는지 여부를 검토하는 시스템 작동 재검토
② 정보 접근 권한을 가진 취급자만 컴퓨터 운용에 투입
③ 데이터 갱신을 통한 시스템의 재검토
④ 정해진 절차에 따라 프로그램이 실행되는지에 대한 절차상의 재평가

## 75

입법적 대책과 관련하여 형법에 규정된 컴퓨터 범죄에 관한 설명으로 옳지 않은 것은?

① 재물손괴죄 : 컴퓨터 등 정보처리장치에 장애를 발생하게 하여 사람의 업무를 방해하는 행위
② 컴퓨터 등 사용사기죄 : 컴퓨터 등 정보처리장치에 권한 없이 정보를 입력·변경하여 재산상의 이익을 취득하는 행위
③ 비밀침해죄 : 봉함 기타 비밀장치한 전자기록 등을 기술적 수단을 이용하여 그 내용을 알아낸 행위
④ 사전자기록의 위작·변작죄 : 사무처리를 그르치게 할 목적으로 타인의 권리·의무 또는 사실증명에 관한 전자기록을 위작 또는 변작한 행위

## 76

컴퓨터를 이용한 사이버테러에 관한 설명으로 옳지 않은 것은?

① 허프건(Huffgun) : 고출력 전자기장을 발생시켜 컴퓨터의 자기기록정보를 파괴시키는 수법
② 서비스거부(Denial of Service) : 시스템에 과도한 부하를 일으켜 데이터나 자원을 정당한 사용자가 적절한 대기시간 내에 사용하는 것을 방해하는 수법
③ 논리폭탄(Logic Bomb) : 컴퓨터의 일정한 작동 시마다 부정행위가 이루어질 수 있도록 프로그램을 조작하는 수법
④ 스푸핑(Spoofing) : 악성코드에 감염된 사용자 PC를 조작하여 금융정보를 빼내는 수법

## 77

민간경비산업의 문제점에 관한 설명으로 옳지 않은 것은?

① 경비업체 및 인력의 지역적 편중
② 경비업법과 청원경찰법의 일원화
③ 경비업체의 영세성
④ 민간경비원에 대한 열악한 대우

## 78

민간경비산업의 발전방안으로 옳지 않은 것은?

① 민간경비원의 전문자격증제도 확립
② 경찰과의 협력체계 구축 및 첨단장비의 개발
③ 국가 전담기구의 설치와 행정지도
④ 인력경비 중심의 민간경비산업 구축

## 79

경찰과 민간경비의 협력관계 개선방안으로 옳지 않은 것은?

① 민간경비원에 대한 감독 강화
② 합동 범죄예방 및 홍보활동
③ 비상연락망 구축과 경비자문서비스센터의 공동운영
④ 업무기준의 명확화를 통한 마찰 해소

## 80

융합보안에 관한 설명으로 옳지 않은 것은?

① 융합보안은 물리적 보안요소와 정보보안요소가 통합된 개념이다.
② 융합보안은 출입통제, 접근감시, 잠금장치 등을 통하여 보안의 효과성을 높이는 활동이다.
③ 물리적·기술적·관리적 보안요소를 상호 연계하여 보안의 효과성을 높인다.
④ 보안이 조선, 자동차 등 기타 산업과 결합되어 새로운 서비스나 제품의 안정성과 부가가치를 창출한다.

# 2018
# 제20회 경비지도사 제1차 시험 기출문제

1. 법학개론
2. 민간경비론

# 2018년도 제20회 경비지도사 1차 국가자격시험

| 교 시 | 문제형별 | 시험시간 | 시 험 과 목 |
|---|---|---|---|
| 1교시 | A | 80분 | ❶ 법학개론<br>❷ 민간경비론 |

| 수험번호 | | 성 명 | |

## 【수 험 자 유 의 사 항】

1. **시험문제지 표지**와 시험문제지 내 **문제형별**의 동일여부 및 시험문제지의 **총면수, 문제번호 일련순서, 인쇄상태** 등을 확인하시고, 문제지 표지에 수험번호와 성명을 기재하시기 바랍니다.

2. 답은 각 문제마다 요구하는 **가장 적합하거나 가까운 답 1개**만 선택하고, 답안카드 작성 시 시험문제지 **형별누락, 마킹착오**로 인한 불이익은 전적으로 **수험자에게 책임**이 있음을 알려드립니다.

3. 답안카드는 국가전문자격 공통 표준형으로 문제번호가 1번부터 125번까지 인쇄되어 있습니다. 답안 마킹 시에는 반드시 **시험문제지의 문제번호와 동일한 번호**에 마킹하여야 합니다.

4. **감독위원의 지시에 불응하거나 시험시간 종료 후 답안카드를 제출하지 않을 경우** 불이익이 발생할 수 있음을 알려 드립니다.

5. 시험문제지는 시험 종료 후 가져가시기 바랍니다.

### 안내사항

1. 수험자는 **QR코드**를 통해 가답안을 확인하시기 바랍니다.
   (※ 사전 설문조사 필수)

2. 시험 합격자에게 '합격축하 SMS(알림톡) 알림 서비스'를 제공하고 있습니다.

− 수험자 여러분의 합격을 기원합니다 −

# 2018년 법학개론

2018.11.17. 시행

## 01
법과 도덕에 관한 설명으로 옳지 않은 것은?
① 법은 행위의 외면성을, 도덕은 행위의 내면성을 다룬다.
② 법은 강제성을, 도덕은 비강제성을 갖는다.
③ 법은 타율성을, 도덕은 자율성을 갖는다.
④ 권리 및 의무의 측면에서 법은 일면이나, 도덕은 양면적이다.

## 02
법단계설을 주장한 학자는?
① 켈젠(H. Kelsen)
② 슈미트(C. Schmitt)
③ 예링(R. v. Jhering)
④ 스멘트(R. Smend)

## 03
관습법에 관한 설명으로 옳지 않은 것은?
① 관습법은 당사자의 주장·입증이 있어야만 법원이 이를 판단할 수 있다.
② 민법 제1조에서는 관습법의 보충적 효력을 인정하고 있다.
③ 형법은 관습형법금지의 원칙이 적용된다.
④ 헌법재판소 다수의견에 의하면 관습헌법도 성문헌법과 동등한 효력이 있다.

## 04

법의 분류에 관한 설명으로 옳지 않은 것은?

① 자연법은 시·공간을 초월하여 보편적으로 타당한 법을 의미한다.
② 임의법은 당사자의 의사에 의하여 그 적용이 배제될 수 있는 법을 말한다.
③ 부동산등기법은 사법이며, 실체법이다.
④ 오늘날 국가의 개입이 증대되면서 '사법의 공법화' 경향이 생겼다.

## 05

사실확정을 위한 실정법의 추정규정으로 옳지 않은 것은?

① 공유자의 지분은 균등한 것으로 추정한다.
② 아내가 혼인 중에 임신한 자녀는 남편의 자녀로 추정한다.
③ 2인 이상이 동일한 위난으로 사망한 경우에는 동시에 사망한 것으로 추정한다.
④ 실종선고를 받은 자는 실종기간이 만료한 때에 사망한 것으로 추정한다.

## 06

"형법 제329조 절도죄의 객체인「재물」에 부동산은 포함되지 아니한다"고 해석한다면 이는 무슨 해석인가?

① 축소해석
② 유추해석
③ 반대해석
④ 확장해석

## 07

법의 효력에 관한 규정으로 옳지 않은 것은?

① 법률은 특별한 규정이 없는 한 공포한 날로부터 20일을 경과함으로써 효력을 발생한다.
② 모든 국민은 소급입법에 의하여 참정권의 제한을 받거나 재산권을 박탈당하지 않는다.
③ 대통령은 내란 또는 외환의 죄를 범한 경우를 제외하고는 재직 중 형사상의 소추를 받지 아니한다.
④ 범죄의 성립과 처벌은 재판시의 법률에 의한다.

## 08

**권리와 관련된 설명으로 옳지 않은 것은?**

① 사권(私權)은 권리의 작용에 의해 지배권, 청구권, 형성권, 항변권으로 구분된다.
② 사권은 권리의 이전성에 따라 절대권과 상대권으로 구분된다.
③ 권능은 권리의 내용을 이루는 개개의 법률상의 힘을 말한다.
④ 권한은 본인 또는 권리자를 위하여 일정한 법률효과를 발생케 하는 행위를 할 수 있는 법률상의 자격을 말한다.

## 09

**타인이 일정한 행위를 하는 것을 참고 받아들여야 할 의무는?**

① 작위의무
② 수인의무
③ 간접의무
④ 권리반사

## 10

**현행 헌법상 정당 설립과 활동의 자유에 관한 설명으로 옳지 않은 것은?**

① 정당의 설립은 자유이며, 복수정당제는 보장된다.
② 정당은 그 목적, 조직과 활동이 민주적이어야 한다.
③ 정당의 목적과 활동이 민주적 기본질서에 위배될 때에는 국회는 헌법재판소에 그 해산을 제소할 수 있다.
④ 국가는 법률이 정하는 바에 의하여 정당의 운영에 필요한 자금을 보조할 수 있다.

## 11

**우리 헌법재판소가 목적의 정당성, 방법의 적절성, 피해의 최소성, 법익의 균형성 등으로 기본권의 침해 여부를 심사하는 위헌판단원칙은?**

① 과잉금지원칙
② 헌법유보원칙
③ 의회유보원칙
④ 포괄위임입법금지원칙

## 12

국회와 행정부 간의 관계를 설명한 것으로 옳지 않은 것은?

① 국회는 국무총리 또는 국무위원의 해임을 대통령에게 건의할 수 있다.
② 대통령은 국회에 출석하여 발언하거나 서한으로 의견을 표시할 수 있다.
③ 국회는 국정을 감사하거나 특정한 국정사안에 대하여 조사할 수 있다.
④ 대통령은 국회에서 의결된 법률안의 일부에 대하여 재의를 요구할 수 있다.

## 13

현행 헌법에서 명문으로 규정하고 있는 기본권은?

① 생명권
② 인간다운 생활을 할 권리
③ 주민투표권
④ 흡연권

## 14

우리 헌법재판소의 관장사항이 아닌 것은?

① 법원의 제청에 의한 법률의 위헌 여부 심판
② 지방자치단체 상호 간의 권한쟁의심판
③ 국회의원에 대한 탄핵심판
④ 법률에 대한 헌법소원심판

## 15

민법상 용익물권인 것은?

① 질권
③ 유치권
② 지역권
④ 저당권

**16**

민법상 물건에 관한 설명으로 옳지 않은 것은?

① 건물 임대료는 천연과실이다.
② 관리할 수 있는 자연력은 동산이다.
③ 건물은 토지로부터 독립한 부동산으로 다루어질 수 있다.
④ 토지 및 그 정착물은 부동산이다.

**17**

법인이 아닌 사단의 사원이 집합체로서 물건을 소유할 때의 소유 형태는?

① 단독소유
② 공 유
③ 합 유
④ 총 유

**18**

민법상 불법행위책임의 성립요건이 아닌 것은?

① 고의나 과실로 인한 가해행위일 것
② 가해행위가 위법성이 있을 것
③ 가해자의 행위능력이 있을 것
④ 가해행위로 인한 손해가 발생할 것

**19**

경비회사 甲이 乙과 경비계약을 체결하기 위하여 제안서를 교부하였을 때, 다음 중 옳은 것은?

① 甲의 의사표시가 진의가 아님을 乙이 알았다면 甲의 의사표시는 무효이다.
② 甲의 의사표시가 乙의 사기로 인한 것이라면 甲의 의사표시는 무효이다.
③ 甲의 의사표시가 乙의 강박으로 인한 것이라면 甲의 의사표시는 무효이다.
④ 甲과 乙이 서로 통정한 허위의 의사표시라면 甲의 의사표시는 취소할 수 있다.

## 20

고객 乙이 경비회사 甲을 상대로 손해배상을 원인으로 민사소송을 제기하였을 때, 다음 중 옳지 않은 것은?

① 乙은 강제집행을 보전하기 위하여 가압류 절차를 밟을 수 있다.
② 이 소송목적의 값이 5,000만원 이하라면 소액사건심판법의 절차에 의한다.
③ 항소는 판결서가 송달된 날부터 2주 이내에 하여야 하나, 판결서 송달 전에도 할 수 있다.
④ 乙이 미성년자라도 독립하여 법률행위를 할 수 있는 경우에는 소송을 제기할 수 있다.

## 21

경비회사 甲의 경비원 A는 임산부 B를 경호하다가 A의 과실로 B의 태아 C가 사산되었다면, 다음 중 옳지 않은 것은?(단, 甲은 A의 선임 및 사무 감독에 상당한 주의를 다하지 않았음)

① B는 甲에게 손해배상청구를 할 수 있다.
② B는 A에게 손해배상청구를 할 수 있다.
③ C는 甲에게 손해배상청구를 할 수 없다.
④ C는 A에게 손해배상청구를 할 수 있다.

## 22

형법상 개인적 법익에 대한 죄가 아닌 것은?

① 절도죄
② 폭행죄
③ 도박죄
④ 공갈죄

## 23

형법상 위법성조각사유에 관한 설명으로 옳지 않은 것은?

① 자구행위는 사후적 긴급행위이다.
② 정당방위에 대해 정당방위를 할 수 있다.
③ 긴급피난에 대해 긴급피난을 할 수 있다.
④ 정당행위는 위법성이 조각된다.

## 24

형사소송법상 체포에 관한 설명으로 옳지 않은 것은?

① 검사 또는 사법경찰관리가 아닌 자가 현행범인을 체포한 때에는 48시간 이내에 수사기관에 인도해야 한다.
② 현행범인은 누구든지 영장 없이 체포할 수 있다.
③ 검사 또는 사법경찰관은 피의자 체포 시 피의사실의 요지, 체포의 이유와 변호인을 선임할 수 있음을 말하고 변명할 기회를 주어야 한다.
④ 검사가 체포한 피의자를 구속하고자 할 때에는 체포한 때부터 48시간 이내에 구속영장을 청구하여야 한다.

## 25

형사소송에서 피고인에 관한 설명으로 옳지 않은 것은?

① 피고인은 진술거부권을 가진다.
② 피고인은 당사자로서 검사와 대등한 지위를 가진다.
③ 검사에 의하여 공소가 제기된 자는 피고인이다.
④ 피고인은 소환, 구속, 압수, 수색 등의 강제처분의 주체가 된다.

## 26
형사소송에서 법관이 불공평한 재판을 할 염려가 있는 경우에 자발적으로 직무집행에서 탈퇴하는 것은?

① 기 피
② 회 피
③ 제 척
④ 거 부

## 27
우리나라 형사소송법의 기본구조가 아닌 것은?

① 기소독점주의
② 공개재판주의
③ 증거재판주의
④ 형식적 진실주의

## 28
형사소송에서 상소에 관한 설명으로 옳지 않은 것은?

① 검사 또는 피고인은 상소를 할 수 있다.
② 항소의 제기기간은 7일로 한다.
③ 항소권자는 항소를 제기하려면 항소기간 내에 항소장을 항소법원에 제출하여야 한다.
④ 판결에 대한 상소에는 항소와 상고가 있다.

## 29
상법상 주식회사 설립 시 정관의 절대적 기재사항이 아닌 것은?

① 목 적
② 상 호
③ 청산인
④ 본점의 소재지

## 30

합명회사에 관한 설명으로 옳은 것은?

① 무한책임사원과 유한책임사원으로 조직한다.
② 2인 이상의 무한책임사원으로 조직한다.
③ 사원이 출자금액을 한도로 유한의 책임을 진다.
④ 사원은 주식의 인수가액을 한도로 하는 출자의무를 부담할 뿐이다.

## 31

보험계약에 관한 설명으로 옳지 않은 것은?

① 사행계약(射倖契約)이 아니다.
② 유상(有償)·쌍무(雙務)계약이다.
③ 불요식(不要式)의 낙성계약(諾成契約)이다.
④ 계약관계자에게 선의 또는 신의성실이 요구되는 선의계약이다.

## 32

상법상 손해보험이 아닌 것은?

① 화재보험
② 운송보험
③ 해상보험
④ 생명보험

## 33

근로자의 업무상 재해보상과 재해근로자의 재활 및 사회복귀를 촉진하고 이에 필요한 보험시설을 설치·운영하며 재해예방과 그 밖에 근로자의 복지 증진을 위한 법률은?

① 근로복지기본법
② 근로자퇴직급여보장법
③ 산업재해보상보험법
④ 임금채권보장법

## 34

**근로기준법상 근로계약에 관한 설명으로 옳은 것은?**

① 미성년자의 임금청구는 친권자가 대리하여야 한다.
② 사용자는 긴박한 경영상의 필요가 있으면 근로자를 해고할 수 있다.
③ 사용자는 근로계약 불이행에 대한 위약금 예정 계약을 체결할 수 있다.
④ 근로자에 대한 해고는 반드시 서면으로 할 필요는 없다.

## 35

**사회보장기본법에 관한 설명으로 옳지 않은 것은?**

① 모든 국민은 사회보장 관계 법령에서 정하는 바에 따라 사회보장급여를 받을 권리를 가진다.
② 사회보장에 관한 주요 시책을 심의·조정하기 위하여 국무총리 소속으로 사회보장위원회를 둔다.
③ 국가와 지방자치단체는 모든 국민의 인간다운 생활을 유지·증진하는 책임을 가진다.
④ 사회보장수급권은 포기할 수 있으나, 그 포기는 취소할 수 없다.

## 36

**(   )에 들어갈 내용은?**

> 사회보장은 모든 국민이 다양한 사회적 위험으로부터 벗어나 행복한 복지사회를 실현하는 것을 기본 이념으로 한다. (   )는(은) 국가와 지방자치단체의 책임하에 생활유지능력이 없거나 생활이 어려운 국민의 최저생활을 보장하고 자립을 지원하는 제도를 말한다.

① 사회보험
② 공공부조
③ 사회서비스
④ 평생사회안전망

## 37

**지방자치단체의 조직에 관한 설명으로 옳지 않은 것은?**

① 지방자치단체에 주민의 대의기관인 의회를 둔다.
② 지방자치단체의 장은 주민이 보통·평등·직접·비밀선거에 따라 선출한다.
③ 지방자치단체의 장은 법령의 범위 안에서 자치에 관한 조례를 제정할 수 있다.
④ 지방자치단체의 종류는 법률로 정한다.

## 38

**행정행위에 취소사유가 있다고 하더라도 당연무효가 아닌 한 권한 있는 기관에 의해 취소되기 전에는 유효한 것으로 통용되는 것은 행정행위의 어떠한 효력 때문인가?**

① 강제력
② 공정력
③ 불가변력
④ 형식적 확정력

## 39

**행정청이 건물의 철거 등 대체적 작위의무의 이행과 관련하여 의무자가 행할 작위를 스스로 행하거나 또는 제3자로 하여금 이를 행하게 하고 그 비용을 의무자로부터 징수하는 행정상의 강제집행 수단은?**

① 행정대집행
② 행정벌
③ 직접강제
④ 행정상 즉시강제

## 40

**행정법상 행정작용에 관한 설명으로 옳지 않은 것은?**

① 기속행위는 행정주체에 대하여 재량의 여지를 주지 않고 그 법규를 집행하도록 하는 행정행위를 말한다.
② 특정인에게 새로운 권리나 포괄적 법률관계를 설정해주는 특허는 형성적 행정행위이다.
③ 의사표시 이외의 정신작용 등의 표시를 요소로 하는 행위는 준법률행위적 행정행위이다.
④ 개인에게 일정한 작위의무를 부과하는 하명은 형성적 행정행위이다.

# 2018년 민간경비론

2018.11.17. 시행

## 41
민간경비와 공경비의 공통적 임무가 아닌 것은?
① 질서유지
② 범죄수사
③ 범죄예방
④ 재산보호

## 42
경제환원론에 관한 설명으로 옳지 않은 것은?
① 민간경비가 성장함에 따라 민간경비 기업들은 하나의 이익집단을 형성한다고 본다.
② 민간경비시장의 성장을 범죄의 증가에 따른 직접적인 대응이라는 전제하에서 출발한다.
③ 거시적 차원에서 범죄의 증가를 실업의 증가에서 그 원인을 찾으려고 한다.
④ 민간경비시장의 성장을 경제전반의 상태와 운용에 연결시켜서 설명한다.

## 43
민간경비의 개념에 관한 설명으로 옳은 것은?
① 형식적 개념은 공경비와 민간경비가 명확히 구별된다.
② 광의의 개념은 국민의 생명과 재산을 보호하기 위하여 일정한 비용을 지불한 특정 고객에게 안전 관련 서비스를 제공하는 개인만을 의미한다.
③ 협의의 개념은 주체면에서 민간과 국가를 포함한다.
④ 실질적 개념은 실정법인 경비업법에서 규정하는 허가를 받고 경비업무를 수행하는 활동을 말한다.

## 44

경찰이 범죄예방이나 통제와 같은 서비스를 제공할 수 있는 능력이 감소됨으로써 발생한 '사각지대'를 민간경비가 보완해준다는 것과 관련된 이론은?

① 비용공동부담이론
② 공동화이론
③ 민영화이론
④ 지역사회활동이론

## 45

민간경비에 관한 설명으로 옳은 것은?

① 영리성을 갖는다.
② 불특정 다수의 시민이 수혜대상이다.
③ 사전예방과 법집행을 한다.
④ 공권력을 추구한다.

## 46

최근 범죄의 변화 양상에 관한 설명으로 옳지 않은 것은?

① 무선인터넷과 스마트폰 등의 보급 확대로 인하여 사이버범죄가 증가하고 있다.
② 노령인구가 증가하면서 노인범죄가 사회문제로 대두되고 있다.
③ 청소년범죄가 흉포화되고 있다.
④ 범죄행위 및 방법이 지역화, 기동화, 조직화, 집단화되고 있다.

## 47

경찰 범죄예방능력의 한계에 관한 설명으로 옳지 않은 것은?

① 경찰인력이 부족하다.
② 타 부처와의 업무협조가 과중하다.
③ 경찰장비가 부족하고 노후하다.
④ 의사결정구조가 수평적이다.

## 48

자본주의 사회에서 공경비가 갖는 근본적인 성격과 역할 및 기능에 관한 통념적 인식에 의문을 제기하면서 출발하고 있는 이론은?

① 공동생산이론
② 공동화이론
③ 비용공동분담이론
④ 수익자부담이론

## 49

민간경비의 국내·외 치안환경 변화에 관한 설명으로 옳지 않은 것은?

① 양극화된 이념체제가 붕괴되면서 다극화된 경제실리체제로 변모하였다.
② 국제화, 개방화로 인하여 국제범죄조직과 국제테러조직의 국내잠입 및 활동이 우려되고 있다.
③ 지역별, 권역별 경제공동체인 EU, 북미자유경제권 등이 붕괴되었다.
④ 외국인 노동자, 다문화가정 등으로 인하여 새로운 치안수요가 발생하고 있다.

## 50

우리나라 민간경비원이 합법적으로 수행할 수 있는 업무는?

① 현행범체포
② 긴급체포
③ 압수·수색
④ 감 청

## 51

주체에 따른 경비업무의 유형 중 성격이 다른 하나는?

① 상주경비
② 무인기계경비
③ 신변보호경비
④ 순찰경비

## 52

우리나라의 민간경비 관련 제도에 관한 설명으로 옳지 않은 것은?

① 1962년 청원경찰법과 1976년 용역경비업법이 제정되면서 민간경비의 법적·제도적 기틀이 마련되었다.
② 우리나라의 청원경찰제도는 외국에서 흔히 볼 수 없는 제도이다.
③ 민간조사제도는 경비업법상 규정되어 있지 않다.
④ 경비지도사의 직무는 경찰관직무집행법에 구체적으로 규정되어 있다.

## 53

우리나라 민간경비산업의 발전 및 특징에 관한 설명으로 옳지 않은 것은?

① 1986년 아시안게임, 1988년 올림픽, 1993년 엑스포 등 국제행사를 치르면서 크게 발전하였다.
② 기계경비가 활성화되고 있으나 아직까지는 인력경비에 대한 의존도가 높다.
③ 계약경비보다는 상대적으로 비용이 저렴한 자체경비가 발전하고 있다.
④ 2001년 경비업법 개정으로 특수경비원제도가 도입되어 청원경찰의 입지가 축소되었다.

## 54

미국 민간경비의 발전에 관한 설명으로 옳은 것을 모두 고른 것은?

> ㄱ. 건국 초기부터 영국식의 강력한 중앙집권적 경찰 조직이 발전하였다.
> ㄴ. 서부개척시대 철도운송의 발달과 함께 민간경비가 획기적으로 발전하였다.
> ㄷ. 핑커톤(A. Pinkerton)은 경찰 당국의 자료 요청에 응하여 경찰과 민간경비업체의 바람직한 관계를 정립하는 데 공헌하였다.
> ㄹ. 2001년 9·11 테러와 같은 국가적 위기상황은 민간경비가 발전하는 중요한 계기가 되었다.
> ㅁ. 현재 산업보안자격증인 CPP(Certified Protection Professional) 제도를 연방정부 차원에서 시행하고 있다.

① ㄱ, ㄴ, ㄷ
② ㄱ, ㄹ, ㅁ
③ ㄴ, ㄷ, ㄹ
④ ㄷ, ㄹ, ㅁ

## 55

경비업법령상 일반경비원의 신임교육과목에 해당되지 않는 것은?

① 범죄예방론
② 사 격
③ 체포·호신술
④ 직업윤리 및 인권보호

## 56

각국 민간경비원의 법적 지위에 관한 설명으로 옳지 않은 것은?

① 미국에서 민간경비원의 불법행위는 일반인의 불법행위와 동일한 민사책임을 지지 않는다.
② 미국에서 민간경비원의 심문 또는 질문에 일반 시민이 응답해야 할 의무는 없다.
③ 일본에서 형사법상 정당방위나 긴급피난에 의해 이루어진 민간경비원의 행위는 위법성이 조각된다.
④ 우리나라에서 국가중요시설에 근무하는 특수경비원은 필요한 경우 무기 휴대가 가능하지만 수사권은 인정되지 않는다.

## 57

민간경비 조직의 운영원리에 관한 설명으로 옳지 않은 것은?

① 명령통일의 원리 : 직속상관에게 지시를 받고 보고함으로써 책임소재를 명확히 해야 한다.
② 계층제의 원리 : 권한과 책임에 따라 직무를 등급화함으로써 상하 간 지휘·감독 관계를 수립하여야 한다.
③ 조정·통합의 원리 : 조직의 목표 달성을 위해 업무의 조화를 추구한다는 원리로서 전문화·분업화된 조직일수록 그 필요성이 감소한다.
④ 통솔범위의 원리 : 통솔범위는 한 사람의 관리자가 효과적으로 관리할 수 있는 최대한의 직원 수를 말하는 것으로서 계층의 수가 적을수록 통솔범위가 넓다.

## 58

**미국과 일본의 민간경비산업 현황에 관한 설명으로 옳은 것은?**

① 미국에서 경찰과 민간경비는 상명하복 관계에 있다.
② 홀크레스트(Hallcrest) 보고서에 의하면 2000년대 이후 미국의 민간경비인력은 경찰인력의 절반 수준으로 성장하고 있다.
③ 일본에서 민간경비원의 교통유도경비는 경찰관의 교통정리와 같은 법적 강제력이 없다.
④ 일본의 민간경비는 2000년대 이후부터 한국과 중국에 진출을 시도하면서 인력경비가 급속히 성장하고 있다.

## 59

**경비 관리책임자의 조사상 역할로 옳은 것은?**

① 기획의 조직화
② 예산과 재정상의 감독
③ 사무행정
④ 감시, 회계, 회사규칙의 위반 확인

## 60

**경비업법령상 특수경비원의 교육에 관한 설명으로 옳지 않은 것은?** 〔기출수정〕

① 특수경비업자는 특수경비원 신임교육을 받지 아니한 자를 특수경비업무에 종사하게 해서는 안 된다.
② 특수경비원으로 채용되기 전 3년 이내에 특수경비업무에 종사했던 경력이 있는 사람은 신임교육대상에서 제외될 수 있다.
③ 특수경비업자는 소속 특수경비원에 대하여 매월 3시간 이상의 직무교육을 실시해야 한다.
④ 특수경비원의 교육 시 특수경비업자의 요청이 있을 경우 관할 경찰서 소속 경찰공무원이 교육기관에 입회하여 지도·감독할 수 있다.

## 61

**경비업법령상 경비지도사에 관한 내용으로 옳지 않은 것은?**

① 경비지도사의 기본 교육시간은 40시간이다.
② 기계경비지도사는 오경보방지 등을 위하여 기기관리의 감독을 한다.
③ 경호현장에 배치된 경호원에 대한 순회점검 및 감독을 월 1회 이상 실시한다.
④ 경비지도사는 경비원 직무교육 실시대장에 그 내용을 기록하여 1년간 보존하여야 한다.

## 62

**경비시설물의 물리적 통제시스템에 관한 설명으로 옳지 않은 것은?**

① 최근에는 첨단과학기술을 이용한 감지시스템이 개발되어 적용되고 있다.
② 경비시설물 내에 존재하는 내부 자산에 대한 경비보호계획은 별도로 수립하지 않아도 된다.
③ 비상시에만 사용하는 외부 출입구에는 경보장치를 설치하여야 한다.
④ 시설물에 대한 물리적 통제는 기본적으로 경계지역, 건물 외부지역, 건물 내부지역이라는 세 가지 방어선으로 구분된다.

## 63

**일정한 패턴이 전혀 없는 외부 및 내부의 침입을 발견, 억제, 사정, 무력화할 수 있도록 계획된 시스템을 갖춘 경비수준은?**

① 최고수준경비(Level Ⅴ)
② 상위수준경비(Level Ⅳ)
③ 중간수준경비(Level Ⅲ)
④ 하위수준경비(Level Ⅱ)

## 64

**경비위해분석에 관한 설명으로 옳지 않은 것은?**

① 경비활동의 대상이 되는 위험요소들을 파악하는 경비진단활동이다.
② 위험요소의 척도화는 대상물이 갖고 있는 인지된 사실들의 환경을 고려하여 무작위로 배열하는 것이다.
③ 비용효과 분석은 투입비용 대비 산출효과를 비교하여 적정한 경비수준을 결정하는 과정이다.
④ 위험요소분석에 있어서 가장 선행되어야 하는 것은 위험요소를 인지하는 것이다.

## 65

경찰법상 국가경찰의 임무가 아닌 것은?

① 범죄의 예방·진압 및 수사
② 치안정보의 수집 및 서비스 제공
③ 외국 정부기관 및 국제기구와의 국제협력
④ 교통 단속과 위해의 방지

## 66

국가중요시설에 관한 설명으로 옳지 않은 것은? 기출수정

① "가"급 시설에는 대통령집무실(용산 대통령실), 국회의사당, 정부중앙청사, 국방부 등이 있다.
② "나"급 시설에는 대검찰청, 경찰청, 한국은행 본점 등이 있다.
③ "다"급 시설에는 중앙행정기관의 청사, 한국은행 각 지역본부 등이 있다.
④ "기타"급 시설에는 중앙부처장 또는 시·도지사가 필요하다고 지정한 행정 및 산업시설 등이 있다.

## 67

외곽경비에 관한 설명으로 옳지 않은 것은?

① 외곽경비는 자연적 장애물과 인공적 구조물 등을 이용하여 시설을 보호한다.
② 모든 출입구의 수를 파악하고 공기흡입관, 배기관 등은 경비계획에 포함시켜야 한다.
③ 안전유리의 설치 목적은 침입자의 침입시도를 완벽하게 저지하는 것이다.
④ 차량출입구는 평상시에는 양방향을 유지하지만 특별하게 차량통제에 대한 필요성에 맞추어 일방으로 통행을 제한할 수 있다.

## 68

출입통제방법에 관한 설명으로 옳지 않은 것은?

① 차량은 출입목적에 따라 출입증을 발급하고 주차지역을 지정하여야 하며 반출입 물품에 대해서도 면밀히 조사하여야 한다.
② 직원 출입구는 외부 방문객과 구분하여 하나의 문만 사용하도록 하고 통행하는 직원의 적절한 통제를 위해 출입구의 폭이 최대한 넓어야 한다.
③ 출입증이 없는 차량의 경우에는 그 용도와 목적을 확인하고 내부에서도 이 차량이 주차할 수 있는 지역을 한정하여야 한다.
④ 방문객이 통고 없이 방문하는 경우에는 대기실에서 대기하도록 하거나 대기실 외의 이동 시 반드시 방문객임을 표시하는 징표를 부착하여 CCTV 등을 통한 감시와 통제가 이루어져야 한다.

## 69

내부절도의 경비에 관한 설명으로 옳지 않은 것은?

① 주기적 순찰과 감시경비원 및 CCTV의 확충으로 경비인력의 혼합운영이 필요하다.
② 감사부서와의 협조하에 정기적으로 회계감사를 실시한다.
③ 직원의 채용 시 학력, 경력, 전과, 이념 등 신원조사를 실시한다.
④ 사내의 현금보관 금고는 내부인의 접근에도 유의하여야 한다.

## 70

재해예방과 비상계획 수립과정으로 옳은 것은?

> ㄱ. 문제의 인지
> ㄴ. 목표의 설정
> ㄷ. 경비계획안 비교·검토
> ㄹ. 전체계획 검토
> ㅁ. 경비위해요소 조사·분석
> ㅂ. 최선안 선택

① ㄱ → ㄴ → ㄷ → ㄹ → ㅁ → ㅂ
② ㄱ → ㄴ → ㄹ → ㅁ → ㄷ → ㅂ
③ ㄱ → ㄴ → ㅁ → ㄹ → ㄷ → ㅂ
④ ㄱ → ㄷ → ㅁ → ㄹ → ㄴ → ㅂ

# 71

다음 사례에 해당하는 신종금융범죄는?

> 자신의 휴대폰으로 모바일 청첩장을 받은 A씨는 지인의 모바일 청첩장인 것으로 생각하여 문자메시지 내의 인터넷주소를 클릭하였는데 이후 본인도 모르게 악성코드가 설치되어 소액결제가 되는 금융사기를 당하였다.

① 스미싱(Smishing)
② 메모리 해킹(Memory Hacking)
③ 파밍(Pharming)
④ 피싱(Phishing)

# 72

컴퓨터 범죄의 예방대책 중 관리적 대책이 아닌 것은?

① 프로그램 개발 통제
② 스케줄러 점검
③ 컴퓨터 프로그램 보호법 제정
④ 감사증거기록 삭제 방지

# 73

컴퓨터 범죄의 특성이 아닌 것은?

① 범행의 단절성
② 광범위성과 자동성
③ 발견·증명의 곤란성
④ 고의 입증의 곤란성

# 74

국제경제협력개발기구(OECD)에서 제시한 2002년 정보시스템 및 네트워크보호와 관련된 기본원칙이 아닌 것은?

① 책임성의 원칙
② 윤리성의 원칙
③ 다중협력성의 원칙
④ 개방성의 원칙

## 75

다음 설명에 해당하는 컴퓨터 범죄의 유형은?

> 컴퓨터 작업 수행 후 주변에서 정보를 획득하는 방법으로, 쓰레기통이나 주위에 버려진 명세서 또는 복사물을 찾아 습득하거나 컴퓨터 기억장치에 남아 있는 것을 찾아내서 획득하는 방법이다.

① 살라미 기법(Salami Techniques)
② 스캐빈징(Scavenging)
③ 트랩도어(Trap Door)
④ 슈퍼재핑(Super Zapping)

## 76

민간경비산업에서 청원경찰과 민간경비제도의 이원화에 관한 문제점이 아닌 것은?

① 지휘체계의 문제
② 보수 문제
③ 특수경비원 배치 기피
④ 신분보장 문제

## 77

우리나라의 경찰과 민간경비 간의 관계 개선방안이 아닌 것은?

① 경찰조직 내 일정 규모 이상의 민간경비 전담부서 설치
② 경찰과 민간경비원의 개별순찰제도 활성화
③ 민간경비업체와 경찰 책임자의 정기적인 회의 개최
④ 민간경비와 경찰 간 관련 정보의 적극적 교환

## 78

**우리나라 민간경비산업의 일반적 문제점으로 옳지 않은 것은?**

① 경비업체들이 활동할 수 있는 경비업종이 다른 국가에 비해 다양하게 되어 있다.
② 경비원의 채용 및 교육훈련이 형식적이고 자격을 검증할 수 있는 객관적인 시스템이 부족하여 전문성이 낮은 수준이다.
③ 대다수의 경비업체들은 영세하여 도급을 받지 못해 폐업하거나, 다른 경비업체로부터 하도급을 받고 있는 상황이다.
④ 경비업체는 정규직원보다 임시계약직이나 시간제 근로자로 채용하고, 경비원들은 조금 더 조건이 좋은 경비업체로 쉽게 이직을 하고 있다.

## 79

**우리나라 민간경비산업의 전망에 관한 설명으로 옳은 것은?**

① 시설경비업 : 국가중요시설의 경비를 담당하는 경비원 제도로 청원경찰과의 이원적 체제로 인한 문제점이 상존하고 있어 관련 정비가 시급한 실정이다.
② 특수경비업 : 우리나라 경비업의 가장 큰 비중을 차지하는 분야로 향후 이러한 증가추세는 계속될 전망이다.
③ 기계경비업 : 기존의 상업시설과 홈시큐리티 시스템 등의 첨단기술 발전에 힘입어 주거시설 및 국가안보분야에서의 수요도 혁신적으로 증가될 전망이다.
④ 호송경비업 : 외국 기업인과 가족들의 장기 체류 등으로 수요가 증가하고 있으며, 최근 사회불안이 가중되고 개인의 삶의 질이 높아짐에 따라 이러한 증가추세는 계속될 전망이다.

## 80

**우리나라 청원경찰과 민간경비원의 민·형사상 책임에 관한 설명으로 옳은 것을 모두 고른 것은?**

> ㄱ. 경비원에게 경비업무의 범위를 벗어난 행위를 하게 할 경우 징역 또는 벌금형에 처해진다.
> ㄴ. 청원경찰이 직권을 남용하여 국민에게 해를 끼친 경우 징역이나 금고형에 처해진다.
> ㄷ. 청원경찰의 신분은 공무원이고, 형법이나 기타 벌칙을 적용할 때에는 사인의 신분으로 본다.

① ㄱ
② ㄱ, ㄴ
③ ㄱ, ㄷ
④ ㄴ, ㄷ

스스로의 힘으로
실천하지 않는 것은
자포자기와 같다.

-퇴계 이황-

# 2017

# 제19회 경비지도사
# 제1차 시험 기출문제

1. 법학개론
2. 민간경비론

# 2017년도 제19회 경비지도사 1차 국가자격시험

| 교시 | 문제형별 | 시험시간 | 시험과목 |
|---|---|---|---|
| 1교시 | A | 80분 | ❶ 법학개론<br>❷ 민간경비론 |

수험번호: 　　　　　　　성명:

## 【수험자 유의사항】

1. **시험문제지 표지**와 시험문제지 내 **문제형별**의 동일여부 및 시험문제지의 **총면수, 문제번호 일련순서, 인쇄상태** 등을 확인하시고, 문제지 표지에 수험번호와 성명을 기재하시기 바랍니다.

2. 답은 각 문제마다 요구하는 **가장 적합하거나 가까운 답 1개**만 선택하고, 답안카드 작성 시 시험문제지 **형별누락, 마킹착오**로 인한 불이익은 전적으로 **수험자에게 책임**이 있음을 알려드립니다.

3. 답안카드는 국가전문자격 공통 표준형으로 문제번호가 1번부터 125번까지 인쇄되어 있습니다. 답안 마킹 시에는 반드시 **시험문제지의 문제번호와 동일한 번호**에 마킹하여야 합니다.

4. 감독위원의 지시에 불응하거나 시험시간 종료 후 답안카드를 제출하지 않을 경우 불이익이 발생할 수 있음을 알려 드립니다.

5. 시험문제지는 시험 종료 후 가져가시기 바랍니다.

### 안내사항

1. 수험자는 QR코드를 통해 가답안을 확인하시기 바랍니다.
   (※ 사전 설문조사 필수)
2. 시험 합격자에게 '합격축하 SMS(알림톡) 알림 서비스'를 제공하고 있습니다.

— 수험자 여러분의 합격을 기원합니다 —

# 2017년 법학개론

2017.11.18. 시행

## 01
법원(法源)에 관한 설명으로 옳지 않은 것은?
① 영미법계 국가에서는 판례의 법원성이 부정된다.
② 죄형법정주의에 따라 관습형법은 인정되지 않는다.
③ 대통령령은 헌법에 근거를 두고 있다.
④ 민사에 관하여 법률에 규정이 없으면 관습법에 의하고 관습법이 없으면 조리에 의한다.

## 02
법의 효력에 관한 설명으로 옳은 것은?
① 법은 제정과 동시에 효력이 발생한다.
② 법의 효력기간이 미리 정해진 법률을 특별법이라 한다.
③ 모든 국민은 소급입법에 의하여 참정권의 제한을 받지 아니한다.
④ 속인주의는 영토주권이 적용되는 원칙이다.

## 03
"악법도 법이다"라는 말이 강조하고 있는 법의 이념은?
① 법적 타당성
② 법적 안정성
③ 법적 형평성
④ 법적 효율성

## 04

**법의 분류에 관한 설명으로 옳지 않은 것은?**

① 이익설은 보호법익이 공익이냐 사익이냐에 따라 공법과 사법을 구별한다.
② 형사소송법, 행정소송법은 절차법이다.
③ 일반적으로 승인된 국제법규는 국내법과 같은 효력을 가진다.
④ 민법, 상법, 민사소송법은 사법(私法)이다.

## 05

**법의 적용에 관한 설명으로 옳은 것은?**

① 구체적 사실을 확정하는 것은 법률문제이다.
② 반증을 허용하지 않고 법률이 정한 효력을 당연히 생기게 하는 것을 추정이라고 한다.
③ 추정된 사실과 다른 반증을 들어 추정의 효과를 뒤집을 수 있다.
④ 사실의 존재 여부에 관하여 확신을 가지게 하는 것을 간주라고 한다.

## 06

**(   )에 들어갈 용어는?**

> (   )은 법문에 일정한 사항을 정하고 있을 때 그 이외의 사항에 관해서도 사물의 성질상 당연히 그 규정에 포함되는 것으로 해석하는 것이다.

① 물론해석
② 유추해석
③ 확장해석
④ 변경해석

## 07

권리의 작용(효력)에 따른 분류에 속하지 않는 것은?

① 항변권
② 인격권
③ 형성권
④ 청구권

## 08

권리·의무에 관한 설명으로 옳지 않은 것은?

① 물권과 채권이 병존하는 경우 채권이 우선하는 것이 원칙이다.
② 납세의무는 공법상 의무이다.
③ 사람은 생존한 동안 권리와 의무의 주체가 된다.
④ 계약해제권은 형성권으로서 그에 대응하는 의무가 없다.

## 09

법과 도덕의 차이점에 관한 설명으로 옳은 것은?

① 법은 도덕보다 상대적으로 내면성이 강하다.
② 도덕은 법보다 상대적으로 타율성이 강하다.
③ 법은 양면성이 강하고 도덕은 일면성이 강하다.
④ 도덕은 법보다 규범적인 측면에서 강제성이 강하다.

## 10

국회의 권한이 아닌 것은?

① 국무총리 해임권
② 국군 외국파견 동의권
③ 국가 예산안 심의·확정권
④ 국회의원 제명권

## 11

헌법의 내용에 관한 설명으로 옳은 것은?
① 국회 외의 국가기관이 법규를 제정하는 것은 위헌이다.
② 국회는 정부의 동의 없이 정부가 제출한 지출예산 각항의 금액을 증가할 수 있다.
③ 국방부장관은 현역군인의 신분을 유지할 수 있다.
④ 대법원장과 대법관의 임명권자는 대통령이다.

## 12

헌법재판에 관한 설명으로 옳은 것은?
① 헌법은 헌법재판소장의 임기를 5년으로 규정한다.
② 헌법재판의 전심절차로서 행정심판을 거쳐야 한다.
③ 헌법재판소는 지방자치단체 상호 간의 권한쟁의심판을 관장한다.
④ 탄핵 인용결정을 할 때에는 재판관 5인 이상의 찬성이 있어야 한다.

## 13

청구권적 기본권에 관한 설명으로 옳지 않은 것은?
① 청원은 구두로도 할 수 있다.
② 재판청구권에는 신속한 재판을 받을 권리도 포함된다.
③ 형사보상제도는 국가의 무과실책임을 규정한 것이다.
④ 헌법은 범죄행위로 인한 피해구조에 관해 규정하고 있다.

## 14

다음 기본권 중 의무의 성격을 동시에 갖지 않는 것은?
① 환경권
② 근로의 권리
③ 근로자의 단체행동권
④ 교육을 받을 권리

## 15

**연대채무에 관한 설명으로 옳은 것은?**

① 어느 연대채무자에 대한 법률행위의 무효나 취소의 원인은 다른 연대채무자의 채무에 영향을 미친다.
② 어느 연대채무자에 대한 이행청구는 다른 연대채무자에게도 효력이 있다.
③ 어느 연대채무자에 대한 채권자의 지체는 다른 연대채무자에게는 효력이 없다.
④ 어느 연대채무자와 채권자 간에 채무의 경개가 있는 때에도 채권은 소멸하지 않는다.

## 16

**민법상 대리에 관한 설명으로 옳지 않은 것은?**

① 행위능력자가 아니라도 대리인이 될 수 있다.
② 권한을 정하지 아니한 대리인도 보존행위를 할 수 있다.
③ 복대리인은 제3자에 대해서 본인과 동일한 권리의무가 있다.
④ 대리인이 수인인 경우에는 원칙적으로 각자가 본인을 대리한다.

## 17

**유치권에 관한 설명으로 옳지 않은 것은?**

① 유치권의 행사는 채권의 소멸시효의 진행에 영향을 미친다.
② 유치권자는 채권의 변제를 받기 위하여 유치물을 경매할 수 있다.
③ 유치권자는 채권 전부의 변제를 받을 때까지 유치물 전부에 대하여 그 권리를 행사할 수 있다.
④ 유치권은 점유의 상실로 인하여 소멸한다.

## 18

**경비견을 보관하는 경비원의 책임에 관한 설명으로 옳지 않은 것은?**

① 경비원의 과실로 경비견이 고객의 애완동물을 죽인 경우, 형사상 재물손괴죄의 책임을 진다.
② 경비견이 지나가는 행인을 물어 사망케 한 경우, 형사상 과실치사죄의 책임을 질 수 있다.
③ 경비견이 지나가는 행인을 물어 손해를 가한 경우, 민사상 손해배상책임이 있다.
④ 경비견의 보관에 상당한 주의의무를 다한 것을 입증한 경우, 민사상 손해배상책임을 지지 않는다.

## 19

경비업무 중 근무태만으로 도난사고가 발생하여 고객이 재산상의 손해를 입은 경우 경비업자의 책임은?

① 하자담보
② 사무관리
③ 채무불이행
④ 부당이득

## 20

경호업체 甲의 경비원 A가 회사의 업무 수행을 위하여 회사 소유의 자동차를 운전하다가 교통사고를 일으켜 B에게 상해를 입힌 사건에 관한 설명으로 옳지 않은 것은?

① 甲은 A의 사용자로서 B에 대하여 손해배상책임을 부담한다.
② 甲이 A의 선임 및 그 사무감독에 상당한 주의를 했다면 B에 대하여 손해배상책임이 없다.
③ 甲을 갈음하여 그 사무를 감독하는 자도 손해배상책임을 부담할 수 있다.
④ A가 회사의 업무 수행 중에 사고가 발생했으므로 B는 A에 대해서는 손해배상을 청구할 수 없다.

## 21

경비계약이 무효가 아닌 것은?

① 상대방과 통정하여 허위의 청약의사표시를 한 경우
② 강박에 의해 승낙의 의사표시를 한 경우
③ 무경험으로 인하여 계약내용이 현저하게 공정을 잃은 경우
④ 진의가 아닌 청약임을 알고서 승낙한 경우

## 22

국민의 형사재판 참여에 관한 법률의 내용으로 옳지 않은 것은?

① 피고인이 국민참여재판을 원하지 않는 경우에는 국민참여재판을 할 수 없다.
② 국민참여재판은 필요적 변호사건이다.
③ 배심원은 만 18세 이상의 대한민국 국민 중에서 선정된다.
④ 배심원의 평결결과와 다른 판결을 선고할 수 있다.

## 23

수사의 일반원칙이 아닌 것은?

① 임의수사의 원칙
② 수사자유의 원칙
③ 영장주의 원칙
④ 강제수사 법정주의 원칙

## 24

형법상 과실치상죄의 법정형이 아닌 것은?

① 징 역
② 벌 금
③ 구 류
④ 과 료

## 25

형사소송법상 비상상고에 관한 설명으로 옳지 않은 것은?

① 검찰총장은 판결이 확정한 후 그 사건의 심판이 법령에 위반한 것을 발견한 때에는 대법원에 비상상고를 할 수 있다.
② 공판기일에는 검사는 신청서에 의하여 진술하여야 한다.
③ 대법원은 신청서에 포함된 이유에 한하여 조사하여야 한다.
④ 비상상고가 이유 없다고 인정한 때에는 결정으로써 이를 기각하여야 한다.

## 26

**형사소송법상 공소기각의 판결을 해야 하는 경우가 아닌 것은?**

① 피고인에 대하여 재판권이 없을 때
② 친고죄 사건에 대하여 고소가 취소되었을 때
③ 공소가 취소되었을 때
④ 공소제기의 절차가 법률의 규정을 위반하여 무효일 때

## 27

**형법상 선고유예의 규정 내용이 아닌 것은?**

① 선고유예기간 중 벌금형 이상의 판결이 확정된 때에는 유예한 형을 선고한다.
② 형을 병과할 경우에도 형의 전부 또는 일부에 대하여 그 선고를 유예할 수 있다.
③ 형의 선고를 유예하는 경우에 보호관찰을 명할 수 있다.
④ 형의 선고유예를 받은 날로부터 2년을 경과한 때에는 면소된 것으로 간주한다.

## 28

**형사소송법상 피고인에 관한 설명으로 옳지 않은 것은?**

① 피고인은 공판정에서 진술을 거부할 수 있다.
② 피고인은 불공평한 재판을 할 염려가 있는 경우 법관의 제척을 신청할 수 있다.
③ 피고인이 법인인 때에는 그 대표자가 소송행위를 대표한다.
④ 신체구속을 당한 피고인은 변호인과 접견할 수 있다.

## 29

( )에 들어갈 용어를 순서대로 나열한 것은?

> 보험계약은 ( )가 약정한 보험료를 지급하고 재산 또는 생명이나 신체에 불확정한 사고가 발생할 경우에 ( )가 일정한 보험금이나 그 밖의 급여를 지급할 것을 약정함으로써 효력이 생긴다.

① 피보험자, 보험수익자
② 피보험자, 보험계약자
③ 보험계약자, 피보험자
④ 보험계약자, 보험자

## 30

상법상 주식회사에 관한 설명으로 옳지 않은 것은?
① 회사가 공고를 하는 방법은 정관의 절대적 기재사항이다.
② 회사가 가진 자기주식에도 의결권이 있다.
③ 각 발기인은 서면에 의하여 주식을 인수하여야 한다.
④ 창립총회에서는 이사와 감사를 선임하여야 한다.

## 31

보험계약의 성질로 옳지 않은 것은?
① 유상계약성
② 사행계약성
③ 쌍무계약성
④ 요식계약성

## 32

상법상 손해보험증권의 필요적 기재사항이 아닌 것은?

① 보험의 목적
② 보험사고의 성질
③ 보험계약의 종류
④ 무효와 실권의 사유

## 33

부당노동행위의 구제절차에 관한 설명으로 옳지 않은 것은?

① 부당노동행위로 인하여 그 권리를 침해당한 근로자는 노동위원회에 그 구제를 신청할 수 있다.
② 노동위원회에 대한 구제의 신청은 부당노동행위를 안 날로부터 6월 이내에 하여야 한다.
③ 노동위원회는 부당노동행위가 성립한다고 판정한 때에는 사용자에게 구제명령을 발하여야 한다.
④ 노동위원회의 구제명령은 행정소송의 제기에 의하여 그 효력이 정지되지 아니한다.

## 34

근로기준법상 2주 또는 3개월 이내의 일정한 단위기간을 평균하여 법정근로시간을 초과하지 않는 범위 내에서 특정한 날이나 특정한 주의 근로시간을 초과하여 근무할 수 있도록 운영하는 제도는?

기출수정

① 선택적 근로시간제
② 3개월 이내의 탄력적 근로시간제
③ 연장근로제
④ 유급휴가대체제도

## 35

국민연금법에 관한 설명으로 옳은 것은?

① 만 20세 이상 만 70세 미만의 국내 거주 국민은 국민연금 가입 대상이 된다.
② 부담금이란 사업장가입자의 근로자가 부담하는 금액을 말한다.
③ 기여금이란 사업장가입자가 부담하는 금액을 말한다.
④ 이 법을 적용할 때 배우자, 남편 또는 아내에는 사실상의 혼인관계에 있는 자는 제외된다.

## 36

고용보험법에서 규정하는 급여가 아닌 것은?

① 육아휴직급여
② 요양급여
③ 구직급여
④ 출산전후휴가급여

## 37

하자 있는 행정행위가 다른 행정행위의 적법요건을 갖춘 경우, 다른 행정행위의 효력발생을 인정하는 것은?

① 하자의 승계
② 행정행위의 철회
③ 행정행위의 직권취소
④ 하자 있는 행정행위의 전환

## 38
**행정주체가 아닌 것은?**
① 한국은행
② 서울특별시
③ 대한민국
④ 경찰청장

## 39
**행정상 강제집행이 아닌 것은?**
① 즉시강제
② 강제징수
③ 직접강제
④ 이행강제금

## 40
**행정작용에 관한 설명으로 옳지 않은 것을 모두 고른 것은?**

> ㄱ. 하명은 명령적 행정행위이다.
> ㄴ. 인가는 형성적 행정행위이다.
> ㄷ. 공증은 법률행위적 행정행위이다.
> ㄹ. 공법상 계약은 권력적 사실행위이다.

① ㄱ, ㄴ  
② ㄱ, ㄷ  
③ ㄴ, ㄹ  
④ ㄷ, ㄹ

# 2017년 민간경비론

## 41
민간경비의 개념에 관한 설명으로 옳지 않은 것은?
① 공공기관에 의한 공경비활동을 제외한 모든 경비활동은 광의의 개념이다.
② 민간이 주체가 되는 모든 경비활동은 협의의 개념이다.
③ 고객의 생명과 신체 및 재산을 보호하는 활동은 최협의의 개념이다.
④ 우리나라 경비업법에 의한 개념은 실질적 의미의 개념이다.

## 42
민간경비의 특성으로 옳지 않은 것은?
① 영리성을 추구하지만 공공성은 배제된다.
② 국가마다 제도적 차이가 있다.
③ 범죄 발생의 사전예방적 기능을 주요 임무로 한다.
④ 서비스 제공 책임은 고객과의 계약관계를 통해 형성된다.

## 43
브랜팅햄(P. J. Brantingham)과 파우스트(F. L. Faust)가 주장한 범죄예방 구조모델론 중 다음에 해당하는 것은?

> 일반적 사회환경 중 범죄의 원인이 되는 조건들을 발견, 개선하는 예방활동

① 상황적 범죄예방
② 1차적 범죄예방
③ 2차적 범죄예방
④ 3차적 범죄예방

## 44

민간경비와 공경비에 관한 설명으로 옳은 것은?
① 민간경비는 강제력 사용에 제약을 받지 않는다.
② 공경비의 주체는 영리기업이다.
③ 민간경비의 주체는 지방자치단체이다.
④ 민간경비는 고객의 재산보호와 손실감소를 목적으로 한다.

## 45

치안서비스 공동생산이론에 관한 설명으로 옳지 않은 것은?
① 민간경비는 집단적 이익의 실현을 위해 규모를 팽창시킨다.
② 민간경비를 공경비의 보조적 차원이 아닌 주체적 차원으로 인식한다.
③ 치안서비스 제공은 경찰의 역할수행과 민간경비의 공동참여로 이루어진다.
④ 시민의 안전욕구를 증대시키기 위해 민간부문의 능동적 참여를 다각적으로 유도한다.

## 46

경찰의 기능이나 역할 한계를 민간경비가 보완한다는 이론은?
① 경제환원이론
② 수익자부담이론
③ 이익집단이론
④ 공동화이론

## 47

환경설계를 통한 범죄예방(CPTED)에 관한 설명으로 옳은 것은?
① 환경의 효율적 이용을 통한 범죄예방을 위하여 자연적 전략에서 기계적 전략으로 그 중심을 바꾸는 데 기여하였다.
② 1차적 기본전략은 자연적인 통제, 자연적인 감시, 영역성 강화라는 세 가지 차원에서 출발한다.
③ 시민의 삶의 질 향상과는 관계없이 범죄예방만을 추구한다.
④ 범죄원인을 환경적 요인보다 개인적 요인에서 찾는다.

## 48

**우리나라의 민간경비제도에 관한 설명으로 옳지 않은 것은?**

① 청원경찰제도는 우리나라에만 있는 독특한 제도이다.
② 경비지도사는 경비원들의 지도·감독 및 교육을 임무로 한다.
③ 2000년 경비업법이 개정되어 특수경비업무가 도입되었다.
④ 1999년 용역경비업법이 경비업법으로 변경되었다.

## 49

**각국 민간경비의 발전과정에 관한 설명으로 옳은 것은?**

① 영국은 공경찰활동이 사경찰활동보다 먼저 존재하여 사경찰 도입의 필요성을 불러오는 계기가 되었다.
② 미국의 민간경비산업은 소규모화되고 있으며, 변화속도가 느려지는 특징을 가진다.
③ 일본 경비업체 세콤(SECOM)은 스웨덴 경비회사 SP(Security Patrol)와 제휴하여 경비시스템을 도입하였다.
④ 한국은 1972년 청원경찰법과 1980년 용역경비업법을 제정하여 경비업이 정착되었다.

## 50

**민간경비와 관련된 인물과 내용의 연결이 옳지 않은 것은?**

① 로버트 필(Robert Peel) : 1829년 수도경찰법을 의회에 제출하여 영국 수도경찰 창설
② 헨리 필딩(Henry Fielding) : 영국에서 급료를 받는 민간경비제도를 제안했으며, 보우가의 주자(The Bow Street Runners) 등을 만드는 데 기여
③ 헨리(Henry)국왕 : 민간경비 차원에서 공경비 차원의 경비개념으로 바뀌게 되는 「레지스 헨리시법(The legis Henrici Law)」 공포
④ 에드윈 홈즈(Edwin Holmes) : 시카고 경찰국 최초 형사로 임명되었으며, 철도수송 경비회사 설립

## 51

미국 민간경비원의 법적 지위에 관한 설명으로 옳지 않은 것은?

① 민간경비원의 불법행위는 일반인의 불법행위와 동일한 민사책임을 지지 않는다.
② 경찰관이 행하는 수색과 민간경비원이 행하는 수색에는 상당한 차이가 있다.
③ 비렉(A. J. Bilek)은 민간경비원의 유형을 '경찰관 신분을 가진 민간경비원', '특별한 권한이 있는 민간경비원', '일반 시민과 같은 민간경비원'으로 구분한다.
④ 민간경비원에 의한 심문 또는 질문에 대해서 일반 시민이 반드시 응답하여야 할 규정은 없다.

## 52

우리나라의 민간경비에 관한 설명으로 옳지 않은 것은?

① 현대적 의미의 민간경비 효시는 미군부대의 용역경비를 담당한 것이라고 할 수 있다.
② 경비원이 되려는 사람은 법령이 정하는 교육기관에서 미리 일반경비원 신임교육을 받을 수 없다.
③ 2001년 경비업법의 개정으로 기계경비업무가 신고제에서 허가제로 변경되었다.
④ 경찰은 민간경비 교육기관을 지정하여 경비원 신임교육을 내실화하고 있다.

## 53

경비업법에 규정된 업무 유형이 아닌 것은?

① 특수경비업무
② 기계경비업무
③ 민간조사업무
④ 호송경비업무

## 54

대규모 상업·주거시설의 민간경비에 관한 설명으로 옳은 것은?

① 대규모 상업시설의 소유자들은 보안과 안전에 대한 책임이 감소된다.
② 대규모 상업시설의 안전 확보를 위하여 일반인의 접근을 차단한다.
③ 대규모 주거시설 내의 방범과 위험관리는 경찰에 의해 수행된다.
④ 대규모 주거시설의 경우 다양한 위험을 종합적으로 관리할 수 있는 시스템을 구축한다.

## 55

각종 경찰업무에 대한 사항과 민원사항, 중요시책 등을 매스컴 등을 통해 주민에게 널리 알려서 방범의식을 고양하는 동시에 각종 범죄를 방지하기 위한 경찰활동은?

① 경찰방문
② 방범진단
③ 방범홍보
④ 생활방범

## 56

현행 법령상 국가경찰의 임무에 해당하는 것을 모두 고른 것은?

ㄱ. 국민의 생명·신체 및 재산의 보호
ㄴ. 범죄의 예방·진압 및 수사
ㄷ. 경비·주요 인사 경호 및 대간첩·대테러 작전 수행
ㄹ. 공공안녕에 대한 위험의 예방과 대응을 위한 정보의 수집·작성 및 배포
ㅁ. 교통 단속과 교통 위해의 방지
ㅂ. 외국 정부기관 및 국제기구와의 국제협력

① ㄱ, ㄹ, ㅂ
② ㄴ, ㄷ, ㅁ, ㅂ
③ ㄱ, ㄴ, ㄷ, ㄹ, ㅁ
④ ㄱ, ㄴ, ㄷ, ㄹ, ㅁ, ㅂ

## 57

국내 치안환경의 변화로 옳지 않은 것은?

① 경찰의 단속으로 마약범죄 감소
② 고령화로 인한 노인범죄의 사회문제 대두
③ 과학기술의 발달로 사이버범죄 증가
④ 경제적 양극화 심화로 다양한 유형의 범죄 발생

## 58

기계경비에 관한 설명으로 옳지 않은 것은?

① 장기적으로 볼 때 운영비용의 절감 효과를 기대할 수 있다.
② 적용 대상은 상주경비, 요인경호, 혼잡경비 등이다.
③ 화재예방과 같은 다른 예방시스템과 통합적 운용이 가능하다.
④ 기계경비시스템의 3대 기본요소는 불법침입에 대한 감지 및 경고, 침입정보의 전달, 침입행위에 대한 대응이다.

## 59

경비의 중요도에 따른 분류 중 중간수준경비(Level III)에 해당하는 대상은?

① 물품창고, 제조공장 수준의 경비
② 교도소, 제약회사, 전자회사 수준의 경비
③ 정부의 특별연구기관, 외국 대사관 수준의 경비
④ 작은 소매상점, 저장창고 수준의 경비

## 60

기계경비와 인력경비에 관한 설명으로 옳지 않은 것은?

① 기계경비는 순수 무인기계경비와 혼잡 기계경비 두 종류로 나눌 수 있다.
② CCTV를 통한 불법침입자 감지는 기계경비의 대표적인 사례라고 할 수 있다.
③ 인력경비는 야간 경비활동의 효율성이 증가하는 장점이 있다.
④ 일정 구역을 정기적으로 순찰하여 범죄 등으로부터 고객의 인적·물적 안전을 확보하는 경비활동은 인력경비의 일종이다.

## 61

자체경비와 계약경비에 관한 설명으로 옳은 것은?
① 자체경비는 계약경비에 비해 사용자에 대한 충성심이 높다.
② 자체경비는 경비서비스를 전문으로 하는 외부 경비업체와 계약을 통해 운용하는 것을 말한다.
③ 계약경비는 직업적 안정성으로 인해 자체경비보다 이직률이 낮다.
④ 계약경비는 기업체 등이 조직 내에 자체적으로 경비인력을 조직화하여 운용하는 것을 말한다.

## 62

민간경비 조직의 특수성으로 옳지 않은 것은?
① 위험성
② 돌발성
③ 기동성
④ 고립성

## 63

민간경비의 교육훈련 목적으로 옳지 않은 것은?
① 조직 경영전략의 전개에 필요한 인력 확보
② 조직 통제와 조정 문제의 감소
③ 경비원의 업무상 실수에 대한 제재 수단
④ 조직의 안정성과 융통성 확보

## 64

민간경비 조직편성의 원리 중 한 사람의 관리자가 효율적으로 관리할 수 있는 최대한의 부하의 수를 의미하는 것은?
① 통솔범위
② 계층제
③ 전문화
④ 명령통일

## 65

**경비계획 수립의 기본원칙에 관한 설명으로 옳지 않은 것은?**

① 건물 출입구 수는 안전규칙의 범위 내에서 최소한으로 유지되어야 한다.
② 경비원의 대기실은 시설물의 출입구와 비상구에서 인접한 곳에 위치하여야 한다.
③ 비상시에만 사용하는 외부출입구에는 경보장치를 설치하여야 한다.
④ 효과적인 경비를 위해 물건을 선적하거나 수령하는 지역은 통합되어야 한다.

## 66

**경비위해요소 분석에 관한 설명으로 옳지 않은 것은?**

① 경비계획에 있어 가장 먼저 실시해야 하는 것은 경비위해요소 분석이다.
② 경비위해요소 중 화학공장의 화학적 화재나 폭발 위험은 인위적 위해에 해당한다.
③ 경비위해요소 분석단계는 '경비위험요소 인지 → 손실발생 가능성 예측 → 경비위험도 평가 → 경비비용효과 분석'의 순이다.
④ 경비비용효과 분석은 투입비용에 대한 산출효과를 비교하여 적절한 경비수준을 결정하는 과정을 말한다.

## 67

**외곽경비에 관한 설명으로 옳지 않은 것은?**

① 기본 목적은 범죄자의 불법침입 지연이다.
② 비상시에만 사용되는 문은 평상시에 개방되어 있어야 한다.
③ 철책, 도로상의 방책, 차폐물은 인위적 방벽에 해당된다.
④ 모든 출입구의 수를 파악하고, 엘리베이터 등도 외곽경비계획에 포함시켜야 한다.

## 68

내부경비에 관한 설명으로 옳지 않은 것은?

① 내부 출입통제는 시설물 내의 불법침입이나 절도 등을 막기 위함이다.
② 경비원 상호 간에 순찰정보를 교환하여야 한다.
③ 안전유리는 가격이 저렴하며 불연성 물질이고 가볍기 때문에 설치하기 쉬운 장점이 있다.
④ 자물쇠는 보호장치의 기능과 침입 시간을 지연시키는 기능도 한다.

## 69

조명등의 종류와 그 특징에 관한 설명으로 옳지 않은 것은?

① 백열등 : 가정집에서 보편적 사용되지만 수명이 짧다.
② 수은등 : 주황빛을 띠고 약한 빛을 방출하나, 백열등보다 수명이 길다.
③ 나트륨등 : 연한 노란색을 발하며, 안개가 많은 지역에 효과적이다.
④ 석영등 : 매우 밝은 하얀빛을 빠르게 발산하므로 경계구역과 사고 발생 다발지역에 유용하다.

## 70

열쇠의 양쪽에 홈이 불규칙적으로 파여져 있는 형태로 일반산업뿐만 아니라 일반주택에서도 널리 사용되는 자물쇠는?

① 돌기 자물쇠(Warded Locks)
② 판날름쇠 자물쇠(Disc Tumbler Locks)
③ 핀날름쇠 자물쇠(Pin Tumbler Locks)
④ 암호사용 자물쇠(Code Operated Locks)

## 71

비상사태 발생 시 민간경비원의 역할로 옳지 않은 것은?

① 비상사태에 대한 초동조치
② 특별한 대상(장애인, 노약자)의 보호 및 응급조치
③ 경제적으로 보호해야 할 자산의 보호
④ 외부지원기관(경찰서, 소방서, 병원 등)의 지휘·감독

## 72

다음 사례에 해당하는 신종금융범죄는?

> A씨는 자신이 사용하는 PC가 악성코드에 감염된 것을 모르고, 정상 홈페이지라고 여긴 가짜 사이트로 유도되어 요구하는 금융정보를 입력하였는데, 자신도 모르게 금융정보를 탈취당하여 범행계좌로 이체되는 금융사기를 당하였다.

① 메모리 해킹(Memory Hacking)
② 스미싱(Smishing)
③ 파밍(Pharming)
④ 피싱(Phishing)

## 73

컴퓨터의 각종 사이버테러에 관한 설명으로 옳지 않은 것은?

① 논리폭탄(Logic Bomb) : 컴퓨터에 고출력 전자기장을 발생시켜 컴퓨터의 하드디스크 자기기록정보를 파괴시키는 행위
② 스팸(Spam) : 악의적인 내용을 담은 전자우편을 인터넷 상의 불특정 다수에게 무차별로 살포하여 컴퓨터 시스템을 마비시키거나 온라인 공해를 일으키는 행위
③ 플레임(Flame) : 네티즌들이 공통의 관심사를 논의하기 위해 개설한 토론방에 고의로 가입하여 개인 등에 대한 악성루머를 유포하는 행위
④ 스토킹(Stalking) : 인터넷을 이용하여 타인의 신상정보를 공개하거나 거짓 메시지를 남겨 괴롭히는 행위

## 74

컴퓨터 암호화 시스템에 관한 설명으로 옳지 않은 것은?

① 컴퓨터 암호는 특정 시스템에 대한 접근권을 가진 이용자의 식별장치라 할 수 있다.
② 암호화는 허가받지 않은 접근을 차단해 정보의 보안성을 확보하기 위한 것이다.
③ 컴퓨터 보안을 위해서는 가능한 한 암호수명을 짧게 하고 패스워드를 자주 변경하는 것이 좋다.
④ 암호설정은 완전한 보안을 위해 특수문자보다는 단순 숫자조합을 사용하는 것이 바람직하다.

## 75

**컴퓨터 안전대책 중 외부침입에 대한 안전조치에 관한 설명으로 옳지 않은 것은?**

① 환기용 창문, 공기 조절용 배관이나 배수구 등을 통한 침입을 차단한다.
② 폭발물에 의한 침입에 대비한 구조적 보호장치를 마련할 필요는 없다.
③ 시설물 외부에는 컴퓨터 센터를 보호하는 담이나 장벽 같은 것을 설치하여야 한다.
④ 각 출입구마다 화재 관련 법규와 안전검사 절차를 거친 방화문이 설치되어야 한다.

## 76

**컴퓨터 시스템의 물리적 안전대책에 관한 설명으로 옳지 않은 것은?**

① 컴퓨터실 내부에는 예비전력장치를 구비하여야 한다.
② 컴퓨터실 내부에는 화재방지장치를 설치하여야 한다.
③ 불의의 사고에 대비하여 프로그램 백업과 시스템 백업을 선택적으로 할 수 있다.
④ 컴퓨터실의 위치 선정 시 화재, 홍수, 폭발의 위험과 외부침입자에 의한 위험으로부터 안정성을 고려하여야 한다.

## 77

**다음에서 설명하는 컴퓨터 범죄 유형은?**

> ○ 컴퓨터 시스템의 자료를 권한 없이 획득하거나 불법이용 또는 누설하여 타인에게 경제적 손해를 야기하는 행위를 말한다.
> ○ 자료와 프로그램의 불법획득과 이용이라는 2개의 행위로 이루어진다.

① 컴퓨터 부정조작
② 컴퓨터 스파이
③ 컴퓨터 부정사용
④ 컴퓨터 파괴

## 78

경찰과 민간경비의 상호관계에 관한 설명으로 옳지 않은 것은?

① 치안수요의 다양성과 전문성에 효율적으로 대응하기 위한 상호 협력 필요
② 상호 정보교환 네트워크 구축 필요
③ 경찰과 민간경비의 협력은 국가예산 절감에 기여
④ 치안서비스 제공의 주도적 역할을 위한 동반자 의식 축소 필요

## 79

융합보안의 개념에 관한 설명으로 옳은 것은?

① 물리적 보안요소와 정보보안요소를 통합해 효율성을 높이는 활동이다.
② 차량통제와 물품 반출입통제를 동시에 제한하는 활동이다.
③ 컴퓨터 시스템과 네트워크상에서 저장 및 전달되고 있는 정보를 안전하게 관리·보호하는 활동이다.
④ 권한 없는 접근의 제지 및 억제, 지연 그리고 범죄 등에 의한 위험 및 위험의 감지 등의 활동을 말한다.

## 80

우리나라 민간경비산업의 전망에 관한 설명으로 옳은 것을 모두 고른 것은?

ㄱ. 기계경비보다 인력경비의 빠른 성장
ㄴ. 지역 특성에 맞는 민간경비 상품의 개발 필요
ㄷ. 민간경비산업의 홍보활동을 소극적으로 전개
ㄹ. 물리보안과 사이버보안을 통합한 토탈시큐리티 산업으로 전개

① ㄱ, ㄴ
② ㄱ, ㄷ
③ ㄴ, ㄹ
④ ㄷ, ㄹ

# 2016
# 제18회 경비지도사 제1차 시험 기출문제

① 법학개론
② 민간경비론

# 2016년도 제18회 경비지도사 1차 국가자격시험

| 교시 | 문제형별 | 시험시간 | 시험과목 |
|---|---|---|---|
| 1교시 | A | 80분 | ❶ 법학개론<br>❷ 민간경비론 |

수험번호            성 명

## 【수험자 유의사항】

1. **시험문제지 표지**와 시험문제지 내 **문제형별**의 **동일여부** 및 시험문제지의 **총면수, 문제번호 일련순서, 인쇄상태** 등을 확인하시고, 문제지 표지에 수험번호와 성명을 기재하시기 바랍니다.
2. 답은 각 문제마다 요구하는 **가장 적합하거나 가까운 답 1개**만 선택하고, 답안카드 작성 시 시험문제지 **형별누락, 마킹착오**로 인한 불이익은 전적으로 **수험자에게 책임**이 있음을 알려드립니다.
3. 답안카드는 국가전문자격 공통 표준형으로 문제번호가 1번부터 125번까지 인쇄되어 있습니다. 답안 마킹 시에는 반드시 **시험문제지의 문제번호와 동일한 번호**에 마킹하여야 합니다.
4. **감독위원의 지시에 불응**하거나 시험시간 종료 후 답안카드를 제출하지 않을 경우 불이익이 발생할 수 있음을 알려 드립니다.
5. 시험문제지는 시험 종료 후 가져가시기 바랍니다.

### 안내사항

1. 수험자는 QR코드를 통해 가답안을 확인하시기 바랍니다.
   (※ 사전 설문조사 필수)
2. 시험 합격자에게 '합격축하 SMS(알림톡) 알림 서비스'를 제공하고 있습니다.

— 수험자 여러분의 합격을 기원합니다 —

# 2016년 법학개론

- 2016.11.19. 시행
- 각 문항별로 난이도를 체크해 보세요. ☑△✕

Time  분 | 해설편 392p

## 01

법의 시간적 효력에 관한 설명으로 옳은 것은?

① 법률은 시행일을 특별히 규정하지 않는 한 공포한 날로부터 효력을 발생한다.
② 형법에서는 범죄 후 법률이 변경되어 형이 구법(舊法)보다 가벼워진 경우에는 신법(新法)에 따른다.
③ 신법우선의 원칙은 특별법이 개정되는 경우에는 적용되지 않는다.
④ 신법이 시행되면 구법에 의하여 이미 발생한 기득권은 보장되지 않는다.

## 02

관습법에 관한 설명으로 옳지 않은 것은?

① 민법은 관습법의 보충적 효력을 인정한다.
② 상법에서는 민법보다 상관습법을 우선 적용한다.
③ 죄형법정주의에 따라 관습형법은 인정되지 않는다.
④ 헌법재판소는 관습헌법을 인정하지 않는다.

## 03

실체법과 절차법에 관한 설명으로 옳지 않은 것은?

① 실체법은 권리·의무의 실체적인 사항을 규정한 법이다.
② 행정심판법은 실체법에 해당한다.
③ 절차법은 권리·의무의 실현을 위한 수단과 방법을 규정한 법이다.
④ 부동산등기법은 절차법에 해당한다.

## 04

법의 체계에 관한 설명으로 옳지 않은 것은?

① 국가에 의하여 제정되는 법규범은 실정법에 해당한다.
② 관습법은 불문법에 해당한다.
③ 헌법, 행정법, 상법 및 형사소송법 등은 공법에 속한다.
④ 지방자치단체는 법령의 범위 안에서 자치에 관한 규정을 제정할 수 있다.

## 05

법의 해석에 관한 설명으로 옳지 않은 것은?

① 법해석의 방법은 해석의 구속력 여부에 따라 유권해석과 학리해석으로 나눌 수 있다.
② 법해석의 목표는 법적 안정성을 저해하지 않는 범위 내에서 구체적 타당성을 찾는 데 두어야 한다.
③ 법의 해석에 있어 법률의 입법취지도 고려의 대상이 된다.
④ 민법, 형법, 행정법에서는 유추해석이 원칙적으로 허용된다.

## 06

법의 적용에 관한 설명으로 옳지 않은 것은?

① 법의 적용은 법원의 재판에 한정된다.
② 사실의 인정을 위하여 증거를 내세우는 것을 입증이라고 한다.
③ 간주된 사실은 반증을 들어 이를 뒤집을 수 없다.
④ 추정된 사실과 다른 주장을 하는 자는 반증을 들어 추정의 효과를 뒤집을 수 있다.

## 07

다음 중 지배권이 아닌 것은?

① 채 권
② 소유권
③ 저당권
④ 저작권

## 08

아리스토텔레스의 정의론에 관한 설명으로 옳은 것은?

① 정의는 일반적 정의와 특수적 정의로 나뉜다.
② 일반적 정의는 평균적 정의와 배분적 정의로 나뉜다.
③ 평균적 정의는 상대적·실질적 평등을 의미한다.
④ 배분적 정의는 절대적·형식적 평등을 의미한다.

## 09

권리와 의무에 관한 설명으로 옳은 것은?

① 권리와 의무는 사법(私法)관계에서만 표리관계를 이룬다.
② 계약해제권은 청구권으로서 그에 대응하는 의무가 있다.
③ 형성권은 청구권자의 이행청구에 대하여 이를 거절하는 형식으로 행사된다.
④ 자연인과 법인은 권리와 의무의 주체가 된다.

## 10

헌법개정절차에 관한 설명으로 옳지 않은 것은?

① 헌법개정은 국회재적의원 과반수 또는 대통령의 발의로 제안된다.
② 헌법개정안은 발의된 날부터 30일 이내에 국회재적의원의 3분의 2 이상이 찬성해야 의결된다.
③ 대통령의 임기연장을 위한 헌법개정은 그 제안 당시의 대통령에 대하여는 효력이 없다.
④ 헌법개정안은 국회가 의결한 후 30일 이내에 국민투표에 붙여야 한다.

## 11

청구권적 기본권에 관한 설명으로 옳지 않은 것은?

① 국민이 국가기관에 청원할 때에는 법률이 정하는 바에 따라 문서로 해야 한다.
② 형사피고인과 달리 형사피의자에게는 형사보상청구권이 없다.
③ 군인이 훈련 중에 받은 손해에 대하여는 법률이 정하는 보상 외에는 이중배상이 금지된다.
④ 재판청구권에는 공정하고 신속한 공개재판을 받을 권리뿐만 아니라 재판절차에서 진술할 권리도 포함된다.

## 12

기본권의 주체에 관한 설명으로 옳은 것을 모두 고른 것은?

ㄱ. 외국인은 대한민국에 입국할 자유를 보장받는다.
ㄴ. 태아는 제한적으로 기본권의 주체가 될 수 있다.
ㄷ. 사법인(私法人)은 언론·출판의 자유, 재산권의 주체가 된다.

① ㄱ, ㄴ
② ㄱ, ㄷ
③ ㄴ, ㄷ
④ ㄱ, ㄴ, ㄷ

## 13

탄핵소추에 관한 설명으로 옳지 않은 것은?

① 대통령이 그 직무집행에 있어서 헌법이나 법률을 위배한 때에는 탄핵소추의 대상이 된다.
② 대통령에 대한 탄핵소추는 국회재적의원 3분의 2 이상의 찬성이 있어야 의결된다.
③ 대통령이 탄핵소추의 의결을 받은 때에는 국무총리, 법률이 정한 국무위원의 순서로 그 권한을 대행한다.
④ 탄핵결정으로 공직으로부터 파면되면 민사상의 책임은 져야 하나, 형사상의 책임은 면제된다.

## 14

헌법 규정상 헌법재판소가 관장하는 사항으로 옳은 것은?

① 위헌·위법명령 심사권
② 선거와 관련된 선거소송과 당선소송
③ 지방자치단체 상호 간의 권한쟁의 심판
④ 재판에 대한 헌법소원심판

## 15

민법상 대리에 관한 설명으로 옳지 않은 것은?

① 행위능력자가 아니면 대리인이 될 수 없다.
② 대리인이 파산하면 대리권은 소멸된다.
③ 불법행위에서는 대리가 인정될 수 없다.
④ 복대리인은 그 권한 내에서 본인을 대리한다.

## 16

민법상 소멸시효기간이 3년인 것은?

① 의복의 사용료 채권
② 여관의 숙박료 채권
③ 연예인의 임금 채권
④ 도급받은 자의 공사에 관한 채권

## 17

민법상 연대채무자 1인에게 생긴 사유 중 절대적 효력이 인정되는 경우가 아닌 것은?

① 상 계
② 면 제
③ 혼 동
④ 시효중단

## 18

민법상 동산과 부동산 모두에 성립할 수 있는 물권은?

① 질 권
② 유치권
③ 지역권
④ 지상권

## 19
경비원이 근무 중 과실로 행인을 다치게 한 경우, 경비업자가 행인에 대하여 지는 책임은?
① 사용자의 책임
② 채무불이행의 책임
③ 도급인의 책임
④ 공작물 점유자의 책임

## 20
경비계약이 무효로 되는 경우는?
① 사기에 의해 청약의 의사표시를 한 경우
② 진의가 아닌 청약임을 알고서 승낙한 경우
③ 동기의 착오로 승낙의 의사표시를 한 경우
④ 계약내용의 중요부분에 착오가 있는 경우

## 21
경비업자 甲이 乙과 체결한 경비계약상의 채무를 이행하지 않은 경우, 甲의 乙에 대한 손해배상책임에 관한 설명으로 옳지 않은 것은?
① 甲의 채무불이행으로 인한 손해배상은 통상의 손해를 그 한도로 한다.
② 甲과 乙이 행한 채무불이행에 관한 손해배상액의 예정은 이행의 청구나 계약의 해제에 영향을 미치지 않는다.
③ 특별한 사정으로 인한 손해는 甲이 그 사정을 알았을 때에 한하여 배상의 책임이 있다.
④ 乙에게도 과실이 있는 때에는 법원은 甲의 주장이 없더라도 손해배상의 책임 및 그 액을 정함에 이를 참작해야 한다.

**22**

죄형법정주의의 내용이 아닌 것은?

① 소급효금지의 원칙
② 관습형법금지의 원칙
③ 유추해석금지의 원칙
④ 상대적 부정기형금지의 원칙

**23**

형법에 규정된 범죄가 아닌 것은?

① 컴퓨터 등 사용사기죄
② 과실손괴죄
③ 직권남용죄
④ 인신매매죄

**24**

고소와 고발에 관한 설명으로 옳지 않은 것은?

① 피해자가 아니면 고발할 수 없다.
② 고소를 취소한 자는 다시 고소할 수 없다.
③ 고소의 취소는 대리인으로 하여금 하게 할 수 있다.
④ 고소와 고발은 서면 또는 구술로써 검사 또는 사법경찰관에게 해야 한다.

## 25

우리나라 형사소송법의 기본원리에 관한 설명으로 옳은 것은?

① 규문주의를 취하고 있다.
② 탄핵주의를 배척하고 있다.
③ 국가소추주의를 취하고 있다.
④ 당사자주의를 기본으로 하고 직권주의를 보충적으로 가미하고 있다.

## 26

다음 (   )에 들어갈 숫자로 옳은 것은?

> 형사소송법상 검사 또는 사법경찰관이 피의자를 긴급체포한 경우 피의자를 구속하고자 할 때에는 체포한 때부터 (   )시간 이내에 구속영장을 청구해야 한다.

① 12
② 24
③ 48
④ 72

## 27

친고죄에 있어서 고소가 취소된 때, 법원이 행하는 재판의 종류는?

① 무죄판결
② 면소판결
③ 공소기각판결
④ 공소기각결정

## 28

**형사소송법상 상소에 관한 설명으로 옳지 않은 것은?**

① 상고심은 원칙적으로 법률심이다.
② 법원의 결정에 불복하는 상소는 '항고'이다.
③ 피고인을 위하여 항소한 사건에는 불이익변경금지의 원칙이 적용된다.
④ 항소의 제기기간은 14일로 한다.

## 29

**상법상 합명회사에 관한 규정이다. 다음 (　)에 들어간 숫자로 옳은 것은?**

> 회사의 설립의 무효는 그 사원에 한하여, 설립의 취소는 그 취소권 있는 자에 한하여 회사성립의 날로부터 (　)년 내에 소만으로 이를 주장할 수 있다.

① 1
② 2
③ 3
④ 4

## 30

**상법상 주식회사에 관한 설명으로 옳지 않은 것은?**

① 주식회사는 주주가 출자한 자본으로 구성되는 물적 회사이다.
② 주식은 자본을 이루는 최소의 구성단위이다.
③ 주식회사의 자본은 5천만원 이상이어야 한다.
④ 발행주식의 총수는 주식회사 설립등기의 기재사항이다.

# 31

상법상 보험에 관한 설명으로 옳은 것은?

① 손해보험계약은 금전으로 산정할 수 있는 이익에 한하여 보험계약의 목적으로 할 수 있다.
② 보험계약은 그 계약 전의 어느 시기를 보험기간의 시기로 할 수 없다.
③ 보험금청구권의 소멸시효는 1년이다.
④ 보험자가 파산선고를 받은 때에도 보험계약자는 계약을 해지할 수 없다.

# 32

상법상 인보험에 해당하는 것을 모두 고른 것은?

> ㄱ. 해상보험
> ㄴ. 생명보험
> ㄷ. 운송보험
> ㄹ. 상해보험

① ㄱ, ㄴ
② ㄱ, ㄷ
③ ㄴ, ㄹ
④ ㄷ, ㄹ

# 33

근로기준법의 내용으로 옳지 않은 것은?

① 사용자는 근로자를 해고하려면 해고사유와 해고시기를 서면으로 통지해야 한다.
② 사용자는 근로계약 불이행에 대한 위약금 또는 손해배상액을 예정하는 계약을 체결하지 못한다.
③ 사용자로부터 부당해고를 당한 근로자는 노동위원회에 구제를 신청할 수 있다.
④ 사용자가 지방노동위원회의 구제명령에 불복하여 중앙노동위원회에 재심신청을 한 경우 그 구제명령의 효력은 정지된다.

## 34

산업재해보상보험법상 다음 설명에 해당하는 용어는?

> 업무상의 부상 또는 질병에 따른 정신적 또는 육체적 훼손으로 노동능력이 상실되거나 감소된 상태로서 그 부상 또는 질병이 치유되지 아니한 상태를 말한다.

① 진 폐
② 중증요양상태
③ 장 해
④ 장 애

## 35

사회보험 분야에 해당하는 법률이 아닌 것은?

① 고용보험법
② 국민연금법
③ 국민건강보험법
④ 국민기초생활보장법

## 36

사회보장기본법에 관한 내용으로 옳지 않은 것은?

① 국가와 지방자치단체는 사회보장에 관한 책임과 역할을 합리적으로 분담해야 한다.
② 국내에 거주하는 외국인은 국적을 불문하고 우리나라의 사회보장제도의 혜택을 받을 수 없다.
③ 사회보장수급권은 관계법령에서 정하는 바에 따라 다른 사람에게 양도할 수 없다.
④ 사회보장수급권은 정당한 권한이 있는 기관에 서면으로 통지하여 포기할 수 있다.

## 37

행정벌에 관한 설명으로 옳은 것은?

① 행정벌은 장래의 의무 이행을 촉구하기 위한 행정상 강제집행을 말한다.
② 행정벌은 행정형벌, 행정질서벌, 행정상 직접강제로 구분된다.
③ 행정질서벌은 행정법규 위반에 대하여 과태료를 부과하는 행정벌이다.
④ 행정질서벌의 부과·징수는 형사소송법에 따른다.

## 38

행정에 관한 국가의사를 결정·표시하는 권한을 가진 행정기관의 종류는?

① 행정관청
② 보좌기관
③ 자문기관
④ 집행기관

## 39

행정청이 타인의 법률행위를 보충하여 그 행위의 효력을 완성시켜 주는 행정행위의 강학상의 용어는?

① 인 가
② 면 제
③ 허 가
④ 특 허

## 40

행정작용 중 원칙적으로 비권력적 사실행위에 해당하는 것은?

① 공법상 계약
② 행정상 즉시강제
③ 행정처분
④ 행정지도

# 2016년 민간경비론

2016.11.19. 시행

## 41
민간경비의 성장이론 중 경제환원론에 관한 설명으로 옳지 않은 것은?
① 거시적 차원에서 범죄의 증가원인을 실업의 증가에서 찾는다.
② 경제침체와 민간경비 부문의 수요증가의 관계를 인과적 성격으로 보고 있다.
③ 경제침체기 미국 민간경비시장의 성장과정에 대한 경험적 관찰에 기초한 이론이다.
④ 사회현상이 직접적으로 경제와 무관하더라도 발생원인을 경제문제에서 찾고자 한다.

## 42
민간경비의 성장이론 중 이익집단이론에 관한 설명으로 옳은 것은?
① 그냥 내버려 두면 보호받지 못한 채로 방치될 재산 등을 민간경비가 보호한다.
② 공경비의 힘이 미치지 못하는 치안환경의 사각지대를 민간경비가 메워주어야 한다.
③ 정부의 비용절감을 위하여 공경비의 역할을 줄이는 대신 민간경비의 역할이 확대된다.
④ 사회구성원 개개인 차원의 안전과 사유재산의 보호는 해당 개인이나 집단이 담당하여야 한다.

## 43
민간경비와 공경비의 공통점에 관한 설명으로 옳은 것은?
① 특정 고객을 서비스 대상으로 하고 있다.
② 범인체포 및 범죄수사와 조사를 목적으로 하고 있다.
③ 범죄예방 및 위험방지, 질서유지업무를 수행하고 있다.
④ 임무 수행 시 강제력 사용에 있어 제약을 받지 않고 있다.

## 44

우리나라 민간경비의 역할 및 업무범위로 옳지 않은 것은?

① 기계경비업무
② 신변보호업무
③ 시설경비업무
④ 민간조사업무

## 45

민간경비와 공경비에 관한 설명으로 옳지 않은 것은?

① 민간경비원은 현행범을 영장 없이 체포할 수 있다.
② 민간경비의 역할은 범죄의 예방, 진압 및 수사가 포함된다.
③ 경비업자는 불특정 다수인에게 경비서비스를 제공할 의무가 없다.
④ 민간경비의 목적은 사익보호이고, 공경비의 목적은 공익 및 사익보호이다.

## 46

우리나라 민간경비에 관한 설명으로 옳지 않은 것은?

① 1999년에 용역경비업법을 경비업법으로 법률명을 변경하였다.
② 민간경비서비스 제공 주체가 되려는 자는 관할 관청에 신고하여야 한다.
③ 1978년 내무부장관의 승인으로 사단법인 한국용역경비협회가 설립되었다.
④ 경찰은 사회 전반의 범죄대응역량을 강화하기 위해 민간경비업을 적극적으로 지도·육성하고 있다.

## 47

우리나라 민간경비산업에 관한 설명으로 옳지 않은 것은?

① 2001년 경비업법의 개정으로 기계경비업무가 허가제에서 신고제로 변경되었다.
② 우리나라의 민간경비산업은 1986년 아시안게임, 1988년 서울올림픽, 1993년 대전엑스포를 계기로 급성장하였다.
③ 1970년대 후반부터 일부 업체는 미국이나 일본 등지에서 방범기기를 구입하거나 종합적인 경비시스템 구축을 위한 노하우를 도입하였다.
④ 우리나라의 민간경비산업은 양적 팽창을 이뤄냈지만 인력경비 중심의 영세한 경호·경비업체의 난립으로 민간경비의 발전에 걸림돌로 작용하고 있다.

## 48

우리나라 민간경비산업 현황에 관한 설명으로 옳지 않은 것은?

① 청원경찰제도는 외국에서는 보기 어려운 특별한 제도이다.
② 민간경비업의 경비인력 및 업체 수가 일부 지역에 편중되어 있다.
③ 비용절감 등의 효과로 인하여 자체경비보다 계약경비가 발전하고 있다.
④ 경비회사의 수나 인원 면에서 아직까지 기계경비에 대한 의존도가 높다.

## 49

각국의 민간경비 발전과정에 관한 설명으로 옳지 않은 것은?

① 일본은 경비업법 제정 당시에는 신고제로 운영되었다가 1982년 허가제로 바뀌었다.
② 한국은 청원경찰법, 용역경비업법이 제정되어 제도적인 발전의 기틀을 마련하였다.
③ 일본은 1972년에 경비업법을 제정하여 민간경비의 규제보다는 보호 및 자율적 성장을 위한 계기를 마련하였다.
④ 미국 연방정부는 서부개척시대에 철도경찰법을 제정하여 일정한 구역 내에서 경찰권한을 부여한 민간경비조직을 설치하였다.

## 50

**미국의 민간경비 발전과정에 관한 설명으로 옳지 않은 것은?**

① 철도경찰의 설립과 민간경비의 발전에 큰 역할을 한 사람은 헨리 필딩(Henry Fielding)이다.
② 제1차 세계대전 직전까지의 산업화·도시화에 따른 산업시설 보호와 스파이 방지를 위하여 자본가들의 민간경비 수요가 증가하였다.
③ 제2차 세계대전 이후에는 군사, 산업시설의 안전보호와 군수물자 및 장비 또는 기밀 등의 보호를 위한 경비 수요의 증가가 민간경비 발전의 토대가 되었다.
④ 1800년대 서부지역 개발과 관련하여 철도가 운행되고, 철도는 사람들이 거주하지 않는 불모지를 통과하는 경우가 많아 민간경비산업이 발전하였다.

## 51

**각국의 민간경비제도 발전에 관한 설명으로 옳지 않은 것은?**

① 미국에서 항공교통량의 급증에 따른 항공기납치는 민간경비산업의 성장에 영향을 끼쳤다.
② 한국은 청원경찰과 민간경비 간 지휘체계, 신분보장 등 이원화와 관련된 문제가 대두되고 있는 실정이다.
③ 일본과 한국은 국가가 관리·규제하는 공인탐정제도를 도입하기 위한 입법적 노력을 지속적으로 펼치고 있다.
④ 미국에서 19세기 말 유럽사회의 사회주의, 무정부주의의 영향을 받은 노동자운동은 민간경비산업의 발달에 영향을 주었다.

## 52

**핑커톤(Allan Pinkerton)에 관한 설명으로 옳지 않은 것은?**

① 위폐사범 일당을 검거하는 데 결정적 공헌을 하여 부보안관으로 임명되었다.
② 범죄자를 유형별로 정리하여 프로파일링(profiling) 수사기법의 전형을 세웠다.
③ 1858년에 최초의 경보회사(Central-Station Burglar Alarm Company)를 설립하였다.
④ 경찰당국의 자료요청에 응하여 경찰과 민간경비업체의 바람직한 관계를 정립하였다.

## 53

인력경비와 비교하여 기계경비의 장점으로 옳지 않은 것은?

① 인명피해를 예방할 수 있다.
② 장기적으로 비용절감 효과를 가져올 수 있다.
③ 잠재적인 범죄자 등에 대해 경고 효과가 크다.
④ 상황 발생 시 현장에서 신속하게 대응할 수 있다.

## 54

경비원에 의한 경비 등과 같이 단일 예방체제에 의존하는 경비형태는?

① 1차원적 경비
② 단편적 경비
③ 반응적 경비
④ 총체적 경비

## 55

계약경비와 비교하여 자체경비의 장점으로 옳지 않은 것은?

① 이직률이 낮은 편이다.
② 자질이 우수한 사람들이 지원한다.
③ 인사관리 및 행정관리가 용이하다.
④ 경비원 등에 대한 통제를 강화할 수 있다.

## 56

민간경비 조직의 운영원리로 옳지 않은 것은?

① 일반화의 원리
② 명령통일의 원리
③ 계층제의 원리
④ 조정·통합의 원리

## 57

교통유도경비에 관한 설명으로 옳지 않은 것은?

① 일본의 경우 민간경비원이 실시하는 교통유도경비업무는 경찰관이 실시하는 교통정리와 마찬가지로 법적 강제력이 있다.
② 교통유도경비업무란 도로에 접속한 공사현장 및 사람과 차량을 통행에 위험이 있는 장소 또는 도로를 점유하는 행사장에서 부상 등 사고 발생을 방지하는 업무이다.
③ 일본 경비업법에서 정의하고 있는 경비업무 중에는 '사람 혹은 차량의 혼잡한 장소와 통행에 위험이 있는 장소에서의 부상 등의 사고 발생을 경계하여 방지하는 업무'를 포함한다.
④ 미국의 교통유도원(Flagger)제도는 각 주에서는 다양한 방법 및 기관을 통해 교육과정을 개설하고 있으며, 일부 주에서는 필기 및 실기시험을 통과한 후 인증서를 발급하여 유도원 채용 시 반드시 인증서를 제출하도록 하는 등 체계적으로 관리하고 있다.

## 58

경비위해요소의 분석단계로 옳은 것은?

① 위해요소 인지 → 위해요소 손실발생 예측 → 위해정도 평가 → 비용효과 분석
② 위해요소 손실발생 예측 → 위해요소 인지 → 위해정도 평가 → 비용효과 분석
③ 위해요소 인지 → 위해요소 손실발생 예측 → 비용효과 분석 → 위해정도 평가
④ 위해요소 손실발생 예측 → 위해요소 인지 → 비용효과 분석 → 위해정도 평가

## 59

다음에 해당하는 경비중요도에 따른 분류는?

> 일정한 패턴이 없는 외부의 행동을 방해하고 탐지할 수 있도록 계획된 체계라 할 수 있다. 단순한 물리적 장벽과 자물쇠가 설치되고 거기에 보강된 출입문, 창문의 창살, 보다 복잡한 수준의 자물쇠, 조명시스템, 기본적 경보시스템, 기본적 안전 장벽 등이 설치될 수 있다. 작은 소매상점, 저장창고 등이 해당된다.

① 최저수준경비(Level Ⅰ)
② 하위수준경비(Level Ⅱ)
③ 중간수준경비(Level Ⅲ)
④ 상위수준경비(Level Ⅳ)

## 60

경비업법상 경비원의 교육에 관한 설명으로 옳지 않은 것은?

① 경비원이 되려는 사람은 교육기관에서 미리 일반경비원 신임교육을 받을 수 있다.
② 일반경비원의 교육 시 관할 경찰서 소속 경찰공무원이 교육기관에 입회하여 지도·감독하여야 한다.
③ 특수경비업자는 특수경비원 신임교육을 받지 아니한 자를 특수경비업무에 종사하게 하여서는 아니 된다.
④ 경비업자는 경비업무를 적정하게 실시하기 위하여 경비원으로 하여금 경비원 신임교육 및 직무교육을 받게 하여야 한다.

## 61

민간경비원의 법적 지위와 권한에 관한 설명으로 옳지 않은 것은?

① 민간경비원은 정당방위나 자구행위를 할 수 있다.
② 민간경비원의 법적 지위는 일반 시민과 같은 사인(私人)에 불과하다.
③ 특수경비원은 인질·간첩 또는 테러사건에 있어서 은밀히 작전을 수행하는 부득이한 경우에는 경고 없이 소총을 발사할 수 있다.
④ 특수경비원은 배치된 기관·시설 또는 사업장 등의 구역을 관할하는 시·도 경찰청장의 감독을 받아 그 경비구역만의 경비를 목적으로 경찰관직무집행법에 따른 경찰관의 권한을 행사한다.

## 62

CCTV에 관한 설명으로 옳지 않은 것은?

① 다수의 장소를 관찰할 수 있다.
② 보이지 않는 영역을 관찰할 수 있다.
③ 다수인에 의한 동시관찰을 할 수 있다.
④ 환경이 열악하거나 근접이 가능한 장소만 관찰할 수 있다.

## 63

화재의 분류와 표시 색상의 연결이 옳은 것은?

① 유류화재 - 황색
② 가스화재 - 청색
③ 전기화재 - 백색
④ 금속화재 - 적색

## 64

비상사태 발생 시 민간경비원의 역할에 관한 설명으로 옳지 않은 것은?

① 출입구와 비상구의 출입을 통제(Control)하여야 한다.
② 비상인력과 경비대상시설 밖의 이동을 통제(Control)하여야 한다.
③ 보호할 가치가 있는 자산에 대하여 보호조치를 실시하여야 한다.
④ 장애인 등 특별한 대상의 보호 및 응급조치를 실시하여야 한다.

## 65

외곽경비에 관한 설명으로 옳지 않은 것은?

① 자연적인 장벽에는 강, 절벽 등이 해당된다.
② 담장 위에 철조망을 설치하면 방범효율이 증대된다.
③ 외곽경비는 장벽, 출입구, 건물 자체 순으로 수행된다.
④ 경계구역 내에서는 가시지대를 넓히기 위해 모든 장애물을 제거할 필요는 없다.

## 66

외곽경비에 관한 설명으로 옳지 않은 것은?

① 배기관, 맨홀뚜껑은 경비계획에 포함시킬 필요가 없다.
② 비상시에만 사용하는 문은 평상시에는 잠겨 있어야 한다.
③ 상품판매시설은 직원용 출입구와 고객용 출입구를 구분하는 것이 좋다.
④ 일정 기간 동안 또는 비상시에만 사용하는 문의 잠금장치는 특수하게 만들어야 한다.

## 67

경비계획 수립의 순서로 옳은 것은?

> ㄱ. 경비요소 및 위해분석
> ㄴ. 경비문제 발생 및 인지
> ㄷ. 경비목표 설정
> ㄹ. 경비대안 비교검토 및 최종안 선택
> ㅁ. 경비 실시 및 평가

① ㄱ - ㄴ - ㄷ - ㄹ - ㅁ
② ㄴ - ㄷ - ㄱ - ㄹ - ㅁ
③ ㄷ - ㄱ - ㄴ - ㄹ - ㅁ
④ ㄷ - ㄴ - ㄹ - ㄱ - ㅁ

## 68

비상계획서에 포함되어야 할 사항으로 옳지 않은 것은?

① 명령지휘부의 지정
② 외부기관과의 통신수단 마련
③ 대중 및 언론에 대한 정보 차단
④ 비상시 사용될 장비·시설의 위치 지정

## 69

정보보호의 기본원칙 중 윤리성에 관한 설명은?

① 정보시스템 소유자와 공급자의 책임을 명확하게 해야 한다.
② 정보시스템보안은 정보의 합법적 사용 및 전달과 상호조화를 이루도록 해야 한다.
③ 정보와 정보시스템의 사용을 허가받은 사람이 언제든지 사용할 수 있도록 보장해야 한다.
④ 정보시스템과 정보시스템의 보안은 타인의 권리와 합법적 이익이 존중·보호될 수 있도록 사용되어야 한다.

## 70

컴퓨터 범죄의 특징으로 옳은 것은?
① 범죄행위자의 고령화 경향
② 범죄행위의 증명 용이
③ 범죄행위의 단발성
④ 범죄행위자의 초범성

## 71

컴퓨터 범죄예방을 위한 법적 안전대책은?
① 시스템 백업
② 침입차단시스템
③ 스케줄러 점검
④ 컴퓨터 스파이에 대한 처벌

## 72

어떤 조건을 넣어주고 그 조건이 충족될 때마다 자동으로 불법행위가 이루어지도록 하는 것으로 컴퓨터의 일정한 사항이 작동 시마다 부정행위가 일어날 수 있도록 프로그램을 조작하는 컴퓨터 범죄수법은?
① 트로이목마(Trojan horse)
② 데이터 디들링(Data diddling)
③ 논리폭탄(Logic bomb)
④ 살라미 기법(Salami techniques)

**73**

문자메시지(SMS)와 피싱(Phishing)의 합성어로 '무료쿠폰 제공, 돌잔치 초대장, 모바일 청첩장' 등을 내용으로 하는 문자메시지 내의 인터넷 주소를 클릭하면 악성코드가 스마트폰에 설치되어 피해자가 모르는 사이에 소액결제피해 발생 또는 개인의 금융정보를 탈취하는 신종금융범죄수법은?

① 스미싱(Smishing)
② 메모리 해킹(Memory hacking)
③ 파밍(Pharming)
④ 보이스 피싱(Voice phishing)

**74**

우리나라 민간경비산업의 발전방안 및 전망으로 옳지 않은 것은?

① 경비원의 적정 임금을 보장하여야 한다.
② 경찰과 민간경비원의 합동순찰제도를 도입하여야 한다.
③ 지역적 특성을 고려한 민간경비 상품을 개발하여야 한다.
④ 기계경비산업보다 인력경비산업의 성장속도가 훨씬 빠를 것이다.

**75**

경찰과 민간경비의 상호협력방안에 관한 설명으로 옳지 않은 것은?

① 지역방범 및 정보교환 네트워크 구축
② 관련 전문지식, 교육훈련 등의 지속적 교환
③ 지휘・감독 강화를 통한 수직적 관계의 유지
④ 민간경비의 오경보(False alarm) 감소를 위한 상호노력

**76**

민간경비와 경찰의 차이점으로 옳은 것은?

① 전달 조직 : 민간경비는 정부, 경찰은 정부 및 영리기업
② 권력 : 민간경비는 권력 보유, 경찰은 원칙적 권력 미보유
③ 권한의 근거 : 민간경비는 위탁자의 사권(私權), 경찰은 통치권
④ 역할 : 민간경비는 범죄예방 및 범죄진압, 경찰은 범죄예방 및 손실예방

## 77

우리나라 민간경비산업의 문제점으로 옳지 않은 것은?

① 경비업체의 영세성
② 경비원의 낮은 이직률
③ 청원경찰과 민간경비의 이원적 운영
④ 청원경찰에 비해 민간경비원의 직업적 안정성 확보의 어려움

## 78

미국의 경찰과 민간경비원의 관계에 관한 설명으로 옳지 않은 것은?

① 범죄예방활동을 위하여 상호 간 긴밀한 협조관계를 유지하고 있다.
② 경비원 선발을 위한 배경조사에 있어서 상호 협력이 되고 있지 않다.
③ 주(州)마다 차이는 있지만 경찰관 신분으로 민간경비회사에서 Part-time job을 하기도 한다.
④ 주(州)마다 차이는 있지만 경찰과 민간경비원 상호 간에 보수, 신분상의 차이를 느끼지 않는다.

## 79

경비조명에 관한 설명으로 옳지 않은 것은?

① 조명시설의 위치가 경비원의 시야를 방해해서는 안 된다.
② 보안조명은 타인의 사생활을 방해하도록 설치되어서는 안 된다.
③ 석영등은 노란 빛을 내며 매우 강한 빛을 방출하여 안개 발생지역에서도 식별 가능하도록 할 수 있는 등이다.
④ 프레이넬등은 넓은 폭의 빛을 내는 조명등으로서 비교적 어두운 시설물에 침입을 감시하는 경우 유용하게 사용되는 등이다.

## 80

경찰방범활동의 장애요인으로 옳지 않은 것은?

① 경찰인력의 부족
② 민간경비업체의 증가
③ 타 부처의 업무협조 증가
④ 경찰관의 민생안전부서 근무기피

# 2015
# 제17회 경비지도사 제1차 시험 기출문제

1. 법학개론
2. 민간경비론

# 2015년도 제17회 경비지도사 1차 국가자격시험

| 교시 | 문제형별 | 시험시간 | 시험과목 |
|---|---|---|---|
| 1교시 | A | 80분 | ❶ 법학개론<br>❷ 민간경비론 |

| 수험번호 | | 성 명 | |
|---|---|---|---|

## 【수험자 유의사항】

1. **시험문제지 표지**와 시험문제지 내 **문제형별**의 **동일여부** 및 시험문제지의 **총면수, 문제번호 일련순서, 인쇄상태** 등을 확인하시고, 문제지 표지에 수험번호와 성명을 기재하시기 바랍니다.

2. 답은 각 문제마다 요구하는 **가장 적합하거나 가까운 답 1개**만 선택하고, 답안카드 작성 시 시험문제지 **형별누락, 마킹착오**로 인한 불이익은 전적으로 **수험자에게 책임**이 있음을 알려드립니다.

3. 답안카드는 국가전문자격 공통 표준형으로 문제번호가 1번부터 125번까지 인쇄되어 있습니다. 답안 마킹 시에는 반드시 **시험문제지의 문제번호와 동일한 번호**에 마킹하여야 합니다.

4. **감독위원의 지시에 불응하거나 시험시간 종료 후 답안카드를 제출하지 않을 경우** 불이익이 발생할 수 있음을 알려 드립니다.

5. 시험문제지는 시험 종료 후 가져가시기 바랍니다.

### 안내사항

1. 수험자는 QR코드를 통해 가답안을 확인하시기 바랍니다.
   (※ 사전 설문조사 필수)

2. 시험 합격자에게 '합격축하 SMS(알림톡) 알림 서비스'를 제공하고 있습니다.

   － 수험자 여러분의 합격을 기원합니다 －

# 2015년 법학개론

2015.11.21. 시행

## 01
법과 도덕의 차이점에 관한 설명으로 옳지 않은 것은?
① 법은 강제성이 있지만 도덕은 강제성이 없다.
② 법은 타율성을 갖지만 도덕은 자율성을 갖는다.
③ 법은 내면성을 갖지만 도덕은 외면성을 갖는다.
④ 법은 양면성을 갖지만 도덕은 일면성을 갖는다.

## 02
법의 효력에 관한 설명으로 옳지 않은 것은?
① 법률의 시행기간은 시행일부터 폐지일까지이다.
② 법률은 특별한 규정이 없는 한 공포일로부터 30일을 경과하면 효력이 발생한다.
③ 범죄 후 법률의 변경이 피고인에게 유리한 경우에는 소급적용이 허용된다.
④ 외국에서 범죄를 저지른 한국인에게 우리나라 형법이 적용되는 것은 속인주의에 따른 것이다.

## 03
법의 체계에 관한 설명으로 옳은 것은?
① 강행법과 임의법은 실정성 여부에 따른 구분이다.
② 고유법과 계수법은 적용 대상에 따른 구분이다.
③ 일반법과 특별법은 적용되는 효력 범위에 따른 구분이다.
④ 공법과 사법으로 분류하는 것은 영미법계의 특징이다.

## 04

사회법에 관한 설명으로 옳지 않은 것은?

① 공법영역에 사법적 요소를 가미하는 제3의 법영역이다.
② 노동법, 경제법, 사회보장법은 사회법에 속한다.
③ 자본주의의 부분적 모순을 수정하기 위한 법이다.
④ 사회적·경제적 약자의 이익 보호를 목적으로 한다.

## 05

법의 적용에 관한 설명으로 옳지 않은 것은?

① 법을 적용하기 위한 사실의 확정은 증거에 의한다.
② 확정의 대상인 사실이란 자연적으로 인식한 현상 자체를 말한다.
③ 사실의 추정은 확정되지 못한 사실을 그대로 가정하여 법률효과를 발생시키는 것이다.
④ 간주는 법이 의제한 효과를 반증에 의해 번복할 수 없다.

## 06

법의 효력에 관한 설명으로 옳지 않은 것은?

① 민법은 특별한 규정이 있는 경우 외에는 법률불소급의 원칙이 적용된다.
② 소급법률에 의한 참정권 제한 금지는 헌법에 규정되어 있다.
③ 법이 효력을 가지려면 실효성과 타당성이 동시에 있어야 한다.
④ 하위 법규범으로 상위 법규범을 개폐할 수 없다.

## 07

권리의 주체와 분리하여 양도할 수 없는 권리는?

① 실용신안권
② 초상권
③ 법정지상권
④ 분묘기지권

## 08

권리에 관한 설명으로 옳지 않은 것은?

① 인격권은 권리자 자신을 객체로 하는 권리이다.
② 사원권은 단체의 구성원이 그 구성원의 지위에서 단체에 대하여 가지는 권리이다.
③ 형성권은 권리자의 일방적 의사표시에 의해 권리변동의 효과가 발생하는 권리이다.
④ 지배권은 배타적 지배를 하면서 타인의 청구를 거절할 수 있는 권리이다.

## 09

권리와 구별되는 개념에 관한 설명으로 옳은 것은?

① 의사무능력자는 권능의 주체가 될 수 있다.
② 법규정에 의해 인정되는 반사적 이익은 권리가 될 수 있다.
③ 권원은 그 작용에 따라 지배권, 청구권, 형성권, 항변권으로 분류된다.
④ 권한은 일정한 법률적 또는 사실적 행위를 정당화시키는 법률상의 원인을 말한다.

## 10

우리나라 헌법의 기본질서에 해당하지 않는 것은?

① 사법국가적 기본질서
② 자유민주적 기본질서
③ 사회적 시장경제질서
④ 평화주의적 국제질서

## 11

헌법상 기본권 보장의 대전제가 되는 최고의 원리는?

① 생명권의 보호
② 근로3권의 보장
③ 사유재산권의 보호
④ 인간의 존엄과 가치

## 12
헌법상 법인이 누릴 수 있는 권리에 해당하지 않는 것은?
① 결사의 자유
② 거주이전의 자유
③ 프라이버시권
④ 재판을 받을 권리

## 13
헌법상 국회의원의 권리와 의무에 관한 설명으로 옳지 않은 것은?
① 법률이 정하는 직을 겸할 수 없다.
② 국가이익을 우선하여 양심에 따라 직무를 행한다.
③ 현행범인이라도 회기 중에는 국회의 동의 없이 체포 또는 구금되지 아니한다.
④ 국회에서 직무상 행한 발언과 표결에 관하여 국회 외에서 책임을 지지 아니한다.

## 14
헌법재판소에 관한 설명으로 옳지 않은 것은?
① 포괄적인 재판권과 사법권을 가진다.
② 헌법 규정에 대하여는 위헌심판을 할 수 없다.
③ 공권력의 행사 또는 불행사로 기본권을 침해받은 자는 헌법소원심판을 청구할 수 있다.
④ 법률이 헌법에 위반되는가의 여부가 재판의 전제가 되었을 때 법원은 직권 또는 당사자의 신청에 의해서 위헌법률심판을 제청한다.

## 15
민법상 전형계약이 아닌 것은?
① 화 해
② 경 개
③ 현상광고
④ 종신정기금

## 16

**제한능력자의 법률행위에 관한 설명으로 옳지 않은 것은?**

① 피성년후견인이 법정대리인의 동의를 얻어서 한 재산상 법률행위는 유효하다.
② 법정대리인이 대리한 피한정후견인의 재산상 법률행위는 유효하다.
③ 법정대리인이 범위를 정하여 처분을 허락한 재산은 미성년자가 임의로 처분할 수 있다.
④ 제한능력자가 속임수로써 자기를 능력자로 믿게 한 경우 그 법률행위를 취소할 수 없다.

## 17

**보증채무에 관한 설명으로 옳지 않은 것은?**

① 주채무가 소멸하면 보증채무도 소멸한다.
② 보증채무는 주채무가 이행되지 않을 때 비로소 이행하게 된다.
③ 채무를 변제한 보증인은 선의의 주채무자에 대해서는 구상권을 행사하지 못한다.
④ 채권자가 보증인에 대하여 이행을 청구하였을 때, 보증인은 주채무자에게 먼저 청구할 것을 요구할 수 있다.

## 18

**경비계약에 관한 설명으로 옳지 않은 것은?**

① 경비업자가 경비계약을 체결하는 상대방은 경비대상시설의 소유자 또는 관리자이다.
② 경비업자는 경비계약상 채무를 선량한 관리자의 주의로 이행하여야 한다.
③ 보수는 시기의 약정이 없으면 관습에 의하고, 관습이 없으면 경비업무를 종료한 후 지체 없이 지급하여야 한다.
④ 경비업무 도급인이 파산하면 경비업자는 경비계약을 해제하고 경비업무 도급인에게 손해배상을 청구할 수 있다.

## 19

경비업자의 채무불이행책임이 발생하는 경우가 아닌 것은?

① 경비원의 부주의로 경비대상시설이 파손된 경우
② 경비원이 업무수행 과정에서 과실로 제3자에게 부상을 입힌 경우
③ 경비원이 업무수행 과정에서 근무태만으로 인하여 도난사고가 발생한 경우
④ 경비원이 업무수행 과정에서 취득한 고객의 비밀을 누설하여 손해를 끼친 경우

## 20

아파트 경비원이 근무 중 인근의 상가 건물에 화재가 난 것을 보고 달려가서 화재를 진압한 행위에 관한 설명으로 옳지 않은 것은?

① 경비업무의 범위를 벗어난 행위이기 때문에 경비원에게 화재를 진압할 법적 의무가 없다.
② 경비원은 상가 건물주에게 이익이 되는 방법으로 화재를 진압해야 한다.
③ 상가 건물주의 이익에 반하지만 공공의 이익을 위해 화재를 진압하다가 손해를 끼친 경우, 경비원은 과실이 없더라도 손해를 배상할 책임이 있다.
④ 경비원이 상가 건물 임차인의 생명을 구하기 위해 화재를 진압하다가 발생한 손해는 고의나 중과실이 없으면 배상할 책임이 없다.

## 21

경비업체 甲과 상가 건물의 건물주 乙이 경비계약을 체결한 경우, 경비원 A가 오토바이를 타고 순찰을 하던 중 부주의로 행인 B를 치어 상해를 입혔고 넘어진 오토바이로 인해 상가 건물의 화단이 훼손되었다. 甲과 A의 책임에 관한 설명으로 옳지 않은 것은?

① A는 乙에게 채무불이행에 기한 손해배상책임을 부담한다.
② B는 甲에게 사용자책임을 물어 직접 손해배상을 청구할 수 있다.
③ B는 A에게 불법행위에 기한 손해배상을 청구할 수 있다.
④ 甲은 A의 화단 훼손행위에 의한 손해를 乙에게 배상하여야 한다.

## 22

물건을 배달하러 온 택배기사를 강도로 착각하여 폭행을 가한 경비원의 행위에 해당하는 것은?

① 정당방위
② 우연방위
③ 오상방위
④ 과잉방위

## 23

형법상 재산에 대한 죄를 모두 고른 것은?

> ㄱ. 뇌물죄
> ㄴ. 배임죄
> ㄷ. 손괴죄
> ㄹ. 신용훼손죄
> ㅁ. 장물죄

① ㄱ, ㄴ, ㄷ
② ㄱ, ㄷ, ㄹ
③ ㄴ, ㄷ, ㅁ
④ ㄴ, ㄹ, ㅁ

## 24

우리나라의 형사소송법에 관한 설명으로 옳은 것은?

① 형법의 적용 및 실현을 목적으로 하는 실체법이다.
② 공판절차뿐만 아니라 수사절차도 규정하고 있다.
③ 순수한 직권주의를 기본구조로 하고 있다.
④ 형식적 진실발견, 적정절차의 원칙, 신속한 재판의 원칙을 지도이념으로 한다.

## 25

법관이 불공평한 재판을 할 현저한 법정의 사유가 있을 때, 해당 법관을 그 재판에서 배제하는 제도는?

① 제 척
② 기 피
③ 회 피
④ 포 기

## 26
형사소송법상 임의수사에 해당하는 경우를 모두 고른 것은?

- ㄱ. 검 증
- ㄴ. 피의자 신문
- ㄷ. 사실조회
- ㄹ. 수 색

① ㄱ, ㄴ  
② ㄱ, ㄷ  
③ ㄴ, ㄷ  
④ ㄴ, ㄹ

## 27
형사상 유죄의 확정판결에 중대한 사실오인이 있는 경우 판결을 받은 자의 이익을 위하여 판결의 부당함을 시정하는 비상구제절차는?

① 상 소  
② 재 심  
③ 항 고  
④ 비상상고

## 28
면소의 판결을 하는 경우가 아닌 것은?

① 피고인에 대하여 재판권이 없을 때  
② 공소시효가 완성되었을 때  
③ 범죄 후 법령개폐로 형이 폐지되었을 때  
④ 사면이 있은 때

## 29

상사에 관한 법규범의 적용순서를 바르게 나열한 것은?

① 상법 – 상사자치법 – 상관습법 – 민법
② 상법 – 민법 – 상관습법 – 상사자치법
③ 상사자치법 – 상법 – 민법 – 상관습법
④ 상사자치법 – 상법 – 상관습법 – 민법

## 30

주식회사 정관의 변태설립사항이 아닌 것은?

① 발기인의 성명과 주소
② 현물출자를 하는 자의 성명
③ 회사성립 후에 양수할 것을 약정한 재산의 가격
④ 회사가 부담할 설립비용

## 31

주식회사에 관한 설명으로 옳지 않은 것은?

① 자본금은 특정 시점에서 회사가 보유하고 있는 재산의 현재가치로서 주식으로 균등하게 분할되어 있다.
② 무액면주식의 발행도 허용되며, 액면주식이 발행되는 경우 1주의 금액은 100원 이상 균일하여야 한다.
③ 주주는 주식의 인수가액을 한도로 출자의무를 부담할 뿐, 회사의 채무에 대하여 책임을 지지 않는다.
④ 주권 발행 이후 주주는 자신의 주식을 자유롭게 양도 및 처분을 할 수 있다.

## 32

상법상 손해보험에 해당하는 것은 모두 몇 개인가?

ㄱ. 책임보험
ㄴ. 화재보험
ㄷ. 해상보험
ㄹ. 생명보험
ㅁ. 상해보험
ㅂ. 재보험

① 2개
② 3개
③ 4개
④ 5개

## 33

통상임금에 관한 설명으로 옳지 않은 것은?

① 근로자에게 정기적, 일률적으로 소정근로 또는 총 근로에 대하여 지급하기로 정한 금액을 말한다.
② 근로자가 실제로 연장·야근·휴일근로를 제공하기 전에 미리 확정되어 있어야 한다.
③ 해고예고수당, 법정수당, 연차유급휴가수당 및 평균임금의 최고한도 보장의 산정 기초가 된다.
④ 임금의 명칭이나 지급주기의 장단 등 형식적인 기준이 아니라 임금의 객관적 성질이 통상임금의 법적 요건을 충족하여야 한다.

## 34

산업재해보상보험법상 업무상 재해가 인정되는 사고에 해당하지 않는 것은?

① 휴게시간 중 사업주의 지배관리하에 있다고 볼 수 있는 행위로 발생한 사고
② 사업주가 주관하거나 사업주의 지시에 따라 참여한 행사나 행사준비 중에 발생한 사고
③ 사업주가 제공한 시설물 등을 이용하던 중 시설물의 결함이나 관리소홀로 발생한 사고
④ 사업주의 지배관리하에 있지 않은 대중교통수단을 이용하여 출퇴근 중에 발생한 사고

## 35

사회보험법에 해당하지 않는 것은?

① 고용보험법
② 기초노령연금법
③ 산업재해보상보험법
④ 국민기초생활보장법

## 36

국민연금법상 국민연금의 특성으로 옳지 않은 것은?

① 사회보험
② 공적연금
③ 단일연금체계
④ 전부 적립방식

## 37

행정기관에 관한 설명으로 옳은 것은?

① 행정청의 자문기관은 합의제이며, 그 구성원은 공무원으로 한정된다.
② 보좌기관은 행정조직의 내부기관으로서 행정청의 권한 행사를 보조하는 것을 임무로 하는 행정기관이다.
③ 국무조정실, 각 부의 차관보・실장・국장 등은 행정조직의 보조기관이다.
④ 행정청은 행정주체의 의사를 결정하여 외부에 표시하는 권한을 가진 기관이다.

## 38

행정법상 행정주체에 해당하지 않는 것은?
① 국 가
② 지방자치단체장
③ 영조물법인
④ 공무수탁사인

## 39

법무부장관이 외국인 A에게 귀화를 허가한 경우, 선거관리위원장은 귀화허가가 무효가 아닌 한 귀화허가에 하자가 있더라도 A가 한국인이 아니라는 이유로 선거권을 거부할 수 없고, 법무부장관의 귀화허가에 구속되는 행정행위의 효력은?
① 공정력
② 구속력
③ 형식적 존속력
④ 구성요건적 효력

## 40

경찰관이 목전에 급박한 장해를 제거할 필요가 있거나 그 성질상 미리 의무를 명할 시간적 여유가 없을 때, 자신이 근무하는 국가중요시설에 무단으로 침입한 자의 신체에 직접 무기를 사용하여 저지하는 행위는?
① 행정대집행
② 행정상 즉시강제
③ 행정상 강제집행
④ 집행벌

# 2015년 민간경비론

## 41
민간경비와 공경비의 제관계에 관한 설명으로 옳지 않은 것은?
① 민간경비의 주체는 민간영리기업이고, 공경비는 국가(지방자치단체)이다.
② 민간경비의 법률관계의 근거는 경비계약이고, 공경비는 법령이다.
③ 민간경비의 역할은 범죄예방과 범죄진압이고, 공경비는 범죄예방과 손실예방이다.
④ 민간경비의 직접적인 목적은 사익보호이고, 공경비는 공익 및 사익보호이다.

## 42
수익자부담이론에 관한 설명으로 옳지 않은 것은?
① 회사 등의 안전과 보호는 국가가 담당해야 한다.
② 경찰은 체제수호 등과 같은 역할과 기능에 한정되어야 한다.
③ 사회구성원 개개인 차원의 안정과 보호는 해당 개인이 담당해야 한다.
④ 경찰의 공권력 작용은 거시적 측면에서 수행되어야 한다.

## 43
민간경비 성장이론에 관한 설명으로 옳은 것은?
① 공동화이론은 경제적 관점의 이론이다.
② 경제환원이론은 사회적 관점의 이론이다.
③ 공동생산이론은 경찰이 안고 있는 한계를 일부 극복하고 시민의 안전욕구를 증대시키기 위하여 민간부문의 능동적 참여를 다각적으로 유도하는 이론이다.
④ 공동화이론은 그냥 내버려 두면 보호받지 못한 채로 방치될 재산을 민간경비가 보호한다는 이론이다.

## 44

민영화이론에 관한 설명으로 옳지 않은 것은?

① 2000년대 이후 복지국가 이념을 구현하고자 등장한 이론이다.
② 2010년 최초로 설립된 민영교도소는 민영화의 사례이다.
③ 공공지출과 행정비용의 감소효과를 유발하기 위한 방법이다.
④ 국민들이 서비스공급에 참여할 수 있으며, 서비스 선택의 폭을 확대시켜 준다.

## 45

민간경비에 관한 설명으로 옳지 않은 것은?

① 공공성, 공익성, 비영리성을 특징으로 한다.
② 계약자 등 특정인을 수혜대상으로 한다.
③ 공경비에 비해 한정된 권한을 가지며 각종 제약을 받는다.
④ 시설주의 시설물 보호, 특정 고객의 생명·재산보호 등을 목적으로 한다.

## 46

경비업법상 규정된 경비업무의 종류는?

① 인력경비
② 기계경비
③ 자체경비
④ 계약경비

## 47

우리나라 민간경비업의 발전과정에 관한 설명으로 옳지 않은 것은?

① 용역경비업법은 1962년 주한 미8군의 용역경비를 실시하기 위하여 제정되었다.
② 1960~1970년대에 청원경찰에 의한 국가 주요 기간산업체의 경비가 주류를 이루었다.
③ 1980년대 대기업의 참여로 민간경비산업은 본격적으로 발전하기 시작하였다.
④ 2001년 경비업법 개정으로 특수경비원제도가 도입되었으며, 청원경찰과 민간경비의 이원화문제가 대두되었다.

## 48

일본의 민간경비에 관한 설명으로 옳지 않은 것은?

① 제2차 세계대전 이전에는 야경, 순시, 보안원 등의 이름으로 계약경비를 실시하여 왔다.
② 1964년 동경올림픽 선수촌 경비를 계기로 민간경비의 역할이 널리 인식되었다.
③ 1970년 오사카 만국박람회(EXPO) 개최 시 민간경비가 투입되었다.
④ 일본 민간경비는 1980년대에 한국과 중국에 진출하였다.

## 49

우리나라 민간경비산업에 관한 설명으로 옳지 않은 것은?

① 경비회사의 수나 인원 면에서 기계경비보다 인력경비에 대한 의존도가 높다.
② 국가중요시설의 효율성 제고방안으로 특수경비원제도가 도입되어 청원경찰의 입지가 축소되었다.
③ 2000년대 어려움을 겪던 기존의 영세한 민간경비업체들이 대기업의 경비시장 진출을 환영하였다.
④ 경찰은 사회 전반의 범죄대응역량을 강화하기 위해 민간경비업을 적극적으로 지도·육성하고 있다.

## 50

각국의 민간경비 발전과정에 관한 설명으로 옳지 않은 것은?

① 우리나라는 한국전쟁 이후 주한미군에 대한 군납경비를 통해 민간경비산업이 태동하게 되었다.
② 우리나라는 경비지도사 시험을 1995년 제1회부터 매년 정기적으로 실시하고 있다.
③ 일본에서 현대 이전의 민간경비는 헤이안(平安)시대에 출현한 무사계급에서 뿌리를 찾을 수 있다.
④ 미국에서 핑커톤(A. Pinkerton)은 1850년대에 탐정사무소를 설립하였다.

## 51

영국 민간경비의 발달에 관한 내용으로 옳지 않은 것은?

① 민간경비가 크게 성장한 시기는 산업혁명시대이다.
② 규환제도는 개인 각자가 침입자를 추적·체포하는 것이 임무이다.
③ 민간경비 차원의 경비개념에서 공경비 차원의 치안개념으로 발전시킨 것은 레지스 헨리시법(The Legis Henrici Law)이다.
④ 최초의 형사기동대에 해당하는 범죄예방조직을 만든 사람은 올리버 크롬웰(Oliver Cromwell)이다.

## 52

각국의 민간경비의 역사적 발전과정에 관한 설명으로 옳지 않은 것은?

① 일본의 경비택시제도는 긴급사태 발생 시 택시가 출동하여 관계기관에 연락하거나 가까운 의료기관에 통보하는 제도이다.
② 미국은 경찰관 신분을 가진 민간경비원이 활동하는 경우가 있다.
③ 우리나라는 1960년대 이후 경제성장에 따른 산업시설의 증가와 더불어 영미법상의 제도인 청원경찰제도가 도입되었다.
④ 식민지시대 미국의 법집행과 관련된 기본적 제도는 영국의 영향을 받은 보안관(sheriff), 치안관(constable), 경비원(watchman) 등이 있다.

## 53

민간경비의 성장요인으로 옳지 않은 것은?

① 범죄 및 손실문제의 증가
② 개인 및 조직의 안전의식 증대
③ 국가(공권력)의 한계인식
④ 개인주의의 확산

## 54

기계경비시스템의 범죄 대응과정에 관한 설명으로 옳은 것은?

① 경찰관서에 직접 연결하는 경비시스템의 오작동은 경찰력의 낭비가 발생할 수 있다.
② 대처요원에게 신속하게 연락하며, 각종 물리적 보호장치가 작동되도록 하는 것은 침입에 대한 정보전달과정이다.
③ 경비업법령상 관제시설에서 경보를 수신한 경우 늦어도 30분 이내에 도착할 수 있는 대응체계를 갖추어야 한다.
④ 기계경비시스템은 '불법침입에 대한 감지 및 경고 → 침입에 대한 대응 → 침입정보의 전달' 과정을 거친다.

## 55

**기계경비에 관한 장·단점으로 옳은 것은?**

① 유지보수에 적지 않은 비용과 전문인력이 요구된다.
② 단기적으로 설치비용이 적게 든다는 장점이 있다.
③ 시간적 취약대인 야간에 경비효율이 현저히 감소한다고 볼 수 있다.
④ 감시장치의 경우 감시기록유지가 어려워 사후에 범죄의 수사 단서로 활용하기 어렵다.

## 56

**위험관리(risk management)의 과정을 순서대로 나열한 것은?**

> ㄱ. 우선순위의 설정
> ㄴ. 위험요소의 분석
> ㄷ. 안전성·보안성의 평가
> ㄹ. 위험요소의 감소
> ㅁ. 위험요소의 확인

① ㄴ - ㄱ - ㅁ - ㄷ - ㄹ
② ㄴ - ㄷ - ㄱ - ㄹ - ㅁ
③ ㅁ - ㄱ - ㄴ - ㄷ - ㄹ
④ ㅁ - ㄴ - ㄱ - ㄹ - ㄷ

## 57

**다음에 해당하는 민간경비의 조직운영원리는?**

> 상관은 부하에게 권한의 일부를 위임하고 그 부하는 자기의 권한보다 작은 권한을 바로 밑의 부하에게 위임하는 등급화 과정을 거치게 되며, 이를 통해 명령·복종관계를 명확히 하고 명령이 조직의 정점에서부터 최하위에까지 도달하도록 한다.

① 전문화의 원리
② 계층제의 원리
③ 명령통일의 원리
④ 통솔범위의 원리

## 58

치안서비스의 순수공공재 이론 중 다음 내용에 해당되는 특성은?

> 치안서비스의 이용에 있어서 '추가 이용자의 추가 비용이 발생하지 않는다.'

① 비배제성
② 비경합성
③ 비거부성
④ 비한정성

## 59

혼잡경비에 관한 설명으로 옳지 않은 것은?

기출수정

① 혼잡한 상황에서 발생할 가능성이 있는 여러 가지 안전사고를 경계하고 예방하는 제반활동이다.
② 지방자치단체가 주관하는 축제·행사에서 안전사고에 대비하는 질서유지활동이다.
③ 혼잡경비업무의 대상은 장소와 시설에 국한된다.
④ 일본의 경우 혼잡경비를 경비업법에서 규정하고 있으며, 교통유도업무가 대부분을 차지하고 있다.

## 60

민간경비의 조직형태에 관한 설명으로 옳은 것은 모두 몇 개인가?

> ○ 자체경비는 개인 및 기관, 기업 등이 중요하다고 판단되는 자신들의 보호대상을 보호하기 위하여 자체적으로 관련 업무를 수행할 수 있는 경비부서를 조직화하는 것이다.
> ○ 계약경비는 개인 및 기관, 기업 등이 중요하다고 판단되는 자신들의 보호대상을 보호하기 위하여 외부와의 계약을 통해서 경비인력 또는 경비시스템을 도입·운영하는 것이다.
> ○ 청원경찰은 자체경비의 일종이다.
> ○ 현행 경비업법은 계약경비를 전제로 한 것이다.

① 1개
② 2개
③ 3개
④ 4개

## 61

경비계획 수립의 기본원칙으로 옳은 것은?

① 건물 출입구 수는 안전규칙의 범위 내에서 최대한으로 유지되어야 한다.
② 통행이 많은 곳에 경비실을 설치하고, 직원들의 출입구는 주차장에서 가급적 멀리 떨어진 곳에 설치한다.
③ 항구·부두 지역 등은 운전자가 바로 물건을 창고 지역으로 차량을 움직이도록 하고, 경비원에게 물건의 선적이나 하자를 확인할 수 있도록 설계되어야 한다.
④ 효과적인 경비를 위해서는 안전조명이 설치되어야 하고 물건의 선적 지역과 수령 지역은 통합되어야 한다.

## 62

경비위해요소 분석에 관한 설명으로 옳지 않은 것은?

① 경비위해요소는 자연적 위해, 인위적 위해, 특정한 위해 등으로 구분할 수 있다.
② 경비위해요소의 분석단계는 '경비의 위험요소 인지 → 경비의 비용효과 분석 → 경비 위험도 평가'의 순이다.
③ 위험요소의 인지는 경비대상시설이 안고 있는 경비상의 취약점을 파악하는 것이다.
④ 비용효과 분석은 투입비용에 대한 산출효과를 비교하여 적절한 경비수준을 결정하는 과정을 말한다.

## 63

경비업법령상 경비지도사의 직무에 관한 내용으로 옳지 않은 것은?

① 기계경비지도사는 기계경비업무를 위한 기계장치를 운용·감독한다.
② 기계경비지도사는 오경보방지 등을 위하여 기기관리의 감독을 한다.
③ 경비지도사는 경비현장에 배치된 경비원에 대한 순회점검 및 감독을 월 1회 이상 수행하여야 한다.
④ 경비지도사는 경비원 직무교육 실시대장에 그 내용을 기록하여 1년간 보존하여야 한다.

## 64

비상사태 발생 시 민간경비원의 역할로 옳지 않은 것은?

① 비상사태 발생의 책임소재 파악
② 출입구와 비상구, 위험지역의 출입통제
③ 경제적 가치가 있는 것들에 대한 보호조치의 실행
④ 외부지원기관(경찰서, 소방서, 병원 등)과의 통신업무

## 65

**외곽경비에 관한 설명으로 옳은 것은?**

① 외곽경비의 기본 목적은 불법침입을 지연시키는 것이다.
② 모든 출입구 수를 파악하고 공기흡입관, 배기관 등은 경비계획에 포함시킬 필요가 없다.
③ 안전유리의 설치 목적은 침입자의 침입시도를 완벽하게 저지하는 것보다는 침입 시간을 지연시키는 데 있다.
④ 차량출입구는 충분히 넓어야 하며 평상시에는 한쪽 방향으로만 유지한다.

## 66

**환경설계를 통한 범죄예방(CPTED)에 관한 설명으로 옳지 않은 것은?**

① 환경의 효율적인 이용을 통해 범죄예방의 목적을 달성하기 위하여 자연적 전략에서 조직적·기계적 전략으로 그 중심을 바꾸는 데 기여하였다.
② 기본전략은 자연적인 접근통제, 자연적인 감시, 영역성의 강화라는 세 가지 차원에서 출발한다.
③ 동심원 영역론(concentric zone theory)도 CPTED의 접근방법의 하나라고 볼 수 있다.
④ 범죄원인을 개인적 요인보다는 환경적 요인에서 찾고 있다.

## 67

**다음 감지기에 관련된 내용으로 잘못 연결된 것은?**

① 자석감지기 - 영구자석과 리드(reed)
② 적외선감지기 - 투광기와 수광기
③ 초음파감지기 - 가청주파수
④ 열감지기 - 원적외선 변화량

# 68
## 잠금장치에 관한 설명으로 옳지 않은 것은?

① 패드록은 시설물과 탈부착이 가능한 형태로 작동하며 강한 외부충격에도 견딜 수 있도록 되어 있다.
② 핀날름 자물쇠는 열쇠의 홈이 한쪽에만 있어 홈과 맞지 않는 열쇠를 꽂으면 열리지 않도록 되어 있다.
③ 카드식 잠금장치는 전기나 전자기 방식으로 암호가 입력된 카드를 인식시킴으로써 출입문이 열리도록 한 장치이다.
④ 돌기 자물쇠는 단순 철판에 홈도 거의 없는 것이 대부분이며 예방기능이 취약하다.

# 69
## 단순한 접촉의 유무를 탐지하여 경보를 전달하는 장치로서 문틀과 문 사이에 접지극을 설치하는 경보센서는?

① 광전자식 센서
② 자력선식 센서
③ 전자기계식 센서
④ 압력반응식 센서

# 70
## 폭발물에 의한 테러 위협 시 대응에 관한 설명으로 옳지 않은 것은?

① 폭발물에 의한 테러 위협을 당하면 우선적으로 사람을 건물 밖으로 대피시켜야 한다.
② 건물 내 폭발물에 의한 위협이 발생되었을 때 경비책임자는 경찰과 소방서에 통보하고 후속조치를 기다려야 한다.
③ 폭발물이 발견되면 그 지역을 출입하는 사람이나 출입이 제한된 사람들의 명단을 신속히 파악한다.
④ 폭발물의 폭발력 약화를 위해서 모든 창과 문은 닫아 두어야 한다.

## 71
정보보호의 목표가 아닌 것은?

① 무결성(integrity)
② 비밀성(confidentiality)
③ 가용성(availability)
④ 적법성(legality)

## 72
인화성 액체, 가연성 액체 등이 타고 나서 재가 남지 않는 화재를 유류화재라 한다. 유류화재에 대한 소화기의 적응화재별 표시로 옳은 것은?

① A급
② B급
③ C급
④ D급

## 73
컴퓨터 사이버테러에 관한 설명으로 옳지 않은 것은?

① 허프건(Huffgun) - 고출력 전자기장을 발생시켜 컴퓨터의 자기기록정보를 파괴한다.
② 플레임(Flame) - 네티즌들이 공통의 관심사를 논의하기 위해 개설한 토론방에 고의로 가입하여 개인 등에 대한 악성루머를 유포한다.
③ 스누핑(Snooping) - 인터넷상에 떠도는 IP(Internet Protocol) 정보를 몰래 가로채는 행위이다.
④ 논리폭탄(Logic bomb) - 고출력 에너지로 순간적인 마이크로웨이브파를 발생시켜 컴퓨터 내의 전자 및 전기 회로를 파괴한다.

## 74

컴퓨터 시스템 안전대책에 관한 설명으로 옳지 않은 것은?

① 컴퓨터실과 파일보관 장소는 허가받은 사람만이 출입할 수 있도록 엄격히 통제하여야 한다.
② 컴퓨터기기의 경우 물에 접촉하면 치명적인 손상을 가져오기 때문에 이산화탄소나 할론가스를 이용한 소화장비를 설치·사용하여야 한다.
③ 컴퓨터 시스템의 보안성 유지를 위하여 프로그램 개발자와 컴퓨터 운영자를 통합하여 운용한다.
④ 컴퓨터 시스템 사용이 불가능하게 될 경우를 대비하여 백업용 컴퓨터 기기를 준비해 둔다.

## 75

컴퓨터 범죄의 특징으로 옳지 않은 것은?

① 발견·증명의 곤란성
② 광범위성과 자동성
③ 범행의 불연속성
④ 고의 입증의 곤란성

## 76

민간경비와 경찰의 상호관계에 관한 설명으로 옳지 않은 것은?

① 민간경비는 경찰이 제공하는 서비스의 보충적·보조적 기능을 수행하는 것으로 인식되고 있다.
② 경찰활동의 재원은 세금이지만 민간경비의 재원은 고객이 지급하는 도급계약의 대가(代價)라고 할 수 있다.
③ 민간경비의 모든 운영 및 활동은 관할 경찰서장의 허가 및 지도·감독을 받게 되어 있다.
④ 사회경제적 요인 등으로 인해 민간경비의 역할이 중요시되고 점차 독자적으로 시장규모를 확대시켜 나가고 있다.

## 77

경비업법령상 경비업의 허가를 받은 법인이 신고하여야 할 사항이 아닌 것은?

① 영업을 폐업하거나 휴업한 때
② 기계경비업무를 개시하거나 종료한 때
③ 법인의 명칭이나 대표자·임원을 변경한 때
④ 법인의 주사무소나 출장소를 신설·이전 또는 폐지한 때

## 78

민간경비원 관리와 감독 관련 자격증제도에 관한 설명으로 옳지 않은 것은?

① CPP는 미국산업안전협회에서 시행하는 공인경비사 자격제도이다.
② 우리나라는 2013년 경비업법상 경비지도사의 직무로 집단민원현장에 배치된 경비원에 대한 지도·감독이 추가되었다.
③ 일본의 경비원지도교육책임자는 국가공안위원회에서 관리한다.
④ 우리나라의 경비지도사자격증은 3년마다 갱신해야 한다.

## 79

민간경비원의 권한관계에 관한 설명으로 옳지 않은 것은?

① 민간경비원은 자구행위를 할 수 있다.
② 민간경비원은 현행범을 체포할 수 없다.
③ 특수경비원이 휴대할 수 있는 무기종류는 권총 및 소총으로 한다.
④ 청원경찰은 경비구역 내에서 경비목적을 위해 필요한 경우 불심검문 및 무기 사용을 할 수 있다.

## 80

우리나라 민간경비산업의 전망에 관한 설명으로 옳은 것을 모두 고른 것은?

ㄱ. 경찰업무의 과다로 민간경비업은 급속히 발전할 것이다.
ㄴ. 민간경비업의 홍보활동이 적극적으로 전개될 것이다.
ㄷ. 지역 특성에 맞는 민간경비 상품의 개발이 요구될 것이다.
ㄹ. 경찰 및 교정업무의 민영화 추세는 민간경비업 증가의 한 요인이 된다.

① ㄴ, ㄹ
② ㄱ, ㄴ, ㄷ
③ ㄱ, ㄷ, ㄹ
④ ㄱ, ㄴ, ㄷ, ㄹ

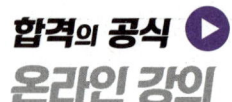 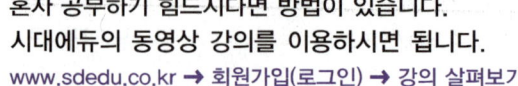 

시대에듀 경비지도사 독자지원 네이버카페

# 경비지도사 독자지원카페

https://cafe.naver.com/sdsi

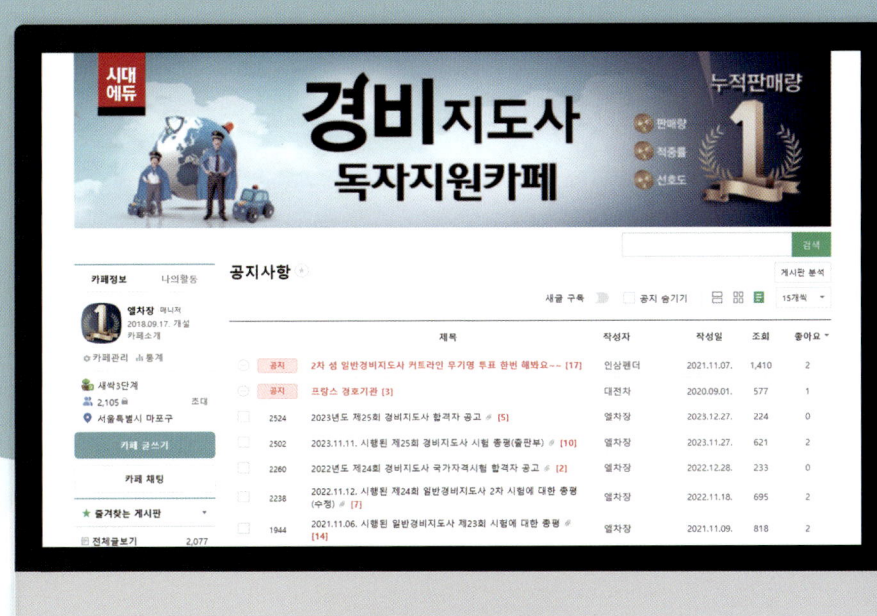

### 혜택 1
정상급 교수진의 명품강의!
시대에듀가 독자님의 학습을
지원해드립니다.

- 시험/자격정보
- 출제경향 및 합격전략
- 무료 기출문제 해설 특강(회원가입 필요)

### 혜택 2
시대에듀 경비지도사 편집팀이
독자님과 함께 소통하며 궁금증을
해결해드리겠습니다.

- 과목별 독자문의 Q&A
- 핵심요약/정리자료
- 과년도 기출문제
- 최신 법령정보
- 도서 정오표/추록
- DAILY TEST

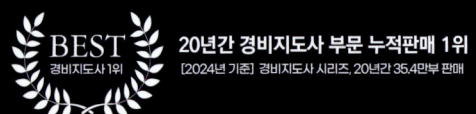

20년간 경비지도사 부문 누적판매 1위
[2024년 기준] 경비지도사 시리즈, 20년간 35.4만부 판매

A SUCCESSFUL PROJECT

# 경비지도사
## 10개년 기출문제해설
### 1차 [일반·기계경비]

2025년 제27회 시험 대비
온라인 모의고사 무료 제공

최신 기출문제 무료 해설 강의

# 경비지도사
## 10개년 기출문제해설
### 1차 [일반 · 기계경비]
### 정답 및 해설편

시대에듀

# 시대에듀 최강교수진!

**합격에 최적화된 수험서와 최고 교수진의 名品 강의를 확인하세요!**

## 시대에듀만의 경비지도사 수강혜택

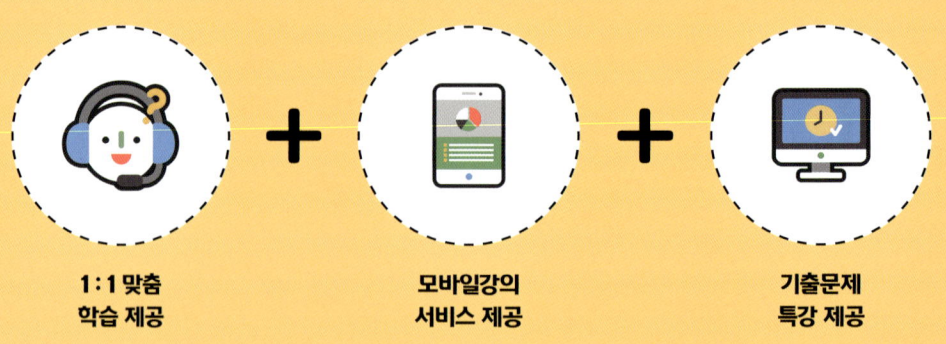

**1:1 맞춤 학습 제공** + **모바일강의 서비스 제공** + **기출문제 특강 제공**

## 한눈에 보이는 경비지도사 동영상 합격 커리큘럼

| 1차 | |
|---|---|
| 기본이론 | 과목별 필수개념 수립 |
| 문제풀이 | 예상문제를 통한 실력 강화 |
| 모의고사 | 동형 모의고사로 실력 점검 |
| 기출특강 | 기출문제를 통한 유형 파악 |
| 마무리특강 | 시험 전 최종 마무리 |

| 2차 | |
|---|---|
| 기본이론 | 과목별 필수개념 수립 |
| 문제풀이 | 예상문제를 통한 실력 강화 |
| 모의고사 | 동형 모의고사로 실력 점검 |
| 기출특강 | 기출문제를 통한 유형 파악 |
| 마무리특강 | 시험 전 최종 마무리 |

※ 과정별 커리큘럼 및 강사진은 내부사정에 따라 변경될 수 있습니다.

# P/A/R/T/2

# 정답 및 해설

### 최근 10개년 기출문제

2024년 | 제26회 제1차 시험 정답 및 해설
2023년 | 제25회 제1차 시험 정답 및 해설
2022년 | 제24회 제1차 시험 정답 및 해설
2021년 | 제23회 제1차 시험 정답 및 해설
2020년 | 제22회 제1차 시험 정답 및 해설
2019년 | 제21회 제1차 시험 정답 및 해설
2018년 | 제20회 제1차 시험 정답 및 해설
2017년 | 제19회 제1차 시험 정답 및 해설
2016년 | 제18회 제1차 시험 정답 및 해설
2015년 | 제17회 제1차 시험 정답 및 해설

# 2024년 법학개론

문제편 004p

### 정답 CHECK

| 01 | 02 | 03 | 04 | 05 | 06 | 07 | 08 | 09 | 10 | 11 | 12 | 13 | 14 | 15 | 16 | 17 | 18 | 19 | 20 |
|----|----|----|----|----|----|----|----|----|----|----|----|----|----|----|----|----|----|----|----|
| ① | ④ | ④ | ② | ④ | ② | ④ | ② | ③ | ④ | ② | ① | ③ | ③ | ① | ② | ③ | ④ | ① | ④ |
| 21 | 22 | 23 | 24 | 25 | 26 | 27 | 28 | 29 | 30 | 31 | 32 | 33 | 34 | 35 | 36 | 37 | 38 | 39 | 40 |
| ③ | ① | ③ | ④ | ① | ② | ④ | ② | ② | ① | ③ | ④ | ④ | ③ | ① | ③ | ① | ② | ③ |

## 01 난이도 중
**헌법 - 헌법의 수호**

헌법상 비상적 헌법보호수단에 해당하는 것은?

① 계엄선포권

> 국가긴급권[대통령의 계엄선포권(헌법 제77조 제1항), 긴급명령권(헌법 제76조 제2항), 긴급재정경제처분·명령권(헌법 제76조 제1항)], 저항권(저항권이란 헌법질서 또는 기본권을 침해하는 공권력에 대하여 주권자로서의 국민이 헌법질서를 유지·회복하고 기본권을 수호하기 위하여 공권력에 저항할 수 있는 비상수단적 권리인 동시에 헌법수호제도에 해당한다. 우리 헌법상 저항권에 관한 직접적인 규정이 없어, 저항권을 인정할 수 있을지 문제되는데, 대법원은 부정하나 헌법재판소는 긍정하는 입장이다)이 헌법상 비상적 헌법보호수단에 해당한다.

② 국정감사권
③ 헌법소원
④ 위헌법률심판

### 핵심만콕

| 평상적 헌법수호 | 사전예방적 헌법수호 | 헌법의 최고규범성의 선언(헌법 제107조, 제111조 제1항), 헌법수호의무의 선서(헌법 제69조), 국가권력의 분립(헌법 제40조, 제66조 제4항, 제101조 제1항), 경성헌법성(헌법 제128조 내지 제130조), 방어적 민주주의 채택(헌법 제8조 제4항), 공무원 및 군의 정치적 중립성의 보장(헌법 제7조 제2항, 제5조 제2항) |
|---|---|---|
| | 사후교정적 헌법수호 | 위헌법령·처분심사제도(헌법 제107조 제1항·제2항), 탄핵제도(헌법 제65조 제1항, 제111조 제1항 제2호), 헌법소원제도(헌법 제111조 제1항 제5호), 위헌정당해산제도(헌법 제8조 제4항, 제111조 제1항 제3호), 국무총리 및 국무위원 해임건의제도(헌법 제63조 제1항), 국정감사 및 조사제도(헌법 제61조 제1항), 긴급명령 등의 승인제도 및 계엄해제요구제도(헌법 제76조 제3항, 제77조 제5항), 공무원의 책임제도(헌법 제29조 제1항) 등 |
| 비상적 헌법수호 | | 국가긴급권[대통령의 계엄선포권(헌법 제77조 제1항), 긴급명령권(헌법 제76조 제2항), 긴급재정경제처분·명령권(헌법 제76조 제1항)], 저항권 |

## 02  난이도 하　　　｜ 헌법 – 자유권적 기본권(신체의 자유)

**헌법상 신체의 자유에 관한 내용으로 옳지 않은 것은?**

① 누구든지 체포 또는 구속을 당한 때에는 즉시 변호인의 조력을 받을 권리를 가진다.

　헌법 제12조 제4항 본문

② 모든 국민은 형사상 자기에게 불리한 진술을 강요당하지 아니한다.

　헌법 제12조 제2항

③ 누구든지 체포 또는 구속을 당한 때에는 적부의 심사를 법원에 청구할 권리를 가진다.

　헌법 제12조 제6항

④ <u>체포·구속·압수 또는 수색을 할 때에는 적법한 절차에 따라 검사가 발부한 영장을 제시하여야 한다.</u>

　체포·구속·압수 또는 수색을 할 때에는 적법한 절차에 따라 <u>검사의 신청에 의하여 법관이 발부한 영장</u>을 제시하여야 한다(헌법 제12조 제3항 본문).

## 03  난이도 하　　　｜ 헌법 – 사회적 기본권

**헌법이 규정하고 있는 사회적 기본권은?**

① 신체의 자유
② 사생활의 자유
③ 국가배상청구권
④ <u>인간다운 생활을 할 권리</u>

　헌법이 규정하고 있는 사회적(생존권적) 기본권에는 <u>인간다운 생활을 할 권리</u>, 교육을 받을 권리, 근로의 권리, 근로3권, 환경권, 혼인·가족·모성 보호에 관한 권리가 있다. 신체의 자유와 사생활의 자유는 자유권적 기본권에 해당하고, 국가배상청구권은 청구권적 기본권에 해당한다.

## 04  난이도 중 | 헌법 - 통치기구(국회)

**헌법상 국회의원에 관한 설명으로 옳지 않은 것은?**

① 국회의원을 제명하려면 국회재적의원 3분의 2 이상의 찬성이 있어야 한다.

> 헌법 제64조 제3항

② 국회의원의 직무집행이 헌법과 법률에 위배된 경우에 국회의원은 탄핵소추의 대상이 된다.

> 대통령·국무총리·국무위원·행정각부의 장·헌법재판소 재판관·법관·중앙선거관리위원회 위원·감사원장·감사위원 기타 법률이 정한 공무원이 그 직무집행에 있어서 헌법이나 법률을 위배한 때에는 국회는 탄핵의 소추를 의결할 수 있다(헌법 제65조 제1항). 따라서 국회의원은 헌법상 탄핵소추 대상에 해당하지 않는다.

③ 국회의원은 국회에서 직무상 행한 발언과 표결에 관하여 국회 외에서 책임을 지지 아니한다.

> 헌법 제45조

④ 국회의원은 현행범인인 경우를 제외하고는 회기 중 국회의 동의 없이 체포 또는 구금되지 아니한다.

> 헌법 제44조 제1항

## 05  난이도 상 | 헌법 - 통치기구(대통령)

**헌법상 대통령의 헌법기관 구성 권한에 관한 설명으로 옳지 않은 것은?**

① 대법원장은 국회의 동의를 얻어 대통령이 임명한다.

> 헌법 제104조 제1항

② 대법관은 대법원장의 제청으로 국회의 동의를 얻어 대통령이 임명한다.

> 헌법 제104조 제2항

③ 헌법재판소의 장은 국회의 동의를 얻어 재판관 중에서 대통령이 임명한다.

> 헌법 제111조 제4항

④ 헌법재판소 재판관은 헌법재판소장의 제청으로 국회의 동의를 얻어 대통령이 임명한다.

> 헌법재판소는 법관의 자격을 가진 9인의 재판관으로 구성하며, 재판관은 대통령이 임명한다(헌법 제111조 제2항). 재판관 중 3인은 국회에서 선출하는 자를, 3인은 대법원장이 지명하는 자를 임명한다(헌법 제111조 제3항).

## 06 난이도 하　　형사법 - 책임능력

**형법상 형을 감경해야 하는 자의 행위에 해당하는 것은?**

① 14세가 되지 아니한 자의 행위

　14세가 되지 아니한 자의 행위는 벌하지 아니한다(형법 제9조).

❷ 듣거나 말하는 데 모두 장애가 있는 사람의 행위

　듣거나 말하는 데 모두 장애가 있는 사람의 행위에 대해서는 형을 감경한다(형법 제11조).

③ 심신장애로 인하여 의사를 결정할 능력이 없는 자의 행위

　심신장애로 인하여 의사를 결정할 능력이 없는 자의 행위는 벌하지 아니한다(형법 제10조 제1항).

④ 심신장애로 인하여 사물을 변별할 능력이 없는 자의 행위

　심신장애로 인하여 사물을 변별할 능력이 없는 자의 행위는 벌하지 아니한다(형법 제10조 제1항).

## 07 난이도 하　　사회법 일반 - 근로기준법의 내용

**근로기준법에 관한 설명으로 옳지 않은 것은?**

① 근로기준법에서 정하는 근로조건은 최저기준이다.

　이 법에서 정하는 근로조건은 최저기준이므로 근로 관계 당사자는 이 기준을 이유로 근로조건을 낮출 수 없다(근로기준법 제3조).

② 근로조건은 근로자와 사용자가 동등한 지위에서 자유의사에 따라 결정하여야 한다.

　근로기준법 제4조

③ 근로기준법에서 정하는 기준에 미치지 못하는 근로조건을 정한 근로계약은 그 부분에 한정하여 무효로 한다.

　근로기준법 제15조 제1항

❹ 상시 5명 이하의 근로자를 사용하는 사업 또는 사업장에 대하여는 근로기준법이 적용되지 않는다.

　이 법은 상시 5명 이상의 근로자를 사용하는 모든 사업 또는 사업장에 적용한다(근로기준법 제11조 제1항 본문). 상시 4명 이하의 근로자를 사용하는 사업 또는 사업장에 대하여는 대통령령으로 정하는 바에 따라 이 법의 일부 규정을 적용할 수 있다(근로기준법 제11조 제2항).

## 08 난이도 중 ■ 사회법 일반 – 산업재해보상보험법의 내용

**산업재해보상보험법에 관한 설명으로 옳지 않은 것은?**

① 근로자의 보험급여를 받을 권리는 퇴직하여도 소멸되지 아니한다.

> 산업재해보상보험법 제88조 제1항

② <u>보험급여의 수급권자가 사망한 경우 아직 지급되지 아니한 보험급여는 그 수급권자의 유족의 청구가 있어도 지급하지 아니한다.</u>

> 보험급여의 수급권자가 사망한 경우에 그 수급권자에게 지급하여야 할 보험급여로서 아직 지급되지 아니한 보험급여가 있으면 그 수급권자의 유족(유족급여의 경우에는 그 유족급여를 받을 수 있는 다른 유족)의 청구에 따라 그 보험급여를 지급한다(산업재해보상보험법 제81조 제1항).

③ 보험급여를 받을 권리는 양도할 수 없다.

> 보험급여를 받을 권리는 양도 또는 압류하거나 담보로 제공할 수 없다(산업재해보상보험법 제88조 제2항).

④ 보험급여로서 지급된 금품에 대하여는 국가나 지방자치단체의 공과금을 부과하지 아니한다.

> 산업재해보상보험법 제91조

## 09 난이도 하 ■ 사회법 일반 – 사회보장기본법의 내용

**사회보장기본법상 국가·지방자치단체 및 민간부문의 도움이 필요한 모든 국민에게 복지, 보건의료, 교육, 고용, 주거, 문화, 환경 등의 분야에서 인간다운 생활을 보장하고 상담, 재활, 돌봄, 정보의 제공, 관련 시설의 이용, 역량 개발, 사회참여 지원 등을 통하여 국민의 삶의 질이 향상되도록 지원하는 제도는?**

① 공공부조

> "공공부조"(公共扶助)란 국가와 지방자치단체의 책임하에 생활 유지 능력이 없거나 생활이 어려운 국민의 최저생활을 보장하고 자립을 지원하는 제도를 말한다(사회보장기본법 제3조 제3호).

② 사회보험

> "사회보험"이란 국민에게 발생하는 사회적 위험을 보험의 방식으로 대처함으로써 국민의 건강과 소득을 보장하는 제도를 말한다(사회보장기본법 제3조 제2호).

③ <u>사회서비스</u>

> 사회보장기본법 제3조 제4호

④ 평생사회안전망

> "평생사회안전망"이란 생애주기에 걸쳐 보편적으로 충족되어야 하는 기본욕구와 특정한 사회위험에 의하여 발생하는 특수욕구를 동시에 고려하여 소득·서비스를 보장하는 맞춤형 사회보장제도를 말한다(사회보장기본법 제3조 제5호).

## 10 난이도 하
■ 사회법 일반 - 국민연금법(급여의 종류)

**국민연금법상 급여에 해당하지 않는 것은?**

① 노령연금
② 장애연금
③ 유족연금
④ **직업재활급여**

> 직업재활급여는 산업재해보상보험법상 보험급여에 해당한다(산업재해보상보험법 제36조 제1항 제8호).

| 관계법령 | 급여의 종류(국민연금법 제49조) |

이 법에 따른 급여의 종류는 다음과 같다.
1. 노령연금
2. 장애연금
3. 유족연금
4. 반환일시금

## 11 난이도 하
■ 법학 일반 - 권리의 종류

**사법(私法)상의 권리에 해당하지 않는 것은?**

① 임차권
② **입법권**

> 공권(公權)은 사법(私法)상 권리에 대응하는 개념으로 공법상 관계에서 발생되는 권리이며, 개인적 공권과 국가적 공권으로 구분된다. 국가적 공권은 국가의 3권을 기준으로 입법권, 사법권, 행정권으로 나눌 수 있는데, 입법권은 법률을 제정할 수 있는 권리로서 헌법 제40조는 "입법권은 국회에 속한다"고 규정하고 있다. 입법권은 국가적 공권으로 볼 수도 있지만, 헌법 제40조는 입법권을 국회의 권한으로 선언하고 있는 규정으로 입법권은 권리가 아니라 권한이라고 하는 것이 더 정확한 설명이라고 할 수 있다. 국회의 입법권, 재정권, 국정통제권, 헌법기관 구성권 등은 모두 국민의 대표기관으로서의 대표권한 또는 대리권한에 해당한다고 할 것이다.

③ 상속권
④ 전세권

## 12 난이도 하
│법학 일반 - 권리의 작용에 따른 분류(형성권)

**권리의 작용에 따른 분류로서 형성권에 해당하는 것은?**

① <u>취소권</u>

> 권리는 작용(효력)에 의해 (1) 권리의 객체를 직접적·배타적으로 지배할 수 있는 지배권(물권, 무체재산권, 친권 등), (2) 타인에 대하여 일정한 급부 또는 행위를 적극적으로 요구할 수 있는 청구권(채권, 물권적 청구권, 부양청구권 등), (3) <u>권리자의 일방적인 의사표시에 의하여 일정한 법률관계를 발생·변경·소멸시키는 형성권(취소권</u>, 해제권, 추인권, 해지권 등), (4) 청구권의 행사에 대하여 급부를 거절할 수 있는 항변권(보증인의 최고 및 검색의 항변권, 동시이행의 항변권 등)으로 분류할 수 있다.

② 소유권
③ 부양청구권
④ 동시이행항변권

## 13 난이도 중
│법학 일반 - 권리·의무의 변동

**권리의 원시취득(原始取得) 사유에 해당하지 않는 것은?**

① 선의취득
② 무주물선점
③ <u>상속에 의한 저당권의 취득</u>

> 권리의 취득은 원시취득(절대적 취득)과 승계취득(상대적 취득)으로 나눌 수 있다. 원시취득은 다른 사람의 권리에 근거하지 않고 사회적으로 존재하지 않던 것을 새로 취득하는 것으로 건물의 신축에 의한 소유권 취득, 취득시효, 선의취득, 무주물선점, 유실물 습득, 매장물 발견, 부합, 첨부, 매매 계약에 기한 채권의 취득 등이 이에 해당한다. 반면에 승계취득은 다른 사람의 권리에 근거하여 취득하는 것으로서 권리의 주체만 달라지는 것이므로 권리의 상대적 취득(발생)이라고도 한다. 이러한 <u>승계취득은 이전적 승계와 설정적 승계로 다시 구분할 수 있는데, 상속은 이전적 승계에 해당</u>한다.

④ 건물의 신축에 의한 소유권의 취득

## 14  난이도 중    민사법 – 법정추인

민법상 취소할 수 있는 법률행위에 관한 취소권자의 행위 중 '법정추인' 사유에 해당하지 않는 것은?

① 경 개
② 담보의 제공
③ **철회권의 행사**

> 철회권의 행사는 제한능력자의 상대방(민법 제16조), 무권대리인의 상대방(민법 제134조) 보호제도로서 제한능력자와 계약하거나 무권대리인과 계약한 선의의 상대방은 철회권 행사를 통해 계약을 무효로 할 수 있다. 이는 민법 제145조에서 규정하는 법정추인 사유에는 해당하지 않는다.

④ 전부나 일부의 이행

**관계법령  법정추인(민법 제145조)**

취소할 수 있는 법률행위에 관하여 전조의 규정에 의하여 추인할 수 있는 후에 다음 각호의 사유가 있으면 추인한 것으로 본다. 그러나 이의를 보류한 때에는 그러하지 아니하다.
1. 전부나 일부의 이행
2. 이행의 청구
3. 경 개
4. 담보의 제공
5. 취소할 수 있는 행위로 취득한 권리의 전부나 일부의 양도
6. 강제집행

## 15  난이도 중    민사법 – 담보물권

민법상 부동산의 사용, 수익을 목적으로 하는 권리를 객체로 하여 설정할 수 없는 담보물권은?

① **질 권**

> 물건의 교환가치를 파악하여 특정한 물건을 채권의 담보로 제공하는 것을 목적으로 하는 물권을 담보물권이라 하는데, 민법상 유치권, 질권, 저당권이 이에 해당한다. 질권은 채권자가 채권을 담보하기 위하여 채무의 변제가 있을 때까지 채무자 또는 제3자(물상보증인)로부터 인도받은 물건(동산) 또는 재산권을 유치하고, 변제가 없을 때에 그 목적물로부터 우선적으로 변제를 받을 수 있는 권리이다(민법 제329조, 제345조). 재산권을 목적으로 하는 것을 권리질권이라 하는데, 권리질권의 목적은 채권, 무체재산권 등을 말하고 부동산의 사용, 수익을 목적으로 하는 권리는 목적(객체)으로 할 수 없다(민법 제345조 단서).

② 지역권
③ 저당권
④ 지상권

## 16 난이도 하
민사법 - 사용대차

민법상 당사자 일방이 상대방에게 무상으로 사용, 수익하게 하기 위하여 목적물을 인도할 것을 약정하고 상대방은 이를 사용, 수익한 후 그 물건을 반환할 것을 약정함으로써 효력이 생기는 전형계약은?

① 임대차

> 임대차는 당사자 일방이 상대방에게 목적물을 사용, 수익하게 할 것을 약정하고 상대방이 이에 대하여 차임을 지급할 것을 약정함으로써 그 효력이 생긴다(민법 제618조).

② **사용대차**

> 민법 제609조

③ 소비임치

> 임치는 당사자 일방이 상대방에 대하여 금전이나 유가증권 기타 물건의 보관을 위탁하고 상대방이 이를 승낙함으로써 효력이 생긴다(민법 제693조). 수치인이 계약에 의하여 임치물을 소비할 수 있는 경우에는 소비대차에 관한 규정을 준용한다. 그러나 반환시기의 약정이 없는 때에는 임치인은 언제든지 그 반환을 청구할 수 있다(민법 제702조). 소비임치는 목적물이 금전과 같은 대체물로서 소비물인 경우에 수치인이 그 물건을 소비하고 그것과 동종·동질·동량의 물건을 반환하면 된다고 하는 특수한 임치이다.

④ 소비대차

> 소비대차는 당사자 일방이 금전 기타 대체물의 소유권을 상대방에게 이전할 것을 약정하고 상대방은 그와 같은 종류, 품질 및 수량으로 반환할 것을 약정함으로써 그 효력이 생긴다(민법 제598조).

## 17 난이도 하
민사법 - 경비계약

甲이 경비업자 乙과 도급계약의 형식으로 경비계약을 체결하였다. 이에 관한 설명으로 옳지 않은 것은?

① 甲과 乙 사이의 경비계약은 유상계약이다.

> 유상계약이란 계약 당사자 쌍방 간에 대가적 의의를 갖는 출연(경제적 손실)을 하는 계약을 의미한다. 당사자 쌍방이 서로 채무를 부담하는 쌍무계약에서는 재산상의 출연의 상호의존관계가 필연적이므로 모든 쌍무계약은 유상계약에 해당한다. 甲과 乙이 체결한 도급계약 형식의 경비계약은 수급인 乙이 경비업무를 완성하기로 하고 도급인 甲이 그에 대하여 보수를 지급할 것을 약정한 것이므로 쌍무·유상계약에 해당한다.

② 乙은 경비계약상 채무를 선량한 관리자의 주의로 이행하여야 한다.

> 甲과 乙은 도급계약 형식으로 유상의 경비계약을 체결하였으므로 수급인인 경비업자 乙은 경비계약상의 채무를 선량한 관리자의 주의로 이행하여야 한다.

③ **甲이 파산하더라도 乙은 더 이상 경비계약을 해제할 수 없다.**

> 도급인이 파산선고를 받은 때에는 수급인 또는 파산관재인은 계약을 해제할 수 있다(민법 제674조 제1항 전문). 도급인 甲이 파산한 경우 수급인 乙은 경비계약을 해제할 수 있다.

④ 甲은 乙이 경비업무를 완성하기 전이라면 乙의 손해를 배상하고 乙과의 경비계약을 해제할 수 있다.

> 수급인이 일을 완성하기 전에는 도급인은 손해를 배상하고 계약을 해제할 수 있다(민법 제673조). 도급인 甲은 수급인 乙이 경비업무를 완성하기 전이라면 乙의 손해를 배상하고 계약을 해제할 수 있다.

## 18 난이도 중 | 민사법 – 경비계약과 손해배상

甲은 경비업자 乙과 경비계약을 체결하였으나, 乙이 고용한 경비원 丙의 경비업무 수행 중 과실로 甲의 아들 丁이 사망하는 손해가 발생하였다. 이에 관한 설명으로 옳지 않은 것은?

① 甲은 乙에게 사용자책임을 물을 수 있다.

> 타인을 사용하여 어느 사무에 종사하게 한 자는 피용자가 그 사무집행에 관하여 제3자에게 가한 손해를 배상할 책임이 있다. 그러나 사용자가 피용자의 선임 및 그 사무감독에 상당한 주의를 한 때 또는 상당한 주의를 하여도 손해가 있을 경우에는 그러하지 아니하다(민법 제756조 제1항). 사용자책임 요건을 충족할 경우 甲은 乙에게 손해배상을 청구할 수 있다.

② 甲은 乙에게 丁의 사망을 이유로 한 정신적 손해의 배상을 청구할 수 있다.

> 타인의 생명을 해한 자는 피해자의 직계존속, 직계비속 및 배우자에 대하여는 재산상의 손해 없는 경우에도 손해배상의 책임이 있다(민법 제752조). 사용자책임의 요건을 충족할 경우 甲은 乙에게 丁의 사망을 이유로 한 정신적 손해의 배상을 청구할 수 있다.

③ 丁의 위자료청구권과 甲의 위자료청구권은 별개의 권리이다.

> 피해자 본인인 丁의 위자료청구권은 민법 제750조에 근거한 것이고, 피해자의 직계존속인 甲의 위자료청구권은 민법 제752조에 근거한 것으로 양자는 별개의 권리이다.

④ 乙이 甲에게 손해를 배상하더라도 乙은 원칙적으로 丙에게 구상권을 행사할 수 없다.

> 사용자 또는 감독자가 피용자의 불법행위로 인한 손해를 배상한 경우에는 피용자에 대하여 구상권을 행사할 수 있다(민법 제756조 제3항). 따라서 乙이 甲에게 손해를 배상한 경우에는 乙은 丙에게 구상권을 행사할 수 있다.

## 19 난이도 하 | 민사법 – 소송의 주체(당사자)

민사소송의 주체가 될 수 있는 일반적 능력으로서 민법상 권리능력에 대응하는 것은?

① 당사자능력

> 당사자능력이란 소송의 주체(원·피고)가 될 수 있는 능력으로서 소송법상의 권리능력이라고 할 수 있다.

② 책임능력

> 책임능력이란 위법행위로 인한 자신의 행위에 대해 책임을 질 수 있는 인식능력을 말하여 불법행위능력이라고도 한다. 법률행위 영역에서 의사능력이 담당하는 기능을 불법행위 영역에서는 책임능력이 담당하게 된다.

③ 변론능력

> 변론능력이란 법정에서 유효하게 소송행위를 하기 위하여 사실을 진술하거나 법률적 의견을 진술할 수 있는 능력을 말한다.

④ 소송능력

> 소송능력이란 법정대리인의 동의 없이 유효하게 스스로 소송행위를 하거나 소송행위를 받을 수 있는 능력으로 소송법상 행위능력이라 할 수 있다.

## 20 난이도 하 | 민사법 – 채무불이행의 유형

**경비업자의 채무불이행의 유형에 해당하지 않는 것은?**

① 이행지체
② 이행불능
③ 불완전이행
④ <u>권리의 하자</u>

> 경비계약은 도급계약의 일종이다. 도급에 관한 민법 규정 중 수급인의 담보책임(민법 제667조)의 경우 책임의 성질에 관하여 통설·판례는 법정책임으로 보지만 채무불이행책임으로 보더라도 민법 제667조의 담보책임은 일의 목적물에 하자가 있는 경우이지 권리의 하자가 있는 경우가 아니므로 <u>권리의 하자는 경비업자의 채무불이행의 유형에 해당하지 않는다.</u>

## 21 난이도 중 | 형사법 – 재산에 대한 죄

**형법상 재물을 객체로 하는 범죄가 아닌 것은?**

① 절도죄

> 타인의 재물을 절취한 자는 6년 이하의 징역 또는 1천만원 이하의 벌금에 처한다(형법 제329조). 절도죄의 객체는 타인소유, 타인점유의 재물이다.

② 강도죄

> 폭행 또는 협박으로 타인의 재물을 강취하거나 기타 재산상의 이익을 취득하거나 제3자로 하여금 이를 취득하게 한 자는 3년 이상의 유기징역에 처한다(형법 제333조). 강도죄의 객체는 타인소유, 타인점유의 재물과 재산상의 이익이다.

③ <u>배임죄</u>

> 타인의 사무를 처리하는 자가 그 임무에 위배하는 행위로써 <u>재산상의 이익</u>을 취득하거나 제3자로 하여금 이를 취득하게 하여 본인에게 손해를 가한 때에도 전항의 형과 같다(형법 제355조 제2항). <u>배임죄의 객체는 재산상의 이익</u>이다.

④ 횡령죄

> 타인의 재물을 보관하는 자가 그 재물을 횡령하거나 그 반환을 거부한 때에는 5년 이하의 징역 또는 1천500만원 이하의 벌금에 처한다(형법 제355조 제1항). 횡령죄의 객체는 자기가 보관하는 타인의 재물이다.

## 22  난이도 하

형사법 – 형사소송의 지도이념

**형사소송의 지도이념이 아닌 것은?**

① <u>직권주의 원칙</u>

> 형사소송의 지도이념은 실체적 진실주의, 적정절차의 원리, 신속한 재판의 원칙이다. 당사자, 기타 소송관계인의 의사 여하를 불문하고 법원의 직권에 의하여 소송을 진행시키고 심판하는 직권주의 원칙은 형사소송의 기본구조(원리)에 해당한다. 우리나라 형사소송법은 당사자주의와 직권주의를 아울러 채택하는 절충주의적 태도를 보이고 있다.

② 적정절차의 원리
③ 신속한 재판의 원칙
④ 실체적 진실주의

## 23  난이도 하

형사법 – 형사소송의 주체

**형사소송의 주체에 해당하는 것은?**

① 변호사
② 사법경찰관
③ <u>검 사</u>

> 형사소송의 주체는 법원, 검사, 피고인을 말한다. 변호인은 소송주체에 해당하지는 않지만(형사소송 관계인), 피고인의 방어권을 보충하기 위하여 선임된 제3자인 보조자로서 형사소송상 피고인의 정당한 이익 옹호를 임무로 하는 자이다.

④ 피해자

## 24 난이도 하
**형사법 - 현행범인의 체포**

**형사소송법상 현행범인으로 보는 경우에 해당하는 사람을 모두 고른 것은?**

> ㄱ. 범인으로 불리며 추적되고 있을 때
> ㄴ. 신체나 의복류에 증거가 될 만한 뚜렷한 흔적이 있을 때
> ㄷ. 누구냐고 묻자 도망하려고 할 때

① ㄱ, ㄴ
② ㄱ, ㄷ
③ ㄴ, ㄷ
④ ㄱ, ㄴ, ㄷ

> 범죄를 실행하고 있거나 실행하고 난 직후의 사람을 현행범인이라 한다(형사소송법 제211조 제1항). 범인으로 불리며 추적되고 있을 때, 장물이나 범죄에 사용되었다고 인정하기에 충분한 흉기나 그 밖의 물건을 소지하고 있을 때, 신체나 의복류에 증거가 될 만한 뚜렷한 흔적이 있을 때, 누구냐고 묻자 도망하려고 할 때의 어느 하나에 해당하는 사람은 현행범인으로 본다(형사소송법 제211조 제2항).

## 25 난이도 하
**형사법 - 공소**

**형사소송법상 공소에 관한 설명으로 옳은 것은?**

① 공소는 검사가 제기하여 수행한다.

> 형사소송법 제246조

② 범죄사실의 일부에 대한 공소의 효력은 범죄사실 일부에만 미친다.

> 범죄사실의 일부에 대한 공소의 효력은 범죄사실 전부에 미친다(형사소송법 제248조 제2항).

③ 공소는 제2심판결의 선고 전까지 취소할 수 있다.

> 공소는 제1심판결의 선고 전까지 취소할 수 있다(형사소송법 제255조 제1항).

④ 공소취소는 공판정에서도 이유를 기재한 서면으로 하여야 한다.

> 공소취소는 이유를 기재한 서면으로 하여야 한다. 단, 공판정에서는 구술로써 할 수 있다(형사소송법 제255조 제2항).

## 26 난이도 하
형사법 - 상소

**형사소송법상 상소에 관한 설명으로 옳지 않은 것은?**

① 검사 또는 피고인은 상소를 할 수 있다.
> 형사소송법 제338조 제1항

② **상소는 재판의 일부에 대하여 할 수 없다.**
> 상소는 **재판의 일부에 대하여 할 수 있다**(형사소송법 제342조 제1항).

③ 상소의 제기기간은 재판을 선고 또는 고지한 날로부터 진행된다.
> 형사소송법 제343조 제2항

④ 항소를 함에는 항소장을 원심법원에 제출하여야 한다.
> 형사소송법 제359조

## 27 난이도 하
행정법 일반 - 행정기관의 종류

**행정기관에 관한 설명이다. ( )에 들어갈 올바른 용어는?**

> ( )이라 함은 국가의사를 결정하여 이를 자기의 이름으로 외부에 표시하는 권한을 가진 행정기관을 말한다.

① **행정관청**
> 행정청은 광의로 행정관청과 행정청을 통칭하는 용어이다. 행정관청(Verwaltungsbehörde)이란 행정에 관한 국가의 의사를 결정하여 이를 외부에 표시하는 권한을 가진 행정기관을 말한다. 이러한 행정관청에 대하여 지방자치단체의 의사 또는 판단을 결정·표시하는 기관을 행정청이라 한다.

② 보좌기관
> "보좌기관"이라 함은 행정기관이 그 기능을 원활하게 수행할 수 있도록 그 기관장이나 보조기관을 보좌함으로써 행정기관의 목적달성에 공헌하는 기관을 말한다(행정기관의 조직과 정원에 관한 통칙 제2조 제7호).

③ 보조기관
> "보조기관"이라 함은 행정기관의 의사 또는 판단의 결정이나 표시를 보조함으로써 행정기관의 목적달성에 공헌하는 기관을 말한다(행정기관의 조직과 정원에 관한 통칙 제2조 제6호).

④ 집행기관
> 집행기관이란 실력을 행사하여 행정청의 의사결정을 실질적으로 수행하는 기관을 말한다(경찰, 소방, 세무공무원 등).

## 28 난이도 하 | 행정법 일반 - 행정행위

**행정행위에 관한 설명으로 옳지 않은 것은?**

① 하명과 허가는 명령적 행위에 해당한다.

> 명령적 행정행위는 국민에게 특정한 의무를 명하여 자연적 자유를 제한하거나 부과된 의무를 해제하여 자연적 자유를 회복시키는 행위로서 하명, 허가, 면제가 이에 해당한다.

② 특허와 인가는 형성적 행위에 해당한다.

> 형성적 행정행위는 행정객체에게 특정한 권리나 능력 등의 법률상 힘이나 포괄적 법률관계, 기타 법률상 힘을 형성시키는 행위로서 특허, 인가, 대리(공법상 대리)가 이에 해당한다.

③ **면제와 공법상 대리는 명령적 행위에 해당한다.**

> 면제는 명령적 행정행위에 해당하나, 공법상 대리는 형성적 행정행위에 해당한다.

④ 확인과 공증은 준법률행위적 행정행위에 해당한다.

> 준법률행위적 행정행위는 의사표시 이외의 정신작용(인식·관념 등) 등의 표시를 요소로 하고 그 법률적 효과는 행위자의 의사 여하를 불문하고 직접 법규가 정하는 바에 따라 발생하는 행위로서 확인, 공증, 통지, 수리가 이에 해당한다.


## 29 난이도 하 | 행정법 일반 - 행정작용의 분류(행정조사)

**행정기관이 사인으로부터 행정상 필요한 자료나 정보를 수집하기 위하여 행하는 일체의 행정작용은?**

① 행정지도

> "행정지도"란 행정기관이 그 소관 사무의 범위에서 일정한 행정목적을 실현하기 위하여 특정인에게 일정한 행위를 하거나 하지 아니하도록 지도, 권고, 조언 등을 하는 행정작용을 말한다(행정절차법 제2조 제3호).

② **행정조사**

> "행정조사"란 행정기관이 정책을 결정하거나 직무를 수행하는 데 필요한 정보나 자료를 수집하기 위하여 현장조사·문서열람·시료채취 등을 하거나 조사대상자에게 보고요구·자료제출요구 및 출석·진술요구를 행하는 활동을 말한다(행정조사기본법 제2조 제1호).

③ 대집행

> 법률(법률의 위임에 의한 명령, 지방자치단체의 조례를 포함한다)에 의하여 직접 명령되었거나 또는 법률에 의거한 행정청의 명령에 의한 행위로서 타인이 대신하여 행할 수 있는 행위를 의무자가 이행하지 아니하는 경우 다른 수단으로써 그 이행을 확보하기 곤란하고 또한 그 불이행을 방치함이 심히 공익을 해할 것으로 인정될 때에는 당해 행정청은 스스로 의무자가 하여야 할 행위를 하거나 또는 제3자로 하여금 이를 하게 하여 그 비용을 의무자로부터 징수할 수 있는데(행정대집행법 제2조), 이를 행정대집행이라 한다.

④ 행정상 즉시강제

> 행정상 즉시강제는 급박한 행정상의 장애를 제거할 필요가 있는 경우에 미리 의무를 명할 시간적 여유가 없거나 성질상 의무를 명해서는 행정 목적 달성이 곤란할 경우에 행정청이 곧바로 국민의 신체 또는 재산에 실력을 행사하여 행정목적을 달성하는 것을 말한다(행정기본법 제30조 제1항 제5호).

## 30 난이도 하 | 행정법 일반 – 행정법의 원칙

어떤 행정목적을 달성하기 위한 수단은 그 목적달성에 유효·적절하고 또한 가능한 한 최소침해를 가져오는 것이어야 하며 아울러 그 수단의 도입으로 인한 침해가 의도하는 공익을 능가하여서는 아니 된다는 헌법상의 원칙은?

① 평등의 원칙

> 행정청은 합리적 이유 없이 국민을 차별하여서는 아니 된다(행정기본법 제9조).

② **비례의 원칙**

> 행정기본법 제10조

③ 부당결부금지의 원칙

> 행정청은 행정작용을 할 때 상대방에게 해당 행정작용과 실질적인 관련이 없는 의무를 부과해서는 아니 된다(행정기본법 제13조).

④ 신뢰보호의 원칙

> 행정청은 공익 또는 제3자의 이익을 현저히 해칠 우려가 있는 경우를 제외하고는 행정에 대한 국민의 정당하고 합리적인 신뢰를 보호하여야 하고, 권한 행사의 기회가 있음에도 불구하고 장기간 권한을 행사하지 아니하여 국민이 그 권한이 행사되지 아니할 것으로 믿을 만한 정당한 사유가 있는 경우에는 그 권한을 행사해서는 아니 된다(행정기본법 제12조).

## 31 난이도 하
**법학 일반 – 법과 도덕의 비교**

**법과 도덕을 비교한 것으로 옳지 않은 것은?**

① 법은 사회규범이지만, 도덕은 사회규범이 아니다.

> 법은 사회질서를 유지하기 위하여 사회의 구성원이 준수하여야 할 행위의 준칙을 의미하는 것으로 도덕이나 관습 등과 같은 사회규범이다.

② 법은 행위의 외면성을 다루지만, 도덕은 행위의 내면성을 다룬다.
③ 법은 강제성을 가지지만, 도덕은 비강제성을 갖는다.
④ 법은 타율성을 가지지만, 도덕은 자율성을 갖는다.

**핵심만콕 | 법과 도덕의 비교(차이점) ★**

| 구 성 | 법(法) | 도덕(道德) |
|---|---|---|
| 목 적 | 정의(Justice)의 실현 | 선(Good)의 실현 |
| 규율 대상 | 평균인의 현실적 행위·결과 | 평균인의 내면적 의사·동기·양심 |
| 규율 주체 | 국 가 | 자기 자신 |
| 준수 근거 | 타율성 | 자율성 |
| 표현양식 | 법률·명령형식의 문자로 표시 | 표현양식이 다양함 |
| 특 징 | 외면성 : 인간의 외부적 행위·결과 중시<br>강제성 : 위반 시 국가권력에 의해 처벌 받음<br>양면성 : 권리에 대한 의무 대응 | 내면성 : 인간의 내면적 양심과 동기를 중시<br>비강제성 : 규범의 유지·제재에 강제가 없음<br>일면성(편면성) : 의무에 대응하는 권리가 없음 |

## 32 난이도 하
**법학 일반 – 법원(法源)**

**법원(法源)에 관한 설명으로 옳지 않은 것은?**

① 헌법에 의하여 체결·공포된 조약과 일반적으로 승인된 국제법규는 국내법과 같은 효력을 가진다.

> 헌법 제6조 제1항

② 민사에 관하여 법률에 규정이 없으면 관습법에 의하고 관습법이 없으면 조리에 의한다.

> 민법 제1조

③ **성문법은 불문법에 비해 사회변화에 따른 필요에 신속히 대응할 수 있다는 장점이 있다.**

> 사회변화에 따른 필요에 신속히 대응할 수 있는 것(유동적인 법 현실이 잘 반영됨)은 불문법의 장점이다. 성문법은 개정절차가 필요하여 사회변동에 능동적으로 대처하기 어려우므로 법 현실이 잘 반영되지 못한다.

④ 상사에 관하여 상법에 규정이 없으면 상관습법에 의하고 상관습법이 없으면 민법의 규정에 의한다.

> 상법 제1조

## 33 난이도 하
**법학 일반 – 법의 분류**

다음 중 법의 분류가 옳지 않은 것은?

① 형법은 공법이며 실체법이다.
② 형사소송법은 공법이며 절차법이다.
③ 민법은 사법이며 실체법이다.
④ **민사소송법은 사법이며 절차법이다.**

> 공법(公法)은 국가의 조직과 기능 및 공익작용을 규율하는 법으로 헌법, 행정법, 형법, 형사소송법, 민사소송법, 행정소송법, 국제법 등이 이에 해당한다. 사법(私法)은 개인 상호 간의 권리·의무관계를 규율하는 법으로 민법, 상법 등이 있다. 실체법은 권리·의무의 실체, 즉 권리나 의무의 발생·변경·소멸·성질·내용 및 범위 등을 규율하는 법으로 헌법, 민법, 형법, 상법 등이 이에 해당한다. 절차법은 권리나 의무의 실질적 내용을 실현하는 절차, 즉 권리나 의무의 행사·보전·이행·강제 등을 규율하는 법으로 민사소송법, 민사집행법, 형사소송법, 행정소송법, 채무자회생 및 파산에 관한 법률, 부동산등기법 등이 있다.

## 34 난이도 하
**법학 일반 – 법의 적용**

법의 적용에 관한 설명으로 옳지 않은 것은?

① 구체적 사실을 확정하는 것은 법률문제가 아닌 사실문제이다.
> 구체적 사실을 확정하는 것은 법을 적용할 만한 가치가 있는 사실들을 확정하는 것으로 법률문제가 아닌 사실문제이다.

② 법을 적용하기 위한 사실의 확정은 증거에 의한다.
> 사실의 확정은 사회생활에서 실제로 발생하는 무수한 사건에 대하여 법규를 적용하기 전에 법적으로 가치 있는 사실만을 확정하는 법적 인식작용으로, 객관적 증거에 의함을 원칙으로 한다.

③ 추정은 명확하지 못한 사실을 그대로 가정하여 법률효과를 발생시키는 것이다.
> 추정은 입증부담을 완화하기 위하여 입증이 용이하지 않은 확정되지 않은 사실(불명확한 사실)을 통상의 상태를 기준으로 하여 사실로 인정하고 이에 상당한 법률효과를 주는 것을 말한다.

④ **간주 규정에 따라 법이 의제한 효과는 반증에 의해 번복할 수 있다.**
> 간주란 불명확한 사실에 대하여 공익 또는 기타 법정책상의 이유로 사실의 진실성 여부와는 관계없이 확정된 사실로 의제하여 일정한 법률효과를 부여하고 <u>반증을 허용하지 않는 것</u>으로, 의제라고도 한다. <u>반증에 의해 번복할 수 있는 것은 추정</u>으로, 추정된 사실과 다른 주장을 하는 자는 반증을 들어 추정의 효과를 뒤집을 수 있다.

## 35 난이도 하
'자전거 통행금지'라는 게시판이 있는 경우, 오토바이도 통행하지 못한다고 해석하는 것은 법의 해석방법 중 어디에 해당하는가?

① 유추해석

> 유추해석이란 두 개의 유사한 사실 중 법규에서 어느 하나의 사실에 관해서만 규정하고 있는 경우에 나머지 다른 사실에 대해서도 마찬가지의 효과를 인정하는 해석을 말한다.

② 확장해석

> 확장해석이란 법규의 내용에 포함되는 개념을 문자 자체의 보통의 뜻보다 확장해서 효력을 인정함으로써 법의 타당성을 확보하려는 해석을 말한다.

③ **물론해석**

> 물론해석이란 법문이 일정한 사항을 정하고 있을 때 그 이외의 사항에 관해서도 사물의 성질상 당연히 그 규정에 포함되는 것으로 보는 해석을 말한다.

④ 반대해석

> 반대해석이란 법문이 규정하는 요건과 반대의 요건이 존재하는 경우에 그 반대의 요건에 대하여 법문과 반대의 법적 판단을 하는 해석을 말한다.

## 36 난이도 상
상법상 회사에 관한 설명으로 옳은 것은?

① <u>유한회사는 사원의 지분에 관하여 지시식 또는 무기명식의 증권을 발행하지 못한다.</u>

> 상법 제555조

② 유한책임회사의 대표기관은 대표이사이다.

> <u>업무집행자는</u> 유한책임회사를 대표한다(상법 제287조의19 제1항).

③ 주식회사 중 상장회사는 반드시 사외이사를 선임하여야 한다.

> 상장회사의 경우 사외이사 선임이 의무사항이나 비상장회사의 경우에는 의무사항이 아니다. 다만, <u>상장회사의 경우에도 자산총액 1천억원 미만 벤처기업(코스닥시장 또는 코넥스시장 상장법인에 한함) 및 「채무자회생 및 파산에 관한 법률」</u>에 따른 회생절차가 개시되었거나 파산선고를 받은 상장회사 등은 예외가 인정되어 사외이사 선임의무가 없다(상법 제542조의8, 동법 시행령 제34조 제1항 참조).

④ 회사의 사단성은 상법전에 명시되어 있다.

> 회사는 사단이다. 사단이란 공동의 목적을 가진 복수인의 결합체를 의미한다. 2011.4.14. 개정 전 상법 제169조는 "본법에서 회사라 함은 상행위 기타 영리를 목적으로 하여 설립한 사단을 이른다."고 하여 회사의 사단성을 명시하였으나 <u>현행 상법 제169조는</u> "이 법에서 '회사'란 상행위나 그 밖의 영리를 목적으로 하여 설립한 법인을 말한다."고 하여 <u>사단성을 명시하고 있지 않다.</u>

### 관계법령

**사외이사의 선임(상법 제542조의8)**
① 상장회사는 자산 규모 등을 고려하여 대통령령으로 정하는 경우를 제외하고는 이사 총수의 4분의 1 이상을 사외이사로 하여야 한다. 다만, 자산 규모 등을 고려하여 대통령령으로 정하는 상장회사의 사외이사는 3명 이상으로 하되, 이사 총수의 과반수가 되도록 하여야 한다.

**상장회사의 사외이사 등(상법 시행령 제34조)**
① 법 제542조의8 제1항 본문에서 "대통령령으로 정하는 경우"란 다음 각 호의 어느 하나에 해당하는 경우를 말한다.
  1. 「벤처기업육성에 관한 특별법」에 따른 벤처기업 중 최근 사업연도 말 현재의 자산총액이 1천억원 미만으로서 코스닥시장(대통령령 제24697호 자본시장과 금융투자업에 관한 법률 시행령 일부개정령 부칙 제8조에 따른 코스닥시장을 말한다. 이하 같다) 또는 코넥스시장(「자본시장과 금융투자업에 관한 법률 시행령」 제11조 제2항에 따른 코넥스시장을 말한다. 이하 같다)에 상장된 주권을 발행한 벤처기업인 경우
  2. 「채무자 회생 및 파산에 관한 법률」에 따른 회생절차가 개시되었거나 파산선고를 받은 상장회사인 경우
  3. 유가증권시장(「자본시장과 금융투자업에 관한 법률 시행령」 제176조의9 제1항에 따른 유가증권시장을 말한다. 이하 같다), 코스닥시장 또는 코넥스시장에 주권을 신규로 상장한 상장회사(신규상장 후 최초로 소집되는 정기주주총회 전날까지만 해당한다)인 경우. 다만, 유가증권시장에 상장된 주권을 발행한 회사로서 사외이사를 선임하여야 하는 회사가 코스닥시장 또는 코넥스시장에 상장된 주권을 발행한 회사로 되는 경우 또는 코스닥시장 또는 코넥스시장에 상장된 주권을 발행한 회사로서 사외이사를 선임하여야 하는 회사가 유가증권시장에 상장된 주권을 발행한 회사로 되는 경우에는 그러하지 아니하다.
  4. 「부동산투자회사법」에 따른 기업구조조정 부동산투자회사인 경우
  5. 해산을 결의한 상장회사인 경우

## 37 난이도 중 | 상법 일반 – 주식회사

**상법상 주식회사에 관한 설명으로 옳은 것은?**

① 주식회사의 자본금은 5천만원 이상이어야 한다.

> 주식회사의 최저자본금은 종전에는 5천만원 이상이었으나, 상법(법률 제9746호, 2009.5.28. 시행) 개정으로 최저자본금제도를 폐지하여 누구라도 손쉽게 저렴한 비용으로 회사를 설립할 수 있도록 하였다.

② 주식은 액면주식과 무액면주식을 혼합하여 발행할 수 있다.

> 회사는 정관으로 정한 경우에는 주식의 전부를 무액면주식으로 발행할 수 있다. 다만, 무액면주식을 발행하는 경우에는 액면주식을 발행할 수 없다(상법 제329조 제1항).

③ **액면주식 1주의 금액은 100원 이상으로 하여야 한다.**

> 상법 제329조 제3항

④ 액면주식의 금액은 주식 발행 시의 시장가에 따라 변할 수 있다.

> 액면주식의 금액은 균일하여야 한다(상법 제329조 제2항).

## 38 난이도 하
**상법 일반 – 회사법**

회사의 구성원 중 무한책임사원이 있는 회사는?

① **합자회사**

> 합자회사는 무한책임사원과 유한책임사원으로 조직된 이원적 회사이다(상법 제268조 참조).

② 유한회사

> 유한회사는 지분을 가진 사원으로 구성되는 사단법인이며 사원 전원이 회사에 대하여 원칙적으로 출자액을 한도로 유한책임을 지는 회사이다.

③ 주식회사

> 주식회사의 구성원인 사원을 주주라 하며 주주가 될 자는 회사에 대하여 출자를 하고 회사로부터 주권의 교부를 받는다. 주주는 그 주식의 인수가액을 한도로 하는 출자의무를 부담할 뿐이며 회사채무에 관하여는 아무런 책임을 부담하지 않는다.

④ 유한책임회사

> 유한책임회사란 출자자인 사원이 직접 경영에 참여할 수 있는 반면, 각 사원은 자신이 출자한 투자액을 한도로 법적인 책임을 부담하는 형태의 회사를 말한다. 유한책임회사는 내부적으로는 정관자치가 보장되는 조합의 실질을 갖추고 외부적으로는 투자액의 범위 내에서 유한책임을 부담하는 주식회사의 장점을 결합하여 만들어진 회사제도이다.

## 39 난이도 하
**상법 일반 – 보험계약의 관계자**

인보험계약에서 보험회사로부터 보험금을 받을 자로 보험계약상 지정을 받은 자에 해당하는 것은?

① 보험자
② **보험수익자**

> 보험수익자란 인보험에서 보험사고가 발생한 경우 또는 만기가 도래한 경우 보험금의 지급을 청구할 수 있는 보험금청구권자를 의미한다.

③ 피보험자
④ 보험계약자

**핵심만콕** 보험계약의 관계자

| | |
|---|---|
| 보험자 | 보험사고가 발생하는 경우 보험금 지급의무를 지는 보험회사를 말한다. ★ |
| 보험계약자 | 자기명의로 보험자와 보험계약을 체결하고, 보험료 지급의무를 부담하는 자를 말한다. |
| 피보험자 | • 손해보험에서는 피보험이익의 주체로서 보험사고로 인한 재산상의 손해에 대한 보험금을 보험자에게 청구할 수 있는 보험금청구권자를 말한다. ★<br>• 인보험에서는 자기의 생명이나 신체를 보험에 붙인 보험사고의 객체를 의미한다. ★ |
| 보험수익자 | 인보험에서 보험사고가 발생한 경우 또는 만기가 도래한 경우 보험금의 지급을 청구할 수 있는 보험금청구권자를 의미한다. ★ |

〈출처〉 이재열 외 6인, 「법학개론」, 집현재, 2023, P. 321

## 40 난이도 하  　　　　　　　　　　　상법 일반 - 보험법(보험계약의 특성)

**보험계약의 성질에 관한 설명으로 옳지 않은 것은?**

① 유상·쌍무계약이다.

> 보험계약은 보험사고의 발생을 전제로 보험계약자의 보험료지급에 대하여 보험자는 일정한 보험금액, 기타의 급여를 지급할 것을 약정하므로 유상계약이고, 보험계약의 보험료지급채무와 보험자의 위험부담채무가 보험계약과 동시에 채무로서 이행되어야 하므로 대가관계에 있는 쌍무계약이다.

② 사행계약이다.

> 보험계약은 우연한 사고의 발생으로 인하여 보험금액의 액수가 정해지므로 이른바 사행계약에 해당한다.

③ <u>서면으로 체결되어야 하는 요식계약이다.</u>

> 보험계약은 청약과 승낙이라는 당사자 쌍방의 의사표시의 합치만으로 성립하고 아무런 급여를 요하지 않으므로 낙성계약이며, 또 그 의사표시에는 특별한 방식이 없으므로 법률상 불요식계약이다(보험증권의 작성은 보험계약이 성립되기 위한 요건이 아니다). 다만, 상법은 보험자가 서면으로 질문한 사항은 중요한 사항으로 추정한다(상법 제651조의2)고 규정하고 있다.

④ 계약관계자에게 선의가 요구되는 선의계약이다.

> 보험계약은 우연한 사고를 전제로 하는 사행계약적 성질을 가지므로 선의계약성을 요구하게 된다. 보험계약자에게 자신에게 불리한 사실까지 보험자에게 적극적으로 알려야 하는 고지의무 등 선의 또는 신의성실의 의무가 요구된다.

# 2024년 민간경비론

문제편 016p

## 정답 CHECK

| 41 | 42 | 43 | 44 | 45 | 46 | 47 | 48 | 49 | 50 | 51 | 52 | 53 | 54 | 55 | 56 | 57 | 58 | 59 | 60 |
|---|---|---|---|---|---|---|---|---|---|---|---|---|---|---|---|---|---|---|---|
| ③ | ④ | ② | ② | ③ | ① | ① | ④ | ② | ① | ① | ① | ④ | ③ | ② | ② | ② | ④ | ① | ③ |
| 61 | 62 | 63 | 64 | 65 | 66 | 67 | 68 | 69 | 70 | 71 | 72 | 73 | 74 | 75 | 76 | 77 | 78 | 79 | 80 |
| ③ | ① | ③ | ① | ① | ② | ④ | ④ | ④ | ③ | ④ | ② | ④ | ④ | ③ | ④ | ② | ④ | ② | ③ |

## 41  난이도 중     ▮세계 각국의 민간경비 – 각국 민간경비의 법적 지위

**민간경비와 공경비의 개념에 관한 내용으로 옳지 않은 것은?**

① 공경비는 일반 국민들을 위하여 관할 구역 내에서 법 집행의 권한을 가진다.
② 비렉(A. J. Bilek)은 민간경비원의 법적 지위를 크게 3가지 유형으로 구분하였다.
③ **우리나라의 청원경찰은 경찰관 신분을 가진 민간경비원으로 강제력 행사가 가능하다.**

> 우리나라의 청원경찰은 비렉(A. J. Bilek)의 민간경비원의 법적 지위 유형 구분에 의하면 **특별한 권한이 있는 민간경비원**에 해당한다고 할 수 있다.

④ 제한된 근무지역 내에서 경찰권을 일부 행사할 수 있는 민간경비원도 있다.

### 핵심만콕  민간경비원의 법적 지위 유형(A. J. Bilek의 분류)

| 경찰관 신분을 가진 민간경비원 | • 경찰관 신분으로서 민간경비 분야에서 부업을 하고 있는 자<br>• 1980년대 중반부터 미국사회에서 문제시됨 |
|---|---|
| 특별한 권한이 있는 민간경비원 | • 제한된 근무지역인 학교, 공원지역이나 주지사, 보안관 시당국, 정부기관에 의해 특별한 경찰업무를 위임받은 민간경비원<br>• 우리나라의 청원경찰과 같은 개념 |
| 일반시민과 같은 민간경비원 | • 공공기관으로부터 임명이나 위임, 자격을 받지 못한 상태에서 경비업무를 수행하는 경비원<br>• 우리나라 대부분의 민간기업체의 경비원이 이에 해당 |

## 42  난이도 상   ▌민간경비 개설 – 민간경비와 공경비의 제관계

**민간경비와 공경비를 구분하는 기준으로서 경비서비스 항목이 아닌 것은?**

① 기 능
② 역 할
③ 전달조직
④ <u>적법성</u>

> 민간경비와 공경비를 구분하는 기준으로서 경비서비스 항목은 투입, 역할 및 기능, 서비스 대상, 전달조직, 산출이 있다. <u>적법성은 민간경비와 공경비를 구분하는 기준으로서 경비서비스 항목에 해당하지 않는다</u>.

**핵심만콕  공경비와 민간경비의 관계**

| 경비서비스 | 공경비 | 민간경비 |
|---|---|---|
| 투 입 | 시 민 | 고 객 |
| 역할 및 기능 | 범죄대응 | 범죄예방 |
| 서비스 대상 | 일반시민 | 특정고객 |
| 전달조직 | 정 부 | 영리기업 |
| 산 출 | 법 집행 및 범인체포 | 손실감소 및 재산보호 |

〈출처〉이윤근, 「민간경비원론」, 엑스퍼트, 2001, P. 5(김두현·박형규, 「신민간경비론」, 솔과학, 2018, P. 17에서 재구성)

## 43  난이도 하   ▌민간경비 개설 – 민간경비 성장의 이론적 배경

**민간경비의 이론적 배경 중 공동화이론에 관한 설명으로 옳은 것은?**

① 민간경비 시장의 성장을 범죄의 증가에 따른 직접적 대응으로 보았다.

> 경기침체로 인해 실업자가 늘어나면 자연적으로 범죄가 증가하고, 이에 민간경비가 직접 범죄에 대응하게 됨으로써 민간경비시장이 성장·발전한다고 주장하는 <u>경제환원론적 이론</u>에 관한 설명이다.

② <u>경찰과 민간경비는 상호보완적 관계에 있다.</u>

> 공동화이론은 경찰이 수행하고 있는 경찰 본연의 기능이나 역할을 민간경비가 보완·대체한다는 이론으로 공경비와 민간경비는 상호갈등이나 경쟁관계가 아니라 상호보완적·협조적·역할분담적 관계에 있다고 보는 입장이다.

③ 개인이나 집단과 조직 등의 안전과 보호는 해당 개인이나 조직이 담당하여야 한다.

> 경찰의 공권력 작용은 질서유지, 체제수호와 같은 거시적 측면에서 이루어지고, 개인의 안전과 보호는 해당 개인이 책임져야 한다는 <u>수익자부담이론</u>에 관한 설명이다.

④ 치안서비스의 생산과 공급에 민간의 역할을 증대시킨다.

> 정부의 역할을 줄이는 대신 민간의 역할을 증대시키는 <u>민영화이론</u>에 관한 설명이다.

## 44 난이도 상  민간경비 개설 – 민간경비 성장의 이론적 배경

민간경비 활동에 있어서 '서비스주체의 다원화'에 초점을 맞추고 등장한 이론은?

① 이익집단이론
② 공동생산이론

> 공동생산이론은 치안서비스 생산과정에서 경찰의 역할수행과 민간경비의 공동참여로 인해 민간경비가 성장했으며, 민간경비가 독립된 주체로서 참여한다는 이론으로서 민간경비를 공경비의 보조적 차원이 아닌 주체적 차원으로 인식한다. 미국·영국 등에서는 치안활동에 대한 접근에 있어서 서비스주체의 다원화에 초점을 두고 있다. 치안활동에 있어서 다원화는 경찰이 독자적으로 치안서비스를 수행하는 것이 아니라 민간부문이 하나의 독립된 주체로서 참여하게 되었다는 것이다.

③ 경제환원이론
④ 수익자부담이론

## 45 난이도 하  민간경비 개설 – 민간경비와 공경비의 제관계

민간경비와 공경비의 관계에 관한 다음 대화 중 옳은 설명을 한 사람은?

- 김하나 : 공경비의 주체는 영리 기업이야.
- 배성진 : 민간경비는 모든 시민을 상대로 경비업무를 수행하지.
- 박서연 : 아니야, 민간경비는 특정고객을 대상으로 경비업무를 수행해.
- 정수혁 : 민간경비는 법 집행 및 범죄 수사를 하지.

① 김하나

> 공경비의 주체는 정부(경찰)이고 민간경비의 주체는 영리 기업이다.

② 배성진

> 공경비는 공공의 이익을 위해 모든 시민을 대상으로 경비업무를 수행한다.

③ 박서연

> 민간경비는 특정고객을 위해 그로부터 받은 대가 내지 보수만큼 경비업무를 수행한다.

④ 정수혁

> 공경비는 법 집행 및 범죄 수사(범인체포)를 하고 민간경비는 손실감소 및 재산보호를 한다.

## 46 난이도 중 | 민간경비 개설 – 민간경비의 개념

**민간경비의 개념에 관한 설명으로 옳지 않은 것은?**

① 실질적 개념 : 민간경비는 경찰이 수행하는 경비활동과 본질적으로 차이가 있다.

> 실질적 개념의 민간경비는 고객의 생명과 신체에 대한 위해를 방지하고 재산을 보호하는 제반활동으로 인식되므로 공공의 안녕과 질서유지 등 공경비가 수행하는 경비활동과 본질적인 차이가 없다. 다만, 경비활동의 주체가 민간과 국가라는 차이만 있을 뿐이다.

② 형식적 개념 : 경비의 주체를 공적 주체와 사적 주체로 명확하게 구분한다.

> 형식적 개념의 민간경비는 경비업법에 의해 허가받은 법인이 경비업법상의 업무를 수행하는 활동을 의미하고, 임무 수행 주체에 따라 공경비와 민간경비를 명확하게 구별한다.

③ 대륙법계 개념 : 민간경비는 국가의 지도·감독하에 제한적인 기능만을 담당한다.

> 대륙법계는 전통적으로 국가권력의 우월적 지위를 인정하므로 민간경비는 국가(경찰)의 지도·감독하에 관련법규에 한정된 소극적 역할을 맡았고 사전적·예방적 기능만을 제한적으로 담당한다.

④ 영미법계 개념 : 민간경비의 업무범위가 경찰과 유사하나 집행 권한에 차이가 있다.

> 영미법계는 실질적 개념의 민간경비로 이해하고 민간경비와 공경비의 업무범위가 유사하나, 법 집행 권한에 대한 차이가 있다고 하였다. 일반적으로 영미법계 민간경비원은 대륙법계 민간경비원에 비해 그 권한이 많다고 할 수 있다.

## 47 난이도 하 | 세계 각국의 민간경비 – 고대의 민간경비

**고대 민간경비에 관한 설명으로 옳지 않은 것은?**

① 고대 그리스 도시국가에서는 최초의 국가경찰로 추정되는 자경단원(Vigilance man)제도가 있었다.

> 고대 그리스 도시국가에서는 부족이나 씨족 차원의 경비개념에서 사회 차원의 공공개념으로 확대·발전하였고, 특히 스파르타에서는 일찍부터 최초의 국가경찰의 발달을 의미하는 법을 집행하기 위한 치안책임자를 임명하는 제도가 시행되었다.

② 함무라비 시대에는 정부가 법 집행을 할 수 있고 개인에게 책임을 부여할 수 있었다.

> 고대 바빌론 왕 함무라비에 의해 법집행 개념이 최초로 명문화되었다. 세계 최초로 문서화된 법령에 의하여 정부가 법집행을 할 수 있었고, 또 개인에게 책임을 부여할 수 있었으며, 이때부터 개인차원의 민간경비의 개념과 국가차원의 공경비의 개념이 분리되기 시작하였다.

③ 고대 로마 시대에는 지배자가 통치하는 군대가 운영되었으며, 이들은 최초의 비무장 수도경찰로 간주된다.

> 기원전 27년 고대 로마시대 아우구스투스 황제는 법 집행을 위해 최초의 국가경찰인 자경단원이라고 불리는 수천 명의 비무장군대를 각 관할 구역의 질서유지를 위해서 임명하였다. 이는 역사상 최초의 비무장 수도경찰로 간주된다.

④ 원시시대의 대표적인 경비 형태는 절벽 동굴이나 수상가옥 등 주거지를 이용한 방법이다.

> 원시시대의 대표적인 경비형태로 절벽에 위치한 동굴, 땅에서 사다리를 타고 나무에 올라가는 주거형태나 수상가옥 등이 있다.

## 48 난이도 중 ┃세계 각국의 민간경비 – 각국의 민간경비의 역사적 발전(미국)

**다음의 내용에 해당하는 민간경비와 관련된 인물은?**

> 야간경비회사인 방호회사를 설립하여 최초의 중앙감시방식 방호서비스를 시작하였다.

① 딘글(J. Dingle)

> 딘글(J. Dingle)은 시설물의 물리적 통제시스템 구축과 관련하여 보호가치가 높은 자산일수록 보다 많은 방어공간을 구축해야 한다는 동심원영역론(Concentric Zone Theory)을 제시하였다. 동심원영역론은 환경설계를 통한 범죄예방(CPTED; Crime Prevention Through Environmental Design)의 접근방법 중 하나라고 볼 수 있다.

② 핑커톤(A. Pinkerton)

> 시카고 경찰국의 최초의 탐정인 핑커톤(A. Pinkerton)은 새로 구성된 시카고 경찰에서 물러나 1850년 탐정사무소를 설립한 후, 1857년에 핑커톤 국가탐정회사(Pinkerton National Detective Agency)로 회사명을 바꾸고 철도수송 안전 확보에 일익을 담당하였다.

③ 헨리 필딩(Henry Fielding)

> 헨리 필딩(Henry Fielding)은 영국에서 급료를 받는 민간경비제도를 제안했으며, 보우가의 주자(외근기동대)(The Bow Street Runners) 등을 만드는 데 기여하였다.

④ **에드윈 홈즈(Edwin Holmes)**

> 1858년 에드윈 홈즈(Edwin Holmes)가 야간 경비회사로서 홈즈 방호회사(Holms Protection Inc.)를 설립하여 최초의 중앙감시방식의 경보서비스 사업을 시작하였다.

## 49 난이도 중 ▮세계 각국의 민간경비 - 각국의 민간경비의 역사적 발전(일본)

**일본의 민간경비에 관한 내용 중 옳지 않은 것은?**

① 일본은 제2차 세계대전 이후에 현대적 민간경비업의 출현을 맞이하게 되었다.

> 일본에서 전업(專業) 경비업자가 출현한 것은 제2차 세계대전 후 1962년 7월에 일본경비보장주식회사(SECOM의 전신으로 스웨덴의 경비회사와 제휴)가 설립된 것에서 비롯되었다.

② 일본의 민간경비는 1964년 오사카 만국박람회(EXPO) 기간 최초로 투입되었으며, 그 역할이 대단한 것으로 평가되고 있다.

> 1964년 동경 올림픽의 선수촌 경비를 계기로 민간경비의 활약과 역할을 널리 인식하였다. 1970년의 오사카 EXPO 개최 시 대회장 내에서의 시설관리, 관람객들의 안전관리, 질서유지 등에 민간경비가 투입되어 하나의 경비산업으로 자리 잡았다.

③ 1980년대 초 한국에 진출하였고 그 후반에는 중국에까지 진출하였다.

> 일본은 1950~1960년대 미국으로부터 민간경비제도를 도입하면서 일본 최대 성장산업으로 발전하였고, 더불어 한국(1980년대 초)과 중국(1988년)에까지 진출하게 되었다.

④ 일본의 민간경비는 시설경비·공항보안뿐 아니라 핵연료물질 운반 등 폭넓은 분야로 발전하였다.

> 한국 민간경비산업과 비교해 볼 때 일본 민간경비산업의 가장 큰 특징은 시설경비, 혼잡경비, 공항보안, 핵연료물질운반 등 전문화된 민간경비업무 분야 구축과 사회 전반으로 확산된 민간경비산업의 사회적 역량 및 시장규모라 하겠다.

## 50 난이도 하 ▮세계 각국의 민간경비 - 각국의 민간경비의 역사적 발전(한국)

**우리나라의 민간경비에 관한 내용 중 옳지 않은 것은?**

① 용역경비업법에 근거하여 미8군부대 용역경비를 실시한 것이 민간경비의 효시라 할 수 있다.

> 한국의 용역경비는 1950년대부터 미군 군납형태로 제한적으로 실시하게 되었으며[1953년 용진보안공사, 1958년 영화기업(주), 1959년 신원기업(주)], 1962년 화영기업과 경원기업이 미8군부대의 용역경비를 담당한 것이 현대적 의미의 민간경비의 효시라 할 수 있다. 용역경비업법은 1976년에 제정되었으므로 용역경비업법에 근거하여 미8군부대 용역경비를 실시하였다는 설명은 옳지 않다.

② 용역경비업법이 경비업법으로 변경됨으로써 포괄적인 개념의 전문경비제도를 도입하는 계기가 되었다.

> 1999년 3월에 "용역경비업법"의 명칭을 "경비업법"으로 바꾸어 포괄적 개념의 전문경비제도를 도입하는 계기가 되었다.

③ 1980년대 이후 기계경비시스템이 점차적으로 도입되었다.

> 1980년대(아시안게임, 서울올림픽) 이후 외국 경비회사와의 합작이나 기술제휴로 기계경비시대가 본격적으로 시작되어 일반 국민들도 기계경비의 필요성과 효율성을 인식하는 단계에 이르러 경비업무의 기계화 및 과학화가 활성화되었다.

④ 경비협회의 업무는 경비업법에 규정되어 있다.

> 경비업법 제22조 제3항은 경비협회의 업무에 대하여 규정하고 있다.

## 51 난이도 하 ▎민간경비의 조직 – 경비원의 교육 등

**경비원 등의 교육에 관한 설명 중 옳지 않은 것은?(단, 신임교육 면제 대상자는 제외)**

① 경비지도사는 경비지도사시험에 합격하고 38시간의 기본교육을 받아야 한다.

> 경비지도사는 결격사유에 해당하지 아니하는 자로서 경찰청장이 시행하는 경비지도사시험에 합격하고 경찰청장이 실시하는 **40시간** 이상의 기본교육을 받아야 한다(경비업법 제11조 제1항, 동법 시행령 제15조의2 제1항).

② 일반경비원은 24시간의 신임교육을 받아야 한다.

> 경비업법 시행령 제18조 제5항, 동법 시행규칙 제12조 제1항·[별표 2]

③ 특수경비원은 80시간의 신임교육을 받아야 한다.

> 경비업법 시행령 제19조 제4항, 동법 시행규칙 제15조 제1항·[별표 4]

④ 청원경찰로 임용된 사람은 2주간 76시간의 교육을 받아야 한다.

> 청원경찰법 시행령 제5조 제3항, 동법 시행규칙 제6조·[별표 1]

## 52 난이도 중 ▎민간경비의 조직 – 경비원의 교육 등

**일반경비원 신임교육 제외 대상이 아닌 사람은?**

① 교정직 공무원으로 근무한 경력이 있는 사람

> 「공무원임용령」에 따른 행정직군 교정직렬 공무원으로 7년 이상 재직한 사람에 대하여 경비지도사 제1차 시험을 면제한다는 규정은 있지만(경비업법 시행령 제13조 제8호), 교정직 공무원으로 근무한 경력이 있는 사람이 일반경비원 신임교육 제외 대상에 해당한다는 경비업법령상 규정은 존재하지 않는다.

② 경찰공무원으로 근무한 경력이 있는 사람

> 경비업법 시행령 제18조 제2항 제2호

③ 경비지도사 자격이 있는 사람

> 경비업법 시행령 제18조 제2항 제5호

④ 대통령 등의 경호에 관한 법률에 따른 경호공무원으로 근무한 경력이 있는 사람

> 경비업법 시행령 제18조 제2항 제3호

## 53 난이도 하 ▮민간경비의 조직 – 민간경비의 유형(자체경비와 계약경비)

**자체경비와 계약경비에 관한 설명으로 옳지 않은 것은?**

① 자체경비는 계약경비보다 자신을 고용한 회사나 고용주에 대한 충성도가 상대적으로 높다.

> 자체경비원은 계약경비원보다 고용주(사용자)에 대한 충성심이 더 높고, 자체경비원은 고용주에 의해 조직의 구성원으로 채용됨으로써 안정적이기 때문에 고용주로부터 업무수행능력을 인정받기를 원하며, 자기발전과 자기개발을 위한 노력을 아끼지 않는다.

② 자체경비는 계약경비보다 결원의 보충 및 추가인력의 배치가 상대적으로 어렵다.

> 자체경비는 계약경비에 비해 해임이나 감원, 충원 등이 필요한 경우에 탄력성이 떨어진다.

③ 계약경비는 자체경비보다 상대적으로 전문성이 높다.

> 계약경비는 고용주의 요구에 맞는 경비서비스를 제공함으로써 경비프로그램 전반에 걸쳐 전문성을 갖춘 경비인력을 쉽게 제공할 수 있다.

④ **계약경비는 자체경비보다 정해진 절차에 따라 소신 있는 경비업무수행이 상대적으로 곤란하다.**

> 계약경비원은 고용주(사용자)를 의식하지 않고 소신껏 경비업무를 수행할 수 있고, 자체경비원보다 고용주(사용자)의 요구에 객관적으로 응할 수 있다. 소신 있는 업무수행은 계약경비의 장점이라고 할 수 있다.

## 54 난이도 하 ▮민간경비의 환경 – 국내 치안여건의 변화

**최근 민간경비의 치안환경변화에 관한 설명으로 옳지 않은 것은?**

① 국제화·개방화에 따라 내국인의 해외범죄, 외국인의 국내범죄가 증가하고 있다.

> 국제화·개방화로 인해 내국인의 해외범죄, 외국인의 국내범죄, 밀수, 테러 등의 국제범죄가 증가하고 있다.

② 인터넷 등 컴퓨터통신망의 발달에 따라 해킹 등 첨단사이버범죄가 대폭 증가하고 있다.

> 과학기술의 발달, 무선인터넷과 스마트폰 등의 보급 확대로 인해 사이버범죄가 날로 지능화·전문화되어 더욱 증가하고 있다.

③ **치안환경이 변화되면서 보이스피싱 등 신종사기범죄는 많이 줄어들었다.**

> 치안환경이 악화되면서 보이스피싱 등 신종범죄가 증가하고 있다. 특히 금융, 보험, 신용카드, 컴퓨터 등과 관련된 범죄의 지능화·전문화로 인하여 피해규모가 더욱 확대되고 있다.

④ 청소년에 의한 마약범죄 증가가 사회문제로 대두되었다.

> 과거에 비해 인터넷, 클럽, SNS 등 마약류의 구입경로 다양화와 저렴한 신종마약류 증가로 인하여 청소년이 마약류에 쉽게 노출되었고 청소년을 대상으로 한 마약범죄 및 청소년에 의한 마약범죄가 증가하였다.

## 55 난이도 하
**민간경비의 환경 - 방범경찰활동의 한계요인**

**방범경찰활동의 한계요인으로 옳지 않은 것은?**

① 치안수요 증가로 인한 경찰인력의 부족

> 경찰관 1인이 담당해야 할 인구수가 많고, 매년 범죄 증가율이 경찰인력 증가율보다 높아 경찰인력 부족현상이 더욱 심화되고 있다.

② **지역사회 문제해결을 위한 경찰과 지역주민의 협력**

> 경찰과 지역주민의 협력은 방범경찰활동의 한계요인이 아니라 경찰의 방범활동 한계를 극복하기 위한 방법·대책이라 할 수 있다. 경찰과 지역주민의 협력은 치안서비스 공동생산, 자율방범대 등으로 나타날 수 있다.

③ 경찰의 민생치안부서 근무 기피현상

> 민생치안부서의 업무량 과다 및 인사 복무상 불리한 근무여건 등으로 근무 기피현상이 나타나고 있다.

④ 경찰활동에 대한 주민들의 이해부족

> 경찰에 대한 부정적 이미지나 불신 등의 이유로 주민과 경찰과의 관계 개선이 어려우며, 범죄 발생 시 신고 등의 협조가 미비하다.

## 56 난이도 중
**민간경비의 환경 - 국가경찰과 자치경찰의 조직 및 운영에 관한 법률**

**국가경찰과 자치경찰의 조직 및 운영에 관한 법률에 규정된 자치경찰사무에 해당하지 않는 것은?**

① 주민참여 방범활동의 지원 및 지도

> 국가경찰과 자치경찰의 조직 및 운영에 관한 법률 제4조 제1항 제2호 가목 2)

② **외국 정부기관 및 국제기구와의 국제협력**

> 외국 정부기관 및 국제기구와의 국제협력은 국가경찰사무에 해당한다(국가경찰과 자치경찰의 조직 및 운영에 관한 법률 제3조 제7호·제4조 제1항 제1호).

③ 지역 내 다중운집 행사 관련 혼잡 교통 및 안전 관리

> 국가경찰과 자치경찰의 조직 및 운영에 관한 법률 제4조 제1항 제2호 다목

④ 안전사고 및 재해·재난 시 긴급구조지원

> 국가경찰과 자치경찰의 조직 및 운영에 관한 법률 제4조 제1항 제2호 가목 3)

## 57 난이도 중 ▎민간경비의 환경 - 민간방범활동

민간에 의한 방범활동으로 옳지 않은 것은?

① 자율방범대에 의한 방범활동
② **교통단속과 교통위해의 방지활동**

> 민간방범활동의 형태로는 자율방범대, 시민단체에 의한 방범활동, 언론매체에 의한 방범활동, 민간경비업 등의 방범활동이 있다. 교통의 단속과 위해의 방지는 경찰의 임무에 해당한다(국가경찰과 자치경찰의 조직 및 운영에 관한 법률 제3조 제6호).

③ 시민단체에 의한 방범활동
④ 언론매체에 의한 방범활동

## 58 난이도 하 ▎세계 각국의 민간경비 - 각국 민간경비원의 법적 지위(한국)

민간경비원의 법적 지위와 권한에 관한 설명 중 옳지 않은 것은?

① 민간경비원이 수집한 증거가 법정에서 원용될 경우 증거능력이 인정된다.

> 민간경비원의 활동에 의한 증거는 소송법상 직접적인 규정이 없고, 다만 법정에서 증거로서 원용될 경우 이에 대한 증거력은 인정된다.

② 민간경비원의 정당방위나 긴급피난은 위법성이 조각된다.

> 정당행위(형법 제20조), 정당방위(형법 제21조), 긴급피난(형법 제22조), 자구행위(형법 제23조)는 위법성 조각사유에 해당한다.

③ 민간경비원은 현행범을 체포할 수 있다.

> 형사소송법 제212조는 "현행범인은 누구든지 영장 없이 체포할 수 있다."고 규정하고 있으므로 민간경비원도 현행범을 체포할 수 있다.

④ **민간경비원은 범인을 검거하기 위하여 압수·수색을 할 수 있다.**

> 체포·구속·압수 또는 수색을 할 때에는 적법한 절차에 따라 검사의 신청에 의하여 법관이 발부한 영장을 제시하여야 한다(헌법 제12조 제3항). 형사소송법 제215조는 검사와 사법경찰관은 원칙적으로 검사가 지방법원판사에게 청구하여 발부받은 영장에 의하여 압수·수색·검증할 수 있음을 규정하고 있는바, 민간경비원이 범인을 검거하기 위하여 압수·수색을 할 수는 없다.

## 59 난이도 하 | 민간경비의 조직 - 민간경비 조직의 운영원리

**다음에 해당하는 민간경비 조직편성의 원리는?**

> 조직의 공동목표를 달성하기 위해 하위조직들이 수행하고 있는 업무가 통일성 내지 조화를 이루도록 해야 한다.

① **조정·통합의 원리**

조직의 공동목표를 달성하기 위해 각 조직구성원들을 통합하고, 집단의 노력을 질서 있게 배열하여 조직의 안정성과 효율성을 도모하는 원리를 말한다.

② 전문화의 원리

조직구성원에게 한 가지 업무를 전담시켜 전문적인 지식·기술을 습득케 함으로써 전문화를 유도하고, 능률향상을 기대할 수 있는 원리로, 분업 - 전문화의 원리라고도 한다.

③ 계층제의 원리

조직구성원 간에 상하 등급, 즉 계층을 설정하여 각 계층 간에 권한과 책임을 배분하고, 명령계통과 지휘·감독체계를 확립하는 원리를 말한다.

④ 명령통일의 원리

각 조직구성원은 한 사람의 관리자로부터만 명령을 받아야 한다는 원리로, 경호학에서는 지휘권단일화원칙이라고도 한다.

## 60 난이도 중 | 세계 각국의 민간경비 - 각국의 민간경비제도 발전

**각국의 민간경비제도에 관한 설명으로 옳지 않은 것은?**

① 미국에서는 경찰관 신분을 가지고 민간경비분야에서 부업을 하고 있는 경우가 있다.

> 일반경찰관이 비번일 때 민간경비회사의 직원으로 일하는 경우가 있다. 주마다 차이는 있지만 비번일 때에도 근무 때와 똑같은 법적 권한과 지위(경찰관 신분)를 가지기도 한다.

② 일본에는 교통유도경비에 관한 검정제도가 있다.

> 일본의 최초 경비원에 대한 검정은 교통유도경비, 귀중품운반경비업무, 공항보안경비업무, 핵연료물질 등 위험물 운반경비업무의 4종에 대한 검정이 이루어졌으며, 「경비원 등의 검정에 관한 규칙」에 의해 현재 교통유도경비, 귀중품운반경비, 공항보안경비, 시설경비, 핵연료물질 등 위험물 운반경비, 혼잡경비의 6종류에 대한 민간경비 자격검정제도를 시행하고 있다.

③ <u>한국의 청원경찰은 경비구역에서 발생한 범죄에 대하여 범죄수사를 할 수 있다.</u>

> <u>청원경찰은</u> 청원주와 배치된 기관·시설 또는 사업장 등의 구역을 관할하는 경찰서장의 감독을 받아 <u>그 경비구역만의 경비를 목적으로 필요한 범위에 「경찰관직무집행법」에 따른 경찰관의 직무를 수행한다</u>(청원경찰법 제3조). 청원경찰이 법 제3조에 따른 직무를 수행할 때에는 경비 목적을 위하여 필요한 최소한의 범위에서 하여야 하고, <u>「경찰관직무집행법」에 따른 직무 외의 수사활동 등 사법경찰관리의 직무를 수행해서는 아니 된다</u>(청원경찰법 시행규칙 제21조).

④ 영국의 로버트 필(Robert Peel) 경은 수도경찰법을 의회에 제출하여 수도경찰을 창설하였다.

> 내무부장관이었던 로버트 필(Robert Peel)은 범죄문제를 해결하는 데 있어 책임이 분리되어서는 경찰활동을 조직적으로 운영할 수 없다고 하면서 1829년 수도경찰법을 의회에 제출하여 수도경찰을 창설하였다.

## 61 난이도 하 | 민간경비의 조직 - 경비지도사의 직무

**경비업법령상 경비지도사에 관한 설명으로 옳은 것은?**

① 일반경비지도사와 특수경비지도사로 구분한다.

> "경비지도사"라 함은 경비원을 지도·감독 및 교육하는 자를 말하며 <u>일반경비지도사와 기계경비지도사로 구분</u>한다(경비업법 제2조 제2호).

② 특수경비원은 특수경비지도사만이 지도·감독·교육을 할 수 있다.

> 경비업법 제2조 제2호는 경비지도사를 일반경비지도사와 특수경비지도사로 구분하고, 동법 시행령 제10조 제1호 라목은 <u>특수경비업무에 종사하는 경비원을 지도·감독 및 교육하는 경비지도사를 일반경비지도사로 규정</u>하고 있다.

③ <u>소방기관과의 연락방법에 대한 지도는 경비지도사의 직무이다.</u>

> 경비업법 제12조 제2항 제3호

④ 경비지도사는 경비원의 지도교육과 순회감독을 분기별 1회 실시하여야 한다.

> 경비지도사는 경비원의 지도·감독·교육에 관한 계획의 수립·실시 및 그 기록의 유지와 경비현장에 배치된 경비원에 대한 순회점검 및 감독을 <u>월 1회 이상</u> 수행하여야 한다(경비업법 제12조 제2항 제1호·제2호, 동법 시행령 제17조 제2항).

## 62 난이도 하 | 민간경비의 조직 - 경비지도사 기본교육 과목

경비업법령상 일반경비지도사 시험에 합격하고 받아야 하는 기본교육 과목으로 옳은 것은?

① **일반경비 현장실습**

> 일반조사론과 민간조사론은 경비지도사 기본교육의 과목에 해당하지 않고, 기계경비현장실습은 기계경비지도사의 기본교육 과목에만 해당한다.

② 일반조사론
③ 기계경비 현장실습
④ 민간조사론

**관계법령** 경비지도사 기본교육의 과목 및 시간(경비업법 시행규칙 [별표 1]) <개정 2024.8.14.>

| 구 분 (교육시간) | 과 목 | | 시 간 |
|---|---|---|---|
| 공통교육 (22시간) | 「경비업법」, 「경찰관직무집행법」, 「도로교통법」 등 관계법령 및 「개인정보보호법」에 따른 개인정보보호지침 등 | | 4 |
| | 실무 I | | 4 |
| | 실무 II | | 3 |
| | 범죄·테러·재난 대응요령 및 화재 대처법 | | 2 |
| | 응급처치법 | | 2 |
| | 직업윤리 및 인권보호 | | 2 |
| | 체포·호신술 | | 2 |
| | 입교식, 평가 및 수료식 | | 3 |
| 자격의 종류별 교육 (18시간) | 일반경비 지도사 | 시설경비 | 3 |
| | | 호송경비 | 2 |
| | | 신변보호 | 2 |
| | | 특수경비 | 2 |
| | | 혼잡·다중운집 인파 관리 | 2 |
| | | 교통안전 관리 | 2 |
| | | 일반경비 현장실습 | 5 |
| | 기계경비 지도사 | 기계경비 운용관리 | 4 |
| | | 기계경비 기획 및 설계 | 4 |
| | | 인력경비개론 | 5 |
| | | 기계경비 현장실습 | 5 |
| 계 | | | 40 |

비고 : 다음 각호의 사람이 기본교육을 받는 경우 공통교육은 면제한다.
1. 일반경비지도사 자격을 취득한 후 3년 이내에 기계경비지도사 시험에 합격한 사람
2. 기계경비지도사 자격을 취득한 후 3년 이내에 일반경비지도사 시험에 합격한 사람

## 63 난이도 중 | 민간경비의 조직 - 경비위해요소

**경비위해요소에 관한 설명으로 옳지 않은 것은?**

① 자연적 위해는 자연현상에 의해 야기되는 자연재해이다.

> 화재, 폭풍, 지진, 홍수 기타 건물붕괴, 안전사고 등 자연적 현상에 의해 일어나는 위해를 말한다(대규모의 인적·물적 피해를 발생시킨다). 여기서 화재나 안전사고는 많은 부분에서 인위적일 수 있다.

② 특정한 위해는 특정 시설물 및 국가 등에 따라 성질이나 유형이 다양하게 나타나는 위해이다.

> 위해에 노출되는 정도가 시설물 또는 각 지역, 각 국가 등 특정 상황에 따라 다양하게 나타나는 위해를 말한다. 예컨대, 화재나 폭발의 위험은 화학공장에서 더 크게 나타나고, 강도나 절도는 소매점이나 백화점에서 더 크게 나타난다.

③ **경비위해요소 분석의 첫 번째 단계는 경비위해요소의 위험도를 서열화하는 것이다.**

> 경비위해요소 분석의 <u>첫 번째 단계는 경비위험요소 인지</u>이다. 이 단계에서는 <u>개인 및 기업의 보호영역에서 손실을 일으키기 쉬운 취약부분을 확인</u>하는 작업이 먼저 이루어져야 한다.

④ 경비위해요소의 유형에는 자연적 위해, 인위적 위해, 특정한 위해가 있다.

> 경비위해요소의 유형에는 자연적 위해, 인위적 위해(사람들의 실수 또는 부주의에 의해 발생하는 재난 및 신체를 위협하는 범죄, 절도, 좀도둑, 사기, 횡령, 폭행, 태업, 시민폭동, 폭탄위협, 화재, 안전사고, 기타 특정상황에서 공공연하게 발생하는 위해), 특정한 위해가 있다.

## 64 난이도 중 | 경비와 시설보호의 기본원칙 - 경비계획의 수준

**경비의 중요도에 따른 경비수준에 관한 설명 중 ( )에 들어갈 용어로 옳은 것은?**

> - ( ㄱ ) - 전혀 패턴이 없는 외부와 내부의 이상행동 및 침입을 감지하고 저지, 방어, 대응공격을 위한 경비수준
> - ( ㄴ ) - 대부분의 패턴이 없는 외부 및 내부의 행동을 발견·저지·방어·예방하도록 계획되어진 것으로, 교도소나 제약회사 또는 전자회사 등에서 이루어지는 경비수준

① ㄱ : 최고수준경비(Level Ⅴ), ㄴ : 상위수준경비(Level Ⅳ)

> ㄱ : 최고수준경비(Level Ⅴ) - 전혀 패턴이 없는 외부와 내부의 이상행동 및 침입을 감지하고 저지, 방어, 대응공격을 위한 경비수준으로서 모든 Level의 계획이 결합되고 최첨단 경보시스템과 현장에서 즉시 대응할 수 있는 24시간 무장체계 등을 갖추고 있다. 핵시설물, 중요교도소, 중요군사시설, 정부의 특별연구기관, 외국대사관 등이 대표적인 예이다.
> ㄴ : 상위수준경비(Level Ⅳ) - 대부분의 패턴이 없는 외부 및 내부의 행동을 발견·저지·방어·예방하도록 계획되어진 것으로, CCTV·경계경보시스템·고도로 훈련받은 무장경비원·고도의 조명시스템·경비원과 경찰의 협력시스템 등을 갖추고 있으며, 교도소나 제약회사 또는 전자회사 등에서 이루어지는 경비수준

② ㄱ : 최고수준경비(Level Ⅴ), ㄴ : 하위수준경비(Level Ⅱ)
③ ㄱ : 중간수준경비(Level Ⅲ), ㄴ : 상위수준경비(Level Ⅳ)
④ ㄱ : 상위수준경비(Level Ⅳ), ㄴ : 중간수준경비(Level Ⅲ)

## 65 난이도 하  ▮경비와 시설보호의 기본원칙 – 경비계획 수립

**경비계획 수립의 순서로 옳은 것은?**

① 경비문제의 인지 → 경비목표 설정 → 경비위해요소의 조사·분석 → 최종안 선택 → 경비실시·평가

> 경비계획 수립은 **경비문제의 인지** → **경비목표의 설정** → 자료 및 정보의 수집분석(**경비위해요소의 조사·분석**) → 계획전체의 검토 → 대안의 작성 및 비교·검토 → **최종안 선택** → **경비의 실시 및 평가** → 피드백의 순서로 이루어진다.

② 경비위해요소의 조사·분석 → 경비문제의 인지 → 경비목표 설정 → 경비실시·평가 → 최종안 선택
③ 경비목표 설정 → 경비위해요소의 조사·분석 → 경비문제의 인지 → 경비실시·평가 → 최종안 선택
④ 경비문제의 인지 → 경비위해요소의 조사·분석 → 경비목표 설정 → 경비실시·평가 → 최종안 선택

## 66 난이도 상  ▮경비와 시설보호의 기본원칙 – 외곽감지시스템

**외곽감지시스템에 관한 설명으로 옳지 않은 것은?**

① 광케이블감지시스템은 광케이블의 충격과 절단을 감지한다.

> 광케이블감지시스템은 펜스에 설치된 광케이블의 충격과 절단을 감지한다. 낙뢰에 의한 오작동이 있을 수 있고, 펜스 밑이나 위로 침입하는 경우에 대책이 필요하다.

② <u>적외선변화감지시스템은 침입에 따른 적외선의 증가량을 감지한다.</u>

> 적외선변화감지시스템은 사람 눈에 보이지 않는 <u>근적외선을 쏘는 투광기와 이를 받는 수광기로 되어 있는데, 그 사이를 차단하면 감지하는</u> 원리이다.

③ 장력변화감지시스템은 철선이나 광케이블의 장력변화를 감지한다.

> 장력변화감지시스템은 물체에 작용하는 힘과 운동의 관계를 이용하여 일정하게 형성된 철선이나 광케이블의 장력의 변화(절단 포함)를 감지한다.

④ 펜스충격감지시스템은 울타리를 침입할 때 발생되는 충격을 감지한다.

> 펜스충격감지시스템은 울타리 침입 시 발생되는 진동, 충격을 감지한다. 지형변화로 펜스 밑으로 침입할 경우 감지하지 못하고, 바람에 의한 충격이나 통행차량에 의한 오작동의 단점이 있다.

## 67 난이도 하 ▎경비와 시설보호의 기본원칙 – 외곽경비

**외곽경비에 관한 설명으로 옳지 않은 것은?**

① 하수구, 배수관, 맨홀 뚜껑 등의 점검은 경비계획에 포함시켜야 한다.

> 하수구, 배수로, 배수관, 사용하는 터널, 배기관, 공기 흡입관, 맨홀 뚜껑, 낙하 장치, 엘리베이터 등도 출입구와 같은 차원에서 경비계획에 포함시켜야 한다.

② 외곽경비는 자연적 장애물과 인공적 구조물 등을 이용하여 시설을 보호한다.

> 외곽경비는 자연적 장애물(자연적인 장벽, 수목 울타리 등)과 인공적인 구조물(창문, 자물쇠, 쇠창살 등) 등을 이용하여 범죄자의 침입을 어렵게 하고, 침입시간을 지연시킴으로써 시설·물건 및 사람을 보호한다.

③ 콘서티나 철사는 빠른 설치의 장점을 가지고 있다.

> 콘서티나(Concertina) 철사는 가시철선을 6각형 모양으로 만든 철사로 강철철사의 코일형이며, 이는 빠른 설치의 필요성 때문에 주로 군부대에서 많이 사용하고 있다.

④ <u>비상시에만 사용하는 출입구는 평상시에 개방되어 있어야 한다.</u>

> 일정기간이나 <u>비상시에만 사용하는 출입구는 평상시에는 폐쇄</u>하고 잠겨 있어야 하며, 잠금장치는 특수하게 만들어져야 하고 외견상 즉시 확인할 수 있어야 한다.

## 68 난이도 중 | 경비와 시설보호의 기본원칙 – 핀날름쇠 자물쇠

**핀날름쇠 자물쇠에 관한 설명으로 옳은 것을 모두 고른 것은?**

> ㄱ. 열쇠의 양쪽에 홈이 규칙적으로 파여 있는 형태이다.
>
> > (×) 핀날름쇠 자물쇠에 관한 설명으로 옳지 않다.
>
> ㄴ. 열쇠의 양쪽에 홈이 불규칙적으로 파여 있는 형태이다.
>
> > (○) 핀날름쇠 자물쇠는 열쇠의 양쪽 모두에 홈이 불규칙적으로 파여 있는 형태이고, 보다 복잡하며 안전성을 제공할 수 있기 때문에 널리 사용된다.
>
> ㄷ. 열쇠의 홈이 한쪽 면에만 있다.
>
> > (×) 열쇠의 홈이 한쪽 면에만 있는 것은 판날름쇠 자물쇠이다.
>
> ㄹ. 돌기형 자물쇠에 비해 안전성이 높다.
>
> > (○) 돌기형 자물쇠는 가장 많이 사용되던 자물쇠로 단순철판에 홈이 거의 없는 것이 대부분으로, 열쇠의 구조가 간단하기 때문에 꼬챙이를 사용하면 쉽게 열리므로 안전도는 거의 0%이다. 핀날름쇠 자물쇠는 구조가 돌기형 자물쇠보다 복잡하여 안전성이 높다.
>
> ㅁ. 판날름쇠 자물쇠에 비해 안전성이 높다.
>
> > (○) 판날름쇠 자물쇠는 가장 많이 사용되는 자물쇠이며, 이 자물쇠를 열기 위해서는 통상적으로 3분 정도가 소요되는데, 핀날름쇠 자물쇠를 푸는 데는 약 10분 정도가 소요된다. 따라서 핀날름쇠 자물쇠는 판날름쇠 자물쇠에 비해 안전성이 높다.

① ㄱ, ㄷ, ㄹ
② ㄱ, ㄹ, ㅁ
③ ㄴ, ㄷ, ㅁ
④ **ㄴ, ㄹ, ㅁ**

> 제시된 내용 중 옳은 것은 ㄴ, ㄹ, ㅁ이다.

## 69 난이도 하     ▌경비와 시설보호의 기본원칙 – 시설물 내부의 경비요령

**시설물 내부의 경비요령에 관한 내용으로 옳지 않은 것은?**

① 사무실 등의 출입문은 관계자들의 편리성과 내구성을 고려하면서 통제관리가 필요하다.

> 사무실이나 기타 업무지역의 출입문은 출입이 많기 때문에 관계자들의 편리성과 내구성 및 보안성을 고려하여야 한다.

② 반입물품뿐만 아니라 내부에서 외부로의 반출물품도 검색과 관리가 필요하다.

> 외부로부터 내부로의 반입뿐만 아니라 내부에서 외부로의 반출도 검색과 관리가 필요하다.

③ 건물내부의 중요구역 여부를 고려한 경비설계가 필요하다.

> 시설물의 중요성 및 각각의 보호대상 시설에 따라 경비방법과 경비설계에 상당한 차이가 있다.

④ **출입문은 따로 구분하지 않고 일원화하여 관리하는 것이 효과적이다.**

> 출입문은 **구역의 중요성에 따라 등급화하거나 구역으로 구분하여 관리**하는 것이 효과적이다. 시설물 내의 통신장비실·컴퓨터 전산실·연구개발실·기밀문서보관실·금고실 등과 같이 보안성을 극히 유지해야 하는 지역의 출입문은 일반 출입문보다 견고한 재질로 하고, 확인·점검 절차도 일반 출입문과 달라야 한다.

## 70 난이도 중     ▌경비와 시설보호의 기본원칙 – 환경설계를 통한 범죄예방(CPTED)

**환경설계를 통한 범죄예방(Crime Prevention Through Environmental Design)에 관한 설명으로 옳은 것은?**

① 범죄의 원인을 환경적 요인보다는 개인적 요인에서 찾는다.

> 개인의 본래 활동을 방해하지 않으면서 범죄예방효과를 극대화시키는 데 목표를 두고, 범죄의 원인을 개인적 요인보다는 환경적 요인에서 찾는다.

② CPTED의 기본전략은 자연적인 접근통제와 감시, 영역성의 완화에서 출발한다.

> CPTED의 기본전략은 자연적인 접근통제와 감시, 영역성의 강화에서 출발한다.

③ **물리적 환경을 개선하여 범죄를 억제하고 주민의 불안감을 해소하고자 하는 이론이다.**

> CPTED는 물리적 환경을 개선함으로써 범죄를 억제하고 주민의 불안감을 해소하는 제도로, 환경적인 요소가 인간의 행동 및 심리적 성향을 자극하여 범죄를 예방하는 환경행태적인 이론과 모든 인간이 잠재적 욕망을 가지고 있다는 전제하에 사전에 범행기회를 차단한다는 것에 기초를 두고 있다.

④ 뉴만(O. Newman)의 방어공간 개념과는 무관하다.

> 뉴만이 확립한 방어공간(Defensible Space) 개념으로부터 제퍼리(Jeffery)가 CPTED의 개념을 제시하였다.

## 71 난이도 하 ▮컴퓨터 범죄 및 안전관리 - 컴퓨터 부정조작

**컴퓨터 부정조작의 유형으로 옳지 않은 것은?**

① 입력조작
② 프로그램조작
③ 콘솔조작
④ **메모리 해킹**

> 행위자가 컴퓨터의 처리결과나 출력인쇄를 변경시켜서 타인에게 손해를 끼쳐 자신이나 제3자의 재산적 이익을 얻도록 컴퓨터 시스템 자료처리 영역의 정상적인 운영을 방해하는 행위인 컴퓨터 부정조작의 유형에는 <u>입력조작</u>, <u>프로그램조작</u>, <u>콘솔조작</u>, 출력조작이 있다.

## 72 난이도 하 ▮컴퓨터 범죄 및 안전관리 - 컴퓨터 범죄의 특징

**다음 컴퓨터 범죄의 특성에 해당하는 것은?**

> 범죄 행위가 단순히 데이터의 변경, 멸실 등의 형태에 불과할 경우 실수라고 변명한다면 형사처벌이 어렵다.

① 광범위성

> 컴퓨터 조작자는 원격지에서 단말기를 통하여 단시간 내에 대량의 데이터를 처리하므로 광범위하게 영향을 미친다.

② **고의 입증 곤란성**

> 단순한 데이터의 변경, 소멸 등의 형태에 불과할 경우 범죄의 고의성을 입증하기 어렵다.

③ 자동성

> 불법 프로그램이 삽입되었거나 변경된 고정 자료를 사용할 때마다 자동적으로 범죄를 유발하게 된다.

④ 범행영속성

> 컴퓨터 부정조작의 경우 행위자가 조작방법을 터득하면 범행이 연속적이며 지속적으로 이루어질 수 있다.

## 73 난이도 하 ▮컴퓨터 범죄 및 안전관리 - 컴퓨터 범죄의 유형

**컴퓨터 범죄의 유형에 해당하지 않는 것은?**

① 컴퓨터 부정조작

> 행위자가 컴퓨터의 처리결과나 출력인쇄를 변경시켜서 타인에게 손해를 끼쳐 자신이나 제3자의 재산적 이익을 얻도록 컴퓨터 시스템 자료처리 영역의 정상적인 운영을 방해하는 행위를 말한다.

② 자료의 부정변개

> '데이터 디들링(Data Diddling)'이라고도 하며, 데이터를 입력하는 동안이나 변환하는 시점에서 최종적인 입력순간에 자료를 절취 또는 변경, 추가, 삭제하는 모든 행동을 말한다.

③ 소프트웨어 파괴

> 컴퓨터 파괴란 컴퓨터 자체, 프로그램, 컴퓨터 내·외부에 기억되어 있는 자료를 개체로 하는 파괴행위를 말하는데 컴퓨터 기기, 기억장치 등을 물리적인 방법으로 파괴하는 행위(하드웨어 파괴)와 컴퓨터 운영프로그램이 저장되어 있는 자료들을 물, 화기, 자석 등을 이용하여 지워버리거나 동작하지 못하게 하는 행위(소프트웨어 파괴)가 해당한다.

④ **컴퓨터 절도**

> 컴퓨터 범죄는 컴퓨터를 행위의 수단 또는 목적으로 하여 형사처벌되거나 형사처벌대상이 되는 모든 범죄행위로서 사이버 범죄라고도 한다. **컴퓨터 절도**는 컴퓨터를 행위의 수단 또는 목적으로 하는 것이 아니라 **컴퓨터라는 재물을 객체로 하는 범죄(형법 제329조)**에 불과하다.

## 74 난이도 하 ▮컴퓨터 범죄 및 안전관리 - 컴퓨터 범죄의 예방대책(관리적 대책)

**컴퓨터 시스템의 관리적 안전대책으로 옳은 것은?**

① 데이터의 암호화

> 암호화는 데이터를 특수처리하여 비인가자가 그 내용을 알 수 없도록 하는 것으로 컴퓨터 시스템의 **기술적 안전대책**에 해당한다.

② 컴퓨터실 출입통제

> 컴퓨터실과 파일보관 장소는 허가받은 사람만 출입할 수 있도록 통제하는 것은 컴퓨터 시스템의 **물리적 안전대책**에 해당한다.

③ 침입차단시스템

> 방화벽(침입차단시스템)은 정보의 악의적인 흐름이나 침투 등을 방지하고, 비인가자나 불법침입자로 인한 정보의 손실·변조·파괴 등의 피해를 보호하거나 최소화시키는 총체적인 안전장치로서 컴퓨터 시스템의 **기술적 안전대책**에 해당한다.

④ 기록문서화 철저

> 컴퓨터기록을 문서화하는 데 있어서 기업의 업무흐름과 프로그램의 내용이 다르면 부정의 소지가 있기 때문에 일치되도록 하는 기록문서화 철저는 컴퓨터 시스템의 관리적(인적) 안전대책에 해당한다.

## 75 난이도 하

**■ 컴퓨터 범죄 및 안전관리 - 컴퓨터 범죄의 유형**

### 다음의 설명에 해당하는 범죄로 옳은 것은?

> 대규모 프로그램을 개발할 때 프로그램을 수정할 수 있는 명령어가 끼어 있고 프로그램 개발이 완성되면 명령어를 삭제해야 하나 고의 또는 과실에 의해 이를 삭제하지 않아 이 명령어를 이용하여 프로그램을 조작

① 데이터 디들링(data diddling)

> '자료의 부정변개'라고도 하며, 데이터를 입력하는 동안이나 변환하는 시점에서 최종적인 입력순간에 자료를 절취 또는 변경, 추가, 삭제하는 모든 행동을 말한다.

② 스캐빈징(scavenging)

> 컴퓨터의 메모리에 그전 사용자가 사용한 내용이 남아 있을 때(휴지통에 자료를 버린 경우) 그 내용을 읽거나 일정시간마다 그 메모리의 내용을 읽게 하는 프로그램 조작방법을 말한다.

③ **함정문 수법(trap door)**

> OS나 대형 응용 프로그램을 개발하면서 전체 시험실행을 할 때 발견되는 오류를 쉽게 하거나 처음부터 중간에 내용을 볼 수 있는 부정루틴을 삽입해 컴퓨터의 정비나 유지보수를 핑계 삼아 컴퓨터 내부의 자료를 뽑아 가는 행위로, 프로그래머가 프로그램 내부에 일종의 비밀통로를 만들어 두는 것이다.

④ 스푸핑(spoofing)

> 어떤 프로그램이 마치 정상적인 상태로 유지되는 것처럼 믿도록 속임수를 쓰는 것을 말한다.

## 76 난이도 하 ┃컴퓨터 범죄 및 안전관리 - 정보보호의 기본원칙

**정보보호의 기본원칙으로 옳지 않은 것은?**

① 책임성의 원칙
② 인식성의 원칙
③ 윤리성의 원칙
④ **독자성의 원칙**

> 독자성의 원칙은 정보보호의 기본원칙에 해당하지 않는다.

### 핵심만콕  정보보호의 기본원칙

| 구분 | 내용 |
| --- | --- |
| 책임성의 원칙 | 정보시스템의 소유자, 공급자, 사용자 및 기타 관련자들의 책임과 책임추적성이 명확해야 한다는 원칙 |
| 인식성의 원칙 | 정보시스템의 소유자, 공급자, 사용자 및 기타 관련자들은 시스템에 일관된 보안을 유지할 수 있도록 시스템에 대한 관련 지식을 쌓고 위험요소의 존재를 인식하고 이에 대한 대책을 파악할 수 있어야 한다는 원칙 |
| 윤리성의 원칙 | 정보시스템과 정보시스템의 보안은 타인의 권리와 합법적 이익이 존중·보호될 수 있도록 제공·사용되어야 한다는 원칙 |
| 다중협력성의 원칙 | 정보시스템의 보안을 위한 방법, 실행, 절차는 기술적·행정적·운영적·상업적·교육적 그리고 법제도적인 관점 등을 포함한 가능한 모든 사항을 고려해야 한다는 원칙 |
| 균형성·비례성의 원칙 | 정보시스템의 보안수준, 비용, 방법, 실행 그리고 절차 등은 시스템에 의해 보호받는 대상의 가치와 잠재적 손실의 심각성 및 발생 가능성 등을 고려하여 적합하고 균형 있게 이루어져야 한다는 원칙 |
| 통합성의 원칙 | 최적의 정보시스템의 보안을 이루기 위해서는 보안시스템의 방법, 실행, 절차 등이 상호 동등한 입장에서 조정·통합되고, 아울러 조직의 다른 부서의 업무 관련 방법, 실행, 절차와도 상호 조정·통합될 수 있도록 해야 한다는 원칙 |
| 적시성의 원칙 | 국제적·국가적 수준에서 공공분야와 민간분야는 시의 적절하게 상호 동등한 입장에서 조정되어 정보시스템의 보안에 대한 예방활동과 사후대응활동이 이루어져야 한다는 원칙 |
| 재평가의 원칙 | 정보시스템 자체 및 이에 대한 보안체계가 시간이 지남에 따라 변화하기 때문에 정보시스템의 보안은 주기적으로 재평가되어야 한다는 원칙 |
| 민주주의 원칙 | 민주사회에서 정보시스템의 보안은 정보(데이터)의 합법적 사용 및 전달과 상호 조화를 이루도록 해야 한다는 원칙 |

〈출처〉 최선우, 「민간경비론」, 진영사(송광호, 「민간경비론」, 에듀피디, 2021, P. 263에서 재인용)

## 77 난이도 하 ▍민간경비산업의 과제와 전망 – 융합보안

**융합보안에 관한 설명으로 옳지 않은 것은?**

① 물리적 보안영역, 관리적 보안영역, 기술적 보안영역을 통합적으로 관리한다.

> 융합보안은 출입통제, 접근감시, 잠금장치 등의 물리보안요소와 불법침입자 정보인식시스템 등의 정보보안요소를 상호 연계하여 보안의 효과성을 높이는 활동이다. 즉, 물리적 보안요소(출입통제, 접근감시, 잠금장치 등)·기술적 보안요소(방화벽, 바이러스·취약성 관리, 사용자 인가절차, 백업복구 등)·관리적 보안요소(범죄조사, 정책개발, 인사관리, 윤리조사, 보안감사 등)를 상호 연계하여 보안의 효과성을 높이는 것을 내용으로 한다.

② **인력에 의한 출입통제와 통제시스템의 관리에만 주력한다.**

> 융합보안은 물리적·기술적·관리적 보안요소를 상호 연계하여 보안의 효과성을 높이는 것을 의미하므로 인력에 의한 출입통제와 통제시스템의 관리에만 주력한다는 설명은 옳지 않다.

③ 물리적 보안인증과 사이버 보안인증을 통합적으로 관리하여 보안관리를 강화한다.

> 전통 보안산업은 물리영역과 정보(IT)영역으로 구분되어 성장해 왔으나, 현재는 출입통제, CCTV, 영상보안 등의 물리적 환경에서 이뤄지는 전통 보안산업과, 네트워크상 정보를 보호하는 정보보안을 접목한 융합보안이 차세대 고부가가치 보안산업으로서 급부상하고 있다.

④ 개인, 기업, 정부단체 등의 데이터를 통합해 정확한 사고징후를 감지하고 총체적으로 대응할 수 있다.

> 융합보안은 보안산업의 새로운 트렌드로 자리 잡은 광역화·통합화·융합화의 사회적 요구를 수용하기 위해 각종 내외부적 정보침해에 따른 대응으로서 침입탐지, 재난재해 방지, 접근통제, 관제·감시 등을 포함한다.

## 78 난이도 하 ■민간경비산업의 과제와 전망 – 청원경찰과 민간경비제도의 이원화에 관한 문제점

**청원경찰과 민간경비제도의 이원화에 따른 문제점으로 옳지 않은 것은?**

① 지휘체계의 이원화에 따른 혼란

> 청원경찰의 근무배치 및 감독은 동일 경비지역 내에서는 민간경비업자에게 위임하고 있지만 청원경찰에 대한 임용 및 해임 등의 집행권한은 가지고 있지 않기 때문에 실질적인 지휘 및 감독이 용이하지 않다. 따라서 사건 발생 시 일관된 지휘체계로 책임 있는 대응조치를 신속하게 강구할 수 없어 경비업무의 능률을 저하시키는 결과를 초래하고 있다.

② 보수의 차별화 문제

> 청원경찰은 봉급, 제수당, 피복비, 교육비, 보상금, 퇴직금 등 청원경찰경비의 최저부담기준액을 경찰청장이 매년 12월 중에 경찰관인 순경의 것에 준하여 고시·지급받도록 되어 있으나, 민간경비의 경우는 경비업체와 시설주(고객)와의 자유로운 경비도급계약에 의하여 결정되며 실제로도 청원경찰보다 적은 금액을 받고 있다.

③ 청원주의 비용 부담 가중

> 청원경찰경비가 높은 수준인 것 외에도 청원경찰이 의무적으로 배치되어야 할 중요시설물에 기술상의 문제로 기계경비를 운용하게 되어 시설주인 청원주에게 이중의 부담이 있다.

④ **청원경찰 인력의 지속적 증가**

> 청원주의 입장에서 볼 때 유사한 경비업무를 담당하면서도 민간경비가 청원경찰보다 경비요금이 저렴하며, 경비담당자의 관리라는 측면에서도 민간경비를 채택하는 것이 <u>청원경찰보다 관리가 수월하기 때문에 민간경비를 선호</u>한다.

## 79 난이도 하 ■민간경비산업의 과제와 전망 – 민간경비산업의 발전방안(한국)

**우리나라 민간경비업의 발전방안으로 옳지 않은 것은?**

① 민간경비와 청원경찰제도의 일원화

> 민간경비와 청원경찰제도의 일원화를 통해 분리 운영의 비효율성·비합리성을 제거하고, 경비업의 능률성·전문성 제고 및 경비원 보수 수준의 향상을 이룰 수 있다.

② **방범서비스산업에 대한 규제 강화**

> <u>방범서비스산업에 대한 규제보다는 보호 및 자율적 성장을 위한 법령 등의 제도 개선</u>이 필요하다.

③ 민간경비와 경찰의 협업체계 구축

> 치안수요의 다양성과 전문성에 효과적으로 대응하기 위해서는 양자가 상호역할의 중요성과 필요성을 인식하고 치안서비스의 공동생산의 동반자관계를 정립해 나가는 것이 서로 발전할 수 있는 방안이 될 것이다.

④ 경비관련 자격증제도의 도입을 통한 전문화

> 경비지도사 제도 외에 민간경비 자격검정제도를 도입하여 경비인력의 전문화와 민간경비의 질적 향상을 도모할 수 있다.

## 80 난이도 하 ▎민간경비산업의 과제와 전망 – 경찰과 민간경비의 협력증진 방안

**경찰과 민간경비의 협력증진방안으로 옳지 않은 것은?**

① 경찰과 민간경비 책임자의 정기적인 간담회의 개최

> 책임자 간담회를 정기적으로 개최하여 경찰 조직과 민간경비 조직의 방범능력 향상을 위한 발전적 방안을 마련한다.

② 경찰의 민간경비 전담 부서의 운영

> 민간경비의 지속적인 발전과 육성을 위해서는 국가적 차원에서의 민간경비 전담기구가 필요하다. 민간경비시장의 확대에 따른 적절하고 효율적인 통제를 위해서는 우선적으로 경찰청 내에 민간경비를 담당하는 전담 '과'를 설치하고 일본과 같이 '경찰위원회'가 민간경비의 전체적인 규율을 관장하는 기관으로서 역할을 수행할 수 있도록 해야 한다.

③ <u>비상연락망 및 개별출동시스템 구축</u>

> 범죄 신고절차의 신속화로 범죄 예방률과 범인 검거율을 높이기 위해 경찰관서와 민간경비업체와의 비상연락망 구축은 정책적으로 권장하여 나아갈 필요가 있다. <u>개별출동시스템보다는 합동순찰제도 등 경찰과 민간경비의 협조체제를 진전시킬 필요가 있다.</u>

④ 경찰의 경비자문 서비스센터의 운영

> 민간경비와 경찰이 공동체 의식을 갖고 지역사회의 범죄 예방을 위해 모든 민간경비업체명과 경비상품의 목록을 시민들에게 배부하는 경비자문서비스센터를 공동으로 운영할 수도 있다.

# 2023년 법학개론

> 문제편 032p

## 정답 CHECK

| 01 | 02 | 03 | 04 | 05 | 06 | 07 | 08 | 09 | 10 | 11 | 12 | 13 | 14 | 15 | 16 | 17 | 18 | 19 | 20 |
|---|---|---|---|---|---|---|---|---|---|---|---|---|---|---|---|---|---|---|---|
| ② | ④ | ③ | ① | ② | ③ | ④ | ① | ④ | ② | ② | ③ | ① | ① | ④ | ④ | ① | ② | ② | ③ |
| 21 | 22 | 23 | 24 | 25 | 26 | 27 | 28 | 29 | 30 | 31 | 32 | 33 | 34 | 35 | 36 | 37 | 38 | 39 | 40 |
| ① | ③ | ④ | ④ | ③ | ② | ② | ② | ③ | ③ | ④ | ④ | ① | ① | ④ | ① | ① | ③ | ② | ③ |

## 01  난이도 하  ┃법학 일반 – 법의 적용 범위

**甲의 행위에 대하여 우리 형법을 적용할 수 있는 근거는?**

> 한국인 甲은 미국을 여행하던 중 미국 뉴욕의 한 공원에서 미국인 乙과 시비 끝에 乙을 살해하였다.

① 속지주의

  속지주의는 자국 영토 내의 범죄에 대해 자국의 형법을 적용하는 주의이다.

② **속인주의**

  속인주의는 자국민의 범죄에 대해 자국의 형법을 적용하는 주의이다. 이에 따라 한국인 甲의 행위에 대하여 우리 형법을 적용할 수 있다.

③ 기국주의

  기국주의는 자국 영토 외에 있는 자국의 선박 또는 항공기 내에서 죄를 범한 외국인에게 자국의 형법을 적용하는 주의이다.

④ 보호주의

  보호주의는 자국 또는 자국민의 이익이 침해되는 경우, 자국의 형법을 적용하는 주의이다.

| 핵심만콕 | 형법의 장소적 적용 범위★ |

- 속지주의(제2조) : 본법은 대한민국 영역 내에서 죄를 범한 내국인과 외국인에게 적용한다.
- 속인주의(제3조) : 본법은 대한민국 영역 외에서 죄를 범한 내국인에게 적용한다.
- 기국주의(제4조) : 본법은 대한민국 영역 외에 있는 대한민국의 선박 또는 항공기 내에서 죄를 범한 외국인에게 적용한다.
- 보호주의(제5조) : 본법은 대한민국 영역 외에서 다음에 기재한 죄를 범한 외국인에게 적용한다.
  - 내란의 죄
  - 외환의 죄
  - 국기에 관한 죄
  - 통화에 관한 죄
  - 유가증권, 우표와 인지에 관한 죄
  - 문서에 관한 죄 중 공문서 관련 죄
  - 인장에 관한 죄 중 공인 등의 위조, 부정사용
- 보호주의(제6조) : 본법은 대한민국 영역 외에서 대한민국 또는 대한민국 국민에 대하여 전조에 기재한 이외의 죄를 범한 외국인에게 적용한다. 단, 행위자의 법률에 의하여 범죄를 구성하지 아니하거나 소추 또는 형의 집행을 면제할 경우에는 예외로 한다.
- 세계주의 : 총칙에는 이에 관한 규정이 없으나, 각칙에서는 세계주의를 인정하고 있다(제296조의2).

## 02  난이도 하                                   ∥법학 일반 – 법원(法源)

**법원(法源)에 관한 설명으로 옳지 않은 것을 모두 고른 것은?**

ㄱ. 「경비업법 시행령」은 행정안전부령이다.

　　(×) 경비업법 시행령은 대통령령이다.

ㄴ. 민사관계에서 법률에 규정이 없으면 조리가 관습법에 우선하여 적용된다.

　　(×) 민사에 관하여 법률에 규정이 없으면 관습법에 의하고 관습법이 없으면 조리에 의한다(민법 제1조).

ㄷ. 상사(商事)에 관하여 「상법」에 규정이 없으면 「민법」에 의하고, 「민법」의 규정이 없으면 상관습법에 의한다.

　　(×) 상사에 관하여 본법에 규정이 없으면 상관습법에 의하고 상관습법이 없으면 민법의 규정에 의한다(상법 제1조).

① ㄴ
② ㄱ, ㄷ
③ ㄴ, ㄷ
④ ㄱ, ㄴ, ㄷ

　제시된 내용은 모두 법원(法源)에 관한 설명으로 옳지 않다.

## 03 <난이도 하>  ▎법학 일반 – 법의 구조(체계)와 분류

**법의 구조에 관한 설명으로 옳은 것은 모두 몇 개인가?**

> - 「형법」과 「군형법」은 일반법과 특별법 관계이다.
>   - (○) 형법은 일반법, 군형법은 형법의 특별법이다.
> - 실정법은 불문법만으로 존재하며 이에는 관습법·판례법·조리 등이 있다.
>   - (×) 실정법은 성문법뿐만 아니라 불문법도 포함되며, 불문법에는 관습법·판례법·조리 등이 있다.
> - 「형법」상 존속살해죄는 살인죄의 특별규정이다.
>   - (○) 존속살해죄(형법 제250조 제2항)는 살인죄(형법 제250조 제1항)의 특별규정이다.
> - 임의법은 당사자의 의사로 그 적용을 배제하거나 변경할 수 없는 법이다.
>   - (×) 임의법은 법령 중 선량한 풍속 기타 사회질서에 관계없는 법규로써, 사적자치가 허용되어 당사자의 의사로 그 적용을 배제할 수 있는 법을 말한다.

① 0개
② 1개
③ **2개**
  제시된 내용 중 법의 구조에 관한 설명으로 옳은 것은 2개이다.
④ 3개

## 04 <난이도 하>  ▎법학 일반 – 법의 구조(체계)와 분류

**시공을 초월하여 영구불변의 보편타당성을 지닌 법은?**

① **자연법**
  자연법은 시간과 공간의 개념을 초월한 영구불변의 보편타당한 선험적 규범이다.
② 강행법
  강행법은 당사자의 의사와 관계없이 강제적으로 적용되는 법이다. 헌법·형법 등 공법의 대부분이 이에 해당한다.
③ 일반법
  일반법은 장소·사람·사물에 제한 없이 일반적으로 적용되는 법으로 이에는 헌법, 민법, 형법 등이 있다.
④ 실체법
  실체법은 권리·의무의 발생·변경·소멸 등을 규정한 법이다.

## 05 난이도 하 | 법학 일반 – 법의 해석

**법의 해석에 관한 설명으로 옳지 않은 것은?**

① 미성년자 통행금지 규정이 있는 경우 성년자는 통행 가능하다고 해석하는 것은 반대해석이다.
② **법률 자체에 법의 해석규정을 두는 것은 사법해석이다.**

> 법령에서 그 법령의 해석에 관한 방침을 명확히 제시하기 위하여 해석규정을 두는 것을 입법해석이라고 한다. 사법해석은 재판기관(법원, 헌법재판소)이 구체적 쟁송의 해결을 목적으로 추상적인 법규범의 객관적 의미를 파악하는 해석이다.

③ 과실책임을 물을 때 그보다 중한 고의책임은 당연히 포함되는 것으로 해석하는 경우 물론해석에 해당한다.
④ 생명침해로 인한 위자료를 청구할 수 있는 배우자에 사실혼관계의 배우자가 포함된다고 해석하는 것은 확장해석이다.

### 핵심만콕  법해석의 종류

| | |
|---|---|
| 해석의 구속력에 따라 | • 유권해석 : 입법해석, 사법해석, 행정해석<br>• 무권해석(학리해석) : 문리해석, 논리해석 |
| 해석의 방법에 따라 | • 확장해석 : 법문상 자구(字句)의 의미를 통상의 의미 이상으로 확장하여 해석<br>• 축소(제한)해석 : 법문상 자구(字句)의 의미를 통상의 의미보다 축소하여 해석<br>• 반대해석 : 법문이 규정하는 요건과 반대의 요건이 존재하는 경우에 그 반대의 요건에 대해 법문과 반대의 법적 판단을 하는 해석<br>• 물론해석 : 법문이 일정한 사항을 정하고 있을 때 그 이외의 사항에 관해서도 사물의 성질상 당연히 그 규정에 포함되는 것으로 보는 해석<br>• 유추해석 : 두 개의 사실 중 법규에서 어느 하나의 사실에 관해서만 규정하고 있는 경우에 나머지 다른 사실에 대해서도 마찬가지의 효과를 인정하는 해석<br>• 보정해석 : 법조문이 입법자의 의사에 반하여 잘못 표현되고 있는 것이 명백한 경우에 그것을 바로잡는 해석 |

## 06 난이도 하
법학 일반 – 사실의 확정

"실종선고를 받은 자는 전조(前條)의 기간이 만료한 때에 사망한 것으로 본다"는 민법 제28조의 규정에서 '본다'의 법률적 의미는?

① 추정

　추정은 입증부담을 완화하기 위하여 불명확한 사실에 대하여 일정한 법적 효과를 부여하는 것이다.

② 반증

　반증이란 어떤 사실이나 주장이 옳지 않음을 그에 반대되는 근거를 들어 증명하는 것 또는 그런 증거를 의미한다.

③ **간주**

　법문상 '~으로 본다'는 것은 사실의 진실성 여부와는 관계없이 확정된 사실로 의제하여 일정한 법률효과를 부여하고 반증을 허용하지 않는 간주의 의미이다.

④ 입증

　사실의 인정을 위하여 증거를 주장하는 것을 입증이라 하며, 이 입증책임은 그 사실의 존부를 주장하는 자가 부담한다.


## 07 난이도 하
법학 일반 – 권리의 종류

국가적 공권에 해당하는 것은?

① 자유권
② 평등권
③ 참정권
④ **조직권**

　국가적 공권에 해당하는 것은 ④이며, ①~③은 개인적 공권에 해당한다.

### 핵심만콕  공권의 의의 및 종류

| | | | |
|---|---|---|---|
| 의의 | | 공권은 공법관계에 있어서 권리주체가 직접 자기를 위하여 일정한 이익을 주장할 수 있는 법률상의 힘으로, 국가적 공권과 개인적 공권 등으로 나눌 수 있다. | |
| 국가적 공권 | 의의 | 국가적 공권이란 행정법관계에서 국가 등 행정주체가 사인에 대해 갖는 권리를 말한다. | |
| | 분류 | 국가의 3권을 기준으로 | 입법권 · 사법권 · 행정권 |
| | | 권리의 목적을 기준으로 | 조직권 · 군정권 · 경찰권 · 재정권 · 형벌권 등 |
| | | 권리의 내용을 기준으로 | 명령권 · 강제권 · 형성권 등 |
| 개인적 공권 | 의의 | 개인적 공권이란 행정법관계에서 사인이 자신의 이익을 추구하기 위하여 행정주체에 대해 일정한 행위를 요구할 수 있는 권리를 말한다. | |
| | 분류 | 인간의 존엄과 가치, 평등권, 자유권, 참정권, 청구권, 생존권, 수익권 등이 개인적 공권으로 분류된다. | |

## 08 난이도 하   ▮법학 일반 - 의무

**의무에 관한 설명으로 옳지 않은 것은?**

① 경비업자가 경비원을 허가받은 경비업무 외에 종사하게 하여서는 아니 되는 의무는 작위의무이다.

> 부작위 의무에 관한 설명이다.

② 계약상 의무에는 부수적 의무도 포함된다.

> 계약상의 의무는 급부의무(주된 급부의무와 종된 급부의무), 부수적 주의의무 및 보호의무로 구분할 수 있는데, 판례는 이 중 종된 급부의무와 부수적 주의의무를 거의 동일시한다.

③ 의무불이행에 대해 손해배상이나 강제집행을 할 수 없는 의무를 간접의무라 한다.

> 간접의무(책무)란 일정한 사항을 준수하지 않은 경우 법이 정한 일정한 불이익을 받을 뿐 상대방이 그 이행을 강제하거나 손해배상을 청구할 수 없는 경우를 말하며, 청약자의 승낙연착에 대한 통지의무(민법 제528조)가 대표적인 예이다.

④ 납세의 의무는 공법상의 의무이다.

> 납세의 의무는 국방의무, 근로의무, 교육의무 등과 더불어 개인의 공의무에 해당한다.


## 09 난이도 중   ▮법학 일반 - 권리와 의무

**권리와 의무에 관한 설명으로 옳은 것은?**

① 권리의 침해에 대한 자력구제는 항상 허용된다.

> 근대의 법치국가에 있어서의 권리의 보호는 국가구제가 원칙이고, 자력구제는 예외적으로 부득이한 경우에 한하여 인정된다. 우리 민법은 자력구제에 대한 일반규정을 두고 있지 않으며, 다만 점유침탈에 관하여서만 자력구제를 인정하는 규정(민법 제209조)을 두고 있을 뿐이다.

② 모든 채권자는 채권의 행사 여부와 관계없이 동일한 순위로 채무자에게 변제받을 수 있다.

> 채권은 성립의 선후에 따른 우선순위에 차이가 없다. 즉, 채권자평등의 원칙에 의하여 모든 채권자는 같은 순위로 변제를 받는 것이 원칙이다. 단, 채권을 먼저 행사한 자는 그 이익을 보유할 수 있다(선행주의).

③ 권리는 권리의 객체가 될 수 없다.

> 권리의 객체는 권리의 대상을 의미하며, 이에 따라 권리가 다른 권리의 객체가 될 수도 있다[권리질권(민법 제345조), 지상권·전세권을 목적으로 하는 저당권(민법 제371조)].

④ 법률관계에서 의무만 있고 이에 대응하는 권리가 없는 경우도 있다.

> 권리와 의무는 서로 대응하는 것이 보통이나, 민법 제755조의 책임무능력자에 대한 감독의무와 같이 의무만 있고 이에 대응하는 권리가 없는 경우도 있고, 취소권, 추인권, 해제권과 같이 권리만 있고 그에 대응하는 의무는 없는 경우도 있다.

## 10 난이도 하    ▎헌법 - 기본권(제도적 보장)

지방자치에 관한 헌법 제117조 제1항 규정이다. ( )에 들어갈 내용은?

> 지방자치단체는 주민의 ( ㄱ )에 관한 사무를 처리하고 재산을 관리하며, ( ㄴ )의 범위 안에서 자치에 관한 규정을 제정할 수 있다.

① ㄱ : 복 리, ㄴ : 조 례
② **ㄱ : 복 리, ㄴ : 법 령**

> 제시된 내용의 ( )에 들어갈 내용은 ㄱ : 복리, ㄴ : 법령이다.

③ ㄱ : 권 익, ㄴ : 조 례
④ ㄱ : 권 익, ㄴ : 법 령

**관계법령  헌법 제117조**
① 지방자치단체는 <u>주민의 복리</u>에 관한 사무를 처리하고 재산을 관리하며, <u>법령의 범위</u> 안에서 자치에 관한 규정을 제정할 수 있다.
② 지방자치단체의 종류는 법률로 정한다.


## 11 난이도 하    ▎헌법 - 자유권적 기본권(신체의 자유)

영장주의에 관한 헌법 제12조 제3항 규정이다. ( )에 들어갈 숫자는?

> 체포·구속·압수 또는 수색을 할 때에는 적법한 절차에 따라 검사의 신청에 의하여 법관이 발부한 영장을 제시하여야 한다. 다만, 현행범인인 경우와 장기 ( )년 이상의 형에 해당하는 죄를 범하고 도피 또는 증거인멸의 염려가 있을 때에는 사후에 영장을 청구할 수 있다.

① 1
② **3**

> 제시된 내용의 ( )에 들어갈 숫자는 3이다.

③ 5
④ 7

**관계법령  헌법 제12조**
③ 체포·구속·압수 또는 수색을 할 때에는 적법한 절차에 따라 검사의 신청에 의하여 법관이 발부한 영장을 제시하여야 한다. 다만, 현행범인인 경우와 장기 <u>3년 이상의 형에 해당하는 죄</u>를 범하고 도피 또는 증거인멸의 염려가 있을 때에는 <u>사후에 영장을 청구</u>할 수 있다.

## 12 난이도 하 ▮헌법 – 기본권

**헌법상 기본권에 관한 규정 내용으로 옳지 않은 것은?**

① 모든 국민은 법률이 정하는 바에 의하여 국가기관에 문서로 청원할 권리를 가진다.

> 헌법 제26조 제1항

② 모든 국민은 소급입법에 의하여 참정권의 제한을 받거나 재산권을 박탈당하지 아니한다.

> 헌법 제13조 제2항

③ **공공필요에 의한 재산권의 수용·사용 또는 제한은 법률로써 하되, 상당한 보상을 지급하여야 한다.**

> 공공필요에 의한 재산권의 수용·사용 또는 제한 및 그에 대한 보상은 '법률'로써 하되, '정당한 보상'을 지급하여야 한다(헌법 제23조 제3항).

④ 국민의 자유와 권리는 헌법에 열거되지 아니한 이유로 경시되지 아니한다.

> 헌법 제37조 제1항

## 13 난이도 상 ▮헌법 – 헌법상 명시적 규정 사항

**헌법상 명시적 규정이 없는 것은?**

① **지방자치단체 주민이 제기하는 주민소송**

> 지방자치법 제22조

② 대통령의 취임선서

> 헌법 제69조

③ 국민경제자문회의의 설치

> 국민경제의 발전을 위한 중요정책의 수립에 관하여 대통령의 자문에 응하기 위하여 국민경제자문회의를 둘 수 있다(헌법 제93조 제1항).

④ 정당사무에 관한 중앙선거관리위원회의 규칙제정권

> 중앙선거관리위원회는 법령의 범위 안에서 선거관리·국민투표관리 또는 정당사무에 관한 규칙을 제정할 수 있으며, 법률에 저촉되지 아니하는 범위 안에서 내부규율에 관한 규칙을 제정할 수 있다(헌법 제114조 제6항).

## 14 난이도 상 ┃헌법 - 통치구조(국회의 권한)

**국회의 권한에 해당하지 않는 것은?**

① 대통령의 특별사면에 대한 동의권

> 국회의 권한은 일반사면에 대한 동의권이다(헌법 제79조 제2항). 특별사면은 대통령의 고유 권한이다.

② 국회의원 징계권

> 국회는 의원의 자격을 심사하며, 의원을 징계할 수 있다(헌법 제64조 제2항).

③ 감사위원에 대한 탄핵소추권

> 대통령·국무총리·국무위원·행정각부의 장·헌법재판소 재판관·법관·중앙선거관리위원회 위원·감사원장·감사위원 기타 법률이 정한 공무원이 그 직무집행에 있어서 헌법이나 법률을 위배한 때에는 국회는 탄핵의 소추를 의결할 수 있다(헌법 제65조 제1항).

④ 중앙선거관리위원회 위원 3인의 선출권

> 중앙선거관리위원회는 대통령이 임명하는 3인, 국회에서 선출하는 3인과 대법원장이 지명하는 3인의 위원으로 구성한다. 위원장은 위원 중에서 호선한다(헌법 제114조 제2항).

## 15 난이도 하 ┃민사법 - 계약의 종류

**민법상 전형계약에 관한 설명으로 옳지 않은 것은?**

① 임대차는 유상계약이다.

> 임대차는 쌍무·유상계약이다.

② 여행계약은 쌍무계약이다.

> 여행계약은 쌍무·유상계약이다.

③ 사용대차는 무상계약이다.

> 사용대차는 편무·무상계약이다.

④ 조합은 요식계약이다.

> 민법상 전형계약 중 요식(요물)계약은 현상광고뿐이고, 나머지는 모두 낙성계약이다.

## 16 난이도 중                                           ■ 민사법 - 소유권(공동소유)

**민법상 소유에 관한 설명으로 옳은 것은?**

① 합유자는 합유물의 분할을 청구할 수 있다.
> 합유자는 합유물의 분할을 청구할 수 없다(민법 제273조 제2항).

② 공유자는 특약이 있어야 공유물의 분할을 청구할 수 있다.
> 공유자는 특약이 없어도 공유물의 분할을 자유롭게 청구할 수 있다. 단, 5년 내의 기간으로 분할하지 아니할 것을 약정할 수 있을 뿐이다(민법 제268조 제1항).

③ 합유물을 분할하는 경우 총유물의 분할에 관한 규정을 적용한다.
> 합유자는 합유물의 분할을 청구하지 못한다(민법 제273조 제2항).

❹ **총유물은 정관 기타의 규약에 좇아 각 사원이 사용할 수 있다.**
> 각 사원은 정관 기타의 규약에 좇아 총유물을 사용, 수익할 수 있다(민법 제276조 제2항).

## 17 난이도 상                                           ■ 민사법 - 경비계약

**경비계약에 관한 설명으로 옳은 것은?**

❶ **경비업자가 경비업무를 이행하지 않는 경우 계약상대방은 법원에 직접강제를 청구할 수 없다.**
> 계약상대방은 경비업자가 경비업무를 이행하지 않는 경우 강제이행의 방법 중 직접강제(주는 채무에 대해서만 허용)를 청구할 수는 없다. 다만, 대체집행을 청구할 수는 있으며, 이 경우 간접강제(하는 채무 중 부대체적 작위의무에 적용)는 허용되지 않는다.

② 경비업자는 경비대상물에 대하여 자기재산과 동일한 주의의무를 부담한다.
> 경비업자는 경비대상물에 대하여 선량한 관리자의 주의의무를 부담한다.

③ 경비계약은 일종의 임치계약으로 유상계약이다.
> 경비계약은 일종의 도급계약으로 유상계약이다.

④ 경비계약은 서면으로 작성하여야 계약의 효력이 발생한다.
> 경비계약은 당사자 간의 합의에 의해 성립하는 낙성계약이며, 권리장애사실(계약의 효력발생에 대한 장애사유)이 존재하지 않는 한 계약의 효력이 발생한다.

## 18 난이도 하
민사법 - 경비업무와 손해배상(채무불이행책임)

호텔을 운영하는 甲은 경비업자 乙과 경비계약을 체결하였다. 경비업자 乙의 경비원 丙의 근무태만으로 투숙객 丁의 그림을 도난당했다. 이에 관한 설명으로 옳지 않은 것은?

① 甲은 丁에게 숙박계약상의 채무불이행책임을 부담한다.

> 호텔을 운영하는 甲은 투숙객 丁에게 숙박계약상의 불완전이행으로 인한 채무불이행책임을 부담한다.

② 乙은 丁에게 경비계약상의 채무불이행책임을 직접 부담한다.

> 경비계약은 호텔을 운영하는 甲과 경비업자 乙 간에 체결되었으므로, 경비업자 乙은 투숙객 丁에게 경비계약상의 채무불이행책임을 직접 부담하지 않는다.

③ 乙은 甲에게 경비계약상의 불완전이행책임을 부담한다.

> 경비계약은 호텔을 운영하는 甲과 경비업자 乙 간에 체결되었으므로, 경비업자 乙은 호텔을 운영하는 甲에게 불완전이행으로 인한 채무불이행책임을 부담한다.

④ 丙은 甲에게 경비계약상의 채무불이행책임을 부담하지 않는다.

> 경비원 丙과 호텔을 운영하는 甲 사이에 경비계약이 체결되지 않았으므로, 丙은 甲에게 채무불이행책임을 부담하지 않는다.

## 19 난이도 중
민사법 - 경비업무와 손해배상(사용자의 배상책임)

경비회사 甲의 자동차 키(key) 관리 부실로 인해 경비원 乙이 경비회사의 차량으로 점심식사를 하러 가던 중, 교통사고로 丙에게 손해를 가한 경우 이에 관한 설명으로 옳은 것은?

① 乙의 차량 사용은 외형적으로는 직무범위에 속하나 실질적으로 직무범위에 속하는 것이 아니므로 甲의 사용자책임은 발생하지 않는다.

> 乙의 차량 사용은 외형적으로는 직무범위에 속하므로, 비록 실질적으로 직무범위에 속하는 것이 아니더라도 甲은 사용자책임을 부담한다.

② 甲과 乙의 관계가 법률적 관계가 아니라 사실적·일시적 관계인 경우에도 사용자책임이 인정된다.

> 민법 제756조의 사용자와 피용자의 관계는 반드시 유효한 고용관계가 있는 경우에 한하는 것이 아니고, 사실상 어떤 사람이 다른 사람을 위하여 그 지휘·감독 아래 그 의사에 따라 사업을 집행하는 관계에 있을 때에도 그 두 사람 사이에 사용자, 피용자의 관계가 있다(대판 1996.10.11. 96다30182).

③ 甲은 乙에 대한 선임·감독에 대해 무과실책임을 부담한다.

> 경비회사 甲은 경비원 乙에 대한 선임 및 그 사무감독에 상당한 주의를 한 때 또는 상당한 주의를 하여도 손해가 있을 경우에는 배상책임을 면한다(민법 제756조 제1항 단서). 즉, 무과실책임을 부담하는 것은 아니다.

④ 甲과 乙은 丙에게 진정연대책임을 부담한다.

> 경비회사 甲의 사용자책임과 경비원 乙의 불법행위책임은 부진정연대채무관계에 있으므로, 甲과 乙은 丙에게 부진정연대책임을 부담한다.

## 20 난이도 하 　　　　민사법 – 대리권의 소멸사유

甲은 乙에게 경비계약의 체결에 관한 대리권을 수여하였다. 대리권이 소멸하는 경우는 모두 몇 개인가?

- 甲의 사망
- 乙의 사망
- 乙의 파산
- 甲에 대한 성년후견의 개시

① 1개
② 2개
③ **3개**
　제시된 내용 중 대리권의 소멸사유에 해당하는 것은 모두 3개이다. 성년후견의 개시는 본인(甲)이 아닌 대리인(乙)에 대한 대리권 소멸사유이다.
④ 4개

**관계법령** 　대리권의 소멸사유(민법 제127조)

대리권은 다음 각호의 어느 하나에 해당하는 사유가 있으면 소멸된다.
1. 본인의 사망
2. 대리인의 사망, 성년후견의 개시 또는 파산

## 21 난이도 상 　　　　민사법 – 민사소송절차의 종류

민사소송절차 중 특별소송절차에 해당하는 것은?

① 소액사건심판절차
　소액사건심판절차는 독촉절차, 파산절차, 개인회생절차, 공탁절차와 더불어 특별소송절차에 해당한다.
② 증거보전절차
　민사소송법상 증거보전절차는 부수절차에 해당한다.
③ 강제집행절차
　민사집행법상 강제집행절차는 보통소송절차에 해당한다.
④ 가압류
　가압류는 가처분과 더불어 민사집행법상 집행보전절차로써 부수절차에 해당한다.

## 22 난이도 하 ▍형사법 – 범죄의 소추조건

**형법상 소추조건이 다른 범죄는?**

① 과실치상죄
② 폭행죄
③ **모욕죄**

> 형법이 규정하는 소추조건에는 친고죄와 반의사불벌죄가 있으며, ①·②·④는 반의사불벌죄에 해당하나, ③은 친고죄에 해당한다.

④ 협박죄

| 핵심만콕 | 형법상 범죄의 소추조건 | |
|---|---|---|
| 구 분 | 친고죄 | 반의사불벌죄 |
| 의 의 | 공소제기를 위하여 피해자 기타 고소권자의 고소가 있을 것을 요하는 범죄 | 피해자의 의사에 관계없이 공소를 제기할 수 있으나, 피해자의 명시한 의사에 반하여 처벌할 수 없는 범죄 |
| 종 류 | • 절대적 친고죄★<br>　- 사자명예훼손죄(제308조)<br>　- 모욕죄(제311조)<br>　- 비밀침해죄(제316조)<br>　- 업무상비밀누설죄(제317조)<br>• 상대적 친고죄(친족상도례규정) : 절도, 사기, 공갈, 횡령, 배임, 장물, 권리행사방해죄의 일부(제328조) | • 외국원수 및 외국사절에 대한 폭행, 협박, 모욕죄 (제107조 및 제108조)<br>• 외국국기, 국장모독죄(제109조)<br>• 폭행, 존속폭행죄(제260조)<br>• 협박, 존속협박죄(제283조)<br>• 명예훼손죄(제307조)★<br>• 출판물 등에 의한 명예훼손죄(제309조)★<br>• 과실치상죄(제266조)★ |

## 23 난이도 하 ▍형사법 – 공판절차의 기본원칙

**형사소송법상 공판절차의 기본원칙으로 옳지 않은 것은?**

① 공개주의
② 구두변론주의
③ 집중심리주의
④ **간접주의**

> 우리나라 형사소송법상 공판절차의 기본원칙은 공개주의, 구두변론주의, 직접주의, 집중심리주의이다.

## 24 난이도 상 ▌형사법 – 명예에 관한 죄

**형법상 명예에 관한 죄에 대한 설명으로 옳지 않은 것은 모두 몇 개인가?**

- 모욕죄는 공연히 사실을 적시한 경우에 성립한다.

    (×) 모욕죄는 공연히 사람을 모욕한 경우에 성립한다(형법 제311조).

- 명예훼손죄는 적시한 사실이 허위인 경우에만 벌한다.

    (×) 명예훼손죄는 공연히 사실 또는 허위의 사실을 적시하여 사람의 명예를 훼손한 경우에 성립한다(형법 제307조).

- 출판물 등에 의한 명예훼손죄는 명예훼손의 고의만으로도 성립한다.

    (×) 출판물 등에 의한 명예훼손죄는 사람을 비방할 목적으로 신문, 잡지 또는 라디오 기타 출판물에 의하여 사람의 명예를 훼손한 경우에 성립한다(형법 제309조).

- 사자명예훼손죄는 공연히 사실을 적시하여 사자의 명예를 훼손한 경우에 성립한다.

    (×) 사자명예훼손죄는 공연히 허위의 사실을 적시하여 사자의 명예를 훼손한 경우에 성립한다(형법 제308조).

① 1개
② 2개
③ 3개
④ **4개**

제시된 내용 중 형법상 명예에 관한 죄에 대한 설명으로 옳지 않은 것은 모두 4개이다.


## 25 난이도 중 ▌형사법 – 형사소송법의 이념

**"열 사람의 범죄인을 놓치는 한이 있더라도 한 사람의 죄 없는 사람을 벌해서는 안 된다"는 형사소송법의 이념은?**

① 적극적 실체적 진실주의

적극적 실체적 진실주의는 범죄사실을 명백히 하여 죄 있는 자를 빠짐없이 벌하도록 하는 주의이다.

② 적정절차의 원리

적정절차의 원리는 공정한 법정절차에 의하여 형사절차가 진행되어야 한다는 원리이다.

③ **소극적 실체적 진실주의**

"열 사람의 범죄인을 놓치는 한이 있더라도 한 사람의 죄 없는 사람을 벌해서는 안 된다"는 것은 무죄추정의 원리를 강조하는 소극적 실체적 진실주의에 관한 설명이다.

④ 신속한 재판의 원리

신속한 재판의 원리는 피고인의 이익을 보호하고 실체적 진실발견, 소송경제, 공공의 이익을 위하여 재판을 지연 없이 행하여야 한다는 것을 의미한다.

## 26  난이도 하  ▮형사법 – 국선변호인

형사소송법상 피고인이 변호인이 없는 때에 법원이 직권으로 국선변호인을 선정해야 하는 경우가 아닌 것은?

① 피고인이 농아자인 때
② **피고인이 65세인 때**

> 피고인이 70세 이상인 때가 법원이 직권으로 국선변호인을 선정하여야 하는 경우이다(형사소송법 제33조 제1항 제3호).
> *구법 기준으로 출제가 되어 출제 방식에 문제가 있다. 비록 개정법이 일본식 표현이나 어려운 한자어 등을 알기 쉬운 우리말로 변경하고 어순구조를 재배열하는 등 알기 쉬운 법률 문장으로 개정하는 취지라도 이는 올바른 출제 방식은 아니다.

③ 피고인이 심신장애의 의심이 있는 때
④ 피고인이 구속된 때

---

**관계법령  국선변호인(형사소송법 제33조)**

① 다음 각호의 어느 하나에 해당하는 경우에 변호인이 없는 때에는 법원은 직권으로 변호인을 선정하여야 한다.
  1. 피고인이 구속된 때
  2. 피고인이 미성년자인 때
  3. 피고인이 70세 이상인 때
  4. 피고인이 듣거나 말하는 데 모두 장애가 있는 사람인 때
  5. 피고인이 심신장애가 있는 것으로 의심되는 때
  6. 피고인이 사형, 무기 또는 단기 3년 이상의 징역이나 금고에 해당하는 사건으로 기소된 때
② 법원은 피고인이 빈곤이나 그 밖의 사유로 변호인을 선임할 수 없는 경우에 피고인이 청구하면 변호인을 선정하여야 한다.
③ 법원은 피고인의 나이·지능 및 교육 정도 등을 참작하여 권리보호를 위하여 필요하다고 인정하면 피고인의 명시적 의사에 반하지 아니하는 범위에서 변호인을 선정하여야 한다.

---

## 27  난이도 하  ▮형사법 – 형사소송법상 공소제기의 기본원칙

형사소송법상 공소제기의 기본원칙이 아닌 것은?

① 국가소추주의
② **기소법정주의**

> 형사소송법상 공소제기의 기본원칙은 국가소추주의·기소독점주의(형사소송법 제246조), 기소편의주의(형사소송법 제247조), 기소변경주의(형사소송법 제255조)이다.

③ 기소편의주의
④ 기소독점주의

## 28 난이도 하 ▎형사법 – 상소제도

**형사소송법상 상소에 관한 설명으로 옳지 않은 것은?**

① 피고인의 법정대리인은 피고인을 위하여 상소할 수 있다.

> 형사소송법 제340조

② 항고는 법원의 판결에 대한 상소이다.

> 법원의 재판은 그 형식에 따라 판결, 결정, 명령으로 분류되며, 항고는 법원의 결정에 대한 상소이다.

③ 상고 제기기간은 7일이다.

> 상고의 제기기간은 7일로 한다(형사소송법 제374조).

④ 즉시항고 제기기간은 7일이다.

> 즉시항고의 제기기간은 7일로 한다(형사소송법 제405조).

## 29 난이도 하 ▎상법 일반 – 회사법

**상법상 회사에 관한 설명으로 옳은 것은?**

① 상법은 회사의 종류로서 합명회사, 합자회사, 유한회사, 주식회사만을 인정하고 있다.

> 회사는 합명회사, 합자회사, 유한책임회사, 주식회사와 유한회사의 5종으로 한다(상법 제170조).

② 회사는 다른 회사의 무한책임사원이 될 수 있다.

> 회사는 다른 회사의 무한책임사원이 되지 못한다(상법 제173조).

③ 합명회사의 재산으로 회사의 채무를 완제할 수 없는 때에는 각 사원은 연대하여 변제할 책임이 있다.

> (합명)회사의 재산으로 회사의 채무를 완제할 수 없는 때에는 각 사원은 연대하여 변제할 책임이 있다(상법 제212조 제1항).

④ 회사는 지점소재지에서 설립등기를 함으로써 성립한다.

> 회사는 본점소재지에서 설립등기를 함으로써 성립한다(상법 제172조).

## 30 난이도 상 | 상법 일반 - 주식회사 정관변경의 특별결의

**상법상 주주총회의 결의에 관한 설명이다. ( )에 들어갈 내용은?**

> 주식회사 정관변경의 특별결의는 출석한 주주의 의결권의 ( ㄱ ) 이상의 수와 발행주식총수의 ( ㄴ ) 이상의 수로써 하여야 한다.

① ㄱ : 2분의 1, ㄴ : 3분의 1
② ㄱ : 2분의 1, ㄴ : 4분의 1
③ <u>ㄱ : 3분의 2, ㄴ : 3분의 1</u>

   제시된 내용의 ( )에는 ㄱ : 3분의 2, ㄴ : 3분의 1이 들어간다.

④ ㄱ : 3분의 2, ㄴ : 4분의 1

**관계법령** 정관변경의 특별결의(상법 제434조)
제433조 제1항의 결의(정관의 변경을 위한 주주총회의 결의)는 출석한 주주의 의결권의 3분의 2 이상의 수와 발행주식총수의 3분의 1 이상의 수로써 하여야 한다.

---

## 31 난이도 하 | 상법 일반 - 인보험

**상법상 인보험에 해당하지 않는 것은?**

① 생명보험
② 상해보험
③ 질병보험
④ <u>화재보험</u>

   화재보험은 상법상 손해보험에 해당한다.

**핵심만콕** 상법상 보험의 종류

| 상법이 규정하는 손해보험의 종류 | 상법이 규정하는 인보험의 종류 |
|---|---|
| • 화재보험(상법 제683조 내지 제687조)<br>• 운송보험(상법 제688조 내지 제692조)<br>• 해상보험(상법 제693조 내지 제718조)<br>• 책임보험(상법 제719조 내지 제726조)<br>• 자동차보험(상법 제726조의2 내지 제726조의4)<br>• 보증보험(상법 제726조의5 내지 제726조의7) | • 생명보험(상법 제730조 내지 제736조)<br>• 상해보험(상법 제737조 내지 제739조)<br>• 질병보험(상법 제739조의2 내지 제739조의3) |

## 32  난이도 하 | 상법 일반 – 보험의 소멸시효

상법상 소멸시효에 관한 설명이다. (  )에 들어갈 숫자를 순서대로 나열한 것은?

> 보험금청구권은 (  )년간, 보험료 또는 적립금의 반환청구권은 (  )년간, 보험료청구권은 (  )년간 행사하지 아니하면 시효의 완성으로 소멸한다.

① 2, 2, 3
② 2, 3, 2
③ 3, 2, 2
④ **3, 3, 2**

제시된 내용의 (  )에는 순서대로 3, 3, 2가 들어간다(상법 제662조).

**관계법령  소멸시효(상법 제662조)**
보험금청구권은 3년간, 보험료 또는 적립금의 반환청구권은 3년간, 보험료청구권은 2년간 행사하지 아니하면 시효의 완성으로 소멸한다.

## 33  난이도 하 | 사회법 일반 – 근로기준법의 내용

근로기준법의 규정 내용으로 옳지 않은 것은?

① **사용자는 근로계약 불이행에 대한 위약금 또는 손해배상액을 예정하는 계약을 체결할 수 있다.**

사용자는 근로계약 불이행에 대한 위약금 또는 손해배상액을 예정하는 계약을 체결하지 못한다(근로기준법 제20조).

② 사용자는 근로자 명부와 대통령령으로 정하는 근로계약에 관한 중요한 서류를 3년간 보존하여야 한다.

근로기준법 제42조

③ 사용자는 사고의 발생이나 그 밖의 어떠한 이유로도 근로자에게 폭행을 하지 못한다.

근로기준법 제8조

④ 사용자는 근로계약에 덧붙여 강제 저축 또는 저축금의 관리를 규정하는 계약을 체결하지 못한다.

근로기준법 제22조 제1항

## 34 난이도 상

■ 사회법 일반 – 산업재해보상보험법의 내용

**산업재해보상보험법의 내용에 관한 설명으로 옳은 것은?**

① 산업재해보상보험법에 따른 보험 관계의 성립과 소멸에 대하여는 보험료징수법으로 정하는 바에 따른다.

> 산업재해보상보험법 제7조

② 보험급여의 결정과 지급은 근로복지공단의 사업 범위에 해당하지 않는다.

> 보험급여의 결정과 지급은 근로복지공단의 사업 범위에 해당한다(산업재해보상보험법 제11조 제1항 제3호).

③ 산업재해보상보험법에 따른 산업재해보상보험 사업은 금융위원회 위원장이 관장한다.

> 산업재해보상보험법에 따른 산업재해보상보험 사업은 고용노동부장관이 관장한다(산업재해보상보험법 제2조 제1항).

④ 근로복지공단은 조합으로 한다.

> 근로복지공단은 법인으로 한다(산업재해보상보험법 제12조).

## 35 난이도 하

■ 사회법 일반 – 사회보험의 종류

**사회보험에 해당되지 않은 것은?**

① 국민연금
② 고용보험
③ 산업재해보상보험
④ **자동차보험**

> 자동차보험은 사회보험에 해당하지 않는다. 사회보험에는 국민연금, 국민건강보험, 산업재해보상보험, 고용보험 등이 있다.

## 36  난이도 하                          ■사회법 일반 - 사회보장기본법의 내용

사회보장기본법에 관한 설명으로 옳지 않은 것은?

① 사회보장수급권은 타인에게 양도하거나 담보로 제공할 수는 있지만, 이를 압류할 수는 없다.

> 사회보장수급권은 관계법령에서 정하는 바에 따라 다른 사람에게 양도하거나 담보로 제공할 수 없으며, 이를 압류할 수 없다(사회보장기본법 제12조).

② 사회보장수급권의 포기는 취소할 수 있다.

> 사회보장기본법 제14조 제2항

③ 국가는 관계법령에서 정하는 바에 따라 최저보장수준과 최저임금을 매년 공표하여야 한다.

> 사회보장기본법 제10조 제2항

④ 사회보장에 관한 주요 시책을 심의·조정하기 위하여 국무총리 소속으로 사회보장위원회를 둔다.

> 사회보장기본법 제20조 제1항

## 37  난이도 하                          ■행정법 일반 - 행정입법

행정조직 내부에서 그 조직과 활동 등 행정의 사무처리 기준을 규율하는 일반·추상적 명령으로서 법규적 성질을 갖지 않는 것은?

① 행정규칙

> 설문의 내용은 행정규칙에 관한 설명이다.

② 법규명령

> 행정기관이 국민의 권리·의무에 관한 사항을 규정하는 것으로 대국민적 구속력을 갖는다.

③ 행정지도

> 행정주체가 지도·조언·권고 등의 방법으로 국민이나 기타 관계자의 행동을 유도하여 그 의도하는 바를 실현하기 위하여 행하는 비권력적 사실행위이다(예 물가의 억제를 위한 지도, 장학지도, 중소기업의 기술지도 등).

④ 행정상 사실행위

> 일정한 법률효과의 발생을 목적으로 하는 것이 아니라 직접적으로는 일정한 사실상의 결과만을 발생하게 하는 행정주체의 일체의 행위형식이다(예 행정지도, 공물·영조물의 설치·관리행위, 행정조사, 즉시강제, 대집행 실행행위, 쓰레기 수거, 학교 수업 등).

## 38 난이도 하 ▮행정법 일반 – 행정법의 기본원리 및 일반원칙

**다음 설명에 해당하는 행정의 법 원칙은?**

> 행정작용은 법률에 위반되어서는 아니 되며, 국민의 권리를 제한하거나 의무를 부과하는 경우와 그 밖에 국민생활에 중요한 영향을 미치는 경우에는 법률에 근거하여야 한다.

① 비례의 원칙

> 행정작용에 있어서 행정목적과 행정수단 사이에는 합리적인 비례관계가 있어야 한다는 원칙을 의미한다(행정기본법 제10조).

② 부당결부금지의 원칙

> 행정기관이 행정권을 행사함에 있어서 그것과 실질적인 관련이 없는 반대급부를 결부시켜서는 안 된다는 원칙을 의미한다(행정기본법 제13조).

③ **법치행정의 원칙**

> 제시된 내용은 법률우위의 원칙과 법률유보의 원칙을 그 내용으로 하는 법치행정의 원칙에 관한 설명에 해당한다(행정기본법 제8조).

④ 신뢰보호의 원칙

> 행정기관의 어떠한 언동(言動)에 대해 국민이 신뢰를 갖게 된 경우 그 신뢰가 보호가치가 있는 경우 보호해 주어야 한다는 원칙을 의미한다(행정기본법 제12조).

## 39 난이도 하 | 행정법 일반 – 행정상 강제집행

의무자가 행정상 의무 중 금전급부의무를 이행하지 아니하는 경우 행정청이 의무자의 재산에 실력을 행사하여 그 행정상 의무가 실현된 것과 같은 상태를 실현하는 행정상 강제수단은?

① 과징금

> 행정상의 제재수단으로써 과징금은 행정벌(행정형벌, 행정질서벌) 이외의 금전상의 제재이다.

② **강제징수**

> 행정상 강제집행 중 강제징수에 관한 설명이다. 미납된 세금의 강제징수를 그 예로 들 수 있다.

③ 과태료

> 과태료는 행정벌 중 행정질서벌에 해당하는 행정상의 제재수단이다.

④ 이행강제금

> 이행강제금(집행벌)은 행정상 강제집행에 해당하는 행정강제이다.


## 40 난이도 하 | 행정법 일반 – 행정행위

법률행위적 행정행위에 해당하지 않는 것은?

① 허가
② 특허
③ **통지**

> 통지는 준법률행위적 행정행위에 해당한다. 허가는 명령적 행정행위로, 특허와 인가는 형성적 행정행위로 법률행위적 행정행위에 해당한다.

④ 인가

**핵심만콕  행정행위의 구분**

| | | |
|---|---|---|
| 법률행위적 행정행위 | 명령적 행위 | 하명, 허가, 면제 |
| | 형성적 행위 | 특허, 인가, 대리 |
| 준법률행위적 행정행위 | | 확인, 공증, 통지, 수리 |

# 2023년 민간경비론

문제편 044p

## 정답 CHECK

| 41 | 42 | 43 | 44 | 45 | 46 | 47 | 48 | 49 | 50 | 51 | 52 | 53 | 54 | 55 | 56 | 57 | 58 | 59 | 60 |
|---|---|---|---|---|---|---|---|---|---|---|---|---|---|---|---|---|---|---|---|
| ③ | ④ | ④ | ③ | ② | ③ | ④ | ④ | ② | ③ | ② | ④ | ③ | ① | ③ | ③ | ④ | ② | ① | ① |
| 61 | 62 | 63 | 64 | 65 | 66 | 67 | 68 | 69 | 70 | 71 | 72 | 73 | 74 | 75 | 76 | 77 | 78 | 79 | 80 |
| ④ | ③ | ② | ④ | ② | ③ | ② | ① | ② | ④ | ③ | ① | ② | ④ | ③ | ① | ④ | ② | ① | ② |

### 41  난이도 하                          ▌민간경비 개설 - 민간경비와 공경비의 제관계

**민간경비와 공경비에 관한 내용으로 옳지 않은 것은?**

① 민간경비와 공경비의 영역이 뚜렷하고 확실하게 구분되는 것은 아니다.
② 범죄와 관련한 치안서비스를 제공한다는 점에서 민간경비와 공경비의 역할은 유사하다.
③ **민간경비와 공경비 모두 의뢰자로부터 받은 대가 내지 보수만큼만 자신의 역할과 기능을 수행한다.**

> 공경비는 주로 공공의 이익을 위해 행해지나, 민간경비는 특정한 의뢰인을 위해 행해진다.

④ 사회가 다원화되면서 민간경비의 중요성이 강조되고 있다.

### 42  난이도 하                          ▌민간경비 개설 - 민간경비 성장의 이론적 배경

**민간경비의 성장에 관한 이론적 설명으로 옳지 않은 것은?**

① 경제환원이론은 경기변동의 영향을 받아 민간경비가 성장한다는 이론이다.
② 공동생산이론은 경찰과 민간이 치안서비스를 공동으로 생산한다는 이론이다.
③ 공동화이론은 공경비 자원의 한계로 발생하는 치안서비스 수요의 공백을 민간경비가 채워준다는 이론이다.
④ **이익집단이론은 공동화이론과 유사하나 공경비가 독립적 행위자로서의 고유영역을 가진다는 점을 강조한 이론이다.**

> 이익집단이론은 경제환원론적 이론이나 공동화이론을 부정하는 입장에서 '그냥 내버려두면 보호받지 못한 채로 방치될 만한 재산을 민간경비가 보호한다'는 이론으로, 민간경비도 자신의 집단적 이익을 극대화하기 위해 규모를 팽창시키고 새로운 규율이나 제도를 창출시키는 등의 노력을 해야 한다고 주장한다.

> **핵심만 콕** 민간경비 성장의 이론적 배경 ★★

- **경제환원론** : 특정한 사회현상이 직접적으로는 경제와 무관한 것임에도 불구하고 그 발생원인을 경제문제에서 찾으려는 이론으로, 경기침체로 인해 실업자가 늘어나면 자연적으로 범죄가 증가하고, 이에 민간경비가 직접 범죄에 대응하게 됨으로써 민간경비시장이 성장·발전한다고 주장한다.
- **공동화이론** : 경찰이 수행하고 있는 경찰 본연의 기능이나 역할을 민간경비가 보완·대체한다는 이론으로, 경찰의 범죄예 방능력이 국민의 욕구를 충족시키지 못할 때의 공동상태(Gap)를 민간경비가 보충함으로써 민간경비시장이 성장한다고 주장한다.
- **이익집단이론** : 경제환원론적 이론이나 공동화이론을 부정하는 입장에서 '그냥 내버려두면 보호받지 못한 채로 방치될 만한 재산을 민간경비가 보호한다'는 이론으로, 민간경비도 자신의 집단적 이익을 극대화하기 위해 규모를 팽창시키고 새로운 규율이나 제도를 창출시키는 등의 노력을 해야 한다고 주장한다.
- **수익자부담이론** : 자본주의사회에 있어 경찰의 공권력 작용은 원칙적으로 거시적 측면에서 질서유지나 체제수호 등과 같은 역할과 기능으로 한정시키고, 사회구성원 개개인 차원이나 여타 집단과 조직 등의 안전과 보호는 결국 해당 개인이나 조직이 담당하여야 한다는 인식에 기초한 이론이다.
- **민영화이론** : 1980년대 이후 복지국가의 이념에 대한 반성으로서 국가독점에 의한 비효율성을 극복하고자 시장경쟁논리를 도입한 이론으로, 민영화는 공공지출과 행정비용의 감소효과를 유발하기 위한 방법이다.
- **공동생산이론** : 민간경비를 공경비의 보조적 차원이 아닌 주체적 차원으로 인식하는 이론으로, 경찰이 안고 있는 한계를 일부 극복하고, 시민의 안전욕구를 증대시키기 위해 민간부문의 능동적 참여를 다각적으로 유도한다.

## 43 난이도 중　　　　　　　　　　　　　　　　　　　　　　　　　민간경비 개설 – 민간경비 성장의 이론적 배경

**수익자부담이론에 관한 설명으로 옳지 않은 것은?**

① 경찰의 근본적 역할 및 기능은 개인의 안전과 사유재산의 보호에 있다는 일반적 통념에 의문을 제기하면서 출발한다.
② 자본주의 사회에서 경찰의 공권력 작용은 질서유지와 체제수호와 같은 거시적 역할 및 기능에 한정시켜야 한다고 주장한다.
③ 사회구성원으로서의 개인이나 집단의 안전과 보호는 결국 해당 개인이나 집단이 담당하여야 한다고 주장한다.
④ **경기침체에 따른 국민소득 감소 및 치안비용 부담의 증가와 함께 주장되었다.**

> 수익자부담이론은 민간경비의 발전을 전반적인 국민소득의 증가, 경비개념에 대한 사회적인 인식의 변화, 실질적인 범죄의 증가, 민간경비 제도나 서비스의 유용성에 대한 인식변화 등이 갖추어졌을 때 가능하다고 본다.

## 44 난이도 하　　　■ 세계 각국의 민간경비 – 각국 민간경비의 역사적 발전

**각국의 민간경비산업에 관한 설명으로 옳지 않은 것은?**

① 미국은 제2차 세계대전 중 전쟁수요에 힘입어 한층 더 확대되었다.

> 미국은 제2차 세계대전으로 군수산업이 발전하였으며, 이후에 전자, 기계, 전기공업의 발달로 기계경비산업의 발전적 토대를 마련하였다.

② 일본은 1964년 동경올림픽과 1970년 오사카만국박람회 개최 후 급속하게 발전하였다.

> 일본의 민간경비산업은 1964년 동경올림픽과 1970년 오사카만국박람회를 계기로 급성장하였다.

③ <u>한국은 1960년대 경제발전과 더불어 급속하게 성장하였다.</u>

> 한국의 민간경비산업은 <u>1980년대 중반부터</u> 본격적으로 발전하기 시작하였다.

④ 독일은 1990년대 통일 후 치안수요의 증가로 인해 양적으로 확산되었다.

> 독일은 통일 직후 구 동독지역의 치안수요의 증가로 인하여 서독지역에서 성업 중이던 민간회사들이 대거 진출하기 시작하면서 민간경비산업이 양적으로 성장하였다.


## 45 난이도 상　　　■ 세계 각국의 민간경비 – 미국의 민간경비 발전과정

**미국의 민간경비 발전과정에 기여한 인물을 모두 고른 것은?**

> ㄱ. 포프(A. Pope)
> > (○) 포프(A. Pope)는 1853년 최초로 전자 도난방지 경보시스템의 특허를 받았으며, 이를 에드윈 홈즈(E. Holmes)에게 판매하였다.
>
> ㄴ. 브링크(W. Brink)
> > (○) 브링크(W. Brink)는 전 세계 귀중품 운송서비스로 유명한 다국적 기업인 브링크스 주식회사를 설립하였다.
>
> ㄷ. 허즈버그(F. Herzberg)
> > (×) 허즈버그(F. Herzberg)는 2요인 이론을 발표하여 위생요인과 동기요인을 중심으로 동기부여를 설명하였다.
>
> ㄹ. 웰즈(H. Wells)
> > (○) 웰즈(H. Wells)는 파고(W. Fargo)와 1852년 Wells Fargo and Company를 설립하여 미주리주의 서부지역에서 형사 및 보호서비스를 제공하였다.

① ㄱ, ㄷ
② <u>ㄱ, ㄴ, ㄹ</u>

> 제시된 인물 중 미국의 민간경비 발전과정에 기여한 인물은 ㄱ, ㄴ, ㄹ이다.

③ ㄴ, ㄷ, ㄹ
④ ㄱ, ㄴ, ㄷ, ㄹ

## 46 난이도 하

**민간경비 개설 – 민간경비의 민영화**

민간경비의 민영화에 관한 설명으로 옳지 않은 것은?

① 국가권력의 시장개입을 비판하고 작은 정부를 지향하는 신자유주의적 흐름을 반영한다.
② 공경비의 일부 활동을 민간에 이전하여 민간경비로 전환하는 것도 민영화이다.
③ **민영화는 모든 부문에서의 배타적 자율화를 의미하며 국가권력의 개입이 전적으로 배제된다.**

> 민영화는 모든 부문에서의 배타적 자율화를 의미하지는 않으며, 국가권력의 개입이 전적으로 배제되지도 않는다.

④ 대규모 행사의 안전관리에 참여하여 공권력의 부담을 감소시키는 것도 민영화이다.

## 47 난이도 중

**세계 각국의 민간경비 – 민간경비의 역사적 발전과정**

민간경비의 역사적 발전과정에 관한 설명으로 옳지 않은 것은?

① 규환제도(Hue and Cry)는 범죄 대응 시 시민의 도움을 의무화하였다.
② 레지스 헨리시 법(The Legis Henrici Law)은 모든 범죄를 국왕의 안녕질서에 대한 도전으로 보았다.
③ 보우가 주자들(Bow Street Runners)의 운영을 통해 범죄예방에 있어서 시민의 자발적 단결이 중요시되었다.
④ **핑커톤(A. Pinkerton)은 민간경비회사가 노사분규에 지속적으로 개입하는 것을 정당화하고 지지하였다.**

> 출제자는 '핑커톤(A. Pinkerton)은 민간경비회사가 노사분규에 지속적으로 개입하는 것을 정당화하고 지지하지는 않았다'고 보아 옳지 않은 내용으로 판단하였다. 문헌에서는 ④와 같은 내용을 직접적으로 확인할 수는 없는데, 역사적으로 핑커톤(1819~1884)은 남북전쟁(1861~1865) 종료 후 노동자 파업을 저지하는 업무를 맡았으며, 파업에 대한 과격한 진압으로 인하여 악명이 높았다. 다만, 핑커톤이 노동조합의 극단적인 행동을 막기 위하여 노동조합의 파업 등에 적극적으로 개입하였다고 주장하는 해석이 있는데, 이에 의하면 민간경비회사가 노사분규에 지속적으로 개입하는 것을 정당화하고 지지하지는 않았다고 평가할 수 있는 측면이 있어 보인다. 참고로 핑커톤 사후 발생한 홈스테드(Homestead) 파업분쇄사건(1892)을 통하여, 연방정부는 어떠한 일이 있어도 경비회사로부터 사람을 고용해서는 안된다는 '반 핑커톤 법률'을 제정하기에 이르렀다.

## 48　난이도 중　　세계 각국의 민간경비 – 우리나라 민간경비의 발전과정

**우리나라 민간경비의 발전과정에 관한 설명으로 옳지 않은 것은?**

① 1950년대 주한미군에 대한 군납경비의 형태로 태동하였다.

> 한국의 용역경비는 1950년대부터 미군의 군납형태로 제한적으로 실시되었으며[1953년 용진보안공사, 1958년 영화기업(주), 1959년 신원기업(주)], 1962년 화영기업과 경원기업이 미8군부대의 용역경비를 담당한 것이 현대적 의미의 민간경비의 효시라 할 수 있다.

② 1960년대 국가중요시설에 대한 경비문제가 중요하게 대두되면서 청원경찰법이 제정되었다.

> 국가중요시설에 대한 경비문제가 중요하게 대두되어 1962.4.3. 청원경찰법을 제정하였다.

③ 1970년대 용역경비업법이 제정되면서 민간경비는 제도적 틀에서 보호받기 시작하였다.

> 청원경찰법(1962)과 용역경비업법(1976)이 제정되어 제도적인 발전의 기틀을 마련하였다.

④ **1980년대 대기업이 민간경비산업에 진출하면서 무인경비시설이 확대되기 시작하였다.**

> 우리나라에서 무인경비(無人警備)는 1990년대 은행자동화코너로 최초 개시되었다.

## 49　난이도 하　　민간경비산업의 과제와 전망 – 민간경비산업의 미래에 관한 예측

**우리나라 민간경비산업의 미래에 관한 예측으로 옳은 것은?**

① 고객의 수가 증가하면서 모든 경비업체의 매출이 증가할 것이다.

> 민간경비의 수요 및 시장규모가 전국에 걸쳐 보편화되었다기보다는 일부 지역에 편중되어 있어 모든 경비업체의 매출이 증가하는 것은 아니다.

② **정보화사회의 발전에 따른 첨단범죄의 증가로 이에 대응하는 민간경비의 전문성이 요구될 것이다.**

> 컴퓨터와 인터넷의 발달로 사이버상의 범죄가 날로 증가하고 있어, 이에 대응하는 민간경비의 전문인력의 확충이 중요시될 것이다.

③ 대규모 주상복합시설이 등장하면서 범죄라는 위험에 집중할 수 있는 단일대응체계가 확립될 것이다.

> 대규모 주상복합시설이 등장하면서 단일대응체계보다는 화재예방, 건축물 안전관리, 무단침입자에 대한 탐지와 차단, 접근통제, CCTV 등에 의한 감시시스템, 경비순찰 등 특별한 유기적인 안전관리시스템이 구축되어야 한다.

④ 대기업의 참여가 감소하면서 참여주체가 중소기업으로 전환될 것이다.

> 1980년대 대기업의 참여로 민간경비산업은 본격적으로 발전하기 시작하였으며, 이러한 경향은 앞으로도 계속될 것이다.

## 50  난이도 하     ▮세계 각국의 민간경비 - 각국 민간경비의 법적 관계

**각국 민간경비의 법적 관계에 관한 설명으로 옳지 않은 것은?**

① 미국은 주정부 또는 지방자치단체 차원에서 규제가 이뤄지다 보니 주에 따라 민간경비업의 규제방식과 실태가 다르다.

② 일본은 경비업법 제정을 통하여 민간경비업에 대한 규제사항을 정립하고 안전사회의 기반을 형성하는 산업으로 발전하였다.

③ <u>호주는 독립된 '민간경비산업위원회(Security Industry Authority)'를 통하여 민간경비업을 통합 및 규제한다.</u>

> '민간경비산업위원회'(SIA ; Security Industry Authority)는 2001년 영국에서 제정된 '민간경비산업법'(PSIA ; Private Security Industry Act)에 근거하여 설치된 기구이다. 이 위원회는 일종의 '비정부공공기관'(NDPB ; Non Departmental Public Body)으로서 내무부에 보고하는 독립된 관리감독기관으로서의 성격을 가지며, 두 가지 중요한 책무를 가지고 있다. 첫째, 민간경비산업 관련분야에서 활동하는 종사자들에 대해 강제적·의무적 자격증을 취득하도록 하는 것이며, 둘째, '계약경비를 하는 경비업체에 대한 인증제도'(ACS ; Approved Contractor Scheme)를 위원회가 관리함으로써 종래 관련업체들이 독립적으로 평가기준을 설정하는 것을 조정·통제하는 것이다.
> 〈출처〉 최선우, 한국공안행정학회회보 제23권 제2호, 2014.1, P. 241~264

④ 한국에서 민간경비원은 사법(私法)적 규율의 대상이므로 사인(私人)적 지위에 불과하다.

## 51  난이도 하     ▮민간경비의 환경 - 국내 치안여건의 변화(우리나라 치안환경의 변화)

**우리나라 치안환경의 변화로 옳지 않은 것은?**

① 인구의 고령화로 인하여 노인범죄 및 노인대상범죄가 증가하고 있다.

② <u>전체적으로 도시와 농촌 간의 범죄 발생차이가 적어 통일적인 치안활동이 요구된다.</u>

> 전체적으로 도시와 농촌 간의 범죄 발생차이가 상당하므로 차별화된 치안활동이 요구된다.

③ 다문화 사회 및 인구구조의 글로벌화로 외국인 근로자 및 불법체류자 등에 의한 범죄가 증가하고 있다.

④ 빈부격차의 심화와 사회 해체적 범죄 양상이 나타나고 있다.

## 52 난이도 하 ┃민간경비산업의 과제와 전망 – 경찰과 민간경비의 협력증진 방안

**우리나라 민간경비와 경찰의 협력방안으로 옳지 않은 것은?**

① 지역방범활동 협력 강화
② 상호 정보교환 네트워크 구축
③ 공공안전과 관련된 교육훈련 등의 지속적 교환
④ **경찰의 민간경비 겸업화**

> 경찰의 민간경비 겸업화는 민간경비와 경찰의 협력방안으로 볼 수 없다.

## 53 난이도 중 ┃세계 각국의 민간경비 – 각국 민간경비산업 현황(민간경비업무의 자격증제도)

**민간경비업무의 자격증제도에 관한 설명으로 옳지 않은 것은?**

① 미국은 대다수 주에서 민간경비 서비스에 대한 자격증제도를 두고 있으며 점차 증가 추세에 있다.
② 일본은 6개 경비업무 영역에 걸쳐 자격증제도를 운영하고 있다.
③ **한국은 청원경찰제도를 운영하고 있으며, 청원경찰이 되기 위해서는 경비지도사 자격증을 소지하여야 한다.**

> 한국은 1962.4.3. 청원경찰법을 제정하여 청원경찰제도를 도입·운영하고 있으나 **청원경찰이 되기 위해서 경비지도사 자격증을 소지하여야 하는 것은 아니다.**

④ 민간경비업무 관련 자격증제도는 경비원의 업무능력 유무를 공식적으로 인정하는 것으로 적절한 경비업무를 수행할 수 있도록 한다.

## 54 난이도 하 ┃민간경비의 조직 – 민간경비의 유형(기계경비의 장·단점)

**기계경비의 장·단점에 관한 설명으로 옳지 않은 것은?**

① **기계경비를 운영하는 경우 잠재적 범죄자에 대한 예방 효과는 미미하다.**

> 기계경비를 운영하는 경우 잠재적 범죄자에 대한 예방 효과(경고 효과)가 크다.

② 장기적으로 경비 소요비용의 절감 효과를 가져온다.
③ 기계경비를 너무 맹신하였을 때 범죄자에게 역이용될 가능성이 있다.
④ 외부 침입을 정확하게 탐지하고 신속하게 대응할 수 있다.

## 55 난이도 하 | 민간경비의 조직 - 민간경비의 유형(호송경비업무)

**우리나라 호송경비업무에 관한 설명으로 옳은 것은?**

① 1995년 경비업법 개정으로 도입되었다.

> 호송경비업무의 내용은 1976.12.31. 용역경비업법 제정 시부터 도입되었으나, '호송경비업무'라는 명칭으로는 1995.12.30. 법 개정 시부터 실시되었다.

② 경비인력 기준은 무술유단자인 일반경비원 3명 이상, 경비지도사 1명 이상이다.

> 호송경비업무의 경우 경비인력 기준은 무술유단자인 일반경비원 5명 이상, 경비지도사 1명 이상이다(경비업법 시행령 [별표 1] 제2호).

③ 운반 중에 있는 현금·유가증권·귀금속·상품 그 밖의 물건에 대하여 도난·화재 등 위험발생을 방지하는 업무를 의미한다.

> 경비업법 제2조 제1호 나목

④ 업무수행을 위해 관할경찰서의 협조를 얻고자 하는 때에는 현금 등의 운반을 위한 도착 전일까지 도착지의 경찰서장에게 호송경비통지서(전자문서로 된 통지서를 포함한다)를 제출하여야 한다.

> 호송경비업무를 수행하기 위하여 관할경찰서의 협조를 얻고자 하는 때에는 현금 등의 운반을 위한 출발 전일까지 출발지의 경찰서장에게 별지 제1호 서식의 호송경비통지서(전자문서로 된 통지서를 포함한다)를 제출하여야 한다(경비업법 시행규칙 제2조).

## 56 난이도 하 | 민간경비의 조직 - 민간경비의 유형(계약경비와 자체경비)

**계약경비와 자체경비에 관한 설명으로 옳은 것은?**

① 자체경비는 경비부서에서 오래 근무함으로써 회사운영, 매출, 인사 등에 관한 지식이 높아 여러 부분에서 계약경비보다 비용이 적게 든다.

> 자체경비의 경우 경비부서에서 오래 근무함으로써 회사운영, 매출, 인사 등에 관한 지식이 높다는 장점이 있으나, 계약경비보다는 인사관리 및 행정관리가 힘들고 비용이 많이 든다는 단점이 있다.

② 계약경비는 자체경비에 비해 고용주나 회사에 대하여 상대적으로 충성심이 높다.

> 자체경비가 계약경비에 비해 고용주나 회사에 대하여 상대적으로 충성심이 높다.

③ 계약경비는 자체경비에 비해 비상시 인적자원을 탄력적으로 운영할 수 있다.

> 비상시 인적자원을 탄력적으로 운영할 수 있는 것은 계약경비의 장점이다.

④ 자체경비는 인사관리 측면에서 결원의 보충이 용이하다.

> 인사관리 측면에서 결원의 보충이 용이한 것은 계약경비의 장점이다.

## 57  난이도 하   ▎민간경비의 조직 – 민간경비의 유형(혼잡경비)   기출수정

**혼잡경비에 관한 설명으로 옳지 않은 것은?**

① 일본은 경비업법 제2조 제2호 업무에 혼잡경비를 규정하고 있다.
② 한국은 경비업법에서 혼잡・교통유도경비업무를 경비업무의 한 유형으로 규정하고 있다.
③ 혼잡경비는 각종 행사를 위해 모인 불특정 군중에 의해 발생되는 혼란 상태를 사전에 예방・경계하고, 위험한 사태가 발생한 경우에 신속하게 조치해 확대를 방지하는 경비활동이다.
④ <u>혼잡경비업무의 대상은 장소와 시설에 국한된다.</u>

> <u>혼잡경비는 경비대상에 따라 여러 가지 유형으로 분류할 수 있는데, 대표적으로 교통유도경비와 이벤트경비</u>(86아시안게임, 88서울올림픽, 93대전엑스포, 2002한・일 공동월드컵 등)가 있다. 이 중 이벤트 경비업무는 크게 이벤트 행사에 참석한 '참가자를 대상으로 한 경비'와 '시설과 장소를 대상으로 한 경비'로 구분할 수가 있다. 이에 따라 <u>혼잡경비업무의 대상은 장소와 시설에 국한되지 않는다고 볼 수 있다.</u>
>
> 〈참고〉 박성수, 「민간경비론」, 윤성사, 2021, P. 202~203

## 58  난이도 하   ▎민간경비의 조직 – 경비원 교육 등(민간경비의 교육훈련)

**민간경비의 교육훈련에 관한 설명으로 옳지 않은 것은?**

① 직무수행에 필요한 지식과 기술 습득, 일반능력 개발, 가치관의 발전적 변화를 촉진하는 계획적 활동이다.
② <u>조직적 통제와 조정의 필요성을 증가시키게 된다.</u>

> <u>민간경비원에 대한 체계적인 교육훈련이 실시되는 경우</u> 민간경비원이 조직규범을 잘 숙지하고, 스스로 업무를 잘 수행할 수 있으므로, <u>조직적 통제와 조정의 필요성은 감소하게 된다.</u>

③ 경영적 측면에서는 경영전략의 전개에 필요한 인력의 확보, 기업문화의 전승을 위해서 실시되는 것이다.
④ 개인적 측면에서는 개개인이 보유한 잠재능력을 개발・육성하고, 직장생활 능력 및 사회적 능력을 향상시키는 전인교육을 지향해야 한다.

## 59 난이도 하

경비업법상 경비원 교육에 관한 설명으로 옳지 않은 것은?

① 특수경비원의 교육 시 관할 시·도 경찰청 소속 경찰공무원이 교육기관에 입회하여 대통령령이 정하는 바에 따라 지도·감독하여야 한다.

> 특수경비원의 교육 시 관할 경찰서 소속 경찰공무원이 교육기관에 입회하여 대통령령이 정하는 바에 따라 지도·감독하여야 한다(경비업법 제13조 제4항).

② 경비업자는 경비업무를 적정하게 실시하기 위하여 경비원으로 하여금 대통령령으로 정하는 바에 따라 경비원 신임교육 및 직무교육을 받게 하여야 한다.

> 경비업법 제13조 제1항 본문

③ 경비원이 되려는 사람은 대통령령으로 정하는 교육기관에서 미리 일반경비원 신임교육을 받을 수 있다.

> 경비업법 제13조 제2항

④ 특수경비업자는 대통령령으로 정하는 바에 따라 특수경비원으로 하여금 특수경비원 신임교육과 정기적인 직무교육을 받게 하여야 한다.

> 경비업법 제13조 제3항 전문

## 60 난이도 하  |민간경비의 조직 – 경비원 직업윤리(민간경비원의 윤리의식 제고방안)

민간경비원의 윤리의식 제고방안으로 옳지 않은 것은?

① 선발기준 완화

> 선발기준 강화가 민간경비원 윤리의식 제고방안이다.

② 직업윤리의 법제화
③ 법령 준수의식 제고
④ 직무교육 강화

## 61 난이도 하  |민간경비의 조직 – 경비원 교육 등(경비지도사 교육과목)

경비업법령상 일반경비지도사 자격취득 교육과목으로 옳지 않은 것은?  [기출수정]

① 특수경비
② 체포·호신술
③ 혼잡·다중운집 인파 관리
④ 인력경비개론

> 인력경비개론은 기계경비지도사의 자격취득 교육과목이다.

**관계법령** 경비지도사 교육의 과목 및 시간(경비업법 시행규칙 [별표 1]) <개정 2024.8.14.>

| 구분(교육시간) | | 과목 |
|---|---|---|
| 공통교육<br>(22h) | | 「경비업법」, 「경찰관직무집행법」, 「도로교통법」 등 관계법령 및 「개인정보보호법」에 따른 개인정보보호지침 등(4h), 실무Ⅰ(4h), 실무Ⅱ(3h), 범죄·테러·재난 대응요령 및 화재대처법(2h), 응급처치법(2h), 직업윤리 및 인권보호(2h), 체포·호신술(2h), 입교식, 평가 및 수료식(3h) |
| 자격의<br>종류별 교육<br>(18h) | 일반경비지도사 | 시설경비(3h), 호송경비(2h), 신변보호(2h), 특수경비(2h), 혼잡·다중운집 인파 관리(2h), 교통안전 관리(2h), 일반경비 현장실습(5h) |
| | 기계경비지도사 | 기계경비 운용관리(4h), 기계경비 기획 및 설계(4h), 인력경비개론(5h), 기계경비 현장실습(5h) |
| 계 | | 40h |

※ 비고 : 다음 각호의 사람이 기본교육을 받는 경우 공통교육은 면제한다.
  1. 일반경비지도사 자격을 취득한 후 3년 이내에 기계경비지도사 시험에 합격한 사람
  2. 기계경비지도사 자격을 취득한 후 3년 이내에 일반경비지도사 시험에 합격한 사람

## 62 난이도 하 | 민간경비의 조직 - 경비위해요소

**경비위해요소에 관한 설명으로 옳지 않은 것은?**

① 자연적 위해에는 홍수, 폭풍, 지진 등이 있다.
② 경비위해요소 분석단계는 위해요소 인지, 손실발생 예측, 위해정도 평가, 비용효과 분석 순이다.
③ <u>인위적 위해란 특정 지역 및 국가 등에 따라 성질이나 유형이 다양하게 나타나는 위해이다.</u>

> 특정한 위해에 관한 설명이다.

④ 효과적인 경비프로그램을 실행하기 위해서는 경비위해요소 조사와 분석이 선행되어야 한다.

**핵심만콕 경비위해요소의 형태**

| | |
|---|---|
| 자연적 위해 | 자연현상에 의해 야기되는 위해를 말한다. 대량의 인명피해와 재산피해를 야기한다.<br>예 폭풍, 지진, 홍수, 폭염, 폭설 등 |
| 인위적 위해 | 사람들의 작위 또는 부작위에 의하여 야기되는 위해를 말한다.<br>예 신체를 위협하는 범죄, 절도, 좀도둑, 사기, 횡령, 폭행, 태업, 시민폭동, 폭탄위협, 화재, 안전사고, 기타 특정 상황에서 공공연하게 발생하는 폭력 등 |
| 특정한 위해 | 특정 시설물 또는 지역, 국가 등에 따라 성질이나 유형이 다양하게 나타나는 위해를 말한다.<br>예 원자력발전소의 방사능 누출 위험, 화학공장의 화학적 화재나 폭발의 위험, 백화점의 들치기나 내부 절도에 의한 잠재적 손실 등 |

## 63 난이도 하 | 경비와 시설보호의 기본원칙 - 경비계획 수립 시 고려사항

**경비계획을 수립함에 있어 고려해야 할 사항으로 옳지 않은 것은?**

① 건물에는 정교하면서도 파손되기 어려운 잠금장치를 설치해야 한다.
② <u>경비실은 출입구와 비상구에 인접한 곳에 설치해야 한다.</u>

> 출입구와 비상구에 인접한 곳에 설치해야 하는 것은 경비원 대기실이다. 경비실은 가능한 한 건물에서 통행이 많은 곳에 설치해야 한다.

③ 경비계획 과정에는 관련 분야나 계층의 충분한 참여가 이루어져야 한다.
④ 경비진단결과 나타난 손실발생의 가능성을 고려해야 한다.

## 64 난이도 하

**경비와 시설보호의 기본원칙 - 경비계획의 수준**

일정한 형식이 전혀 없는 외부와 내부의 이상행동 및 침입을 감지하고 저지, 방어, 대응공격을 위한 경비수준은?

① 하위수준경비(Level-Ⅱ)
② 중간수준경비(Level-Ⅲ)
③ 상위수준경비(Level-Ⅳ)
④ **최고수준경비(Level-Ⅴ)**

최고수준경비(Level-Ⅴ)에 관한 설명이다.

### 핵심만콕 경비의 중요도에 따른 분류(경비계획의 수준)

| 구분 | 내용 |
|---|---|
| 최저수준경비 (Level Ⅰ) | 일정한 패턴이 없는 불법적인 외부침입을 방해할 수 있도록 계획된 경비시스템으로, 보통 출입문, 자물쇠를 갖춘 창문과 같은 단순한 물리적 장벽이 설치된다.<br>예 일반가정 등 |
| 하위수준경비 (Level Ⅱ) | 일정한 패턴이 없는 불법적인 외부침입을 방해하고 탐지할 수 있도록 계획된 경비시스템으로, 일단 최저수준경비의 단순한 물리적 장벽이 설치되고, 거기에 보강된 출입문, 창문의 창살, 보다 복잡한 수준의 자물쇠, 조명시스템, 기본적인 경보시스템 및 안전장치가 설치된다.<br>예 작은 소매상점, 저장창고 등 |
| 중간수준경비 (Level Ⅲ) | 대부분의 패턴이 없는 불법적인 외부침입과 일정한 패턴이 없는 일부 내부침입을 방해·탐지·사정할 수 있도록 계획된 경비시스템으로, 경계지역의 보다 높은 수준의 물리적 장벽, 보다 발전된 원거리 경보시스템, 기본적인 의사소통장비를 갖춘 경비원 등을 갖추고 있다.<br>예 큰 물품창고, 제조공장, 대형소매점 등 |
| 상위수준경비 (Level Ⅳ) | 대부분의 패턴이 없는 외부 및 내부의 침입을 발견·저지·방어·예방할 수 있도록 계획된 경비시스템으로, CCTV, 경계경보시스템, 고도의 조명시스템, 고도로 훈련받은 무장경비원, 경비원과 경찰의 협력시스템 등을 갖추고 있다.<br>예 교도소, 제약회사, 전자회사 등 |
| 최고수준경비 (Level Ⅴ) | 일정한 패턴이 전혀 없는 외부 및 내부의 침입을 발견·억제·사정·무력화할 수 있도록 계획된 경비시스템으로, 최첨단의 경보시스템과 현장에서 즉시 대응할 수 있는 24시간 무장체계 등을 갖추고 있다.<br>예 핵시설물, 중요 군사시설 및 교도소, 정부의 특별연구기관, 일부 외국 대사관 등 |

## 65 난이도 하 ▮경비와 시설보호의 기본원칙 - 외곽경비

**외곽경비에 관한 설명으로 옳은 것은?**

① 경비조명은 시설물에 대한 감시활동보다는 미적인 효과가 더 중요하다.

경비조명은 미적인 효과보다는 시설물에 대한 감시활동이 더 중요하다.

❷ 건물의 측면이나 후면 등 눈에 잘 띄지 않는 건물외벽에는 주기적인 순찰과 함께 CCTV 등 감시장치를 설치해야 한다.

외곽경비에 관한 설명이다.

③ 건물자체에 대한 경비활동으로 건물에 대한 출입통제, 출입문·창문에 대한 보호조치 등을 말한다.

내부경비에 관한 설명이다.

④ 각종 잠금장치를 활용하여 범죄자의 침입시간을 지연시킨다.

내부경비에 관한 설명이다.

## 66 난이도 하 ▮경비와 시설보호의 기본원칙 - 외곽경비(CCTV)

**감시시스템 장치인 CCTV는 무엇의 줄임말인가?**

① Closed Cycle Television
② Closed Circle Television
❸ **Closed Circuit Television**

CCTV는 폐쇄회로 텔레비전을 의미하며, Closed-circuit Television의 약어이다.

④ Closed Construction Television

## 67 난이도 하 ▍경비와 시설보호의 기본원칙 – 경비계획의 수립(보호지역)

보호지역 중 비밀 또는 주요 시설에 대한 비인가자의 접근을 방지하기 위하여 안내를 받아 출입하여야 하는 장소는?

① 제한지역
② **제한구역**

> 제한구역에 관한 설명이다.

③ 통제지역
④ 통제구역

### 핵심만콕 보호지역(보안업무규정 시행규칙 제54조 제1항)

| | |
|---|---|
| 제한지역 | 비밀 또는 국·공유재산의 보호를 위하여 울타리 또는 방호·경비인력에 의하여 영 제34조 제3항에 따른 승인을 받지 않은 사람의 접근이나 출입에 대한 감시가 필요한 지역(제1호) |
| 제한구역 | 비인가자가 비밀, 주요시설 및 Ⅲ급 비밀 소통용 암호자재에 접근하는 것을 방지하기 위하여 안내를 받아 출입하여야 하는 구역(제2호) |
| 통제구역 | 보안상 매우 중요한 구역으로서 비인가자의 출입이 금지되는 구역(제3호) |

## 68 난이도 하 ▍경비와 시설보호의 기본원칙 – 비상상황 발생 시 경비원의 역할

비상상황 발생 시 경비원의 역할로 옳지 않은 것은?

① **안전을 확보하기 위하여 비상계획서를 작성하고 책임자를 지정한다.**

> 안전을 확보하기 위하여 비상계획서를 작성하고 책임자를 지정하는 것은 비상사태 발생 전의 비상계획 수립 시 고려사항이다.

② 상황에 따라 필요시 보호 우선순위에 의한 안전을 확보한다.
③ 탈출 시 발생하는 혼란상황을 방지하기 위해 출입구와 비상구를 확실하게 장악하고 통제한다.
④ 인파가 무질서한 경우가 많으므로 적절한 안내와 통솔을 통하여 질서를 도모한다.

## 69 난이도 하 | 경비와 시설보호의 기본원칙 – 화재발생 시 경비원의 피난유도 원칙

**화재발생 시 경비원의 피난유도 원칙으로 옳지 않은 것은?**

① 초고층 빌딩 등 특수한 경우를 제외하고 엘리베이터는 사용하지 않는다.
② 연기가 상승하는 속도는 사람이 계단을 오르는 속도보다 느리므로 반드시 옥상으로 유도한다.

> 연기가 상승하는 속도는 사람이 계단을 오르는 속도보다 빠르므로, 화재발생 시 반드시 옥상으로 유도한다는 표현은 옳지 않다. 참고로 연기의 건물 내 이동속도는 수평방향은 0.5~1m/s, 수직방향은 2~3m/s이며, 계단에서는 수직 이동속도는 3~5m/s이다. 반면 인간의 보행속도는 평균 1.33m/s이다.

③ 피난자가 다수인 경우에는 사람들을 분산하여 혼란을 방지하고 위험장소에 있는 자가 조기에 피난할 수 있도록 한다.
④ 화재층을 기준으로 화재층, 상층, 하층 순으로 피난시킨다.

## 70 난이도 중 | 경비와 시설보호의 기본원칙 – 사고발생 시 경비원의 현장보존 방법

**사고발생 시 경비원의 현장보존 방법으로 옳은 것은?**

① 현장의 모든 물건은 증거확보를 위해 보존이 용이한 곳으로 옮겨 보관한다.

> 현장의 모든 물건은 증거확보를 위해 손 대지 말고, 물건의 위치를 변경하지도 말아야 한다.

② 현장을 중심으로 가능한 한 좁은 범위를 보존범위로 정하여 확보한다.

> 현장을 중심으로 가능한 한 넓은 범위를 보존범위로 정하여 확보한다.

③ 현장에 담배꽁초나 휴지가 있으면 청소하여 청결을 유지한다.

> 현장은 움직이지 말고 그대로 두어야 한다.

④ 현장보존의 범위에 있는 모든 사람을 신속히 퇴장시킨다.

> 현장보존 시 2차 사고발생에 주의하여, 현장보존의 범위에 있는 모든 사람을 신속히 퇴장시켜야 한다.

## 71 난이도 하

**컴퓨터 범죄 및 안전관리 - 신종금융범죄(전자금융사기)**

**신종금융범죄 유형에 관한 설명으로 옳지 않은 것은?**

① 파밍(Pharming) - 악성코드에 감염된 사용자 PC를 조작하여 금융정보를 빼내는 행위
② 피싱(Phishing) - 가짜사이트로 접속을 유도하여 은행 계좌정보 등을 불법적으로 알아내 이를 이용하는 행위
③ **메모리 해킹(Memory Hacking) - 악의적인 내용을 담은 전자우편을 인터넷상의 불특정 다수에게 무차별로 살포하여 온라인 공해를 일으키는 행위**

> 스팸(Spam)에 관한 설명이다. 전자우편 폭탄이라고도 한다.

④ 스미싱(Smishing) - 문자메시지 내의 인터넷 주소를 클릭하면 악성코드를 스마트폰에 설치하여 금융정보를 탈취하는 행위

### 핵심만콕 신종금융범죄

신종금융범죄란 기망행위(전기통신수단을 이용한 비대면거래)로써 타인의 재산을 편취하는 특수사기범죄로, 주로 금융분야에서 발생한다.

| 구분 | 설명 |
|---|---|
| 피싱(Phishing) | 개인정보(Private Data)와 낚시(Fishing)의 합성어로, 금융기관으로 가장하여 이메일 등을 발송하고, 그 이메일 등에서 안내하는 인터넷주소를 클릭하면 가짜 사이트로 접속을 유도하여 은행계좌정보나 개인신상정보를 불법적으로 알아내 이를 이용하는 수법을 말한다. |
| 스미싱(Smishing) | 문자메시지(SMS)와 피싱(Phishing)의 합성어로, '무료쿠폰 제공, 모바일 청첩장, 돌잔치 초대장' 등을 내용으로 하는 문자메시지를 발송하고, 그 문자메시지 내 인터넷 주소를 클릭하면 스마트폰에 악성코드가 설치되어 소액결제 피해를 발생시키거나(소액결제 방식으로 돈을 편취하거나) 개인의 금융정보를 탈취하는 수법을 말한다. |
| 파밍(Pharming) | PC가 악성코드에 감염되어 정상 사이트에 접속해도 가짜 사이트로 유도되고, 이를 통해 금융정보를 빼돌리는 수법을 말한다. |
| 메모리 해킹(Memory Hacking) | PC의 메모리에 상주한 악성코드로 인해 정상 은행사이트에서 보안카드번호 앞뒤 2자리만 입력해도 부당인출되는 수법을 말한다. |

## 72  난이도 하    ▮컴퓨터 범죄 및 안전관리 - 컴퓨터 범죄의 특징

컴퓨터 범죄의 특성 중 범행의 연속성에 관한 설명으로 옳은 것은?

① 행위자가 조작방법을 터득한 이상 임의로 쉽게 사용할 수 있어 조작행위가 빈번할 수 있다.

> 컴퓨터 범죄의 특성 중 범행의 연속성에 관한 설명이다.

② 프로그램을 부정조작해 놓으면 자동·반복적으로 컴퓨터 시스템에 문제를 일으킬 수 있다.

> 컴퓨터 범죄의 특성 중 범행의 자동성에 관한 설명이다.

③ 대량의 데이터를 처리하므로 범죄의 영향이 광범위하게 미칠 경우가 많다.

> 컴퓨터 범죄의 특성 중 범행의 광역성에 관한 설명이다.

④ 발각이나 사후증명을 피하기 위한 수법이 지속적으로 발전되고 있어 범행 발견과 검증이 곤란하다.

> 컴퓨터 범죄의 특성 중 범행의 발각과 증명의 곤란에 관한 설명이다.

### 핵심만콕  컴퓨터 범죄의 특징★

| | |
|---|---|
| 범죄동기 측면 | • 단순한 유희나 향락 추구<br>• 지적 탐험심의 충족 욕구<br>• 정치적 목적이나 산업경쟁 목적<br>• 회사에 대한 사적 보복 목적 |
| 범죄행위자 측면 | • 컴퓨터 전문가 : 컴퓨터 시스템이나 회사 경영조직에 전문적인 지식을 갖춘 자들이 범죄를 저지른다.<br>• 범죄의식 희박<br>• 연소화 경향<br>• 초범성 : 컴퓨터 범죄행위는 대부분 초범자들이 많다.<br>• 완전범죄 : 대부분 내부인의 소행이며, 단독범행이 쉽고 완전범죄의 가능성이 높으며, 범행 후 도주할 수 있는 시간적 여유가 충분하다. |
| 범죄행위 측면 | • 범행의 연속성 : 컴퓨터 부정조작의 경우 행위자가 조작방법을 터득하면 범행이 연속적이며 지속적으로 이루어질 수 있다.<br>• 범행의 광역성과 자동성<br>  - 광역성(광범위성) : 컴퓨터 조작자는 원격지에서 단말기를 통하여 단시간 내에 대량의 데이터를 처리하므로 광범위하게 영향을 미친다.<br>  - 자동성 : 불법한 프로그램을 삽입한 경우나 변경된 고정자료를 사용할 때마다 자동적으로 범죄를 유발하게 된다.<br>• 발각과 증명의 곤란 : 데이터가 그 대상이 되므로 자료의 폐쇄성, 불가시성, 은닉성 때문에 범죄사건의 발각과 증명이 어렵다.<br>• 고의의 입증 곤란 : 단순한 데이터의 변경, 소멸 등의 형태에 불과할 경우 범죄의 고의성을 입증하기 어렵다. |

## 73 난이도 하 ▮컴퓨터 범죄 및 안전관리 - 컴퓨터 부정조작

**컴퓨터의 부정조작 중 입력조작에 관한 설명으로 옳은 것은?**

① 개개의 명령을 변경 혹은 삭제하거나 새로운 명령을 삽입하여 기존의 프로그램을 변경하는 것

　　컴퓨터의 부정조작 중 프로그램조작에 관한 설명이다.

❷ **입력될 자료를 조작하여 컴퓨터로 하여금 거짓 처리결과를 만들어 내는 것**

　　컴퓨터의 부정조작 중 입력조작에 관한 설명이다.

③ 프로그램이 처리할 기억정보를 변경시키는 것

　　컴퓨터의 부정조작 중 콘솔조작에 관한 설명이다.

④ 특별한 컴퓨터지식이 없어도 되며 올바르게 출력된 출력인쇄를 사후에 변조하는 것

　　컴퓨터의 부정조작 중 출력조작에 관한 설명이다.

| 핵심만콕 | 컴퓨터 부정조작의 유형 |
|---|---|
| 입력조작 | 불법적인 목적을 달성하기 위해 입력될 자료를 조작하여 컴퓨터로 하여금 거짓 처리결과를 만들어내게 하는 행위로 천공카드, 천공테이프, 마그네틱테이프, 디스크 등의 입력매체를 이용한 입력장치나 입력타자기에 의하여 행하여진다. |
| 프로그램조작 | 프로그램을 구성하는 개개의 명령을 변경 혹은 삭제하거나 새로운 명령을 삽입하여 기존의 프로그램을 변경하는 것이다. |
| 콘솔조작 | 컴퓨터의 시동·정지, 운전상태 감시, 정보처리 내용과 방법의 변경·수정의 경우 사용되는 콘솔을 거짓으로 조작하여 컴퓨터의 자료처리 과정에서 프로그램의 지시나 처리될 기억정보를 변경시키는 것을 말한다. |
| 출력조작 | 특별한 컴퓨터지식 없이도 할 수 있는 방법으로 올바르게 출력된 출력인쇄를 사후에 변조하는 것이다. |

## 74 난이도 하

컴퓨터 범죄 및 안전관리 – 컴퓨터 범죄의 예방대책(관리적 대책)

**컴퓨터 범죄의 예방대책 중 관리적 대책으로 옳지 않은 것은?**

① 직무권한의 명확화
② 스케줄러 점검
③ 액세스 제도
④ **데이터의 암호화**

> 데이터의 암호화는 방화벽, 침입탐지시스템과 더불어 기술적 대책에 해당한다.

### 핵심만콕 컴퓨터 범죄의 예방대책 ★

| | | |
|---|---|---|
| 컴퓨터 시스템 안전대책 | 물리적 대책 | 건물에 대한 안전조치, 물리적 재해에 대한 보호조치(백업시스템), 출입통제 |
| | 관리적 (인적) 대책 | 직무권한의 명확화와 상호 분리 원칙, 프로그램 개발 통제, 도큐멘테이션 철저, 스케줄러의 점검, 액세스 제한 제도의 도입, 패스워드의 철저한 관리, 레이블링(Labeling)에 의한 관리, 감사증거기록 삭제 방지, 근무자들에 대한 정기적 배경조사, 회사 내부의 컴퓨터 기술자·사용자·프로그래머의 기능을 각각 분리, 안전관리 기타 고객과의 협력을 통한 감시체제, 현금카드 운영의 철저한 관리, 컴퓨터 시스템의 감사 등이 있다. |
| | 기술적 대책 | 암호화, 방화벽(침입차단시스템), 침입탐지시스템(IDS ; Intrusion Detection System) |
| 입법적 대책 | 현행 형법상 규정 | 컴퓨터 업무방해죄(형법 제314조 제2항), 컴퓨터 사기죄(형법 제347조의2), 전자기록 손괴죄(형법 제366조), 사전자기록의 위작·변작죄(형법 제232조의2), 비밀침해죄(형법 제316조 제2항) |
| | 기타 규제법률 | 컴퓨터 통신망 보호(정보통신망 이용촉진 및 정보보호 등에 관한 법률), 통신침해(전기통신기본법, 전기통신사업법, 전파법), 개인정보 침해(개인정보보호법, 신용정보의 이용 및 보호에 관한 법률), 소프트웨어 보호(소프트웨어 진흥법, 저작권법, 특허법), 도청행위(통신비밀보호법), 전자문서(정보통신망 이용촉진 및 정보보호 등에 관한 법률, 물류정책기본법) |
| 형사정책적 대책 | | 수사관의 수사능력 배양, 검사 또는 법관의 컴퓨터 지식 함양 문제는 오늘날 범죄의 극복을 위한 중요한 과제이다. 수사력의 강화, 수사장비의 현대화, 컴퓨터 요원의 윤리교육, 컴퓨터 안전기구의 신설, 컴퓨터 범죄 연구기관의 설치가 요구되고 있다. |

## 75 난이도 하 ∥컴퓨터 범죄 및 안전관리 – 컴퓨터에 대한 물리적 접근통제 방법

**컴퓨터에 대한 물리적 접근통제 방법으로 옳지 않은 것은?**

① 최소한의 출입구만 설치하며, 그 출입구에는 안전장치가 설치되어야 한다.
② 퇴직하거나 해고된 직원이 있으므로 정기적으로 자물쇠와 열쇠를 바꾼다.
③ **허가된 사람에 한해서는 출입이 가능하도록 하고, 접근권한의 갱신은 정기적으로 할 필요가 없다.**

> 접근권한의 갱신은 정기적으로 검토할 필요가 있다.

④ 출입구는 2중문 시설을 갖추어 전자장치로 출입을 통제할 수 있어야 한다.


## 76 난이도 하 ∥세계 각국의 민간경비 – 한국 민간경비의 법적 지위(청원경찰제도)

**청원경찰제도에 관한 설명으로 옳지 않은 것은?**

① **청원경찰은 무기휴대가 불가능하다.**

> 청원경찰법 제8조 제3항, 동법 시행령 제16조에 따라 **청원경찰은 무기휴대가 가능하다.**

② 청원경찰의 경비는 청원주가 부담한다.

> 청원주는 청원경찰에게 지급할 봉급과 각종 수당, 청원경찰의 피복비, 교육비, 보상금 및 퇴직금을 부담하여야 한다(청원경찰법 제6조 제1항).

③ 청원경찰은 우리나라에만 있는 제도이다.

> 한국의 청원경찰제도는 경찰과 민간경비제도를 혼용한 것으로 외국에서는 볼 수 없는 특별한 제도이다.

④ 배치된 시설 또는 기관의 장이나 지역을 관할하는 경찰서장의 감독을 받아 해당 경비구역 내에서 직무를 수행한다.

> 청원경찰은 청원경찰의 배치결정을 받은 자(청원주)와 배치된 기관, 시설 또는 사업장 등의 구역을 관할하는 경찰서장의 감독을 받아 그 경비구역만의 경비를 목적으로 필요한 범위에서 경찰관직무집행법에 따른 경찰관의 직무를 수행한다(청원경찰법 제3조).

## 77 난이도 상  ▮세계 각국의 민간경비 – 한국 민간경비의 발전과정

**경비업법 개정과 관련된 내용으로 옳지 않은 것은?**

① 1999년 용역경비업법에서 경비업법으로 변경되었다.

> 1999.3.31. 용역경비업법 개정 시 법명을 경비업법으로 변경하였다.

② 2001년 특수경비업무가 추가되었다.

> 2001.4.7. 경비업법 전면개정 시 경비업의 종류에 특수경비업무가 추가되었다.

③ 2009년 특수경비원 연령상한을 58세에서 60세로 연장하였다.

> 2009.4.1. 경비업법 개정 시 특수경비원 연령상한을 58세에서 60세로 연장하였다.

④ 2013년 누구든지 경비원으로 채용되기 전에도 개인적으로 일반경비원 신임교육을 받을 수 있도록 하였다.

> 2016.1.26. 경비업법은 경비원이 되려는 사람은 대통령령으로 정하는 교육기관에서 미리 일반경비원 신임교육을 받을 수 있도록 하는 규정을 신설하였다(경비업법 제13조 제2항).

## 78 난이도 하  ▮민간경비산업의 과제와 전망 – 융합보안

**융합보안에 관한 설명으로 옳지 않은 것은?**

① 물리보안요소와 정보보안요소를 상호 연계하여 보안의 효과성을 높이는 활동이다.
② **정보보안요소에는 출입통제, 접근감시, 잠금장치 등이 있다.**

> 출입통제, 접근감시, 잠금장치 등은 융합보안 중 물리보안요소에 해당한다.

③ 인적자원 보안, 사업 연속성, 위험관리, 재난복구 등을 논리적, 물리적으로 통합하는 것을 의미한다.
④ 물리적 보안장비 및 각종 재난·재해 상황에 대한 관리까지 포함한다.

## 79 난이도 하 ▮세계 각국의 민간경비 – 한국 민간경비산업 현황

**우리나라 민간경비업의 문제점으로 옳지 않은 것은?**

① 최근 기계경비 시장의 성장으로 인해 인력경비는 많은 비중을 차지하지 않는다.

> 최근 기계경비 시장의 성장에도 불구하고 여전히 인력경비에 대한 의존성이 높다. 즉, 기계경비업의 성장속도가 인력경비의 성장속도보다 빠르지만 기계경비가 인력경비의 시장규모를 넘지 못하고 있다.

② 민간경비업체는 충분한 자본을 바탕으로 꾸준한 매출을 올리는 소수를 제외하고는 대체로 영세성을 면하지 못하고 있다.

③ 경비업체의 대다수가 수도권에 편중되어 지역불균형이 심각한 상태이다.

④ 경비분야에 있어서 유능한 연구인력과 경비원이 부족한 실정이다.

## 80 난이도 하 ▮세계 각국의 민간경비 – 한국 민간경비산업 현황(민간조사제도)

**민간조사제도에 관한 설명으로 옳지 않은 것은?**

① 경찰을 비롯한 형사사법기관의 업무부담을 경감시킬 수 있다.

② 우리나라는 민간조사업무가 경비업법에 규정되어 있지 않아 민간조사활동은 불법이다.

> 우리나라의 경우 아직까지 민간조사업무가 정형화된 형식을 갖추고 법적·제도적으로 정착되어 운영되고는 있지 않으나, 관할관청에 서비스업으로 신고함으로써 민간조사 유사 업무를 수행할 수 있으므로, 민간조사활동 자체가 불법인 것은 아니다. 현재 민간조사와 관련된 다수의 직업군이 존재한다.

③ 사생활 침해 등 개인의 인권과 권익을 침해할 수 있다.

④ 의뢰인은 국가기관의 복잡한 절차를 거치지 않고 민간조사기관에 의뢰해서 서비스를 제공받을 수 있다.

# 2022년 법학개론

문제편 058p

### 정답 CHECK

| 01 | 02 | 03 | 04 | 05 | 06 | 07 | 08 | 09 | 10 | 11 | 12 | 13 | 14 | 15 | 16 | 17 | 18 | 19 | 20 |
|---|---|---|---|---|---|---|---|---|---|---|---|---|---|---|---|---|---|---|---|
| ② | ① | ② | ① | ① | ④ | ② | ② | ③ | ③ | ① | ③ | ③ | ① | ② | ① | ④ | ③ | ② | ④ |
| 21 | 22 | 23 | 24 | 25 | 26 | 27 | 28 | 29 | 30 | 31 | 32 | 33 | 34 | 35 | 36 | 37 | 38 | 39 | 40 |
| ④ | ① | ④ | ② | ④ | ① | ④ | ③ | ③ | ① | ② | ① | ② | ① | ④ | ④ | ③ | ②·③ | ③ | ② |

## 01  난이도 중                                            ▌법학 일반 – 법의 효력

**법의 효력에 관한 설명으로 옳지 않은 것은?**

① 형법은 대한민국영역 외에서 죄를 범한 내국인에게 적용한다.

　속인주의(형법 제3조)에 관한 설명이다.

② **외국의 영해에 있는 우리나라의 선박 안에서 외국인이 죄를 범한 경우 우리나라 형법이 적용되지 않는다.**

　기국주의(형법 제4조)에 근거하여 우리나라 형법이 적용된다.

③ 경과법은 독립된 시행법으로 제정되는 경우도 있다.

　경과법은 해당 법령의 부칙에서 규정하는 것이 일반적이나 시행법령에 특별한 경과규정을 두는 방식도 가능하다.

④ 행정법령의 경우, 새로운 법령 등은 법령 등에 특별한 규정이 있는 경우를 제외하고는 그 법령 등의 효력 발생 전에 완성된 사실관계에 대해서는 적용되지 아니한다.

　행정기본법 제14조 제1항의 소급적용 금지의 원칙에 관한 설명이다.

## 02 난이도 하 　　　　　　　　　　　　　　　　　　　　　　법학 일반 – 법원(法源)

**법원(法源)에 관한 설명으로 옳은 것은?**

① 제정법의 경우 그 효력은 상위법이 하위법에 우선한다.

　상위법 우선의 원칙에 관한 설명이다.

② 민법은 상사에 관하여 원칙적으로 상관습법에 우선하여 적용된다.

　상사에 관하여 본법에 규정이 없으면 상관습법에 의하고, 상관습법이 없으면 민법의 규정에 의한다(상법 제1조).

③ 일반적으로 승인된 국제법규라도 국회의 비준을 거치지 않은 경우 국내법과 같은 효력은 인정되지 않는다.

　일반적으로 승인된 국제법규는 국내법과 같은 효력을 가진다(헌법 제6조 제1항).

④ 헌법재판소는 관습헌법을 인정하지 않는다.

　헌법재판소는 신행정수도 건설을 위한 특별조치법이 관습헌법에 위배된다는 이유로 위헌 결정(헌재결[전] 2004.10.21. 2004헌마554·566)을 하였다. 즉, 헌법재판소는 관습헌법을 인정한다.

## 03 난이도 하 　　　　　　　　　　　　　　　　　　　　　법학 일반 – 법의 분류와 체계

**법의 분류와 체계에 관한 설명으로 옳은 것은?**

① 권리의무의 발생·변경·소멸 등을 규정한 법은 절차법이다.

　실체법에 관한 설명이다.

② 상법은 민법의 특별법이다.

　상법은 기업의 생활관계를 다룬다는 점에서 민법의 특별법이다.

③ 민사소송법은 사법이다.

　민사소송법은 공법이다.

④ 일반법과 특별법이 충돌하는 경우 일반법이 우선한다.

　일반법과 특별법이 충돌하는 경우 특별법이 우선한다(특별법 우선의 원칙).

## 04 난이도 하 ■법학 일반 – 법의 체계

국회가 제정한 법률과 같은 지위의 효력이 있는 것은?

① 대통령의 긴급명령

> 대통령의 긴급명령은 국회가 제정한 법률과 같은 효력을 가진다(헌법 제76조).

② 자치법규
③ 시행령
④ 시행규칙

## 05 난이도 하 ■법학 일반 – 법의 적용

당사자의 반증에 의하여 법률효과가 번복될 수 있는 것은?

① 추 정

> 반증을 들어 법률효과를 번복할 수 있는 것은 추정이다.

② 준 용

> 준용이란 비슷한 사항에 관하여 법률을 제정할 때 법률을 간결하게 할 목적으로 다른 유사한 법규정을 유추적용할 것을 규정하는 것을 말한다.

③ 간 주

> '의제한다' 또는 '~로 본다'라고 표현되는 간주는 법규에 의한 의제를 말하고, 반증을 들어서 번복하지 못한다는 의미에서 추정과 구별된다.

④ 부적용

> '부적용'은 적용하지 않는다는 의미인데, '적용'은 이미 규정되어 있는 조문을 수정하지 않고 그대로 따르도록 한다는 점에서 기존 조문의 규율 범위를 확장하는 의미가 있다.

## 06 난이도 하 | 법학 일반 - 법해석의 방법

미성년자에 대한 흡연금지 규정이 있는 경우에 성년자의 흡연은 허용된다고 하는 해석은?

① 물론해석

> 물론해석은 법문이 일정한 사항을 정하고 있을 때 그 이외의 사항에 관해서도 사물의 성질상 당연히 그 규정에 포함되는 것으로 보는 해석방법이다.

② 보정해석

> 보정해석은 법조문이 입법자의 의사에 반하여 잘못 표현되고 있는 것이 명백한 경우에 그것을 바로잡는 해석방법이다.

③ 유추해석

> 유추해석은 두 개의 사실 중 법규에서 어느 하나의 사실에 관해서만 규정하고 있는 경우에 나머지 다른 사실에 대해서도 마찬가지의 효과를 인정하는 해석방법이다.

④ 반대해석

> 설문은 반대해석에 관한 설명이다. 즉, 반대해석은 법문이 규정하는 요건과 반대의 요건이 존재하는 경우에 그 반대의 요건에 대해 법문과 반대의 법적 판단을 하는 해석방법이다.

### 핵심만콕  법해석의 종류

| | |
|---|---|
| 해석의 구속력에 따라 | • 유권해석 : 입법해석, 사법해석, 행정해석<br>• 무권해석(학리해석) : 문리해석, 논리해석 |
| 해석의 방법에 따라 | • 확장해석 : 법문상 자구(字句)의 의미를 통상의 의미 이상으로 확장하여 해석<br>• 축소(제한)해석 : 법문상 자구(字句)의 의미를 통상의 의미보다 축소하여 해석<br>• 반대해석 : 법문이 규정하는 요건과 반대의 요건이 존재하는 경우에 그 반대의 요건에 대해 법문과 반대의 법적 판단을 하는 해석<br>• 물론해석 : 법문이 일정한 사항을 정하고 있을 때 그 이외의 사항에 관해서도 사물의 성질상 당연히 그 규정에 포함되는 것으로 보는 해석<br>• 유추해석 : 두 개의 사실 중 법규에서 어느 하나의 사실에 관해서만 규정하고 있는 경우에 나머지 다른 사실에 대해서도 마찬가지의 효과를 인정하는 해석<br>• 보정해석 : 법조문이 입법자의 의사에 반하여 잘못 표현되고 있는 것이 명백한 경우에 그것을 바로잡는 해석 |

## 07 난이도 하 | 헌법 – 헌법에서 명문으로 규정하는 기본권

**헌법상 명시되어 있는 권리가 아닌 것은?**

① 청원권

> 모든 국민은 법률이 정하는 바에 의하여 국가기관에 문서로 청원할 권리를 가진다(헌법 제26조 제1항).

② **알권리**

> 알권리에 관한 명문의 규정이 없음에도 불구하고 학설과 판례는 알권리를 헌법상의 권리로서 인정하고 있다. 구체적으로 헌법재판소는 알권리를 헌법 제21조의 표현의 자유에서 도출될 수 있다고 하였다(헌재결[전] 1989.9.4. 88헌마22, 1991.5.13. 90헌마133 등).

③ 단체행동권

> 헌법 제33조

④ 신속한 재판을 받을 권리

> 모든 국민은 신속한 재판을 받을 권리를 가진다(헌법 제27조 제3항 전문).

## 08 난이도 하 | 법학 일반 – 권리와 의무

**권리와 의무에 관한 설명으로 옳지 않은 것은?**

① 권리는 자연인만이 행사할 수 있는 것이 아니다.

> 자연인뿐만 아니라 법인도 권리의 주체가 될 수 있다.

② **사권(私權)을 권리의 작용에 따라 분류할 경우 해제권은 청구권에 해당한다.**

> 사권을 권리의 작용(효력)에 따라 분류할 경우 해제권은 형성권에 해당한다.

③ 소유권은 사용, 수익, 처분권능으로 구성된다.

> 권리에서 파생되는 개개의 법률상의 작용을 권능이라 하는데, 소유권자에게는 소유권에서 파생되는 사용, 수익, 처분권능이 있다.

④ 권리 없이 의무만 있는 경우가 있다.

> 권리와 의무는 상호대응이 원칙이나, 권리만 있는 경우(취소권, 해제권, 해지권 등), 의무만 있는 경우(납세의무, 국방의무 등)가 있다.

## 09 난이도 하
**법학 일반 - 의무의 종류**

**부작위의무에 해당하는 것은?**

① 음식물을 배달해야 하는 의무

② 빌린 노트북을 반환해야 하는 의무

③ **임대인이 임대목적물을 수선하는 것에 대하여 임차인이 방해하지 않아야 하는 의무**

> 부작위의무는 어떤 행위를 하지 않아야 하는 의무를 말하는데, ③이 이에 해당한다. ①, ②, ④는 작위의무에 해당한다.

④ 노래를 불러주어야 하는 의무

## 10 난이도 하
**헌법 - 헌법의 분류**

**헌법 분류 중 우리나라 헌법이 해당하지 않는 것은?**

① 성문헌법

② 민정헌법

③ **연성헌법**

> 우리나라 헌법은 성문헌법(존재형식에 따른 분류), 민정헌법(제정주체에 따른 분류), 모방적 헌법(독창성 여부에 따른 분류), 그리고 연성헌법이 아닌 경성헌법(개정절차의 난이도에 따른 분류)에 해당한다.

④ 모방적 헌법

## 11 난이도 하
헌법 – 헌법 총설

**헌법 조문의 일부이다. ( )에 들어갈 올바른 용어는?**

> ○ 대한민국은 ( ㄱ )공화국이다.
>
>   대한민국은 민주공화국이다(헌법 제1조 제1항).
>
> ○ 외국인은 국제법과 ( ㄴ )이 정하는 바에 의하여 그 지위가 보장된다.
>
>   외국인은 국제법과 조약이 정하는 바에 의하여 그 지위가 보장된다(헌법 제6조 제2항).

① ㄱ : 민주, ㄴ : 조약

  제시문의 ( )에 들어갈 올바른 용어는 ㄱ : 민주, ㄴ : 조약이다.

② ㄱ : 민주, ㄴ : 헌법
③ ㄱ : 자유, ㄴ : 조약
④ ㄱ : 자유, ㄴ : 헌법

## 12 난이도 하
헌법 – 국민의 권리·의무

**헌법상 국민의 권리·의무에 관한 설명으로 옳지 않은 것은?**

① 의무교육은 무상으로 한다.

  헌법 제31조 제3항

② 연소자의 근로는 특별한 보호를 받는다.

  헌법 제32조 제5항

③ 모든 국민은 병역의 의무를 진다.

  모든 국민은 법률이 정하는 바에 의하여 국방의 의무를 진다(헌법 제39조 제1항).

④ 모든 국민은 보건에 관하여 국가의 보호를 받는다.

  헌법 제36조 제3항

## 13 난이도 하

**헌법 - 통치기구(국무회의의 심의사항)**

헌법상 국무회의의 심의사항이 아닌 것은?

① 사 면
② 영전수여
③ **정당해산결정**

> 정당해산결정은 법률의 위헌 결정, 탄핵의 결정, 헌법소원에 관한 인용결정과 더불어 헌법재판관 6인 이상의 찬성이 요구되는 헌법재판소의 권한에 해당한다(헌법 제113조 제1항).

④ 국립대학교총장의 임명

---

**관계법령  헌법 제89조**

다음 사항은 국무회의의 심의를 거쳐야 한다.
1. 국정의 기본계획과 정부의 일반정책
2. 선전·강화 기타 중요한 대외정책
3. 헌법개정안·국민투표안·조약안·법률안 및 대통령령안
4. 예산안·결산·국유재산처분의 기본계획·국가의 부담이 될 계약 기타 재정에 관한 중요사항
5. 대통령의 긴급명령·긴급재정경제처분 및 명령 또는 계엄과 그 해제
6. 군사에 관한 중요사항
7. 국회의 임시회 집회의 요구
8. 영전수여
9. 사면·감형과 복권
10. 행정각부 간의 권한의 획정
11. 정부 안의 권한의 위임 또는 배정에 관한 기본계획
12. 국정처리상황의 평가·분석
13. 행정각부의 중요한 정책의 수립과 조정
14. 정당해산의 제소
15. 정부에 제출 또는 회부된 정부의 정책에 관계되는 청원의 심사
16. 검찰총장·합동참모의장·각군참모총장·국립대학교총장·대사 기타 법률이 정한 공무원과 국영기업체관리자의 임명
17. 기타 대통령·국무총리 또는 국무위원이 제출한 사항

## 14 난이도 중 | 헌법 – 통치기구(법원·헌법재판소)

**헌법상 헌법재판소와 법원에 관한 설명으로 옳은 것은?**

① <u>대법원에 부를 둘 수 있다.</u>

> 헌법 제102조 제1항

② 대법관은 연임할 수 없다.

> 대법관의 임기는 6년으로 하며, 법률이 정하는 바에 의하여 연임할 수 있다(헌법 제105조 제2항).

③ 군사법원의 상고심은 헌법재판소에서 관할한다.

> 군사법원의 상고심은 대법원에서 관할한다(헌법 제110조 제2항).

④ 대법원장의 임기는 10년이다.

> 대법원장의 임기는 6년으로 하며, 10년은 대법원장과 대법관이 아닌 법관의 임기에 해당한다(헌법 제105조 제1항·제3항 참조).

## 15 난이도 하 | 민사법 – 조건과 기한

**민법상 조건과 기한에 관한 설명으로 옳은 것은?**

① 해제조건 있는 법률행위는 조건이 성취한 때로부터 그 효력이 생긴다.

> 해제조건 있는 법률행위는 조건이 성취한 때로부터 <u>그 효력을 잃는다</u>(민법 제147조 제2항).

② <u>조건이 법률행위의 당시에 이미 성취할 수 없는 것인 경우에는 그 조건이 해제조건이면 조건 없는 법률행위로 한다.</u>

> 민법 제151조 제3항

③ 시기 있는 법률행위는 기한이 도래한 때로부터 그 효력을 잃는다.

> 시기 있는 법률행위는 기한이 도래한 때로부터 <u>그 효력이 생긴다</u>(민법 제152조 제1항).

④ 기한은 채권자의 이익을 위한 것으로 추정한다.

> 기한은 채무자의 이익을 위한 것으로 추정한다(민법 제153조 제1항).

## 16  난이도 하  |  민사법 – 계약의 성립

**민법상 계약의 성립에 관한 설명으로 옳지 않은 것은?**

① 격지자 간의 계약은 승낙의 통지가 도달한 때에 성립한다.

> 격지자 간의 계약은 승낙의 통지를 발송한 때에 성립한다(민법 제531조).

② 승낙자가 청약에 대하여 변경을 가하여 승낙한 때에는 그 청약의 거절과 동시에 새로 청약한 것으로 본다.

> 민법 제534조

③ 교환계약은 당사자 쌍방이 금전 이외의 재산권을 상호이전할 것을 약정함으로써 성립한다.

> 민법 제596조

④ 당사자 간에 동일한 내용의 청약이 상호교차된 경우에는 양청약이 상대방에게 도달한 때에 계약이 성립한다.

> 민법 제533조

## 17  난이도 중  |  민사법 – 물권의 종류

**부동산에 대하여 용익권능과 담보권능이 모두 인정될 수 있는 물권은?**

① 저당권
② 유치권
③ 질 권
④ 전세권

> 부동산에 대하여 용익권능과 담보권능이 모두 인정될 수 있는 물권은 전세권이다. 유치권(객체 : 동산, 부동산, 유가증권), 질권(객체 : 동산, 재산권), 저당권(객체 : 부동산, 전세권·지상권)은 담보물권에 해당한다.

## 18 난이도 하 | 민사법 - 의사표시

건물의 소유자 甲이 경비업자 乙과 경비계약을 체결한 경우, 민법상 계약의 효력에 관한 설명으로 옳지 않은 것은?

① 선량한 풍속 기타 사회질서에 위반한 사항을 내용으로 하는 甲과 乙의 경비계약은 무효이다.

> 민법 제103조

② 甲이 乙과 통정하여 허위의 의사표시로 체결한 경비계약은 무효이다.

> 민법 제108조 제1항

③ **甲이 경비계약을 내용상 착오에 기하여 체결한 경우, 甲에게 중대한 과실이 있더라도 甲은 그 계약을 취소할 수 있다.**

> 의사표시는 법률행위의 내용의 중요부분에 착오가 있는 때에는 취소할 수 있으나 그 착오가 표의자의 중대한 과실로 인한 때에는 취소하지 못하므로(민법 제109조 제1항), 건물의 소유자 甲에게 중대한 과실이 있는 경우에는 경비계약을 취소할 수 없다.

④ 甲이 乙의 사기에 의하여 경비계약을 체결한 경우, 甲은 그 계약을 취소할 수 있다.

> 민법 제110조 제1항

## 19 난이도 하 | 민사법 - 경비업무와 손해배상

경비업자가 경비계약상의 의무를 부주의로 위반하여 계약 상대방에게 손해를 가한 경우의 책임은?

① 하자담보책임

② **채무불이행책임**

> 경비업자(채무자)가 경비계약상의 의무를 부주의로 위반하여 계약 상대방에게 손해를 가한 경우에는 채무의 내용에 좇은 이행을 하지 아니한 것이므로 경비업자(채무자)는 채무불이행책임을 지게 된다(민법 제390조).

③ 부당이득반환책임

④ 사무관리에 기한 비용상환책임

## 20  난이도 중
**민사법 - 경비업무와 손해배상**

경비업자 X의 피용자 甲과 乙이 통상적인 경비업무를 수행하다가 부주의로 행인 丙에게 부상을 입힌 경우의 민법상 책임에 관한 설명으로 옳지 않은 것은?

① 甲과 乙은 丙에 대하여 일반 불법행위책임을 진다.

> 甲과 乙이 통상적인 경비업무를 수행하다가 부주의(과실)로 행인 丙에게 부상을 입힌 경우, 甲과 乙은 丙에 대하여 원칙적으로 각자 일반 불법행위책임을 진다(민법 제750조).

② X가 甲과 乙의 선임 및 그 사무감독에 상당한 주의를 하지 않았다면 丙에 대하여 손해배상책임이 있다.

> 경비업자 X가 甲과 乙의 선임 및 그 사무감독에 상당한 주의를 하지 않았다면 丙에 대하여 사용자의 배상책임으로서 손해배상책임이 있다(민법 제756조 제1항).

③ 丙은 X에 대하여 채무불이행책임을 물을 수 없다.

> 채무불이행책임은 계약상 채권·채무관계가 성립한 경우 해당 채무를 이행하지 않은 경우에 발생하는 책임으로, 행인 丙은 계약상 채권·채무관계가 없는 경비업자 X에게 채무불이행책임을 물을 수 없다.

④ **甲과 乙은 자신의 과실비율에 따라 손해의 일부만을 丙에 대하여 직접 배상해야 하는 것이 원칙이다.**

> 甲과 乙이 관련공동성 없는 부주의로 인한 가해행위(중첩적 경합)로 공히 행인 丙에게 부상을 입힌 경우 甲과 乙은 피해자 丙에 대하여 민법 제760조 제1항을 유추하여 부진정연대책임으로 각자 손해 전부를 丙에게 배상하여야 한다.
>
> 〈출처〉 지원림, 민법강의, 홍문사, 2022, P. 1801

## 21  난이도 하
**민사법 - 민사소송의 종류**

형성의 소에 해당될 수 있는 것은?

① 금전의 지급을 구하는 경우
② 물건의 인도를 구하는 경우
③ 대여금채권의 부존재 확인을 구하는 경우
④ **부부가 이혼을 구하는 경우**

> 형성의 소는 법률상태의 변동을 목적으로 하는 소송으로, 부부가 이혼을 구하는 경우가 이에 해당한다. ①과 ②는 이행의 소에 해당하고, ③은 확인의 소에 해당한다.

## 22 난이도 하

■ 형사법 – 위법성조각사유

**형법상 '상당한 이유'를 요건으로 하고 있지 않은 위법성조각사유는?**

① 피해자의 승낙

> 형법은 처분할 수 있는 자의 승낙에 의하여 그 법익을 훼손한 행위는 법률에 특별한 규정이 없는 한 벌하지 아니한다(형법 제24조)고 규정하여 '상당한 이유'를 요건으로 하고 있지 않다.

② 긴급피난

> 자기 또는 타인의 법익에 대한 현재의 위난을 피하기 위한 행위는 상당한 이유가 있는 때에는 벌하지 아니한다(형법 제22조 제1항).

③ 자구행위

> 법률에서 정한 절차에 따라서는 청구권을 보전(保全)할 수 없는 경우에 그 청구권의 실행이 불가능해지거나 현저히 곤란해지는 상황을 피하기 위하여 한 행위는 상당한 이유가 있는 때에는 벌하지 아니한다(형법 제23조 제1항).

④ 정당방위

> 현재의 부당한 침해로부터 자기 또는 타인의 법익(法益)을 방위하기 위하여 한 행위는 상당한 이유가 있는 경우에는 벌하지 아니한다(형법 제21조 제1항).

## 23 난이도 중

■ 형사법 – 주거침입죄

**주거침입죄에 관한 설명으로 옳지 않은 것은?**

① 관리하는 건조물도 주거침입죄의 객체가 된다.

> 주거침입죄의 객체는 사람의 주거, 관리하는 건조물, 선박이나 항공기 또는 점유하는 방실이다(형법 제319조 제1항).

② 침입 당시에 주거자가 현존하지 않더라도 주거침입죄는 성립한다.

> 주거침입죄는 침입 당시에 주거에 사람이 현존할 것을 요하지 않는다.

③ 빌딩 내의 사무실도 주거침입죄의 객체가 된다.

> 건물 내에서 사실상 지배·관리하는 일 구획인 사무실, 연구실 등도 주거침입죄의 객체가 된다.

④ 주거침입죄의 미수범은 처벌하지 않는다.

> 주거침입죄의 미수범은 처벌한다(형법 제322조).

## 24 난이도 하  ▮형사법 – 형사소송법의 지도이념과 기본구조

**우리나라 형사소송법의 지도이념과 기본구조가 아닌 것은?**

① 실체적 진실주의

② <u>규문주의</u>

> 우리나라 형사소송법은 실체적 진실주의, 적정(법)절차의 원칙, 신속한 재판의 원칙을 지도이념으로 하며, 탄핵주의 소송구조, 당사자주의와 직권주의 절충, 증거재판주의, 공개중심주의를 기본구조로 한다. <u>규문주의는 우리나라 형사소송법의 기본구조가 아니다.</u>

③ 적정절차의 원리

④ 탄핵주의

## 25 난이도 하  ▮형사법 – 소송의 주체

**형사소송법상 소송의 주체가 아닌 것은?**

① 법 원

② 검 사

③ 피고인

④ <u>변호사</u>

> <u>형사소송법상 소송의 주체는 법원과 검사 및 피고인을 말한다. 변호인은 피고인의 방어력을 보충하기 위하여 선임된 제3자인 보조자로서 소송주체에 해당하지 않는다.</u>

## 26 난이도 하 ▮형사법 - 현행범인의 체포

**형사소송법상 현행범인의 체포에 관한 설명으로 옳은 것은?**

① 사법경찰관리가 현행범인의 인도를 받은 때에는 체포자의 성명, 주거, 체포의 사유를 물어야 하고 필요한 때에는 체포자에 대하여 경찰관서에 동행함을 요구할 수 있다.

> 형사소송법 제213조 제2항

② 범죄를 실행하고 난 직후의 사람은 현행범인이 아니다.

> 범죄를 실행하고 있거나 실행하고 난 직후의 사람을 현행범인이라 한다(형사소송법 제211조 제1항).

③ 사법경찰관리는 현행범인을 영장 없이 체포할 수 없다.

> 현행범인은 누구든지 영장 없이 체포할 수 있다(형사소송법 제212조). 따라서 사법경찰관리도 현행범인을 영장 없이 체포할 수 있다.

④ 사법경찰관은 범행 직후의 범죄 장소에서 현행범인을 체포할 때 긴급을 요하더라도 영장 없이 수색할 수 없다.

> 사법경찰관은 제212조의 규정(현행범인의 체포)에 의하여 피의자를 체포하는 경우에 필요한 때에는 영장 없이 체포현장에서의 수색을 할 수 있다(형사소송법 제216조 제1항 제2호).

## 27 난이도 상 ▮형사법 - 재판

**형사소송법상 재판에 관한 설명으로 옳은 것은?**

① 공소사실이 모두 증명되었다면 책임조각사유가 존재하더라도 유죄판결을 해야 한다.

> 공소사실이 모두 증명되었더라도 피고사건이 범죄로 되지 아니한다면, 즉 구성요건해당성이 없거나 위법성조각사유나 책임조각사유가 있다면 판결로써 무죄를 선고하여야 한다(형사소송법 제325조 전단).

② 공소기각의 재판을 하는 경우에는 대리인의 출석이 허용되지 않는다.

> 공소기각의 재판(공소기각판결, 공소기각결정)을 할 것이 명백한 사건에 관하여는 피고인의 출석을 요하지 아니한다. 이 경우 피고인은 대리인을 출석하게 할 수 있다(형사소송법 제277조 제2호).

③ 보통항고의 항고기간은 1개월이다.

> 항고는 즉시항고 외에는 언제든지 할 수 있다. 단, 원심결정을 취소하여도 실익이 없게 된 때에는 예외로 한다(형사소송법 제404조).

④ 형의 면제 판결이 선고된 때에는 구속영장은 효력을 잃는다.

> 무죄, 면소, 형의 면제, 형의 선고유예, 형의 집행유예, 공소기각 또는 벌금이나 과료를 과하는 판결이 선고된 때에는 구속영장은 효력을 잃는다(형사소송법 제331조).

## 28 난이도 하

형사법 – 즉시항고의 제기기간

**형사소송법상 즉시항고의 제기기간은?**

① 3일
② 5일
③ **7일**

> 즉시항고의 제기기간은 7일로 한다(형사소송법 제405조).

④ 결정 즉시

---

## 29 난이도 중

상법 일반 – 회사법

**상법상 회사 일반에 관한 설명으로 옳은 것은?**

① 모든 회사는 다른 회사의 무한책임사원이 될 수 있다.

> 회사는 다른 회사의 무한책임사원이 되지 못한다(상법 제173조).

② 해산 후의 회사와 존립 중인 회사가 합병하는 경우 해산 후의 회사가 존립 중인 회사를 흡수하여 합병할 수 있다.

> 해산 후의 회사는 존립 중의 회사를 존속하는 회사로 하는 경우에 한하여 합병을 할 수 있다(상법 제174조 제3항).

③ **법원은 회사의 설립목적이 불법한 것인 때 검사의 청구에 의하여 회사의 해산을 명할 수 있다.**

> 상법 제176조 제1항 제1호

④ 모든 회사의 설립 시 정관에 기명날인하는 사원은 2인 이상이어야 한다.

> 상법상 회사 설립 시 2인 이상의 사원이 정관에 기명날인하여야 한다는 명문의 규정은 없다. 단, 합명회사의 설립의 경우 2인 이상의 사원이 공동으로 정관을 작성하여야 하며(상법 제178조), 정관에 총사원이 기명날인 또는 서명하여야 한다(상법 제179조)는 규정이 있을 뿐이다.

**관계법령** 회사의 해산명령(상법 제176조)

① 법원은 다음의 사유가 있는 경우에는 이해관계인이나 검사의 청구에 의하여 또는 직권으로 회사의 해산을 명할 수 있다.
  1. 회사의 설립목적이 불법한 것인 때
  2. 회사가 정당한 사유 없이 설립 후 1년 내에 영업을 개시하지 아니하거나 1년 이상 영업을 휴지하는 때
  3. 이사 또는 회사의 업무를 집행하는 사원이 법령 또는 정관에 위반하여 회사의 존속을 허용할 수 없는 행위를 한 때

## 30 난이도 상

■ 상법 일반 - 주식회사

**상법상 주식회사에 허용될 수 없는 것은?**

① <u>주주의 제명</u>

> 주주의 제명은 상법상 주식회사에서는 허용될 수 없다. 참고로 사원의 제명은 합명회사, 유한책임회사에서 인정된다.

② 무액면주식

> 회사는 정관으로 정한 경우에는 주식의 전부를 무액면주식으로 발행할 수 있다. 다만, 무액면주식을 발행하는 경우에는 액면주식을 발행할 수 없다(상법 제329조 제1항).

③ 자본금의 감소

> 자본금의 감소에는 제434조에 따른 결의(특별결의 : 출석한 주주의 의결권의 3분의 2 이상의 수와 발행주식총수의 3분의 1 이상의 수로써 하여야 한다)가 있어야 한다(상법 제438조 제1항).

④ 회사채의 발행

> 회사는 이사회의 결의에 의하여 사채(社債)를 발행할 수 있다(상법 제469조 제1항).

## 31 난이도 중

■ 상법 일반 - 보험계약

**상법상 보험계약에 관한 설명으로 옳은 것은?**

① 보험자가 보험계약 체결 전 서면으로 질문한 사항은 중요한 사항으로 간주한다.

> 보험자가 서면으로 질문한 사항은 중요한 사항으로 추정한다(상법 제651조의2).

② <u>보험사고가 전쟁 기타의 변란으로 인하여 생긴 때에는 당사자 간에 다른 약정이 없으면 보험자는 보험금액을 지급할 책임이 없다.</u>

> 상법 제660조

③ 보험계약은 그 계약 전의 어느 시기를 보험기간의 시기(始期)로 할 수 없다.

> 보험계약은 그 계약 전의 어느 시기를 보험기간의 시기로 할 수 있다[상법 제643조(소급보험)].

④ 보험계약 당시에 보험계약자가 고의로 인하여 중요한 사항을 고지하지 아니한 경우 보험자가 계약 당시에 그 사실을 알았더라도 보험자는 계약을 해지할 수 있다.

> 보험계약 당시에 보험계약자가 고의로 인하여 중요한 사항을 고지하지 아니한 경우 보험자는 그 사실을 안 날로부터 1월 내에, 계약을 체결한 날로부터 3년 내에 한하여 계약을 해지할 수 있으나, 보험자가 계약 당시에 그 사실을 알았거나 중대한 과실로 인하여 알지 못한 때에는 보험자는 계약을 해지할 수 없다(상법 제651조).

## 32 난이도 하  상법 일반 - 손해보험

**상법상 손해보험에 관한 설명으로 옳지 않은 것은?**

① 금전으로 산정할 수 없는 이익도 보험계약의 목적으로 할 수 있다.

> 손해보험에서 피보험이익이란 보험계약의 목적(경제적 이해관계)을 말하며, 보험사고가 발생하면 손해를 입게 될 염려가 있는 이익으로 적법하고 금전으로 산정할 수 있는 이익이어야 한다. 피보험이익의 주체를 피보험자라 하며, 피보험이익은 손해보험 특유의 개념으로 인보험(생명보험)에는 인정할 여지가 없는 개념이다.

② 당사자 간에 보험가액을 정하지 아니한 때에는 사고 발생 시의 가액을 보험가액으로 한다.

> 상법 제671조(미평가보험)

③ 보험의 목적의 성질, 하자 또는 자연소모로 인한 손해는 원칙적으로 보험자가 이를 보상할 책임이 없다.

> 상법 제678조(보험자의 면책사유)

④ 피보험자가 보험의 목적을 양도한 때에는 양수인은 보험계약상의 권리와 의무를 승계한 것으로 추정한다.

> 상법 제679조(보험목적의 양도) 제1항

## 33 난이도 하  사회법 일반 - 근로기준법(근로계약)

**근로기준법상 근로계약에 관한 설명으로 옳지 않은 것은?**

① 근로기준법에 따라 사용자가 명시한 근로조건이 사실과 다를 경우에 근로자는 근로조건 위반을 이유로 손해의 배상을 청구할 수 있으며 즉시 근로계약을 해제할 수 있다.

> 근로기준법 제19조 제1항

② 근로계약 내용의 일부가 근로기준법에서 정하는 기준을 충족하지 못하는 경우 그 근로계약 전부를 무효로 한다.

> 근로기준법에서 정하는 기준에 미치지 못하는 근로조건을 정한 근로계약은 그 부분에 한정하여 무효로 한다(근로기준법 제15조 제1항).

③ 사용자는 근로계약 불이행에 대한 위약금을 예정하는 계약을 체결하지 못한다.

> 사용자는 근로계약 불이행에 대한 위약금 또는 손해배상액을 예정하는 계약을 체결하지 못한다(근로기준법 제20조).

④ 사용자는 근로계약에 덧붙여 강제 저축을 규정하는 계약을 체결하지 못한다.

> 사용자는 근로계약에 덧붙여 강제 저축 또는 저축금의 관리를 규정하는 계약을 체결하지 못한다(근로기준법 제22조 제1항).

## 34 난이도 하 ▮사회법 일반 – 산업재해보상보험법(업무상 재해 및 보험급여)

**산업재해보상보험법상 업무상 재해 및 보험급여에 관한 설명으로 옳지 않은 것은?**

① 근로자의 자해행위가 원인이 되어 발생한 사망은 정상적인 인식능력 등이 뚜렷하게 낮아진 상태에서 발생한 경우라도 업무상의 재해로 인정될 수 있는 경우는 절대 없다.

> 근로자의 고의・자해행위나 범죄행위 또는 그것이 원인이 되어 발생한 부상・질병・장해 또는 사망은 업무상의 재해로 보지 아니한다. 다만, 그 부상・질병・장해 또는 사망이 정상적인 인식능력 등이 뚜렷하게 낮아진 상태에서 한 행위로 발생한 경우로서 대통령령으로 정하는 사유가 있으면 업무상의 재해로 본다(산업재해보상보험법 제37조 제2항).

② 업무상 재해의 인정 시 업무와 재해 사이에 상당인과관계(相當因果關係)가 요구된다.

> 산업재해보상보험법 제37조 제1항 단서 해석상

③ 유족급여는 근로자가 업무상의 사유로 사망한 경우에 유족에게 지급한다.

> 산업재해보상보험법 제62조 제1항

④ 보험급여를 받을 권리는 양도 또는 압류하거나 담보로 제공할 수 없다.

> 산업재해보상보험법 제88조 제2항

## 35 난이도 하  ■사회법 일반 – 사회보장법 관련 주요 법률

**사회보험과 관계가 없는 법률은?**

① 국민연금법
② 국민건강보험법
③ 고용보험법
④ **국가배상법**

> 사회보험법은 국민연금법, 국민건강보험법, 산업재해보상보험법, 고용보험법 등과 관계가 있으나, 국가배상법과는 관계가 없다.

## 36 난이도 하  ■사회법 일반 – 사회보장기본법

**사회보장기본법에 관한 설명으로 옳지 않은 것은?**

① 국가와 지방자치단체는 가정이 건전하게 유지되고 그 기능이 향상되도록 노력하여야 한다.

> 사회보장기본법 제6조 제1항

② 사회보장에 관한 다른 법률을 제정하거나 개정하는 경우에는 사회보장기본법에 부합되도록 하여야 한다.

> 사회보장기본법 제4조

③ 국내에 거주하는 외국인에게 사회보장제도를 적용할 때에는 상호주의의 원칙에 따르되, 관계 법령에서 정하는 바에 따른다.

> 사회보장기본법 제8조

④ **고용노동부장관은 사회보장에 관한 기본계획을 매년 수립하여야 한다.**

> 보건복지부장관은 관계 중앙행정기관의 장과 협의하여 사회보장 증진을 위하여 사회보장에 관한 기본계획을 5년마다 수립하여야 한다(사회보장기본법 제16조 제1항).

## 37 난이도 중 | 행정법 일반 – 행정주체

**행정주체에 해당하는 것은?**

① 대통령

> 행정청개념에 대통령이 포섭되는지 다툼이 있으나, 통설은 행정조직법상 행정청을 행정주체의 의사를 외부에 대하여 자신의 이름으로 표시할 수 있는 행정기관으로 이해, 행정청의 개념을 좁게 설정하여 대통령을 행정소송법상 행정청으로 포섭할 수 없다는 난점이 존재한다. 반면에 대법원은 「국무회의에서 건국훈장 독립장이 수여된 망인에 대한 서훈취소를 의결하고 대통령이 결재함으로써 서훈취소가 결정된 후 국가보훈처장이 망인의 유족 甲에게 '독립유공자 서훈취소결정 통보'를 하자 甲이 국가보훈처장을 상대로 서훈취소결정의 무효 확인 등의 소를 제기한 사안」에서, 甲이 서훈취소 처분을 행한 행정청(대통령)이 아니라 국가보훈처장을 상대로 제기한 위 소는 피고를 잘못 지정한 경우에 해당하므로, 법원으로서는 석명권을 행사하여 정당한 피고로 경정하게 하여 소송을 진행해야 함에도 국가보훈처장이 서훈취소처분을 한 것을 전제로 처분의 적법 여부를 판단한 원심판결에 법리오해 등의 잘못이 있다고 판단하여(대판 2014.9.26. 2013두2518) 서훈취소 처분의 경우 대통령을 행정청으로 판단한 듯하다.

② 법원행정처장

> 대법원장이 한 처분에 대한 행정소송의 피고는 법원행정처장이므로(법원조직법 제70조) 법원행정처장은 행정소송법상 행정청에 해당한다.

③ **공무수탁사인**

> 공무수탁사인은 국가, 지방자치단체, 공법상 법인(공사단, 공재단, 영조물법인)과 더불어 행정주체에 해당한다.

④ 세종특별자치시의회 의장

> 세종특별자치시는 행정주체이고, 세종특별자치시장은 행정청으로서 행정기관이며, 세종특별자치시의회는 의결기관으로서 행정기관에 해당한다. 반면에 세종특별자치시의회 의장은 행정청에도 의결기관에도 해당하지 않는다.

---

### 핵심만콕

**행정주체의 의의**
행정법관계에서 행정권을 행사하고 그 법적 효과가 궁극적으로 귀속되는 당사자를 말한다.

**행정주체의 종류**

| | 국가 | 고유의 행정주체 |
|---|---|---|
| 공공단체 | 지방자치단체 | 일정한 구역을 기초로 그 구역 내의 모든 주민에 대해 지배권을 행사하는 공공단체로, 보통지방자치단체(특별시, 광역시, 특별자치시·도 및 특별자치도와 기초자치단체인 시·군·자치구)와 특별지방자치단체(지방자치단체조합)가 있다. |
| | 공공조합 (공사단) | 특정한 국가목적을 위하여 설립된 인적 결합체에 법인격이 부여된 것으로, 농업협동조합, 산림조합, 상공회의소, 변호사회 등이 있다. |
| | 공재단 | 국가나 지방자치단체가 공공 목적을 위하여 출연한 재산을 관리하기 위하여 설립된 공법상의 재단법인으로, 한국학중앙연구원 등이 있다. |
| | 영조물법인 | 행정주체에 의하여 특정한 국가목적에 계속적으로 봉사하도록 정하여진 인적·물적 결합체로, 각종의 공사, 국책은행, 서울대학교병원, 적십자병원, 한국과학기술원 등이 있다. |
| 공무수탁사인 | | 국가나 지방자치단체로부터 공권(공행정사무)을 위탁받아 자신의 이름으로 공권력을 행사하는 사인이나 사법인으로, 사인인 사업시행자, 학위를 수여하는 사립대학 총장, 선박항해 중인 선장, 별정우체국장 등이 있다. |

## 38 난이도 중

**행정법 일반 - 행정조직법(중앙행정기관)**

정부조직법상 국무총리 소속의 중앙행정기관이 아닌 것은?

기출수정

① 법제처
② <u>질병관리청</u>
③ <u>국가보훈부</u>

> 출제당시에는 질병관리청만 보건복지부장관 소속으로 국무총리 소속의 중앙행정기관이 아니었으나, 2023.3.21. 정부조직법의 개정으로 국가보훈처도 국가보훈부로 개편되어 국무총리 소속이 아닌 대통령 통할하에 있는 행정각부가 되었다(정부조직법 제26조 제1항 제9호).

④ 식품의약품안전처

### 핵심만콕

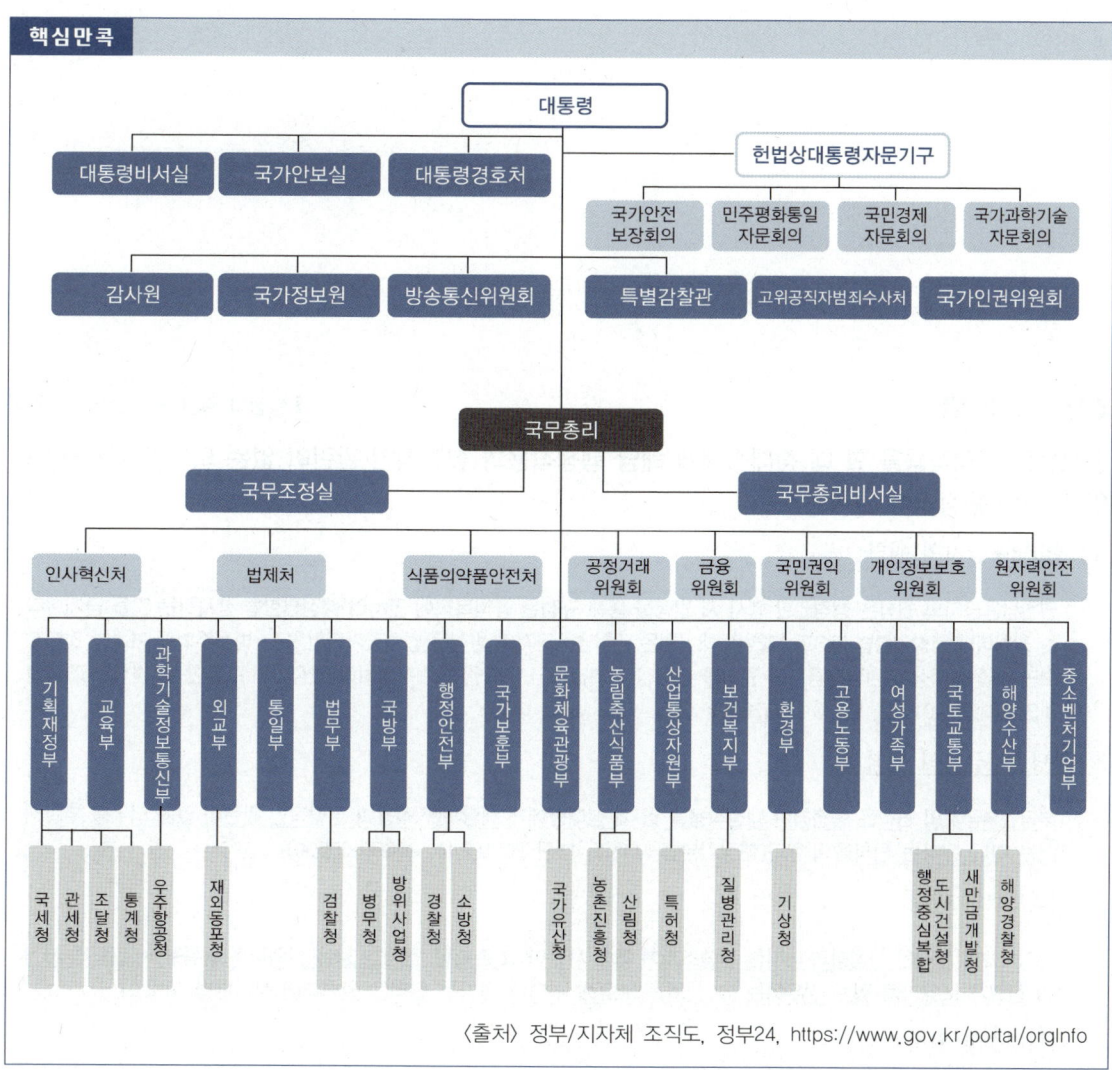

〈출처〉 정부/지자체 조직도, 정부24, https://www.gov.kr/portal/orgInfo

## 39 난이도 하 | 행정법 일반 – 행정행위의 부관

행정처분의 부관에 해당하지 않는 것은?

① 부 담
② 기 한
③ <u>의 제</u>

> 행정행위의 부관의 종류에는 조건, 기한, 부담, 철회권의 유보가 있다. 의제는 부관에 해당하지 않는다.

④ 철회권의 유보

## 40 난이도 하 | 행정법 일반 – 행정의 법 원칙

행정청은 행정작용을 할 때 상대방에게 해당 행정작용과 실질적인 관련이 없는 의무를 부과해서는 안 된다는 행정법상 원칙은?

① 권한남용금지의 원칙

> 권한남용금지의 원칙은 행정권한 행사 시 법령을 통해 규정된 공익목적에 반하여 행정권한을 행사하는 것을 금지한다는 원칙이다(행정기본법 제11조 제2항). 대법원은 권한남용금지의 원칙을 법치국가원리 또는 법치주의에 기초한 것으로 보면서, 행정법상 권한남용금지의 원칙을 민법상 권리남용금지의 원칙과 구별하여 행정법의 고유한 법 원칙으로 선언하였다(대판 2016.12.15. 2016두47659).

② <u>부당결부금지의 원칙</u>

> 부당결부금지의 원칙은 행정청이 행정작용을 할 때 상대방에게 해당 행정작용과 실질적인 관련이 없는 의무를 부과해서는 아니 된다는 원칙을 말한다(행정기본법 제13조, 대판 2009.2.12. 2005다65500).

③ 신뢰보호의 원칙

> 신뢰보호의 원칙은 행정청의 어떠한 선행조치에 대해 사인이 그 존속성, 정당성 등을 신뢰하여 행위를 하였을 때 사인의 신뢰가 보호가치 있는 경우에는 그 신뢰를 보호해 주어야 한다는 원칙을 말한다(행정기본법 제12조).

④ 법치행정의 원칙

> 법치행정의 원칙은 행정작용은 법률에 위반되어서는 아니 되며, 국민의 권리를 제한하거나 의무를 부과하는 경우와 그 밖에 국민생활에 중요한 영향을 미치는 경우에는 법률에 근거하여야 한다는 원칙을 말한다(행정기본법 제8조).

# 2022년 민간경비론

문제편 069p

## 정답 CHECK

| 41 | 42 | 43 | 44 | 45 | 46 | 47 | 48 | 49 | 50 | 51 | 52 | 53 | 54 | 55 | 56 | 57 | 58 | 59 | 60 |
|---|---|---|---|---|---|---|---|---|---|---|---|---|---|---|---|---|---|---|---|
| ③ | ② | ④ | ④ | ② | ② | ① | ④ | ② | ③ | ① | ③ | ③ | ③ | ② | ③ | ① | ③ | ④ | ③ |
| 61 | 62 | 63 | 64 | 65 | 66 | 67 | 68 | 69 | 70 | 71 | 72 | 73 | 74 | 75 | 76 | 77 | 78 | 79 | 80 |
| ② | ② | ④ | ③ | ② | ① | ② | ③ | ③ | ② | ① | ④ | ④ | ② | ④ | ③ | ④ | ① | ① | ④ |

### 41 난이도 하

민간경비 개설 - 민간경비의 개념

**민간경비의 개념에 관한 설명으로 옳지 않은 것은?**

① 형식적 개념은 공경비와 민간경비가 명확히 구분된다.

> 형식적 개념에서 공경비(경찰)와 민간경비가 명확히 구별된다.

② 실질적 개념은 자율방범대 및 개인적 차원의 범죄예방활동도 포함한다.

> 민간경비뿐만 아니라 지역 내 자율방범대 및 개인적 차원 등에서 이루어지는 범죄예방 관련 제반활동도 실질적 개념의 민간경비라 할 수 있다.

③ **협의의 개념은 주요 기능으로 방범·방재·방화를 들고 있다.**

> 주요 기능으로 방범·방재·방화를 들고 있는 것은 민간경비의 광의의 개념이다.

④ 광의의 개념에서 공경비와 민간경비는 본질적 차이가 없다고 본다.

> 광의의 민간경비는 공경비를 제외한 경비의 3요소인 방범·방재·방화를 포함하는 포괄적 경비활동을 의미하므로 공경비와 민간경비는 본질적 차이가 없다고 볼 수 있다.

| 핵심만콕 | 민간경비의 개념 ★ |
| --- | --- |
| 협의의 개념 | 고객의 생명·신체·재산보호, 질서유지를 위한 개인 및 기업(조직)의 범죄예방활동(방범활동)을 의미한다. |
| 광의의 개념 | 공경비를 제외한 경비의 3요소인 방범·방재·방화를 포함하는 포괄적 경비활동을 의미한다. 최근에는 산업보안 및 정보보안 그리고 사이버보안에 이르기까지 광범위하고 첨단화된 범죄예방기능을 포함하는 개념으로 사용되고 있다. |
| 실질적 개념 | 고객의 생명·신체·재산보호, 사회적 손실감소와 질서유지를 위한 일체의 활동을 의미하는데, 실질적 개념에서 경찰과 민간경비는 그 주체가 국가와 민간이라는 점에서 차이가 있을 뿐, 본질적으로는 차이가 없다. |
| 형식적 개념 | 실정법인 경비업법에 의해 허가받은 법인이 동법에서 규정하고 있는 업무를 수행하는 활동을 의미하는데, 형식적 개념에서 경찰과 민간경비는 명확하게 구별된다. |

## 42 난이도 하  민간경비 개설 - 민간경비와 공경비

**민간경비와 공경비에 관한 설명으로 옳지 않은 것은?**

① 민간경비는 공경비와 상호관련성을 가진다.
② 경비업법상 공항 등(항공기 포함하지 않음) 국가중요시설의 경비 및 도난·화재 그 밖의 위험발생을 방지하는 것은 민간경비의 업무이다.

> 경비업법상 법인이 수행할 수 있는 민간경비의 업무는 시설경비업무, 호송경비업무, 신변보호업무, 기계경비업무, 특수경비업무, 혼잡·교통유도경비업무를 들 수 있다. 이 중 특수경비업무는 공항(항공기를 포함한다) 등 대통령령이 정하는 국가중요시설(이하 "국가중요시설"이라 한다)의 경비 및 도난·화재 그 밖의 위험발생을 방지하는 업무를 말한다(경비업법 제2조 제1호).

③ 영미법계 국가의 민간경비원이 대륙법계 민간경비원보다 폭넓은 권한을 행사한다.
④ 민간경비는 범죄예방을 임무로 하지만, 경비대상이 공경비와 구별된다.

| 핵심만콕 | 공경비와 민간경비의 비교 ★ | |
| --- | --- | --- |
| 구 분 | 공경비(경찰) | 민간경비(개인 또는 경비업체) |
| 대 상 | 일반국민(시민) | 계약당사자(고객) |
| 임 무 | 범죄예방 및 범죄대응 | 범죄예방 |
| 공통점 | 범죄예방 및 범죄감소, 위험방지, 질서유지 | |
| 범 위 | 일반(포괄)적 범위 | 특정(한정)적 범위 |
| 주 체 | 정부(경찰) | 영리기업(민간경비회사 등) |
| 목 적 | 법집행(범인체포 및 범죄수사·조사) | 개인의 재산보호 및 손실감소 |
| 제약조건 | 강제력 있음 | 강제력 사용에 제약 있음 |
| 권한의 근거 | 통치권 | 위탁자의 사권(私權) |

## 43  난이도 중 | 민간경비 개설 – 민간경비 성장의 이론적 배경

甲과 乙의 대화내용에 해당하는 민간경비의 이론적 배경이 올바르게 연결된 것은?

> 甲 : "경찰의 역할 수행은 사실상 근본적으로 한정적일 수밖에 없어."
> 乙 : "그래. 이제는 민간경비도 자체적인 고유한 영역을 가져야 한다고 생각해."

ㄱ. 민영화이론   ㄴ. 경제환원론
ㄷ. 이익집단이론   ㄹ. 수익자부담이론
ㅁ. 공동생산이론

① 甲 - ㄱ, 乙 - ㄷ
② 甲 - ㄱ, 乙 - ㅁ
③ 甲 - ㄴ, 乙 - ㄱ
④ 甲 - ㅁ, 乙 - ㄷ

甲은 경찰이 안고 있는 한계를 일부 극복하고, 시민의 안전욕구를 증대시키기 위해 민간부문의 능동적 참여를 다각적으로 유도하는 <u>공동생산이론(ㅁ)</u>과 연결되며, 乙은 민간경비도 자신의 집단적 이익을 극대화하기 위해 규모를 팽창시키고 새로운 규율이나 제도를 창출시키는 등의 노력을 해야 한다고 주장하는 <u>이익집단이론(ㄷ)</u>과 연결된다.

### 핵심만콕  민간경비 성장의 이론적 배경★★

- **경제환원론** : 특정한 사회현상이 직접적으로는 경제와 무관한 것임에도 불구하고 그 발생원인을 경제문제에서 찾으려는 이론으로, 경기침체로 인해 실업자가 늘어나면 자연적으로 범죄가 증가하고, 이에 민간경비가 직접 범죄에 대응하게 됨으로써 민간경비시장이 성장·발전한다고 주장한다.
- **공동화이론** : 경찰이 수행하고 있는 경찰 본연의 기능이나 역할을 민간경비가 보완·대체한다는 이론으로, 경찰의 범죄예방능력이 국민의 욕구를 충족시키지 못할 때의 공동상태(Gap)를 민간경비가 보충함으로써 민간경비시장이 성장한다고 주장한다.★
- **이익집단이론** : 경제환원론적 이론이나 공동화이론을 부정하는 입장에서 '그냥 내버려두면 보호받지 못한 채로 방치될 만한 재산을 민간경비가 보호한다'는 이론으로, 민간경비도 자신의 집단적 이익을 극대화하기 위해 규모를 팽창시키고 새로운 규율이나 제도를 창출시키는 등의 노력을 해야 한다고 주장한다.★
- **수익자부담이론** : 자본주의사회에 있어 경찰의 공권력 작용은 원칙적으로 거시적 측면에서 질서유지나 체제수호 등과 같은 역할과 기능으로 한정시키고, 사회구성원 개개인 차원이나 여타 집단과 조직 등의 안전과 보호는 결국 해당 개인이나 조직이 담당하여야 한다는 인식에 기초한 이론이다.★
- **민영화이론** : 1980년대 이후 복지국가의 이념에 대한 반성으로서 국가독점에 의한 비효율성을 극복하고자 시장경쟁논리를 도입한 이론으로, 민영화는 공공지출과 행정비용의 감소효과를 유발하기 위한 방법이다.
- **공동생산이론** : 민간경비를 공경비의 보조적 차원이 아닌 주체적 차원으로 인식하는 이론으로, 경찰이 안고 있는 한계를 일부 극복하고, 시민의 안전욕구를 증대시키기 위해 민간부문의 능동적 참여를 다각적으로 유도한다.

## 44 │ 난이도 중 │ 경비와 시설보호의 기본원칙 - 환경설계를 통한 범죄예방(CPTED)

**환경설계를 통한 범죄예방(CPTED)에 관한 설명으로 옳지 않은 것은?**

① 물리적 환경을 개선하여 범죄를 억제하고 주민의 불안감을 해소하는 제도이다.
② 시야가 차단된 폐쇄형 담장을 투시형 담장으로 바꾸는 것은 자연적 감시이다.
③ 범죄의 원인을 환경적 요인에서 찾으며 모든 인간은 잠재적 범죄욕망을 가진다고 보았다.
④ 딘글(J. Dingle)이 주장한 방어공간이론은 보호가치가 높은 자산일수록 보다 많은 물리적 통제 공간을 형성해야 한다는 것이다.

> 딘글(Dingle)은 시설물의 물리적 통제시스템 구축과 관련하여 보호가치가 높은 자산일수록 보다 많은 방어공간을 구축해야 한다는 동심원영역론(Concentric Zone Theory)을 제시하였다. '방어공간(Defensible Space)이론'은 뉴만(Newman)이 정립한 이론이다.

### 핵심만콕  환경설계를 통한 범죄예방(Crime Prevention Through Environmental Design)

- **의의** : 물리적 환경을 개선함으로써 범죄를 억제하고 주민의 불안감을 해소하는 제도이다.
- **연혁** : 뉴만(Newman)이 확립한 방어공간(Defensible Space) 개념으로부터 제퍼리(Jeffery)가 CPTED의 개념을 제시하였다.
- **목표** : 개인의 본래 활동을 방해하지 않으면서 범죄예방효과를 극대화하는 데 목표를 두고, 범죄의 원인을 개인적 요인보다는 환경적 요인에서 찾는다.
- **전통적 CPTED와 현대적 CPTED** : 전통적 CPTED는 단순히 외부공격으로부터 보호대상을 강화하는 THA(Target Hardening Approach)방법을 사용하여 공격자가 보호대상에 접근하지 못하도록 할 뿐이었지만, 현대적 CPTED는 시민들의 삶의 질 향상까지 고려한다.
- **CPTED의 전략**
  - 1차적 기본전략 : 자연적 접근통제와 감시, 영역성 강화
    일정한 지역에 접근하는 사람들을 정해진 공간으로 유도하거나 외부인의 출입을 통제하도록 설계하여 접근에 대한 심리적 부담을 증대시키고(자연적 접근통제), 건축물 설계 시 가시권을 최대한 확보하며(자연적 감시), 사적인 공간에 대해 경계를 표시하여 주민의 책임의식을 증대시킨다(영역성 강화).
  - 2차적 기본전략 : 조직적 통제(경비원), 기계적 통제(자물쇠), 자연적 통제(공간구획)
- **동심원영역론(Concentric Zone Theory)** : 시설물의 물리적 통제시스템 구축과 관련하여 보호가치가 높은 자산일수록 보다 많은 방어공간을 구축해야 한다는 이론으로, 딘글(Dingle)이 제시하였으며, CPTED의 접근방법 중 하나라고 볼 수 있다. 참고로 동심원영역론은 1단계 - 2단계 - 3단계로 정리한다.

## 45 난이도 중 | 세계 각국의 민간경비 – 고대의 민간경비

**고대 민간경비에 관한 설명으로 옳은 것은?**

① 원시시대에는 동해보복형(同害報復形)의 처벌을 하였다.
> 고대 바빌로니아의 함무라비왕에 의해 제정된 함무라비법전에 "눈에는 눈, 이에는 이"라는 말과 같이 같은 피해에는 같은 방법으로 보복을 하는 동해보복형(同害報復形)의 처벌을 규정하고 있었다.

② 공경비와 민간경비가 분리된 시대는 함무라비 시대이다.
> 함무라비왕 시대부터 개인차원의 민간경비의 개념과 국가차원의 공경비의 개념이 분리되기 시작하였다.

③ 그리스시대에는 법 집행을 위해 최초의 국가경찰인 자경단원제도를 운영하였다.
> 법 집행을 위해 최초의 국가경찰인 자경단원제도를 운영한 것은 기원전 27년 고대 로마시대 아우구스투스 황제이다.

④ 로마시대에는 최초의 무장 수도경찰을 운영하였고, 민간경비가 크게 성장하여 경비책임이 개인에게 귀속되었다.
> 고대 로마시대에는 최초의 비무장 수도경찰을 운영하였다. 즉, 국가적 차원의 경비가 실시되었다. 그러나 로마제국의 몰락 시기(동로마·서로마 분리 : 서기 395년)에는 경비책임이 다시 국가적 차원에서 개인적 차원으로 귀속되었다.

## 46 난이도 중 | 세계 각국의 민간경비 – 각국 민간경비의 역사적 발전

**각국의 민간경비에 관한 설명으로 옳지 않은 것은?**

① 영국의 윈체스터 법에는 주·야간 감시제도, 15세 이상 60세 미만 남자의 무기비치 의무화가 규정되었다.
② 미국의 민간경비는 남북전쟁시대에 금괴수송을 위한 철도경비를 강화하면서 획기적으로 발전했다.
> 미국의 민간경비는 19세기 중엽의 서부개척시대 이주민의 자위(自衛)와 금괴수송을 위한 자경조직 설치, 역마차회사, 철도회사가 동서 간의 철도경비를 위해 자체 경비조직을 갖게 되면서 민간경비 발달의 획기적인 계기가 되었다. 남북전쟁(1861~1865년) 전후 국가경찰 조직이 미흡한 상태에서 위조화폐 단속을 위한 사설탐정기관이 발달하였다. 특히 1850년 핑커톤이 탐정사무소를 설립하였는데 이는 현대적 의미의 민간경비의 시초이다.

③ 독일의 민간경비업체는 개인회사, 주식회사, 중소기업 형태로 다양하다.
④ 일본의 공안위원회는 민간경비에 대한 주요 정책을 다루고 있다.

## 47 난이도 중
**세계 각국의 민간경비 – 영국 민간경비의 발달(로버트 필)**

**영국의 로버트 필(Robert Peel)이 행한 경찰개혁에 관한 내용으로 옳지 않은 것은?**

① 경찰은 헌신적이고 윤리적이며, 중앙정부로부터 봉급을 받는 요원들이어야 한다고 주장하였다.

> 로버트 필은 경찰은 헌신적이고 윤리적이며, **지방정부의 봉급을 받는 요원들이어야 한다**고 주장하였다.

② 수도경찰법을 의회에 제출하여 수도경찰을 창설하였다.
③ 범죄와 혼란을 바로잡기 위해서는 엄격하게 선발되고 훈련된 사람으로 조직된 기관이 필요하다고 하였다.
④ 교구경찰, 수상경찰, 상인경찰 등을 능률적인 유급경찰로 통합하였다.

---

**핵심만콕  로버트 필(Robert Peel)**

- 내무부장관이었던 로버트 필은 1829년 수도경찰법을 의회에 제출하여 런던수도경찰을 창설하였다.
- 범죄방지와 사회혼란을 바로잡기 위해 엄격하게 선발·훈련된 사람으로 조직된 기관의 필요성을 인식하였다.
- 교구경찰, 주야간경비대, 수상경찰, 상인경찰, 보우가경찰대 등을 하나의 능률적인 유급경찰로 통합하여 경찰은 헌신적이어야 하며 훈련되고 윤리적이며 지방정부의 봉급을 받는 요원들이어야 한다고 주장하였다.
- 형법의 개혁안을 처음 만들고, Peeler(Peel의 사람) 또는 Bobbies(순경이라는 뜻의 구어)라고 불리는 수도경찰을 재조직하였다.
- 로버트 필의 형법개혁안(Peelian Reform)은 현대적 경찰 조직의 시초가 되었으며 영국과 다른 경찰부서의 모델이 되었다.

---

## 48 난이도 중
**세계 각국의 민간경비 – 한국 민간경비의 법적 지위**

**특수경비원과 청원경찰에 관한 내용으로 옳은 것은?**

① 특수경비원이 휴대할 수 있는 무기종류는 권총·소총과 도검 등이다.

> 특수경비원이 휴대할 수 있는 무기종류는 **권총 및 소총으로 한다**(경비업법 시행령 제20조 제5항).

② 특수경비원은 특정한 경우 사법경찰권한이 허용된다.

> **민간경비는 범죄예방활동을 주 임무로 하므로 경비원에게 사법경찰권을 부여해서는 안 된다.**

③ 청원경찰의 임용은 관할 경찰서장이 승인한다.

> **청원경찰은 청원주가 임용**하되, 임용을 할 때에는 미리 시·도 경찰청장의 승인을 받아야 한다(청원경찰법 제5조 제1항).

④ **청원경찰은 형법이나 기타 벌칙을 적용할 때에는 공무원으로 간주된다.**

> 청원경찰 업무에 종사하는 사람은 「형법」이나 그 밖의 법령에 따른 벌칙을 적용할 때에는 공무원으로 본다(청원경찰법 제10조 제2항).

## 49 난이도 하 | 세계 각국의 민간경비 - 한국 민간경비산업 현황

**우리나라 민간경비의 현황에 관한 설명으로 옳은 것은?**

① 민간조사업을 하고자 하는 사람은 관할 시·군·구청의 승인을 얻어야 한다.

> 민간조사업은 아직까지 하나의 정형화된 형식을 갖추고 제도적으로 정착되어 운영되는 것은 아니다. 이에 따라 민사조사와 관련하여 유사한 업무를 수행하기를 원하는 자는 특별한 법규정 없이도 관할 관청에 서비스업으로 신고만 하면 가능하다.

② **기계경비의 수요가 늘고 있으나, 아직까지 인력경비의 의존도가 높다.**

> 기계경비의 필요성과 효율성의 인식으로 기계경비의 수요가 늘고 있으나, 아직까지는 인력경비에 대한 의존도가 높다.

③ 특수경비원은 청원경찰제도가 도입되면서 상호 대등한 입지를 갖게 되었다.

> 2001년 경비업법의 개정으로 특수경비원 제도가 도입되어, 청원경찰의 입지가 축소되었다.

④ 공경비에 비해 민간경비산업은 성장에 많은 어려움을 겪고 있다.

> 민간경비산업은 공경비에 비해 양적으로는 크게 성장을 하였으나, 여러 가지 질적 문제점들이 노출되고 있다.

## 50 난이도 하 | 민간경비 개설 - 민간경비와 공경비의 제관계

**민간경비와 공경비의 관계에 관한 설명으로 옳지 않은 것은?**

① 민간경비원의 신분은 민간인과 동일하게 취급한다.
② 공경비의 한계는 민간경비 성장의 발판이 되었다.
③ **민간경비는 공익보호를 목적으로 하며 법령에 의한다.**

> 민간경비는 사익보호(개인의 재산보호 및 손실감소)를 목적으로 하며, 민간경비의 법률관계는 경비 도급계약에 의한다.

④ 민간경비는 공경비에 비해 사전적·특정적·제한적 활동을 하는 특징을 가진다.

## 51 난이도 하
민간경비의 조직 – 기계경비의 장·단점

기계경비의 단점에 관한 설명으로 옳지 않은 것은?

① <u>24시간 지속적으로 감시할 수 있다.</u>

> 24시간 지속적으로 감시할 수 있다는 것은 기계경비의 장점에 해당한다.

② 고장 시 신속한 대응이 어렵다.
③ 오경보 및 허위경보의 위험성이 크다.
④ 초기 설치비용이 많이 든다.

## 52 난이도 하
경비와 시설보호의 기본원칙 – 군중관리의 기본원칙

군중관리의 기본원칙으로 옳지 않은 것은?

① 밀도의 희박화
② 지시의 철저
③ **이동의 다양화**

> 이동의 다양화가 아닌 이동의 일정화가 군중관리의 기본원칙에 해당한다.

④ 경쟁적 상황의 해소

---

**핵심만콕** 군중관리의 기본원칙 ★

- 밀도의 희박화 : 제한된 특정 지역에 많은 사람이 모이는 것을 가급적이면 피하게 한다.
- 이동의 일정화 : 일정한 방향·일정한 속도로 군중을 이동시켜 주위 상황을 파악해 안정감을 갖도록 한다.
- 경쟁적 상황의 해소 : 질서를 지키면 모두가 안전하다는 것을 안내방송을 통해 납득시켜 군중이 질서를 지키면 손해를 본다는 경쟁적 상황을 해소한다.
- 지시의 철저 : 자세한 안내방송을 하여 사고와 혼잡사태를 예방한다.

## 53 난이도 하

**민간경비의 조직 - 경비위해요소 분석**

경비위해요소 분석에 관한 설명으로 옳지 않은 것은?

① 경비위해요소란 경비대상의 안전성에 위험을 끼치는 제반요소를 의미한다.
② 모든 시설물마다 표준화된 인력경비시스템을 적용하는 것은 아니다.
③ **총체적 경비는 특정한 손실이 발생할 때마다 그 사건에만 대응하는 경비형태이다.**

> 반응적 경비에 관한 설명이다. 총체적 경비는 특정의 위해요소와 관계없이 언제 발생할지도 모르는 상황에 대비하여 인력경비와 기계경비를 종합한 표준화된 경비형태를 말한다.

④ 손실예방을 위한 최적의 방어책을 세우기 위해서는 위해요소에 대한 인지와 평가가 우선적으로 선행되어야 한다.

### 핵심만콕 경비 실시 방식에 따른 경비의 분류

| 1차원적 경비 | 경비원에 의한 경비 등과 같이 단일 예방체제에 의존하는 경비형태를 말한다. |
|---|---|
| 단편적 경비 | 포괄적·전체적 계획 없이 필요할 때마다 단편적으로 손실예방 등의 역할을 수행하기 위해 추가되는 경비형태를 말한다. |
| 반응적 경비 | 단지 특정한 손실이 발생할 때마다 그 사건에만 대응하는 경비형태를 말한다. |
| 총체적 경비 (종합적 경비) | 특정의 위해요소와 관계없이 언제 발생할지도 모르는 상황에 대비하여 인력경비와 기계경비를 종합한 표준화된 경비형태를 말한다. |

## 54 난이도 하

**민간경비의 환경 - 국내 치안여건의 변화**

우리나라 치안환경에 관한 설명으로 옳은 것은?

① 이기주의로 인한 집단행동이 감소하고 있다.

> 집단이기주의로 인한 불법적 집단행동이 증가되고 있다.

② 다문화가정에 대한 치안수요는 감소하고 있다.

> 외국인노동자, 다문화가정의 증가 등으로 인하여 새로운 치안수요가 발생하고 있다.

③ **금융·보험, 컴퓨터 등과 관련된 화이트칼라 범죄가 증가하고 있다.**

> 금융·보험, 신용카드, 컴퓨터 등과 관련된 지능화·전문화된 화이트칼라 범죄가 증가하고 있다.

④ 인구의 탈도시화 현상으로 범죄가 감소하게 되어 도시 유형에 맞는 치안활동의 필요성이 줄어든다.

> 인구의 도시집중에 따른 개인주의적 경향으로 인간소외, 범죄발생 등의 심각한 사회문제가 예상된다.

## 55 난이도 하 | 민간경비의 조직 - 경비원 교육 등

경비업법령상 경비원 A가 일반경비원 신임교육을 받아야 하는 시간은?

> 경비원 A는 일반경비원 신임교육을 받은 지 5년이 지난 후 일반경비원으로 채용되었다(단, 채용 전 다른 경비업무 종사이력은 없다).

① 교육면제
② **24시간**

> 경비원 A는 채용 전 다른 경비업무 종사이력이 없고, 일반경비원 신임교육대상에서 제외할 수 있는 신임교육 유효기간(3년)이 지난 상태이므로 일반경비원으로 채용 시 신임교육(24H)을 이수하여야 한다(경비업법 제13조 제1항, 동법 시행령 제18조 제2항·제5항, 동법 시행규칙 제12조 제1항·[별표 2]).

③ 76시간
④ 88시간

## 56 난이도 하 | 민간경비의 조직 - 경비원 교육 등

경비업법령상 특수경비원 교육에 관한 사항으로 옳지 않은 것은? (기출수정)

① 특수경비업자는 특수경비원을 채용한 경우 특수경비업자 부담으로 특수경비원에게 특수경비원 신임교육을 받도록 하여야 한다.

> 경비업법 시행령 제19조 제1항

② 특수경비업자는 소속 특수경비원에게 매월 3시간 이상의 직무교육을 받도록 하여야 한다.

> 경비업법 시행령 제19조 제3항, 동법 시행규칙 제16조 제1항

③ **특수경비원의 교육 시 관할 시·도 경찰청 소속 경찰공무원이 교육기관에 입회하여 지도·감독하여야 한다.**

> 특수경비원의 교육 시 관할 경찰서 소속 경찰공무원이 교육기관에 입회하여 대통령령이 정하는 바에 따라 지도·감독하여야 한다(경비업법 제13조 제4항).

④ 특수경비업자는 특수경비원 신임교육을 받지 아니한 자를 특수경비업무에 종사하게 하여서는 안 된다.

> 경비업법 제13조 제3항 후단

## 57 난이도 하 　　　　세계 각국의 민간경비 – 각국 민간경비원의 법적 지위와 권한

**각국 민간경비원의 법적 지위와 권한에 관한 설명으로 옳지 않은 것은?**

① 미국에서 경찰관이 행하는 수색과 민간경비원이 행하는 수색에는 차이가 없다.

> 미국에서 민간경비원은 경찰과의 협조하에 활동하거나 준경찰로 활동하는 경우를 제외하고는 일반 사인과 동일한 법적 지위를 가지므로 경찰관이 행하는 수색과 민간경비원이 행하는 수색에는 상당한 차이가 있다.

② 미국에서 민간경비원이 경찰과 협력 또는 기소를 목적으로 증거를 수집하여 경찰에 제공하는 대리인으로 활동한 경우 헌법적 제한이 따른다.

③ 일본에서 민간경비원은 업무의 특수성으로 인해 헌법에 규정된 국민의 권리를 침해할 우려가 있으므로 주의가 필요하다.

④ 한국에서 민간경비원이 증거를 수집할 수 있는 형사소송법상의 규정은 없다.

## 58 난이도 하 　　　　민간경비의 환경 – 민간방범활동(방범리콜제도)

**민·경 협력 범죄예방에 관한 다음 내용에 해당하는 것은?**

> 경찰이 방범활동에 대한 주민의 의견을 직접 들어 치안활동에 반영하는 것으로 치안행정상 주민참여와 관련이 있다.

① 아동안전지킴이

> 아동안전지킴이 제도는 아동의 범죄피해 방지를 위해 경찰청 주관으로 전국에서 운영되고 있는 협력치안 프로그램이다.

② 자율방범대

> 자율방범대는 자원봉사자를 중심으로 지역 주민이 지역 단위로 조직하여 관할 지구대와 상호 협력관계를 갖고 방범활동을 하는 자율봉사 조직이다.

③ **방범리콜제도**

> 제시문은 방범리콜제도에 관한 설명에 해당한다.

④ 경찰홍보

> 경찰홍보는 경찰이 하는 일을 국민과 쌍방향 커뮤니케이션을 통해 널리 알림으로써 경찰에 대한 신뢰와 지지를 확보하기 위한 제반활동이다.

## 59 난이도 하

**민간경비의 조직 – 인력경비와 기계경비**

인력경비와 기계경비에 관한 설명으로 옳은 것은?

① 인력경비는 넓은 장소를 효과적으로 감시할 수 있다.
> 기계경비의 장점에 해당한다.

② 기계경비는 고객과의 친밀한 관계형성이 용이하다.
> 인력경비의 장점에 해당한다.

③ 인력경비는 장기적으로 경비비용의 절감 효과가 있다.
> 기계경비의 장점에 해당한다.

④ <u>기계경비는 유지보수에 전문인력이 요구된다.</u>
> 기계경비의 단점에 관한 설명으로 옳다.

### 핵심만콕  인력경비와 기계경비 ★

| 구 분 | 인력경비 | 기계경비 |
|---|---|---|
| 장 점 | • 경비업무 이외에 안내, 질서유지, 보호·보관업무 등을 하나로 통합한 통합서비스가 가능<br>• 인력이 상주함으로써 현장에서 상황이 발생했을 때 신속한 조치가 가능<br>• 인적 요소이기에 경비업무를 전문화할 수 있고, 고용창출 효과와 고객접점서비스 효과가 있음 | • 24시간 경비가 가능<br>• 장기적으로 소요비용이 절감되는 효과가 있음<br>• 감시지역이 광범위하고 정확성을 기할 수 있음<br>• 시간적 취약대인 야간에도 효율성이 높아 시간적 제약을 적게 받음<br>• 화재예방시스템 등과 동시에 통합운용이 가능<br>• 강력범죄와 화재, 가스 등으로 인한 인명사상을 예방하거나 최소화할 수 있음<br>• 기록장치에 의해 사고 발생 상황이 저장되어 증거보존의 효과와 책임한계를 명확히 할 수 있음<br>• 오작동(오경보)률이 낮을 경우 범죄자에게는 경고의 효과가 있고, 사용자로부터는 신뢰를 얻을 수 있음 |
| 단 점 | • 인건비의 부담으로 경비에 많은 비용이 소요<br>• 사건이 발생했을 때 인명피해의 가능성이 있음<br>• 상황연락이 신속하게 이루어지지 않아 사건의 전파에 장애가 발생<br>• 야간에는 경비활동의 제약을 받아 효율성이 감소<br>• 경비원이 저임금, 저학력, 고령일 경우 경비의 질 저하가 우려 | • 사건 발생 시 현장에서의 신속한 대처가 어려우며, 현장에 출동하는 시간이 필요<br>• <u>최초의 기초 설치비용이 많이 소요</u><br>• <u>허위경보 및 오경보 등의 발생률이 비교적 높음</u><br>• 전문인력이 필요하며, 유지보수에 비용이 많이 소요<br>• <u>고장 시 신속한 대처가 어려움</u><br>• 방범 관련 업무에만 가능하며, 경비시스템을 잘 알고 있는 범죄자들에게 역이용당할 우려가 있음 |

## 60 난이도 하
**경비와 시설보호의 기본원칙 - 비상사태 발생 시 민간경비원의 역할**

비상시 민간경비원의 임무로 옳지 않은 것은?

① 출입구와 비상구의 출입통제
② 비상인력과 시설 내의 이동통제
③ **경찰서, 소방서 등과 통신업무 차단**
> 민간경비원의 비상시 임무로는 **외부지원기관(경찰, 소방서, 병원 등)과의 통신업무**, 경제적으로 보호할 가치가 있는 물건에 대한 보호조치 실시, 비상인력과 시설 내의 이동통제, 출입구와 비상구 및 위험지역의 출입통제 등이 있다.

④ 경제적으로 보호할 가치가 있는 물건에 대하여 보호조치 실시

## 61 난이도 하
**경비와 시설보호의 기본원칙 - 경비계획 수립의 기본원칙**

경비계획 수립의 기본원칙으로 옳지 않은 것은?

① 잠금장치는 정교하고 쉽게 파손되지 않도록 만들어져야 한다.
② **직원 출입구는 주차장으로부터 가까운 곳에 위치해야 한다.**
> 직원의 출입구는 주차장으로부터 가급적 멀리 떨어진 곳에 위치해야 한다.

③ 경비관리실은 가능한 한 건물에서 통행이 많은 곳에 설치한다.
④ 경비원 대기실은 시설물 출입구와 비상구에 인접하도록 한다.

### 핵심만콕 경비계획 수립의 기본원칙
- **직원의 출입구는 주차장으로부터 가급적 멀리 떨어진 곳에 위치해야 한다.**
- **경비원의 대기실은 시설물의 출입구와 비상구에서 인접한 곳에 위치해야 한다.**
- **경비관리실은 출입자 등의 통행이 많은 곳에 설치해야 한다.**
- 경계구역과 건물출입구 수는 안전규칙의 범위 내에서 최소한으로 유지되어야 한다.
- 경비원 1인이 경계해야 할 구역의 범위는 안전규칙상 적당해야 한다.
- 건물 외부의 틈으로 접근·탈출이 가능한 지점 및 경계구역(천장, 공기환풍기, 하수도관, 맨홀 등)은 보호되어야 한다.
- **잠금장치는 정교하고 파손이 어렵게 만들어져야 하고, 열쇠를 분실할 경우에 대비하여 적절한 조치를 취해야 한다.**
- 비상시에만 사용하는 외부출입구에는 경보장치를 설치해야 하고, 외부출입구의 통행은 통제가 가능해야 한다.
- 항구·부두지역은 차량운전자가 바로 물건을 창고지역으로 움직이지 못하도록 하고, 경비원에게 물건의 선적이나 하차를 보고할 수 있도록 설계되어야 한다.
- 효과적인 경비를 위해서는 안전경비조명이 설치되어야 하고, 물건을 선적하거나 수령하는 지역은 분리되어야 한다.
- 외딴 곳이나 비상구의 출입구는 경보장치를 설치해 둔다.
- 유리창이 지면으로부터 약 4m 이내의 높이에 설치되어 있는 경우에는 센서, 강화유리 등 안전장치를 설치해야 한다.

## 62 난이도 하

▮경비와 시설보호의 기본원칙 - 외곽경비

**외곽경비에 관한 설명으로 옳지 않은 것은?**

① 기본 목적은 범죄자의 불법침입을 지연시키는 것이다.
② <u>시설물의 일상적인 업무활동에서 벗어난 곳에 위치한 폐쇄된 출입구는 정기적인 확인이 필요 없다.</u>

> 폐쇄된 출입구도 정기적인 확인이 필요하다.

③ 담장의 설치는 시설물 내의 업무활동을 은폐하고, 내부 관찰이 불가능하도록 해야 한다.
④ 가시지대 내에서 감시활동이 이루어질 때에는 잠금장치가 설치된 문을 주의 깊게 살펴야 한다.

## 63 난이도 중

▮경비와 시설보호의 기본원칙 - 외곽경비(경비조명)

**경비조명에 관한 설명으로 옳지 않은 것은?**

① 보안조명은 타인의 사생활을 방해하도록 설치되어서는 안 된다.
② 보안조명은 경계구역의 안과 밖을 비출 수 있도록 적당한 밝기와 높이에 설치한다.
③ 외부조명은 경계대상물이 경계선에서 가깝거나 건물 자체가 경계선의 일부분일 경우 건물을 직접적으로 비추도록 해야 한다.
④ <u>가스방전등은 매우 높은 빛을 빨리 발산하기 때문에 경계구역과 사고 발생지역에 사용하기가 유용하다.</u>

> <u>석영등에 관한 설명에 해당한다. 가스방전등은 수은등</u>(푸른색의 강한 빛을 방출하며, 백열등보다 수명이 길어 효과적)<u>과 나트륨등</u>(연한 노란색의 빛을 발하며, 안개가 자주 끼는 지역에 사용)<u>이 있다.</u>

## 64 난이도 하 ▮경비와 시설보호의 기본원칙 – 건물의 출입통제

**건물의 출입통제에 관한 설명으로 옳은 것을 모두 고른 것은?**

> ㄱ. 내부반입은 검색 관리가 필요하지만, 외부반출은 검색 관리가 필요 없다.
>> (×) 내부반입뿐만 아니라 외부반출의 경우에도 검색과 관리가 필요하다.
>
> ㄴ. 외부인이 예약 없이 방문하는 경우에는 별도의 대기실에 대기시킨 후 방문 대상자에게 통보해야 한다.
>> (○) 외부인이 예약 없이 방문하는 경우에는 외부인을 별도의 대기실에 대기시킨 후 방문 대상자에게 통보하는 것이 효과적이다.
>
> ㄷ. 경비원은 상근직원이라도 매일 모든 출입자의 신분증을 확인해야 한다.
>> (○) 경비원은 상근직원이라 하더라도 매일 모든 출입자의 신분증을 세심한 주의를 기울여 확인해야 한다.
>
> ㄹ. 신원이 확인된 외부인에 대해서는 이동 가능한 지역을 지정할 필요 없다.
>> (×) 신원이 확인되었다 하더라도 외부인을 건물 내부로 출입시킬 때는 활동에 제한을 주기 위하여 이동 가능한 지역을 반드시 지정해 주어야 한다.

① ㄱ, ㄴ
② ㄱ, ㄹ
③ **ㄴ, ㄷ**

> 제시된 내용 중 건물의 출입통제에 관한 설명으로 옳은 것은 ㄴ과 ㄷ이다.

④ ㄷ, ㄹ

## 65 난이도 중 ▮경비와 시설보호의 기본원칙 – 경보체계(경보시스템)

**다음에 해당하는 경보시스템은?**

> 일정 지역에 국한하여 한두 개의 경보장치를 설치하는 방식으로 사이렌이나 경보음이 울리는 경보시스템

① 제한적 경보시스템
② **국부적 경보시스템**

> 설문의 경보시스템은 국부적 경보시스템에 해당한다.

③ 상주 경보시스템
④ 외래 경보시스템

| 핵심만콕 | 경보체계 ★ | |
|---|---|---|
| | 상주<br>경보시스템 | • 당해 조직이 자체적으로 경비부서를 조직하고 경비활동을 실시하는 것으로서, 경비시스템의 종류 중 가장 전형적인 경비시스템이다.<br>• 각 주요 지점마다 경비원을 배치하여 경비하는 방식으로 비상시의 사고 발생에 즉각적인 대응이 가능하고 가장 신속한 대응방법이지만 많은 인력이 필요한 방식이다. |
| | 국부적<br>경보시스템 | • 가장 원시적인 경보체계로서 일정 지역에 국한해 1~2개의 경보장치를 설치하는 방식이다.<br>• 단순히 사이렌이나 경보음이 울리는 경보시스템이다. |
| | 제한적<br>경보시스템 | • 사이렌이나 종, 비상등과 같은 제한된 경보장치를 설치하는 시스템으로 일반적으로 화재예방시설이 이 시스템의 전형에 해당한다.<br>• 경비원이 없으면 대응할 수 없어 무용지물이 될 수 있다. 즉, 비상사태가 발생하여 사이렌이 울리고 경광등이 켜지면 이를 감지한 경비원이 경찰서나 소방서에 연락을 취하는 수동적인 방식이다. |
| | 다이얼<br>경보시스템 | 비상사태가 발생하였을 경우 사전에 입력된 전화번호로 긴급연락을 하는 시스템으로 설치가 간단하고 유지비가 저렴하다. |
| | 외래지원<br>경보시스템 | • 전용전화회선을 통하여 비상감지 시에 각 관계기관에 자동으로 연락이 취해지는 방식이다.<br>• 건물 각 지점에 감지기가 전화선에 연결되어 있기 때문에 화재, 외부침입, 유독가스발생 등의 사태 시 각각의 감지기에서 감지된 상황이 전화선을 통해 자동으로 해당 기관에 전달되는 시스템이다. |

**66** 난이도 하 ┃경비와 시설보호의 기본원칙 - 재난재해에 관한 대처요령

**재난재해에 관한 대처요령으로 옳지 않은 것은?**

① 경비원은 폭발물 협박이 있는 경우 책임자에게 보고하고 내부 인원을 대피시킨 후 폭발물 설치 여부를 탐색한다.

> 경비원은 폭발물 협박이 있는 경우 경비책임자에게 보고하고, 내부 인원을 대피시킨 후 폭발물이 설치되어 있을 것으로 예상되는 지역을 봉쇄한 다음 전문가를 동원하여 폭탄이 있는지 여부를 탐색하여야 한다.

② 지진 발생 시 가스밸브를 잠그고 건물 밖 공터 등으로 대피한다.
③ 엘리베이터 안에서 지진 발생 시 모든 층을 누르고 가장 먼저 정지하는 층에 내려서 대피한다.
④ 화재 대피 시에는 수건 등을 물에 적셔서 입과 코를 막고 낮은 자세로 대피한다.

## 67  난이도 중 | 민간경비의 조직 – 경비위해 분석단계

**다음에 해당하는 경비위해 분석단계는?**

> 경비의 위해요소 분석에 있어서 가장 선행되어야 하는 것으로, 경비대상시설이 안고 있는 경비상의 취약점을 파악하는 단계

① 위험요소의 분류
② **경비위해요소의 인지**

   제시문은 경비위해요소의 인지단계에 해당하는 설명이다.

③ 경비위험도의 평가
④ 경비비용효과의 분석

**핵심만콕  경비위해요소의 분석단계**

| 경비위해요소 인지단계 | 개인 및 기업의 보호영역에서 손실을 일으키기 쉬운 취약부분을 확인하는 단계 |
|---|---|
| 손해발생 가능성 예측단계 | 경비보호대상의 보호가치에 따른 손실발생 가능성을 예측하는 단계 |
| 경비위험도(손실) 평가단계 | 특정한 손실이 발생하였다면 얼마나 심각한 영향을 미쳤는가를 고려하는 단계 |
| 경비비용효과 분석단계 | 범죄피해로 인한 인적·물적 피해의 정도, 고객의 정신적 안정성, 개인 및 기업체의 비용부담 정도 등을 고려하는 단계 |

## 68  난이도 하 | 민간경비의 조직 – 경비조사활동(업무)

**경비조사활동(업무)에 관한 설명으로 옳지 않은 것은?**

① 경비위해요소와 경비대상에 대한 다양한 정보를 수집하는 활동이다.
② 경비상태의 취약점을 보완할 수 있는 종합적인 경비프로그램을 만들기 위한 객관적인 분석방법이 사용되어야 한다.
③ **경비전문가에 의한 조사는 경비위해 분석이 조직내부 관계자에 의하여 영향을 받지 않기 때문에 조직 내 타 부서의 협조가 용이하다.**

   경비전문가에 의한 조사는 경비위해 분석에 있어 내부 관계자의 영향을 받지 않기 때문에 조사가 객관적이며 전문성을 띠어 현 상태에 대한 더욱 정확한 평가가 가능하다는 장점이 있는 반면 내부 업무에 대한 숙지도가 낮고 타 부서와의 협조가 어렵다는 단점이 있다.

④ 경비조사보고서는 유용한 자료이므로 정기적으로 정리하면 특정 계절에 발생하는 경비문제를 확인할 수 있는 장점이 있다.

## 69 난이도 중 | 경비와 시설보호의 기본원칙 - 경비계획의 수준

중요도에 따라 분류한 경비수준으로 다음 내용에 해당하는 것은?

> ○ 기본적으로 의사소통장비를 갖춘 경비원에 의한 경비
> ○ 대부분의 패턴이 없는 외부행동과 일정 패턴이 없는 내부행동을 발견, 방해하도록 계획된 경비
> ○ 물품창고, 제조공장, 대형소매점 수준의 경비

① 최저수준경비
② 하위수준경비
③ **중간수준경비**

   제시문은 중간수준경비에 대한 내용에 해당한다.

④ 상위수준경비

### 핵심만콕 경비의 중요도에 따른 분류(경비계획의 수준) ★

| 구분 | 내용 |
|---|---|
| 최저수준경비 (Level I) | 일정한 패턴이 없는 불법적인 외부침입을 방해할 수 있도록 계획된 경비시스템으로, 보통 출입문, 자물쇠를 갖춘 창문과 같은 단순한 물리적 장벽이 설치된다.<br>예 일반가정 등 |
| 하위수준경비 (Level II) | 일정한 패턴이 없는 불법적인 외부침입을 방해하고 탐지할 수 있도록 계획된 경비시스템으로, 일단 최저수준경비의 단순한 물리적 장벽이 설치되고, 거기에 보강된 출입문, 창문의 창살, 보다 복잡한 수준의 자물쇠, 조명시스템, 기본적인 경보시스템 및 안전장치가 설치된다.<br>예 작은 소매상점, 저장창고 등 |
| 중간수준경비 (Level III) | 대부분의 패턴이 없는 불법적인 외부침입과 일정 패턴이 없는 일부 내부침입을 방해·탐지·사정할 수 있도록 계획된 경비시스템으로, 경계지역의 보다 높은 수준의 물리적 장벽, 보다 발전된 원거리 경보시스템, 기본적인 의사소통장비를 갖춘 경비원 등을 갖추고 있다.<br>예 큰 물품창고, 제조공장, 대형소매점 등 |
| 상위수준경비 (Level IV) | 대부분의 패턴이 없는 외부 및 내부의 침입을 발견·저지·방어·예방할 수 있도록 계획된 경비시스템으로, CCTV, 경계경보시스템, 고도의 조명시스템, 고도로 훈련받은 무장경비원, 경비원과 경찰의 협력시스템 등을 갖추고 있다.<br>예 교도소, 제약회사, 전자회사 등 |
| 최고수준경비 (Level V) | 일정한 패턴이 전혀 없는 외부 및 내부의 침입을 발견·억제·사정·무력화할 수 있도록 계획된 경비시스템으로, 최첨단의 경보시스템과 현장에서 즉시 대응할 수 있는 24시간 무장체계 등을 갖추고 있다.<br>예 핵시설물, 중요 군사시설 및 교도소, 정부의 특별연구기관, 일부 외국 대사관 등 |

## 70 난이도 하 | 민간경비의 조직 - 경비부서의 조직화

**경비부서 조직화에 관한 설명으로 옳지 않은 것은?**

① 최고관리자는 중간관리자에게 책임의 범위 내에서 업무를 수행할 수 있도록 재량권을 부여하여야 한다.
② **경비인력 수요는 일반적으로 해당 경비시설물의 규모에 반비례한다.**

> 일반적으로 경비인력의 수요는 해당 경비시설물의 규모에 비례한다.

③ 상급자의 통솔범위는 부하의 자질이 높을수록 넓다.
④ 경비원은 자신을 직접 관리하고 있는 경비책임자로부터 지시를 받아야 하고, 항상 그 책임자에게 보고해야 한다.

## 71 난이도 하 | 민간경비산업의 과제와 전망 - 융합보안

**융합보안에 관한 설명으로 옳지 않은 것은?**

① **내·외적 정보침해에 따른 기술적 대응은 포함되지 않는다.**

> 융합보안은 각종 내·외부적 정보침해에 따른 대응으로서 기술적 대응을 포함한다.

② 물리적 보안요소와 정보보안요소를 통합해 효율성을 높이는 활동이다.
③ 4차 산업혁명에 따른 위협의 다변화에 따라 필요성이 대두되었다.
④ 보안산업의 새로운 트렌드이며, 차세대 고부가가치 산업으로 급부상하고 있다.

### 핵심만콕  융합보안(Convergence Security)

- 물리보안과 정보보안을 융합한 경비개념으로, 물리적 보안요소(출입통제, 접근감시, 잠금장치 등)·기술적 보안요소(방화벽, 바이러스·취약성 관리, 사용자 인가절차, 백업복구 등)·관리적 보안요소(범죄조사, 정책개발, 인사관리, 윤리조사, 보안감사 등)를 상호 연계하여 보안의 효과성을 높이는 것을 내용으로 한다.
- 보안산업의 새로운 트렌드로 자리 잡은 광역화·통합화·융합화의 사회적 요구를 수용하기 위해 각종 내외부적 정보침해에 따른 대응으로서 침입탐지, 접근통제, 재난·재해 상황에 대한 관제 등을 포함한다.
- 전통 보안산업은 물리영역과 정보(IT)영역으로 구분되어 성장해 왔으나, 현재는 출입통제, CCTV, 영상보안 등의 물리적 환경에서 이루어지는 전통 보안산업과, 네트워크상 정보를 보호하는 정보보안을 접목한 융합보안이 차세대 고부가가치 보안산업으로서 급부상하고 있다.

## 72 난이도 하
■컴퓨터 범죄 및 안전관리 - 정보보호의 기본원칙

**정보보호의 기본원칙으로 옳지 않은 것은?**

① 정보보호의 목표는 비밀성·무결성·가용성이다.
② 정보시스템 소유자·공급자·사용자 및 기타 관련자 간의 책임을 명확하게 해야 한다.
③ 정보시스템의 보안은 정보의 합법적 사용과 전달이 상호 조화를 이루게 해야 한다.
④ **정보보호의 요구사항은 조직의 기본적인 원칙이므로 시간의 변화에 따른 재평가는 없다.**

> 시간이 지남에 따라 정보보호의 요구사항이 변하므로 주기적으로 재평가되어야 한다.

## 73 난이도 중
■컴퓨터 범죄 및 안전관리 - 스턱스넷(Stuxnet)

**스턱스넷(Stuxnet)에 관한 설명으로 옳지 않은 것은?**

① 2010년에 발견된 웜 바이러스이다.
② 마이크로소프트 윈도우를 통하여 감염된다.
③ 산업시설을 감시하고 파괴하는 악성 소프트웨어이다.
④ **인터넷을 이용하여 타인의 신상정보를 공개하거나 거짓 메시지를 남겨 괴롭히는 데 사용된다.**

> 스토킹(Stalking)에 관한 설명이다.

| 핵심만콕 | 스턱스넷(Stuxnet) |
|---|---|
| 의 의 | 공항, 발전소, 철도 등 기간시설을 파괴할 목적으로 제작된 컴퓨터 웜(Worm) 바이러스이다. |
| 특 징 | • 2010년 6월 컴퓨터 보안회사(VirusBlokAda)에 의해 처음 발견되었다.<br>• MS 윈도우 운영체제의 제로데이 취약점을 통해 감염된다.<br>• 스턱스넷은 목표물을 감염시키기 위해 직접 침투해야 하며, 주로 USB와 같은 이동식 저장매체를 통하여 감염된다.<br>• 모든 시스템을 대상으로 하는 것이 아닌 산업시설의 전반적인 현황을 감시하고 제어할 수 있는 스카다(SCADA)시스템만을 노린다.<br>• 웜(Worm) 바이러스의 일종이기에 자기복제 기능도 있다. |

## 74 난이도 하 | 컴퓨터 범죄 및 안전관리 - 컴퓨터 범죄의 예방대책(관리적 대책)

컴퓨터 범죄에 관한 관리적 안전대책으로 옳지 않은 것은?

① 중요한 데이터의 경우 특정 직급 이상만 접근할 수 있도록 키(key)나 패스워드 등을 부여한다.
② **컴퓨터실과 파일 보관장소는 허가받은 자만 출입할 수 있도록 통제한다.**
　　물리적 대책으로서 출입통제에 해당한다.
③ 근무자들에 대하여 정기적인 배경조사를 실시한다.
④ 회사 내부의 컴퓨터 기술자, 사용자, 프로그래머의 기능을 분리한다.

### 핵심만콕 | 컴퓨터 범죄의 예방대책

| | | |
|---|---|---|
| 컴퓨터 시스템 안전대책 | 물리적 대책 | 건물에 대한 안전조치, 물리적 재해에 대한 보호조치(백업시스템), 출입통제 |
| | 관리적 (인적) 대책 | 직무권한의 명확화와 상호 분리 원칙, 프로그램 개발 통제, 도큐멘테이션 철저, 스케줄러의 점검, 액세스 제한 제도의 도입, 패스워드의 철저한 관리, 레이블링(Labeling)에 의한 관리, 감사증거기록 삭제 방지, 근무자들에 대한 정기적 배경조사, 회사 내부의 컴퓨터 기술자·사용자·프로그래머의 기능을 각각 분리, 안전관리 기타 고객과의 협력을 통한 감시체제, 현금카드 운영의 철저한 관리, 컴퓨터 시스템의 감사 등이 있다. |
| | 기술적 대책 | 암호화, 방화벽(침입차단시스템), 침입탐지시스템(IDS ; Intrusion Detection System) |
| 입법적 대책 | 현행 형법상 규정 | 컴퓨터 업무방해죄(형법 제314조 제2항), 컴퓨터 사기죄(형법 제347조의2), 전자기록 손괴죄(형법 제366조), 사전자기록의 위작·변작죄(형법 제232조의2), 비밀침해죄(형법 제316조 제2항) |
| | 기타 규제법률 | 컴퓨터 통신망 보호(정보통신망 이용촉진 및 정보보호 등에 관한 법률), 통신침해(전기통신기본법, 전기통신사업법, 전파법), 개인정보 침해(개인정보보호법, 신용정보의 이용 및 보호에 관한 법률), 소프트웨어 보호(소프트웨어 진흥법, 저작권법, 특허법), 도청행위(통신비밀보호법), 전자문서(정보통신망 이용촉진 및 정보보호 등에 관한 법률, 물류정책기본법) |
| 형사정책적 대책 | | 수사관의 수사능력 배양, 검사 또는 법관의 컴퓨터 지식 함양 문제는 오늘날 범죄의 극복을 위한 중요한 과제이다. 수사력의 강화, 수사장비의 현대화, 컴퓨터 요원의 윤리교육, 컴퓨터 안전기구의 신설, 컴퓨터 범죄 연구기관의 설치가 요구되고 있다. |

## 75 난이도 하 | 민간경비산업의 과제와 전망 - 경찰과 민간경비 간의 관계 개선방안

**우리나라의 경찰과 민간경비 간의 관계 개선방안으로 옳지 않은 것은?**

① 상호 업무기준의 설정
② 경비자문서비스센터의 운영
③ 전임책임자제도의 실시
④ **범죄신고시스템의 통합**

> 범죄신고시스템의 통합은 경찰과 민간경비 간의 관계 개선방안에 해당하지 않는다.

### 핵심만콕 경찰과 민간경비의 상호협력 및 관계 개선책 ★

- 경찰 조직 내 일정 규모 이상의 민간경비 전담부서 설치와 행정지도
- 민간경비업체와 경찰책임자와의 정기적인 회의 개최
- 전임책임자제도 운영
- 경찰과 민간경비원의 합동순찰제도 활성화
- 치안수요의 다양성과 전문성에 효율적으로 대응하기 위한 상호협력 필요
- 민간경비와 경찰 상호 간의 역할에 대한 이해의 증진을 위한 노력 필요
- 비상연락망 구축
- 민간경비와 경찰의 상호 정보교환 네트워크 구축
- 민간경비와 경찰의 지역방범 개선을 위한 경비자문서비스센터의 운영
- 업무기준의 명확화를 통한 마찰 해소
- 치안서비스 제공의 주도적 역할을 위한 동반자 의식의 확대 필요

## 76 난이도 하 | 세계 각국의 민간경비 - 우리나라 민간경비원의 법적 지위

**우리나라 민간경비원의 법적 권한에 관한 설명으로 옳지 않은 것은?**

① 현행범에 대한 체포권한이 있다.
② 범죄수사권이 없다.
③ **자구행위는 위법성이 조각되지 않는다.**

> 민간경비원은 자구행위를 할 수 있으며, 위법성이 조각된다.

④ 현행범에 대해서 수색할 권한은 없다.

## 77 난이도 중
컴퓨터 범죄 및 안전관리 - 컴퓨터 범죄의 유형

**컴퓨터 범죄의 유형에 관한 설명으로 옳지 않은 것은?**

① 컴퓨터 부정조작 : 컴퓨터의 처리결과나 출력인쇄를 변경시키는 행위
② CD(Cash Dispenser) 범죄 : 현금자동지급기를 중심으로 하는 범죄 행위
③ 컴퓨터 스파이 : 컴퓨터 시스템의 자료를 권한 없이 획득, 불법이용 또는 누설하는 행위
④ **컴퓨터 부정사용 : 권한 없는 자가 컴퓨터가 있는 시설을 파괴하는 행위**

> 컴퓨터 부정사용은 컴퓨터에 접속할 정당한 권한이 없는 자가 허락 없이 무단으로 타인의 컴퓨터를 자기의 목적 달성을 위하여 일정한 시간 동안 사용하는 행위로서, 시간절도라고도 한다.

## 78 난이도 하
컴퓨터 범죄 및 안전관리 - 컴퓨터 범죄의 예방대책(입법적 대책)

**형법에 규정된 컴퓨터 범죄로 옳지 않은 것은?**

① **불법감청죄**

> 불법감청은 형법이 아닌 통신비밀보호법에서 규제하고 있다.

② 컴퓨터 업무방해죄

> 형법 제314조 제2항

③ 전자기록 손괴죄

> 형법 제366조

④ 컴퓨터 등 사용사기죄

> 형법 제347조의2

## 79 난이도 중
■ 컴퓨터 범죄 및 안전관리 - 사이버테러 유형

**다음 설명에 해당하는 사이버테러 유형은?**

> 데이터가 일시적으로 저장되는 공간에 할당된 버퍼의 양을 초과하는 데이터를 입력함으로써 프로그램이 비정상적으로 동작하도록 하는 공격 행위

① **버퍼 오버플로(Buffer Overflow)**

  제시문이 설명하는 사이버테러는 버퍼 오버플로(Buffer Overflow)에 해당한다.

② 플레임(Flame)

  플레임(Flame)은 네티즌들이 공통의 관심사를 논의하기 위해 개설한 토론방에 고의로 가입하여 개인 등에 대한 악성루머를 유포하는 행위이다.

③ 슈퍼재핑(Super Zapping)

  슈퍼재핑(Super Zapping)은 컴퓨터의 고장을 수리하면서 호텔의 만능키처럼 패스워드나 각종 보안장치 기능을 상실시켜 컴퓨터의 기억장치에 수록된 모든 파일에 접근해 자료를 복사하는 수법이다. 운영자 가장수법이라고도 한다.

④ 허프건(Huffgun)

  허프건(Huffgun)은 고출력 전자기장을 발생시켜 컴퓨터의 자기기록정보를 파괴시키는 수법이다.

## 80 난이도 하
■ 민간경비산업의 과제와 전망 - 민간경비산업의 발전방안

**민간경비산업의 발전방안으로 옳지 않은 것은?**

① 민간경비 관련 법규의 정비
② 민간경비체계와 업무의 다양화
③ 경찰과 민간경비의 협조체계 구축
④ **인력경비산업 육성을 위한 기계경비산업의 축소**

  인력경비 중심이 아닌 기계경비 중심의 민간경비산업의 지향을 민간경비산업의 발전방안으로 볼 수 있다.

### 핵심만콕 민간경비산업의 발전방안★

| 국가정책적 육성방안 | 민간경비회사 자체의 육성방안 |
|---|---|
| • 경비 관련 자격증제도의 전문화<br>• 기계경비 중심의 민간경비산업 지향<br>• 민간경비 관련 법규 정비<br>• 민간경비체계의 다양화 및 업무의 다양화<br>• 경찰체제의 개편 및 첨단경비의 개발<br>• 국가전담기구의 설치와 행정지도<br>• 세제상 및 금융지원을 통한 민간경비업체의 보호 육성 | • 우수인력의 확보 및 홍보활동의 강화<br>• 영세업체의 자생력 향상<br>• 경비협회활동의 활성화<br>• 경찰 조직과의 협조체계 구축<br>• 손해배상체제의 보완 및 산업재해에 대한 예방 |

# 2021년 법학개론

문제편 084p

## 정답 CHECK

| 01 | 02 | 03 | 04 | 05 | 06 | 07 | 08 | 09 | 10 | 11 | 12 | 13 | 14 | 15 | 16 | 17 | 18 | 19 | 20 |
|----|----|----|----|----|----|----|----|----|----|----|----|----|----|----|----|----|----|----|----|
| ① | ③ | ③ | ① | ② | ④ | ② | ① | ③ | ② | ① | ④ | ① | ④ | ③ | ① | ③ | ④ | ④ | ④ |
| 21 | 22 | 23 | 24 | 25 | 26 | 27 | 28 | 29 | 30 | 31 | 32 | 33 | 34 | 35 | 36 | 37 | 38 | 39 | 40 |
| ③ | ① | ④ | ④ | ① | ② | ③ | ② | ④ | ① | ② | ③ | ③ | ④ | ② | ② | ① | ② | ② | ④ |

## 01 난이도 하 ▎법학 일반 – 법의 적용 범위

( )에 들어갈 것으로 옳은 것은?

> 한 국가의 법은 국적을 묻지 않고 그 영토 내에 있는 모든 사람에게 적용된다는 주의를 ( )라고 한다.

① 속지주의

자국 영토 내의 범죄에 대해 자국의 형법을 적용하는 주의이다.

② 보호주의

자국 또는 자국민의 이익이 침해되는 경우, 자국의 형법을 적용하는 주의이다.

③ 세계주의

범죄지나 범죄인의 국적 여하를 불문하고, 인류공동의 법익을 침해하는 행위에 대해 자국의 형법을 적용하는 주의이다.

④ 속인주의

자국민의 범죄에 대해 자국의 형법을 적용하는 주의이다.

| 핵심만콕 | 형법의 장소적 적용 범위 ★ |

- 속지주의(제2조) : 본법은 대한민국 영역 내에서 죄를 범한 내국인과 외국인에게 적용한다.
- 속인주의(제3조) : 본법은 대한민국 영역 외에서 죄를 범한 내국인에게 적용한다.
- 기국주의(제4조) : 본법은 대한민국 영역 외에 있는 대한민국의 선박 또는 항공기 내에서 죄를 범한 외국인에게 적용한다.
- 보호주의(제5조) : 본법은 대한민국 영역 외에서 다음에 기재한 죄를 범한 외국인에게 적용한다.
  - 내란의 죄
  - 외환의 죄
  - 국기에 관한 죄
  - 통화에 관한 죄
  - 유가증권, 우표와 인지에 관한 죄
  - 문서에 관한 죄 중 공문서 관련 죄
  - 인장에 관한 죄 중 공인 등의 위조, 부정사용
- 보호주의(제6조) : 본법은 대한민국 영역 외에서 대한민국 또는 대한민국 국민에 대하여 전조에 기재한 이외의 죄를 범한 외국인에게 적용한다. 단, 행위자의 법률에 의하여 범죄를 구성하지 아니하거나 소추 또는 형의 집행을 면제할 경우에는 예외로 한다.
- 세계주의 : 총칙에는 이에 관한 규정이 없으나, 각칙에서는 세계주의를 인정하고 있다(제296조의2).

## 02  난이도 하  ▮법학 일반 - 법원(法源)

### 법원(法源)에 관한 설명으로 옳지 않은 것은?

① 관습법은 관습이 법적 확신을 얻어 규범화된 것이다.

> 관습법이란 사회에서 형성된 일정한 관습(관행)이 국민일반에 의하여 법규범으로서의 확신을 얻은 것을 말한다.

② 조리는 사물의 이치나 본성을 뜻하는 불문법이다.

> 조리란 사물의 본질적 법칙이나 도리를 의미하며, 관습법·판례법과 더불어 대표적인 불문법에 해당한다.

❸ 규칙은 지방의회에서 제정하는 자치법규이다.

> 규칙은 지방자치단체의 장이 법령 또는 조례의 범위에서 그 권한에 속하는 사무에 관하여 제정할 수 있는 법규이다(지방자치법 제29조).

④ 명령은 행정기관에 의해 제정된 성문법이다.

> 명령은 국회의 의결을 거치지 않고 행정기관에 의하여 제정되는 성문법이다.

## 03 [난이도 하] ▮법학 일반 - 법의 분류

**법의 분류에 관한 설명으로 옳지 않은 것은?**

① 형사소송법은 공법이며 절차법이다.
> 형사소송법은 민사소송법·행정소송법과 더불어 대표적인 공법이자 절차법이다.

② 민법은 사법이며 실체법이다.
> 민법은 상법과 더불어 대표적인 사법이자 실체법이다.

❸ **민법은 상법에 대한 특별법이다.**
> 상법이 민법에 대한 특별법이다.

④ 형법은 공법이며 실체법이다.
> 형법은 헌법·행정법과 더불어 대표적인 공법이자 실체법이다.

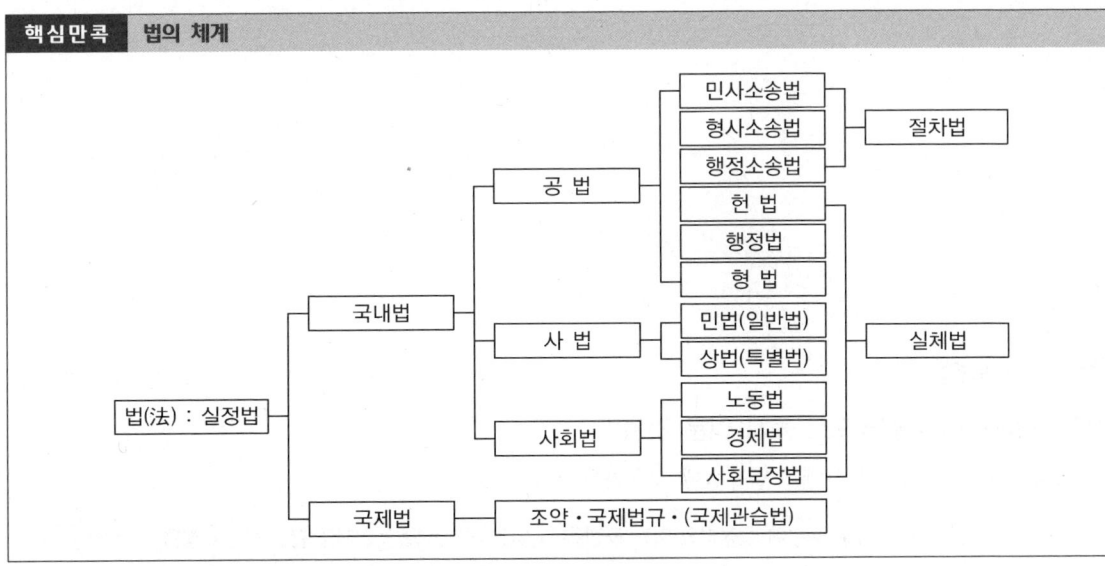

핵심만콕 법의 체계

## 04 난이도 하  ▮법학 일반 - 성문법(대륙법계의 특징)

**대륙법계의 특징으로 옳지 않은 것은?**

① 제정법에 대한 판례법의 우위

> 제정법에 대한 판례법의 우위는, 선례구속의 원칙이 확립되어 판례법이 제1차적 법원으로서 그 구속력과 법규성이 인정되고 있는 영미법계 국가의 특징에 해당한다.

② 독일법계와 프랑스법계 중심

> 성문법주의를 취하는 대표적인 대륙법계 국가는 독일과 프랑스이다.

③ 성문법 중심

> 전통적으로 대륙법계 국가(독일·프랑스 등)에서는 성문법주의를, 영미법계 국가(영국·미국 등)에서는 불문법주의를 취하여 왔다.

④ 일반적·추상적 규범으로 체계화

> 대륙법계에 의하면, 법에 내재하는 또는 법의 속성상 입법은 일반적·추상적 규범으로 체계화하는 과정이다.

## 05 난이도 중  ▮법학 일반 - 법의 적용

**법의 적용에 관한 설명으로 옳지 않은 것은?**

① 법의 적용은 구체적인 사안을 법규범에 적용하는 것을 말한다.

> 구체적 사건이 발생하였을 경우에 실정법의 어느 규정을 그 사건에 적용할 것인지를 판단하는 과정을 법의 적용이라 한다.

② 법의 적용은 구체적 사안을 상위개념(대전제)으로 하고, 추상적인 법규범을 하위개념(소전제)으로 하여 결론을 도출하는 것이다.

> 법의 적용은 추상적인 법규범을 상위개념(대전제)으로 하고, 구체적 사안을 하위개념(소전제)으로 하여 3단논법으로써 결론을 도출하는 것이다.

③ 법의 적용을 위해서는 우선 법이 적용되어야 할 구체적 사실을 확정해야 한다.

> 법의 적용을 위해서는 먼저 소전제인 구체적 사실을 확정하여야 하고(사실의 확정), 다음으로 그 확정된 구체적 사실에 적용할 법을 찾아야 하며(법규의 검색), 그 찾아낸 법의 내용을 확정하여야 한다(법의 해석).

④ 국가생활에서 궁극적인 법의 적용은 재판에 의해서 실현된다고 할 수 있다.

> 재판을 통한 법 적용의 실현에 대한 내용이다.

## 06 난이도 하 | 법학 일반 − 사권의 분류(신분권)

**신분권에 관한 설명으로 옳지 않은 것은?**

① 일신전속적 권리에 속한다.

> 신분권은 특정한 주체만이 향유할 수 있는 일신전속적 권리에 속한다.

② 거래의 객체가 될 수 없다.

> 신분권은 일정한 신분적 지위에 부착된 것이므로, 양도할 수 없고 거래의 대상이 될 수도 없다.

③ 동거청구권, 부양청구권 등이 이에 속한다.

> 신분권에는 친권, 부부간의 동거청구권, 협력부조권, 친족 간 부양청구권 등이 있다.

④ 사단법인에 소속된 구성원으로서의 지위에 기하여 발생하는 권리이다.

> 사원권에 관한 설명이다.

## 07 난이도 중 | 법학 일반 − 법의 해석방법

**법의 해석방법 가운데 물론해석에 해당되는 것은?**

① '소멸시효의 이익은 미리 포기하지 못한다'는 규정이 있는 경우, 시효완성 후의 포기는 허용된다고 해석하는 것

> 반대해석에 해당한다.

② '자전거 통행금지'라는 게시판이 있는 경우, 오토바이도 통행하지 못한다고 해석하는 것

> 물론해석은 법문에 일정한 사항을 정하고 있을 때 그 이외의 사항에 관해서도 사물의 성질상 당연히 그 규정에 포함되는 것으로 보는 해석방법으로, '자전거 통행금지'라는 게시판이 있는 경우, 자전거보다 크고 무거운 오토바이는 당연히 그 통행이 금지되어야 하므로, 이는 물론해석에 해당한다.

③ '배우자'의 개념에 대해서, 법률상 배우자뿐만 아니라 사실상 배우자를 포함한다고 해석하는 것

> 일반적으로 배우자는 법률상 배우자를 의미하므로, 배우자의 개념에 사실상 배우자까지 포함하여 해석하는 경우, 이는 확장해석에 해당한다.

④ '미성년자가 혼인을 할 때에는 부모의 동의를 얻어야 한다'는 규정이 있는 경우, 성년자가 혼인을 할 때에는 부모의 동의를 필요로 하지 않는다고 해석하는 것

> 반대해석에 해당한다.

| 핵심만콕 | 법해석의 종류 | |
|---|---|---|
| 해석의 구속력에 따라 | • 유권해석 : 입법해석, 사법해석, 행정해석<br>• 무권해석(학리해석) : 문리해석, 논리해석 | |
| 해석의 방법에 따라 | • 확장해석 : 법문상 자구(字句)의 의미를 통상의 의미 이상으로 확장하여 해석<br>• 축소(제한)해석 : 법문상 자구(字句)의 의미를 통상의 의미보다 축소하여 해석<br>• 반대해석 : 법문이 규정하는 요건과 반대의 요건이 존재하는 경우에 그 반대의 요건에 대해 법문과 반대의 법적 판단을 하는 해석<br>• 물론해석 : 법문이 일정한 사항을 정하고 있을 때 그 이외의 사항에 관해서도 사물의 성질상 당연히 그 규정에 포함되는 것으로 보는 해석<br>• 유추해석 : 두 개의 사실 중 법규에서 어느 하나의 사실에 관해서만 규정하고 있는 경우에 나머지 다른 사실에 대해서도 마찬가지의 효과를 인정하는 해석<br>• 보정해석 : 법조문이 입법자의 의사에 반하여 잘못 표현되고 있는 것이 명백한 경우에 그것을 바로잡는 해석 | |

## 08 난이도 하 ▮헌법 – 국민의 의무

**헌법에 규정되어 있는 의무가 아닌 것은?**

① 타인의 권리 존중의무

타인의 권리 존중의무는 헌법에 규정되어 있지 아니하나, 언론·출판은 타인의 명예나 권리 또는 공중도덕이나 사회윤리를 침해하여서는 아니 된다고 규정되어 있다(헌법 제21조 제4항 전문).

② 근로의 의무

모든 국민은 근로의 의무를 진다(헌법 제32조 제2항 전문).

③ 재산권 행사의 공공복리적합의무

재산권의 행사는 공공복리에 적합하도록 하여야 한다(헌법 제23조 제2항).

④ 환경보전의무

국가와 국민은 환경보전을 위하여 노력하여야 한다(헌법 제35조 제1항 후단).

## 09 난이도 하 | 법학 일반 - 권리와 구별되는 개념

**권리와 구별되는 개념에 관한 설명으로 옳은 것은?**

① 권원은 권리의 내용을 이루는 개개의 법률상 작용을 말한다.

> 권리의 내용을 이루는 개개의 법률상 작용은 권능(權能)이다.

② 권능은 일정한 법률상 또는 사실상의 행위를 하는 것을 정당화하는 법률상의 원인이다.

> 일정한 법률상 또는 사실상의 행위를 하는 것을 정당화하는 법률상의 원인은 권원(權原)이다.

③ **권한은 타인을 위하여 그 자에게 일정한 법률효과를 발생하게 하는 행위를 할 수 있는 법률상 자격이다.**

> 권한은 타인을 위하여 법률행위를 할 수 있는 법률상의 자격으로, 이사의 대표권이나 국무총리의 권한 등이 대표적이다.

④ 반사적 이익은 법에 의해 보호되는 이익으로서 그것이 침해된 자도 법률상 구제를 받을 수 있음이 원칙이다.

> 반사적 이익은 법의 보호를 받지 못하는 이익으로, 그것이 침해된 자는 법률상 구제를 받을 수 없다.

---

**핵심만콕   권리와 구별되는 개념 ★★**

- 권한 : 타인을 위하여 법률행위를 할 수 있는 법률상의 자격을 말한다(예 이사의 대표권, 국무총리의 권한 등).
- 권능 : 권리에서 파생되는 개개의 법률상의 작용을 말한다(예 소유권자의 소유권에서 파생되는 사용권·수익권·처분권 등).
- 권력 : 일정한 개인 또는 집단이 공익을 달성할 목적으로 다른 개인 또는 집단을 강제 또는 지배하는 힘을 말한다.
- 권원 : 일정한 법률상 또는 사실상의 행위를 하는 것을 정당화하는 법률상의 원인을 말한다(예 지상권, 대차권 등).
- 반사적 이익 : 법이 일정한 사실을 명하거나 금하고 있는 결과로써 어떠한 자가 저절로 받게 되는 이익으로, 그 이익을 누리는 자에게 법적인 힘이 부여된 것은 아니므로, 타인이 그 이익의 향유를 방해하더라도 그 보호를 청구하지 못한다(예 도로·공원 등 공물의 설치로 인한 공물이용자의 이익, 공중목욕탕 영업의 거래제한으로 인하여 이미 허가를 받은 업자의 사실상의 이익 등).

---

## 10 난이도 하 | 헌법 - 기본권의 제한과 한계

**헌법 제37조 제2항의 규정이다. (   )에 들어갈 것은?**

> 국민의 모든 자유와 권리는 국가안전보장·질서유지 또는 공공복리를 위하여 필요한 경우에 한하여 (   )(으)로써 제한할 수 있으며, 제한하는 경우에도 자유와 권리의 본질적인 내용을 침해할 수 없다.

① 헌 법
② **법 률**

> 국민의 모든 자유와 권리는 국가안전보장·질서유지 또는 공공복리를 위하여 필요한 경우에 한하여 법률로써 제한할 수 있으며, 제한하는 경우에도 자유와 권리의 본질적인 내용을 침해할 수 없다(헌법 제37조 제2항).

③ 대통령령
④ 부 령

## 11 난이도 하 ▮헌법 – 근로의 권리

**국민의 근로와 관련하여 헌법에 명시되어 있지 않은 것은?**

① 연소자는 우선적으로 근로의 기회를 부여받는다.

> 연소자는 근로를 함에 있어 특별한 보호를 받을 뿐, 우선적으로 근로의 기회를 부여받는 것은 아니다(헌법 제32조 제5항·제6항 참조).

② 국가는 법률이 정하는 바에 의하여 최저임금제를 시행하여야 한다.

> 헌법 제32조 제1항 후문 후단

③ 공무원인 근로자는 법률이 정하는 자에 한하여 단결권·단체교섭권 및 단체행동권을 가진다.

> 헌법 제33조 제2항

④ 법률이 정하는 주요방위산업체에 종사하는 근로자의 단체행동권은 법률이 정하는 바에 의하여 이를 제한하거나 인정하지 아니할 수 있다.

> 헌법 제33조 제3항

---

**관계법령**

**헌법 제32조**
① 모든 국민은 근로의 권리를 가진다. 국가는 사회적·경제적 방법으로 근로자의 고용의 증진과 적정임금의 보장에 노력하여야 하며, 법률이 정하는 바에 의하여 최저임금제를 시행하여야 한다.
② 모든 국민은 근로의 의무를 진다. 국가는 근로의 의무의 내용과 조건을 민주주의원칙에 따라 법률로 정한다.
③ 근로조건의 기준은 인간의 존엄성을 보장하도록 법률로 정한다.
④ 여자의 근로는 특별한 보호를 받으며, 고용·임금 및 근로조건에 있어서 부당한 차별을 받지 아니한다.
⑤ 연소자의 근로는 특별한 보호를 받는다.
⑥ 국가유공자·상이군경 및 전몰군경의 유가족은 법률이 정하는 바에 의하여 우선적으로 근로의 기회를 부여받는다.

**헌법 제33조**
① 근로자는 근로조건의 향상을 위하여 자주적인 단결권·단체교섭권 및 단체행동권을 가진다.
② 공무원인 근로자는 법률이 정하는 자에 한하여 단결권·단체교섭권 및 단체행동권을 가진다.
③ 법률이 정하는 주요방위산업체에 종사하는 근로자의 단체행동권은 법률이 정하는 바에 의하여 이를 제한하거나 인정하지 아니할 수 있다.

## 12 난이도 하
■ 헌법 - 법원

**헌법상 법원 및 법관에 관한 규정의 내용으로 옳은 것은?**

① 법률의 위헌 여부는 대법원이 이를 최종적으로 심사할 권한을 가진다.

> 법원의 제청에 의한 법률의 위헌 여부 심판은 헌법재판소가 관장한다(헌법 제111조 제1항 제1호, 헌법재판소법 제2조 제1호).

② 법원은 명령·규칙의 위헌 여부에 대하여 헌법재판소에 제청하고 그 심판에 의하여 재판한다.

> 명령·규칙 또는 처분이 헌법이나 법률에 위반되는 여부가 재판의 전제가 된 경우에는 대법원은 이를 최종적으로 심사할 권한을 가진다(헌법 제107조 제2항).

③ 대법원장과 대법관이 아닌 법관은 국회의 동의를 얻어 대통령이 임명한다.

> 대법원장과 대법관이 아닌 법관은 대법관회의의 동의를 얻어 대법원장이 임명한다(헌법 제104조 제3항).

④ 법관은 탄핵 또는 금고 이상의 형의 선고에 의하지 아니하고는 파면되지 아니한다.

> 법관은 탄핵 또는 금고 이상의 형의 선고에 의하지 아니하고는 파면되지 아니하며, 징계처분에 의하지 아니하고는 정직·감봉 기타 불리한 처분을 받지 아니한다(헌법 제106조 제1항).

## 13 난이도 하
■ 헌법 - 대통령의 자문기관(국가안전보장회의)

**헌법상 '국가안전보장회의'의 주재자는?**

① 대통령

> 국가안전보장회의는 대통령이 주재한다(헌법 제91조 제2항).

② 국방부장관
③ 국가정보원장
④ 행정안전부장관

---

**관계법령** 헌법 제91조

① 국가안전보장에 관련되는 대외정책·군사정책과 국내정책의 수립에 관하여 국무회의의 심의에 앞서 대통령의 자문에 응하기 위하여 국가안전보장회의를 둔다.
② 국가안전보장회의는 대통령이 주재한다.
③ 국가안전보장회의의 조직·직무범위 기타 필요한 사항은 법률로 정한다.

## 14 난이도 중 | 민사법 - 법인

**민법상 법인에 관한 설명으로 옳지 않은 것은?**

① 법인은 법률의 규정에 의함이 아니면 성립하지 못한다.

> 법인은 법률의 규정에 의함이 아니면 성립하지 못하는데(민법 제31조), 이를 준칙주의라고 한다.

② 영리 아닌 사업을 목적으로 하는 사단은 주무관청의 허가를 얻어 이를 법인으로 할 수 있다.

> 학술, 종교, 자선, 기예, 사교 기타 영리 아닌 사업을 목적으로 하는 사단 또는 재단은 주무관청의 허가를 얻어 이를 법인으로 할 수 있다(민법 제32조).

③ 법인은 그 주된 사무소의 소재지에서 설립등기를 함으로써 성립한다.

> 민법 제33조

④ 법인의 대표자가 그 직무에 관하여 타인에게 가한 손해에 대해 법인은 배상할 책임이 없다.

> 법인은 이사 기타 대표자가 그 직무에 관하여 타인에게 가한 손해를 배상할 책임이 있는데(민법 제35조 제1항 전문), 이를 법인의 불법행위책임이라고 한다.

## 15 난이도 하 | 민사법 - 기한의 이익

**민법상 기한의 이익에 관한 설명으로 옳은 것은?**

① 무상임치의 경우 채무자만이 기한의 이익을 가진다.

> 무상임치란 당사자 일방이 무상으로 상대방에게 물건의 보관을 위탁하고 상대방이 이를 승낙함으로써 효력이 발생하는 전형계약으로, 기한의 이익은 오직 채권자(임치인)에게만 있다.

② 기한의 이익을 가지는 자는 그 이익을 포기할 수 없다.

> 기한의 이익은 이를 포기할 수 있다. 그러나 상대방의 이익을 해하지 못한다(민법 제153조 제2항). 즉, 제한이 있을 뿐 그 포기는 가능하다.

③ 채무자가 담보제공의 의무를 이행하지 아니하는 때에는 기한의 이익을 상실한다.

> 채무자는 담보를 손상, 감소 또는 멸실하게 한 때, 담보제공의 의무를 이행하지 아니한 때에는 기한의 이익을 주장하지 못한다(민법 제388조).

④ 당사자 사이에 체결한 기한이익의 상실에 관한 특약은 효력이 없다.

> 대법원은「기한이익 상실의 특약은 그 내용에 의하여 일정한 사유가 발생하면 채권자의 청구 등을 요함이 없이 당연히 기한의 이익이 상실되어 이행기가 도래하는 것으로 하는 정지조건부 기한이익 상실의 특약과 일정한 사유가 발생한 후 채권자의 통지나 청구 등 채권자의 의사행위를 기다려 비로소 이행기가 도래하는 것으로 하는 형성권적 기한이익 상실의 특약의 두 가지로 대별할 수 있고, 기한이익 상실의 특약이 위의 양자 중 어느 것에 해당하느냐는 당사자의 의사해석의 문제이지만 일반적으로 기한이익 상실의 특약이 채권자를 위하여 둔 것인 점에 비추어 명백히 정지조건부 기한이익 상실의 특약이라고 볼 만한 특별한 사정이 없는 이상 형성권적 기한이익 상실의 특약으로 추정하는 것이 타당하다(대판 2002.9.4. 2002다28340)」고 판시하여 기한이익의 상실에 관한 특약의 유효성을 인정하고 있다.

## 16 난이도 하 　　　　　　　　　　　　　　　　　　　　　민사법 – 담보물권

**민법상 담보물권이 아닌 것은?**

① 지상권

> 담보물권이란 일정한 물건을 채권의 담보로 제공하는 것을 목적으로 하는 물권으로, 유치권·질권·저당권 등이 이에 해당한다. 지상권은 타인의 토지에 건물이나 수목 등을 설치하고 그것을 소유하기 위하여 타인의 토지를 사용하는 물권으로, 지역권·전세권과 더불어 용익물권에 해당한다.

② 유치권
③ 질 권
④ 저당권

### 핵심만콕 　민법상 물권의 종류

| 구 분 | | 의 의 |
|---|---|---|
| 점유권 | | 물건을 사실상 지배함으로써 성립하는 권리 |
| 소유권 | | 물건을 사용·수익·처분할 수 있는 권리 |
| 용익물권 | 지상권 | 타인의 토지에 건물이나 수목 등을 설치하고 그것을 소유하기 위하여 타인의 토지를 사용하는 물권 |
| | 지역권 | 타인의 토지를 자기 토지의 편익을 위하여 사용하는 물권 |
| | 전세권 | 전세금을 지급하고 타인의 토지 또는 건물을 사용·수익하는 물권 |
| 담보물권 | 유치권 | 타인의 물건(민법상 동산 및 부동산)이나 유가증권을 점유한 자가 그 물건이나 유가증권에 관하여 생긴 채권이 있는 경우, 변제받을 때까지 그 물건이나 유가증권을 유치할 수 있는 담보물권<br>예 甲이 전파상에 고장 난 라디오의 수리를 의뢰한 경우, 전파상 주인은 수리대금을 받을 때까지 甲에게 라디오의 반환을 거부할 수 있다. |
| | 질권<br>(동산·권리질권) | 채권자가 자신의 채권을 담보하기 위하여 채무의 변제기까지 채무자로부터 인도받은 동산을 점유·유치하기로 채무자와 약정하고, 채무의 변제가 없는 경우에는 그 동산의 매각대금으로부터 우선변제를 받을 수 있는 담보물권(동산질권)<br>예 甲이 乙에게 10만원을 빌리면서 금반지를 담보로 맡긴 경우, 乙은 빌려간 돈을 갚을 때까지 그 반지를 가지고 있을 수 있고, 만약 甲이 갚지 않을 경우에는 그 반지를 처분하여 우선변제 받을 수 있다. |
| | 저당권 | 채권자가 채무자 또는 제3자(물상보증인)로부터 점유를 옮기지 아니하고, 그 채권의 담보로 제공된 목적물(부동산)에 대하여 우선변제받을 수 있는 담보물권 |

## 17 난이도 하 　　　　　　　　　　　　　　　민사법 – 민법상 계약의 종류

경비업무를 도급하는 내용으로 경비계약을 체결하는 경우 그 계약의 법적 성질로 옳지 않은 것은?

① 낙성계약
② 쌍무계약
③ **무상계약**

> 경비업법령상의 계약은 낙성·불요식·쌍무·유상계약에 해당한다.

④ 불요식계약

### 핵심만콕  민법상 계약의 종류

- 쌍무계약과 편무계약 : 계약의 쌍방당사자가 <u>서로 대가적 채무를 부담하는지</u> 여부에 따른 계약의 분류이다.

| 쌍무계약 | 매매, 교환, 유상소비대차, 임대차, 고용, 도급, 여행계약, 유상위임, 유상임치, 조합, 화해 |
|---|---|
| 편무계약 | 증여, 무상소비대차, 사용대차, 현상광고, 무상위임, 무상임치 |

- 유상계약과 무상계약 : 계약의 쌍방당사자가 <u>서로 대가적 의미를 가지는 출연 내지 출재를 하는지</u> 여부에 따른 구분이다.

| 유상계약 | 매매, 교환, 유상소비대차, 임대차, 고용, 도급, 여행계약, <u>현상광고</u>, 유상위임, 유상임치, 조합, 유상종신정기금, 화해 |
|---|---|
| 무상계약 | 증여, 무상소비대차, 사용대차, 무상임치, 무상위임, <u>무상종신정기금</u> |

- 낙성계약과 요물계약 : 계약의 쌍방당사자의 <u>합의만으로 성립하는</u> 계약을 <u>낙성계약</u>, 그 합의 이외에 일방이 물건의 인도 등 일정한 급부를 하여야만 성립하는 계약을 <u>요물계약</u>이라고 한다.

| 낙성계약 | 현상광고를 제외한 14개 전형계약 |
|---|---|
| 요물계약 | <u>현상광고</u> |

## 18 난이도 상 | 민사법 – 사용자의 배상책임

경비업자 甲이 고용한 경비원 乙이 근무 중 과실로 타인에게 손해를 끼쳤다. 이때 甲이 지는 책임에 관한 설명으로 옳지 않은 것은?

① 乙이 업무집행에 관하여 타인에게 손해를 끼친 경우 甲은 피해자에게 손해배상의무를 진다.

> 타인을 사용하여 어느 사무에 종사하게 한 자는 피용자가 그 사무집행에 관하여 제3자에게 가한 손해를 배상할 책임이 있으므로(민법 제756조 제1항 본문), 경비업자(甲)는 경비원(乙)이 업무수행 중 고의 또는 과실로 제3자에게 손해를 입힌 경우에는 이를 배상하여야 한다(경비업법 제26조 제2항).

② 甲에게 배상책임을 지게 하는 취지는 피용자의 자력부족 때문에 피해자가 충분한 구제를 받을 수 없게 되는 상황을 방지하기 위함이다.

> 민법 제756조 사용자책임의 이론적 근거에 관해서는 많은 논란이 있으나, 통설과 판례는 이른바 '보상책임의 원리'에 입각한 것으로 보고 있다. 즉, 민법이 불법행위로 인한 손해배상으로서 특히 사용자의 책임을 규정한 것은 많은 사람을 고용하여 스스로의 활동영역을 확장하고 그에 상응하는 많은 이익을 추구하는 사람은 많은 사람을 하나의 조직으로 형성하고 각 피용자로 하여금 그 조직 내에서 자기의 담당하는 직무를 그 조직의 내부적 규율에 따라 집행하게 하는 것이나, 그 많은 피용자의 행위가 타인에게 손해를 가하게 하는 경우도 상대적으로 많아질 것이므로 이러한 손해를 이익귀속자인 사용자로 하여금 부담케 하는 것이 공평의 이상에 합치된다는 보상책임의 원리에 입각한 것이므로(대판 1985.8.13. 84다카979), 사용자책임의 목적은 피해자의 피용자에 대한 손해배상청구권을 보장하여 주는 데 있다고 할 것이다.

③ 甲과 乙 사이에 유효한 고용계약이 체결되지 않았더라도 실질적으로 사용관계가 있으면 甲은 배상책임을 진다.

> 민법 제756조의 사용자와 피용자의 관계는 반드시 유효한 고용관계가 있는 경우에 한하는 것이 아니고, 사실상 어떤 사람이 다른 사람을 위하여 그 지휘·감독 아래 그 의사에 따라 사업을 집행하는 관계에 있을 때에도 그 두 사람 사이에 사용자, 피용자의 관계가 있다(대판 1996.10.11. 96다30182).

④ 만약 乙이 일시적으로만 업무를 수행하였다면 甲은 배상책임을 지지 아니한다.

> 민법 제756조가 규정하고 있는 사용자책임의 요건으로서의 사용자의 사무라 함은 법률적, 계속적인 것에 한하지 않고 사실적, 일시적 사무라도 무방한 것이므로(대판 1989.10.10. 89다카2278), 비록 乙이 일시적으로만 업무를 수행하였더라도 甲은 사용자책임을 지게 된다.

## 19 난이도 중      ■민사법 − (공동)불법행위책임

甲과 乙은 丙의 귀금속 상점에 침입하여 재물을 절도하였다. 이에 관한 설명으로 옳지 않은 것은?

① 甲과 乙은 丙의 손해에 대해 연대하여 배상할 책임이 있다.

> 수인이 공동의 불법행위로 타인에게 손해를 가한 때에는 연대하여 그 손해를 배상할 책임이 있다(민법 제760조 제1항).

② 甲과 乙은 丙의 손해에 대해 공동불법행위자로서의 책임을 진다.

> 민법 제760조 제1항

③ 甲과 乙의 손해배상범위는 원칙적으로 상당인과관계에 있는 모든 손해이다.

> 甲과 乙은 민법 제393조에 따라 공동불법행위와 상당인과관계가 있는 모든 손해에 대하여 배상책임이 있다(민법 제763조, 제393조).

④ 甲과 乙의 절도행위를 丁이 교사(敎唆)한 경우에 丁은 甲·乙과 연대책임을 지지 않는다.

> 교사자인 丁도 공동불법행위자로 간주되므로(민법 제760조 제3항), 丁은 甲·乙과 연대책임을 지게 된다(민법 제760조 제1항).

---

### 관계법령

**손해배상의 범위(민법 제393조)**
① 채무불이행으로 인한 손해배상은 통상의 손해를 그 한도로 한다.
② 특별한 사정으로 인한 손해는 채무자가 그 사정을 알았거나 알 수 있었을 때에 한하여 배상의 책임이 있다.

**공동불법행위자의 책임(민법 제760조)**
① 수인이 공동의 불법행위로 타인에게 손해를 가한 때에는 연대하여 그 손해를 배상할 책임이 있다.
② 공동 아닌 수인의 행위 중 어느 자의 행위가 그 손해를 가한 것인지를 알 수 없는 때에도 전항과 같다.
③ 교사자나 방조자는 공동행위자로 본다.

**준용규정(민법 제763조)**
제393조(손해배상의 범위), 제394조(손해배상의 방법), 제396조(과실상계), 제399조(손해배상자의 대위)의 규정은 불법행위로 인한 손해배상에 준용한다.

## 20 난이도 중

민사법 – 손해배상책임

甲은 경비업자 乙과 경비계약을 체결하였다. 그런데 그 경비계약의 내용을 乙이 제대로 이행하지 않아 甲에게 손해가 발생하였다면, 乙에 대한 甲의 손해배상청구권이 발생하기 위한 요건에 해당하지 않는 것은?

① 乙의 작위 또는 부작위
② 甲의 손해
③ 乙의 행위와 甲의 손해 사이의 인과관계
④ **甲의 책임능력**

甲과 경비업자 乙 사이의 경비계약은 도급계약(경비업법 제2조 제1호)이므로, 경비계약의 내용을 乙이 제대로 이행하지 아니하여 甲에게 손해가 발생하였다면, 경비업자 乙은 甲에게 채무불이행책임(민법 제390조)을 지게 된다. 채무불이행책임이 성립하기 위해서는 객관적 요건으로서의 채무불이행(이행지체·이행불능·불완전이행), 주관적 요건으로서의 채무자 또는 이행보조자의 귀책사유(고의·과실) 및 위법성[행위 자체에 대한 객관적 판단(위법성이 채무불이행의 성립요건에 해당하는지 여부와 관련하여 異說이 있다)]이 있어야 하는데, 통설은 이와 더불어 채무자의 책임능력 또한 요구하고 있다. 나아가 채무불이행책임으로 인한 손해배상청구권의 특유요건으로서 현실적인 손해가 발생하여야 하고(금전채무불이행의 경우, 특칙이 존재하므로 예외이다), 채무불이행과 손해 사이에 인과관계가 있어야 한다. 따라서 乙에 대한 甲의 손해배상청구권이 발생하기 위한 요건에 해당하는 것은, 甲의 책임능력이 아닌 乙의 책임능력이다.

## 21 난이도 하

형사법 – 위법성조각사유

형법상 甲의 행위는?

> 甲은 어두운 골목길을 지나다가 강도를 만나 그를 피해 乙의 집에 무단으로 침입하였다.

① 정당방위
② 자구행위
③ **긴급피난**

甲이 부득이하게 乙의 집에 무단으로 침입한 것은, 자기의 법익에 대한 현재의 위난(강도)을 피하기 위한 행위이므로, 형법 제22조 제1항의 긴급피난에 해당하여 처벌받지 아니한다.

④ 정당행위

### 관계법령

**정당행위(형법 제20조)**
법령에 의한 행위 또는 업무로 인한 행위 기타 사회상규에 위배되지 아니하는 행위는 벌하지 아니한다.

**정당방위(형법 제21조)**
① 현재의 부당한 침해로부터 자기 또는 타인의 법익(法益)을 방위하기 위하여 한 행위는 상당한 이유가 있는 경우에는 벌하지 아니한다.
② 방위행위가 그 정도를 초과한 경우에는 정황(情況)에 따라 그 형을 감경하거나 면제할 수 있다.
③ 제2항의 경우에 야간이나 그 밖의 불안한 상태에서 공포를 느끼거나 경악(驚愕)하거나 흥분하거나 당황하였기 때문에 그 행위를 하였을 때에는 벌하지 아니한다.

**긴급피난(형법 제22조)**
① 자기 또는 타인의 법익에 대한 현재의 위난을 피하기 위한 행위는 상당한 이유가 있는 때에는 벌하지 아니한다.
② 위난을 피하지 못할 책임이 있는 자에 대하여는 전항의 규정을 적용하지 아니한다.
③ 전조 제2항과 제3항의 규정은 본조에 준용한다.

**자구행위(형법 제23조)**
① 법률에서 정한 절차에 따라서는 청구권을 보전(保全)할 수 없는 경우에 그 청구권의 실행이 불가능해지거나 현저히 곤란해지는 상황을 피하기 위하여 한 행위는 상당한 이유가 있는 때에는 벌하지 아니한다.
② 제1항의 행위가 그 정도를 초과한 경우에는 정황에 따라 그 형을 감경하거나 면제할 수 있다.

---

## 22 난이도 중 ┃형사법 - 재산에 대한 죄

**형법상 재산범죄에 관한 설명으로 옳지 않은 것은?**

① 친족상도례는 모든 재산범죄에 적용된다.

> 재산죄 중 강도죄와 손괴죄는 친족상도례가 적용되지 아니한다.

② 절도죄는 타인의 재물을 절취함으로써 성립한다.

> 타인의 재물을 절취한 자는 6년 이하의 징역 또는 1천만원 이하의 벌금에 처한다(형법 제329조).

③ 강도죄는 예비·음모한 자에 대한 처벌규정이 있다.

> 강도할 목적으로 예비 또는 음모한 자는 7년 이하의 징역에 처한다(형법 제343조).

④ 준강도는 목적범이며, 행위주체는 절도범이다.

> 절도가 재물의 탈환에 항거하거나 체포를 면탈하거나 범죄의 흔적을 인멸할 목적으로 폭행 또는 협박한 때에는 제333조(강도) 및 제334조(특수강도)의 예에 따른다(형법 제335조). 따라서 준강도죄의 행위주체는 절도범이고, 이는 목적범에 해당한다.

## 23 난이도 하 ▎형사법 - 신속한 재판의 원칙

**형사소송법상 신속한 재판을 위한 제도로 옳지 않은 것은?**

① 궐석재판

> 궐석재판이란 피고인이 출정하지 아니한 상태에서 피고인의 출석 없이 재판을 진행함으로써 신속한 재판을 실현하기 위한 제도이다. 참고로 형사소송법상 궐석재판은 구속피고인이 출석을 거부한 경우(형사소송법 제277조의2)와, 약식명령에 대하여 정식재판을 청구한 피고인이 공판기일에 2회 불출석한 경우(형사소송법 제458조 제2항)에 인정된다.

② 집중심리

> 집중심리주의(계속심리주의)는 심리기간의 단축으로써 신속한 재판을 실현하기 위한 제도이다(형사소송법 제267조의2).

③ 불필요한 변론의 제한

> 불필요한 변론의 제한은 재판장이 자신의 소송지휘권을 적절히 행사함으로써 신속한 재판을 실현하기 위한 제도이다.

④ 피고인의 진술거부권

> 피고인의 진술거부권은 피고인 또는 피의자가 공판절차나 수사절차에서 법원 또는 수사기관의 신문에 대하여 형사상 자신에게 불리한 진술을 거부할 수 있는 권리로 묵비권이라고도 하는데(헌재결[전] 2001.11.29. 2001헌바41), 이는 인권보장과 무기평등원칙을 실현하기 위한 수단으로서 의미가 있다(헌재결[전] 1997.3.27. 96헌가11).

---

**관계법령**

**헌법 제12조**
② 모든 국민은 고문을 받지 아니하며, 형사상 자기에게 불리한 진술을 강요당하지 아니한다.

**검사 및 변호인 등의 출석(형사소송법 제266조의8)**
⑥ 재판장은 출석한 피고인에게 진술을 거부할 수 있음을 알려 주어야 한다.

**피고인의 진술거부권(형사소송법 제283조의2)**
① 피고인은 진술하지 아니하거나 개개의 질문에 대하여 진술을 거부할 수 있다.
② 재판장은 피고인에게 제1항과 같이 진술을 거부할 수 있음을 고지하여야 한다.

## 24 난이도 중 ▮형사법 – 변호인

**형사소송법상 변호인에 관한 설명으로 옳지 않은 것은?**

① 변호인은 원칙적으로 변호사 중에서 선임하여야 한다.

> 변호인은 변호사 중에서 선임하여야 한다. 단, 대법원 이외의 법원은 특별한 사정이 있으면 변호사 아닌 자를 변호인으로 선임함을 허가할 수 있다(형사소송법 제31조).

② 변호인 선임은 당해 심급에 한하여 효력이 있다.

> 변호인의 선임은 심급마다 변호인과 연명날인한 서면으로 제출하여야 한다(형사소송법 제32조 제1항). 따라서 변호인 선임은 당해 심급에 한하여 효력이 있다.

③ 피고인 또는 피의자는 변호인을 선임할 수 있다.

> 피고인 또는 피의자는 변호인을 선임할 수 있다(형사소송법 제30조 제1항).

④ 공소제기 전에 선임된 변호인은 제1심의 변호인이 될 수 없다.

> 공소제기 전의 변호인 선임은 제1심에도 그 효력이 있다(형사소송법 제32조 제2항). 따라서 공소제기 전에 선임된 변호인은 제1심의 변호인이 될 수 있다.

## 25 난이도 하 ▮형사법 – 수사의 개시

**( )에 들어갈 말로 옳은 것은?**

> 형사소송법상 고소권자와 범인 이외의 제3자가 수사기관에 범죄사실을 신고하여 범인의 소추를 구하는 의사표시를 ( )(이)라고 한다.

① 고 발

> ( )에 들어갈 말은 고발이다.

② 고 소

> 고소는 범죄의 피해자 또는 그와 일정한 관계가 있는 고소권자가 수사기관에 대하여 범죄사실을 신고하여 범인의 처벌을 구하는 의사표시이다.

③ 자 수

> 자수는 범인이 스스로 수사책임이 있는 관서에 자기의 범행을 고하고 그 처분을 구하는 의사표시이다.

④ 자 백

> 자백은 수사기관의 직무상 질문 또는 조사에 응하여 범죄사실을 인정하는 진술을 하는 것을 말한다.

## 26 난이도 하  형사법 – 증거

**형사소송법상 증거에 관한 설명으로 옳지 않은 것은?**

① 공소범죄사실에 대한 거증책임은 원칙적으로 검사에게 있다.

> 거증책임과 관련하여 증명불능으로 인한 불이익을 누구에게 부담시킬 것인지가 문제되는데, 형사소송법의 기본원칙은 무죄추정이고, 의심스러울 때는 피고인의 이익으로 판단하여야 하므로, 거증책임은 원칙적으로 검사가 부담한다.

② 피고인의 자백이 그 피고인에게 불이익한 유일의 증거인 경우 이를 유죄의 증거로 한다.

> 피고인의 자백이 그 피고인에게 불이익한 유일의 증거인 때에는 이를 유죄의 증거로 하지 못한다(형사소송법 제310조).

③ 증거란 사실인정의 근거가 되는 자료이다.

> 증거란 사실인정의 근거가 되는 자료로, 증거방법과 증거자료 2가지 의미를 포함한다. 증거방법은 사실인정의 근거가 되는 유형물 자체를 의미하고[증인·감정인·당사자(본인)·문서·검증물], 증거자료는 증거방법을 조사하는 과정에서 알게 된 내용을 의미한다(증언·감정결과·당사자신문결과·문서내용·검증의 결과).

④ 적법절차에 따르지 아니하고 수집한 자료는 증거로 할 수 없다.

> 적법한 절차에 따르지 아니하고 수집한 증거는 증거로 할 수 없는데(형사소송법 제308조의2), 이를 위법수집증거배제원칙이라고 한다.

## 27 난이도 하  형사법 – 상소제도

**형사소송법상 제1심 판결에 불복하여 제2심 법원에 제기하는 상소는?**

① 항 고

> 항고는 법원의 결정·명령에 대한 간이한 상소를 말하는데, 법률이 정한 것 이외에는 항고할 수 없다.

② 상 고

> 상고는 제2심 판결에 대한 상소를 말하는데, 예외적으로 제1심 판결에 대한 상고도 허용될 수 있다.

③ **항 소**

> 항소는 제1심 판결에 대한 상소를 말하는데, 단독판사의 제1심 판결은 지방법원 합의부에, 지방법원 합의부의 제1심 판결은 고등법원에 항소한다.

④ 재 심

> 재심은 형사상 유죄의 확정판결에 중대한 사실오인이 있는 경우, 이를 이유로 한 당사자의 신청으로써 그 판결의 부당함을 시정하는 비상구제절차이다(형사소송법 제420조 내지 제440조).

## 28 난이도 하  |상법 일반 – 주식회사의 기관

**상법상 주식회사의 기관이 아닌 것은?**

① 주주총회

> 주주총회는 주식회사의 최고의사결정기관이다.

② **지배인**

> **지배인**은 상인인 영업주에 갈음하여 그 영업에 관한 재판상 또는 재판 외의 모든 행위를 할 수 있는 <u>영업보조자</u>(상법 제11조 제1항)로, <u>주식회사의 기관에 해당하지 아니한다. 상법상 주식회사의 기관으로는 주주총회, 이사회, 대표이사 및 감사가 있다.</u>

③ 대표이사

> 대표이사는 주식회사의 업무집행을 담당하고 회사를 대표한다.

④ 이사회

> 이사회는 주식회사의 업무집행에 관한 의결기관이다.


## 29 난이도 하  |상법 일반 – 회사의 종류

**상법상 회사의 종류가 아닌 것은?**

① 유한회사
② 유한책임회사
③ 합자회사
④ **조합회사**

> <u>상법상 인정되는 회사는 합명회사, 합자회사, 유한회사, 유한책임회사, 주식회사뿐이다</u>(상법 제170조). 따라서 조합회사는 상법상 회사의 종류에 해당하지 아니한다.

| 핵심만콕 | 회사의 종류★★ | |
|---|---|---|
| 구 분 | 유 형 | 내 용 |
| 인적 회사 | 합명회사 | 회사에 대한 출자의무와 회사채권자에 대한 직접·연대·무한의 책임을 지는 <u>2인 이상의 무한책임사원</u>만으로 구성된 회사 |
| | 합자회사 | 무한책임사원과 직접·연대·유한의 책임을 지는 유한책임사원으로 이루어진 회사로서 <u>무한책임사원은 회사의 경영을, 유한책임사원은 자본의 제공</u>을 담당하는데, 무한책임사원은 회사채권자와 직접 연대하여 무한책임을 지는 반면, 유한책임사원은 회사에 대해 일정한 출자의무를 부담할 뿐이므로, 그 출자가액에서 이미 이행한 부분을 공제한 가액의 한도 내에서 책임을 진다. |
| 물적 회사 | 유한회사 | 물적 회사에 인적 회사의 요소를 가미한 중간형태로, 회사채권자에 대해 직접의 책임을 지지 않고, 자신의 출자금액을 한도로 <u>간접·유한의 책임</u>을 지는 1인 이상의 유한책임사원만으로 구성된 회사 |
| | 유한책임회사 | 회사채권자에 대해 출자금액을 한도로 <u>간접·유한의 책임</u>을 지는 1인 이상의 유한책임사원만으로 구성된 회사 |
| | 주식회사 | 회사채권자에 대해 직접의 책임을 지지 않고, 자신이 가진 주식의 인수가액을 한도로 <u>간접·유한의 책임</u>을 지는 1인 이상의 유한책임사원(주주)만으로 구성된 회사 |

## 30  난이도 하    ▎상법 일반 – 손해보험의 종류

**상법상 손해보험의 종류가 아닌 것은?**

① <u>생명보험</u>

> 생명보험은 상해보험·질병보험과 더불어 인보험의 종류에 해당한다.

② 보증보험
③ 해상보험
④ 책임보험

| 핵심만콕 | 상법상 보험의 종류 |
|---|---|
| 상법이 규정하는 손해보험의 종류 | 상법이 규정하는 인보험의 종류 |
| • 화재보험(상법 제683조 내지 제687조)<br>• 운송보험(상법 제688조 내지 제692조)<br>• <u>해상보험</u>(상법 제693조 내지 제718조)<br>• <u>책임보험</u>(상법 제719조 내지 제726조)<br>• 자동차보험(상법 제726조의2 내지 제726조의4)<br>• <u>보증보험</u>(상법 제726조의5 내지 제726조의7) | • <u>생명보험</u>(상법 제730조 내지 제736조)<br>• 상해보험(상법 제737조 내지 제739조)<br>• 질병보험(상법 제739조의2 내지 제739의3) |

## 31  난이도 중
　　　　　　　　　　　　　　　　　　　　　　　　상법 일반 – 보험약관의 교부·설명의무

상법상 보험계약 체결 시 약관의 설명의무에 관한 내용이다. (　)에 들어갈 것을 순서대로 나열한 것은?

> 설명의무 위반 시 (　)는 보험계약이 성립한 날부터 (　)개월 이내에 그 계약을 취소할 수 있다.

① 보험계약자, 1
② **보험계약자, 3**

　　(　)에 들어갈 것은 순서대로 보험계약자, 3이다.

③ 보험자, 1
④ 보험자, 3

**관계법령  보험약관의 교부·설명의무(상법 제638조의3)**
① 보험자는 보험계약을 체결할 때에 보험계약자에게 보험약관을 교부하고 그 약관의 중요한 내용을 설명하여야 한다.
② 보험자가 제1항을 위반한 경우 보험계약자는 보험계약이 성립한 날부터 3개월 이내에 그 계약을 취소할 수 있다.

## 32  난이도 중
　　　　　　　　　　　　　　　　　　　　　　　　사회법 일반 – 근로기준법

근로기준법상 해고에 관한 내용이다. (　)에 공통적으로 들어갈 숫자는?

> ○ 사용자가 근로자를 해고하려고 하는 경우, 근로자가 계속 근로한 기간이 (　)개월 미만인 경우에는 해고의 예고를 하지 않을 수 있다.
> ○ 사용자가 근로자에게 부당해고 등을 하면 근로자는 부당해고 등이 있었던 날로부터 (　)개월 이내에 노동위원회에 구제신청을 할 수 있다.

① 1
② 2
③ **3**

　　(　)에 공통적으로 들어갈 숫자는 3이다.

④ 4

> **관계법령**
>
> **해고의 예고(근로기준법 제26조)**
> 사용자는 근로자를 해고(경영상 이유에 의한 해고를 포함한다)하려면 적어도 30일 전에 예고를 하여야 하고, 30일 전에 예고를 하지 아니하였을 때에는 30일분 이상의 통상임금을 지급하여야 한다. 다만, 다음 각호의 어느 하나에 해당하는 경우에는 그러하지 아니하다.
> 1. 근로자가 계속 근로한 기간이 3개월 미만인 경우
> 2. 천재·사변, 그 밖의 부득이한 사유로 사업을 계속하는 것이 불가능한 경우
> 3. 근로자가 고의로 사업에 막대한 지장을 초래하거나 재산상 손해를 끼친 경우로서 고용노동부령으로 정하는 사유에 해당하는 경우
>
> **부당해고 등의 구제신청(근로기준법 제28조)**
> ① 사용자가 근로자에게 부당해고 등을 하면 근로자는 노동위원회에 구제를 신청할 수 있다.
> ② 제1항에 따른 구제신청은 부당해고 등이 있었던 날부터 3개월 이내에 하여야 한다.

## 33  난이도 하                                    사회법 일반 – 산업재해보상보험법

산업재해보상보험법상 보험급여의 종류가 아닌 것은?

① 요양급여
② 휴업급여
③ **생계급여**

> 생계급여는 주거급여·의료급여·교육급여·해산급여·장제급여·자활급여와 더불어 국민기초생활보장법상 급여의 종류에 해당한다(국민기초생활보장법 제7조 제1항).

④ 직업재활급여

> **핵심만콕**  산업재해보상보험법상 보험급여의 종류(산업재해보상보험법 제36조 제1항)
> - 보험급여 : 요양급여, 휴업급여, 장해급여, 간병급여, 유족급여, 상병보상연금, 장례비, 직업재활급여
> - 진폐보험급여 : 요양급여, 간병급여, 장례비, 직업재활급여, 진폐보상연금, 진폐유족연금
> - 건강손상자녀에 대한 보험급여 : 요양급여, 장해급여, 간병급여, 장례비, 직업재활급여

## 34 난이도 중 ▮사회법 일반 - 사회보험

**사회보험에 관한 설명으로 옳은 것은?**

① 사회보험에 따른 비용은 국가가 그 전부를 부담하는 것이 원칙이다.

> **사회보험료는** 사회적 위험(질병, 장애, 실업, 노령 등)에 공통적으로 노출되어 있는 모든 국민 개개인을 공동체로 결합시킨 후 그 부담을 국가·사용자·근로자에게 일정 비율로 분산시켜 책정한다.

② 사회보험 및 사보험은 임의가입이 원칙이다.

> **사회보험은 강제가입, 사보험은 임의가입이 원칙**이다.

③ 우리나라는 특수직역 종사자를 모두 포괄한 국민 단일연금체계로 운영하여 사회통합에 기여하고 있다.

> 국민 단일연금체계로 운영하여 사회통합에 기여하는 것은, 국민연금법상 국민연금의 특성에 해당한다.

④ 「국민연금법」상 수급권은 이를 압류하거나 담보로 제공할 수 없다.

> 수급권은 양도·압류하거나 담보로 제공할 수 없다(국민연금법 제58조 제1항).

## 35 난이도 하 ▮사회법 일반 - 사회보장수급권

**사회보장기본법상 사회보장수급권에 관한 설명으로 옳지 않은 것은?**

① 사회보장수급권은 관계 법령에서 정하는 바에 따라 사회보장급여를 받을 권리를 의미한다.

> 모든 국민은 사회보장 관계 법령에서 정하는 바에 따라 사회보장급여를 받을 권리(사회보장수급권)를 가진다(사회보장기본법 제9조).

② **사회보장수급권은 포기할 수 없다.**

> 사회보장수급권은 정당한 권한이 있는 기관에 서면으로 통지하여 포기할 수 있다(사회보장기본법 제14조 제1항).

③ 사회보장수급권은 관계 법령에서 정하는 바에 따라 다른 사람에게 양도할 수 없다.

> 사회보장수급권은 관계 법령에서 정하는 바에 따라 다른 사람에게 양도하거나 담보로 제공할 수 없으며, 이를 압류할 수 없다(사회보장기본법 제12조).

④ 사회보장수급권이 제한되거나 정지되는 경우에는 제한 또는 정지하는 목적에 필요한 최소한의 범위에 그쳐야 한다.

> 사회보장수급권이 제한되거나 정지되는 경우에는 제한 또는 정지하는 목적에 필요한 최소한의 범위에 그쳐야 한다(사회보장기본법 제13조 제2항).

## 36 난이도 하 ▮행정법 일반 – 행정법의 원칙

행정청이 법률의 근거가 없음에도 불구하고 상대방에게 영업취소 처분을 하였다면 어떤 원칙에 위배되는가?

① 비례의 원칙

> 비례의 원칙이란 행정주체가 구체적인 행정목적을 실현함에 있어서 목적과 수단 간에 합리적 비례관계가 유지되어야 한다는 원칙으로, 과잉금지의 원칙이라고도 한다.

② **법률유보의 원칙**

> 법률유보의 원칙이란 행정행위는 법률에 근거를 두고 이루어져야 한다는 원칙이다.

③ 법률우위의 원칙

> 법률우위의 원칙이란 행정행위는 법률의 규정에 위배되어서는 아니 된다는 원칙이다.

④ 신뢰보호의 원칙

> 신뢰보호의 원칙은 행정청의 어떠한 선행조치에 대해 사인이 그 존속성, 정당성 등을 신뢰하여 행위를 하였을 때 사인의 신뢰가 보호가치 있는 경우에는 그 신뢰를 보호해 주어야 한다는 원칙을 말한다(행정기본법 제12조).

## 37 난이도 중 ▮행정법 일반 – 행정절차법

행정청이 어떠한 처분을 하기 전에 당사자등의 의견을 직접 듣고 증거를 조사하는 절차는?

① **청문**

> "청문"이란 행정청이 어떠한 처분을 하기 전에 당사자등의 의견을 직접 듣고 증거를 조사하는 절차를 말한다(행정절차법 제2조 제5호).

② 사전통지

> "사전통지"란 행정청이 당사자에게 의무를 부과하거나 권익을 제한하는 처분을 하는 경우에 미리 일정한 사항을 당사자등에게 통지하는 것을 말한다(행정절차법 제21조).

③ 의견제출

> "의견제출"이란 행정청이 어떠한 행정작용을 하기 전에 당사자등이 의견을 제시하는 절차로서 청문이나 공청회에 해당하지 아니하는 절차를 말한다(행정절차법 제2조 제7호).

④ 행정조사

> "행정조사"란 행정기관이 정책을 결정하거나 직무를 수행하는 데 필요한 정보나 자료를 수집하기 위하여 현장조사·문서열람·시료채취 등을 하거나 조사대상자에게 보고요구·자료제출요구 및 출석·진술요구를 행하는 활동을 말한다(행정조사기본법 제2조 제1호).

## 38 난이도 하

**행정법 일반 – 행정행위의 부관**

행정청이 영업허가를 하면서 "허가기간은 2021년 12월 31일까지"라고 부관을 붙인 경우, 그 부관의 종류는?

① 시 기

> 시기는 행정행위의 효력발생을 도래가 확실한 장래의 사실에 의존하게 하는 기한으로, 기한이 도래하면 행정행위의 효력이 당연히 발생한다.

② 종 기

> 종기는 행정행위의 효력소멸을 도래가 확실한 장래의 사실에 의존하게 하는 기한으로, 기한이 도래하면 행정행위의 효력이 당연히 소멸한다. "허가기간은 2021년 12월 31일까지"라는 부관에 따라 그 기한 이후에는 영업허가의 효력이 소멸되므로, 이는 종기에 해당한다.

③ 부 담

> 부담은 행정행위의 주된 의사표시에 부가하여 그 상대방에게 작위·부작위·급부·수인의무를 명하는 행정청의 의사표시로, 보통 특허·허가 등의 수익적 행정행위에 붙여진다.

④ 정지조건

> 조건은 행정행위의 효력발생 또는 소멸을 발생이 불확실한 장래의 사실에 의존하게 하는 행정청의 의사표시로, 정지조건은 조건성취에 의하여 당연히 효력이 발생한다.

### 핵심만콕 부관의 종류

| | |
|---|---|
| 조 건 | 행정행위의 효력발생 또는 소멸을 발생이 불확실한 장래의 사실에 의존하게 하는 행정청의 의사표시로서, 조건성취에 의하여 당연히 효력을 발생케 하는 정지조건과, 당연히 그 효력을 상실케 하는 해제조건이 있다. |
| 기 한 | 행정행위의 효력발생 또는 소멸을 장래에 도래할 것이 확실한 사실에 의존하게 하는 행정청의 의사표시로서, 기한이 도래하면 당연히 효력이 발생하는 시기와, 당연히 효력을 상실하는 종기가 있다. |
| 부 담 | 행정행위의 주된 의사표시에 부가하여 그 상대방에게 작위·부작위·급부·수인의무를 명하는 행정청의 의사표시로서, 보통 특허·허가 등의 수익적 행정행위에 붙여진다. |
| 철회권의 유보 | 행정행위의 주된 의사표시에 부가하여 장래 일정한 사유가 있는 경우에 그 행정행위를 철회할 수 있는 권리를 유보하는 행정청의 의사표시이다.<br>예 숙박업 허가를 하면서 성매매행위를 하면 허가를 취소하는 경우 등 |

## 39 난이도 하

**행정법 일반 – 행정상의 사실행위**

행정상 사실행위에 해당하는 것은?

① 건축허가
② **도로포장**

> 도로포장은 행정상 사실행위, 건축허가·운전면허·허가취소는 행정행위(행정처분)에 해당한다.

③ 운전면허
④ 허가취소

### 핵심만콕

**행정상 사실행위의 의의**

행정상 사실행위란 행정행위, 공법상 계약, 확약 등의 법적 행위와 같이 일정한 법적 효과의 발생을 의도하는 행위가 아니라 단순히 사실상의 결과실현(예 도로청소, 불법건축물의 철거, 불법감시 등)을 목적으로 하는 일체의 행위형식을 의미한다.

**행정상 사실행위의 종류**

| | |
|---|---|
| 내부적 사실행위와 외부적 사실행위 | 내부적 사실행위는 행정조직 내부에서 행정사무의 처리에 관한 사실행위를 말하나(예 문서작성, 장부정리 등), 외부적 사실행위는 대외적으로 국민과의 관계에서 행정목적의 실현을 구현하기 위한 구체적 행정활동과 관련하여 행하여지는 사실행위를 말한다(예 폐기물 수거, 행정지도, 공공시설의 설치·관리 등). |
| 정신적 사실행위와 물리적 사실행위 | 정신적 사실행위는 인간의식의 표시가 수반되어 행하여지는 사실행위를 말하나(예 상담, 안내, 행정지도 등), 물리적 사실행위는 인간의식의 표시가 수반되지 아니하고 단순히 물리적 행위로만 행하여지는 사실행위를 말한다(예 공공시설의 설치·관리 등). |
| 집행적 사실행위와 독립적 사실행위 | 집행적 사실행위는 법적 행위를 집행하기 위하여 행하여지는 사실행위를 말하나(예 무허가건물의 강제철거, 전염병환자의 강제격리 등), 독립적 사실행위는 법적 행위의 집행과는 무관한 사실행위를 말한다(예 행정지도, 도로의 보수공사 등). |
| 권력적 사실행위와 비권력적 사실행위 | 권력적 사실행위는 공권력의 행사로써 특정 법적 행위를 집행하기 위한 사실행위를 말하나(집행적 사실행위), 비권력적 사실행위는 공권력의 행사와는 무관한 사실행위를 말한다(정신적 사실행위·물리적 사실행위). |
| 공법적 사실행위와 사법적 사실행위 | 공법적 사실행위와 사법적 사실행위는 행정상 사실행위가 공·사법 중 어느 것의 규율을 받는가에 따른 분류로, 이러한 분류는 권리구제방법에 있어서 실익이 있다. 즉, 공법적 사실행위로 인하여 손해를 입은 자는 국가배상법에 의한 손해배상을 청구할 수 있으나, 사법적 사실행위로 인하여 손해를 입은 자는 민법에 의한 손해배상을 청구하여야 한다. |

〈참고〉 정하중, 「행정법개론」, 법문사, 2020, P. 330~331

## 40 난이도 중    ▎행정법 일반 - 국가행정기관(행정청)

( )에 들어갈 것으로 옳은 것은?

> 행정청이 자기에게 주어진 권한의 일부를 법에 근거하여 타자에게 이전하여 그 자의 이름과 권한과 책임으로 특정의 사무를 처리하게 하는 것을 ( )(이)라고 한다.

① 대 결

> 대결이란 행정청이나 기타 결재권자의 부재 또는 급박한 사고 발생 시 그 직무를 대리하는 자가 대신 결재하고, 사후에 결재권자에게 보고하게 하는 것을 말한다.

② 위임전결

> 위임전결(내부위임)이란 행정청이 보조기관 등에게 비교적 경미한 사무의 처리권한을 위임하여 보조기관 등이 행정청의 이름으로 그 권한을 행사하는 것을 말한다.

③ 권한의 대리

> 권한의 대리란 행정청의 권한 전부나 일부를 다른 행정기관이 대리기관으로서 대신 행사하고, 그 법적 효과는 피대리청(행정청)의 행위로서 발생하는 것을 말한다.

**④ 권한의 위임**

> 권한의 위임이란 행정청이 법적 근거에 의하여 자신의 권한 일부를 다른 행정기관에 이전하면, 수임기관은 이전받은 권한을 자신의 권한으로서 행사하는 것을 말한다.

# 2021년 민간경비론

> 문제편 096p

### 정답 CHECK

| 41 | 42 | 43 | 44 | 45 | 46 | 47 | 48 | 49 | 50 | 51 | 52 | 53 | 54 | 55 | 56 | 57 | 58 | 59 | 60 |
|----|----|----|----|----|----|----|----|----|----|----|----|----|----|----|----|----|----|----|----|
| ② | ② | ① | ④ | ② | ① | ① | ③ | ② | ② | ③ | ④ | ③ | ① | ② | ④ | ② | ② | ④ | ④ |
| 61 | 62 | 63 | 64 | 65 | 66 | 67 | 68 | 69 | 70 | 71 | 72 | 73 | 74 | 75 | 76 | 77 | 78 | 79 | 80 |
| ④ | ③ | ① | ② | ③ | ④ | ④ | ① | ① | ② | ① | ③ | ① | ② | ③ | ④ | ① | ③ | ③ | ① |

## 41 난이도 하 　민간경비 개설 - 경비업법상 경비업무

경비업무 중 '경비를 필요로 하는 시설 및 장소에서의 도난·화재 그 밖의 혼잡 등으로 인한 위험발생 방지 업무'에 해당하는 것은?

① 호송경비업무
② **시설경비업무**

> 경비업법상 경비업무는 시설경비업무, 호송경비업무, 신변보호업무, 기계경비업무, 특수경비업무, 혼잡·교통유도경비업무 6종으로(경비업법 제2조 제1호), 설문은 시설경비업무에 대한 내용이다.

③ 특수경비업무
④ 기계경비업무

### 관계법령　정의(경비업법 제2조)

이 법에서 사용하는 용어의 정의는 다음과 같다. 〈개정 2024.1.30.〉
1. "경비업"이라 함은 다음 각목의 1에 해당하는 업무(이하 "경비업무"라 한다)의 전부 또는 일부를 도급받아 행하는 영업을 말한다.
    가. 시설경비업무 : 경비를 필요로 하는 시설 및 장소(이하 "경비대상시설"이라 한다)에서의 도난·화재 그 밖의 혼잡 등으로 인한 위험발생을 방지하는 업무
    나. 호송경비업무 : 운반 중에 있는 현금·유가증권·귀금속·상품 그 밖의 물건에 대하여 도난·화재 등 위험발생을 방지하는 업무
    다. 신변보호업무 : 사람의 생명이나 신체에 대한 위해의 발생을 방지하고 그 신변을 보호하는 업무
    라. 기계경비업무 : 경비대상시설에 설치한 기기에 의하여 감지·송신된 정보를 그 경비대상시설 외의 장소에 설치한 관제시설의 기기로 수신하여 도난·화재 등 위험발생을 방지하는 업무

> 마. 특수경비업무 : 공항(항공기를 포함한다) 등 대통령령이 정하는 국가중요시설(이하 "국가중요시설"이라 한다)의 경비 및 도난·화재 그 밖의 위험발생을 방지하는 업무
> 바. 혼잡·교통유도경비업무 : 도로에 접속한 공사현장 및 사람과 차량의 통행에 위험이 있는 장소 또는 도로를 점유하는 행사장 등에서 교통사고나 그 밖의 혼잡 등으로 인한 위험발생을 방지하는 업무

## 42 난이도 하  ▌민간경비 개설 – 민간경비의 주요 임무

**민간경비의 주요 임무로 옳지 않은 것은?**

① 질서유지활동
② **범죄수사활동**

> 민간경비의 주요 임무는 범죄예방업무, 질서유지업무, 위험방지업무 기타 경비업법상 경비업무이다. 범죄수사활동은 공경비의 주요 임무로, 민간경비와 가장 구별되는 임무 중 하나이다.

③ 위험방지활동
④ 범죄예방활동


## 43 난이도 하  ▌민간경비 개설 – 민간경비의 개념

**민간경비의 실질적 개념에 관한 설명으로 옳지 않은 것은?**

① **경비업법에 의하여 허가받은 법인이 경비업법상 규정된 업무를 수행하는 경비활동이다.**

> 민간경비의 형식적 개념에 관한 설명이다.

② 민간경비뿐만 아니라 지역 내 자율방범대 및 개인적 차원 등에서 이루어지는 범죄예방 관련 제반활동이다.
③ 민간차원에서 수행하는 개인 및 집단의 생명과 신체에 대한 위해방지, 재산보호 등과 관련된 활동이다.
④ 정보보호, 사이버보안은 실질적 개념의 민간경비에 속한다.

### 핵심만콕  민간경비의 개념★

| | |
|---|---|
| 협의의 개념 | 고객의 생명·신체·재산보호, 질서유지를 위한 개인 및 기업(조직)의 범죄예방활동(방범활동)을 의미한다. |
| 광의의 개념 | 공경비를 제외한 경비의 3요소인 방범·방재·방화를 포함하는 포괄적 경비활동을 의미한다. 최근에는 산업보안 및 정보보안 그리고 사이버보안에 이르기까지 광범위하고 첨단화된 범죄예방기능을 포함하는 개념으로 사용되고 있다. |
| 실질적 개념 | 고객의 생명·신체·재산보호, 사회적 손실감소와 질서유지를 위한 일체의 활동을 의미하는데, 실질적 개념에서 경찰과 민간경비는 그 주체가 국가와 민간이라는 점에서 차이가 있을 뿐, 본질적으로는 차이가 없다. |
| 형식적 개념 | 실정법인 경비업법에 의해 허가받은 법인이 동법에서 규정하고 있는 업무를 수행하는 활동을 의미하는데, 형식적 개념에서 경찰과 민간경비는 명확하게 구별된다. |

## 44  난이도 하                           민간경비 개설 - 공경비와 민간경비의 비교

**민간경비와 공경비의 차이점에 관한 설명으로 옳지 않은 것은?**

① 민간경비의 주체는 민간기업이고, 공경비의 주체는 정부이다.
② 민간경비는 고객지향적 서비스이고, 공경비는 시민지향적 서비스이다.
③ 민간경비의 목적은 고객의 범죄예방 및 손실보호이고, 공경비의 목적은 국민의 안녕과 질서유지이다.
④ **민간경비의 임무는 범죄예방이고, 공경비의 임무는 범죄대응에 국한된다.**

> 공경비의 임무에는 범죄대응뿐만 아니라 범죄예방 등도 포함된다.

**핵심만콕  공경비와 민간경비의 비교 ★**

| 구 분 | 공경비(경찰) | 민간경비(개인 또는 경비업체) |
|---|---|---|
| 대 상 | 일반국민(시민) | 계약당사자(고객) |
| 임 무 | 범죄예방 및 범죄대응 | 범죄예방 |
| 공통점 | 범죄예방 및 범죄감소, 위험방지, 질서유지 ||
| 범 위 | 일반(포괄)적 범위 | 특정(한정)적 범위 |
| 주 체 | 정부(경찰) | 영리기업(민간경비회사 등) |
| 목 적 | 법집행(범인체포 및 범죄수사·조사) | 개인의 재산보호 및 손실감소 |
| 제약조건 | 강제력 있음 | 강제력 사용에 제약 있음 |
| 권한의 근거 | 통치권 | 위탁자의 사권(私權) |

## 45  난이도 하                           민간경비 개설 - 공동화이론

**공동화이론에 관한 설명으로 옳지 않은 것은?**

① 경찰이 수행하는 경찰 본연의 기능·역할을 민간경비가 보완한다.
② **경찰은 거시적 질서유지기능을 하고 개인의 신체와 재산보호는 개인비용으로 부담해야 한다.**

> **수익자부담이론**에 관한 설명이다. 수익자부담이론은 자본주의사회에 있어 경찰의 공권력 작용은 원칙적으로 거시적 측면에서 질서유지나 체제수호 등과 같은 역할과 기능으로 한정시키고, 사회구성원 개개인 차원이나 여타 집단과 조직 등의 안전과 보호는 결국 해당 개인이나 조직이 담당하여야 한다는 인식에 기초한 이론이다.

③ 민간경비와 공경비의 관계는 상호 갈등·경쟁관계가 아니라, 상호 보완적·역할분담적 관계를 갖는다.
④ 범죄증가에 비례해 경찰력이 증가해야 하지만, 현실적으로 어려워 그 공백을 메우기 위해 민간경비가 발전한다.

> **핵심만 콕** 　민간경비 성장의 이론적 배경 ★★
>
> - 경제환원론 : 특정한 사회현상이 직접적으로는 경제와 무관한 것임에도 불구하고 그 발생원인을 경제문제에서 찾으려는 이론으로, 경기침체로 인해 실업자가 늘어나면 자연적으로 범죄가 증가하고, 이에 민간경비가 직접 범죄에 대응하게 됨으로써 민간경비시장이 성장·발전한다고 주장한다.
> - 공동화이론 : 경찰이 수행하고 있는 경찰 본연의 기능이나 역할을 민간경비가 보완·대체한다는 이론으로, 경찰의 범죄예방능력이 국민의 욕구를 충족시키지 못할 때의 공동상태(Gap)를 민간경비가 보충함으로써 민간경비시장이 성장한다고 주장한다.★
> - 이익집단이론 : 경제환원론적 이론이나 공동화이론을 부정하는 입장에서 '그냥 내버려 두면 보호받지 못한 채로 방치될 만한 재산을 민간경비가 보호한다'는 이론으로, 민간경비도 자신의 집단적 이익을 극대화하기 위해 규모를 팽창시키고 새로운 규율이나 제도를 창출시키는 등의 노력을 해야 한다고 주장한다.★
> - 수익자부담이론 : 자본주의사회에 있어 경찰의 공권력 작용은 원칙적으로 거시적 측면에서 질서유지나 체제수호 등과 같은 역할과 기능으로 한정시키고, 사회구성원 개개인 차원이나 여타 집단과 조직 등의 안전과 보호는 결국 해당 개인이나 조직이 담당하여야 한다는 인식에 기초한 이론이다.★
> - 민영화이론 : 1980년대 이후 복지국가의 이념에 대한 반성으로서 국가독점에 의한 비효율성을 극복하고자 시장경쟁논리를 도입한 이론으로, 민영화는 공공지출과 행정비용의 감소효과를 유발하기 위한 방법이다.
> - 공동생산이론 : 민간경비를 공경비의 보조적 차원이 아닌 주체적 차원으로 인식하는 이론으로, 경찰이 안고 있는 한계를 일부 극복하고, 시민의 안전욕구를 증대시키기 위해 민간부문의 능동적 참여를 다각적으로 유도한다.

## 46　난이도 하　　　　　　　　　　　　　　　　　　　　　민간경비 개설 – 민영화이론

**민영화이론에 관한 설명으로 옳은 것은?**

① 복지국가 확장의 부작용에 따른 재정위기를 극복하기 위해 국가의 역할범위를 축소하고 재정립한다.

> 민영화이론은 1980년대 이후 복지국가의 이념에 대한 반성으로서 국가독점에 의한 비효율성을 극복하고자 시장경쟁논리를 도입한 이론으로, 공공지출과 행정비용의 감소효과를 유발하기 위한 방법으로서 제시되었다.

② 그냥 내버려 두면 보호받지 못한 채로 방치될 만한 재산을 민간경비가 보호한다.

> 이익집단이론에 관한 설명이다.

③ 경기침체에 따른 실업자의 증가로 범죄가 증가함으로써 민간경비시장이 성장·발전한다.

> 경제환원론에 관한 설명이다.

④ 경찰의 치안서비스 제공과정에서 시민과 민간경비의 능동적 참여를 다각적으로 유도한다.

> 공동생산이론에 관한 설명이다.

## 47 난이도 하 　　세계 각국의 민간경비 – 각국 민간경비의 역사적 발전(일본)

**일본의 민간경비 발전과정에 관한 설명으로 옳지 않은 것은?**

① 1960년대에 한국과 중국으로 진출하면서 비약적인 발전을 하였다.

> 일본의 민간경비는 1980년대에 한국(1980년대 초)과 중국(1988년)으로 진출하면서 비약적인 발전을 하였다.

② 1964년 동경올림픽 선수촌 경비를 계기로 민간경비의 역할이 널리 인식되었다.
③ 1970년 오사카 만국박람회(EXPO) 개최 시 민간경비가 투입되었다.
④ 경비업법 제정 당시 신고제로 운영하였으나, 그 후 허가제로 바뀌었다.

## 48 난이도 하 　　세계 각국의 민간경비 – 각국 민간경비의 역사적 발전(한국)

**한국 민간경비의 역사적 발전과정에 관한 설명으로 옳지 않은 것은?**

① 1977년 설립된 한국경비실업은 경비업 허가 제1호를 취득하였다.

> 한국경비실업(韓國警備實業)은 1977년 설립되어 내무부장관(현 행정안전부장관) 경비업 허가 제1호를 취득하였고, 이듬해 한국경비보장(韓國警備保障)으로 회사명을 변경하였다. 이후 1980년 삼성그룹이 일본의 경비업체 세콤(SECOM)과의 합작을 통해 한국경비보장을 인수하였고, 1991년 한국안전시스템(韓國安全시스템)으로, 그 후 1996년 에스원(S1)으로 회사명을 변경하였다.

② 1989년 용역경비업법은 용역경비업자가 대통령령으로 정하는 기계경비시설을 설치·폐지·변경한 경우 허가관청에 신고하여야 한다고 규정하였다.

> 용역경비업법 제4조 제2항 제4호

③ 2001년 경비업법이 전면개정되면서 경비업의 종류에 신변보호업무가 추가되었다.

> 신변보호업무는 1995.12.30. 용역경비업법 개정 시 용역경비업의 한 분야로 추가되었다.

④ 2013년 경비업법 개정으로 집단민원현장에 배치된 경비원의 지도·감독 규정이 강화되었다.

> 2013년 경비업법상 경비지도사의 직무로서 집단민원현장에 배치된 경비원에 대한 지도·감독이 추가되었다.

## 49 난이도 중
■ 세계 각국의 민간경비 – 각국 민간경비산업 현황(미국)

**미국의 민간경비산업에 관한 설명으로 옳지 않은 것은?**

① 현재 계약경비업체가 자체경비업체보다 비약적인 발전을 보이고 있다.
② **경찰과 민간경비는 업무수행에 있어 상명하복의 관계가 명확하다.**

> 현재 미국에서 경찰과 민간경비는 범죄예방활동을 위해 긴밀한 상호 협조체계를 유지하고 있다. 각 주마다 약간의 차이는 있지만, 직업소개소 역할을 하는 경찰노조를 통해 경찰의 50% 정도가 민간경비회사에서 부업을 하고 있을 만큼, 상호 간의 신분이나 직위 그리고 보수 등에 큰 차이 없이 함께 범죄예방활동을 수행한다. 따라서 경찰과 민간경비는 업무수행에 있어 상명하복의 관계가 명확하다는 표현은 옳다고 보기 어렵다.

③ 제2차 세계대전 이후 민간경비산업이 급속히 발전하였다.
④ 2001년 9.11테러 이후 국토안보부를 설치하였으며, 이는 공항경비 등 민간경비산업이 발전하는 중요한 계기가 되었다.

## 50 난이도 중
■ 민간경비 개설 – 순수공공재 이론

**순수공공재 이론에서 "치안서비스라는 재화는 이용 또는 접근에 대해서 제한할 수 없다"는 내용에 해당하는 것은?**

① 비경합성
② **비배제성**

> 머스그레이브(Musgrave)는 순수공공재의 기준으로서 비경합성, 비배제성, 비거부성을 제시하였는데, 설문은 비배제성에 대한 내용이다.

③ 비거부성
④ 비순수성

| 핵심만콕 | 순수공공재 이론의 특성(기준) |
|---|---|
| 비경합성 (공동소비) | 어떤 서비스를 소비할 때 한 사람이 그 서비스를 소비하더라도 다른 사람의 소비기회가 줄어들지 않음을 의미하는데, "치안서비스의 이용에 있어서 추가 이용자의 추가 비용이 발생하지 않는다"는 것을 내용으로 한다. |
| 비배제성 | 어떤 서비스를 소비할 때 생산비를 부담하지 않은 사람이라 해도 그 서비스의 소비에서 배제시킬 수 없음을 의미하는데, "치안서비스라는 재화는 이용 또는 접근에 대해서 제한할 수 없다"는 것을 내용으로 한다. |
| 비거부성 | 어떤 서비스가 공급될 때 모든 사람이 자신의 의지와는 상관없이 그 서비스를 소비하게 됨을 의미하는데, "치안서비스의 객체인 시민들은 서비스의 이용에 대한 선택권이 없다"는 것을 내용으로 한다. |

## 51 난이도 중　┃세계 각국의 민간경비 - 각국 민간경비의 법적 지위(일본)

**일본 민간경비원의 법적 지위에 관한 설명으로 옳은 것은?**

① 민간인 지위 이상의 특권이나 권한을 부여받는다.

> 일본 민간경비원은 사인(私人)으로서의 지위 이상의 특권이나 권한을 부여받지 않는다.

② 현행범 체포는 위법성이 조각되지 않는다.

> 일본 민간경비원의 현행범 체포는 위법성이 조각된다.

③ **정당방위는 위법성이 조각된다.**

> 일본 민간경비원의 정당방위는 긴급피난·현행범 체포와 더불어 위법성이 조각된다.

④ 긴급피난은 정당성이 인정되지 않는다.

> 일본 민간경비원의 긴급피난은 정당성이 인정된다.


## 52 난이도 하　┃세계 각국의 민간경비 - 각국 민간경비의 역사적 발전(한국)

**우리나라 민간경비제도에 관한 설명으로 옳지 않은 것은?**

① 1976년 용역경비업법이 제정되면서 본격적인 민간경비가 실시되었다.
② 1997년 제1회 경비지도사 자격시험이 실시되었다.
③ 1999년 용역경비업법이 경비업법으로 변경되었다.
④ **2021년 국가경찰과 자치경찰의 조직 및 운영에 관한 법률을 통해 경찰관 신분을 가진 민간경비원이 합법화되었다.**

> 2021.1.1. 시행된 국가경찰과 자치경찰의 조직 및 운영에 관한 법률의 입법취지는, 경찰법을 개정하여 경찰사무를 국가경찰사무와 자치경찰사무로 나누고, 각 사무별 지휘·감독권자를 분산하여 시·도자치경찰위원회가 자치경찰사무를 지휘·감독하도록 하는 등, 자치경찰제 도입의 법적 근거를 마련함으로써 경찰권 비대화의 우려를 해소하는 동시에, 지방행정과 치안행정의 연계성을 확보하여 주민수요에 적합한 양질의 치안서비스를 제공하는 한편, 국가 전체의 치안역량을 효율적으로 강화할 수 있도록 하기 위함이다. 따라서 경찰관 신분을 가진 민간경비원의 합법화와는 관계없다.

## 53  난이도 하  　　　　　민간경비의 조직 – 민간경비 조직의 운영원리

경비원이 다른 부서의 관리자들로부터 명령을 받게 된다면 업무수행에 차질이 생길 것이다. 이 문제를 방지하기 위한 민간경비 조직편성의 원리는?

① 계층제의 원리
② 통솔범위의 원리
③ **명령통일의 원리**

> 민간경비 조직의 운영원리 중 명령통일의 원리에 관한 내용이다.

④ 조정·통합의 원리

### 핵심만콕  민간경비 조직의 운영원리

| 명령통일의 원리 | 각 조직구성원은 한 사람의 관리자로부터만 명령을 받아야 한다는 원리로, 경호학에서는 지휘권단일화원칙이라고도 한다. |
|---|---|
| 전문화의 원리 | 조직구성원에게 한 가지 업무를 전담시켜 전문적인 지식·기술을 습득하게 함으로써 전문화를 유도하고, 능률향상을 기대할 수 있는 원리로, 분업-전문화의 원리라고도 한다. |
| 계층제의 원리 | 조직구성원 간에 상하 등급, 즉 계층을 설정하여 각 계층 간에 권한과 책임을 배분하고, 명령계통과 지휘·감독체계를 확립하는 원리를 말한다. |
| 통솔범위의 원리 | 한 사람의 관리자가 통제할 수 있는 부하 또는 조직단위의 수는 그 관리자의 통솔범위 내로 한정되어야 한다는 원리를 말한다. |
| 조정·통합의 원리 | 조직의 공동목표를 달성하기 위해 각 조직구성원들을 통합하고, 집단의 노력을 질서 있게 배열하여 조직의 안정성과 효율성을 도모하는 원리를 말한다. |

## 54  난이도 하  　　　　　민간경비의 환경 – 국내 치안환경의 변화

우리나라 치안여건의 변화에 관한 설명으로 옳지 않은 것은?

① 과거에 비해 인터넷, 클럽, SNS 등 마약류의 구입경로가 다양하지만 마약범죄는 감소추세에 있다.

> 국내 마약류 사범은 2000년대 이래로 지속적으로 역대 최다치를 기록하고 있으며, 마약류 압수량 또한 지속적인 증가세를 보여 확산세가 매우 심각한 상황이다.

② 무선인터넷과 스마트폰 보급의 확대로 사이버범죄가 증가하고 있다.
③ 노령인구 증가로 노인범죄가 사회문제시되고 있다.
④ 금융, 보험, 신용카드 등과 관련된 지능화·전문화된 범죄가 증가하고 있다.

> **핵심만콕**  국내 치안환경의 변화
>
> - 고령화로 인해 소외된 노인들의 범죄가 계속 증가하여 심각한 사회문제로 대두되고 있다.
> - 인구증가로 인해 치안수요는 점점 늘어날 것이다.
> - 인구의 도시집중에 따른 개인주의적 경향으로 인한 인간소외, 범죄발생 등의 심각한 사회문제가 예상된다.
> - 집단이기주의로 인한 불법적 집단행동은 증가될 것이다.
> - 국제화·개방화로 인해 내국인의 해외범죄, 외국인의 국내범죄, 밀수, 테러 등의 국제범죄가 증가하고 있다.
> - 치안환경이 악화되면서 보이스피싱 등 신종범죄가 대두되고 있다.
> - 범죄연령이 저연령화(연소화)되는 추세이며, 청소년범죄가 흉포화되고 있다.
> - 무선인터넷과 스마트폰 등의 보급확대로 인해 사이버범죄가 증가하고 있다.
> - 과학기술의 발달로 인해 사이버범죄가 날로 지능화·전문화되어 더욱 증가하고 있다.
> - 경제적 양극화의 심화로 인해 다양한 유형의 범죄가 발생하고 있다.

## 55 난이도 중  |민간경비의 환경 - 현장방범활동

범죄예방 및 안전사고 방지를 위하여 관내 주택, 고층빌딩, 금융기관 등에 대한 방범시설 및 안전설비의 설치상황, 자위방범역량 등을 점검하여 문제점을 보완하는 경찰활동에 해당하는 것은?

① 문안순찰

> 문안순찰이란 경찰이 일반시민과의 대화를 통해 친밀한 관계를 유지하기 위한 활동으로, 관내 지역주민들의 요구를 청취하고 불편·애로사항을 해결해 주는 활동을 말한다.

② **방범진단**

> 설문은 현장방범활동 중 방범진단에 대한 내용이다.

③ 방범홍보

> 방범홍보란 지역경찰의 활동, 각종 경찰업무에 대한 사항 및 민원사항, 중요시책 등을 매스컴 등을 통해 관내 지역주민들에게 널리 알려 방범의식을 고양하는 동시에 범죄방지를 도모하는 활동을 말한다.

④ 경찰방문

> 경찰방문이란 경찰이 관내 각 가정, 상가 기타 시설 등을 방문하여 청소년을 선도하고, 소년소녀가장 및 독거노인·장애인 등 사회적 약자를 보호하며, 안전사고 방지 등의 지도·상담·홍보와 함께 민원사항을 청취하고, 필요시 지역주민의 협조를 받아 방범진단을 하는 등의 활동을 말한다.

## 56 난이도 하

**▌민간경비의 조직 - 기계경비**

**기계경비의 장점에 관한 설명으로 옳지 않은 것은?**

① 장기적으로 운영비용의 절감 효과를 기대할 수 있다.
② 화재예방과 같은 다른 예방시스템과 통합운용이 가능하다.
③ 24시간 동일한 조건으로 지속적 감시가 가능하다.
④ **기계경비를 잘 아는 범죄자에게 역이용당할 우려가 있다.**

> 기계경비의 단점에 관한 설명이다.

### 핵심만콕 인력경비와 기계경비 ★

| 구 분 | 인력경비 | 기계경비 |
|---|---|---|
| 장 점 | • 경비업무 이외에 안내, 질서유지, 보호·보관업무 등을 하나로 통합한 통합서비스가 가능<br>• 인력이 상주함으로써 현장에서 상황이 발생했을 때 신속한 조치가 가능<br>• 인적 요소이기에 경비업무를 전문화할 수 있고, 고용창출 효과와 고객접점서비스 효과가 있음 | • 24시간 경비가 가능<br>• 장기적으로 소요비용이 절감되는 효과가 있음<br>• 감시지역이 광범위하고 정확성을 기할 수 있음<br>• 시간적 취약대인 야간에도 효율성이 높아 시간적 제약을 적게 받음<br>• 화재예방시스템 등과 동시에 통합운용이 가능<br>• 강력범죄와 화재, 가스 등으로 인한 인명사상을 예방하거나 최소화할 수 있음<br>• 기록장치에 의해 사고 발생 상황이 저장되어 증거보존의 효과와 책임한계를 명확히 할 수 있음<br>• 오작동(오경보)률이 낮을 경우 범죄자에게는 경고의 효과가 있고, 사용자로부터는 신뢰를 얻을 수 있음 |
| 단 점 | • 인건비의 부담으로 경비에 많은 비용이 소요<br>• 사건이 발생했을 때 인명피해의 가능성이 있음<br>• 상황연락이 신속하게 이루어지지 않아 사건의 전파에 장애가 발생<br>• 야간에는 경비활동의 제약을 받아 효율성이 감소<br>• 경비원이 저임금, 저학력, 고령일 경우 경비의 질 저하가 우려 | • 사건 발생 시 현장에서의 신속한 대처가 어려우며, 현장에 출동하는 시간이 필요<br>• 최초의 기초 설치비용이 많이 소요<br>• 허위경보 및 오경보 등의 발생률이 비교적 높음<br>• 전문인력이 필요하며, 유지보수에 비용이 많이 소요<br>• 고장 시 신속한 대처가 어려움<br>• 방범 관련 업무에만 가능하며, 경비시스템을 잘 알고 있는 범죄자들에게 역이용당할 우려가 있음 |

## 57 난이도 하

**민간경비의 조직 - 자체경비와 계약경비**

자체경비와 계약경비의 장단점에 관한 설명으로 옳지 않은 것은?

① 계약경비는 자체경비보다 다양한 경비분야에 전문성을 갖춘 경비인력을 쉽게 제공할 수 있다.
② **자체경비는 신분보장의 불안정성과 저임금으로 계약경비보다 이직률이 높다.**

> 신분보장의 불안정성과 저임금으로 이직률이 상대적으로 높은 것은 계약경비이다.

③ 계약경비는 경비인력의 추가 및 감축에 있어 자체경비보다 탄력적 운용이 가능하다.
④ 자체경비는 계약경비보다 고용주에게 높은 충성심을 갖는 경향이 있다.

### 핵심만콕 | 자체경비와 계약경비의 비교 ★★

| 구 분 | 자체경비 | 계약경비 |
|---|---|---|
| 장 점 | • 자체경비는 계약경비에 비해 임금이 높고 안정적이므로, 이직률이 낮은 편이다.<br>• 시설주가 경비원들을 직접 관리함으로써 경비원들에 대한 통제를 강화할 수 있다.<br>• 비교적 높은 급료를 받을 뿐만 아니라, 경비원에 대한 위상이 높기 때문에 자질이 우수한 사람들이 지원한다.<br>• 계약경비원보다 고용주에 대한 충성심이 더 높다.<br>• 자체경비는 고용주(사용자)의 요구에 신속하게 대처할 수 있다.<br>• 자체경비원은 고용주에 의해 조직의 구성원으로 채용됨으로써 안정적이기 때문에 고용주로부터 업무수행능력을 인정받기를 원하며, 자기발전과 자기개발을 위한 노력을 아끼지 않는다.<br>• 자체경비원은 경비부서에 오래 근무함으로써 회사의 운영·매출·인사 등에 관한 지식이 높다.<br>• 시설주의 필요에 따라 적절하게 교육·훈련과정의 효율성을 쉽게 측정할 수 있다. | • 고용주의 요구에 맞는 경비서비스를 제공함으로써 경비프로그램 전반에 걸쳐 전문성을 갖춘 경비인력을 쉽게 제공할 수 있다.<br>• 봉급, 연금, 직무보상, 사회보장, 보험, 장비, 신규모집, 직원관리, 교육훈련 등의 비용을 절감할 수 있어 비용면에서 저렴하다(경제적이다).<br>• 자체경비에 비해 인사관리 차원에서 결원의 보충 및 추가인력의 배치가 용이하다.<br>• 고용주를 의식하지 않고 소신껏 경비업무에 전념할 수 있다.<br>• 경비수요의 변화에 따라 기존 경비인력을 감축하거나 추가적으로 고용을 확대할 수 있다.<br>• 질병이나 해임 등으로 구성원의 업무수행상 문제가 발생했을 경우, 인사이동과 대처(대책)에 따라 행정상 문제를 쉽게 해결할 수 있다. |
| 단 점 | • 계약경비에 비해 다른 부서의 직원들과 지나치게 친밀한 관계를 형성함으로써 효과적인 직무수행을 하지 못할 수 있다.<br>• 신규모집계획, 선발인원의 신원확인 및 훈련프로그램에 대한 개발과 관리를 자체적으로 실시하므로, 인사관리 및 행정관리가 힘들고 비용이 많이 소요된다.<br>• 계약경비에 비해 해임이나 감원, 충원 등이 필요한 경우에 탄력성이 떨어진다. | • 자체경비에 비해 조직(시설주)에 대한 충성심이 낮은 것이 일반적이다.<br>• 자체경비에 비해 급료가 낮고 직업적 안정감이 떨어지기 때문에 이직률이 높은 편이다.<br>• 회사 내부의 기밀이나 중요정보가 외부에 유출될 가능성이 더 높은 편이다. |

## 58 난이도 하 ▮민간경비의 조직 - 경비업법상의 교육

**경비업법령상 경비원의 교육에 관한 설명으로 옳지 않은 것은?** 기출수정

① 경비원이 되려는 사람은 대통령령으로 정하는 교육기관에서 미리 일반경비원 신임교육을 받을 수 있다.

> 경비원이 되려는 사람은 대통령령으로 정하는 교육기관에서 미리 일반경비원 신임교육을 받을 수 있다(경비업법 제13조 제2항).

② 일반경비원 신임교육은 44시간이다.

> 일반경비원 신임교육은 24시간이다(경비업법 시행규칙 [별표 2]).

③ 특수경비원 신임교육은 80시간이다.

> 특수경비원 신임교육은 80시간이다(경비업법 시행규칙 [별표 4]).

④ 일반경비원의 교육실시에 필요한 사항은 행정안전부령으로 정한다.

> 신임교육의 과목 및 시간, 직무교육의 과목 등 일반경비원의 교육실시에 필요한 사항은 행정안전부령으로 정한다(경비업법 시행령 제18조 제5항).

## 59 난이도 상 ▮민간경비의 환경 - 국가경찰과 자치경찰의 조직 및 운영에 관한 법률

**국가경찰과 자치경찰의 조직 및 운영에 관한 법률상 경찰의 사무에 관한 내용으로 옳지 않은 것은?**

① 지역 내 교통활동에 관한 사무는 자치경찰이 담당한다.

> 국가경찰과 자치경찰의 조직 및 운영에 관한 법률 제4조 제1항 제2호 나목

② 공공안녕에 대한 위험의 예방과 대응을 위한 정보의 수집·작성 및 배포에 관한 사무는 국가경찰이 담당한다.

> 국가경찰과 자치경찰의 조직 및 운영에 관한 법률 제3조 제5호

③ 학교폭력 등 소년범죄에 해당하는 수사사무는 자치경찰이 담당한다.

> 국가경찰과 자치경찰의 조직 및 운영에 관한 법률 제4조 제1항 제2호 라목 1)

④ 가정폭력, 아동학대범죄에 해당하는 수사사무는 국가경찰이 담당한다.

> 가정폭력, 아동학대범죄에 해당하는 수사사무는 자치경찰이 담당한다[국가경찰과 자치경찰의 조직 및 운영에 관한 법률 제4조 제1항 제2호 라목 2)].

> **관계법령**

**경찰의 임무(국가경찰과 자치경찰의 조직 및 운영에 관한 법률 제3조)**
경찰의 임무는 다음 각호와 같다.
1. 국민의 생명·신체 및 재산의 보호
2. 범죄의 예방·진압 및 수사
3. 범죄피해자 보호
4. 경비·요인경호 및 대간첩·대테러작전 수행
5. 공공안녕에 대한 위험의 예방과 대응을 위한 정보의 수집·작성 및 배포
6. 교통의 단속과 위해의 방지
7. 외국 정부기관 및 국제기구와의 국제협력
8. 그 밖에 공공의 안녕과 질서유지

**경찰의 사무(국가경찰과 자치경찰의 조직 및 운영에 관한 법률 제4조)**
① 경찰의 사무는 다음 각호와 같이 구분한다.
1. 국가경찰사무 : 제3조에서 정한 경찰의 임무를 수행하기 위한 사무. 다만, 제2호의 자치경찰사무는 제외한다.
2. 자치경찰사무 : 제3조에서 정한 경찰의 임무범위에서 관할 지역의 생활안전·교통·경비·수사 등에 관한 다음 각목의 사무
   가. 지역 내 주민의 생활안전활동에 관한 사무
      1) 생활안전을 위한 순찰 및 시설의 운영
      2) 주민참여 방범활동의 지원 및 지도
      3) 안전사고 및 재해·재난 시 긴급구조 지원
      4) 아동·청소년·노인·여성·장애인 등 사회적 보호가 필요한 사람에 대한 보호업무 및 가정폭력·학교폭력·성폭력 등의 예방
      5) 주민의 일상생활과 관련된 사회질서의 유지 및 그 위반행위의 지도·단속. 다만, 지방자치단체 등 다른 행정청의 사무는 제외한다.
      6) 그 밖에 지역주민의 생활안전에 관한 사무
   나. 지역 내 교통활동에 관한 사무
      1) 교통법규 위반에 대한 지도·단속
      2) 교통안전시설 및 무인 교통단속용 장비의 심의·설치·관리
      3) 교통안전에 대한 교육 및 홍보
      4) 주민참여지역 교통활동의 지원 및 지도
      5) 통행허가, 어린이 통학버스의 신고, 긴급자동차의 지정신청 등 각종 허가 및 신고에 관한 사무
      6) 그 밖에 지역 내의 교통안전 및 소통에 관한 사무
   다. 지역 내 다중운집행사 관련 혼잡교통 및 안전관리
   라. 다음의 어느 하나에 해당하는 수사사무
      1) 학교폭력 등 소년범죄
      2) 가정폭력, 아동학대범죄
      3) 교통사고 및 교통 관련 범죄
      4) 「형법」제245조에 따른 공연음란 및 「성폭력범죄의 처벌 등에 관한 특례법」제12조에 따른 성적 목적을 위한 다중이용장소 침입행위에 관한 범죄
      5) 경범죄 및 기초질서 관련 범죄
      6) 가출인 및 「실종아동 등의 보호 및 지원에 관한 법률」제2조 제2호에 따른 실종아동 등 관련 수색 및 범죄

## 60 난이도 하 | 경비와 시설보호의 기본원칙 - 환경설계를 통한 범죄예방(CPTED)

**환경설계를 통한 범죄예방(CPTED)에 관한 설명으로 옳지 않은 것은?**

① 브랜팅햄(P. Brantingham)과 파우스트(F. Faust)의 범죄예방 구조모델 개념과 관련된다.
② 뉴만(O. Newman)의 방어공간 개념과 관련된다.
③ 지역의 환경을 개선하여 범죄자의 범법심리를 억제하고, 주민의 범죄에 대한 두려움을 줄이는 기법을 말한다.
④ **범죄의 원인을 환경적 요인보다는 개인적 요인에서 찾는다.**

> 환경설계를 통한 범죄예방(CPTED)은 범죄의 원인을 개인적 요인보다는 환경적 요인에서 찾는다.

---

### 핵심만콕

**환경설계를 통한 범죄예방(Crime Prevention Through Environmental Design)**
- 의의 : 물리적 환경을 개선함으로써 범죄를 억제하고 주민의 불안감을 해소하는 제도이다.
- 연혁 : 뉴만(Newman)이 확립한 방어공간(Defensible Space) 개념으로부터 제퍼리(Jeffery)가 CPTED의 개념을 제시하였다.
- 목표 : 개인의 본래 활동을 방해하지 않으면서 범죄예방효과를 극대화하는 데 목표를 두고, 범죄의 원인을 개인적 요인보다는 환경적 요인에서 찾는다.
- 전통적 CPTED와 현대적 CPTED : 전통적 CPTED는 단순히 외부공격으로부터 보호대상을 강화하는 THA(Target Hardening Approach)방법을 사용하여 공격자가 보호대상에 접근하지 못하도록 할 뿐이었지만, 현대적 CPTED는 시민들의 삶의 질 향상까지 고려한다.
- CPTED의 전략
  - 1차적 기본전략 : 자연적 접근통제와 감시, 영역성 강화
    일정한 지역에 접근하는 사람들을 정해진 공간으로 유도하거나 외부인의 출입을 통제하도록 설계하여 접근에 대한 심리적 부담을 증대시키고(자연적 접근통제), 건축물 설계 시 가시권을 최대한 확보하며(자연적 감시), 사적인 공간에 대해 경계를 표시하여 주민의 책임의식을 증대시킨다(영역성 강화).
  - 2차적 기본전략 : 조직적 통제(경비원), 기계적 통제(자물쇠), 자연적 통제(공간구획)
- 동심원영역론(Concentric Zone Theory) : 시설물의 물리적 통제시스템 구축과 관련하여 보호가치가 높은 자산일수록 보다 많은 방어공간을 구축해야 한다는 이론으로, 딘글(Dingle)이 제시하였으며, CPTED의 접근방법 중 하나라고 볼 수 있다. 참고로 동심원영역론은 1단계 - 2단계 - 3단계로 정리한다.

**범죄예방 구조모델론**
- 브랜팅햄(P. J. Brantingham)과 파우스트(F. L. Faust)가 주장한 이론이다.
- 범죄예방의 접근방법 및 과정★

| 구 분 | 대 상 | 내 용 |
|---|---|---|
| 1차적 범죄예방 | 일반시민 | 일반적 사회환경 중에서 범죄원인이 되는 조건들을 발견·개선하는 예방활동 |
| 2차적 범죄예방 | 우범자 및 우범집단 | 잠재적 범죄자를 초기에 발견하고 이들의 범죄행위를 저지하기 위한 예방활동 |
| 3차적 범죄예방 | 범죄자 | 실제 범죄자(전과자)를 대상으로 더 이상 범죄가 발생하지 않도록 하는 예방활동 |

〈참고〉 최선우, 「민간경비론」, 진영사, 2015, P. 395

## 61 난이도 하
민간경비의 조직 - 경비업법상의 교육

**경비지도사에 관한 설명으로 옳은 것은?**

① 일반경비지도사와 특수경비지도사로 구분한다.

> "경비지도사"라 함은 경비원을 지도·감독 및 교육하는 자를 말하며 일반경비지도사와 기계경비지도사로 구분한다(경비업법 제2조 제2호).

② 경비현장에 배치된 경비원 순회점검 직무를 행정안전부령이 정하는 바에 따라 성실하게 수행하여야 한다.

> 선임된 경비지도사는 경비현장에 배치된 경비원에 대한 순회점검 및 감독의 직무를 대통령령이 정하는 바에 따라 성실하게 수행하여야 한다(경비업법 제12조 제2항 제2호·제3항).

③ 경비지도사제도는 경비업법 제7차 개정 때 도입되었다.

> 경비지도사제도는 1995.12.30. 용역경비업법 제5차 개정 때 도입되었다.

④ **경비원을 지도·감독·교육하는 현장책임자라 할 수 있다.**

> 경비업법 제2조 제2호

## 62 난이도 하
민간경비의 조직 - 경비위해요소 분석

**경비위해요소 분석에 관한 설명으로 옳지 않은 것은?**

① 경비위해요소 분석은 경비대상의 취약점을 파악하여 범죄, 화재, 재난 등으로부터 안전하게 보호하기 위한 계획을 수립하기 위함이다.

② 지진, 폭풍, 홍수 등 자연적 위해요소는 대규모의 인적·물적 피해를 발생시킨다.

③ **비용효과 분석은 투입 대비 산출규모를 비교하여 적정한 경비수준을 결정하는 과정으로 절대적 기준이 있다.**

> 비용효과 분석은 투입 대비 산출규모를 비교하여 적정한 경비수준을 결정하는 과정으로, 절대적 잣대(기준)가 있다고 할 수 없다. 왜냐하면 개인 및 시설물에 대한 범죄예방과 질서유지활동인 경비활동의 특성상 이를 단순히 경제적 가치로만 평가할 수는 없기 때문이다. 따라서 경비활동의 비용효과 분석 시에는 해당 지역의 범죄발생률 이외에도 범죄피해로 인한 인적·물적 피해의 정도, 고객의 정신적 안정성, 개인 및 기업체의 비용부담 정도 등을 고려하고, 아울러 타 지역 내지 전국적으로 집계된 범죄사건 등을 함께 비교해야 한다.

④ 경비위해요소 분석자료는 경비계획에 있어서 경비조직 등의 규모를 판단하는 근거가 된다.

## 63 난이도 하 　　　경비와 시설보호의 기본원칙 - 경비진단

**경비진단을 위한 물리적 사전조사의 착안사항으로 옳지 않은 것은?**

① 위험을 야기할 수 있는 인물의 유무

> 경비진단은 경비조사와 경비위해분석을 포함하는데, 여기서 경비조사란 경비위해분석을 위한 선행절차로서 경비위해요소와 경비대상에 대한 다양한 정보를 수집하는 활동을 의미한다. 경비(요소)조사는 일반시설물 조사(물리적 조사)와 업무 관련 조사로 구분할 수 있으며, 이때 위험을 야기할 수 있는 인물의 유무는 경비진단을 위한 물리적 조사사항에 해당하지 않는다.

② 경비대상시설의 형태와 용도
③ 시설 내의 예측할 수 있는 침입경로
④ 주변 구조물 등의 상황

## 64 난이도 하 　　　민간경비의 조직 - 민간경비의 윤리

**민간경비의 윤리에 관한 설명으로 옳지 않은 것은?**

① 민간경비의 윤리가 확립되지 않으면 고객 및 국민으로부터 신뢰를 얻을 수 없다.
② 민간경비의 윤리문제는 민간경비 자체에 한정된다.

> 민간경비의 윤리문제는 민간경비 자체에 한정되지 않고, 제도적 문제 및 사회 전반의 여건과 밀접한 관련이 있다.

③ 경찰과 시민의 민간경비에 대한 인식전환이 필요하다.
④ 자격증제도의 도입 등을 통한 전문화는 민간경비의 윤리성을 제고시킬 수 있다.

## 65 난이도 하 | 경비와 시설보호의 기본원칙 – 경비계획 수립의 원칙

**경비계획 수립의 기본원칙으로 옳은 것은?**

① 건물출입구 수는 안전규칙 범위 내에서 최대한으로 유지되어야 한다.

> 경계구역과 건물출입구 수는 안전규칙의 범위 내에서 <u>최소한</u>으로 유지되어야 한다.

② 경비관리실은 건물 내부에서 통행이 가급적 적은 곳에 설치하여야 한다.

> 경비관리실은 건물 내부에서 <u>출입자 등의 통행이 많은 곳</u>에 설치하여야 한다.

③ **정상적인 출입구 외에 건물 외부와 연결되는 천장, 환풍기, 하수도관 등에 대한 안전확보방안을 강구하여야 한다.**

> 건물 외부의 틈으로 접근·탈출이 가능한 지점 및 경계구역(천장, 공기환풍기, 하수도관, 맨홀 등)은 보호되어야 한다.

④ 효과적인 경비를 위해서는 물건을 선적하거나 수령하는 지역은 동일 지역에서 이루어지도록 설계되어야 한다.

> 효과적인 경비를 위해서는 안전경비조명이 설치되어야 하고, <u>물건을 선적하거나 수령하는 지역은 분리되어야 한다</u>.

---

**핵심만콕 경비계획 수립의 기본원칙**

- 직원의 출입구는 주차장으로부터 가급적 멀리 떨어진 곳에 위치해야 한다.
- 경비원의 대기실은 시설물의 출입구와 비상구에서 인접한 곳에 위치해야 한다.
- 경비관리실은 출입자 등의 통행이 많은 곳에 설치해야 한다.
- 경계구역과 건물출입구 수는 안전규칙의 범위 내에서 최소한으로 유지되어야 한다.
- 경비원 1인이 경계해야 할 구역의 범위는 안전규칙상 적당해야 한다.
- 건물 외부의 틈으로 접근·탈출이 가능한 지점 및 경계구역(천장, 공기환풍기, 하수도관, 맨홀 등)은 보호되어야 한다.
- 잠금장치는 정교하고 파손이 어렵게 만들어져야 하고, 열쇠를 분실할 경우에 대비하여 적절한 조치를 취해야 한다.
- 비상시에만 사용하는 외부출입구에는 경보장치를 설치해야 하고, 외부출입구의 통행은 통제가 가능해야 한다.
- 항구·부두 지역은 차량운전자가 바로 물건을 창고 지역으로 움직이지 못하도록 하고, 경비원에게 물건의 선적이나 하차를 보고할 수 있도록 설계되어야 한다.
- 효과적인 경비를 위해서는 안전경비조명이 설치되어야 하고, 물건을 선적하거나 수령하는 지역은 분리되어야 한다.
- 외딴 곳이나 비상구의 출입구는 경보장치를 설치해 둔다.
- 유리창이 지면으로부터 약 4m 이내의 높이에 설치되어 있는 경우에는 센서, 강화유리 등 안전장치를 설치해야 한다.

## 66 난이도 중 | 경비와 시설보호의 기본원칙 - 경비계획의 수준

**다음 설명에 해당하는 경비수준은?**

> 일정한 형식이 없는 외부와 내부의 이상행동을 감지하여 저지·방어하기 위한 첨단시스템장치를 구비하고, 고도로 훈련받은 무장경비원이 배치되어 경비하는 시스템이다.

① 최저수준경비(Level-1)
② 하위수준경비(Level-2)
③ 중간수준경비(Level-3)
④ **상위수준경비(Level-4)**

제시된 내용은 경비계획의 수준 중 상위수준경비에 대한 설명에 해당한다.

### 핵심만콕 경비의 중요도에 따른 분류(경비계획의 수준) ★

| 구분 | 내용 |
|---|---|
| 최저수준경비<br>(Level I) | 일정한 패턴이 없는 불법적인 외부침입을 방해할 수 있도록 계획된 경비시스템으로, 보통 출입문, 자물쇠를 갖춘 창문과 같은 단순한 물리적 장벽이 설치된다.<br>예 일반가정 등 |
| 하위수준경비<br>(Level II) | 일정한 패턴이 없는 불법적인 외부침입을 방해하고 탐지할 수 있도록 계획된 경비시스템으로, 일단 최저수준경비의 단순한 물리적 장벽이 설치되고, 거기에 보강된 출입문, 창문의 창살, 보다 복잡한 수준의 자물쇠, 조명시스템, 기본적인 경보시스템 및 안전장치가 설치된다.<br>예 작은 소매상점, 저장창고 등 |
| 중간수준경비<br>(Level III) | 대부분의 패턴이 없는 불법적인 외부침입과 일정한 패턴이 없는 일부 내부침입을 방해·탐지·사정할 수 있도록 계획된 경비시스템으로, 경계지역의 보다 높은 수준의 물리적 장벽, 보다 발전된 원거리 경보시스템, 기본적인 의사소통장비를 갖춘 경비원 등을 갖추고 있다.<br>예 큰 물품창고, 제조공장, 대형소매점 등 |
| 상위수준경비<br>(Level IV) | 대부분의 패턴이 없는 외부 및 내부의 침입을 발견·저지·방어·예방할 수 있도록 계획된 경비시스템으로, CCTV, 경계경보시스템, 고도의 조명시스템, 고도로 훈련받은 무장경비원, 경비원과 경찰의 협력시스템 등을 갖추고 있다.<br>예 교도소, 제약회사, 전자회사 등 |
| 최고수준경비<br>(Level V) | 일정한 패턴이 전혀 없는 외부 및 내부의 침입을 발견·억제·사정·무력화할 수 있도록 계획된 경비시스템으로, 최첨단의 경보시스템과 현장에서 즉시 대응할 수 있는 24시간 무장체계 등을 갖추고 있다.<br>예 핵시설물, 중요 군사시설 및 교도소, 정부의 특별연구기관, 일부 외국 대사관 등 |

## 67 난이도 중 ▌경비와 시설보호의 기본원칙 – 외곽경비

**외곽경비에 관한 설명으로 옳지 않은 것은?**

① 시설물의 경계지역은 시설물 자체의 특성과 위치에 의해 결정된다.
② 담장을 설치할 경우 가시지대를 넓히기 위해 주변 장애물을 제거해야 한다.
③ 경계구역 내 옥상이 없는 건물이나 외곽지역도 경비활동의 대상으로 고려되어야 한다.
④ **경비조명은 시설물에 대한 감시활동보다는 미적인 효과가 더 중요하다.**

> 경비조명은 미적인 효과보다는 시설물에 대한 감시활동이 더 중요하다.

## 68 난이도 중 ▌경비와 시설보호의 기본원칙 – 국가중요시설의 분류

**국가중요시설 경비에 관한 설명으로 옳지 않은 것은?**

① **국가중요시설 중요도에 따라 가급, 나급, 다급, 라급, 마급으로 분류된다.**

> 국가중요시설은 시설의 기능·역할의 중요성과 가치의 정도에 따라 "가"급, "나"급, "다"급으로 구분한다.

② 국가중요시설 내 보호지역은 제한지역, 제한구역, 통제구역으로 구분된다.

> 보호지역은 그 중요도에 따라 제한지역, 제한구역 및 통제구역으로 나눈다(보안업무규정 제34조 제2항).

③ 국가중요시설은 국방부장관이 관계 행정기관의 장 및 국가정보원장과 협의하여 지정한다.

> 국가중요시설은 국방부장관이 관계 행정기관의 장 및 국가정보원장과 협의하여 지정한다(통합방위법 제21조 제4항).

④ 국가중요시설 경비의 효율화를 위해서는 교육훈련 강화를 통한 경비전문화가 필요하다.

> 국가중요시설의 경비효율화 측면에서 경비원들의 자질향상 및 전문성 확보는 필수적이므로, 이를 위한 지속적인 전문 교육훈련이 필요하다.

| 핵심만콕 | 국가중요시설의 분류 기준 ★ | |
|---|---|---|

| 구 분 | 국가중요시설의 분류 기준 | |
|---|---|---|
| | 중앙경찰학교 2009, 경비 | 국가중요시설 지정 및 방호 훈령 |
| 가급<br>중요시설 | 국방·국가기간산업 등 국가안전보장에<br>고도의 영향을 미치는 행정 및 산업시설 | • 적에 의하여 점령 또는 파괴되거나, 기능 마비 시 **광범위한 지역**의 통합방위작전 수행이 요구되고, 국민생활에 **결정적인 영향**을 미칠 수 있는 시설<br>• 대통령집무실(용산 대통령실), 국회의사당, 대법원, 정부중앙(서울)청사, 국방부, 국가정보원 청사, 한국은행 본점 |
| 나급<br>중요시설 | 국가보안상 국가경제·사회생활에<br>중대한 영향을 끼치는 행정 및 산업시설 | • 적에 의하여 점령 또는 파괴되거나, 기능 마비 시 **일부 지역**의 통합방위작전 수행이 요구되고, 국민생활에 **중대한 영향**을 미칠 수 있는 시설<br>• 중앙행정기관 각 부(部)·처(處) 및 이에 준하는 기관, 대검찰청, 경찰청, 기상청 청사, 한국산업은행, 한국수출입은행 본점 |
| 다급<br>중요시설 | 국가보안상 국가경제·사회생활에<br>중요하다고 인정되는 행정 및 산업시설 | • 적에 의하여 점령 또는 파괴되거나, 기능 마비 시 **제한된 지역**에서 단기간 통합방위작전 수행이 요구되고, 국민생활에 **상당한 영향**을 미칠 수 있는 시설<br>• 중앙행정기관의 청사, 국가정보원 지부, 한국은행 각 지역본부, 다수의 정부기관이 입주한 남북출입관리시설, 기타 중요 국·공립기관 |
| 기타급<br>중요시설 | 중앙부처의 장 또는 시·도지사가<br>필요하다고 지정한 행정 및 산업시설 | - |

## 69 난이도 하  민간경비의 조직 – 인력경비(순찰경비)

순찰경비에 관한 설명으로 옳지 않은 것은?

① 복수순찰은 단독순찰에 비해 인원의 경제적 배치가 가능하고 여러 지역을 분산하여 순찰할 수 있다.

> 순찰경비는 인력경비의 종류 중 하나로, 정기적으로 일정 구역을 순찰하여 범죄 등으로부터 고객의 안전을 확보하거나, 도보나 차량을 이용하여 정해진 노선을 따라 시설물의 상태를 점검하는 경비활동을 말한다. 순찰경비는 순찰인원 수에 따라 단독순찰과 복수순찰로 구분되는데, 복수순찰은 2인 이상이 팀을 이루어 순찰하므로, 여러 지역을 분산하여 순찰하거나 다수의 범죄자에 대한 대처가 가능하다는 장점이 있으나, 단독순찰보다 경제적 부담이 크다는 단점이 있다.

② 난선순찰은 경비원의 판단에 따라 경로를 선택하는 순찰이다.
③ 자동차순찰은 넓은 지역을 신속하게 순찰할 수 있다.
④ 실내순찰은 순찰경로가 경비대상시설의 내부로 한정되는 순찰이다.

## 70  난이도 하  |경비와 시설보호의 기본원칙 - 비상사태에 대한 대응

**비상사태 발생 시 민간경비의 대응으로 옳은 것을 모두 고른 것은?**

> ㄱ. 응급환자에 대한 조치
> ㄴ. 경제적 가치가 있는 자산의 보호
> ㄷ. 비상계획서 작성 및 책임자 지정
> ㄹ. 발생지역 내의 질서유지 및 출입통제

① ㄱ, ㄴ, ㄷ
② ㄱ, ㄴ, ㄹ

> 민간경비원의 비상사태 발생 시 임무에는 비상사태에 대한 신속한 초동조치, 외부지원기관(경찰서, 소방서, 병원 등)과의 통신업무, 특별한 대상(장애인, 노약자 등)의 보호 및 응급조치, 경제적으로 보호해야 할 자산의 보호, 비상인력과 시설 내 이동통제, 출입구·비상구 및 위험지역의 출입통제 등이 있다. 비상계획서 작성 및 책임자 지정은 비상사태 발생 전의 비상계획 수립 시 고려사항이다.

③ ㄱ, ㄷ, ㄹ
④ ㄴ, ㄷ, ㄹ

## 71  난이도 중  |경비와 시설보호의 기본원칙 - 내부절도 및 산업스파이

**국가보안시설 및 기업의 산업스파이 문제에 관한 설명으로 옳지 않은 것은?**

① 핵심정보에 접근하는 자는 비밀보장각서 등을 작성하고, 비밀인가자의 범위를 최소한으로 제한해야 한다.
② 최근 기업규모별 산업기술 유출건수는 대기업보다 중소기업에서 더 많이 발생하고 있어 체계적인 보안대책이 요구된다.
③ 산업스파이는 외부인이 시설의 전산망에 침입하여 핵심정보를 절취해 가는 경우가 많아 방어시스템을 구축해야 한다.

> 최근 산업스파이의 전산망 침입에 의한 정보유출이 증가하고 있으나, 여전히 산업스파이의 주요 활동은 기업 내부인과의 결탁, 기업으로의 잠입 등 주로 기업 내부에서 이루어지고 있다.

④ 첨단 전자장비의 발전으로 산업스파이에 의한 산업기밀이 유출될 수 있는 위험요소들이 더욱 많아지고 있다.

## 72 난이도 중

컴퓨터 범죄 및 안전관리 – 신종금융범죄(전자금융사기)

**다음의 사례에 해당하는 신종금융범죄는?**

> '9월의 카드 거래내역'이라는 제목의 이메일에서 안내하는 인터넷주소를 클릭하자 가짜 은행사이트에 접속되었고, 보안카드번호 전부를 입력한 결과 범행계좌로 자신의 돈이 무단이체되는 사건이 발생하였다.

① <u>피싱(Phishing)</u>

　　제시된 내용은 신종금융범죄 중 피싱(Phishing)의 사례에 해당한다.

② 파밍(Pharming)
③ 스미싱(Smishing)
④ 메모리 해킹(Memory Hacking)

---

**핵심만콕　신종금융범죄★★**

신종금융범죄란 기망행위(전기통신수단을 이용한 비대면거래)로써 타인의 재산을 편취하는 특수사기범죄로, 주로 금융 분야에서 발생한다.

| 구분 | 내용 |
|---|---|
| 피싱(Phishing) | 개인정보(Private Data)와 낚시(Fishing)의 합성어로, 금융기관으로 가장하여 이메일 등을 발송하고, 그 이메일 등에서 안내하는 인터넷주소를 클릭하면 가짜 사이트로 접속을 유도하여 은행계좌정보나 개인신상정보를 불법적으로 알아내 이를 이용하는 수법을 말한다. |
| 스미싱(Smishing) | 문자메시지(SMS)와 피싱(Phishing)의 합성어로, '무료쿠폰 제공, 모바일 청첩장, 돌잔치 초대장' 등을 내용으로 하는 문자메시지를 발송하고, 그 문자메시지 내 인터넷 주소를 클릭하면 스마트폰에 악성코드가 설치되어 소액결제 피해를 발생시키거나(소액결제 방식으로 돈을 편취하거나) 개인의 금융정보를 탈취하는 수법을 말한다. |
| 파밍(Pharming) | PC가 악성코드에 감염되어 정상 사이트에 접속해도 가짜 사이트로 유도되고, 이를 통해 금융정보를 빼돌리는 수법을 말한다. |
| 메모리 해킹(Memory Hacking) | PC의 메모리에 상주한 악성코드로 인해 정상 은행사이트에서 보안카드번호 앞뒤 2자리만 입력해도 부당인출되는 수법을 말한다. |

## 73 난이도 하 ■ 경비와 시설보호의 기본원칙 – CCTV

**물리적 통제시스템인 CCTV에 관한 설명으로 옳은 것은?** 기출수정

① 영상정보를 불특정 다수에게 전달함으로써 범죄 발생 시 신속한 대응이 가능하다.

> CCTV를 통한 기계경비의 경우, 범죄 발생 시 현장에 도착하기까지 시간이 필요하므로, 신속한 대응이 어렵다. 현장에서의 신속한 대응이 가능한 것은 인력경비이다.

② <u>고정형 영상정보처리기기의 무분별한 설치는 인권침해 가능성이 높아 개인정보보호법에서 엄격하게 규제하고 있다.</u>

> 개인정보보호법 제1조, 제25조

③ 국가중요시설에 고정형 영상정보처리기기를 설치·운영하려는 자는 관련 안내판을 설치하여 정보주체가 쉽게 알아볼 수 있도록 해야 한다.

> 고정형 영상정보처리기기를 설치·운영하는 자(고정형 영상정보처리기기운영자)는 정보주체가 쉽게 인식할 수 있도록 일정한 사항이 포함된 안내판을 설치하는 등 필요한 조치를 하여야 한다. 다만, 「군사기지 및 군사시설 보호법」 제2조 제2호에 따른 군사시설, 「통합방위법」 제2조 제13호에 따른 국가중요시설, 그 밖에 대통령령으로 정하는 시설의 경우에는 그러하지 아니하다(개인정보보호법 제25조 제4항).

④ 디지털(DVR) 방식에서 아날로그(VCR) 방식으로 전환되어 그 효율성이 증대되었다.

> 아날로그(VCR) 방식에서 디지털(DVR) 방식으로 전환되어 그 효율성이 증대되었다.

## 74 난이도 하 ■ 컴퓨터 범죄 및 안전관리 – 정보보호의 목표

**정보보호의 목표 중 다음 설명에 해당하는 것은?**

> 한 번 생성된 정보는 원칙적으로 수정되어서는 안 되며, 원래의 그 상태로 유지되어야 한다. 만약 수정이 필요할 경우, 허가받은 사람에 의해서 허용된 절차에 따라 수정되어야 한다.

① 비밀성
② 가용성
③ 영리성
④ <u>무결성</u>

> 제시된 내용은 정보보호의 목표 중 무결성에 대한 설명에 해당한다.

> **핵심만콕** 　정보보호의 목표
>
> - 비(기)밀성(Confidentiality) : 비인가된 접근이나 지능적 차단으로부터 중요한 정보를 보호하고, 허가받은 사람만이 정보와 시스템을 사용할 수 있도록 한다.
> - 무결성(Integrity) : 정보와 정보처리방법의 완전성·정밀성·정확성을 유지하기 위해 한 번 생성된 정보는 원칙적으로 수정되어서는 안 되고, 만약 수정이 필요한 경우에는 허가받은 사람에 의해 허용된 절차와 방법에 따라 수정되어야 한다.
> - 가용성(Availability) : 정보와 시스템의 사용을 허가받은 사람이 이를 사용하고자 할 경우, 언제든지 사용할 수 있도록 보장되어야 한다.

## 75 　난이도 중　　　┃컴퓨터 범죄 및 안전관리 - 컴퓨터 범죄의 유형

컴퓨터보안 관련 위해요소와 그 내용의 연결로 옳지 않은 것은?

① 트로이 목마(Trojan Horse) : 실제로는 파일삭제 등 악의적인 목적을 가지고 있지만, 좋은 것처럼 가장하는 프로그램
② 서비스거부 공격(Denial of Service Attack) : 악의적으로 특정 시스템의 서버에 수많은 접속을 시도하여 다른 이용자가 정상적으로 이를 사용하지 못하도록 하는 수법
③ **자료의 부정변개(Data Diddling) : 금융기관의 컴퓨터 시스템에서 이자계산이나 배당금 분배 시 단수 이하의 적은 금액을 특정 계좌로 모으는 수법**

> 살라미 기법에 관한 설명이다. 자료의 부정변개(Data Diddling)는 데이터를 입력하는 동안이나 변환하는 시점에서 최종적인 입력 순간에 자료를 절취 또는 변경, 추가, 삭제하는 모든 행동을 말한다.

④ 바이러스(Virus) : 컴퓨터 프로그램이나 실행 가능한 부분을 복제·변형시킴으로써 시스템에 장애를 주는 프로그램

## 76 난이도 하 ❙컴퓨터 범죄 및 안전관리 – 컴퓨터 안전대책

**컴퓨터 시스템의 보안 및 컴퓨터 범죄에 관한 설명으로 옳지 않은 것은?**

① 컴퓨터 범죄는 다른 범죄에 비해 증거인멸이 용이하며, 고의 입증이 어렵다.
② 컴퓨터보안을 위한 체계적 암호관리는 숫자·특수문자 등을 사용하고, 최소 암호수명을 설정하여 주기적으로 관리해야 한다.
③ 타인의 컴퓨터에 있는 전자기록 등을 불법으로 조작하면, 형법상의 전자기록위작·변작죄 등이 적용될 수 있다.
④ <u>시설 내 중앙컴퓨터실은 화재 발생 시 그 피해가 심각하기 때문에 스프링클러(Sprinkler) 등 화재대응시스템을 구축해야 한다.</u>

> 컴퓨터실의 화재감지에는 화재를 초기에 감지할 수 있는 광전식이나 이온화식 감지기를 사용하고, 스프링클러 사용 시 컴퓨터에 심각한 부작용을 야기할 수 있으므로, 할로겐화합물 소화설비 등을 설치하는 것이 바람직하다.

**핵심만콕  스프링클러 사용에 대한 견해대립**
- Factory Mutual 계통의 미국 보험회사들은 <u>기기에 대한 소화를 우선</u>하여 컴퓨터실 내 스프링클러 설치를 권장하고 있다.
- 컴퓨터 제조업체인 IBM은 <u>기기의 기능을 우선</u>하여 스프링클러 사용은 기계에 해로우므로, 절대 사용하지 말 것을 권장하고 있다.

## 77 난이도 상 ❙민간경비산업의 과제와 전망 – 민간경비원의 동기부여이론

**민간경비원의 동기부여이론에 관한 설명으로 옳지 않은 것은?**

① <u>허즈버그(F. Herzberg)의 동기-위생이론 중 동기요인은 조직정책, 감독, 급여, 근무환경 등과 관련된다.</u>

> 허즈버그(F. Herzberg)의 동기-위생이론 중 <u>동기요인은 도전감, 성취감, 인정, 책임감, 성장·발전, 일 그 자체 등</u> 직무내용과 관련되고, <u>위생요인은 조직의 정책·관리·감독, 임금, 보수, 지위, 안전 등 근무환경</u>과 관련된다.

② 인간관계론적 관점에서 등장한 동기부여이론은 조직 내 구조적인 면보다는 인간적 요인을 중요시한다.

> 인간을 사회적 동물로 보는 인간관계론적 관점에서 등장한 <u>동기부여이론은 인간적 요인을 조직 내 구조적인 면보다 중요시한다.</u>

③ 매슬로우(A. Maslow)의 욕구계층이론 중 안전욕구는 2단계 욕구에 해당한다.

> 매슬로의 욕구계층이론에 따르면 인간의 욕구는 단계적으로 구성되어 있는데, 제1단계 최하위 계층인 <u>생리적 욕구</u>(의식주에 대한 욕구)부터 <u>안전욕구</u>(신체적 안전에 대한 욕구), <u>사회적 욕구</u>(소속·애정에 대한 욕구), <u>존경욕구</u>(인정·존중에 대한 욕구), <u>자아실현욕구</u> 순으로 배열되며, <u>하위단계의 욕구가 충족되지 못하면 상위단계의 욕구가 발현되지 못한다는 입장이다.</u>

④ 맥그리거(D. McGregor)의 X·Y이론 중 Y이론은 인간잠재력의 능동적 발휘와 관련된다.

> 맥그리거(D. McGregor)의 X·Y이론 중 <u>X이론은 인간은 근본적으로 일을 싫어하고 게으르며, 조직의 목표에 관심이 없고, 자기의 이기적인 욕구충족만을 추구하며, 책임을 회피하고 안정만을 원한다</u>는 입장이나, <u>Y이론은 인간은 일을 즐기고, 조직의 목표달성을 위해 노력하며, 자아실현을 추구하고, 자율성과 창의성을 발휘하기를 원한다</u>는 입장이다.

## 78 난이도 하 ▮민간경비산업의 과제와 전망 – 융합보안

**다음 설명에 해당하는 경비개념은?**

> 물리적 보안요소(CCTV, 출입통제장치 등), 기술적 보안요소(불법출입자 정보인식시스템 등), 관리적 보안요소(조직·인사관리 등)를 상호 연계하여 시큐리티의 효율성을 높이고자 하는 접근방법이다.

① 혼성(Hybrid) 시큐리티
② 종합(Total) 시큐리티
③ **융합(Convergence) 시큐리티**

> 제시된 내용은 경비개념 중 융합보안에 대한 설명에 해당한다.

④ 도시(Town) 시큐리티

### 핵심만콕  융합보안(Convergence Security)

- 물리보안과 정보보안을 융합한 경비개념으로, 물리적 보안요소(출입통제, 접근감시, 잠금장치 등)·기술적 보안요소(방화벽, 바이러스·취약성 관리, 사용자 인가절차, 백업복구 등)·관리적 보안요소(범죄조사, 정책개발, 인사관리, 윤리조사, 보안감사 등)를 상호 연계하여 보안의 효과성을 높이는 것을 내용으로 한다.
- 보안산업의 새로운 트렌드로 자리 잡은 광역화·통합화·융합화의 사회적 요구를 수용하기 위해 각종 내외부적 정보침해에 따른 대응으로서 침입탐지, 접근통제, 재난·재해 상황에 대한 관제 등을 포함한다.
- 전통 보안산업은 물리영역과 정보(IT)영역으로 구분되어 성장해 왔으나, 현재는 출입통제, CCTV, 영상보안 등의 물리적 환경에서 이루어지는 전통 보안산업과, 네트워크상 정보를 보호하는 정보보안을 접목한 융합보안이 차세대 고부가가치 보안산업으로서 급부상하고 있다.

## 79 난이도 하 ▮민간경비산업의 과제와 전망 – 민간경비의 공공관계(PR) 개선

**민간경비의 공공관계(PR) 개선에 관한 설명으로 옳지 않은 것은?**

① 공공관계 개선은 관련 정책 및 프로그램을 통한 민간경비의 이미지 향상을 의미한다.
② 민간경비는 특정 고객에게 경비서비스를 제공하지만 일반시민과의 관계개선도 중요하다.
③ **민간경비의 언론관계는 기밀유지 등을 위해 무반응적(Inactive) 대응이 원칙이다.**

> 민간경비의 언론관계(Press Relations)는 신문, 잡지, TV나 라디오 뉴스 등의 보도기능에 대응하는 활동으로, 언론과의 우호적인 관계형성을 위한 반응적(Active) 대응이 필요하다.

④ 민간경비는 장애인·알코올중독자 등 특별한 상황에 처한 사람들의 특성을 잘 이해하고 있어야 한다.

## 80 난이도 중 ▍민간경비산업의 과제와 전망 - 경찰과 민간경비의 관계개선

경찰과 민간경비의 관계개선을 위해서는 향후 경찰조직 내의 전담부서의 확대가 요구된다. 현재 경찰청에서 경비업법상 경비업을 관리하고 있는 부서는? 기출수정

① 범죄예방대응국

> 2023.10.17. 개정된 경찰청과 그 소속기관 직제에 따르면 현재 경찰청에서 경비업법상 경비업을 관리하는 부서는 범죄예방대응국이다(경찰청과 그 소속기관 직제 제10조의3 제3항 제3호).

② 생활안전교통국
③ 치안정보국
④ 수사국

---

**관계법령** 범죄예방대응국(경찰청과 그 소속기관 직제 제10조의3)

① 범죄예방대응국에 국장 1명을 두고, 국장 밑에 「행정기관의 조직과 정원에 관한 통칙」 제12조에 따른 보좌기관 중 실장·국장을 보좌하는 보좌기관(이하 "정책관등"이라 한다) 1명을 둔다.
② 국장은 치안감 또는 경무관으로 보하고, 정책관등 1명은 경무관으로 보한다.
③ 국장은 다음 사항을 분장한다.
  1. 범죄예방에 관한 기획·조정·연구 등 예방적 경찰활동 총괄
  2. 범죄예방진단 및 범죄예방순찰에 관한 기획·운영
  3. 경비업에 관한 연구·지도
  4. 풍속 및 성매매(아동·청소년 대상 성매매는 제외한다) 사범에 대한 지도·단속
  5. 총포·도검·화약류 등의 지도·단속
  6. 즉결심판청구업무의 지도
  7. 각종 안전사고의 예방에 관한 사항
  8. 지구대·파출소 운영체계의 기획 및 관리
  9. 지구대·파출소의 외근활동 기획 및 운영
  10. 지구대·파출소의 근무자에 대한 교육
  11. 112신고제도의 기획·운영 및 112치안종합상황실의 운영 총괄
  12. 치안상황의 접수·상황판단, 전파 및 초동조치 등에 관한 사항
  13. 치안상황실 운영에 관한 사항

# 2020년 법학개론

## 정답 CHECK

| 01 | 02 | 03 | 04 | 05 | 06 | 07 | 08 | 09 | 10 | 11 | 12 | 13 | 14 | 15 | 16 | 17 | 18 | 19 | 20 |
|---|---|---|---|---|---|---|---|---|---|---|---|---|---|---|---|---|---|---|---|
| ② | ① | ④ | ④ | ③ | ② | ③ | ② | ① | ① | ③ | ④ | ④ | ② | ① | ② | ③ | ④ | ② | ③ |
| 21 | 22 | 23 | 24 | 25 | 26 | 27 | 28 | 29 | 30 | 31 | 32 | 33 | 34 | 35 | 36 | 37 | 38 | 39 | 40 |
| ② | ① | ② | ① | ④ | ① | ③ | ① | ③ | ④ | ② | ③ | ③ | ④ | ① | ④ | ① | ④ | ④ | ② |

## 01 난이도 하

▌법학 일반 – 법원(法源)

**법원(法源)에 관한 현행법의 설명으로 옳지 않은 것은?**

① 상사에 관하여 상관습법은 민법에 우선하여 적용된다.

> 상사에 관하여 본법에 규정이 없으면 상관습법에 의하고 상관습법이 없으면 민법의 규정에 의한다(상법 제1조).

② 대법원 판결은 모든 사건의 하급심을 기속한다.

> 상급법원 재판에서의 판단은 해당 사건에 관하여 하급심(下級審)을 기속(羈束)한다(법원조직법 제8조). 따라서 대법원의 판결은 모든 사건이 아닌 해당 사건에 관하여만 하급심을 기속한다.

③ 민사관계에서 조리는 성문법과 관습법이 존재하지 않는 경우에 적용된다.

> 민사에 관하여 법률에 규정이 없으면 관습법에 의하고 관습법이 없으면 조리에 의한다(민법 제1조).

④ 민사관계에서 법령 중의 선량한 풍속 기타 사회질서에 관계없는 규정과 다른 관습이 있는 경우에 당사자의 의사가 명확하지 아니한 때에는 그 관습에 의한다.

> 법령 중의 선량한 풍속 기타 사회질서에 관계없는 규정과 다른 관습이 있는 경우에 당사자의 의사가 명확하지 아니한 때에는 그 관습에 의한다(민법 제106조).

## 02 난이도 하
**법학 일반 – 법의 효력**

법의 효력에 관한 설명으로 옳지 않은 것은?

① 「국제사법(國際私法)」에 따르면 사람의 권리능력은 우리나라 법에 의한다.

> 사람의 권리능력은 그의 본국법에 따른다(국제사법 제26조).

② 속지주의는 국가의 법은 자국의 영토 내에 있는 모든 사람에게 적용된다는 주의를 말한다.

> 속지주의는 자국영토 내에서 죄를 범한 내국인과 외국인에게 자국의 형법을 적용하는 주의이다.

③ 구법(舊法)과 신법 사이의 법 적용의 문제를 해결하기 위해 제정된 법을 경과법이라고 한다.

> 법령의 제정·개폐가 있었을 때 구법 시행 시의 사항에는 구법을 그대로 적용하고 신법 시행 후의 사항에 대하여는 신법이 적용되는 것이 원칙이나 어떤 사항이 구법 시행 시 발생하여 신법 시까지 진행되고 있을 경우, 구법·신법 중 어떤 것을 적용할 것인가에 대하여 그 법령의 부칙 또는 시행법령에 특별한 경과규정을 두는 것을 경과법이라고 한다.

④ 헌법에 의하면 법률은 특별한 규정이 없는 한 공포한 날로부터 20일을 경과함으로써 효력을 발생한다.

> 법률은 특별한 규정이 없는 한 공포한 날로부터 20일을 경과함으로써 효력을 발생한다(헌법 제53조 제7항).

## 03 난이도 하
**법학 일반 – 법의 체계**

우리나라 법의 체계에 관한 설명으로 옳은 것은?

① 대법원규칙은 법률과 동등한 효력을 가진다.

> 대법원은 법률에 저촉되지 아니하는 범위 안에서 소송에 관한 절차, 법원의 내부규율과 사무처리에 관한 규칙을 제정할 수 있다(헌법 제108조). 따라서 법률이 대법원규칙보다 상위 효력을 갖는다.

② 대통령령과 총리령은 동등한 효력을 가진다.

> 대통령령·총리령·부령은 법률의 위임근거가 있거나 법률을 집행하는 데 필요한 사항을 대상으로 한다는 점에서 법률보다 하위에 있음은 분명하다. 그리고 대통령령과 총리령 내지 부령과의 관계를 본다면 제정권자 또는 제정절차에서 보거나 헌법 제95조에서 대통령령의 위임에 의하여 제정되는 총리령과 부령의 존재를 인정하고 있는 점에서 전자가 후자보다 상위에 있고, 총리령과 부령은 서로 대등한 관계에 있다.

③ 헌법에 의하여 체결·공포된 조약은 국내법에 우선한다.

> 헌법에 의하여 체결·공포된 조약은 국내법과 같은 효력을 가진다(헌법 제6조 제1항).

④ **대통령은 법률의 효력을 가지는 긴급명령을 발할 수 있다.**

> 대통령은 국가의 안위에 관계되는 중대한 교전상태에 있어서 국가를 보위하기 위하여 긴급한 조치가 필요하고 국회의 집회가 불가능한 때에 한하여 법률의 효력을 가지는 명령을 발할 수 있다(헌법 제76조 제2항).

## 04 난이도 하

■ 법학 일반 – 법의 분류

**법의 분류에 관한 설명으로 옳지 않은 것은?**

① 절차법에서는 원칙적으로 신법우선의 원칙이 적용된다.

> 새로이 제·개정된 법이 있을 때는 신법이 구법에 우선한다. 단, 구법이 상위법이거나 특별법일 때는 신법우선의 원칙이 적용되지 않는다. 따라서 절차법에서도 원칙적으로 신법우선의 원칙이 적용된다.

② 일반법과 특별법이 충돌하는 경우에는 특별법이 우선한다.

> 일반법과 특별법이 충돌하는 경우 특별법우선의 원칙이 적용되어 특별법이 우선한다.

③ 당사자가 임의법과 다른 의사를 표시한 때에는 그 의사에 의한다.

> 법률행위의 당사자가 법령 중의 선량한 풍속 기타 사회질서에 관계없는 규정과 다른 의사를 표시한 때에는 그 의사에 의한다(민법 제105조).

④ 사회법은 사법(私法)원리를 배제하고, 공공복리의 관점에서 사회적 약자보호와 실질적 평등을 목적으로 한다.

> 사회법은 자본주의의 문제와 모순을 합리적으로 해결하여 경제적·사회적 약자를 보호할 목적으로 비교적 근래에 등장한 제3의 법영역이다. 즉, 사법과 공법의 성격을 모두 가진 법으로 법의 사회화·사법의 공법화 경향을 띤다. 따라서 사법원리를 배제하는 것은 아니다.

## 05 난이도 중

■ 형사법 – 증거

**우리나라 소송에 관한 설명으로 옳지 않은 것은?**

① 사실의 인정은 증거에 의하여야 한다.

> 증거재판주의 : 형사소송법 제307조 제1항

② 사실확정에 있어서 추정은 반증에 의해 그 효과가 부인될 수 있다.

> 추정된 사실과 다른 주장을 하는 자는 반증을 들어 추정의 효과를 뒤집을 수 있다.

③ 증인신문은 원칙적으로 법원의 신문 후에 당사자에 의한 교호신문(交互訊問)의 형태로 진행된다.

> 증인신문은 당사자에 의한 교호신문이 끝난 뒤에 재판장이 신문할 수 있다(형사소송법 제161조의2 제1항·제2항).

④ 형사소송에서 피고인의 자백이 그 피고인에게 불이익한 유일한 증거인 때에는 이를 유죄의 증거로 하지 못한다.

> 피고인의 자백이 그 피고인에게 불이익한 유일의 증거인 때에는 이를 유죄의 증거로 하지 못한다(불이익한 자백의 증거능력 : 형사소송법 제310조).

## 06 난이도 하      법학 일반 - 법의 해석

'민법 제3조는 "사람은 생존한 동안 권리와 의무의 주체가 된다."라고 규정하고 있으므로 원칙적으로 태아에게는 권리능력이 인정되지 않는다'라고 하는 해석은?

① 축소해석

> 축소해석은 법문상 자구(字句)의 의미를 통상의 의미보다 축소하여 해석하는 방법이다.

② **반대해석**

> 반대해석은 법문이 규정하는 요건과 반대의 요건이 존재하는 경우에 그 반대의 요건에 대하여 법문과 반대의 법적 판단을 하는 해석방법을 말한다. 따라서 설문은 반대해석에 해당한다.

③ 물론해석

> 물론해석은 법문에 일정한 사항을 정하고 있을 때 그 이외의 사항에 관해서도 사물의 성질상 당연히 그 규정에 포함되는 것으로 보는 해석방법이다.

④ 유추해석

> 유추해석은 두 개의 사실 중 법규에서 어느 하나의 사실에 관해서만 규정하고 있는 경우에 나머지 다른 사실에 대해서도 마찬가지의 효과를 인정하는 해석방법을 말한다.

## 07 난이도 하      법학 일반 - 권리

권리에 관한 설명으로 옳지 않은 것은?

① 친권은 권리이면서 의무적 성질을 가진다.

> 친권은 권리이면서 동시에 의무적 성질을 갖는다.

② 인격권은 상속이나 양도를 할 수 없는 것이 원칙이다.

> 인격권은 권리자 자신을 객체로 하는 것으로서 권리자와 분리할 수 없는 권리이므로 상속이나 양도를 할 수 없는 것이 원칙이다.

③ **청구권적 기본권으로는 청원권, 재판청구권, 환경권 등이 있다.**

> 환경권은 청구권적 기본권이 아니라 사회적(생존권적) 기본권에 해당한다.

④ 물건에 대한 소유권은 권리이고, 그 사용권은 권능에 해당한다.

> 권리는 특별한 법익을 누리기 위하여 법이 허용하는 힘을 말하며, 권능은 권리에서 파생되는 개개의 법률상의 작용을 말한다. 소유권은 권리이고, 그 사용권은 권능에 해당한다.

## 08 난이도 하 　　법학 일반 – 권리의 종류

상대방의 권리를 승인하지만 그 효력발생을 연기하거나 영구적으로 저지하는 효과를 발생시키는 권리는?

① 형성권

　형성권은 권리자의 일방적인 의사표시에 의하여 일정한 법률관계를 발생·변경·소멸시키는 권리이다.

② **항변권**

　항변권은 상대방의 청구권 행사에 대하여 급부를 거절할 수 있는 권리로서 연기적 항변권과 영구적 항변권이 있다.

③ 지배권

　지배권은 권리의 객체를 직접적·배타적으로 지배할 수 있는 권리이다.

④ 상대권

　상대권은 권리의 대외적 효력 범위에 따른 분류로 특정인에게만 권리의 내용을 주장할 수 있는 '대인적' 권리이다.

| 핵심만콕 | 권리의 작용(효력)에 따른 분류 |
|---|---|
| 지배권(支配權) | 권리의 객체를 직접적·배타적으로 지배할 수 있는 권리를 말한다.<br>예 물권, 무체재산권, 친권 등 |
| 청구권(請求權) | 타인에 대하여 일정한 급부 또는 행위(작위·부작위)를 적극적으로 요구하는 권리이다.<br>예 채권, 부양청구권 등 |
| 형성권(形成權) | 권리자의 일방적인 의사표시에 의하여 일정한 법률관계를 발생·변경·소멸시키는 권리이다.<br>예 취소권, 해제권, 추인권, 해지권 등 |
| 항변권(抗辯權) | 상대방의 청구권 행사에 대하여 급부를 거절할 수 있는 권리로서, 타인의 공격을 막는 방어적 수단으로 사용되며 상대방에게 청구권이 있음을 부인하는 것이 아니라 그것을 전제하고, 다만 그 행사를 배척하는 권리를 말한다.<br>예 연기적 항변권 → 보증인의 최고 및 검색의 항변권, 동시이행의 항변권<br>　　영구적 항변권 → 상속인의 한정승인 등 |

## 09 난이도 하 | 법학 일반 – 공권의 분류

**개인적(주관적) 공권에 해당하는 것은?**

① <u>참정권</u>

참정권은 행정주체의 의사형성에 참여하는 권리로서, 국민이 선거를 통하여 또는 직접 공무원에 취임하여 국가정치에 참여할 수 있는 권리로 개인적 공권에 해당한다.

② 입법권

입법권은 국가적 공권에 해당한다.

③ 사법권

사법권은 국가적 공권에 해당한다.

④ 사원(社員)권

사원권이란 단체구성원이 그 구성원의 자격으로 단체에 대하여 가지는 권리로 사권(私權)에 해당한다.

## 10 난이도 하 | 헌법 – 헌법의 수호

**헌법상 명문 규정이 없는 헌법보호수단은?**

① <u>저항권</u>

저항권이란 헌법질서 또는 기본권을 침해하는 공권력에 대하여 주권자로서의 국민이 헌법질서를 유지·회복하고 기본권을 수호하기 위하여 공권력에 저항할 수 있는 <u>비상수단적 권리인 동시에 헌법수호제도에 해당한다. 우리 헌법상 저항권에 관한 직접적인 규정이 없어, 저항권을 인정할 수 있을지 문제되는데, 대법원은 부정하나 헌법재판소는 긍정하는 입장이다.</u>

② 계엄선포권

대통령은 전시·사변 또는 이에 준하는 국가비상사태에 있어서 병력으로써 군사상의 필요에 응하거나 공공의 안녕질서를 유지할 필요가 있을 때에는 법률이 정하는 바에 의하여 계엄을 선포할 수 있다(헌법 제77조 제1항).

③ 위헌법률심판제도

헌법 제107조 제1항, 헌법 제111조 제1항 제1호

④ 정당해산심판제도

헌법 제111조 제1항 제3호

> **관계법령**
>
> **헌법 제107조**
> ① 법률이 헌법에 위반되는 여부가 재판의 전제가 된 경우에는 법원은 헌법재판소에 제청하여 그 심판에 의하여 재판한다.
> ② 명령·규칙 또는 처분이 헌법이나 법률에 위반되는 여부가 재판의 전제가 된 경우에는 대법원은 이를 최종적으로 심사할 권한을 가진다.
> ③ 재판의 전심절차로서 행정심판을 할 수 있다. 행정심판의 절차는 법률로 정하되, 사법절차가 준용되어야 한다.
>
> **헌법 제111조**
> ① 헌법재판소는 다음 사항을 관장한다.
>   1. 법원의 제청에 의한 법률의 위헌 여부 심판
>   2. 탄핵의 심판
>   3. 정당의 해산 심판
>   4. 국가기관 상호 간, 국가기관과 지방자치단체 간 및 지방자치단체 상호 간의 권한쟁의에 관한 심판
>   5. 법률이 정하는 헌법소원에 관한 심판
> ② 헌법재판소는 법관의 자격을 가진 9인의 재판관으로 구성하며, 재판관은 대통령이 임명한다.
> ③ 제2항의 재판관 중 3인은 국회에서 선출하는 자를, 3인은 대법원장이 지명하는 자를 임명한다.
> ④ 헌법재판소의 장은 국회의 동의를 얻어 재판관 중에서 대통령이 임명한다.

## 11  난이도 하  | 헌법 - 자유권적 기본권(신체의 자유)

**헌법상 신체의 자유에 관한 설명으로 옳지 않은 것은?**

① 모든 국민은 고문을 받지 아니할 권리가 있다.

> 헌법 제12조 제2항 전단

② 모든 국민은 형사상 자기에게 불리한 진술을 강요당하지 아니한다.

> 헌법 제12조 제2항 후단

③ **누구든지 체포 또는 구속을 당한 때에는 즉시 국선변호인의 조력을 받을 권리를 가진다.**

> 누구든지 체포 또는 구속을 당한 때에는 즉시 변호인의 조력을 받을 권리를 가진다. 다만, 형사피고인이 스스로 변호인을 구할 수 없을 때에는 법률이 정하는 바에 의하여 국가가 변호인을 붙인다(헌법 제12조 제4항).

④ 누구든지 체포 또는 구속을 당한 때에는 적부의 심사를 법원에 청구할 권리를 가진다.

> 헌법 제12조 제6항

## 12 난이도 하 ▮헌법 − 통치기구(국회의 권한)

**헌법상 국회의 권한에 관한 설명으로 옳지 않은 것은?**

① 국회는 국가의 예산안을 심의·확정한다.
> 헌법 제54조 제1항

② 국회는 국무총리의 해임을 대통령에게 건의할 수 있다.
> 국회는 국무총리 또는 국무위원의 해임을 대통령에게 건의할 수 있다(헌법 제63조 제1항).

③ 국회는 특정한 국정사안에 대하여 조사할 수 있다.
> 국회는 국정을 감사하거나 특정한 국정사안에 대하여 조사할 수 있다(헌법 제61조 제1항 전단).

④ 국회는 정부의 동의 없이 정부가 제출한 지출예산 각항의 금액을 증가할 수 있다.
> 국회는 정부의 동의 없이 정부가 제출한 지출예산 각항의 금액을 증가하거나 새 비목을 설치할 수 없다(헌법 제57조).

## 13 난이도 하 ▮헌법 − 청구권적 기본권(재판청구권)

**헌법상 재판청구권에 관한 설명으로 옳은 것을 모두 고른 것은?**

> ㄱ. 형사피고인은 상당한 이유가 없는 한 지체 없이 공개재판을 받을 권리를 가진다.
>   (O) 형사피고인은 상당한 이유가 없는 한 지체 없이 공개재판을 받을 권리를 가진다(헌법 제27조 제3항 후문).
> ㄴ. 모든 국민은 신속한 재판을 받을 권리를 가진다.
>   (O) 모든 국민은 신속한 재판을 받을 권리를 가진다(헌법 제27조 제3항 전문).
> ㄷ. 모든 국민은 헌법과 법률이 정한 법관에 의하여 법률에 의한 재판을 받을 권리를 가진다.
>   (O) 모든 국민은 헌법과 법률이 정한 법관에 의하여 법률에 의한 재판을 받을 권리를 가진다(헌법 제27조 제1항).

① ㄱ, ㄴ
② ㄱ, ㄷ
③ ㄴ, ㄷ
④ ㄱ, ㄴ, ㄷ

> 제시문은 모두 헌법상 재판청구권에 대한 설명으로 옳은 내용이다.

## 14 난이도 중 ▎헌법 – 통치구조(탄핵의 대상)

**헌법상 탄핵 대상이 아닌 자는?**

① 국무위원
② **국회의원**

> 대통령·국무총리·**국무위원**·행정각부의 장·**헌법재판소 재판관**·법관·**중앙선거관리위원회 위원**·감사원장·감사위원 기타 법률이 정한 공무원이 그 직무집행에 있어서 헌법이나 법률을 위배한 때에는 국회는 탄핵의 소추를 의결할 수 있다(헌법 제65조 제1항). 따라서 **국회의원은 헌법상 탄핵소추 대상에 해당하지 않는다**.

③ 헌법재판소 재판관
④ 중앙선거관리위원회 위원

## 15 난이도 하 ▎민사법 – 소멸시효

**민법상 소멸시효제도에 관한 설명으로 옳은 것은?**

① **지상권은 소멸시효의 대상이 된다.**

> 지상권은 일반적으로 20년간 행사하지 않으면 소멸시효가 완성된다(민법 제162조 제2항).

② 소멸시효의 이익은 미리 포기할 수 있다.

> **소멸시효의 이익은 미리 포기하지 못한다**(민법 제184조 제1항).

③ 소멸시효 완성의 효력은 소급되지 않는다.

> **소멸시효는 그 기산일에 소급하여 효력이 생긴다**(민법 제167조).

④ 소멸시효는 법률행위에 의하여 이를 연장할 수 있다.

> **소멸시효는 법률행위에 의하여 이를 배제, 연장 또는 가중할 수 없으나 이를 단축 또는 경감할 수 있다**(민법 제184조 제2항).

## 16  난이도 하    ▎민사법 – 경비업무와 손해배상

경비업자 甲에게 소속된 경비원 乙의 업무 중 불법행위로 인하여 제3자 丙이 손해를 입었다. 이에 관한 설명으로 옳은 것은?

① 丙은 甲에게 직접 손해배상을 청구할 수 없다.

> 제3자 丙은 경비업자 甲에게 경비업법 제26조 제2항 또는 민법 제756조 제1항에 근거하여 손해배상을 청구할 수 있다.

② **乙은 丙에 대하여 일반 불법행위책임을 진다.**

> 경비원 乙은 불법행위자로서 제3자 丙에게 손배를 배상할 책임이 있다(민법 제750조).

③ 甲에 갈음하여 그 사무를 감독하는 자는 손해배상책임을 부담하지 않는다.

> 사용자에 갈음하여 그 사무를 감독하는 자도 피용자가 그 사무집행에 관하여 제3자에게 가한 손해를 배상할 책임이 있다(민법 제756조 제2항). 따라서 경비업자 甲에 갈음하여 그 사무를 관리하는 자는 손해배상책임을 부담하게 된다.

④ 甲이 丙에게 손해를 배상한 경우, 乙의 귀책사유가 없더라도 배상한 손해 전부에 대하여 乙에게 구상권을 행사할 수 있다.

> 사용자가 피용자의 업무집행으로 행해진 불법행위로 인하여 직접 손해를 입었거나 또는 사용자로서의 손해배상책임을 부담한 결과로 손해를 입게 된 경우에는 사용자는 그 사업의 성격과 규모, 사업시설의 상황, 피용자의 업무내용, 근로조건이나 근무태도, 가해행위의 상황, 가해행위의 예방이나 손실의 분산에 관한 사용자의 배려 정도 등의 제반사정에 비추어 손해의 공평한 분담이라는 견지에서 신의칙상 상당하다고 인정되는 한도 내에서만 피용자에 대하여 위와 같은 손해의 배상이나 구상권을 행사할 수 있다(대판 1987.9.8. 86다카1045). 따라서 피용자 乙에게 귀책사유가 없다면 경비업자 甲은 제3자 丙에게 배상한 손해 전부에 대해서 피용자 乙에게 구상권을 행사할 수는 없다.

## 17  난이도 중    ▎민사법 – 소유권(공동소유)

민법상 합유에 관한 설명으로 옳은 것은?

① 합유는 조합계약에 의하여만 성립한다.

> 합유가 성립하기 위해서는 그 전제로서 조합체의 존재가 필요하며, 조합체의 성립원인에는 계약과 법률규정이 있다(민법 제271조 제1항 전문). 따라서 합유가 조합계약에 의해서만 성립한다는 표현은 옳지 않다.

② 합유물의 보존행위는 합유자 각자가 할 수 없다.

> 합유물의 보존행위는 각자가 할 수 있다(민법 제272조 단서).

③ **합유자 전원의 동의 없이 합유물에 대한 지분을 처분하지 못한다.**

> 민법 제273조 제1항

④ 합유가 종료하기 전이라도 합유물의 분할을 청구할 수 있다.

> 합유자는 조합이 존속하고 있는 한 합유물의 분할을 청구할 수 없다(민법 제273조 제2항 참고).

### 핵심만콕 공동소유

| 내 용 | 공 유<br>(예 공동상속) | 합 유<br>(예 조합) | 총 유<br>(예 권리능력 없는 사단) |
|---|---|---|---|
| 지분의 유무 | 有 | 有 | 無 |
| 지분 처분 | 자 유 | 전원의 동의로 가능<br>(민법 제273조 제1항 반대해석) | 지분이 없으므로 불가 |
| 분할청구 | 자 유 | 존속하는 동안 분할청구 불가(민법 제273조 제2항), 해산 시 가능 | 불 가 |
| 보존행위 | 각자 단독으로 가능 | 각자 단독으로 가능<br>(민법 제272조 단서) | 총회결의를 얻어야 가능 |
| 관리행위 | 지분의 과반수로 가능<br>(민법 제265조) | 조합원의 과반수로 가능<br>(민법 제265조 유추적용) | 총회결의로 가능 |
| 처분·변경 | 전원 동의로 가능 | 전원 동의로 가능 | 총회결의로 가능 |
| 사용·수익 | 지분비율로<br>전부 사용 가능 | 지분비율로 전부 사용 가능<br>단, 조합계약으로 달리 정할 수 있다. | 정관 기타 규약에 좇아<br>각자 사용·수익 가능 |
| 등 기 | 공유자 전원 명의 | 합유자 전원 명의 | 비법인사단 명의 |
| 종료사유 | 공유물 양도, 공유물 분할 | 합유물 양도, 조합해산 | 총유물 양도, 사원지위 상실 |

〈출처〉 박기현·김종원, 「핵심정리 민법」, 메티스, 2014, P. 677

## 18 난이도 하  민사법 - 경비계약

경비업체 甲과 상가 건물의 건물주 乙이 경비계약을 체결하였다. 이 계약의 법적 성질로 옳은 것은?

① 매매계약성

> 경비업법령상의 계약은 도급계약이다.

② 편무계약성

> 경비업법령상의 계약은 쌍무계약이다. 당사자 쌍방이 대가적 채무를 부담하는 계약을 쌍무계약이라고 하고, 그렇지 않은 계약을 편무계약이라고 한다.

③ 요물계약성

> 경비업법령상의 계약은 불요식계약이다. 요물계약은 계약의 성립에 당사자 간의 합의 이외에 일방이 일정한 급부를 하여야 하는 계약을 말한다.

④ **낙성계약성**

> 경비업법령상의 계약은 낙성·불요식·쌍무·유상계약에 해당한다.

## 19 난이도 하    민사법 - 채권법(채무불이행의 효과)

**민법상 이행지체에 따른 효과가 아닌 것은?**

① 계약해제권

② **대상(代償)청구권**

> 이행지체가 발생한 경우 여전히 이행이 가능하므로 채권자는 본래의 급부를 청구할 수 있다. 만일 채무자가 이에 불응하면 강제이행을 법원에 청구할 수 있으며(민법 제389조), 이행지체에 의하여 손해가 발생한 경우라면 원칙적으로 지연배상을 청구할 수도 있다(민법 제390조). 그리고 민법 제544조, 제545조 소정의 요건을 충족한 경우 계약을 해제할 수도 있다. 대상청구권은 이행불능의 경우에 한하여 인정된다는 점에서 이행지체의 효과로 볼 수 없다.

③ 손해배상청구권

④ 강제이행청구권

## 20 난이도 중    민사법 - 경비업무와 손해배상

**경비업자 甲은 경비업무 중 취득한 고객 乙의 개인적인 비밀을 부주의로 누설하여 손해를 입혔다. 이에 관한 설명으로 옳지 않은 것은?**

① 甲은 채무불이행에 의한 손해배상책임을 질 수 있다.

> 채무불이행이란 채무자의 책임 있는 사유로 계약에서 약정된 내용대로 급부를 이행하지 아니하는 경우에 성립한다. 따라서 경비업자 甲은 경비업무 중 취득한 고객 乙의 개인적인 비밀을 부주의로 누설하여 손해를 입힌 경우 채무불이행으로 인한 손해배상책임을 질 수 있다(민법 제390조 참고).

② 甲은 乙의 재산적 손해에 대하여 배상책임을 진다.

> 채무자의 채무불이행이 있으면 채권자는 채무자에게 손해배상을 청구할 수 있으며(민법 제390조), 이때의 손해는 일반적으로 재산적 손해 이외 비재산적 손해도 당연히 포함된다고 본다.

③ **乙에게 정신적 손해가 발생하였더라도 甲은 이에 대하여 배상책임을 지지 않는다.**

> 채무불이행으로 인한 정신적 손해에 대한 배상청구권, 즉 위자료청구권이 인정되는지 문제된 사안에서, 판례는 「일반적으로 임대차계약에 있어서 임대인의 채무불이행으로 인하여 임차인이 임차의 목적을 달할 수 없게 되어 손해가 발생한 경우, 이로 인하여 임차인이 받은 정신적 고통은 그 재산적 손해에 대한 배상이 이루어짐으로써 회복된다고 보아야 할 것이므로, 임차인이 재산적 손해의 배상만으로는 회복될 수 없는 정신적 고통을 입었다는 특별한 사정이 있고, 임대인이 이와 같은 사정을 알았거나 알 수 있었을 경우에 한하여 정신적 고통에 대한 위자료를 인정할 수 있다」고 하여 특별손해로 파악하여 제한적으로 인정하고 있다.

④ 甲에게 불법행위책임을 묻는 경우, 행위와 결과에 대한 인과관계의 증명책임은 乙이 부담한다.

> 고객 乙이 채무자인 甲에게 불법행위책임을 묻는 경우, 행위와 결과에 대한 인과관계의 증명책임은 원칙적으로 피해자인 고객 乙에게 있다.

## 21 난이도 중 ▎민사법 – 민사소송절차의 종류

경비업자 甲은 경비계약 위반을 이유로 고객 乙에게 손해배상청구소송을 제기하여 승소하였다. 이후 乙이 판결내용에 따른 이행을 하지 않는 경우, 甲이 국가기관의 강제력에 의하여 판결내용을 실현하기 위한 절차는?

① 독촉절차

> 독촉절차는 정식의 일반소송절차를 경유할 수 있음을 조건으로 하여 일반 민사소송원칙의 일부를 생략한 것이다. 금전, 기타 대체물 또는 유가증권의 일정한 수량의 지급을 목적으로 하는 청구권에 관하여 인정되는 절차이다.

② 강제집행절차

> 민사집행법상의 강제집행절차는 판결절차에 의하여 확정된 사법상의 청구권에 기하여 강제집행절차를 전개하는 것으로 채권자의 신청에 의하여 국가의 집행기관이 채무자에 대하여 강제력을 행사함으로써 채무명의에 표시된 이행청구권의 실행을 도모하는 절차이다.

③ 집행보전절차

> 민사집행법상의 집행보전절차는 현상을 방치하면 장래의 강제집행이 불가능하거나 현저히 곤란하게 될 염려가 있는 경우에 그 현상의 변경을 금하는 절차로 이에는 가압류와 가처분이 있다.

④ 소액사건심판절차

> 소송물 가액이 3,000만원을 초과하지 아니하는 제1심의 민사사건에 관하여 소송의 신속하고 경제적인 해결을 도모하기 위해서 간이절차에 따라 재판이 진행될 수 있도록 특례를 인정한 절차이다.

## 22 난이도 하 ▎형사법 – 형사소송법의 의의 및 기본구조

형사소송법에 관한 설명으로 옳지 않은 것은?

① 규문주의가 기본 소송구조이다.

> 우리나라 형사소송법은 재판기관인 법원이 재판기관 이외의 자(검사)의 소추에 의하여 재판절차를 개시하는 탄핵주의를 채택하고 있다. 규문주의는 소추기관의 소추를 기다리지 않고 법원이 직권으로 심판을 개시할 수 있는 주의이다.

② 국가소추주의를 규정하고 있다.

> 우리나라 형사소송법은 탄핵주의 소송구조로 동법 제246조에서 국가소추주의와 기소독점주의를 규정하고 있다.

③ 형법을 적용·실현하기 위한 절차를 규정하는 법률이다.

> 형사소송법은 실체법인 형법의 적용·실현을 목적으로 하는 절차법이다.

④ 실체적 진실주의, 적법절차의 원칙, 신속한 재판의 원칙을 지도이념으로 한다.

> 형사소송법의 지도이념은 실체적 진실주의, 적정절차의 원칙, 신속한 재판의 원칙이다.

## 23 난이도 하 | 형사법 - 법관의 제척·기피·회피

형사소송법상 법관이 불공정한 재판을 할 염려가 있는 경우에 검사 또는 피고인의 신청에 의하여 그 법관을 직무에서 탈퇴하게 하는 제도는?

① 제 척

> 제척(除斥)이란 법관이 불공정한 재판을 할 현저한 법정의 이유가 있을 때 그 법관을 직무집행에서 당연히 배제하는 제도이다.

② 기 피

> 기피(忌避)란 제척사유가 있는 법관이 재판에 관여하거나, 기타 불공정한 재판을 할 우려가 있을 때 당사자의 신청에 의해 그 법관을 직무집행에서 탈퇴하게 하는 제도이다.

③ 회 피

> 회피(回避)란 법관이 기피의 사유가 있다고 생각하여 스스로 직무집행에서 탈퇴하는 제도이다.

④ 진 정

> 진정(陳情)이란 국가 또는 지방공공단체에 사정을 진술하고 어떤 조치를 희망하는 행위를 뜻한다.

---

**관계법령**

**제척의 원인(형사소송법 제17조)**
법관은 다음 경우에는 직무집행에서 제척된다.
1. 법관이 피해자인 때
2. 법관이 피고인 또는 피해자의 친족 또는 친족관계가 있었던 자인 때
3. 법관이 피고인 또는 피해자의 법정대리인, 후견감독인인 때
4. 법관이 사건에 관하여 증인, 감정인, 피해자의 대리인으로 된 때
5. 법관이 사건에 관하여 피고인의 대리인, 변호인, 보조인으로 된 때
6. 법관이 사건에 관하여 검사 또는 사법경찰관의 직무를 행한 때
7. 법관이 사건에 관하여 전심재판 또는 그 기초되는 조사, 심리에 관여한 때
8. 법관이 사건에 관하여 피고인의 변호인이거나 피고인·피해자의 대리인인 법무법인, 법무법인(유한), 법무조합, 법률사무소, 「외국법자문사법」 제2조 제9호에 따른 합작법무법인에서 퇴직한 날부터 2년이 지나지 아니한 때
9. 법관이 피고인인 법인·기관·단체에서 임원 또는 직원으로 퇴직한 날부터 2년이 지나지 아니한 때

**기피의 원인과 신청권자(형사소송법 제18조)**
① 검사 또는 피고인은 다음 경우에 법관의 기피를 신청할 수 있다.
1. 법관이 전조 각호의 사유에 해당되는 때
2. 법관이 불공평한 재판을 할 염려가 있는 때
② 변호인은 피고인의 명시한 의사에 반하지 아니하는 때에 한하여 법관에 대한 기피를 신청할 수 있다.

**회피의 원인 등(형사소송법 제24조)**
① 법관이 제18조의 규정에 해당하는 사유가 있다고 사료한 때에는 회피하여야 한다.
② 회피는 소속법원에 서면으로 신청하여야 한다.
③ 제21조의 규정은 회피에 준용한다.

## 24 난이도 하 | 형사법 - 고소

형사소송법상 고소에 관한 설명으로 옳지 않은 것은? 기출수정

① 고소의 취소는 대리가 허용되지 않는다.

> 고소의 취소는 대리인으로 하여금 하게 할 수 있다(형사소송법 제236조).

② 고소는 제1심 판결선고 전까지 취소할 수 있다.

> 형사소송법 제232조 제1항

③ 고소를 취소한 자는 동일한 사건에 대하여 다시 고소할 수 없다.

> 형사소송법 제232조 제2항

④ 친고죄의 고소기간은 원칙적으로 범인을 알게 된 날로부터 6월이다.

> 친고죄에 대하여는 범인을 알게 된 날로부터 6월을 경과하면 고소하지 못한다(형사소송법 제230조 제1항 본문).

---

**관계법령**

**고소기간(형사소송법 제230조)**
① 친고죄에 대하여는 범인을 알게 된 날로부터 6월을 경과하면 고소하지 못한다. 단, 고소할 수 없는 불가항력의 사유가 있는 때에는 그 사유가 없어진 날로부터 기산한다.
② 삭제 〈2013.4.5.〉

**고소의 취소(형사소송법 제232조)**
① 고소는 제1심 판결선고 전까지 취소할 수 있다.
② 고소를 취소한 자는 다시 고소할 수 없다.
③ 피해자의 명시한 의사에 반하여 공소를 제기할 수 없는 사건에서 처벌을 원하는 의사표시를 철회한 경우에도 제1항과 제2항을 준용한다.

**대리고소(형사소송법 제236조)**
고소 또는 그 취소는 대리인으로 하여금 하게 할 수 있다.

## 25 난이도 하 ▌형사법 – 범죄의 성립과 처벌

**형법상 범죄의 성립과 처벌에 관한 설명으로 옳지 않은 것은?** 기출수정

① 범죄의 성립과 처벌은 행위 시의 법률에 따른다.

> 형법 제1조 제1항

② 범죄 후 법률이 변경되어 그 행위가 범죄를 구성하지 아니하게 되거나 형이 구법보다 가벼워진 경우에는 신법에 따른다.

> 형법 제1조 제2항

③ 재판이 확정된 후 법률이 변경되어 그 행위가 범죄를 구성하지 아니하게 된 경우에는 형의 집행을 면제한다.

> 형법 제1조 제3항

④ **대한민국 영역 외에서 '우표와 인지에 관한 죄'를 범한 외국인에게는 우리나라 형법을 적용할 수 없다.**

> 대한민국 영역 외에서 '우표와 인지에 관한 죄'를 범한 외국인에게는 우리나라 형법을 적용한다(형법 제5조 제5호).

---

### 관계법령

**범죄의 성립과 처벌(형법 제1조)**
① 범죄의 성립과 처벌은 행위 시의 법률에 따른다.
② 범죄 후 법률이 변경되어 그 행위가 범죄를 구성하지 아니하게 되거나 형이 구법(舊法)보다 가벼워진 경우에는 신법(新法)에 따른다.
③ 재판이 확정된 후 법률이 변경되어 그 행위가 범죄를 구성하지 아니하게 된 경우에는 형의 집행을 면제한다.

**외국인의 국외범(형법 제5조)**
본법은 대한민국 영역 외에서 다음에 기재한 죄를 범한 외국인에게 적용한다.
1. 내란의 죄
2. 외환의 죄
3. 국기에 관한 죄
4. 통화에 관한 죄
5. 유가증권, 우표와 인지에 관한 죄
6. 문서에 관한 죄 중 제225조 내지 제230조(공문서)
7. 인장에 관한 죄 중 제238조(공인장)

## 26 난이도 하    ┃형사법 – 국가적 법익에 대한 죄

**형법상 국가적 법익에 대한 죄가 아닌 것은?**

① <u>소요죄</u>

> <u>소요죄는 사회적 법익에 대한 죄 중 공공의 안전과 평온에 대한 죄에 해당한다.</u> 구체적으로는 <u>공안을 해하는 죄에</u> 해당한다. <u>도주죄, 위증죄, 직무유기죄는 국가적 법익에 대한 죄 중 국가의 기능에 대한 죄에 해당한다.</u>

② 도주죄
③ 위증죄
④ 직무유기죄

| 핵심만콕 | 법익에 따른 범죄의 분류 ★★ | |
|---|---|---|
| 개인적 법익에 대한 죄 | 생명과 신체에 대한 죄 | 살인죄, 상해와 폭행의 죄, 과실치사상의 죄, 낙태의 죄, 유기·학대의 죄 |
| | 자유에 대한 죄 | 협박의 죄, 강요의 죄, 체포와 감금의 죄, 약취·유인 및 인신매매죄, 강간과 추행의 죄 |
| | 명예와 신용에 대한 죄 | 명예에 관한 죄, 신용·업무와 경매에 관한 죄 |
| | 사생활의 평온에 대한 죄 | 비밀침해의 죄, 주거침입의 죄 |
| | 재산에 대한 죄 | 절도의 죄, 강도의 죄, 사기의 죄, 공갈의 죄, 횡령의 죄, 배임의 죄, 장물의 죄, 손괴의 죄, 권리행사를 방해하는 죄 |
| 사회적 법익에 대한 죄 | 공공의 안전과 평온에 대한 죄 | <u>공안을 해하는 죄</u>, 폭발물에 관한 죄, 방화와 실화의 죄, 일수와 수리에 관한 죄, 교통방해의 죄 |
| | 공공의 신용에 대한 죄 | 통화에 관한 죄, 유가증권·인지와 우표에 관한 죄, 문서에 관한 죄, 인장에 관한 죄 |
| | 공중의 건강에 대한 죄 | 먹는 물에 관한 죄, 아편에 관한 죄 |
| | 사회의 도덕에 대한 죄 | 성풍속에 관한 죄, 도박과 복표에 관한 죄, 신앙에 관한 죄 |
| 국가적 법익에 대한 죄 | 국가의 존립과 권위에 대한 죄 | 내란의 죄, 외환의 죄, 국기에 관한 죄, 국교(國交)에 관한 죄 |
| | 국가의 기능에 대한 죄 | 공무원의 직무에 관한 죄(뇌물 관련 범죄 등), 공무방해에 관한 죄, <u>도주와 범인은닉의 죄</u>, <u>위증</u>과 증거인멸의 죄, 무고의 죄 |

## 27 난이도 중

형사법 - 상소

**형사소송법상 상소에 관한 설명으로 옳지 않은 것은?**

① 상소의 제기기간은 7일이다.

> 상소(항소·상고)의 제기기간은 7일이다(형사소송법 제358조, 제374조). 단, 항고와 관련하여 보통항고의 시기는 즉시항고 외에는 언제든지 할 수 있는 것이 원칙이고(형사소송법 제404조 본문), 즉시항고의 제기기간은 7일로 한다(형사소송법 제405조).

② 상소장은 원심법원에 제출하여야 한다.

> 상소장(항소장·상고장·항고장)은 원심법원에 제출하여야 한다(형사소송법 제359조, 제375조, 제406조).

③ 법원의 결정에 대해 불복하는 상소는 상고이다.

> 법원의 결정에 불복하는 상소는 항고이다.

④ 검사는 피고인의 이익을 위하여 상소할 수 있다.

> 검사는 피고인과 대립하는 당사자이기도 하지만 공익의 대표자로서 법원에 대해 법령의 정당한 적용을 청구할 직무와 권한이 있으므로 피고인의 이익을 위한 상소도 할 수 있다는 입장이 일반적이다.

## 28 난이도 중

형사법 - 공판절차(증거의 기본원칙)

**형사소송에서 '사실인정의 기초가 되는 경험적 사실을 경험자 자신이 직접 법원에 진술하지 않고, 타인의 진술 등의 방법으로 간접적으로 법원에 보고하는 형태의 증거는 원칙적으로 증거능력이 인정되지 않는다'는 원칙은?**

① 전문법칙

> 전문법칙이란 전문증거의 증거능력을 제한하는 원칙이다. 전문증거(傳聞證據, hearsay)는 원진술자가 공판기일 또는 심문기일에 행한 진술 이외의 진술로서 그 주장사실이 진실임을 입증하기 위하여 제출된 것으로, 전문진술과 진술서, 자술서, 진술녹취서 등 전문서류를 말하며, 형사소송법 제310조의2는 동법 제311조 내지 제316조에 규정한 것 이외에는 증거능력을 부정하고 있다.

② 자백배제법칙

> 자백배제법칙이란 임의성이 의심되는 자백은 증거능력을 배제하는 원칙이다(형사소송법 제309조).

③ 자백의 보강법칙

> 자백의 보강법칙이란 피고인이 임의로 한 증거능력이 있고, 신용성이 있는 자백에 의하여 법관이 유죄의 심증을 얻었다고 하더라도 그 자백에 대한 다른 보강증거가 없으면 유죄를 인정할 수 없다는 원칙이다(형사소송법 제310조).

④ 위법수집증거배제원칙

> 위법수집증거배제원칙이란 적법한 절차에 따르지 아니하고 수집한 증거는 증거로 할 수 없다는 원칙이다(형사소송법 제308조의2).

## 29 난이도 하 　　　상법 일반 - 보험법(생명보험)

**상법상 유효하게 사망보험계약을 체결할 수 있는 자는?**

① 15세 미만자

② 심신상실자

③ **70세 이상인 자**

> 상법은 15세 미만자, 심신상실자 또는 의사능력 없는 심신박약자의 사망을 보험사고로 한 보험계약은 무효로 한다고 규정하고 있을 뿐이므로(상법 제732조), 70세 이상인 자는 특별한 제한 없이 사망을 보험사고로 한 보험계약을 체결할 수 있다.

④ 의사능력 없는 심신박약자

## 30 난이도 하 　　　상법 일반 - 회사법(주식회사의 최고의결기관)

**상법상 주식회사의 최고의결기관은?**

① 대표이사

> 대표이사는 업무집행을 담당하고 회사를 대표한다.

② 이사회

> 이사회는 업무집행에 관한 의결기관이다.

③ 감사위원회

> 감사위원회는 감사에 갈음하여 회사가 정관이 정하는 바에 따라 설치할 수 있는 위원회이다. 따라서 감사위원회를 설치하는 경우에는 감사를 둘 수 없다(상법 제415조의2 제1항).

④ **주주총회**

> 상법상 주식회사의 최고의사결정기관은 주주총회이다.

## 31

**상법상 상업사용인에 관한 설명으로 옳지 않은 것은?**

① 지배인의 선임과 그 대리권의 소멸에 관한 사항은 등기사항이다.

> 상인은 지배인의 선임과 그 대리권의 소멸에 관하여 영업소(회사의 경우 본점)의 소재지에서 등기하여야 한다(상법 제13조 전문).

② 영업의 특정한 종류 또는 특정한 사항에 대한 위임을 받은 사용인에 관한 사항은 등기사항이다.

> 영업의 특정한 종류 또는 특정한 사항에 대한 위임을 받은 사용인에 관한 사항은 등기사항이 아니라 대항요건에 해당한다(상법 제15조 제2항).

③ 영업의 특정한 종류 또는 특정한 사항에 대한 위임을 받은 사용인은 이에 관한 재판 외의 모든 행위를 할 수 있다.

> 상법 제15조 제1항

④ 지배인은 영업주에 갈음하여 그 영업에 관한 재판상 또는 재판 외의 모든 행위를 할 수 있다.

> 상법 제11조 제1항

## 32

**상법상 보험계약에 관한 설명으로 옳지 않은 것은?**

① 보험금의 지급자는 보험자이다.

> 보험금 지급의무를 지는 자는 보험자인 보험회사이다.

② 보험수익자는 인보험에서만 존재한다.

> 보험수익자는 생명보험계약을 체결한 후 피보험자의 보험사고 시 보험금을 지급받게 되는 사람으로, 인보험에서만 존재한다.

③ 보험료 반환의무는 보험계약자가 부담한다.

> 보험료 반환의무를 지는 자는 보험료를 수령하는 보험자가 부담하는 것이고, 보험계약자는 보험료 지불의무가 있는 자이다.

④ 생명보험의 보험계약자는 보험수익자를 지정 또는 변경할 권리가 있다.

> 상법 제733조 제1항

| 핵심만콕 | 보험계약의 관계자 ★ |
|---|---|
| 보험자 | 보험사고가 발생하는 경우 보험금 지급의무를 지는 보험회사를 말한다. |
| 보험계약자 | 자기명의로 보험자와 보험계약을 체결하고, 보험료 지급의무를 부담하는 자를 말한다. |
| 피보험자 | • 손해보험에서는 피보험이익의 주체로서 보험사고로 인한 재산상의 손해에 대한 보험금을 보험자에게 청구할 수 있는 보험금청구권자를 말한다.<br>• 인보험에서는 자기의 생명이나 신체를 보험에 붙인 보험사고의 객체를 의미한다. |
| 보험수익자 | 인보험에서 보험사고가 발생한 경우 또는 만기가 도래한 경우 보험금의 지급을 청구할 수 있는 보험금청구권자를 의미한다. |

〈출처〉이재열 외 6인,「법학개론」, 집현재, 2023, P. 321

## 33 난이도 중 ┃사회법 일반 - 사회보장법

생활이 어려운 사람에게 필요한 급여를 실시하여 이들의 최저생활을 보장하고 자활을 돕는 것을 목적으로 하는 법률은?

① 국민연금법

> 국민연금법은 국민의 노령, 장애 또는 사망에 대하여 연금급여를 실시함으로써 국민의 생활 안정과 복지 증진에 이바지하는 것을 목적으로 한다(국민연금법 제1조).

② 최저임금법

> 최저임금법은 근로자에 대하여 임금의 최저수준을 보장하여 근로자의 생활 안정과 노동력의 질적 향상을 꾀함으로써 국민경제의 건전한 발전에 이바지하는 것을 목적으로 한다(최저임금법 제1조).

③ <u>국민기초생활보장법</u>

> 국민기초생활보장법은 생활이 어려운 사람에게 필요한 급여를 실시하여 이들의 최저생활을 보장하고 자활을 돕는 것을 목적으로 한다(국민기초생활보장법 제1조).

④ 산업재해보상보험법

> 산업재해보상보험법은 산업재해보상보험 사업을 시행하여 근로자의 업무상의 재해를 신속하고 공정하게 보상하며, 재해근로자의 재활 및 사회복귀를 촉진하기 위하여 이에 필요한 보험시설을 설치·운영하고, 재해예방과 그 밖에 근로자의 복지 증진을 위한 사업을 시행하여 근로자 보호에 이바지하는 것을 목적으로 한다(산업재해보상보험법 제1조).

## 34 난이도 중 ▮사회법 일반 – 근로기준법(근로계약)

근로기준법상 미성년자의 근로에 관한 설명으로 옳은 것을 모두 고른 것은?

> ㄱ. 미성년자는 독자적으로 임금을 청구할 수 있다.
>
>> (O) 미성년자는 독자적으로 임금을 청구할 수 있다(근로기준법 제68조).
>
> ㄴ. 친권자는 미성년자의 근로계약을 대리할 수 없다.
>
>> (O) 친권자나 후견인은 미성년자의 근로계약을 대리할 수 없다(근로기준법 제67조 제1항).
>
> ㄷ. 고용노동부장관은 근로계약이 미성년자에게 불리하다고 인정하는 경우에는 이를 해지할 수 있다.
>
>> (O) 친권자, 후견인 또는 고용노동부장관은 근로계약이 미성년자에게 불리하다고 인정하는 경우에는 이를 해지할 수 있다(근로기준법 제67조 제2항).

① ㄱ, ㄴ
② ㄱ, ㄷ
③ ㄴ, ㄷ
④ ㄱ, ㄴ, ㄷ

> 제시된 내용은 모두 옳은 내용이다.

## 35 난이도 상 ▮사회법 일반 – 사회보장법(산업재해보상보험법)

산업재해보상보험법에 관한 설명으로 옳은 것은?

① 「산업재해보상보험법」은 가구 내 고용활동에는 적용되지 않는다.

> 「산업재해보상보험법」은 가구 내 고용활동에는 적용되지 않는다(산업재해보상보험법 제6조, 동법 시행령 제2조 제1항 제4호).

② 「산업재해보상보험법」에 따른 산업재해보상보험 사업은 보건복지부장관이 관장한다.

> 산업재해보상보험법에 따른 산업재해보상보험 사업은 고용노동부장관이 관장한다(산업재해보상보험법 제2조 제1항).

③ 근로자의 업무와 상당인과관계가 없는 재해도 업무상 재해로 인정된다.

> 근로자의 업무와 상당인과관계가 없는 재해는 업무상 재해로 인정되지 않는다(산업재해보상보험법 제37조 제1항 단서).

④ 사망한 자의 사실혼 관계에 있는 배우자는 유족급여 대상이 아니다.

> 산업재해보상보험법 제64조 제1항 제2호의 반대해석상 사망한 자의 사실혼 관계에 있는 배우자는 재혼을 하지 않은 경우 유족보상연금 수급자격이 있으므로, 동법 제62조에 따라 유족급여의 대상이 된다.

## 36 ■ 사회법 일반 – 사회보장법(국민연금법)

**국민연금법에 관한 설명으로 옳은 것은?**

① 국민연금수급권은 담보로 제공할 수 있다.

> 수급권은 양도·압류하거나 담보로 제공할 수 없다(국민연금법 제58조 제1항).

② 국민연금공단 이사장은 보건복지부장관이 임명한다.

> 이사장은 보건복지부장관의 제청으로 대통령이 임면(任免)하고, 상임이사·이사(당연직 이사는 제외한다) 및 감사는 이사장의 제청으로 보건복지부장관이 임면한다(국민연금법 제30조 제2항).

③ 「국민연금법」에 따른 급여는 연금급여와 실업급여로 구분된다.

> 국민연금법에 따른 급여의 종류는 노령연금, 장애연금, 유족연금, 반환일시금이 있다(국민연금법 제49조).

④ 국민연금가입자는 사업장가입자, 지역가입자, 임의가입자 및 임의계속가입자로 구분한다.

> 국민연금가입자는 사업장가입자, 지역가입자, 임의가입자 및 임의계속가입자로 구분한다(국민연금법 제7조).

## 37 ■ 행정법 일반 – 행정소송의 종류

**행정청의 처분등이나 부작위에 대하여 제기하는 행정소송은?**

① 항고소송

> 항고소송은 행정청의 처분등이나 부작위에 대하여 제기하는 소송이다(행정소송법 제3조 제1호).

② 기관소송

> 기관소송은 국가 또는 공공단체의 기관 상호 간에 있어서의 권한의 존부 또는 그 행사에 관한 다툼이 있을 때에 이에 대하여 제기하는 소송이다. 다만, 헌법재판소법 제2조의 규정에 의하여 헌법재판소의 관장사항으로 되는 소송은 제외한다(행정소송법 제3조 제4호).

③ 민중소송

> 민중소송은 국가 또는 공공단체의 기관이 법률에 위반되는 행위를 한 때에 직접 자기의 법률상 이익과 관계없이 그 시정을 구하기 위하여 제기하는 소송이다(행정소송법 제3조 제3호).

④ 당사자소송

> 당사자소송은 행정청의 처분등을 원인으로 하는 법률관계에 관한 소송 그 밖에 공법상의 법률관계에 관한 소송으로서 그 법률관계의 한쪽 당사자를 피고로 하는 소송이다(행정소송법 제3조 제2호).

## 38 난이도 하
행정법 일반 – 명령적 행정행위(허가)

행정청이 행정목적을 달성하기 위하여 부과한 일반적·상대적 금지를 일정한 요건을 갖춘 경우에 해제하여 일정한 행위를 적법하게 할 수 있게 하는 행정행위는?

① 인 가

  인가는 타인의 법률행위를 보충하여 그 법률상 효력을 완성시켜 주는 행정행위를 말한다.

② 특 허

  특허는 특정인에 대하여 일정한 법률적 권리나 능력, 포괄적 법률관계를 설정하는 설권적·형성적 행정행위이다.

③ 확 인

  확인은 준법률행위적 행정행위로 특정한 사실 또는 법률관계의 존부에 관하여 의문이 있거나 다툼이 있는 경우에 행정청이 이를 공적으로 판단하는 행위를 말한다.

④ 허 가

  허가는 법령에 의하여 일반적·상대적으로 금지되어 있는 행위를 일정한 요건을 갖춘 경우에 해제하여 적법하게 할 수 있게 하는 행정행위를 말한다.

### 핵심만콕 행정행위의 구분 ★★

| 법률행위적 행정행위 | 명령적 행위 | 하명, 허가, 면제 |
|---|---|---|
| | 형성적 행위 | 특허, 인가, 대리 |
| 준법률행위적 행정행위 | | 확인, 공증, 통지, 수리 |

## 39 난이도 하
행정법 일반 – 행정주체

행정법상 행정주체가 아닌 것은?

① 영조물법인
② 공공조합
③ 지방자치단체
④ 행정각부의 장관

  행정각부의 장관은 행정작용법상 독임제 행정청에 해당한다. 행정청은 행정주체가 아니라 행정주체의 기관 중 가장 중요한 행정기관에 해당할 뿐이다.

### 핵심만콕

**행정주체의 의의**
행정법관계에서 행정권을 행사하고 그 법적 효과가 궁극적으로 귀속되는 당사자를 말한다.

**행정주체의 종류**

| 국가 | | 고유의 행정주체 |
|---|---|---|
| 공공단체 | 지방자치단체 | 일정한 구역을 기초로 그 구역 내의 모든 주민에 대해 지배권을 행사하는 공공단체로, 보통지방자치단체(특별시, 광역시, 특별자치시, 도 및 특별자치도와 기초자치단체인 시·군·자치구)와 특별지방자치단체(지방자치단체조합)가 있다. |
| | 공공조합(공사단) | 특정한 국가목적을 위하여 설립된 인적 결합체에 법인격이 부여된 것으로, 농업협동조합, 산림조합, 상공회의소, 변호사회 등이 있다. |
| | 공재단 | 국가나 지방자치단체가 공공목적을 위하여 출연한 재산을 관리하기 위하여 설립된 공법상의 재단법인으로, 한국학중앙연구원 등이 있다. |
| | 영조물법인 | 행정주체에 의하여 특정한 국가목적에 계속적으로 봉사하도록 정하여진 인적·물적 결합체로, 각종의 공사, 국책은행, 서울대학교병원, 적십자병원, 한국과학기술원 등이 있다. |
| 공무수탁사인 | | 국가나 지방자치단체로부터 공권(공행정사무)을 위탁받아 자신의 이름으로 공권력을 행사하는 사인이나 사법인으로, 사인인 사업시행자, 학위를 수여하는 사립대학 총장, 선박항해 중인 선장, 별정우체국장 등이 있다. |

---

### 40 난이도 하    ▮행정법 일반 – 행정조직법(국가행정기관)

**행정주체의 의사를 결정할 수는 있지만 이를 대외적으로 표시할 권한이 없는 행정기관은?**

① 행정청

> 행정청은 국가뿐만 아니라 지방자치단체의 의사를 결정하여 자신의 이름으로 외부에 표시할 수 있는 권한을 가진 행정기관을 말하며, 행정관청이란 국가의사를 결정하여 이를 자기의 이름으로 외부에 표시하는 권한을 가진 행정기관을 말한다.
>
> 〈출처〉 박균성, 「행정법 강의」, 박영사, 2019, P. 922

**② 의결기관**

> 의결기관은 행정주체의 의사를 결정하는 권한만을 가지고 이를 외부에 표시할 권한은 가지지 못하는 기관을 말한다. 이 점에서 외부에 표시할 권한을 가지는 행정청과 다르다.

③ 집행기관

> 집행기관은 실력을 행사하여 행정청의 의사를 집행하는 기관을 말한다. 대표적인 예로 경찰공무원, 소방공무원, 세무공무원 등이 이에 해당한다.

④ 자문기관

> 자문기관은 행정청의 자문에 응하여 행정청에 전문적인 의견(자문)을 제시하는 것을 임무로 하는 기관을 말한다. 자문기관은 합의제인 것이 보통이나 독임제인 것도 있다. 행정청은 자문기관의 의견에 구속되지 않는다.

# 2020년 민간경비론

문제편 121p

## 정답 CHECK

| 41 | 42 | 43 | 44 | 45 | 46 | 47 | 48 | 49 | 50 | 51 | 52 | 53 | 54 | 55 | 56 | 57 | 58 | 59 | 60 |
|---|---|---|---|---|---|---|---|---|---|---|---|---|---|---|---|---|---|---|---|
| ④ | ① | ③ | ① | ④ | ③ | ④ | ② | ② | ① | ② | ② | ④ | ① | ② | ③ | ② | ② | ④ | ① |
| 61 | 62 | 63 | 64 | 65 | 66 | 67 | 68 | 69 | 70 | 71 | 72 | 73 | 74 | 75 | 76 | 77 | 78 | 79 | 80 |
| ③ | ④ | ③ | ③ | ④ | ① | ② | ③ | ④ | ④ | ③ | ② | ③ | ① | ② | ① | ④ | ③ | ① | ① |

## 41   난이도 하                                   ▌민간경비 개설 – 민간경비의 개념

민간경비의 개념에 관한 설명으로 옳지 않은 것은?

① 실질적 개념의 민간경비는 고객의 생명과 신체에 대한 위해를 방지하고 재산을 보호하는 제반활동으로 인식된다.
② 형식적 개념의 민간경비는 경비 관련 제반활동의 특성과 관계없이 실정법에서 규정하는지의 유무에 따른다.
③ 형식적 개념은 공경비와 민간경비가 명확히 구별된다.
④ **광의의 개념은 국민의 생명과 재산을 보호하기 위하여 일정한 비용을 지불한 특정 고객에게 안전관리 서비스를 제공하는 개인만을 의미한다.**

광의의 민간경비는 공경비를 제외한 경비의 3요소인 방범, 방재, 방화를 포함하는 포괄적 경비활동을 의미하나, 협의의 민간경비는 일정한 비용을 지불한 특정 고객에게 안전관리 서비스를 제공하는 개인 및 기업(조직)의 활동을 의미한다.

### 핵심만콕  민간경비의 개념★

| 협의의 개념 | 고객의 생명・신체・재산보호, 질서유지를 위한 개인 및 기업(조직)의 범죄예방활동(방범활동)을 의미한다. |
|---|---|
| 광의의 개념 | 공경비를 제외한 경비의 3요소인 방범・방재・방화를 포함하는 포괄적 경비활동을 의미한다. 최근에는 산업보안 및 정보보안 그리고 사이버보안에 이르기까지 광범위하고 첨단화된 범죄예방기능을 포함하는 개념으로 사용되고 있다. |
| 실질적 개념 | 고객의 생명・신체・재산보호, 사회적 손실감소와 질서유지를 위한 일체의 활동을 의미하는데, 실질적 개념에서 경찰과 민간경비는 그 주체가 국가와 민간이라는 점에서 차이가 있을 뿐, 본질적으로는 차이가 없다. |
| 형식적 개념 | 실정법인 경비업법에 의해 허가받은 법인이 동법에서 규정하고 있는 업무를 수행하는 활동을 의미하는데, 형식적 개념에서 경찰과 민간경비는 명확하게 구별된다. |

## 42 난이도 하                           ▌민간경비 개설 - 민간경비업무

**민간경비업무에 관한 내용으로 옳지 않은 것은?**

① 시설경비를 실시함으로써 절도, 강도 등의 범죄 억제효과 및 수사를 통한 피해회복

> 민간경비업무는 시설경비를 실시함으로써 절도, 강도 등의 범죄 억제효과는 있으나, 범죄수사 등 법집행 권한이 없으므로 수사를 통한 피해회복은 민간경비업무의 목적에 해당하지 않는다.

② 대규모 행사장의 혼잡을 적절하게 해소하여 참가자의 안전 확보에 기여
③ 국내외의 정치·경제·체육계 요인 등을 경호함으로써 사회불안과 혼란을 미연에 방지
④ 국가중요시설의 경비업무를 담당하여 국민의 불안을 경감하고 불법 가해행위를 미연에 방지

**핵심만콕  공경비와 민간경비의 비교★**

| 구 분 | 공경비(경찰) | 민간경비(개인 또는 경비업체) |
|---|---|---|
| 대 상 | 일반국민(시민) | 계약당사자(고객) |
| 임 무 | 범죄예방 및 범죄대응 | 범죄예방 |
| 공통점 | 범죄예방 및 범죄감소, 위험방지, 질서유지 ||
| 범 위 | 일반(포괄)적 범위 | 특정(한정)적 범위 |
| 주 체 | 정부(경찰) | 영리기업(민간경비회사 등) |
| 목 적 | 법집행(범인체포 및 범죄수사·조사) | 개인의 재산보호 및 손실감소 |
| 제약조건 | 강제력 있음 | 강제력 사용에 제약 있음 |
| 권한의 근거 | 통치권 | 위탁자의 사권(私權) |

## 43 난이도 하                           ▌민간경비 개설 - 경비업법상 경비업무

**경비업법상 경비업무로 명시되어 있지 않은 것은?**

① 신변보호업무
② 시설경비업무
③ **인력경비업무**

> 경비업법상 경비업무로 명시되어 있는 것은 시설경비업무, 호송경비업무, 신변보호업무, 기계경비업무, 특수경비업무, 혼잡·교통유도경비업무에 한정된다(경비업법 제2조 제1호). 따라서 경비업법상 경비업무로 명시되어 있지 않은 것은 인력경비업무이다.

④ 호송경비업무

> **관계법령** 　정의(경비업법 제2조)
>
> 이 법에서 사용하는 용어의 정의는 다음과 같다. 〈개정 2024.1.30.〉
> 1. "경비업"이라 함은 다음 각목의 1에 해당하는 업무(이하 "경비업무"라 한다)의 전부 또는 일부를 도급받아 행하는 영업을 말한다.
>    가. 시설경비업무 : 경비를 필요로 하는 시설 및 장소(이하 "경비대상시설"이라 한다)에서의 도난·화재 그 밖의 혼잡 등으로 인한 위험발생을 방지하는 업무
>    나. 호송경비업무 : 운반 중에 있는 현금·유가증권·귀금속·상품 그 밖의 물건에 대하여 도난·화재 등 위험발생을 방지하는 업무
>    다. 신변보호업무 : 사람의 생명이나 신체에 대한 위해의 발생을 방지하고 그 신변을 보호하는 업무
>    라. 기계경비업무 : 경비대상시설에 설치한 기기에 의하여 감지·송신된 정보를 그 경비대상시설 외의 장소에 설치한 관제시설의 기기로 수신하여 도난·화재 등 위험발생을 방지하는 업무
>    마. 특수경비업무 : 공항(항공기를 포함한다) 등 대통령령이 정하는 국가중요시설(이하 "국가중요시설"이라 한다)의 경비 및 도난·화재 그 밖의 위험발생을 방지하는 업무
>    바. 혼잡·교통유도경비업무 : 도로에 접속한 공사현장 및 사람과 차량의 통행에 위험이 있는 장소 또는 도로를 점유하는 행사장 등에서 교통사고나 그 밖의 혼잡 등으로 인한 위험발생을 방지하는 업무

## 44　난이도 하　　┃민간경비 개설 – 민간경비 성장의 이론적 배경

**민간경비의 성장이론과 그 내용의 연결이 옳지 않은 것은?**

① 비용공동부담이론 – 경기침체로 인해 실업자가 증가하면 범죄율이 증가하고 민간경비의 발전으로 이어진다는 이론

> 경기침체로 인해 실업자가 증가하면 범죄율이 증가하고 민간경비의 발전으로 이어진다는 이론은 경제환원론에 대한 내용이다. 비용공동부담이론은 민간경비의 성장이론과 직접적인 관련이 없는 이론이다.

② 수익자부담이론 – 경찰의 공권력 작용은 질서유지나 체제수호 등과 같은 거시적 역할에 한정하고 개인이나 집단의 안전과 보호는 해당 개인이나 집단이 담당하여야 한다는 이론

③ 공동화이론 – 경찰이 수행하고 있는 본연의 기능이나 역할을 민간경비가 보완하거나 대체하면서 성장했다는 이론

④ 이익집단이론 – '그냥 내버려 두면 보호받지 못한 채로 방치될 재산을 민간경비가 보호한다'는 시각에서 출발한 이론

> **핵심만콕** 민간경비 성장의 이론적 배경★★
>
> - 경제환원론 : 특정한 사회현상이 직접적으로는 경제와 무관한 것임에도 불구하고 그 발생원인을 경제문제에서 찾으려는 이론으로, 경기침체로 인해 실업자가 늘어나면 자연적으로 범죄가 증가하고, 이에 민간경비가 직접 범죄에 대응하게 됨으로써 민간경비시장이 성장·발전한다고 주장한다.
> - 공동화이론 : 경찰이 수행하고 있는 경찰 본연의 기능이나 역할을 민간경비가 보완·대체한다는 이론으로, 경찰의 범죄예방능력이 국민의 욕구를 충족시키지 못할 때의 공동상태(Gap)를 민간경비가 보충함으로써 민간경비시장이 성장한다고 주장한다.★
> - 이익집단이론 : 경제환원론적 이론이나 공동화이론을 부정하는 입장에서 '그냥 내버려 두면 보호받지 못한 채로 방치될 만한 재산을 민간경비가 보호한다'는 이론으로, 민간경비도 자신의 집단적 이익을 극대화하기 위해 규모를 팽창시키고 새로운 규율이나 제도를 창출시키는 등의 노력을 해야 한다고 주장한다.★
> - 수익자부담이론 : 자본주의사회에 있어 경찰의 공권력 작용은 원칙적으로 거시적 측면에서 질서유지나 체제수호 등과 같은 역할과 기능으로 한정시키고, 사회구성원 개개인 차원이나 여타 집단과 조직 등의 안전과 보호는 결국 해당 개인이나 조직이 담당하여야 한다는 인식에 기초한 이론이다.★
> - 민영화이론 : 1980년대 이후 복지국가의 이념에 대한 반성으로서 국가독점에 의한 비효율성을 극복하고자 시장경쟁논리를 도입한 이론으로, 민영화는 공공지출과 행정비용의 감소효과를 유발하기 위한 방법이다.
> - 공동생산이론 : 민간경비를 공경비의 보조적 차원이 아닌 주체적 차원으로 인식하는 이론으로, 경찰이 안고 있는 한계를 일부 극복하고, 시민의 안전욕구를 증대시키기 위해 민간부문의 능동적 참여를 다각적으로 유도한다.

## 45 난이도 하  | 민간경비 개설 – 민간경비와 공경비의 제관계

**민간경비에 관한 설명으로 옳지 않은 것은?**

① 민간경비의 역할은 범죄예방 및 손실감소이다.
② 민간경비원은 현행범을 영장 없이 체포할 수 있다.
③ 민간경비의 주체는 영리기업이다.
④ **민간경비업자는 불특정 다수인에게 경비서비스를 제공할 의무가 있다.**

> 민간경비는 불특정 다수인이 아니라 계약당사자인 특정 고객에게 경비서비스를 제공할 의무가 있다.

## 46 난이도 하 | 민간경비 개설 - 민간경비 성장의 이론적 배경(민영화이론)

**민영화이론에서 말하는 민영화의 내용에 관한 설명으로 옳지 않은 것은?**

① 자원이용의 효율성을 높일 수 있다.
② 민간의 활동이 활성화될 수 있다.
③ **공공지출과 행정비용의 증가효과를 유발하기 위한 방법이다.**

> 민영화이론은 1980년대 이후 복지국가의 이념에 대한 반성으로서 국가 독점에 의한 비효율성을 극복하고자 시장경쟁 논리를 도입한 이론으로, 공공지출과 행정비용의 감소효과를 유발하기 위한 방법으로 제시되었다.

④ 재화나 서비스의 생산이 공공분야에서 민간분야로 이전되는 것이다.

## 47 난이도 하 | 세계 각국의 민간경비 - 각국 민간경비의 역사적 발전(영국)

**범죄자에 대한 처벌은 국왕에 의해서 처벌되어야 한다는 의미로 다음 주장을 한 사람은?**

> 모든 범죄는 더 이상 개인에 대한 위법이 아니라 국왕의 평화에 대한 도전이다.

① 헨리 필딩(Henry Fielding)

> 헨리 필딩은 영국에서 급료를 받는 민간경비제도를 제안했으며, 보우가의 주자(외근기동대)(The Bow Street Runners) 등을 만드는 데 기여하였다.

② 함무라비(Hammurabi) 국왕

> 함무라비왕 시대에 개인차원의 민간경비의 개념과 국가차원의 공경비의 개념이 분리되기 시작하였다.

③ 로버트 필(Robert Peel)

> 로버트 필은 영국 내무성 장관이던 1829년에 수도경찰법을 의회에 제출하고, 주야간 경비제도를 통합하여 수도경찰을 창설하였으며, 형법의 개혁안을 처음 만들어 사형을 감형하고, 근대적 경찰제도의 기초를 확립하였다.

④ **헨리(Henry) 국왕**

> 헨리 국왕의 법령(Legis Henrici)은 원칙적으로 어떠한 범죄도 더 이상 개인에 대한 위법이 아니라 국왕의 평화에 대한 도전이라 명시하고 있다. ★

## 48　난이도 하　┃세계 각국의 민간경비 – 각국 민간경비의 역사적 발전(미국)

**핑커톤(Allan Pinkerton)에 관한 설명으로 옳은 것은?**

① 보우가의 주자(The Bow Street Runners)에 영향을 주었다.
> 보우가의 주자(외근기동대)(The Bow Street Runners) 등을 만드는 데 기여한 사람은 헨리 필딩이다.

❷ 서부개척시대에 치안의 공백을 메우는 역할을 수행하였다.
> 미국 연방정부는 서부개척시대에 철도경찰법을 제정하여 일정한 구역 내에서 경찰권한을 부여한 민간경비 조직을 설치하였으며, 그 대표적인 조직이 핑커톤 경비조직이다. 따라서 서부개척시대에 치안의 공백을 메우는 역할을 수행하였다고 할 수 있다.

③ 링컨 대통령의 경호를 담당하는 것은 남북전쟁 종료 이후부터이다.
> 핑커톤 경비조직이 링컨 대통령의 경호업무를 담당한 시기는 남북전쟁 당시이다.

④ 프로파일링 수사기법과는 무관하다.
> 범죄자를 유형별로 정리하는 방식은 프로파일링 수사기법에 영향을 주었다.

---

**핵심만콕　핑커톤 경비조직**

- 시카고 경찰국의 최초의 탐정인 핑커톤은 새로 구성된 시카고 경찰에서 물러나 1850년 탐정사무소를 설립한 후 1857년에 핑커톤 국가탐정회사(Pinkerton National Detective Agency)로 회사명을 바꾸고 철도수송 안전 확보에 일익을 담당하였다.
- 남북전쟁 당시에는 링컨 대통령의 경호업무를 담당하기도 하였고 '육군첩보부'를 설립하여 북군의 경제 교란작전으로 대량 발행된 위조화폐에 대한 적발임무를 수행하는 데 결정적 공헌을 하여 부보안관으로 임명되었다.
- 1883년에는 보석상 연합회의 위탁을 받아 도난보석이나 보석절도에 관한 정보를 집중관리하는 조사기관이 되었다.
- 경찰당국의 자료요청에 응하여 경찰과 민간경비업체의 바람직한 관계를 정립하였다.
- 범죄자를 유형별로 정리하는 방식은 오늘날 프로파일링 수사기법에 영향을 주었다.
- 20세기에 들어와 FBI 등 연방 법집행기관이 범죄자(犯罪者) 정보를 수집·관리하게 되었기 때문에 핑커톤 회사가 수집·관리할 수 있는 정보는 민간대상의 정보에 한정되었다.

## 49 난이도 중 　　　　세계 각국의 민간경비 – 각국 민간경비산업 현황

**각국의 민간경비산업 현황에 관한 설명으로 옳은 것은?**

① 미국의 민간경비산업은 계약경비시스템에서 상주경비시스템으로 변화하며 성장하고 있다.

> 미국의 경비업체는 크게 계약경비업체와 자체경비업체로 나눌 수 있으며, 그중에서도 계약경비업체가 크게 성장하고 있는 추세이다.

② 일본의 민간경비산업은 다양한 영역에서 운영되고 있으며, 전문자격증제도를 운영하고 있다.

> 일본의 민간경비산업은 다양한 영역에서 운영되고 있으며, '경비원 지도교육책임자제도', '기계경비업무 관리자제도', '경비원 검정제도' 등과 같은 전문자격증제도를 두고 있다.

③ 영국의 민간경비산업은 제1차 세계대전을 계기로 크게 발전하였다.

> 영국의 민간경비산업의 발전은 18세기 중반에서부터 19세기 초반까지(1760~1820년)의 산업혁명의 영향이 크다고 볼 수 있다.

④ 독일의 민간경비산업의 시장은 유럽에서 가장 낮은 비중을 차지하고 있다.

> 독일의 민간경비산업은 유럽에서 보기 드물 정도로 일찍이 1901년 최초의 민간경비회사가 설립되었으며, 독일 통일 이후 치안수요의 급격한 증가추세에 힘입어 민간경비산업은 고속성장을 거듭해 오고 있다. 참고로 2001년 독일 전체 민간경비 관련 시장규모는 약 92억 유로(한화 11조 4백억원)였다.
> 〈출처〉 김재광, 「민간경비 관련법제의 개선방안 연구」, 한국법제연구원, 2004, P. 122~124

## 50 난이도 상 　　　　세계 각국의 민간경비 – 각국 민간경비의 법적 지위

**각국의 경비업 허가에 관한 설명으로 옳은 것은?**

① 미국은 대부분 주정부 차원에서 경비업 허가가 이루어지므로 주에 따라 규제방식과 실태가 다르다.

> 미국은 대부분 주정부 차원에서 경비업 인·허가 및 면허증·자격증 발급과 관련된 법규를 제정하고 있다. 따라서 주에 따라 규제방식과 실태가 다르다고 할 수 있다.
> 〈참고〉 김두현·박형규, 「신민간경비론」, 솔과학, 2018, P. 100

② 독일에서는 국가경찰청장이 경비업의 허가권자이다.

> 독일의 일반적인 경찰행정은 주 관할하에 놓여있으며, 독일 헌법에서는 민간경비에 관한 특별한 조항은 두고 있지 않다. 또한 민간경비에 관한 허가제는 영업법 제34a조에서 규정하고 있다. 즉, 영업적인 생활 또는 타인의 재산을 경비하고자 하는 자는 관할청의 허가를 필요로 한다(영업법 제34a조 제1항 제1단). 따라서 독일에서는 국가경찰청장이 경비업의 허가권자라는 지문은 옳지 않다.
> 〈참고〉 김두현·박형규, 「신민간경비론」, 솔과학, 2018, P. 111

③ 일본에서 경비업을 하고자 하는 자는 경시청에 신고하여야 한다.

> 일본의 경우 경비업법 제정 당시에는 신고제로 운영되었다가 1982년 허가제로 바뀌었다.

④ 우리나라에서는 법인이 아니라도 경비업 허가 대상이 될 수 있다.

> 우리나라는 법인이 아니면 경비업을 영위할 수 없다(경비업법 제3조).

## 51 난이도 중 │세계 각국의 민간경비 – 각국 민간경비의 법적 지위

**각국 민간경비원의 실력행사에 관한 설명으로 옳은 것은?**

① 미국의 민간경비원은 타인의 재산에 대한 침해를 막을 수 있는 경우에만 예외적으로 정당성을 인정받는다.

> 미국의 민간경비원에 의한 실력행사는 <u>특권이나 동의 없이</u> 타인의 권리에 대한 침해가 민간경비원에 의해서 발생한 경우 그에게 책임이 발생할 수 있다. <u>다만, 동의가 없더라도 일반적으로 재산소유자가 자신의 재산에 대한 침해를 막을 수 있는 재산보호라는 자기방어의 경우와 신체적 해악을 가하려는 의도가 명백한 타인에 대하여 정당한 실력행사를 할 수 있는 경우에는 경비활동의 정당성을 부여할 수 있다.</u>
> 〈출처〉 김두현・박형규, 「신민간경비론」, 솔과학, 2018, P. 101~102

② <u>**일본의 민간경비원은 형사법상 문제 발생 시 일반 사인(私人)과 동일하게 취급된다.**</u>

> 일본의 민간경비원에 대한 법적 지위는 미국과는 달리 사인(私人)으로서의 지위 이상의 특권이나 권한을 부여하고 있지 않다. 따라서 민간경비원의 법집행 권한은 사인의 재산관리권 범위 내에서만 정당화될 수 있으며, 민・형사상 책임에 있어서는 사인과 동일한 지위에서 취급된다.
> 〈출처〉 김두현・박형규, 「신민간경비론」, 솔과학, 2018, P. 110

③ 독일은 민간경비원의 실력행사에 관한 명시적 규정을 두고 있으며, 예외적인 경우 공권력의 행사로 인정받는다.

> 독일은 민간경비원의 무력행사에 권한을 부여하는 <u>명시적인 법적 근거는 없다.</u>
> 〈출처〉 김두현・박형규, 「신민간경비론」, 솔과학, 2018, P. 111

④ 한국의 민간경비원은 법률상 실력행사에 관한 특별한 권한을 가지고 있다.

> 한국의 민간경비원은 법률상 실력행사에 관한 특별한 권한을 가지고 있지 않다. 따라서 민간경비원의 범인체포 등의 행위는 현행범체포를 제외하고는 체포, 감금죄(형법 제276조)를 구성하게 된다. 다만, 정당성이 있는 경우에는 위법성이 조각될 수 있다.

## 52 난이도 하
민간경비의 환경 - 국내 치안여건의 변화

**우리나라의 치안환경에 관한 설명으로 옳지 않은 것은?**

① 우리나라 인구구조의 특징상 혼자 사는 여성들이 범죄에 노출될 가능성이 높다.
② 1인 가구 증가로 조직범죄가 줄어들고 있다.

> 1인 가구의 증가로 이들을 대상으로 하는 조직범죄 등이 증가하고 있다.

③ 청소년범죄가 흉포화되고 있다.
④ 고령화 현상으로 생계형 노인범죄가 사회적 문제로 대두되고 있다.

### 핵심만콕 국내 치안환경의 변화
- 고령화로 인해 소외된 노인들의 범죄는 계속 증가하여 심각한 사회문제로 대두되고 있다.
- 인구증가로 인해 치안수요는 점점 늘어날 것이다.
- 인구의 도시집중에 따른 개인주의적 경향으로 인간소외, 범죄발생 등의 심각한 사회문제가 예상된다.
- 집단이기주의로 인한 불법적 집단행동은 증가될 것이다.
- 국제화·개방화로 인해 내국인의 해외범죄, 외국인의 국내범죄, 밀수, 테러 등의 국제범죄가 증가하고 있다.
- 치안환경이 악화되면서 보이스피싱 등 신종범죄가 대두되고 있다.
- 범죄연령이 저연령화(연소화)되는 추세이며, 청소년범죄가 흉포화되고 있다.
- 과학기술의 발달로 사이버범죄가 날로 지능화, 전문화되어 더욱 증가하고 있다.
- 경제적 양극화의 심화로 다양한 유형의 범죄가 발생하고 있다.

## 53 난이도 하
민간경비의 환경 - 국내 치안여건의 변화

**현대사회 범죄의 양상으로 옳지 않은 것은?**

① 외국인범죄의 증가
② 마약범죄의 증가
③ 저연령화
④ 경제범죄의 감소

> 현대사회 범죄는 경제범죄가 증가하는 추세이다.

## 54 난이도 중 ▌민간경비의 환경 – 국내 경찰의 역할과 방범실태

경찰이 관내의 각 가정, 기업체, 기타 시설을 방문하여 범죄예방, 선도, 안전사고 방지 등에 대해 지도·계몽하는 활동은?

① 방범심방

> 방범심방이란 경찰관이 관내의 각 가정, 기업체, 기타 시설을 방문하여 범죄예방, 청소년 선도, 안전사고 방지 등의 지도계몽과 상담 및 연락 등을 행하고 민원사항을 청취하며 주민의 협력을 얻어 예방경찰상의 기초 자료를 수집하는 활동을 말한다.

② 임의동행

> 임의동행(任意同行)이란 경찰이 용의자나 참고인을 당사자의 동의하에 검찰청, 경찰서 등에 연행하는 것을 말한다.

③ 방범단속

> 방범단속은 형사사범, 경찰법규 위반행위 또는 각종 사고를 예방하거나 단속하기 위하여 방범지도, 불심검문, 경고, 제지, 출입, 조사 또는 검사하는 근무로 범죄가 발생하지 않도록 미리 그 원인을 제거하고 피해확대를 방지하는 방범활동의 일환이다.
> 〈출처〉 한국형사정책연구원, 파출소단위 방범활동의 개선방안 연구, 1990, P. 32

④ 불심검문

> 불심검문(不審檢問)은 경찰관직무집행법 제3조에 따라 경찰관이 거동이 수상한 자를 발견한 때에 이를 정지시켜 조사하는 행위를 말한다.


## 55 난이도 하 ▌민간경비의 환경 – 치안서비스 공동생산이론

치안서비스 공동생산이론에 관한 내용으로 옳지 않은 것은?

① 자율방범대 운용의 활성화
② 민간경비는 공경비의 보조적 차원의 역할 수행

> 치안서비스 공동생산이론이란 치안서비스의 전달 과정에서 민간이 치안서비스 생산활동에 주체적으로 참여하는 것을 말한다. 따라서 민간경비가 공경비의 보조 차원의 역할을 수행한다는 것은 옳지 않다.

③ 민간경비의 적극적 참여 유도
④ 목격한 범죄행위 신고, 증언행위의 중요성 강조

---

**핵심만콕 치안서비스 공동생산이론★**

- 치안서비스 생산 과정에서 공공부분의 역할수행과 민간부분의 공동참여로 인해 민간경비가 성장했으며, 민간경비가 독립된 주체로서 참여한다는 이론이다.
- 민간경비를 공경비의 보조적 차원이 아닌 주체적 차원으로 인식한다.
- 공동생산이론은 경찰이 안고 있는 한계를 일부 극복하고 시민의 안전욕구를 증대시키기 위하여 민간부문의 능동적 참여를 다각적으로 유도한다.

## 56 난이도 하 | 민간경비의 조직 – 민간경비의 유형(기계경비)

기계경비의 장점에 관한 설명으로 옳지 않은 것은?

① 24시간 지속적인 감시가 가능하다.
② 장기적으로는 운용비용의 절감 효과가 있다.
③ **사건 발생 시 현장에서의 신속한 대처가 용이하다.**

　　사건 발생 시 현장에서 신속한 대처가 용이한 것은 인력경비이다.

④ 야간에는 경비의 효율성이 더욱 증대된다.

### 핵심만콕　인력경비와 기계경비★★

| 구 분 | 인력경비 | 기계경비 |
|---|---|---|
| 장 점 | • 경비업무 이외에 안내, 질서유지, 보호·보관업무 등을 하나로 통합한 통합서비스가 가능<br>• 인력이 상주함으로써 현장에서 상황이 발생했을 때 신속한 조치가 가능<br>• 인적 요소이기에 경비업무를 전문화할 수 있고, 고용창출 효과와 고객접점서비스 효과가 있음 | • 24시간 경비가 가능<br>• 장기적으로 소요비용이 절감되는 효과가 있음<br>• 감시지역이 광범위하고 정확성을 기할 수 있음<br>• 시간적 취약대인 야간에도 효율성이 높아 시간적 제약을 적게 받음<br>• 화재예방시스템 등과 동시에 통합운용이 가능<br>• 강력범죄와 화재, 가스 등으로 인한 인명사상을 예방하거나 최소화할 수 있음<br>• 기록장치에 의해 사고 발생 상황이 저장되어 증거보존의 효과와 책임한계를 명확히 할 수 있음<br>• 오작동(오경보)률이 낮을 경우 범죄자에게는 경고의 효과가 있고, 사용자로부터는 신뢰를 얻을 수 있음 |
| 단 점 | • 인건비의 부담으로 경비에 많은 비용이 소요<br>• 사건이 발생했을 때 인명피해의 가능성이 있음<br>• 상황연락이 신속하게 이루어지지 않아 사건의 전파에 장애가 발생<br>• 야간에는 경비활동의 제약을 받아 효율성이 감소<br>• 경비원이 저임금, 저학력, 고령일 경우 경비의 질 저하가 우려 | • 사건 발생 시 현장에서의 신속한 대처가 어려우며, 현장에 출동하는 시간이 필요<br>• 최초의 기초 설치비용이 많이 소요<br>• 허위경보 및 오경보 등의 발생률이 비교적 높음<br>• 전문인력이 필요하며, 유지보수에 비용이 많이 소요<br>• 고장 시 신속한 대처가 어려움<br>• 방범 관련 업무에만 가능하며, 경비시스템을 잘 알고 있는 범죄자들에게 역이용당할 우려가 있음 |

## 57 난이도 하 | 민간경비의 조직 - 민간경비의 유형(자체경비와 계약경비)

**자체경비와 계약경비에 관한 설명으로 옳은 것은?**

① 계약경비는 자체경비보다 상대적으로 이직률이 낮은 편이다.

　계약경비는 자체경비보다 상대적으로 이직률이 높은 편이다.

❷ **계약경비는 자체경비보다 사용자의 비용부담이 상대적으로 저렴하다.**

　계약경비가 자체경비보다 사용자에게 비용부담 측면에서 상대적으로 저렴하다.

③ 자체경비는 경비회사로부터 훈련된 경비원을 파견받아서 운용한다.

　경비회사로부터 훈련된 경비원을 파견받아서 운용하는 것은 계약경비이다.

④ 계약경비는 자체경비보다 사용자에 대한 충성심이 높은 편이다.

　사용자에 대한 충성심이 높은 편인 것은 자체경비이다.

### 핵심만콕 자체경비와 계약경비의 비교★★

| 구 분 | 자체경비 | 계약경비 |
|---|---|---|
| 장 점 | • 자체경비는 계약경비에 비해 임금이 높고 안정적이므로, 이직률이 낮은 편이다.<br>• 시설주가 경비원들을 직접 관리함으로써 경비원들에 대한 통제를 강화할 수 있다.<br>• 비교적 높은 급료를 받을 뿐만 아니라, 경비원에 대한 위상이 높기 때문에 자질이 우수한 사람들이 지원한다.<br>• 계약경비원보다 고용주에 대한 충성심이 더 높다.<br>• 자체경비는 고용주(사용자)의 요구에 신속하게 대처할 수 있다.<br>• 자체경비원은 고용주에 의해 조직의 구성원으로 채용됨으로써 안정적이기 때문에 고용주로부터 업무수행능력을 인정받기를 원하며, 자기발전과 자기개발을 위한 노력을 아끼지 않는다.<br>• 자체경비원은 경비부서에 오래 근무함으로써 회사의 운영·매출·인사 등에 관한 지식이 높다.<br>• 시설주의 필요에 따라 적절하게 교육·훈련과정의 효율성을 쉽게 측정할 수 있다. | • 고용주의 요구에 맞는 경비서비스를 제공함으로써 경비프로그램 전반에 걸쳐 전문성을 갖춘 경비인력을 쉽게 제공할 수 있다.<br>• 봉급, 연금, 직무보상, 사회보장, 보험, 장비, 신규모집, 직원관리, 교육훈련 등의 비용을 절감할 수 있어 비용 면에서 저렴하다(경제적이다).<br>• 자체경비에 비해 인사관리 차원에서 결원의 보충 및 추가인력의 배치가 용이하다.<br>• 고용주를 의식하지 않고 소신껏 경비업무에 전념할 수 있다.<br>• 경비수요의 변화에 따라 기존 경비인력을 감축하거나 추가적으로 고용을 확대할 수 있다.<br>• 질병이나 해임 등으로 구성원의 업무수행상 문제가 발생했을 경우, 인사이동과 대처(대책)에 따라 행정상 문제를 쉽게 해결할 수 있다. |
| 단 점 | • 계약경비에 비해 다른 부서의 직원들과 지나치게 친밀한 관계를 형성함으로써 효과적인 직무수행을 하지 못할 수 있다.<br>• 신규모집계획, 선발인원의 신원확인 및 훈련프로그램에 대한 개발과 관리를 자체적으로 실시하므로, 인사관리 및 행정관리가 힘들고 비용이 많이 소요된다.<br>• 계약경비에 비해 해임이나 감원, 충원 등이 필요한 경우에 탄력성이 떨어진다. | • 자체경비에 비해 조직(시설주)에 대한 충성심이 낮은 것이 일반적이다.<br>• 자체경비에 비해 급료가 낮고 직업적 안정감이 떨어지기 때문에 이직률이 높은 편이다.<br>• 회사 내부의 기밀이나 중요정보가 외부에 유출될 가능성이 더 높은 편이다. |

## 58 난이도 하
**민간경비의 조직 - 경비원 교육**

경비업법령상 다음 사례에서 甲과 乙이 각각 이수하여야 하는 신임교육의 시간을 모두 합한 숫자는?

기출수정

> 甲은 일반경비원으로 A경비회사에, 乙은 특수경비원으로 B경비회사에 취업을 하게 되었다(단, 甲과 乙은 경비원 신임교육 제외 대상이 아님).

① 102
② **104**

> 甲은 일반경비원으로 **24시간의 신임교육**(경비업법 시행규칙 [별표 2] 참고)을, 乙은 특수경비원으로서 **80시간의 신임교육**(경비업법 시행규칙 [별표 4] 참고)을 각각 이수하여야 한다. 따라서 甲과 乙이 이수하여야 할 신임교육시간의 합은 104시간이다.

③ 122
④ 132


## 59 난이도 중
**민간경비의 조직 - 특수경비원의 결격사유**

경비업법상 특수경비원의 결격사유로 명시되어 있지 않은 것은?

① 18세 미만인 사람
② 금고 이상의 형의 집행유예선고를 받고 그 유예기간 중에 있는 자
③ 파산선고를 받고 복권되지 아니한 자
④ **피특정후견인**

> 피특정후견인은 경비업법 제10조 제2항의 결격사유에 해당하지 않는다. ①은 경비업법 제10조 제2항 제1호에, ②(경비업법 제10조 제1항 제4호)와 ③(경비업법 제10조 제1항 제2호)은 경비업법 제10조 제2항 제3호에 해당하여 특수경비원 결격사유에 해당한다.

**관계법령** | **경비지도사 및 경비원의 결격사유(경비업법 제10조)**

② 다음 각호의 어느 하나에 해당하는 자는 특수경비원이 될 수 없다.
   1. 18세 미만이거나 60세 이상인 사람 또는 피성년후견인
   2. 심신상실자, 알코올 중독자 등 대통령령으로 정하는 정신적 제약이 있는 자

> **특수경비원의 결격사유(경비업법 시행령 제10조의2)**
> 법 제10조 제2항 제2호에서 "심신상실자, 알코올 중독자 등 대통령령으로 정하는 정신적 제약이 있는 자"란 다음 각호의 사람을 말한다.
>   1. 심신상실자
>   2. 마약·대마·향정신성의약품 또는 알코올 중독자
>   3. 「치매관리법」제2조 제1호에 따른 치매, 조현병·조현정동장애·양극성정동장애(조울병)·재발성우울장애 등의 정신질환이나 정신 발육지연, 뇌전증 등이 있는 사람. 다만, 해당 분야 전문의가 특수경비원으로서 적합하다고 인정하는 사람은 제외한다.

3. 제1항 제2호부터 제8호까지의 어느 하나에 해당하는 자
4. 금고 이상의 형의 선고유예를 받고 그 유예기간 중에 있는 자
5. 행정안전부령으로 정하는 신체조건에 미달되는 자

> **특수경비원의 신체조건(경비업법 시행규칙 제7조)**
> 법 제10조 제2항 제5호에서 "행정안전부령이 정하는 신체조건"이라 함은 팔과 다리가 완전하고 두 눈의 맨눈시력 각각 0.2 이상 또는 교정시력 각각 0.8 이상을 말한다.

## 60 난이도 하 ▍민간경비의 조직 - 경비지도사 교육의 과목 및 시간

경비업법령상 기계경비지도사 자격취득을 위하여 경찰청장이 시행하는 경비지도사 시험에 합격하고 받아야 하는 기본교육의 과목에 해당하지 않는 것은?  **기출수정**

① **기계경비개론**

> 출제 당시에는 기계경비개론이 일반경비지도사 자격의 종류별 교육 과목에 해당하였으나, 2024.8.14. 경비업법 시행규칙 개정으로 경비지도사 기본교육의 과목에서 삭제되었다(경비업법 시행규칙 [별표 1]).

② 기계경비 기획 및 설계
③ 인력경비개론
④ 기계경비 현장실습

**관계법령** 경비지도사 교육의 과목 및 시간(경비업법 시행규칙 [별표 1]) <개정 2024.8.14.>

| 구분(교육시간) | | 과목 |
|---|---|---|
| 공통교육<br>(22h) | | 「경비업법」, 「경찰관직무집행법」, 「도로교통법」 등 관계법령 및 「개인정보보호법」에 따른 개인정보보호지침 등(4h), 실무Ⅰ(4h), 실무Ⅱ(3h), 범죄·테러·재난 대응요령 및 화재대처법(2h), 응급처치법(2h), 직업윤리 및 인권보호(2h), 체포·호신술(2h), 입교식, 평가 및 수료식(3h) |
| 자격의<br>종류별 교육<br>(18h) | 일반경비지도사 | 시설경비(3h), 호송경비(2h), 신변보호(2h), 특수경비(2h), 혼잡·다중운집 인파관리(2h), 교통안전 관리(2h), 일반경비 현장실습(5h) |
| | 기계경비지도사 | 기계경비 운용관리(4h), 기계경비 기획 및 설계(4h), 인력경비개론(5h), 기계경비 현장실습(5h) |
| 계 | | 40h |

※ 비고 : 다음 각호의 사람이 기본교육을 받는 경우 공통교육은 면제한다.
　1. 일반경비지도사 자격을 취득한 후 3년 이내에 기계경비지도사 시험에 합격한 사람
　2. 기계경비지도사 자격을 취득한 후 3년 이내에 일반경비지도사 시험에 합격한 사람

## 61 난이도 하

**민간경비의 조직 - 경비위해요소 분석**

### 경비위해요소 분석에 관한 설명으로 옳은 것은?

① 경비위해요소 분석단계는 '비용효과 분석 → 위해요소 손실발생 예측 → 위해요소 인지 → 위해정도 평가'이다.

> 경비위해요소 분석단계는 '위해요소의 인지단계 → 위해요소 손실발생 예측단계 → 위해정도 평가단계 → 비용효과 분석단계'로 구분할 수 있다.

② 경비위해요소의 형태는 인위적 위해만을 말한다.

> 경비위해요소의 형태는 자연적 위해, 인위적 위해, 특정한 위해로 분류할 수 있다.

③ **효과적인 경비프로그램을 실행하기 위해서는 경비위해요소 분석과 조사가 선행되어져야 한다.**

> 각종 사고로부터 손실을 예방하고 최적의 안전 확보를 위해서는 경비위해요소에 대한 조사와 분석이 선행되어져야 한다.

④ 모든 경비대상 시설물에 대해 동일하게 표준화된 인력경비와 기계경비시스템을 적용하여야 한다.

> 위험요소의 인지에서 취약요소가 확인되면 위험요소들을 각 대상별로 추출해 성격을 파악하여 각각의 요소마다 보호수단을 다르게 적용해야 한다.

## 62 난이도 하

**민간경비의 조직 - 경비업법상 경비지도사의 직무**

### 경비업법상 경비지도사의 직무로 명시되어 있지 않은 것은?

① 집단민원현장에 배치된 경비원에 대한 지도·감독
② 경비원의 지도·감독·교육에 관한 기록의 유지
③ 소방기관과의 연락방법에 대한 지도
④ **의뢰인의 요구사항을 파악하여 지도**

> '의뢰인의 요구사항을 파악하여 지도'는 경비업법령상 경비지도사의 직무로 명시되어 있지 않다.

**관계법령** 경비지도사의 선임 등(경비업법 제12조)

① 경비업자는 대통령령이 정하는 바에 따라 경비지도사를 선임하여야 한다.
② 제1항의 규정에 의하여 선임된 경비지도사의 직무는 다음과 같다.
  1. 경비원의 지도·감독·교육에 관한 계획의 수립·실시 및 그 기록의 유지
  2. 경비현장에 배치된 경비원에 대한 순회점검 및 감독
  3. 경찰기관 및 소방기관과의 연락방법에 대한 지도
  4. 집단민원현장에 배치된 경비원에 대한 지도·감독
  5. 그 밖에 대통령령이 정하는 직무

> **경비지도사의 직무 및 준수사항(경비업법 시행령 제17조)**
> ① 법 제12조 제2항 제5호에서 "대통령령이 정하는 직무"란 다음 각호의 직무를 말한다.
>   1. 기계경비업무를 위한 기계장치의 운용·감독(기계경비지도사의 경우에 한한다)
>   2. 오경보방지 등을 위한 기기관리의 감독(기계경비지도사의 경우에 한한다)

## 63 난이도 중 ┃경비와 시설보호의 기본원칙 – 경비계획의 수준

**경비의 중요도에 따른 분류 중 상위수준경비(Level Ⅳ)에 해당하는 설명은?**

① 전혀 패턴이 없는 외부 및 내부의 활동을 발견·억제하고 문제를 해결하도록 하는 경비이다.

> 최고수준경비(Level Ⅴ)에 해당한다.

② 중요 교도소, 중요 군사시설, 정부의 특별연구기관 등에서 시행되고 있는 수준의 경비이다.

> 최고수준경비(Level Ⅴ)에 해당한다.

③ **대부분의 패턴이 없는 외부 및 내부활동을 발견·방해하도록 계획된 경비이다.**

> 상위수준경비(Level Ⅳ)에 해당한다.

④ 단순한 물리적 장벽과 자물쇠가 설치되고 보강된 출입문 등이 설치된 수준의 경비이다.

> 하위수준경비(Level Ⅱ)에 해당한다.

### 핵심만콕  경비의 중요도에 따른 분류(경비계획의 수준) ★

| 구분 | 내용 |
|---|---|
| 최저수준경비<br>(Level Ⅰ) | 일정한 패턴이 없는 불법적인 외부침입을 방해할 수 있도록 계획된 경비시스템으로, 보통 출입문, 자물쇠를 갖춘 창문과 같은 단순한 물리적 장벽이 설치된다.<br>예 일반가정 등 |
| 하위수준경비<br>(Level Ⅱ) | 일정한 패턴이 없는 불법적인 외부침입을 방해하고 탐지할 수 있도록 계획된 경비시스템으로, 일단 최저수준경비의 단순한 물리적 장벽이 설치되고, 거기에 보강된 출입문, 창문의 창살, 보다 복잡한 수준의 자물쇠, 조명시스템, 기본적인 경보시스템 및 안전장치가 설치된다.<br>예 작은 소매상점, 저장창고 등 |
| 중간수준경비<br>(Level Ⅲ) | 대부분의 패턴이 없는 불법적인 외부침입과 일정한 패턴이 없는 일부 내부침입을 방해·탐지·사정할 수 있도록 계획된 경비시스템으로, 경계지역의 보다 높은 수준의 물리적 장벽, 보다 발전된 원거리 경보시스템, 기본적인 의사소통장비를 갖춘 경비원 등을 갖추고 있다.<br>예 큰 물품창고, 제조공장, 대형소매점 등 |
| 상위수준경비<br>(Level Ⅳ) | 대부분의 패턴이 없는 외부 및 내부의 침입을 발견·저지·방어·예방할 수 있도록 계획된 경비시스템으로, CCTV, 경계경보시스템, 고도의 조명시스템, 고도로 훈련받은 무장경비원, 경비원과 경찰의 협력시스템 등을 갖추고 있다.<br>예 교도소, 제약회사, 전자회사 등 |
| 최고수준경비<br>(Level Ⅴ) | 일정한 패턴이 전혀 없는 외부 및 내부의 침입을 발견·억제·사정·무력화할 수 있도록 계획된 경비시스템으로, 최첨단의 경보시스템과 현장에서 즉시 대응할 수 있는 24시간 무장체계 등을 갖추고 있다.<br>예 핵시설물, 중요 군사시설 및 교도소, 정부의 특별연구기관, 일부 외국 대사관 등 |

## 64 난이도 하 | 경비와 시설보호의 기본원칙 – 경비계획의 수립과정

**경비계획의 수립과정에 맞게 ( )에 들어갈 내용을 순서대로 옳게 나열한 것은?**

> ( ㄱ ) → ( ㄴ ) → 자료 및 정보의 분석 → ( ㄷ ) → ( ㄹ ) → 최선안 선택 → 실시 → 평가

① ㄱ : 목표의 설정, ㄴ : 문제의 인지, ㄷ : 전체계획 검토, ㄹ : 비교검토
② ㄱ : 문제의 인지, ㄴ : 전체계획 검토, ㄷ : 비교검토, ㄹ : 목표의 설정
③ **ㄱ : 문제의 인지, ㄴ : 목표의 설정, ㄷ : 전체계획 검토, ㄹ : 비교검토**

> 경비계획의 수립과정은 문제의 인지 → 목표의 설정 → 경비위해요소 조사·분석 → 전체계획 검토 → 경비계획안 비교검토 → 최선안 선택 → 실시 → 평가 순으로 진행된다. 따라서 ( )에는 ㄱ : 문제의 인지, ㄴ : 목표의 설정, ㄷ : 전체계획 검토, ㄹ : 비교검토가 들어간다.

④ ㄱ : 비교검토, ㄴ : 문제의 인지, ㄷ : 목표의 설정, ㄹ : 전체계획 검토

## 65 난이도 하 | 경비와 시설보호의 기본원칙 – 외곽경비

**외곽경비에 관한 설명으로 옳은 것은?**

① 비상구나 긴급 목적을 위한 출입구의 경우 평상시에는 개방되어 있어야 한다.

> 비상구나 긴급 목적을 위한 출입문은 평상시 외부의 침입으로부터 열리지 않도록 하는 특별한 장치를 갖추고 있어야 한다.

② 자연적 방벽에는 인공적인 구조물을 설치해서는 안 된다.

> 자연적 방벽은 침입에 대한 적극적인 예방대책이 아니므로 추가적인 경비장치가 필요하며, 다른 구조물에 의해 보강된다. 따라서 인공적인 구조물을 설치하여 보강할 수 있다.

③ 폐쇄된 출입구의 경우 확인이 필요하지 않다.

> 폐쇄된 출입구도 정기적인 확인이 필요하다.

④ **외곽경비의 근본 목적은 내부의 시설·물건 및 사람을 보호하기 위한 것이다.**

> 외곽경비의 근본 목적은 불법침입을 지연시켜 내부의 시설·물건 및 사람을 보호하는 것이다.

## 66 난이도 중

경비와 시설보호의 기본원칙 – 외곽경비(경비조명)

**경비조명에 관한 설명으로 옳지 않은 것은?**

① 프레이넬등은 특정한 지역에 빛을 집중시키거나 직접적으로 비출 필요가 있을 때 사용하는 등이다.

> 특정한 지역에 빛을 집중시키거나 직접적으로 비출 필요가 있을 때 사용하는 등은 투광조명등이다.

② 상시조명은 장벽이나 벽의 외부를 비추는 데 사용되며, 감옥이나 교정기관에서 주로 이용되어 왔다.
③ 조명시설의 위치가 경비원의 시야를 방해해서는 안 되며, 가능한 한 그림자가 생기지 않도록 설치해야 한다.
④ 조명은 침입자의 침입의도를 사전에 포기하도록 하는 심리적 압박작용을 한다.

### 핵심만콕 경비조명등의 종류와 조명장비의 형태★★

| 경비조명등 | | 조명장비 | |
|---|---|---|---|
| 백열등 | • 가정집에서 주로 사용되는 조명으로 점등과 동시에 빛을 방출<br>• 경비조명으로 광범위하게 이용 | 가로등 | • 설치 장소와 방법에 따라 대칭적인 방법과 비대칭적인 방법으로 설치<br>• 대칭적인 가로등은 빛을 골고루 발산하며, 특별히 높은 지점의 조명을 필요로 하지 않는 넓은 지역에서 사용되며, 설치 위치도 보통 빛이 비춰지는 지역의 중앙에 위치<br>• 비대칭적인 가로등은 조명이 필요한 지역에서 다소 떨어진 장소에 사용 |
| 가스방전등 | 수은등 : 푸른색의 강한 빛, 긴 수명 | 투광조명등 | • 300~1,000W까지 사용<br>• 특정 지역에 빛을 집중시키거나 직접적으로 비추는 광선의 형태로 상당히 밝은 빛을 만들 수 있음 |
| | 나트륨등 : 연한 노란색의 빛을 내며 안개지역에 사용 | 프레이넬등 | • 300~500W까지 사용<br>• 넓은 폭의 빛을 내는 조명으로 경계구역에의 접근방지를 위해 길고 수평하게 빛을 확장하는데 유용하게 사용<br>• 수평으로 약 180°, 수직으로 15~30° 정도의 폭이 좁고 긴 빛을 투사<br>• 비교적 어두운 시설물에서 침입을 감시하는 경우 유용하게 사용 |
| 석영등 | • 매우 밝은 하얀 빛<br>• 경계구역과 사고 발생 다발지역에 사용<br>• 가격이 비쌈 | 탐조등 | • 250~3,000W까지 다양하게 사용<br>• 사고 우려지역을 정확하게 관찰하기 위해 사용하는 데 백열등이 자주 이용<br>• 휴대가 가능<br>• 외딴 산간지역이나 작은 배로 쉽게 시설물에 접근할 수 있는 위치에 설치 |

## 67 난이도 중 | 경비와 시설보호의 기본원칙 – 경비계획의 수립(국가중요시설 경비)

**국가중요시설 경비에 관한 설명으로 옳은 것은?**

① 국가중요시설의 분류에 따라 국가보안상 국가경제, 사회생활에 중대한 영향을 미치는 행정시설을 가급으로 분류한다.

> 국가중요시설의 분류에 따르면 국가보안상 국가경제, 사회생활에 중대한 영향을 끼치는 행정 및 산업시설을 나급으로 분류한다.

② 경비구역 제3지대(핵심방어지대)는 시설의 가동에 결정적으로 영향을 미치는 특성을 갖는 구역이다.

> 3지대 방호개념에서 제1지대는 경계지대, 제2지대는 주방어지대, 제3지대는 핵심방어지대라고 한다. 이 중 제3지대인 핵심방어지대는 시설의 가동에 결정적으로 영향을 미치는 특성을 갖는 구역에 해당한다.

③ 제한구역은 비인가자의 출입이 일체 금지되는 보안상 극히 중요한 구역이다.

> 비인가자의 출입이 일체 금지되는 보안상 극히 중요한 구역은 통제구역이다. 제한구역은 비인가자가 비밀, 주요시설 및 Ⅲ급 비밀 소통용 암호자재에 접근하는 것을 방지하기 위하여 안내를 받아 출입하여야 하는 구역이다(보안업무규정 시행규칙 제54조 제1항 제2호·제3호).

④ 통합방위사태는 4단계(갑·을·병·정)로 구분된다.

> 국가중요시설의 통합방위사태는 갑종사태, 을종사태, 병종사태로 구분된다(통합방위법 제2조 제3호).

## 68 난이도 중 | 경비와 시설보호의 기본원칙 – 내부경비(경보시스템)

**경보시스템에 관한 설명으로 옳지 않은 것은?**

① 일반적으로 진동감지기는 전시 중인 물건이나 고미술품 보호를 위하여 설치한다.
② 압력감지기는 침입이 예상되는 통로나 출입문 앞에 설치한다.
③ 제한적 경보시스템은 전화회선 등을 이용하여 외부의 경찰서 등으로 비상사태가 감지되면 자동으로 연락이 취해지는 경보체계이다.

> 전화회선 등을 이용하여 외부의 경찰서 등으로 비상사태가 감지되면 자동으로 연락이 취해지는 경보체계는 외래지원 경보시스템이다. 제한적 경보시스템은 사이렌이나 타종, 비상등과 같은 제한된 경보장치를 설치한 시스템으로, 일반적인 화재예방시설이 이 시스템의 전형에 해당한다.

④ 전자파울타리는 레이저광선을 그물망처럼 만들어 전자벽을 만드는 것이다.

| 핵심만콕 | 경보체계★ |
|---|---|
| 상주<br>경보시스템 | • 당해 조직이 자체적으로 경비부서를 조직하고 경비활동을 실시하는 것으로서, 경비시스템의 종류 중 가장 전형적인 경비시스템이다.<br>• 각 주요 지점마다 경비원을 배치하여 경비하는 방식으로 비상시의 사고 발생에 즉각적인 대응이 가능하고 가장 신속한 대응방법이지만 많은 인력이 필요한 방식이다. |
| 국부적<br>경보시스템 | • 가장 원시적인 경보체계로서 일정 지역에 국한해 1~2개의 경보장치를 설치하는 방식이다.<br>• 단순히 사이렌이나 경보음이 울리는 경보시스템이다. |
| 제한적<br>경보시스템 | • 사이렌이나 종, 비상등과 같은 제한된 경보장치를 설치하는 시스템으로 일반적으로 화재예방시설이 이 시스템의 전형에 해당한다.<br>• 경비원이 없으면 대응할 수 없어 무용지물이 될 수 있다. 즉, 비상사태가 발생하여 사이렌이 울리고 경광등이 켜지면 이를 감지한 경비원이 경찰서나 소방서에 연락을 취하는 수동적인 방식이다. |
| 다이얼<br>경보시스템 | 비상사태가 발생하였을 경우 사전에 입력된 전화번호로 긴급연락을 하는 시스템으로 설치가 간단하고 유지비가 저렴하다. |
| 외래지원<br>경보시스템 | • 전용전화회선을 통하여 비상감지 시에 각 관계기관에 자동으로 연락이 취해지는 방식이다.<br>• 건물 각 지점에 감지기가 전화선에 연결되어 있기 때문에 화재, 외부침입, 유독가스발생 등의 사태 시 각각의 감지기에서 감지된 상황이 전화선을 통해 자동으로 해당 기관에 전달되는 시스템이다. |

**69** 난이도 하 　　　　　　　　　　　　　　　경비와 시설보호의 기본원칙 - 재난에 대한 경비요령

### 재난에 대한 경비요령으로 옳지 않은 것은?

① 평상시 순찰활동을 통해 건물의 축대나 벽면의 균열 및 붕괴 여부 등을 확인·점검한다.
② 재난 발생 시 경찰관서나 소방관서 등 관계기관에 신속히 신고한다.
③ 부상자에 대한 의료구조와 방치된 사람에 대한 피난처 확보에 주력한다.
④ **경찰관과 협력하여 비상지역에 대한 접근과 대피가 불가능하도록 통로를 폐쇄한다.**

　재난 발생 시 경비원은 경찰관과 협력하여 비상지역에 대한 접근을 통제하고, 사람이 대피하여야 하는 경우 침착하게 대피시켜야 한다.

## 70 난이도 하

컴퓨터 범죄 및 안전관리 – 컴퓨터 범죄의 특징

**컴퓨터 범죄의 특징으로 옳지 않은 것은?**

① 살인 및 상해와 같은 범죄에 비해 죄의식이 희박하다.
② 단순한 유희나 향락을 목적으로 하기도 하나, 회사에 대한 개인적인 보복으로 범해지기도 한다.
③ 컴퓨터 부정조작의 경우 행위자가 조작방법을 터득하게 되면 임의로 사용이 가능하기 때문에 조작행위가 빈번할 가능성이 높다.
④ **컴퓨터 범죄는 다른 범죄에 비해 고의의 입증이 용이하다.**

> 컴퓨터 범죄는 다른 범죄에 비해 고의의 입증이 곤란하다.

### 핵심만콕 컴퓨터 범죄의 특징★

| 구분 | 내용 |
|---|---|
| 범죄동기 측면 | • 단순한 유희나 향락 추구<br>• 지적 탐험심의 충족 욕구<br>• 정치적 목적이나 산업경쟁 목적<br>• 회사에 대한 사적 보복 목적 |
| 범죄행위자 측면 | • 컴퓨터 전문가 : 컴퓨터 시스템이나 회사 경영조직에 전문적인 지식을 갖춘 자들이 범죄를 저지른다.<br>• 범죄의식 희박<br>• 연소화 경향<br>• 초범성 : 컴퓨터 범죄행위는 대부분 초범자들이 많다.<br>• 완전범죄 : 대부분 내부인의 소행이며, 단독범행이 쉽고 완전범죄의 가능성이 높으며, 범행 후 도주할 수 있는 시간적 여유가 충분하다. |
| 범죄행위 측면 | • 범행의 연속성 : 컴퓨터 부정조작의 경우 행위자가 조작방법을 터득하면 범행이 연속적이며 지속적으로 이루어질 수 있다.<br>• 범행의 광역성과 자동성<br>  – 광역성(광범위성) : 컴퓨터 조작자는 원격지에서 단말기를 통하여 단시간 내에 대량의 데이터를 처리하므로 광범위하게 영향을 미친다.<br>  – 자동성 : 불법한 프로그램을 삽입한 경우나 변경된 고정자료를 사용할 때마다 자동적으로 범죄를 유발하게 된다.<br>• 발각과 증명의 곤란 : 데이터가 그 대상이 되므로 자료의 폐쇄성, 불가시성, 은닉성 때문에 범죄사건의 발각과 증명이 어렵다.<br>• 고의의 입증 곤란 : 단순한 데이터의 변경, 소멸 등의 형태에 불과할 경우 범죄의 고의성을 입증하기 어렵다. |

## 71 난이도 중
■ 컴퓨터 범죄 및 안전관리 – 컴퓨터 범죄수법(살라미 기법)

**컴퓨터 범죄의 수법에 관한 설명으로 옳은 것은?**

① 컴퓨터의 일정한 작동 시마다 부정행위가 이루어질 수 있도록 프로그램을 조작하는 수법은 데이터 디들링(Data Diddling)이다.

> 데이터 디들링은 '자료의 부정변개'라고도 하며, 데이터를 입력하는 동안이나 변환하는 시점에서 최종적인 입력 순간에 자료를 절취 또는 변경, 추가, 삭제하는 모든 행동을 말한다. 컴퓨터의 일정한 작동 시마다 부정행위가 이루어질 수 있도록 프로그램을 조작하는 수법은 논리폭탄이다.

② 악성코드에 감염된 사용자 PC를 조작하여 금융정보를 빼내는 수법은 스푸핑(Spoofing)이다.

> 악성코드에 감염된 사용자 PC를 조작하여 금융정보를 빼내는 수법은 파밍(Pharming)이다. 스푸핑(Spoofing)은 어떤 프로그램이 마치 정상적인 상태로 유지되는 것처럼 믿도록 속임수를 쓰는 것을 뜻한다.

③ 금융기관의 컴퓨터 시스템에서 이자 계산이나 배당금 분배 시 단수 이하의 적은 수를 특정 계좌로 모이게 하는 수법은 살라미 기법(Salami Techniques)이다.

> 살라미 기법은 금융기관의 컴퓨터 시스템에서 이자 계산 시나 배당금 분배 시 단수 이하로 떨어지는 적은 수를 주워 모아 어느 특정 계좌에 모이게 하는 수법으로 어떤 일을 정상적으로 수행하면서 관심 밖에 있는 조그마한 이익을 긁어모으는 수법을 말한다.

④ 프로그램 속에 은밀히 범죄자만 아는 명령문을 삽입하여 이를 이용하는 수법은 스팸(Spam)이다.

> 프로그램 속에 은밀히 범죄자만 아는 명령문을 삽입하여 이를 범죄자가 이용하는 수법은 트로이 목마이다. 스팸은 악의적인 내용을 담은 전자우편을 인터넷상의 불특정 다수에게 무차별로 살포하여 컴퓨터 시스템을 마비시키거나 온라인 공해를 일으키는 행위이다. 전자우편 폭탄이라고도 한다.

## 72 난이도 중
■ 컴퓨터 범죄 및 안전관리 – 컴퓨터 범죄수법(스캐빈징)

**쓰레기통이나 주위에 버려진 명세서 또는 복사물을 찾아 습득하는 등 '쓰레기 주워 모으기'라고 불리는 컴퓨터 범죄수법은?**

① 메모리 해킹(Memory Hacking)
② **스캐빈징(Scavenging)**

> 설문의 컴퓨터 범죄수법은 스캐빈징이다.

③ 슈퍼재핑(Super Zapping)
④ 스미싱(Smishing)

| 핵심만콕 | 컴퓨터 범죄수법 |
|---|---|
| 메모리 해킹<br>(Memory Hacking) | PC의 메모리에 상주한 악성코드로 인해 정상 은행사이트에서 보안카드번호 앞뒤 2자리만 입력해도 부당인출되는 수법을 말한다. |
| 스캐빈징<br>(Scavenging) | 쓰레기통이나 주위에 버려진 명세서 또는 복사물을 찾아 습득하는 등 '쓰레기 주워 모으기'라고 불리는 컴퓨터 범죄수법을 말한다. |
| 슈퍼재핑<br>(Super Zapping) | 컴퓨터의 고장을 수리하는 것처럼 하면서 그 안에 수록되어 있는 자료를 슈퍼잽(컴퓨터가 고장으로 인해 가동이 불가능할 때 비상용으로 사용되는 프로그램)을 통하여 부정조작하거나 입수하는 컴퓨터 범죄수법을 말한다. |
| 스미싱<br>(Smishing) | 문자메시지(SMS)와 피싱(Phishing)의 합성어로, '무료쿠폰 제공, 모바일 청첩장, 돌잔치 초대장' 등을 내용으로 하는 문자메시지를 발송하고, 그 문자메시지 내 인터넷 주소를 클릭하면 스마트폰에 악성코드가 설치되어 소액결제 피해를 발생시키거나(소액결제 방식으로 돈을 편취하거나) 개인의 금융정보를 탈취하는 수법을 말한다. |

## 73 난이도 상 ▮컴퓨터 범죄 및 안전관리 – 사이버공격(멀웨어 공격)

사이버공격의 유형에서 멀웨어(Malware) 공격을 모두 고른 것은?

ㄱ. 바이러스
ㄴ. 마이둠
ㄷ. 버퍼 오버플로
ㄹ. 트로이 목마

① ㄱ, ㄴ, ㄷ
② ㄱ, ㄴ, ㄹ
③ ㄱ, ㄷ, ㄹ

> 멀웨어(Malware ; Malicious software, '악의적인 소프트웨어'의 약어)는 시스템을 파괴하거나 정보를 유출하기 위해 개발된 프로그램이나 파일을 총칭하는데, 대표적인 멀웨어 공격으로는 바이러스, 트로이 목마, 버퍼 오버플로 공격, 스파이웨어, 악성 웹 기반 코드 등이 있다. 마이둠은 슬래머와 더불어 대표적인 분산 서비스거부 공격(공격 대상이 되는 서버에 과도한 트래픽을 유발시키거나 비정상적인 접속 등을 시도하여 해당 서버의 네트워크를 독점하거나 시스템 리소스의 낭비를 유발시켜 서버가 정상적으로 작동하지 못하게 만드는 기법)에 해당한다.

④ ㄴ, ㄷ, ㄹ

## 74 난이도 하 ▎컴퓨터 범죄 및 안전관리 - 컴퓨터 범죄 예방대책

**컴퓨터 범죄 예방대책에 관한 설명으로 옳지 않은 것은?**

① 거래기록 파일 등 데이터 파일에 대한 백업을 할 때는 내부와 외부에 이중으로 파일을 보관해서는 안 된다.

> 외부 장소에 보관한 백업용 기록 문서화의 종류는 최소한으로 하는 것이 좋으나, 컴퓨터 운용체제의 추가선택 기능에 대한 설명 및 운용 시스템의 갱신·기록, 사용 중인 업무처리 프로그램의 설명서, 주요 파일구성 내용 및 거래 코드 설명서, 운용매뉴얼, 사용자 매뉴얼, 자료파일, 변경 전의 마스터 파일, 거래기록 파일은 재해 발생 시 컴퓨터 업무처리를 계속 유지하기 위한 기본적인 파일이므로 내부와 외부에 이중으로 파일을 보관하여야 한다.
> 〈출처〉 김두현·박형규, 「신민간경비론」, 솔과학, 2018, P. 317

② 도큐멘테이션(Documentation)에 대한 백업을 할 때는 '사용 중인 업무처리 프로그램의 설명서', '주요 파일구성내용 및 거래코드 설명서' 등을 포함시켜야 한다.

③ 컴퓨터실 위치 선정 시 화재, 홍수, 폭발 및 외부의 불법침입자에 의한 위험을 고려하여야 한다.

④ 프로그래머는 기기조작을 하지 않고 오퍼레이터는 프로그래밍을 하지 않는다는 원칙을 철저히 준수한다.

## 75 난이도 상 ▎세계 각국의 민간경비 - 각국 민간경비의 역사적 발전(한국)

**우리나라 민간경비의 역사적 발전에 관한 설명으로 옳은 것은?**

① 1972년 용역경비업법이 제정되어 법적 기반이 마련되었다.

> 1976년 용역경비업법이 제정되었다.

② 1978년 사단법인 한국용역경비협회가 설립되었다.

> 사단법인 한국용역경비협회는 1978년 설립되었다.

③ 1995년 경찰청에서는 용역경비의 담당을 방범과에서 경비과로 이관했다.

> 1995년 9월 22일 용역경비에 관한 연구·지도를 경찰청 경비국 경비과에서 방범국 방범기획과로 이관하였다(경찰청과 그 소속기관 등 직제 제11조 제3항 제2호, 제14조 제3항 제7호 참고). 현재는 범죄예방대응국 국장이 경비업에 관한 연구 및 지도를 담당하고 있다(경찰청과 그 소속기관 직제 제10조의3).

④ 2001년 경비업법의 개정으로 청원경찰이 도입되었다.

> 청원경찰제도는 1962.4.3. 청원경찰법의 제정으로 도입되었다.

## 76  난이도 하  ▎민간경비산업의 과제와 전망 - 민간경비산업의 문제점과 개선방안

우리나라 민간경비산업의 문제점과 개선방안으로 옳지 않은 것은?

① 청원경찰에게 총기 휴대가 금지되어 있어 실제 사태 발생 시 큰 효용을 거두지 못하고 있다.

> 청원경찰법령상 청원경찰의 총기 휴대가 금지되지 않는다(청원경찰법 시행규칙 제16조 참고). 다만, 총기 취급에 대한 전반적인 교육훈련 부족으로 총기 사용을 극히 제한하고 있는 실정이다.

② 보험회사들의 민간경비업에 대한 이해부족은 보험상품 개발을 꺼리는 요인이 되고 있다.
③ 민간경비원의 교육과정은 교육과목이 많고 내용도 비현실적이라는 지적이 있다.
④ 경찰과 민간경비와의 긴밀한 협력을 위해 지속적인 인적·물적 지원이 이루어져야 한다.

## 77  난이도 하  ▎세계 각국의 민간경비 - 각국 민간경비산업 현황(한국)

우리나라 민간경비산업에 관한 설명으로 옳지 않은 것은?

① 1993년 대전엑스포에서는 민간경비업체가 경비업무에 참여하였다.

> 우리나라의 민간경비산업은 1986년 아시안게임, 1988년 서울올림픽, 1993년 대전엑스포를 계기로 급성장하였다.

② 민간조사제도는 아직까지 법제화되지 못했다.

> 우리나라에서 민간조사제도는 아직은 제도적으로 정착되어 운영되고 있지는 않다.

③ 초기 국내 기계경비산업은 외국과의 합작 또는 기술제휴 방식으로 이루어졌다.

> 초기 국내 기계경비산업은 외국과의 합작 또는 기술제휴 방식으로 이루어졌다. 1981년 한국종합기계경비는 일본종합경비조장회사와, 대한중앙경비보장은 일본 Central사, 한국보안공사는 미국 Adam사와 각각 제휴하였다.

④ 현재 경비원에 대한 교육시설은 각 광역지방자치단체장이 지정하여 고시하고 있다.

> 경찰청장은 제13조 제1항부터 제3항까지에 따른 경비원에 대한 신임교육(이하 "신임교육"이라 한다)의 효율성을 제고하기 위하여 전문인력 및 시설 등을 갖춘 기관 또는 단체를 경비원 교육기관(이하 "경비원 교육기관"이라 한다)으로 지정할 수 있다(경비업법 제13조의2 제1항).

## 78 난이도 하  | 세계 각국의 민간경비 – 각국 민간경비의 역사적 발전

외국에서는 찾아보기 어려운 우리나라의 제도로 경찰과 민간경비의 과도기적 시기에 만들어진 제도는?

① 특수경비원제도
② 전문경비제도
③ **청원경찰제도**

> 우리나라의 청원경찰제도는 경찰과 민간경비를 혼용한 것으로 외국에서는 볼 수 없는 특수한 제도이다.

④ 기계경비업무

## 79 난이도 하  | 민간경비산업의 과제와 전망 – 융합보안

다음 사례에 해당되는 개념은?

> A회사는 출입통제, 접근감시, 잠금장치 등 물리적 보안요소와 불법침입자 정보인식시스템 등 정보보안요소를 상호 연계하여 보안의 효과성을 높이고자 한다.

① **융합보안**

> 제시문이 설명하는 내용은 융합보안이다.

② 절차적 통제
③ 방화벽
④ 정보보호

---

**핵심만콕  융합보안(Convergence Security)**

- 물리보안과 정보보안을 융합한 경비개념으로, 물리적 보안요소(출입통제, 접근감시, 잠금장치 등)·기술적 보안요소(방화벽, 바이러스·취약성 관리, 사용자 인가절차, 백업복구 등)·관리적 보안요소(범죄조사, 정책개발, 인사관리, 윤리조사, 보안감사 등)를 상호 연계하여 보안의 효과성을 높이는 것을 내용으로 한다.
- 보안산업의 새로운 트렌드로 자리 잡은 광역화·통합화·융합화의 사회적 요구를 수용하기 위해 각종 내외부적 정보침해에 따른 대응으로서 침입탐지, 접근통제, 재난·재해 상황에 대한 관제 등을 포함한다.
- 전통 보안산업은 물리영역과 정보(IT)영역으로 구분되어 성장해 왔으나, 현재는 출입통제, CCTV, 영상보안 등의 물리적 환경에서 이루어지는 전통 보안산업과, 네트워크상 정보를 보호하는 정보보안을 접목한 융합보안이 차세대 고부가가치 보안산업으로서 급부상하고 있다.

## 80 난이도 하 ┃민간경비산업의 과제와 전망 – 민간경비산업의 발전방안 및 전망

국내 민간경비산업의 발전방안 및 전망에 관한 설명으로 옳지 않은 것은?

① 경찰과 민간경비업계는 차별적 관계에 있다는 인식을 확립해 나가야 한다.
> 경찰과 민간경비의 역할을 조정하고, 상호 협력체제를 구축하여 동반자 의식을 확립하여야 한다.

② 과거에 비해 기계경비의 비중이 높아지고 있으며, 이 경향은 앞으로도 지속될 것이다.
③ 민간경비업체들의 영세성을 탈피하기 위한 경비업체 업무의 다변화가 필요하다.
④ 인구 고령화 추세에 따른 긴급통보시스템, 레저산업 안전경비 등 각종 민간경비 분야가 발전할 것으로 전망된다.

### 핵심만콕 민간경비산업의 발전방안

| 국가정책적 육성방안 | 민간경비회사 자체의 육성방안 |
| --- | --- |
| • 경비 관련 자격증제도의 전문화<br>• 기계경비 중심의 민간경비산업 지향<br>• 민간경비 관련 법규 정비<br>• 민간경비체제의 다양화 및 업무의 다양화<br>• 경찰체제의 개편 및 첨단경비의 개발<br>• 국가 전담기구의 설치와 행정지도<br>• 세제상 및 금융지원을 통한 민간경비업체의 보호 육성 | • 우수인력의 확보와 홍보활동의 강화<br>• 영세업체의 자생력 향상<br>• 경비협회활동의 활성화<br>• 경찰조직과의 협조체제 구축<br>• 손해배상체제의 보완 및 산업재해에 대한 예방 |

# 2019년 법학개론

## 정답 CHECK

| 01 | 02 | 03 | 04 | 05 | 06 | 07 | 08 | 09 | 10 | 11 | 12 | 13 | 14 | 15 | 16 | 17 | 18 | 19 | 20 |
|----|----|----|----|----|----|----|----|----|----|----|----|----|----|----|----|----|----|----|----|
| ③ | ④ | ④ | ② | ③ | ① | ③ | ④ | ① | ② | ③ | ② | ④ | ① | ③ | ② | ① | ② | ④ | ② |
| 21 | 22 | 23 | 24 | 25 | 26 | 27 | 28 | 29 | 30 | 31 | 32 | 33 | 34 | 35 | 36 | 37 | 38 | 39 | 40 |
| ② | ① | ② | ④ | ③ | ③ | ④ | ② | ③ | ① | ① | ④ | ② | ① | ④ | ④ | ② | ① | ④ | ③ |

## 01  난이도 하
▮법학 일반 - 법의 의의

**법의 의의에 관한 설명으로 옳지 않은 것은?**

① 법은 사회규범의 일종이다.

> 법은 관습이나 도덕규범과 같이 인간의 행위를 규율하며, 사회규범의 전형적인 형태이다.

② 법은 재판규범이 되기도 한다.

> 강제력의 발동은 재판을 통해서 이루어지는데, 이를 재판규범이라고 한다.

③ **법은 존재법칙이지만 자연현상은 당위법칙이다.**

> 법은 사회구성원들이 지켜야 할 행위의 준칙을 정하는 당위규범으로서, 있는 그대로의 존재를 설명하는 자연법칙과는 구별된다.

④ 법은 양면성을 갖지만 도덕은 일면성을 갖는다.

> 법은 대립되는 양면을 가진 사회사실을 규제하는 양면성을 가지고 있으나 도덕은 권리는 없고 의무만 있는 일면성을 특징으로 한다.

### 핵심만콕  법과 도덕의 비교(차이점) ★

| 구 성 | 법(法) | 도덕(道德) |
|---|---|---|
| 목 적 | 정의(Justice)의 실현 | 선(Good)의 실현 |
| 규율 대상 | 평균인의 현실적 행위·결과 | 평균인의 내면적 의사·동기·양심 |
| 규율 주체 | 국 가 | 자기 자신 |
| 준수 근거 | 타율성 | 자율성 |
| 표현양식 | 법률·명령형식의 문자로 표시 | 표현양식이 다양함 |
| 특 징 | 외면성 : 인간의 외부적 행위·결과 중시 | 내면성 : 인간의 내면적 양심과 동기를 중시 |
| | 강제성 : 위반 시 국가권력에 의해 처벌 받음 | 비강제성 : 규범의 유지·제재에 강제가 없음 |
| | 양면성 : 권리에 대한 의무가 대응 | 일면성(편면성) : 의무에 대응하는 권리가 없음 |

## 02  난이도 중  ▎법학 일반 – 법원(성문법)

**지방자치단체의 자치입법에 해당하는 것을 모두 고른 것은?**

> ㄱ. 조 례
> ㄴ. 규 칙
> ㄷ. 교육규칙

① ㄱ, ㄴ
② ㄱ, ㄷ
③ ㄴ, ㄷ
④ ㄱ, ㄴ, ㄷ

> 「헌법」 제117조 제1항에 의해 "지방자치단체는 … 법령의 범위 안에서 자치에 관한 규정을 제정할 수 있다"라고 하여, 자치입법권을 보장하고 있다. 이에 의거하여 「지방자치법」은 조례와 규칙의 2형식을 인정하고 있고, 「지방교육자치에 관한 법률」은 자치입법으로 교육규칙을 인정하고 있다. 따라서 ㄱ, ㄴ, ㄷ 모두 자치입법권의 내용에 해당한다.

## 03 난이도 하
법학 일반 - 법의 분류

**법의 분류에 관한 설명으로 옳은 것은?**

① 민사소송법은 사법이다.
> 민사소송법은 헌법, 행정법, 형법, 형사소송법, 행정소송법, 국제법 등과 마찬가지로 공법(公法)에 해당한다.

② 공법이 축소되고 사법이 확대되는 '공법의 사법화' 경향이 강해지고 있다.
> 사법이 축소되고 공법이 확대되는 '사법의 공법화' 경향이 강해지고 있다.

③ 형법은 범죄를 저지른 사람에게만 적용된다는 점에서 특별법이다.
> 형법은 장소·사람·사물에 제한 없이 일반적으로 적용되는 법으로 헌법, 민법, 등과 마찬가지로 일반법에 해당한다. 반면 특별법은 특정한 장소·사람·사물에만 적용되는 법으로 상법, 군형법, 국가공무원법, 조례, 규칙 등이 있다.

❹ **권리나 의무의 발생·변경·소멸을 규율하는 법은 실체법이다.**
> 실체법은 권리·의무의 실체, 즉 발생·변경·소멸·성질·내용 및 범위 등을 규율하는 법으로 헌법, 민법, 형법, 상법 등이 이에 해당한다. 반면 절차법은 권리나 의무의 실질적 내용을 실현하는 절차법으로 민사소송법, 민사집행법, 형사소송법, 행정소송법, 채무자 회생 및 파산에 관한 법률, 부동산등기법 등이 있다.

## 04 난이도 하
법학 일반 - 법원(성문법과 불문법)

**성문법과 불문법에 관한 설명으로 옳은 것은?**

① 조례는 불문법에 해당한다.
> 조례는 헌법, 법률, 명령, 규칙, 조약 등과 더불어 성문법에 해당한다.

❷ **헌법에 의하여 체결·공포된 조약은 성문법에 해당한다.**
> 헌법에 의하여 체결·공포된 조약은 국내법과 같은 효력을 갖는 성문법에 해당한다(헌법 제6조 제1항).

③ '죄형법정주의'의 '법'에는 법률 및 관습법이 포함된다.
> 죄형법정주의는 일정한 행위를 범죄로 하고 형벌을 과하기 위해서는 반드시 성문의 법규를 필요로 한다는 원칙으로, 관습형법은 배제된다.

④ 성문법은 사회적 변화에 신속히 대응할 수 있는 장점이 있다.
> 사회적 변화에 신속히 대응할 수 있는 장점은 불문법의 특징이다.

## 05 난이도 하 | 법학 일반 – 법의 적용

**법의 적용에 관한 설명으로 옳은 것은?**

① 간주의 효과는 반증이 있으면 뒤집을 수 있다.
> 반증을 들어 뒤집을 수 있는 것은 추정이다.

② 사실의 진실 여부와는 관계없이 의제하는 것은 추정이다.
> 사실의 진실 여부와는 관계없이 확정된 사실로 의제하는 것은 간주이다.

③ **입증책임은 원칙적으로 사실의 존부를 주장하는 자가 부담한다.**
> 사실의 인정을 위하여 증거를 주장하는 것을 입증이라 하며, 이 입증책임은 그 사실의 존부를 주장하는 자가 부담한다.

④ 2인 이상이 동일한 위난으로 사망한 경우에는 동시에 사망한 것으로 간주한다.
> 동일한 위난으로 수인이 사망한 경우 그들은 동시에 사망한 것으로 추정한다(민법 제30조).

## 06 난이도 하 | 법학 일반 – 권리의 작용에 따른 분류(형성권)

**권리자의 일방적 의사표시에 의하여 법률관계를 변동시킬 수 있는 권리는?**

① **형성권**
> 권리자의 일방적인 의사표시에 의하여 일정한 법률관계를 발생·변경·소멸시키는 권리는 형성권이다.

② 청구권
③ 항변권
④ 지배권

### 핵심만콕 권리의 작용(효력)에 따른 분류

| | |
|---|---|
| 지배권(支配權) | 권리의 객체를 직접적·배타적으로 지배할 수 있는 권리를 말한다.<br>예 물권, 무체재산권, 친권 등 |
| 청구권(請求權) | 타인에 대하여 일정한 급부 또는 행위(작위·부작위)를 적극적으로 요구하는 권리이다.<br>예 채권, 부양청구권 등 |
| 형성권(形成權) | 권리자의 일방적인 의사표시에 의하여 일정한 법률관계를 발생·변경·소멸시키는 권리이다.<br>예 취소권, 해제권, 추인권, 해지권 등 |
| 항변권(抗辯權) | 상대방의 청구권 행사에 대하여 급부를 거절할 수 있는 권리로서, 타인의 공격을 막는 방어적 수단으로 사용되며 상대방에게 청구권이 있음을 부인하는 것이 아니라 그것을 전제하고, 다만 그 행사를 배척하는 권리를 말한다.<br>예 연기적 항변권 → 보증인의 최고 및 검색의 항변권, 동시이행의 항변권<br>　 영구적 항변권 → 상속인의 한정승인 등 |

## 07 난이도 하

**유권해석에 해당하는 것은?**

① 문리해석

> 문리해석은 법문을 형성하는 용어, 문장을 기초로 하여 그 문자가 가지는 의미에 따라서 법규 전체의 의미를 해석하는 해석방법을 말한다.

② 반대해석

> 반대해석은 법문이 규정하는 요건과 반대의 요건이 존재하는 경우에 그 반대의 요건에 대하여 법문과 반대의 법적 판단을 하는 해석방법을 말한다.

③ **행정해석**

> 유권해석은 권한을 가진 국가기관에 의하여 행하여지는 해석으로서 공적인 구속력을 가지는 공권적 해석이다. 행정해석은 행정기관이 법을 집행하기 위하여 필요한 경우 법집행 권한에 근거하여 내리는 해석으로 유권해석의 일종이다.

④ 유추해석

> 유추해석은 두 개의 사실 중 법규에서 어느 하나의 사실에 관해서만 규정하고 있는 경우에 나머지 다른 사실에 대해서도 마찬가지의 효과를 인정하는 해석방법을 말한다.

### 핵심만콕

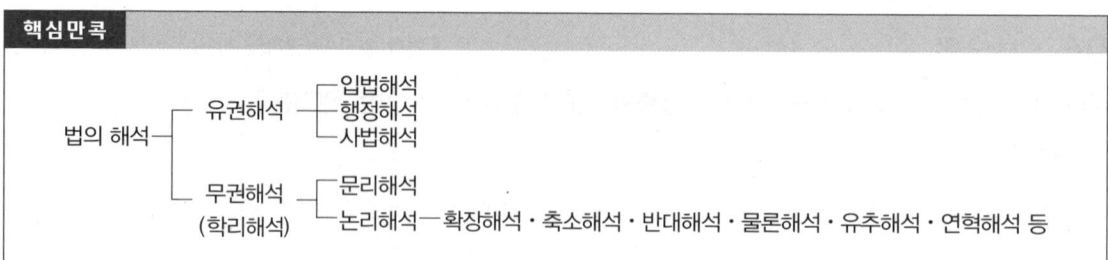

## 08 난이도 하　　　　　　　　　　　　　　　　　　　　법학 일반 – 권리와 의무

**권리와 의무에 관한 설명으로 옳지 않은 것은?**

① 공권(公權)은 공법관계에서 인정되는 권리이다.

> 공권은 공법관계에서 인정되는 권리로서 국가적 공권(행정주체가 사인에 대하여 갖는 권리)과 개인적 공권(개인이 행정주체에 대하여 일정한 행위를 요구할 수 있는 권리)으로 분류할 수 있다.

② 권리에서 파생되는 개개의 법률상의 작용을 권능이라고 한다.

> 권능은 권리의 내용을 이루는 개개의 법률상의 힘으로, 소유권은 권리이지만 그 내용인 사용권(使用權)·수익권(受益權)·처분권(處分權)은 권능에 해당한다.

③ 헌법상 납세의 의무는 의무만 있고 권리를 수반하지 않는 경우에 해당한다.

> 헌법 제38조

④ <u>어떤 행위를 하지 않아야 하는 의무를 작위의무라 하고, 어떤 행위를 하여야 하는 의무를 부작위의무라 한다.</u>

> 어떤 행위를 하지 않아야 하는 의무가 부작위의무이고, 어떤 행위를 하여야 하는 의무를 작위의무라 한다.

## 09 난이도 하　　　　　　　　　　　　　　　　　　　법학 일반 – 권리와 의무(권리의 충돌)

**권리의 충돌에 관한 설명으로 옳은 것은?**

① 채권 상호 간에는 원칙적으로 성립의 선후에 따른 우선순위의 차이가 없다.

> 채권자 평등의 원칙에 따라, 동일채무자에 대한 여러 개의 채권은 그의 발생원인·발생시기의 선후·채권액의 다소를 묻지 않고서 평등하게 다루어진다.

② 물권과 채권이 충돌할 경우에는 원칙적으로 채권이 우선한다.

> 하나의 물건에 대하여 물권과 채권이 병존하는 경우에는 그 성립시기를 불문하고 원칙적으로 물권이 우선한다. 예외적으로 대항요건을 갖춘 부동산의 임차권은 나중에 성립한 전세권에 우선한다.

③ 소유권과 이를 제한하는 제한물권 사이에서는 원칙적으로 소유권이 우선한다.

> 소유권과 제한물권 사이에서는 제한물권이 언제나 소유권에 우선한다.

④ 동일물에 성립한 전세권과 저당권은 그 성립시기에 상관없이 저당권이 우선한다.

> 서로 종류를 달리하는 물권일 때에는 일정한 원칙이 없고, 법률의 규정에 의하여 순위가 정하여진다.

## 10  난이도 중  ┃헌법 - 대한민국의 기본제도(선거제도의 원칙)

헌법상 국회의원 선거에서 보장하고 있는 선거원칙이 아닌 것을 모두 고른 것은?

> ㄱ. 제한선거
> ㄴ. 직접선거
> ㄷ. 공개선거

① ㄱ
② ㄱ, ㄷ

> 우리나라의 선거제도는 보통·평등·직접·비밀·자유선거의 원칙을 따르므로, 헌법상 제한선거와 공개선거는 인정되지 않는다.

③ ㄴ, ㄷ
④ ㄱ, ㄴ, ㄷ

| 핵심만콕 | 선거제도의 원칙 |
|---|---|
| 보통선거제 | 제한선거제에 반대되는 것으로 사회적 신분·재산·납세·교육·신앙·인종·성별 등에 차별을 두지 않고 원칙적으로 모든 성년자에게 선거권을 부여하는 제도이다. |
| 평등선거제 | 차등선거제에 반대되는 것으로 선거인의 투표가치가 평등하게 취급되는 제도이다. |
| 직접선거제 | 간접선거제에 반대되는 것으로 선거인이 직접 선거하는 제도이다. |
| 비밀선거제 | 공개선거제에 반대되는 것으로 선거인이 누구에게 투표했는가를 제3자가 알 수 없게 하는 제도이다. |
| 임의선거제 (자유선거제) | 강제선거제에 반대되는 것으로 투표를 선거인의 자유에 맡기고 기권에 대해서도 하등의 제재를 과하지 않는 제도이다. |

# 11 난이도 중 　　　　　　　　　　　　　　　　　　　　　헌법 – 헌법 전문

**대한민국 헌법 전문에서 언급하고 있는 내용이 아닌 것은?**

① 3·1운동
② 4·19민주이념
③ **5·18민주화운동**

　　5·18민주화운동은 헌법 전문에서 언급하고 있는 내용이 아니다.

④ 정의·인도와 동포애

### 핵심만콕

| | |
|---|---|
| 현행 헌법 전문에 명문으로 규정되어 있는 것 | • 국민주권주의<br>• 대한민국의 건국이념(3·1운동, 대한민국임시정부의 법통과 4·19이념의 계승)<br>• 조국의 민주개혁과 평화적 통일의 사명<br>• 정의·인도와 동포애로써 민족의 단결을 공고히 함<br>• 모든 사회적 폐습과 불의를 타파<br>• 자유민주적 기본질서의 확립<br>• 모든 영역에서 각인의 기회균등<br>• 국민생활의 균등한 향상<br>• 국제평화주의 |
| 현행 헌법 전문에 명문으로 규정되어 있지 않은 것 | • 권력분립<br>• 민주공화국, 국가형태(제1조)<br>• 5·16군사정변(제4공화국 헌법)<br>• 침략전쟁의 부인(제5조 제1항)<br>• 자유민주적 기본질서에 입각한 평화적 통일정책(제4조)<br>• 국가의 전통문화 계승·발전과 민족문화 창달의무(제9조)<br>• 대한민국 영토(제3조)<br>• 개인과 기업의 경제상의 자유와 창의(제119조 제1항)<br>• 인간의 존엄과 가치, 행복추구권(제10조) |

## 12 난이도 하
헌법 - 통치기구(헌법재판소)

헌법 제113조 제1항의 규정이다. ( )에 들어갈 숫자는?

> 헌법재판소에서 법률의 위헌 결정, 탄핵의 결정, 정당해산의 결정 또는 헌법소원에 관한 인용결정을 할 때에는 재판관 ( )인 이상의 찬성이 있어야 한다.

① 5
② **6**

> ( )에 들어갈 숫자는 6이다.

③ 7
④ 8

## 13 난이도 중
헌법 - 통치기구(국회)

헌법상 국회의원에 관한 설명으로 옳지 않은 것은?

① 국회의원의 수는 법률로 정하되, 200인 이상으로 한다.
> 헌법 제41조 제2항

② 국회의원은 현행범인인 경우를 제외하고는 회기 중 국회의 동의 없이 체포 또는 구금되지 아니한다.
> 헌법 제44조 제1항

③ 국회의원이 회기 전에 체포 또는 구금된 때에는 현행범인이 아닌 한 국회의 요구가 있으면 회기 중 석방된다.
> 헌법 제44조 제2항

④ 국회의원은 국회에서 직무상 행한 발언과 표결에 관하여 국회 내·외에서 책임을 지지 아니한다.
> 국회의원은 국회에서 직무상 행한 발언과 표결에 관하여 국회 외에서 책임을 지지 아니한다(헌법 제45조).

**핵심만콕  국회의원의 특권**

- 불체포특권
  - 국회의원은 현행범인인 경우를 제외하고는 회기 중 국회의 동의 없이 체포 또는 구금되지 아니한다(헌법 제44조 제1항).
  - 국회의원이 회기 전에 체포 또는 구금된 때에는 현행범인이 아닌 한 국회의 요구가 있으면 회기 중 석방된다(헌법 제44조 제2항).
- 면책특권 : 국회의원은 국회에서 직무상 행한 발언과 표결에 관하여 국회 외에서 책임을 지지 아니한다(헌법 제45조).

## 14 난이도 하 ▌헌법 - 기본권의 제한과 한계

헌법 제37조 제2항의 규정이다. (　)에 들어갈 용어가 순서대로 옳은 것은?

> 국민의 모든 자유와 권리는 (　)·(　) 또는 (　)를 위하여 필요한 경우에 한하여 법률로써 제한할 수 있으며, 제한하는 경우에도 자유와 권리의 본질적인 내용을 침해할 수 없다.

① **국가안전보장, 질서유지, 공공복리**

　　(　)에 들어갈 용어는 순서대로 국가안전보장, 질서유지, 공공복리이다.

② 국가안전보장, 질서유지, 환경보호
③ 국가안전보장, 환경보호, 공공복리
④ 환경보호, 질서유지, 공공복리

## 15 난이도 하 ▌민사법 - 권리의 주체(법인의 기관)

민법상 법인의 기관에 관한 설명으로 옳지 않은 것은?

① 법인은 이사를 두어야 한다.

　　이사는 사단법인과 재단법인 모두의 필수적 기관이다(민법 제57조).

② 이사는 선량한 관리자의 주의로 그 직무를 행하여야 한다.

　　법인과 이사와의 임면 관계는 민법상 위임에 관한 규정을 준용한다. 따라서 이사는 선량한 관리자의 주의로 그 직무를 수행하여야 한다.

③ **법인은 2인 이상의 감사를 두어야 한다.**

　　비영리법인에서의 감사는 필수기관은 아니며 임의기관에 해당한다(민법 제66조).

④ 사단법인의 이사는 매년 1회 이상 통상총회를 소집하여야 한다.

　　민법 제69조

## 16 난이도 하 　　　　　民事법 – 법률행위(대리)

**민법상 대리에 관한 설명으로 옳지 않은 것은?**

① 대리인은 행위능력자임을 요하지 아니한다.

> 민법 제117조

② **복대리인은 그 권한 내에서 대리인을 대리한다.**

> 복대리인은 대리인이 선임한 <u>본인의 대리인이다</u>.

③ 임의대리인은 본인의 승낙이 있거나 부득이한 사유가 있는 경우, 복대리인을 선임할 수 있다.

> 민법 제120조 반대해석상

④ 대리인이 그 권한 내에서 본인을 위한 것임을 표시한 의사표시는 직접 본인에 대하여 효력이 생긴다.

> 민법 제114조 제1항

## 17 난이도 하 　　　　　민사법 – 전형계약

**민법상 당사자 일방이 금전 기타 대체물의 소유권을 상대방에게 이전할 것을 약정하고 상대방은 그와 같은 종류, 품질 및 수량으로 반환할 것을 약정함으로써 그 효력이 생기는 전형계약은?**

① **소비대차**

> 설문은 민법 제598조의 소비대차계약에 대한 설명이다.

② 사용대차

> 사용대차는 당사자 일방이 상대방에게 무상으로 사용, 수익하게 하기 위하여 목적물을 인도할 것을 약정하고 상대방은 이를 사용, 수익한 후 그 물건을 반환할 것을 약정함으로써 효력이 발생하는 계약이다(민법 제609조).

③ 임대차

> 임대차는 당사자 일방이 상대방에게 목적물을 사용, 수익하게 할 것을 약정하고 상대방이 이에 대하여 차임을 지급할 것을 약정함으로써 효력이 발생하는 계약이다(민법 제618조).

④ 위 임

> 위임은 당사자 일방이 상대방에 대하여 사무의 처리를 위탁하고 상대방이 이를 승낙함으로써 효력이 발생하는 계약이다(민법 제680조).

## 18 난이도 하 | 민사법 – 용익물권

민법상 타인의 토지에 건물 기타 공작물이나 수목을 소유하기 위하여 그 토지를 사용할 수 있는 물권은?

① 지역권

> 지역권은 지역권자가 일정한 목적을 위하여 타인의 토지를 자기토지의 편익에 이용할 수 있는 권리이다(민법 제291조).

② **지상권**

> 지상권은 지상권자가 타인의 토지에 건물 기타 공작물이나 수목을 소유하기 위하여 그 토지를 사용할 수 있는 권리이다(민법 제279조).

③ 유치권

> 유치권은 타인의 물건 또는 유가증권을 점유한 자가 그 물건이나 유가증권에 관하여 생긴 채권이 변제기에 있는 경우에 변제를 받을 때까지 그 물건 또는 유가증권을 유치할 수 있는 권리이다(민법 제320조 제1항).

④ 저당권

> 저당권은 채무자 또는 제3자가 점유를 이전하지 아니하고 채무의 담보로 제공한 부동산에 대하여 저당권자가 다른 채권자보다 자기채권의 우선변제를 받을 수 있는 권리이다(민법 제356조).

## 19 난이도 하 | 민사법 – 경비업무와 손해배상

경비업자 甲과 경비계약을 체결한 乙은 甲의 과실로 인한 채무불이행으로 손해를 입었다. 이에 관한 설명으로 옳지 않은 것은?

① 다른 의사표시가 없으면 甲은 乙의 손해를 금전으로 배상하여야 한다.

> 민법 제394조

② 채무불이행에 관하여 손해배상액을 예정한 경우, 그 금액이 부당히 과다하면 법원은 적당히 감액할 수 있다.

> 민법 제398조 제2항

③ 甲의 채무불이행에 관하여 乙에게도 과실이 있다면 법원은 손해배상의 책임 및 그 금액을 정함에 이를 참작하여야 한다.

> 민법 제396조

④ **만약, 甲의 채무불이행에 고의나 과실이 없었더라도 乙은 甲에게 손해배상을 청구할 수 있다.**

> 채무자가 채무의 내용에 좋은 이행을 하지 아니한 때에는 채권자는 손해배상을 청구할 수 있다. 그러나 채무자의 고의나 과실 없이 이행할 수 없게 된 때에는 그러하지 아니하다(민법 제390조).

## 20 난이도 하
**민사법 – 손해배상청구권의 소멸시효**

경비업자 甲의 불법행위와 관련한 민법 제766조 제1항의 규정이다. (  )에 들어갈 숫자는?

> 불법행위로 인한 손해배상의 청구권은 피해자나 그 법정대리인이 그 손해 및 가해자를 안 날로부터 (  )년간 이를 행사하지 아니하면 시효로 인하여 소멸한다.

① 1
② **3**

> (  )에 들어갈 숫자는 3이다.

③ 5
④ 10

---

**관계법령  손해배상청구권의 소멸시효(민법 제766조)**
① 불법행위로 인한 손해배상의 청구권은 피해자나 그 법정대리인이 그 손해 및 가해자를 안 날로부터 3년간 이를 행사하지 아니하면 시효로 인하여 소멸한다.
② 불법행위를 한 날로부터 10년을 경과한 때에도 전항과 같다.
③ 미성년자가 성폭력, 성추행, 성희롱, 그 밖의 성적(性的) 침해를 당한 경우에 이로 인한 손해배상청구권의 소멸시효는 그가 성년이 될 때까지는 진행되지 아니한다.
[단순위헌, 2014헌바148, 2018.8.30. 민법(1958.2.22. 법률 제471호로 제정된 것) 제766조 제2항 중 '진실·화해를 위한 과거사정리 기본법' 제2조 제1항 제3호, 제4호에 규정된 사건에 적용되는 부분은 헌법에 위반된다.]

---

## 21 난이도 하
**민사법 – 경비업무와 손해배상**

경비업자 甲은 乙의 귀중품을 경비하던 중, 이를 절취하려는 丙의 손목시계를 정당방위로 부득이 파손하였다. 이에 관한 설명으로 옳은 것을 모두 고른 것은?

> ㄱ. 甲과 乙은 丙에게 정신적 손해를 배상할 책임이 없다.
> ㄴ. 甲은 丙에게 손목시계에 대한 재산적 손해를 배상할 책임이 있다.
> ㄷ. 乙은 丙에게 손목시계에 대한 재산적 손해를 배상할 책임이 없다.

① ㄱ, ㄴ
② **ㄱ, ㄷ**

> **경비업자 甲**은 정당방위의 효과로서 丙의 손목시계를 부득이하게 파손한 경우에도 손괴죄의 위법성이 조각되어, 형법상 책임을 지지 않으며, 민법상 불법행위 손해배상책임도 발생하지 않는다. 또한 경비업법상 경비업은 도급의 형태이므로 乙은 원칙적으로 민법상 사용자배상책임을 지지 않고, 절도범 丙과 채권채무관계도 존재하지 않으므로 채무불이행 책임도 지지 않는다. 따라서 **甲과 乙은 丙에게 손목시계 파손에 대하여 재산적 손해를 배상할 책임이 없으며, 또한 정신적 손해를 배상할 책임도 없다.**

③ ㄴ, ㄷ
④ ㄱ, ㄴ, ㄷ

## 22  난이도 중

■ 형사법 – 범죄론(미수범 등)

형법상 미수범 등에 관한 설명으로 옳지 않은 것은?  기출수정

① <u>미수범의 형은 기수범보다 감경하여야 한다</u>.

> 미수범은 형법 각칙의 해당 죄에서 정하는 경우에만 처벌되며(형법 제29조), 그 형도 기수범보다 감경할 수 있다(임의적 감경, 형법 제25조 제2항).

② 범인이 실행에 착수한 행위를 자의(自意)로 중지한 때에는 형을 감경 또는 면제한다.

> 범인이 실행에 착수한 행위를 자의(自意)로 중지한 것을 중지미수라고 하며, 형법은 그 경우 형을 감경하거나 면제한다(형법 제26조).

③ 범죄의 음모가 실행의 착수에 이르지 아니한 때에는 법률에 특별한 규정이 있어야 처벌할 수 있다.

> 형법 제28조 반대해석상

④ 실행 수단의 착오로 인하여 결과발생이 불가능하더라도 위험성이 있는 때에는 처벌하되, 형을 감경 또는 면제할 수 있다.

> 형법 제27조(불능범) : 불능미수를 의미

## 23  난이도 상

■ 형사법 – 해방감경규정

형법상 '죄를 범한 사람이 약취·유인한 자를 안전한 장소로 풀어 준 때에는 그 형을 감경할 수 있다'는 별도의 감경규정이 없는 범죄는?

① 인질강요죄

> 형법 제324조의6(형의 감경) – 형법 제324조의2(인질강요)

② <u>인질강도죄</u>

> 인질강도죄(형법 제336조)는 형법상 해방감경규정이 없다.

③ 인신매매죄

> 형법 제295조의2(형의 감경) – 형법 제289조(인신매매)

④ 미성년자 약취·유인죄

> 형법 제295조의2(형의 감경) – 형법 제287조(미성년자의 약취, 유인)

## 24 난이도 중 ┃형사법 – 국선변호인

형사소송법상 형사피고인이 변호인이 없는 때에 법원이 직권으로 국선변호인을 선정해야 하는 경우가 아닌 것은?  기출수정

① 피고인이 구속된 때
② 피고인이 미성년자인 때
③ 피고인이 심신장애가 있는 것으로 의심되는 때
④ **피고인이 단기 2년의 금고에 해당하는 사건으로 기소된 때**

> 피고인이 사형, 무기 또는 단기 3년 이상의 징역이나 금고에 해당하는 사건으로 기소된 때가 변호인이 없을 때 법원이 직권으로 변호인을 선정하여야 하는 경우에 해당한다(형사소송법 제33조 제1항 제6호).

---

**관계법령**  국선변호인(형사소송법 제33조)

① 다음 각호의 어느 하나에 해당하는 경우에 변호인이 없는 때에는 법원은 직권으로 변호인을 선정하여야 한다.
  1. 피고인이 구속된 때
  2. 피고인이 미성년자인 때
  3. 피고인이 70세 이상인 때
  4. 피고인이 듣거나 말하는 데 모두 장애가 있는 사람인 때
  5. 피고인이 심신장애가 있는 것으로 의심되는 때
  6. 피고인이 사형, 무기 또는 단기 3년 이상의 징역이나 금고에 해당하는 사건으로 기소된 때
② 법원은 피고인이 빈곤이나 그 밖의 사유로 변호인을 선임할 수 없는 경우에 피고인이 청구하면 변호인을 선정하여야 한다.
③ 법원은 피고인의 나이·지능 및 교육 정도 등을 참작하여 권리보호를 위하여 필요하다고 인정하면 피고인의 명시적 의사에 반하지 아니하는 범위에서 변호인을 선정하여야 한다.

## 25 난이도 상 　　　　　　　　　　　　　　　　　형사법 – 종국재판의 종류 및 사유(면소판결)

**형사소송법상 면소판결의 선고를 해야 하는 경우는?** 　　기출수정

① 피고인에 대하여 재판권이 없을 때
② 친고죄 사건에서 고소가 취소되었을 때
**③ 공소의 시효가 완성되었을 때**

> ③은 형사소송법 제326조 제3호의 면소판결 사유에 해당하나, ①·②·④는 공소기각판결 사유에 해당한다.

④ 공소가 제기된 사건에 대하여 다시 공소가 제기되었을 때

### 핵심만콕　종국재판의 종류 및 구체적 사유 ★★

| 구분 | 내용 |
|---|---|
| 유죄판결 | 사건의 실체에 관하여 피고인 범죄사실의 증명이 있는 때 |
| 무죄판결<br>(형사소송법 제325조) | • 피고사건이 범죄로 되지 아니하는 때(구성요건해당성이 없거나 또는 위법성조각사유나 책임조각사유가 존재한다는 것이 밝혀진 경우)<br>• 범죄사실의 증명이 없는 때 |
| 관할위반의 판결<br>(형사소송법 제319조) | 피고사건이 법원의 관할에 속하지 아니하는 때 |
| 공소기각의 결정<br>(형사소송법 제328조 제1항) | 두음 공·취·사·소 / 수·법·계·관·경 / 범·사·포·아<br>• 공소가 **취소**되었을 때(제1호)<br>• 피고인이 **사망**하거나 또는 피고인 법인이 존속하지 아니하게 되었을 때(**소멸**)<br>• 동일사건이 사물관할을 달리하는 **수개의 법원**에 계속되거나 관할이 **경합**하는 경우(제12조 또는 제13조)의 규정과 관련하여 재판할 수 없는 때(제3호)<br>• 공소장에 **범죄**가 될 만한 **사실**이 **포함**되지 아니할 때(제4호) |
| 공소기각의 판결<br>(형사소송법 제327조) | 두음 재·절·무 / 위반 공소 / 친·반<br>• 피고인에 대하여 **재판권**이 없을 때(제1호)<br>• 공소제기의 **절차**가 법률의 규정을 위반하여 **무효**일 때(제2호)<br>• 공소가 제기된 사건에 대하여 **다시 공소**가 제기되었을 때(제3호)<br>• 제329조(공소취소와 재기소)를 **위반**하여 **공소**가 제기되었을 때(제4호)<br>• 고소가 있어야 공소를 제기할 수 있는 사건(**친고죄**)에서 고소가 취소되었을 때(제5호)<br>• 피해자의 명시한 의사에 반하여 공소를 제기할 수 없는 사건(**반의사불벌죄**)에서 처벌을 원하지 아니하는 의사표시를 하거나 처벌을 원하는 의사표시를 철회하였을 때(제6호) |
| 면소판결<br>(형사소송법 제326조) | 두음 확·사·시·폐<br>• 확정판결이 있은 때(제1호)<br>• **사면**이 있은 때(제2호)<br>• 공소시효가 완성되었을 때(제3호)<br>• 범죄 후 법령개폐로 형이 폐지되었을 때(제4호) |

## 26 난이도 하

형사법 - 공소시효의 기간

형사소송법상 무기징역에 해당하는 범죄의 공소시효기간은?

① 7년
② 10년
③ **15년**

> 무기징역 또는 무기금고에 해당하는 범죄의 공소시효는 15년이다(형사소송법 제249조 제1항 제2호).

④ 20년

---

**관계법령 공소시효의 기간(형사소송법 제249조)**

① 공소시효는 다음 기간의 경과로 완성한다.
1. 사형에 해당하는 범죄에는 25년
2. 무기징역 또는 무기금고에 해당하는 범죄에는 15년
3. 장기 10년 이상의 징역 또는 금고에 해당하는 범죄에는 10년
4. 장기 10년 미만의 징역 또는 금고에 해당하는 범죄에는 7년
5. 장기 5년 미만의 징역 또는 금고, 장기10년 이상의 자격정지 또는 벌금에 해당하는 범죄에는 5년
6. 장기 5년 이상의 자격정지에 해당하는 범죄에는 3년
7. 장기 5년 미만의 자격정지, 구류, 과료 또는 몰수에 해당하는 범죄에는 1년

② 공소가 제기된 범죄는 판결의 확정이 없이 공소를 제기한 때로부터 25년을 경과하면 공소시효가 완성한 것으로 간주한다.

---

## 27 난이도 중

형사법 - 수사의 개시(고소·고발)

형사소송법상 고소·고발에 관한 설명으로 옳은 것은?

① 고소를 취소한 자는 다시 고소할 수 있다.

> 고소를 취소한 자는 다시 고소할 수 없다(형사소송법 제232조 제2항).

② 고소의 취소는 대법원 확정판결 전까지 가능하다.

> 고소는 제1심 판결선고 전까지 취소할 수 있다(형사소송법 제232조 제1항).

③ 피해자의 법정대리인은 피해자의 동의 없이는 독립하여 고소할 수 없다.

> 피해자의 법정대리인은 독립하여 고소할 수 있다(형사소송법 제225조 제1항).

④ **친고죄의 공범 중 그 1인에 대한 고소는 다른 공범자에 대하여도 효력이 있다.**

> 친고죄의 공범 중 그 1인 또는 수인에 대한 고소 또는 그 취소는 다른 공범자에 대하여도 효력이 있다[형사소송법 제233조(고소의 불가분)].

## 28 난이도 중

**형사법 - 비상구제절차(재심)**

형사소송법상 재심청구에 관한 설명으로 옳지 않은 것은?

① 재심의 청구는 원판결의 법원이 관할한다.

> 형사소송법 제423조

② **재심의 청구로 형의 집행은 정지된다.**

> 재심의 청구는 형의 집행을 정지하는 효력이 없다(형사소송법 제428조 본문).

③ 재심의 청구가 청구권의 소멸 후인 것이 명백한 때에는 결정으로 기각하여야 한다.

> 재심의 청구가 법률상의 방식에 위반하거나 청구권의 소멸 후인 것이 명백한 때에는 결정으로 기각하여야 한다(형사소송법 제433조).

④ 재심의 청구는 형의 집행을 받지 아니하게 된 때에도 할 수 있다.

> 재심의 청구는 형의 집행을 종료하거나 형의 집행을 받지 아니하게 된 때에도 할 수 있다(형사소송법 제427조).

## 29 난이도 중

**상법 일반 - 회사법(주주총회의 특별결의사항)**

상법상 주주총회의 특별결의사항에 해당하지 않는 것은?

① 영업 전부의 양도
② 영업 전부의 임대
③ **타인과 영업의 손익 일부를 같이 하는 계약**

> 타인과 영업의 손익 전부를 같이 하는 계약이 상법상 주주총회의 특별결의사항에 해당한다(상법 제374조 제1항 제2호).

④ 회사의 영업에 중대한 영향을 미치는 다른 회사의 영업 일부의 양수

---

**관계법령** 영업양도, 양수, 임대등(상법 제374조)

① 회사가 다음 각호의 어느 하나에 해당하는 행위를 할 때에는 제434조에 따른 결의가 있어야 한다.

> **정관변경의 특별결의(상법 제434조)**
> 제433조 제1항의 결의는 출석한 주주의 의결권의 3분의 2 이상의 수와 발행주식총수의 3분의 1 이상의 수로써 하여야 한다.

1. 영업의 전부 또는 중요한 일부의 양도
2. 영업 전부의 임대 또는 경영위임, 타인과 영업의 손익 전부를 같이 하는 계약, 그 밖에 이에 준하는 계약의 체결·변경 또는 해약
3. 회사의 영업에 중대한 영향을 미치는 다른 회사의 영업 전부 또는 일부의 양수

## 30 난이도 하 | 상법 일반 - 회사법

**상법상 회사에 관한 설명으로 옳지 않은 것은?**

① 회사는 다른 회사의 무한책임사원이 될 수 있다.

> 회사는 다른 회사의 무한책임사원이 되지 못한다(상법 제173조).

② 회사의 주소는 본점소재지에 있는 것으로 한다.

> 상법 제171조

③ 회사는 본점소재지에서 설립등기를 함으로써 성립한다.

> 상법 제172조

④ 회사는 합명회사, 합자회사, 유한책임회사, 주식회사와 유한회사로 분류된다.

> 상법 제170조

## 31 난이도 하 | 상법 일반 - 보험법(보험계약의 관계자)

**보험계약의 직접 당사자로서 보험사고가 발생한 경우에 보험금을 지급할 의무를 지는 자는?**

① 보험자

> 보험료를 받는 대신에 보험사고 발생 시 보험금 지급의무를 지는 보험회사를 보험자라고 한다.

② 피보험자
③ 보험계약자
④ 보험수익자

### 핵심만콕 보험계약의 관계자 ★

| | |
|---|---|
| 보험자 | 보험사고가 발생하는 경우 보험금 지급의무를 지는 보험회사를 말한다. |
| 보험계약자 | 자기명의로 보험자와 보험계약을 체결하고, 보험료 지급의무를 부담하는 자를 말한다. |
| 피보험자 | • 손해보험에서는 피보험이익의 주체로서 보험사고로 인한 재산상의 손해에 대한 보험금을 보험자에게 청구할 수 있는 보험금청구권자를 말한다.<br>• 인보험에서는 자기의 생명이나 신체를 보험에 붙인 보험사고의 객체를 의미한다. |
| 보험수익자 | 인보험에서 보험사고가 발생한 경우 또는 만기가 도래한 경우 보험금의 지급을 청구할 수 있는 보험금청구권자를 의미한다. |

〈출처〉 이재열 외 6인, 「법학개론」, 집현재, 2023, P. 321

## 32 난이도 중

**상법 일반 – 보험법**

상법상 피보험자가 보험기간 중에 사고로 인하여 제3자에게 배상할 책임을 지는 경우에 이를 보상하는 보험은?

① 보증보험

> 보증보험계약의 보험자가 보험계약자의 피보험자에 대한 계약상의 채무불이행 또는 법령상의 의무불이행으로 인한 손해를 보상해주는 보험이다(상법 제726조의5 내지 제726조의7).

② 생명보험

> 생명보험은 당사자의 일방이 상대방 또는 제3자의 생사에 관하여 일정한 금액을 지급할 것을 약정하고 상대방이 이에 대하여 보수(보험료)를 지급하는 정액보험이다(상법 제730조 내지 제736조).

③ 상해보험

> 상해보험은 보험자가 피보험자의 신체의 상해를 보험사고로 하여 보험금액, 기타의 급여를 지급할 것을 약정하고 보험계약자가 보험료를 지급하는 보험이다. 상해보험에는 상해의 종류에 따른 정액보험과 상해로 인한 치료의 실비를 부담하는 부정액보험이 있다(상법 제737조 내지 제739조).

④ **책임보험**

> 책임보험은 피보험자가 보험기간 중에 발생한 사고로 인하여 제3자에게 손해배상책임을 지는 경우에 보험자가 손해를 보상해 주는 보험이다(상법 제719조 내지 제726조).

## 33 난이도 하

**사회법 일반 – 근로기준법(경영상 이유에 의한 해고의 제한)**

근로기준법 제24조 제1항의 규정이다. (　)에 각각 들어갈 용어로 옳지 않은 것은?

> 사용자가 경영상 이유에 의해 근로자를 해고하려면 긴박한 경영상의 필요가 있어야 한다. 이 경우 경영 악화를 방지하기 위한 사업의 (　)·(　)·(　)은/는 긴박한 경영상의 필요가 있는 것으로 본다.

① 양 도
② **위 탁**

> (　)에 들어갈 용어는 양도·인수·합병이다.

③ 인 수
④ 합 병

> **관계법령** 경영상 이유에 의한 해고의 제한(근로기준법 제24조)
>
> ① 사용자가 경영상 이유에 의하여 근로자를 해고하려면 긴박한 경영상의 필요가 있어야 한다. 이 경우 경영 악화를 방지하기 위한 사업의 양도·인수·합병은 긴박한 경영상의 필요가 있는 것으로 본다.
> ② 제1항의 경우에 사용자는 해고를 피하기 위한 노력을 다하여야 하며, 합리적이고 공정한 해고의 기준을 정하고 이에 따라 그 대상자를 선정하여야 한다. 이 경우 남녀의 성을 이유로 차별하여서는 아니 된다.
> ③ 사용자는 제2항에 따른 해고를 피하기 위한 방법과 해고의 기준 등에 관하여 그 사업 또는 사업장에 근로자의 과반수로 조직된 노동조합이 있는 경우에는 그 노동조합(근로자의 과반수로 조직된 노동조합이 없는 경우에는 근로자의 과반수를 대표하는 자를 말한다. 이하 "근로자대표"라 한다)에 해고를 하려는 날의 50일 전까지 통보하고 성실하게 협의하여야 한다.
> ④ 사용자는 제1항에 따라 대통령령으로 정하는 일정한 규모 이상의 인원을 해고하려면 대통령령으로 정하는 바에 따라 고용노동부장관에게 신고하여야 한다.
> ⑤ 사용자가 제1항부터 제3항까지의 규정에 따른 요건을 갖추어 근로자를 해고한 경우에는 제23조 제1항에 따른 정당한 이유가 있는 해고를 한 것으로 본다.

## 34 난이도 중 | 사회법 일반 – 산업재해보상보험법(보험급여의 종류)

산업재해보상보험법상 진폐에 따른 보험급여의 종류에 해당하지 않는 것은? `기출수정`

① 장해급여

> 장해급여는 진폐에 따른 보험급여의 종류에 해당하지 않는다.

② 요양급여
③ 간병급여
④ 장례비

> **핵심만콕** 산업재해보상보험법상 보험급여의 종류(산업재해보상보험법 제36조 제1항)
>
> - 보험급여 : 요양급여, 휴업급여, 장해급여, 간병급여, 유족급여, 상병보상연금, 장례비, 직업재활급여
> - 진폐보험급여 : 요양급여, 간병급여, 장례비, 직업재활급여, 진폐보상연금, 진폐유족연금
> - 건강손상자녀에 대한 보험급여 : 요양급여, 장해급여, 간병급여, 장례비, 직업재활급여

## 35  난이도 중  |사회법 일반 - 국민연금법(국민연금가입자의 종류)

**국민연금법상 국민연금가입자의 종류에 해당하는 것을 모두 고른 것은?**

> ㄱ. 지역가입자
> ㄴ. 사업장가입자
> ㄷ. 임의가입자
> ㄹ. 임의계속가입자

① ㄱ, ㄷ
② ㄱ, ㄴ, ㄹ
③ ㄴ, ㄷ, ㄹ
④ ㄱ, ㄴ, ㄷ, ㄹ

제시된 내용은 모두 국민연금법상 국민연금가입자의 종류에 해당한다.

**핵심만콕  국민연금가입자의 종류(국민연금법 제7조·제3조)**

| | |
|---|---|
| 사업장가입자 | 사업장에 고용된 근로자 및 사용자로서 국민연금법 제8조에 따라 국민연금에 가입된 자를 말한다. |
| 지역가입자 | 사업장가입자가 아닌 자로서 국민연금법 제9조에 따라 국민연금에 가입된 자를 말한다. |
| 임의가입자 | 사업장가입자 및 지역가입자 외의 자로서 국민연금법 제10조에 따라 국민연금에 가입된 자를 말한다. |
| 임의계속가입자 | 국민연금가입자 또는 가입자였던 자가 국민연금법 제13조 제1항에 따라 가입자로 된 자를 말한다. |

## 36  난이도 중  |사회법 일반 - 사회보장기본법(평생사회안전망)

**사회보장기본법상 생애주기에 걸쳐 보편적으로 충족되어야 하는 기본욕구와 특정한 사회위험에 의하여 발생하는 특수욕구를 동시에 고려하여 소득·서비스를 보장하는 맞춤형 사회보장제도는?**

① 사회보험
② 공공부조
③ 사회서비스
④ **평생사회안전망**

설문은 평생사회안전망에 대한 내용이다(사회보장기본법 제3조 제5호).

| 핵심만콕 | 사회보장기본법상의 용어의 정리(사회보장기본법 제3조) |
|---|---|
| 사회보장 | 출산, 양육, 실업, 노령, 장애, 질병, 빈곤 및 사망 등의 사회적 위험으로부터 모든 국민을 보호하고 국민 삶의 질을 향상시키는 데 필요한 소득·서비스를 보장하는 사회보험, 공공부조, 사회서비스를 말한다(제1호). |
| 사회보험 | 국민에게 발생하는 사회적 위험을 보험의 방식으로 대처함으로써 국민의 건강과 소득을 보장하는 제도를 말한다(제2호). |
| 공공부조<br>(公共扶助) | 국가와 지방자치단체의 책임하에 생활유지능력이 없거나 생활이 어려운 국민의 최저생활을 보장하고 자립을 지원하는 제도를 말한다(제3호). |
| 사회서비스 | 국가·지방자치단체 및 민간부문의 도움이 필요한 모든 국민에게 복지, 보건의료, 교육, 고용, 주거, 문화, 환경 등의 분야에서 인간다운 생활을 보장하고 상담, 재활, 돌봄, 정보의 제공, 관련 시설의 이용, 역량개발, 사회참여 지원 등을 통하여 국민의 삶의 질이 향상되도록 지원하는 제도를 말한다(제4호). |
| 평생사회안전망 | 생애주기에 걸쳐 보편적으로 충족되어야 하는 기본욕구와 특정한 사회위험에 의하여 발생하는 특수욕구를 동시에 고려하여 소득·서비스를 보장하는 맞춤형 사회보장제도를 말한다(제5호). |
| 사회보장<br>행정데이터 | 국가, 지방자치단체, 공공기관 및 법인이 법령에 따라 생성 또는 취득하여 관리하고 있는 자료 또는 정보로서 사회보장정책 수행에 필요한 자료 또는 정보를 말한다(제6호). |

## 37  난이도 중                    행정법 일반 – 행정작용법(행정행위의 부관)

행정행위의 부관에 해당하지 않는 것은?

① 조 건
② **철 회**

> 부관은 행정행위의 일반적인 효과를 제한하기 위하여 주된 의사표시에 붙여진 종된 의사표시인데, 철회는 주된 의사표시이다.

③ 부 담
④ 기 한

| 핵심만콕 | 부관의 종류 |
|---|---|
| 조 건 | 행정행위의 효력발생 또는 소멸을 발생이 불확실한 장래의 사실에 의존하게 하는 행정청의 의사표시로서, 조건성취에 의하여 당연히 효력을 발생하게 하는 정지조건과 당연히 그 효력을 상실케 하는 해제조건이 있다. |
| 기 한 | 행정행위의 효력발생 또는 소멸을 장래에 도래할 것이 확실한 사실에 의존하게 하는 행정청의 의사표시로서, 기한이 도래하면 당연히 효력이 발생하는 시기와 당연히 효력을 상실하는 종기가 있다. |
| 부 담 | 행정행위의 주된 의사표시에 부가하여 그 상대방에게 작위·부작위·급부·수인의무를 명하는 행정청의 의사표시로서, 보통 특허·허가 등의 수익적 행정행위에 붙여진다. |
| 철회권의 유보 | 행정행위의 주된 의사표시에 부수하여, 장래 일정한 사유가 있는 경우에 그 행정행위를 철회할 수 있는 권리를 유보하는 행정청의 의사표시이다.<br>예 숙박업 허가를 하면서 성매매행위를 하면 허가를 취소하는 경우 등 |

## 38 난이도 하
**행정법 일반 – 사인의 공법행위(신고)**

**사인(私人)이 행정청에 대하여 어떠한 사실을 알리는 공법상의 행위는?**

① **신고**
   사인이 공법적 효과의 발생을 목적으로 행정청에 대하여 일정한 사항을 알리는 행위를 말한다.
② 확인
③ 하명
④ 수리

**핵심만콕 행정행위의 구분 ★★**

| 법률행위적 행정행위 | 명령적 행위 | 하명, 허가, 면제 |
|---|---|---|
| | 형성적 행위 | 특허, 인가, 대리 |
| 준법률행위적 행정행위 | | 확인, 공증, 통지, 수리 |

## 39 난이도 중
**행정법 일반 – 행정주체**

**행정주체에 해당하지 않는 것은?**

① 한국은행
② 부산광역시
③ 세종특별자치시
④ **행정안전부장관**

행정안전부장관은 행정주체가 아닌, 행정기관에 해당한다. 행정기관(行政機關)이란 행정주체가 현실적으로 행정작용을 수행하기 위하여 두는 기관을 말한다. 행정기관의 행위의 법적 효과는 행정주체에 귀속된다.

> **핵심만콕**
>
> **행정주체의 의의**
> 행정법관계에서 행정권을 행사하고 그 법적 효과가 궁극적으로 귀속되는 당사자를 말한다.
>
> **행정주체의 종류**
>
> | 국 가 | | 고유의 행정주체 |
> |---|---|---|
> | 공공단체 | 지방자치단체 | 일정한 구역을 기초로 그 구역 내의 모든 주민에 대해 지배권을 행사하는 공공단체로, 보통지방자치단체(특별시, 광역시, 특별자치시, 도 및 특별자치도와 기초자치단체인 시·군·자치구)와 특별지방자치단체(지방자치단체조합)가 있다. |
> | | 공공조합(공사단) | 특정한 국가목적을 위하여 설립된 인적 결합체에 법인격이 부여된 것으로, 농업협동조합, 산림조합, 상공회의소, 변호사회 등이 있다. |
> | | 공재단 | 국가나 지방자치단체가 공공목적을 위하여 출연한 재산을 관리하기 위하여 설립된 공법상의 재단법인으로, 한국학중앙연구원 등이 있다. |
> | | 영조물법인 | 행정주체에 의하여 특정한 국가목적에 계속적으로 봉사하도록 정하여진 인적·물적 결합체로, 각종의 공사, 국책은행, 서울대학교병원, 적십자병원, 한국과학기술원 등이 있다. |
> | 공무수탁사인 | | 국가나 지방자치단체로부터 공권(공행정사무)을 위탁받아 자신의 이름으로 공권력을 행사하는 사인이나 사법인으로, 사인인 사업시행자, 학위를 수여하는 사립대학 총장, 선박항해중인 선장, 별정우체국장 등이 있다. |

## 40 난이도 하 ▮행정법 일반 - 복효적 행정행위

**甲에게 수익적이지만 동시에 乙에게는 침익적인 결과를 발생시키는 행정행위는?**

① 대인적 행정행위

> 대인적 행정행위는 순전히 사람의 학식, 기술, 경험과 같은 주관적 사정에 착안하여 행하여지는 행정행위를 말한다(예 의사면허, 운전면허, 인간문화재 지정 등).

② 혼합적 행정행위

> 혼합적 행정행위는 인적·주관적 사정과 물적·객관적 사정을 모두 고려하여 행하여지는 행정행위를 말한다(예 중개업허가, 가스·석유 사업허가, 화학류 영업허가, 약국 영업허가 등).

③ **복효적 행정행위**

> 복효적 행정행위는 상대방에 대해서는 수익적이나, 제3자에 대해서는 침익적으로 작용하거나 또는 그 역으로 작용하는 행위를 말한다(이를 제3자효적 행정행위라고도 한다).

④ 대물적 행정행위

> 대물적 행정행위는 물건의 객관적 사정에 착안하여 행하여지는 행정행위를 말한다(예 자동차 검사증 교부, 건물 준공검사, 자연공원 지정, 물적 문화재 지정, 목욕탕 영업허가 등).

# 2019년 민간경비론

문제편 148p

## 정답 CHECK

| 41 | 42 | 43 | 44 | 45 | 46 | 47 | 48 | 49 | 50 | 51 | 52 | 53 | 54 | 55 | 56 | 57 | 58 | 59 | 60 |
|---|---|---|---|---|---|---|---|---|---|---|---|---|---|---|---|---|---|---|---|
| ③ | ④ | ③ | ④ | ② | ① | ③ | ④ | ② | ④ | ③ | ④ | ④ | ③ | ① | ① | ③ | ③ | ① | ① |
| 61 | 62 | 63 | 64 | 65 | 66 | 67 | 68 | 69 | 70 | 71 | 72 | 73 | 74 | 75 | 76 | 77 | 78 | 79 | 80 |
| ④ | ④ | ④ | ② | ② | ③ | ④ | ② | ① | ① | ② | ③ | ② | ② | ① | ④ | ② | ④ | ① | ② |

### 41  난이도 하   ▮민간경비 개설 – 민간경비의 주요 임무

우리나라 민간경비의 주요 임무가 아닌 것은?

① 범죄예방
② 위험방지
③ <u>증거수집</u>

> 민간경비의 주요 임무는 범죄예방업무, 질서유지업무, 위험방지업무, 기타 경비업법상 경비업무가 있다. 증거수집은 공경비의 임무에 해당한다.

④ 질서유지

### 42  난이도 중   ▮민간경비 개설 – 민간경비 성장의 이론적 배경

국가독점에 의한 비효율성을 극복하기 위해 시장경쟁논리를 도입하여 효율성을 증대시키고자 하는 민간경비이론은?

① 경제환원이론
② 이익집단이론
③ 수익자부담이론
④ <u>민영화이론</u>

> 설문은 민영화이론에 대한 내용이다.

> **핵심만콕** 민간경비 성장의 이론적 배경 ★★
>
> - **경제환원론** : 특정한 사회현상이 직접적으로는 경제와 무관한 것임에도 불구하고 그 발생원인을 경제문제에서 찾으려는 이론으로, 경기침체로 인해 실업자가 늘어나면 자연적으로 범죄가 증가하고, 이에 민간경비가 직접 범죄에 대응하게 됨으로써 민간경비시장이 성장·발전한다고 주장한다.
> - **공동화이론** : 경찰이 수행하고 있는 경찰 본연의 기능이나 역할을 민간경비가 보완·대체한다는 이론으로, 경찰의 범죄예방능력이 국민의 욕구를 충족시키지 못할 때의 공동상태(Gap)를 민간경비가 보충함으로써 민간경비시장이 성장한다고 주장한다. ★
> - **이익집단이론** : 경제환원론적 이론이나 공동화이론을 부정하는 입장에서 '그냥 내버려 두면 보호받지 못한 채로 방치될 만한 재산을 민간경비가 보호한다'는 이론으로, 민간경비도 자신의 집단적 이익을 극대화하기 위해 규모를 팽창시키고 새로운 규율이나 제도를 창출시키는 등의 노력을 해야 한다고 주장한다. ★
> - **수익자부담이론** : 자본주의사회에 있어 경찰의 공권력 작용은 원칙적으로 거시적 측면에서 질서유지나 체제수호 등과 같은 역할과 기능으로 한정시키고, 사회구성원 개개인 차원이나 여타 집단과 조직 등의 안전과 보호는 결국 해당 개인이나 조직이 담당하여야 한다는 인식에 기초한 이론이다. ★
> - **민영화이론** : 1980년대 이후 복지국가의 이념에 대한 반성으로서 국가독점에 의한 비효율성을 극복하고자 시장경쟁논리를 도입한 이론으로, 민영화는 공공지출과 행정비용의 감소효과를 유발하기 위한 방법이다.
> - **공동생산이론** : 민간경비를 공경비의 보조적 차원이 아닌 주체적 차원으로 인식하는 이론으로, 경찰이 안고 있는 한계를 일부 극복하고, 시민의 안전욕구를 증대시키기 위해 민간부문의 능동적 참여를 다각적으로 유도한다.

## 43 난이도 하 ▮세계 각국의 민간경비 - 각국의 민간경비의 역사적 발전

**민간경비산업이 급성장한 계기를 연결한 것으로 옳지 않은 것은?**

① 한국 - 1986년 아시안게임, 1988년 서울올림픽
② 미국 - 제1차 세계대전, 제2차 세계대전
③ **영국 - 제2차 세계대전, 1948년 런던올림픽**

> 영국의 민간경비는 산업혁명시대(1760~1820년)에 크게 성장하였다.

④ 일본 - 1964년 동경올림픽, 1970년 오사카만국박람회

## 44 난이도 중 ▮세계 각국의 민간경비 - 각국의 민간경비의 역사적 발전(미국)

**핑커톤(Allan Pinkerton)의 업적에 관한 설명으로 옳지 않은 것은?**

① 미국 철도수송경비의 발전에 기여했다.
② 오늘날 프로파일링(profiling) 수사기법에 영향을 주었다.
③ 남북전쟁 당시 링컨 대통령의 경호업무를 수행하였다.
④ **최초의 중앙감시방식 경보서비스 회사를 설립하였다.**

> 최초의 중앙감시방식의 경보서비스 회사를 설립한 사람은 에드윈 홈즈이다.

> **핵심만콕** 핑커톤 경비조직
>
> - 시카고 경찰국의 최초의 탐정인 핑커톤은 새로 구성된 시카고 경찰에서 물러나 1850년 탐정사무소를 설립한 후 1857년에 핑커톤 국가탐정회사(Pinkerton National Detective Agency)로 회사명을 바꾸고 철도수송 안전 확보에 일익을 담당하였다.
> - 남북전쟁 당시에는 링컨 대통령의 경호업무를 담당하기도 하였고 '육군첩보부'를 설립하여 북군의 경제 교란작전으로 대량 발행된 위조화폐에 대한 적발임무를 수행하는 데 결정적 공헌을 하여 부보안관으로 임명되었다.
> - 1883년에는 보석상 연합회의 위탁을 받아 도난보석이나 보석절도에 관한 정보를 집중관리하는 조사기관이 되었다.
> - 경찰당국의 자료요청에 응하여 경찰과 민간경비업체의 바람직한 관계를 정립하였다.
> - 범죄자를 유형별로 정리하는 방식은 오늘날 프로파일링 수사기법에 영향을 주었다.
> - 20세기에 들어와 FBI 등 연방 법집행기관이 범죄자(犯罪者) 정보를 수집·관리하게 되었기 때문에 핑커톤 회사가 수집·관리할 수 있는 정보는 민간대상의 정보에 한정되었다.

## 45 난이도 하 ▮민간경비의 조직 - 민간경비의 유형(기계경비)

**기계경비의 단점에 관한 설명으로 옳지 않은 것은?**

① 오경보로 인한 불필요한 출동은 경찰력 운용의 효율성에 장애요인이 된다.
② **야간에는 경비활동의 제약을 받아 효율성이 저하된다.**

> 야간에 경비활동의 제약을 받아 효율성이 저하되는 것은 인력경비의 단점이다.

③ 오경보 방지를 위한 유지·보수에 많은 비용이 발생한다.
④ 계약상대방에게 기기 사용요령 및 운영체계 등에 관하여 설명해야 하는 번거로움이 있다.

> **핵심만콕** 기계경비시스템의 장·단점

| 장 점 | 단 점 |
|---|---|
| • 24시간 경비가 가능<br>• 장기적으로 소요비용이 절감되는 효과가 있음<br>• 감시지역이 광범위하고 정확성을 기할 수 있음<br>• 시간적 취약대인 야간에도 효율성이 높아 시간적 제약을 적게 받음<br>• 화재예방시스템 등과 동시에 통합운용이 가능<br>• 강력범죄와 화재, 가스 등으로 인한 인명사상을 예방하거나 최소화할 수 있음<br>• 기록장치에 의해 사고 발생 상황이 저장되어 증거보존의 효과와 책임한계를 명확히 할 수 있음<br>• 오작동(오경보)률이 낮을 경우 범죄자에게는 경고의 효과가 있고, 사용자로부터는 신뢰를 얻을 수 있음 | • 사건 발생 시 현장에서의 신속한 대처가 어려우며, 현장에 출동하는 시간이 필요<br>• 최초의 기초 설치비용이 많이 소요<br>• 허위경보 및 오경보 등의 발생률이 비교적 높음<br>• 전문인력이 필요하며, 유지보수에 비용이 많이 소요<br>• 고장 시 신속한 대처가 어려움<br>• 방범 관련 업무에만 가능하며, 경비시스템을 잘 알고 있는 범죄자들에게 역이용당할 우려가 있음 |

## 46 난이도 하 | 민간경비의 조직 – 경비업법상 경비업무

경비업법상 규정된 경비업무에 관한 설명으로 옳지 않은 것은?

① **특수경비업무** : 운반 중에 있는 현금·유가증권·귀금속·상품 그 밖의 물건에 대하여 도난·화재 등 위험발생 방지

> 호송경비업무에 관한 설명이다.

② 시설경비업무 : 경비를 필요로 하는 시설 및 장소에서의 도난·화재 그 밖의 혼잡 등으로 인한 위험발생 방지
③ 신변보호업무 : 사람의 생명이나 신체에 대한 위해의 발생을 방지하고 그 신변을 보호
④ 기계경비업무 : 경비대상시설에 설치한 기기에 의하여 감지·송신된 정보를 그 경비대상시설 외의 장소에 설치한 관제시설의 기기로 수신하여 도난·화재 등 위험발생 방지

---

**관계법령** 정의(경비업법 제2조)

이 법에서 사용하는 용어의 정의는 다음과 같다. 〈개정 2024.1.30.〉
1. "경비업"이라 함은 다음 각목의 1에 해당하는 업무(이하 "경비업무"라 한다)의 전부 또는 일부를 도급받아 행하는 영업을 말한다.
   가. 시설경비업무 : 경비를 필요로 하는 시설 및 장소(이하 "경비대상시설"이라 한다)에서의 도난·화재 그 밖의 혼잡 등으로 인한 위험발생을 방지하는 업무
   나. 호송경비업무 : 운반 중에 있는 현금·유가증권·귀금속·상품 그 밖의 물건에 대하여 도난·화재 등 위험발생을 방지하는 업무
   다. 신변보호업무 : 사람의 생명이나 신체에 대한 위해의 발생을 방지하고 그 신변을 보호하는 업무
   라. 기계경비업무 : 경비대상시설에 설치한 기기에 의하여 감지·송신된 정보를 그 경비대상시설 외의 장소에 설치한 관제시설의 기기로 수신하여 도난·화재 등 위험발생을 방지하는 업무
   마. 특수경비업무 : 공항(항공기를 포함한다) 등 대통령령이 정하는 국가중요시설(이하 "국가중요시설"이라 한다)의 경비 및 도난·화재 그 밖의 위험발생을 방지하는 업무
   바. 혼잡·교통유도경비업무 : 도로에 접속한 공사현장 및 사람과 차량의 통행에 위험이 있는 장소 또는 도로를 점유하는 행사장 등에서 교통사고나 그 밖의 혼잡 등으로 인한 위험발생을 방지하는 업무

## 47 난이도 중　경비와 시설보호의 기본원칙 - 환경설계를 통한 범죄예방(CPTED)

**환경설계를 통한 범죄예방(CPTED)에 관한 설명으로 옳지 않은 것은?**

① 범죄의 원인을 환경적 요인에서 찾고자 한다.
② 동심원영역론(Concentric Zone Theory)은 CPTED의 접근방법 중 하나이다.
③ **2차적 기본전략은 자연적 접근방법을 통해 범죄예방효과를 극대화하고자 한다.**

> 자연적 접근방법을 통해 범죄예방효과를 극대화하고자 하는 것은 1차적 기본전략이다.

④ 모든 인간은 잠재적 범죄 욕망을 가지고 있기 때문에 사전에 범행 기회를 차단하고자 한다.

---

**핵심만콕　환경설계를 통한 범죄예방(Crime Prevention Through Environmental Design)**

- **의의** : 물리적 환경을 개선함으로써 범죄를 억제하고 주민의 불안감을 해소하는 제도이다.
- **연혁** : 뉴만(Newman)이 확립한 방어공간(Defensible Space) 개념으로부터 제퍼리(Jeffery)가 CPTED의 개념을 제시하였다.
- **목표** : 개인의 본래 활동을 방해하지 않으면서 범죄예방효과를 극대화하는 데 목표를 두고, 범죄의 원인을 개인적 요인보다는 환경적 요인에서 찾는다.
- **전통적 CPTED와 현대적 CPTED** : 전통적 CPTED는 단순히 외부공격으로부터 보호대상을 강화하는 THA(Target Hardening Approach)방법을 사용하여 공격자가 보호대상에 접근하지 못하도록 할 뿐이었지만, 현대적 CPTED는 시민들의 삶의 질 향상까지 고려한다.
- **CPTED의 전략**
  - **1차적 기본전략** : 자연적인 접근통제와 감시, 영역성 강화
    일정한 지역에 접근하는 사람들을 정해진 공간으로 유도하거나 외부인의 출입을 통제하도록 설계하여 접근에 대한 심리적 부담을 증대시키고(자연적 접근통제), 건축물 설계 시 가시권을 최대한 확보하며(자연적 감시), 사적인 공간에 대해 경계를 표시하여 주민의 책임의식을 증대시킨다(영역성 강화).
  - **2차적 기본전략** : 조직적 통제(경비원), 기계적 통제(자물쇠), 자연적 통제(공간구획)
- **동심원영역론(Concentric Zone Theory)** : 시설물의 물리적 통제시스템 구축과 관련하여 보호가치가 높은 자산일수록 보다 많은 방어공간을 구축해야 한다는 이론으로, 딩글(Dingle)이 제시하였으며, CPTED의 접근방법 중 하나라고 볼 수 있다. 참고로 동심원영역론은 1단계 - 2단계 - 3단계로 정리한다.

---

## 48 난이도 하　민간경비 개설 - 공경비와 민간경비의 비교

**다음 설명 중 옳지 않은 것은?**

① 공경비의 대상은 국민이고, 민간경비는 특정 의뢰인이다.
② 공경비의 목적은 법집행이고, 민간경비는 의뢰자의 보호 및 손실감소이다.
③ 공경비의 주체는 정부이고, 민간경비는 영리기업이다.
④ **공경비의 임무는 범죄의 예방과 대응이고, 민간경비는 범죄의 예방과 피해회복이다.**

> 공경비의 임무는 범죄의 예방과 범죄대응이고, 민간경비는 범죄의 예방이 주임무이다.

### 핵심만콕  공경비와 민간경비의 비교 ★

| 구 분 | 공경비(경찰) | 민간경비(개인 또는 경비업체) |
|---|---|---|
| 대 상 | 일반국민(시민) | 계약당사자(고객) |
| 임 무 | 범죄예방 및 범죄대응 | 범죄예방 |
| 공통점 | 범죄예방 및 범죄감소, 위험방지, 질서유지 ||
| 범 위 | 일반(포괄)적 범위 | 특정(한정)적 범위 |
| 주 체 | 정부(경찰) | 영리기업(민간경비회사 등) |
| 목 적 | 법집행(범인체포 및 범죄수사·조사) | 개인의 재산보호 및 손실감소 |
| 제약조건 | 강제력 있음 | 강제력 사용에 제약 있음 |
| 권한의 근거 | 통치권 | 위탁자의 사권(私權) |

---

**49** 난이도 중   ▮세계 각국의 민간경비 – 각국 민간경비의 역사적 발전(영국)

### 로버트 필(Robert Peel)의 업적에 관한 설명으로 옳지 않은 것은?

① 영국 수도경찰을 창설하였다.
② **교구경찰, 주·야간경비대, 수상경찰, 보우가경찰대 등으로 경찰 조직을 더욱 세분화하였다.**

> 헨리 필딩의 활동에 해당한다. 로버트 필(Robert Peel)은 오히려 교구경찰, 주야간경비대, 수상경찰, 보우가경찰대 등을 하나의 능률적인 유급경찰로 통합하여야 한다고 주장하였다.

③ Peelian Reform(형법개혁안)은 현대적 경찰 조직 설립의 시초가 되었다.
④ 경찰은 훈련되고 윤리적이며, 정부의 봉급을 받는 요원이어야 한다고 주장하였다.

### 핵심만콕  로버트 필(Robert Peel)

- 내무부장관이었던 로버트 필은 1829년 수도경찰법을 의회에 제출하여 런던수도경찰을 창설하였다.
- 범죄방지와 사회혼란을 바로잡기 위해 엄격하게 선발·훈련된 사람으로 조직된 기관의 필요성을 인식하였다.
- 교구경찰, 주야간경찰대, 수상경찰, 보우가경찰대 등을 하나의 능률적인 유급경찰로 통합하여 경찰은 헌신적이어야 하며 훈련되고 윤리적이며 지방정부의 봉급을 받는 요원들이어야 한다고 주장하였다.
- 형법의 개혁안을 처음 만들고, Peeler(Peel의 사람) 또는 Bobbies(순경이라는 뜻의 구어)라고 불리는 수도경찰을 재조직하였다.
- 로버트 필의 형법개혁안(Peelian Reform)은 현대적 경찰 조직의 시초가 되었으며 영국과 다른 경찰부서의 모델이 되었다.

## 50 난이도 중 ■민간경비의 환경 - 방범진단

범죄예방 및 안전사고 방지를 위해 관내 금융기관 등 현금다액취급업소, 상가, 여성운영업소 등에 대하여 방범시설 및 안전설비의 설치상황, 자위방범역량 등을 점검하여 미비점을 보완하도록 지도하기 위한 경찰활동은?

① 방범홍보

> 방범홍보는 지역경찰관의 지역경찰활동과 매스컴 등을 통해 각종 경찰업무에 대한 사항과 민원사항, 중요시책 등을 주민에게 널리 알려서 방범의식을 고양하는 동시에 각종 범죄를 방지하기 위한 지도활동을 말한다.

② 경찰방문

> 경찰방문은 경찰관이 관할 구역 내의 각 가정, 상가 및 기타시설 등을 방문하여 청소년선도, 소년소녀가장 및 독거노인·장애인 등 사회적 약자 보호활동 및 안전사고 방지 등의 지도·상담·홍보 등을 행하며 민원사항을 청취하고, 필요시 주민의 협조를 받아 방범진단을 하는 등 예방경찰활동을 말한다.

③ 생활방범

> 생활방범은 일상생활에서 범죄가 발생하지 않도록 미리 그 원인을 제거하고 범인성 환경(범죄를 촉진시키고 또한 유인하는 환경)을 정비하여 그 피해가 확산되는 것을 방지하는 제반활동을 말한다.

④ **방범진단**

> 설문은 방범진단에 대한 내용이다.

## 51 난이도 하 ■민간경비의 조직 - 경비업법상 경비업무

우리나라 경비업법에 규정된 경비업무로 옳은 것은?

기출수정

① 탐정업무
② 핵연료물질 등의 위험물 운반경비업무
③ **호송경비업무**

> 경비업법 제2조 제1호는 시설경비업무, 호송경비업무, 신변보호업무, 기계경비업무, 특수경비업무, 혼잡·교통유도경비업무 6종을 경비업무로 규정하고 있다.

④ 민간조사업무

## 52 난이도 하
**세계 각국의 민간경비 - 각국의 민간경비산업 현황(한국)**

우리나라 민간경비산업에 관한 설명으로 옳지 않은 것은?

① 1976년 용역경비업법이 제정되었고, 1978년 한국용역경비협회가 설립되었다.
② 인건비 절감을 위해서 인력경비보다 기계경비의 성장이 가속화될 것이다.
③ 2001년 경비업법 개정으로 특수경비업무가 도입되어 청원경찰의 입지가 축소되었다.
④ **비용절감 등의 정책시행으로 인하여 계약경비보다 자체경비가 발전하고 있다.**

> 비용절감 등의 정책시행으로 인하여 자체경비보다 계약경비가 발전하고 있다.

## 53 난이도 중
**민간경비의 조직 - 경비원의 교육** `기출수정`

경비업법령에 따른 일반경비원과 특수경비원의 신임교육에 공통되는 과목은?

① 사 격
② 폭발물 처리요령
③ 총기조작
④ **기계경비실무**

> 기계경비실무는 일반경비원과 특수경비원의 공통되는 신임교육과목에 해당된다(경비업법 시행규칙 [별표 2]·[별표 4] 참조). ①~③은 특수경비원의 신임교육과목에 해당한다(경비업법 시행규칙 [별표 4]).

### 관계법령

**일반경비원 신임교육의 과목 및 시간(경비업법 시행규칙 [별표 2]) <개정 2024.8.14.>**

| 구 분 (교육시간) | 과 목 | 시 간 |
|---|---|---|
| 이론교육 (4시간) | 「경비업법」 등 관계법령 | 2 |
| | 범죄예방론 | 2 |
| 실무교육 (19시간) | 시설경비실무 | 3 |
| | 호송경비실무 | 2 |
| | 신변보호실무 | 2 |
| | 기계경비실무 | 2 |
| | 혼잡·교통유도경비실무 | 2 |
| | 사고 예방대책 | 2 |
| | 체포·호신술 | 2 |
| | 장비사용법 | 2 |
| | 직업윤리 및 인권보호 | 2 |
| 기타(1시간) | 입교식, 평가 및 수료식 | 1 |
| 계 | - | 24 |

**특수경비원 신임교육의 과목 및 시간(경비업법 시행규칙 [별표 4]) <개정 2024.8.14.>**

| 구 분<br>(교육시간) | 과 목 | 시 간 |
|---|---|---|
| 이론교육<br>(15시간) | 「경비업법」 및 「경찰관직무집행법」 등 관계법령 | 8 |
| | 「헌법」 및 형사법 | 4 |
| | 범죄예방론 | 3 |
| 실무교육<br>(61시간) | 테러 및 재난 대응요령 | 4 |
| | 폭발물 처리요령 | 6 |
| | 화재대처법 | 3 |
| | 응급처치법 | 3 |
| | 장비사용법 | 3 |
| | 출입통제요령 | 3 |
| | 직업윤리 및 인권보호 | 2 |
| | 기계경비실무 | 3 |
| | 혼잡·교통유도경비업무 | 4 |
| | 정보보호 및 보안업무 | 6 |
| | 시설경비요령 | 4 |
| | 민방공 | 4 |
| | 총기조작 | 3 |
| | 사 격 | 6 |
| | 체포·호신술 | 4 |
| | 관찰·기록기법 | 3 |
| 기타(4시간) | 입교식, 평가 및 수료식 | 4 |
| 계 | - | 80 |

## 54 난이도 하 ▮민간경비의 조직 – 경비위해요소 분석

특정한 손실 발생 시 회사에 얼마나 심각한 영향을 미치는지를 고려하고, 손실에 의한 위험의 빈도를 조사하는 경비위해요소 분석단계는?

① 경비위해요소 인지
② 손실발생 가능성 예측
③ **손실(경비위험도) 평가**

> 설문은 손실(경비위험도) 평가에 해당한다.

④ 경비활동 비용효과 분석

### 핵심만콕 경비위해요소의 분석단계

| 경비위해요소 인지단계 | 개인 및 기업의 보호영역에서 손실을 일으키기 쉬운 취약부분을 확인하는 단계 |
|---|---|
| 손해발생 가능성 예측단계 | 경비보호대상의 보호가치에 따른 손실발생 가능성을 예측하는 단계 |
| 경비위험도(손실) 평가단계 | 특정한 손실이 발생하였다면 얼마나 심각한 영향을 미쳤는가를 고려하는 단계 |
| 경비비용효과 분석단계 | 범죄피해로 인한 인적·물적 피해의 정도, 고객의 정신적 안정성, 개인 및 기업체의 비용부담 정도 등을 고려하는 단계 |

## 55 난이도 하 ▮민간경비의 조직 – 경비위해요소 분석

경비위해요소 분석에 관한 설명으로 옳지 않은 것은?

① **경비계획 수립 시 모든 시설물마다 인력경비와 기계경비시스템을 동일하게 적용해야만 한다.**

> 위험요소의 인지에서 취약요소가 확인되면 위험요소들을 각 대상별로 추출해 성격을 파악하여 각각의 요소마다 보호수단을 다르게 적용해야 한다.

② 손실이 크게 예상되지 않는 소규모 경비시설물은 손쉬운 손실예방책인 성능이 우수한 잠금장치를 사용할 수 있다.
③ 기업의 손실영역이 증가하고 복잡해지면 1차원적 경비형태만으로 대응하기 어렵다.
④ 손실예방을 위해 최적의 방어책을 세우기 위해서는 위해요소에 대한 인지와 평가가 우선적으로 선행되어야 한다.

## 56  난이도 하    민간경비의 조직 - 확인된 위험의 대응방법

확인된 위험의 대응방법에 관하여 옳게 연결된 것은?

> ㄱ. 물리적·절차적 관점에서 위험요소를 감소시키거나 최소화시키는 방법을 강구한다.
> ㄴ. 범죄 및 손실이 발생할 기회를 전혀 제공하지 않는 것과 관련된다.

① ㄱ : 위험의 감소,  ㄴ : 위험의 회피

　제시된 내용 중 ㄱ은 위험의 감소, ㄴ은 위험의 회피에 해당된다.

② ㄱ : 위험의 감소,  ㄴ : 위험의 분산
③ ㄱ : 위험의 제거,  ㄴ : 위험의 감수
④ ㄱ : 위험의 제거,  ㄴ : 위험의 대체

### 핵심만콕  확인된 위험의 대응방법 ★

| 위험의 제거 | 위험관리에서 최선의 방법은 확인된 모든 위험요소를 제거하는 것이다. |
|---|---|
| 위험의 회피 | 범죄 및 손실이 발생할 기회를 아예 제공하지 않는 것이다. |
| 위험의 감소 | 물리적·절차적 관점에서 위험요소를 감소시키거나 최소화시키는 방법이다. |
| 위험의 분산 | 위험성이 높은 보호대상을 한 곳에 집중시키지 않고 여러 곳에 분산시키는 것이다. |
| 위험의 대체 | 직접적으로 위험을 제거하거나 감소 및 최소화하는 것보다 보험과 같은 대체수단을 통해서 손실을 전보하는 방법이다. |

## 57  난이도 하    민간경비의 조직 - 경비위해요소의 형태

폭발·화재의 위험은 화학공장이 더 크고, 절도·강도에 의한 잠재적 손실은 소매점에서 더욱 크게 나타난다는 설명과 관련된 위해는?

① 자연적 위해
② 인위적 위해
③ **특정한 위해**

　설문은 특정한 위해에 대한 내용이다.

④ 지형적 위해

| 핵심만콕 | 경비위해요소의 형태 |
| --- | --- |
| 자연적 위해 | 자연현상에 의해 야기되는 위해를 말한다. 대량의 인명피해와 재산피해를 야기한다.<br>예 폭풍, 지진, 홍수, 폭염, 폭설 등 |
| 인위적 위해 | 사람들의 작위 또는 부작위에 의하여 야기되는 위해를 말한다.<br>예 신체를 위협하는 범죄, 절도, 좀도둑, 사기, 횡령, 폭행, 태업, 시민폭동, 폭탄위협, 화재, 안전사고, 기타 특정 상황에서 공공연하게 발생하는 폭력 등 |
| 특정한 위해 | 특정 시설물 또는 지역, 국가 등에 따라 성질이나 유형이 다양하게 나타나는 위해를 말한다.<br>예 원자력발전소의 방사능 누출 위험, 화학공장의 화학적 화재나 폭발의 위험, 백화점의 들치기나 내부 절도에 의한 잠재적 손실 등 |

## 58 난이도 상 ▮민간경비의 조직 – 경비부서 관리자의 역할

다음 설명에 관한 경비부서 관리자의 역할은?

> 경비원에 대한 감독, 순찰, 화재와 경비원의 안전, 교통통제, 출입금지구역에 대한 감시

① 관리상의 역할
② 조사상의 역할
③ **예방상의 역할**

  설문은 예방상의 역할에 해당한다.

④ 경영상의 역할

| 핵심만콕 | 경비부서 관리자의 역할★★ |
| --- | --- |
| 예방상의 역할 | 경비원에 대한 감독, 순찰, 화재와 경비원의 안전, 교통통제, 출입금지구역에 대한 감시 |
| 관리상의 역할 | 예산과 재정상의 감독, 경비문제를 관할하는 정책의 설정, 사무행정, 조직체계와 절차 |
| 경영상의 역할 | 기획의 조직화, 조정, 채용, 혁신, 지도・감독 |
| 조사상의 역할 | 경비의 명확성, 감시, 회계, 회사규칙의 위반과 모든 손실에 대한 조사, 일반 경찰관서와 소방관서와의 유대관계, 관련 문서의 확인 |

## 59 난이도 하 | 경비와 시설보호의 기본원칙 - 외곽경비(2차적 방어수단)

외곽시설물 경비의 2차적 방어수단은?

① 경보장치

> 경보장치가 외곽시설물 경비의 2차적 방어수단에 해당한다. 외곽방호시설물, 울타리, 담장, 외벽은 1차적 방어수단에 해당한다.

② 외 벽
③ 울타리
④ 외곽방호시설물

**핵심만콕  외곽경비 수행 순서**

외곽경비는 장벽, 출입구, 건물 자체 순으로 수행된다.

## 60 난이도 하 | 민간경비의 조직 - 경비조사의 과정

경비조사의 과정을 순서대로 나열한 것은?

> ㄱ. 경비대상의 현상태 점검
> ㄴ. 경비방어상 취약점 확인
> ㄷ. 보호의 정도 측정
> ㄹ. 경비활동 전반에 걸친 객관적 분석
> ㅁ. 종합적인 경비프로그램의 수립

① ㄱ - ㄴ - ㄷ - ㄹ - ㅁ

> 경비조사업무의 과정은 경비대상의 현상태 점검(ㄱ) → 경비방어상의 취약점 확인(ㄴ) → 요구되는 보호의 정도 측정(ㄷ) → 경비활동 전반에 걸친 객관적 분석(ㄹ) → 종합적인 경비프로그램의 수립(ㅁ) 순으로 진행된다.

② ㄴ - ㄷ - ㄹ - ㄱ - ㅁ
③ ㄷ - ㄹ - ㄱ - ㄴ - ㅁ
④ ㄹ - ㄱ - ㄴ - ㄷ - ㅁ

## 61 난이도 중　　　　　　　　　　　　민간경비의 조직 - 경비 실시 방식에 따른 분류(총체적 경비)

**총체적 경비에 관한 설명으로 옳은 것은?**

① A경비회사는 2019년 1월에 시설경비원을 고용하여 단일 예방체제를 구축하였다.

> 1차원적 경비

② B경비회사는 손실예방을 위해 전체적인 계획 없이 2019년 9월(1개월간)에만 필요하여 단편적으로 경비체제를 추가하였다.

> 단편적 경비

③ C경비회사는 2019년 10월에 특정한 손실이 발생하여 이에 대응하기 위해 경비체제를 마련하였다.

> 반응적 경비

④ **D경비회사는 2020년 1월부터는 언제 발생할지 모를 상황에 대비하고 각종 위해요소를 차단하기 위해 인력경비와 기계경비를 종합한 표준화된 경비체제를 갖출 것이다.**

> 총체적 경비(종합적 경비)에 관한 설명이다.

| 핵심만콕 | 경비 실시 방식에 따른 경비의 분류 |
|---|---|
| 1차원적 경비 | 경비원에 의한 경비 등과 같이 단일 예방체제에 의존하는 경비형태를 말한다. |
| 단편적 경비 | 포괄적·전체적 계획 없이 필요할 때마다 단편적으로 손실예방 등의 역할을 수행하기 위해 추가되는 경비형태를 말한다. |
| 반응적 경비 | 단지 특정한 손실이 발생할 때마다 그 사건에만 대응하는 경비형태를 말한다. |
| 총체적 경비 (종합적 경비) | 특정의 위해요소와 관계없이 언제 발생할지도 모르는 상황에 대비하여 인력경비와 기계경비를 종합한 표준화된 경비형태를 말한다. |

## 62 난이도 하　　　　　　　　　　　　경비와 시설보호의 기본원칙 - 외곽경비

**외곽경비에 관한 설명으로 옳지 않은 것은?**

① 경계구역 내 가시지대를 가능한 한 넓히기 위해 모든 장애물을 양쪽 벽으로부터 제거하여야 한다.
② 지붕은 침입자가 지붕을 통하여 창문으로 들어올 수 있는 취약지점이기 때문에 주의하여야 한다.
③ 일정 기간이나 비상시에만 사용하는 출입구의 경우 평상시에는 폐쇄하고 잠겨 있어야 한다.
④ **건물 자체에 대한 경비활동으로 건물에 대한 출입통제, 출입문·창문에 대한 보호조치 등을 말한다.**

> 내부경비에 관한 설명이다.

## 63 난이도 중 | 경비와 시설보호의 기본원칙 – 내부경비(감지기)

보호대상인 물건에 직접적으로 센서를 부착하여 그 물건이 움직이게 되면 진동이 발생되어 경보가 발생하는 장치로 정확성이 높아 일반적으로 전시 중인 물건이나 고미술품 보호에 사용되는 경보센서(감지기)는?

① 음파 경보시스템

> 음파 경보시스템은 소음탐지 경보기, 음향 경보기, 가청주파수 경보기라고도 하며, 외부인이 침입한 경우 침입자의 소리를 감지하여 경보를 내는 장치이다.

② 초음파 탐지장치

> 초음파 탐지장치는 송신장치와 수신장치를 설치하여 양 기계 간에 진동파를 주고받는 과정에서 어떠한 물체가 들어오면 그 파동이 변화됨을 감지하는 장치이다. 센서가 매우 민감하여 오경보 가능성이 높은 편이다.

③ 적외선감지기

> 적외선감지기는 사람의 눈에 보이지 않는 근적외선을 쏘는 투광기와 이를 받는 수광기로 되어 있는데, 그 사이를 차단하면 감지하는 원리를 이용한다.

④ **진동감지기**

> 설문은 진동감지기에 대한 내용이다.

## 64 난이도 하 | 경비와 시설보호의 기본원칙 – 외곽경비(경비조명)

경계구역의 경비조명에 관한 설명으로 옳지 않은 것은?

① 조명시설의 위치는 경비원의 눈을 부시게 하는 것을 피해야 한다.
② **경비조명은 가능한 한 그림자가 넓게 생기도록 하여야 한다.**

> 경비조명은 가능한 한 그림자가 생기지 않도록 설치해야 한다.

③ 경계 조명시설물은 경계구역에서 이용되며, 진입등은 경계지역 내에 위치하여야 한다.
④ 경비조명은 경계구역 내 모든 부분을 충분히 비출 수 있도록 적당한 밝기와 높이로 설치한다.

---

**핵심만콕  경비조명 설치의 일반원칙**

- 경비조명은 경계구역의 안과 밖을 비출 수 있도록 적당한 밝기와 높이로 설치한다.★
- 경계대상물이 경계선에서 가깝거나 건물 자체가 경계선의 일부분일 경우에 조명을 직접적으로 건물에 비추도록 한다. 이런 건물의 출입구는 다른 조명에 의해 생기는 그림자를 제거하기 위해 별도로 조명시설을 설치해야 한다.★
- 조명시설의 위치가 경비원의 시야를 방해해서는 안 되며, 가능한 한 그림자가 생기지 않도록 설치해야 한다.★
- 경비조명은 위험발생 가능성이 있는 지역에 직접적으로 비춰야 하며, 보호하고자 하는 지역으로부터 일정 거리 이상이 유지되어야 한다.★

## 65 난이도 하

**경비와 시설보호의 기본원칙 - 국가중요시설 경비**

**국가중요시설 경비에 관한 설명으로 옳지 않은 것은?** 기출수정

① 국가중요시설이란 공공기관, 공항·항만, 주요 산업시설 등 적에 의하여 점령 또는 파괴되거나 기능이 마비될 경우 국가안보와 국민생활에 심각한 영향을 주게 되는 시설을 말한다.
② **3지대 방호개념은 제1지대-주방어지대, 제2지대-핵심방어지대, 제3지대-경계지대이다.**

> 3지대 방호개념은 제1지대는 경계지대, 제2지대는 주방어지대, 제3지대는 핵심방어지대이다.

③ 국가중요시설은 중요도와 취약성을 고려하여 제한지역, 제한구역, 통제구역으로 보호지역을 설정하고 있다.
④ 국가중요시설의 통합방위사태는 갑종사태, 을종사태, 병종사태로 구분된다.

## 66 난이도 중

**경비와 시설보호의 기본원칙 - 내부경비(잠금장치)**

**하나의 문이 잠길 경우 전체의 문이 동시에 잠기는 방식으로 교도소 등 동시다발적 사고 발생의 우려가 높은 장소에서 사용되는 패드록(Pad-Locks) 잠금장치는?**

① 기억식 잠금장치
② 전기식 잠금장치
③ **일체식 잠금장치**

> 설문은 일체식 잠금장치에 대한 내용이다.

④ 카드식 잠금장치

---

**핵심만콕 잠금장치**

- 전기식 잠금장치 : 출입문의 개폐가 전기신호에 의해 이루어지는 잠금장치로 가정집 내부에서 스위치를 눌러 외부의 문이 열리도록 하는 방식이다. 원거리에서 문의 개폐를 제어할 수 있는 장점이 있다.
- 일체식 잠금장치 : 하나의 문이 잠길 경우에 전체의 문이 동시에 잠기는 방식을 말한다.
- 기억식 잠금장치 : 문에 전자장치가 설치되어 있어 일정 시간에만 문이 열리는 방식이다.
- 카드식 잠금장치 : 전기나 전자기 방식으로 암호가 입력된 카드를 인식시킴으로서 출입문이 열리도록 한 장치이다.

## 67 난이도 하 | 경비와 시설보호의 기본원칙 – 재해예방과 비상계획(소화방법)

**소화방법에 관한 설명 중 ( )에 들어갈 용어로 옳은 것은?**

- ( ㄱ )소화 – 연소반응에 관계된 가연물이나 그 주위의 가연물을 ( ㄱ )하여 소화하는 방법
- 질식소화 – 연소범위의 산소공급원을 차단시켜 연소가 되지 않도록 하는 방법
- ( ㄴ )소화 – 연소물을 ( ㄴ )하여 연소물을 착화온도 이하로 떨어뜨려 소화하는 방법으로 물을 많이 사용함
- ( ㄷ )소화 – 연소의 연쇄반응을 부촉매 작용에 의해 ( ㄷ )하는 소화방법

① ㄱ : 억제, ㄴ : 냉각, ㄷ : 제거
② ㄱ : 억제, ㄴ : 제거, ㄷ : 냉각
③ ㄱ : 냉각, ㄴ : 억제, ㄷ : 제거
④ **ㄱ : 제거, ㄴ : 냉각, ㄷ : 억제**

( )에 들어갈 용어는 순서대로 ㄱ : 제거, ㄴ : 냉각, ㄷ : 억제이다.

### 핵심만콕 소화방법

- 제거소화 : 가연물을 제거하여 소화하는 방법
- 질식소화 : 연소범위의 산소 농도를 저하시켜 연소가 되지 않도록 하는 방법
- 냉각소화 : 연소물을 냉각하여 그 온도를 발화점 이하로 떨어뜨려 소화하는 방법으로 물을 많이 사용한다.
- 억제소화 : 연소의 연쇄반응을 부촉매 작용에 의해 억제하는 소화방법(할로겐화합물 소화약제)
- 희석소화 : 산소나 가연성 기체의 농도를 연소범위 이하로 희석시켜 소화하는 방법

## 68 난이도 중 | 민간경비의 조직 – 호송경비의 방식

**다음에 해당하는 호송경비의 방식은?**

운송업자 A가 고가미술품을 자신의 트럭에 적재하여 운송하고, 이 적재차량의 경비는 경비업자 B가 무장경비차량 및 경비원을 통해 경비하였다.

① 통합호송방식
② **분리호송방식**

제시문은 분리호송방식에 대한 내용이다.

③ 휴대호송방식
④ 동승호송방식

> **핵심만콕** 호송경비업무의 방식
>
> - 단독호송방식
>   - 통합호송방식 : 경비업자가 무장호송차량 또는 일반차량을 이용하여 운송과 경비업무를 겸하는 호송경비방식이다.
>   - 분리호송방식 : 호송대상 물건은 운송업자의 차량으로 운송하고, 경비업자는 경비차량과 경비원을 투입하여 물건을 호송하는 방식이다.
>   - 동승호송방식 : 물건을 운송하는 차량에 호송경비원이 동승하여 호송업무를 수행하는 경비방식이다.
>   - 휴대호송방식 : 호송경비원이 직접 호송대상 물건을 휴대하여 운반하는 경비방식이다.
> - 편성호송방식 : 호송방식과 방향 등을 고려하여 지역별로 또는 구간별로 조를 편성하여 행하는 경비방식이다.

## 69 난이도 중 | 경비와 시설보호의 기본원칙 - 화재유형에 따른 화재대책

**화재유형에 따른 화재대책에 관한 설명으로 옳지 않은 것은?**

① 유류화재는 옥내소화전을 사용하여 온도를 발화점 밑으로 떨어뜨리는 것이 가장 효과적인 진압방법이다.

> 물을 사용하여 발화점 밑으로 온도를 떨어뜨려 진압하는 것이 효과적인 것은 일반화재이고, 유류화재는 산소 공급을 중단시키거나 불연성의 무해한 기체인 이산화탄소의 살포 등이 가장 효과적인 진압방법이다.

② 금속화재는 물과 반응하여 강한 수소를 발생하는 것이 대부분이므로 화재 시 수계 소화약제를 사용해서는 안 된다.
③ 가스화재는 점화원을 차단하고 살수 및 냉각으로 진압하는 것이 효과적이다.
④ 전기화재는 소화 시 물 등의 전기전도성을 가진 약제를 사용하면 감전의 위험이 있으므로 주의해야 한다.

## 70 난이도 중 | 경비와 시설보호의 기본원칙 - 내부경비(경보시스템)

**경보시스템 종류에 관한 설명으로 옳지 않은 것은?**

① 중앙관제시스템은 전용전화회선을 통해 비상감지 시 직접 외부의 각 관계기관에 자동으로 연락이 취해지는 방식이다.

> 전용전화회선을 통하여 비상감지 시 직접 외부의 각 관계기관에 자동으로 연락이 취해지는 방식은 외래지원 경보시스템이다. 중앙관제시스템은 일반적으로 활용하고 있는 경보체계로서 경계가 필요한 곳에 CCTV를 설치하여 활용하므로 사태 파악이나 조치가 빠르고 오경보나 오작동에 대한 염려도 거의 없는 편이다.

② 국부적 경보시스템은 가장 원시적인 경보체계로 일정 지역에 국한해 한두 개의 경보장치를 설치하거나 단순히 사이렌이나 경보음이 울리는 것이다.
③ 제한적 경보시스템은 사이렌이나 타종, 비상등과 같은 제한된 경보장치를 설치하여 화재예방시설에 주로 사용되며 사람이 없으면 대응할 수 없는 단점이 있다.
④ 다이얼 경보시스템은 비상사태가 발생하였을 경우 사전에 입력된 전화번호로 긴급연락을 하는 것으로 설치가 간단하고 유지비가 저렴하다.

| 핵심만콕 | 경보체계 ★ | |
|---|---|---|
| 상주 경보시스템 | • 당해 조직이 자체적으로 경비부서를 조직하고 경비활동을 실시하는 것으로서, 경비시스템의 종류 중 가장 전형적인 경비시스템이다. <br> • 각 주요 지점마다 경비원을 배치하여 경비하는 방식으로 비상시의 사고 발생에 즉각적인 대응이 가능하고 가장 신속한 대응방법이지만 많은 인력이 필요한 방식이다. | |
| 국부적 경보시스템 | • 가장 원시적인 경보체계로서 일정 지역에 국한해 1~2개의 경보장치를 설치하는 방식이다. <br> • 단순히 사이렌이나 경보음이 울리는 경보시스템이다. | |
| 제한적 경보시스템 | • 사이렌이나 종, 비상등과 같은 제한된 경보장치를 설치하는 시스템으로 일반적으로 화재예방시설이 이 시스템의 전형에 해당한다. <br> • 경비원이 없으면 대응할 수 없어 무용지물이 될 수 있다. 즉, 비상사태가 발생하여 사이렌이 울리고 경광등이 켜지면 이를 감지한 경비원이 경찰서나 소방서에 연락을 취하는 수동적인 방식이다. | |
| 다이얼 경보시스템 | 비상사태가 발생하였을 경우 사전에 입력된 전화번호로 긴급연락을 하는 시스템으로 설치가 간단하고 유지비가 저렴하다. | |
| 외래지원 경보시스템 | • 전용전화회선을 통하여 비상감지 시에 각 관계기관에 자동으로 연락이 취해지는 방식이다. <br> • 건물 각 지점에 감지기가 전화선에 연결되어 있기 때문에 화재, 외부침입, 유독가스발생 등의 사태 시 각각의 감지기에서 감지된 상황이 전화선을 통해 자동으로 해당 기관에 전달되는 시스템이다. | |

## 71 난이도 하 ▮경비와 시설보호의 기본원칙 – 비상사태의 유형에 따른 경비원의 대응

**비상사태의 유형에 따른 경비원의 대응에 관한 설명으로 옳지 않은 것은?**

① 지진 : 지진 발생 후 치안공백으로 인한 약탈과 방화행위에 대비

② **가스폭발 : 가스폭발 우려가 있을 시 우선 물건이나 장비를 고지대로 이동**

　물건이나 장비를 고지대로 이동시켜야 하는 것은 지대가 낮은 경우 홍수에 대한 대응 방법에 해당한다.

③ 홍수 : 폭우가 예보되면 우선적으로 침수 가능한 지역에 대해 배수시설 점검

④ 건물붕괴 : 자신이 관리하는 건물의 벽에 금이 가거나 균열이 있는지 확인

## 72 난이도 하    ▮경비와 시설보호의 기본원칙 - 폭발물에 의한 테러 위협

**폭발물에 의한 테러 위협에 관한 설명으로 옳지 않은 것은?**

① 폭발물에 의한 테러 위협을 당하면 우선적으로 사람들을 건물 밖으로 대피시킨다.
② 테러 협박전화가 걸려오면 경비책임자에게 보고하고, 위험이 감지되면 경찰서나 소방서 등 관련 기관에 신속하게 연락한다.
③ **경비원은 폭발물이 발견되면 그 지역을 자주 출입하는 사람이나 출입이 제한된 사람들의 명단을 파악한 후 신속하게 폭발물을 제거한다.**

> 폭발물의 제거는 오로지 폭탄전문가에 의해서만 처리되어야 한다.

④ 경비원은 폭발물의 폭발력을 약화시키기 위하여 모든 창문과 문은 열어둔다.


## 73 난이도 하    ▮컴퓨터 범죄 및 안전관리 - 컴퓨터 활용에 잠재된 위험요소

**컴퓨터 활용에 잠재된 위험요소로 옳지 않은 것은?**

① 컴퓨터를 통한 사기 · 횡령
② **과도한 프로그램의 작성 및 활용**

> 프로그램 작성상의 부정 및 프로그램에 대한 침투가 컴퓨터 활용에 잠재된 위험요소에 해당한다.

③ 조작자의 실수
④ 비밀정보의 절취


## 74 난이도 하    ▮컴퓨터 범죄 및 안전관리 - 컴퓨터의 에러 방지 대책

**컴퓨터 에러(Error) 방지 대책으로 옳지 않은 것은?**

① 적절한 컴퓨터 언어를 사용했는지 여부를 검토하는 시스템 작동 재검토
② **정보 접근 권한을 가진 취급자만 컴퓨터 운용에 투입**

> 정보 접근 권한을 가진 자라도 훈련이 부족하거나 자격 미달인 컴퓨터 운영요원의 경우에는 문제 발생 시 적절한 대처가 어렵다.

③ 데이터 갱신을 통한 시스템의 재검토
④ 정해진 절차에 따라 프로그램이 실행되는지에 대한 절차상의 재평가

## 75 난이도 중 ■컴퓨터 범죄 및 안전관리 - 컴퓨터 범죄의 예방대책(입법적 대책)

**입법적 대책과 관련하여 형법에 규정된 컴퓨터 범죄에 관한 설명으로 옳지 않은 것은?**

① 재물손괴죄 : 컴퓨터 등 정보처리장치에 장애를 발생하게 하여 사람의 업무를 방해하는 행위

> 컴퓨터 등 정보처리장치에 장애를 발생하게 하여 사람의 업무를 방해하는 행위는 컴퓨터 업무방해죄에 해당한다(형법 제314조 제2항).

② 컴퓨터 등 사용사기죄 : 컴퓨터 등 정보처리장치에 권한 없이 정보를 입력·변경하여 재산상의 이익을 취득하는 행위

> 형법 제347조의2

③ 비밀침해죄 : 봉함 기타 비밀장치한 전자기록 등을 기술적 수단을 이용하여 그 내용을 알아낸 행위

> 형법 제316조 제2항

④ 사전자기록의 위작·변작죄 : 사무처리를 그르치게 할 목적으로 타인의 권리·의무 또는 사실증명에 관한 전자기록을 위작 또는 변작한 행위

> 형법 제232조의2

## 76 난이도 중 ■컴퓨터 범죄 및 안전관리 - 사이버테러

**컴퓨터를 이용한 사이버테러에 관한 설명으로 옳지 않은 것은?**

① 허프건(Huffgun) : 고출력 전자기장을 발생시켜 컴퓨터의 자기기록정보를 파괴시키는 수법
② 서비스거부(Denial of Service) : 시스템에 과도한 부하를 일으켜 데이터나 자원을 정당한 사용자가 적절한 대기시간 내에 사용하는 것을 방해하는 수법
③ 논리폭탄(Logic Bomb) : 컴퓨터의 일정한 작동 시마다 부정행위가 이루어질 수 있도록 프로그램을 조작하는 수법
④ 스푸핑(Spoofing) : 악성코드에 감염된 사용자 PC를 조작하여 금융정보를 빼내는 수법

> 파밍(Pharming)에 관한 설명이다. 스푸핑(Spoofing)은 어떤 프로그램이 마치 정상적인 상태로 유지되는 것처럼 믿도록 속임수를 쓰는 것을 뜻한다.

## 77 난이도 하
민간경비산업의 과제와 전망 – 민간경비산업의 문제점

**민간경비산업의 문제점에 관한 설명으로 옳지 않은 것은?**

① 경비업체 및 인력의 지역적 편중
② **경비업법과 청원경찰법의 일원화**

> 경비업법과 청원경찰법의 일원화는 민간경비업의 전문성 제고 방안에 해당한다.

③ 경비업체의 영세성
④ 민간경비원에 대한 열악한 대우

## 78 난이도 하
민간경비산업의 과제와 전망 – 민간경비산업의 발전방안

**민간경비산업의 발전방안으로 옳지 않은 것은?**

① 민간경비원의 전문자격증제도 확립
② 경찰과의 협력체계 구축 및 첨단장비의 개발
③ 국가 전담기구의 설치와 행정지도
④ **인력경비 중심의 민간경비산업 구축**

> 인력경비가 아닌 기계경비 중심의 민간경비산업의 지향이 민간경비산업의 발전방안에 해당한다.

### 핵심만콕 민간경비산업의 발전방안

| 국가정책적 육성방안 | 민간경비회사 자체의 육성방안 |
|---|---|
| • 경비 관련 자격증제도의 전문화<br>• 기계경비 중심의 민간경비산업 지향<br>• 민간경비 관련 법규 정비<br>• 민간경비체제의 다양화 및 업무의 다양화<br>• 경찰체제의 개편 및 첨단경비의 개발<br>• 국가 전담기구의 설치와 행정지도<br>• 세제상 및 금융지원을 통한 민간경비업체의 보호 육성 | • 우수인력의 확보와 홍보활동의 강화<br>• 영세업체의 자생력 향상<br>• 경비협회활동의 활성화<br>• 경찰조직과의 협조체제 구축<br>• 손해배상체제의 보완 및 산업재해에 대한 예방 |

## 79 난이도 하 ▎민간경비산업의 과제와 전망 – 경찰과 민간경비의 협력관계 개선방안

경찰과 민간경비의 협력관계 개선방안으로 옳지 않은 것은?

① <u>민간경비원에 대한 감독 강화</u>

> 경찰과 민간경비의 동반자 의식 확립이 협력관계 개선방안에 해당한다.

② 합동 범죄예방 및 홍보활동
③ 비상연락망 구축과 경비자문서비스센터의 공동운영
④ 업무기준의 명확화를 통한 마찰 해소

## 80 난이도 하 ▎민간경비산업의 과제와 전망 – 융합보안

융합보안에 관한 설명으로 옳지 않은 것은?

① 융합보안은 물리적 보안요소와 정보보안요소가 통합된 개념이다.
② <u>융합보안은 출입통제, 접근감시, 잠금장치 등을 통하여 보안의 효과성을 높이는 활동이다.</u>

> 융합보안은 <u>물리적 보안요소</u>(CCTV, 출입통제장치 등), <u>기술적 보안요소</u>(불법출입자 정보인식시스템 등), <u>관리적 보안요소</u>(조직·인사관리 등)를 <u>상호 연계하여 시큐리티의 효율성을 높이고자 하는 접근방법</u>이다.

③ 물리적·기술적·관리적 보안요소를 상호 연계하여 보안의 효과성을 높인다.
④ 보안이 조선, 자동차 등 기타 산업과 결합되어 새로운 서비스나 제품의 안정성과 부가가치를 창출한다.

---

**핵심만콕** 융합보안(Convergence Security)

- 물리보안과 정보보안을 융합한 경비개념으로, 물리적 보안요소(출입통제, 접근감시, 잠금장치 등)·기술적 보안요소(방화벽, 바이러스·취약성 관리, 사용자 인가절차, 백업복구 등)·관리적 보안요소(범죄조사, 정책개발, 인사관리, 윤리조사, 보안감사 등)를 상호 연계하여 보안의 효과성을 높이는 것을 내용으로 한다.
- 보안산업의 새로운 트렌드로 자리 잡은 광역화·통합화·융합화의 사회적 요구를 수용하기 위해 각종 내외부적 정보침해에 따른 대응으로서 침입탐지, 접근통제, 재난·재해 상황에 대한 관제 등을 포함한다.
- 전통 보안산업은 물리영역과 정보(IT)영역으로 구분되어 성장해 왔으나, 현재는 출입통제, CCTV, 영상보안 등의 물리적 환경에서 이루어지는 전통 보안산업과, 네트워크상 정보를 보호하는 정보보안을 접목한 융합보안이 차세대 고부가가치 보안산업으로서 급부상하고 있다.

# 2018년 법학개론

문제편 162p

## 정답 CHECK

| 01 | 02 | 03 | 04 | 05 | 06 | 07 | 08 | 09 | 10 | 11 | 12 | 13 | 14 | 15 | 16 | 17 | 18 | 19 | 20 |
|---|---|---|---|---|---|---|---|---|---|---|---|---|---|---|---|---|---|---|---|
| ④ | ① | ① | ③ | ④ | ① | ④ | ② | ② | ③ | ① | ④ | ② | ③ | ② | ① | ④ | ③ | ① | ② |
| 21 | 22 | 23 | 24 | 25 | 26 | 27 | 28 | 29 | 30 | 31 | 32 | 33 | 34 | 35 | 36 | 37 | 38 | 39 | 40 |
| ④ | ③ | ② | ① | ④ | ② | ④ | ③ | ③ | ② | ① | ④ | ③ | ② | ④ | ② | ③ | ② | ① | ④ |

## 01 난이도 하 ▮법학 일반 – 법과 도덕의 비교

**법과 도덕에 관한 설명으로 옳지 않은 것은?**

① 법은 행위의 외면성을, 도덕은 행위의 내면성을 다룬다.
② 법은 강제성을, 도덕은 비강제성을 갖는다.
③ 법은 타율성을, 도덕은 자율성을 갖는다.
④ 권리 및 의무의 측면에서 법은 일면적이나, 도덕은 양면적이다.

> 법은 권리에 대응하는 의무가 있는 반면(양면적), 도덕은 의무에 대응하는 권리가 없다(일면적).

### 핵심만콕 법과 도덕의 비교(차이점) ★

| 구 성 | 법(法) | 도덕(道德) |
|---|---|---|
| 목 적 | 정의(Justice)의 실현 | 선(Good)의 실현 |
| 규율 대상 | 평균인의 현실적 행위 · 결과 | 평균인의 내면적 의사 · 동기 · 양심 |
| 규율 주체 | 국 가 | 자기 자신 |
| 준수 근거 | 타율성 | 자율성 |
| 표현양식 | 법률 · 명령형식의 문자로 표시 | 표현양식이 다양함 |
| 특 징 | 외면성 : 인간의 외부적 행위 · 결과 중시<br>강제성 : 위반 시 국가권력에 의해 처벌 받음<br>양면성 : 권리에 대한 의무가 대응 | 내면성 : 인간의 내면적 양심과 동기를 중시<br>비강제성 : 규범의 유지 · 제재에 강제가 없음<br>일면성(편면성) : 의무에 대응하는 권리가 없음 |

## 02 난이도 중 ▎법학 일반 - 법단계설(켈젠)

**법단계설을 주장한 학자는?**

① 켈젠(H. Kelsen)

> 켈젠은 국내법인 헌법·법률·명령·규칙·자치법규는 모두 동일한 효력이 있는 것이 아니라, 헌법을 최상위로 하여 일정한 단계를 이루고 있어서 하위의 법은 상위의 법에 저촉하여서는 안 되며, 또 하위의 법으로써 상위의 법을 개정하거나 폐지할 수 없다는 법단계설을 주장하였다.

② 슈미트(C. Schmitt)

> 슈미트는 헌법제정권력을 법적 의사나 규범적인 것이라기보다는 사실적인 힘으로 보았다.

③ 예링(R. v. Jhering)

> 예링은 법은 국가권력에 의한 강제성이 보장되어 있으나 도덕은 그렇지 아니하다고 보면서, **법과 도덕의 구별이 매우 어렵다는 뜻에서 수많은 배들이 자주 난파됐던 남미의 최남단 Cape Horn[혼곶, cf. 아프리카 남단의 희망봉(Cape of good hope)]에 비유하였다.**

④ 스멘트(R. Smend)

> 스멘트는 헌법을 규범과 현실의 상호 연관 속에서 통합되는 기본 법질서로 보았다(통합주의).

## 03 난이도 중 ▎법학 일반 - 법원(관습법)

**관습법에 관한 설명으로 옳지 않은 것은?**

① 관습법은 당사자의 주장·입증이 있어야만 법원이 이를 판단할 수 있다.

> 사실인 관습은 그 존재를 당사자가 주장·입증하여야 하나, 관습법은 당사자의 주장·입증을 기다림이 없이 법원이 직권으로 이를 판단할 수 있다(대판 1983.6.14. 80다3231).

② 민법 제1조에서는 관습법의 보충적 효력을 인정하고 있다.

> 민사에 관하여 법률에 규정이 없으면 관습법에 의하고 관습법이 없으면 조리에 의한다(민법 제1조).

③ 형법은 관습형법금지의 원칙이 적용된다.

> 형법은 죄형법정주의의 파생원칙으로 관습형법금지의 원칙이 적용된다. 따라서 구성요건의 확대 또는 형의 가중에는 관습형법이 인정되지 않지만, 행위자에게 유리한 구성요건의 축소 또는 형의 감경 등에는 예외적으로 관습형법을 적용할 수 있다.

④ 헌법재판소 다수의견에 의하면 관습헌법도 성문헌법과 동등한 효력이 있다.

> 「신행정수도의 건설을 위한 특별조치법」에 대한 헌법소원 사건에서 다수의견은 관습헌법도 헌법의 일부로서 성문헌법의 경우와 동일한 효력을 가지기 때문에 그 법규범은 최소한 헌법 제130조에 의거한 헌법개정의 방법에 의해서만 개정될 수 있다고 결정하였다(헌재결[전] 2004.10.21. 2004헌마554·566병합).

## 04 난이도 하  ▮법학 일반 – 법의 분류

**법의 분류에 관한 설명으로 옳지 않은 것은?**

① 자연법은 시·공간을 초월하여 보편적으로 타당한 법을 의미한다.

> 자연법(自然法)은 인간이 제정한 법이 아니고 또한 시간과 장소에 따라 변하지 않는 보편타당한 선험적 규범이다.

② 임의법은 당사자의 의사에 의하여 그 적용이 배제될 수 있는 법을 말한다.

> 임의법은 당사자의 의사에 따라 그 적용 여부가 결정되는 법이다. 민법·상법 등 대부분의 사법이 이에 해당한다.

③ **부동산등기법은 사법이며, 실체법이다.**

> 사법은 개인 상호 간의 권리·의무관계를 규율하는 법으로 민법, 상법, 회사법, 어음법, 수표법 등이 있으며, 실체법은 권리·의무의 실체, 즉 권리나 의무의 발생·변경·소멸 등을 규율하는 법으로 헌법, 민법, 형법, 상법 등이 이에 해당한다. 부동산등기법은 부동산등기에 관한 사항을 규정함을 목적으로 하는 사법이며, 절차법(권리나 의무의 실질적 내용을 실현하는 절차 등을 규율하는 법)이라는 소수 견해가 있으나 다수 견해는 부동산등기법은 공법이며, 절차법이라는 입장이다.

④ 오늘날 국가의 개입이 증대되면서 '사법의 공법화' 경향이 생겼다.

> 근대 자본주의사회에서 일어나는 사회적 부조리를 해결하고자 국가의 개입이 증대되면서 수정자본주의에 입각한 사회법(사법과 공법의 중간영역)이 등장하는 등 사법의 공법화 경향이 생겼다.

## 05 난이도 하  ▮법학 일반 – 사실의 확정(추정)

**사실확정을 위한 실정법의 추정규정으로 옳지 않은 것은?**

① 공유자의 지분은 균등한 것으로 추정한다.

> 민법 제262조 제2항

② 아내가 혼인 중에 임신한 자녀는 남편의 자녀로 추정한다.

> 민법 제844조 제1항

③ 2인 이상이 동일한 위난으로 사망한 경우에는 동시에 사망한 것으로 추정한다.

> 민법 제30조

④ **실종선고를 받은 자는 실종기간이 만료한 때에 사망한 것으로 추정한다.**

> 실종선고를 받은 자는 실종기간이 만료한 때에 사망한 것으로 간주한다(민법 제28조).

## 06 난이도 하 | 법학 일반 - 법의 해석방법

"형법 제329조 절도죄의 객체인 「재물」에 부동산은 포함되지 아니한다"고 해석한다면 이는 무슨 해석인가?

① 축소해석

"형법 제329조 절도죄의 객체인 「재물」에 부동산은 포함되지 아니한다"고 보는 것은 법문상 자구(字句)의 의미를 통상의 의미보다 축소하여 해석하는 방법으로, 축소해석에 해당한다.

② 유추해석

유추해석은 두 개의 유사한 사실 중 법규에서 어느 하나의 사실에 관해서만 규정하고 있는 경우에 나머지 다른 사실에 대해서도 마찬가지의 효과를 인정하는 해석방법이다. 형법은 유추해석이 원칙적으로 금지된다.

③ 반대해석

반대해석은 법문이 규정하는 요건과 반대의 요건이 존재하는 경우에 그 반대의 요건에 대하여 법문과 반대의 법적 판단을 하는 해석방법이다.

④ 확장해석

확장해석은 법문상 자구(字句)의 의미를 통상의 의미 이상으로 확장하여 해석하는 방법이다.

### 핵심만콕 법해석의 종류

| | |
|---|---|
| 해석의 구속력에 따라 | • 유권해석 : 입법해석, 사법해석, 행정해석<br>• 무권해석(학리해석) : 문리해석, 논리해석 |
| 해석의 방법에 따라 | • 확장해석 : 법문상 자구(字句)의 의미를 통상의 의미 이상으로 확장하여 해석<br>• 축소(제한)해석 : 법문상 자구(字句)의 의미를 통상의 의미보다 축소하여 해석<br>• 반대해석 : 법문이 규정하는 요건과 반대의 요건이 존재하는 경우에 그 반대의 요건에 대해 법문과 반대의 법적 판단을 하는 해석<br>• 물론해석 : 법문이 일정한 사항을 정하고 있을 때 그 이외의 사항에 관해서도 사물의 성질상 당연히 그 규정에 포함되는 것으로 보는 해석<br>• 유추해석 : 두 개의 사실 중 법규에서 어느 하나의 사실에 관해서만 규정하고 있는 경우에 나머지 다른 사실에 대해서도 마찬가지의 효과를 인정하는 해석<br>• 보정해석 : 법조문이 입법자의 의사에 반하여 잘못 표현되고 있는 것이 명백한 경우에 그것을 바로잡는 해석 |

## 07 　난이도 하　　　　　　　　　　　　　　　　　법학 일반 – 법의 효력

**법의 효력에 관한 규정으로 옳지 않은 것은?**

① 법률은 특별한 규정이 없는 한 공포한 날로부터 20일을 경과함으로써 효력을 발생한다.

> 헌법 제53조 제7항

② 모든 국민은 소급입법에 의하여 참정권의 제한을 받거나 재산권을 박탈당하지 않는다.

> 헌법 제13조 제2항

③ 대통령은 내란 또는 외환의 죄를 범한 경우를 제외하고는 재직 중 형사상의 소추를 받지 아니한다.

> 헌법 제84조

④ **범죄의 성립과 처벌은 재판시의 법률에 의한다.**

> 범죄의 성립과 처벌은 행위 시의 법률에 따른다(형법 제1조 제1항).

## 08 　난이도 하　　　　　　　　　　　　법학 일반 – 권리와 의무(권리의 분류)

**권리와 관련된 설명으로 옳지 않은 것은?**

① 사권(私權)은 권리의 작용에 의해 지배권, 청구권, 형성권, 항변권으로 구분된다.

② **사권은 권리의 이전성에 따라 절대권과 상대권으로 구분된다.**

> 사권은 권리의 이전성(양도성)에 따라 일신전속권과 비전속권으로 구분된다. 절대권과 상대권은 권리의 효력 범위에 대한 분류이다.

③ 권능은 권리의 내용을 이루는 개개의 법률상의 힘을 말한다.

> 권능은 권리에서 파생되는 개개의 법률상의 작용이며, 대표적으로 소유권자의 소유권에서 파생되는 사용·수익·처분의 권능이 있다.

④ 권한은 본인 또는 권리자를 위하여 일정한 법률효과를 발생케 하는 행위를 할 수 있는 법률상의 자격을 말한다.

> 이사의 대표권, 국무총리의 권한 등이 대표적인 예이다.

### 핵심만콕

**사권의 분류★**

| | |
|---|---|
| 권리의 내용 | • 인격권 : 생명, 신체, 자유, 명예, 성명 등에 부착된 권리<br>• 신분권 : 가족, 부부, 친자, 친족 등 일정한 신분관계에서 발생하는 권리<br>• 재산권 : 경제적 이익을 목적으로 하는 권리<br>• 사원권 : 단체구성원의 지위에서 발생하는 권리 |
| 권리의 작용(효력) | 지배권, 청구권, 형성권, 항변권 |
| 권리의 효력 범위 | 절대권, 상대권 |
| 권리의 양도성 여부 | 일신전속권, 비전속권 |
| 권리의 독립성 여부 | 주된 권리, 종된 권리 |

| 권리의 작용(효력)에 따른 분류 | |
|---|---|
| 지배권(支配權) | 권리의 객체를 직접적·배타적으로 지배할 수 있는 권리를 말한다.<br>예 물권, 무체재산권, 친권 등 |
| 청구권(請求權) | 타인에 대하여 일정한 급부 또는 행위(작위·부작위)를 적극적으로 요구하는 권리이다.<br>예 채권, 부양청구권 등 |
| 형성권(形成權) | 권리자의 일방적인 의사표시에 의하여 일정한 법률관계를 발생·변경·소멸시키는 권리이다.<br>예 취소권, 해제권, 추인권, 해지권 등 |
| 항변권(抗辯權) | 상대방의 청구권 행사에 대하여 급부를 거절할 수 있는 권리로서, 타인의 공격을 막는 방어적 수단으로 사용되며 상대방에게 청구권이 있음을 부인하는 것이 아니라 그것을 전제하고, 다만 그 행사를 배척하는 권리를 말한다.<br>예 연기적 항변권 → 보증인의 최고 및 검색의 항변권, 동시이행의 항변권<br>　　영구적 항변권 → 상속인의 한정승인 등 |

## 09 난이도 중　　법학 일반 – 권리와 의무(의무의 종류)

**타인이 일정한 행위를 하는 것을 참고 받아들여야 할 의무는?**

① 작위의무

　적극적으로 일정한 행위를 하여야 할 의무이다.

② <u>수인의무</u>

　다른 사람의 일정한 행위를 승인해야 할 의무이다.

③ 간접의무

　통상의 의무와 달리 그 불이행의 경우에도 일정한 불이익을 받기는 하지만, 다른 법률상의 제재가 따르지 않는 것으로 보험계약에서의 통지의무가 그 대표적인 예이다.

④ 권리반사

　권리반사 또는 반사적 효과(이익)는 법이 일정한 사실을 금지하거나 명하고 있는 결과, 어떤 사람이 저절로 받게 되는 이익으로서 그 이익을 누리는 사람에게 법적인 힘이 부여된 것은 아니기 때문에 타인이 그 이익의 향유를 방해하더라도 그것의 법적 보호를 청구하지 못함을 특징으로 한다.

## 10 난이도 하  ■ 헌법 - 정당제도

**현행 헌법상 정당 설립과 활동의 자유에 관한 설명으로 옳지 않은 것은?**

① 정당의 설립은 자유이며, 복수정당제는 보장된다.

> 헌법 제8조 제1항

② 정당은 그 목적, 조직과 활동이 민주적이어야 한다.

> 헌법 제8조 제2항 전단

③ **정당의 목적과 활동이 민주적 기본질서에 위배될 때에는 국회는 헌법재판소에 그 해산을 제소할 수 있다.**

> 정당의 목적이나 활동이 민주적 기본질서에 위배될 때 정부는 헌법재판소에 그 해산을 제소할 수 있고, 정당은 헌법재판소의 심판에 의하여 해산된다(헌법 제8조 제4항).

④ 국가는 법률이 정하는 바에 의하여 정당의 운영에 필요한 자금을 보조할 수 있다.

> 헌법 제8조 제3항 후단

## 11 난이도 중  ■ 헌법 - 기본권 제한의 한계(과잉금지원칙)

**우리 헌법재판소가 목적의 정당성, 방법의 적절성, 피해의 최소성, 법익의 균형성 등으로 기본권의 침해 여부를 심사하는 위헌판단원칙은?**

① <u>과잉금지원칙</u>

> 국가의 권력은 무제한적으로 행사되어서는 안 되고 국민의 기본권을 제한하는 법률은 목적의 정당성·방법의 적절성·침해의 최소성·법익의 균형성을 갖추어야 한다는 원칙이다. 헌법 제37조 제2항은 과잉금지의 원칙을 '필요한 경우에 한하여' 법률로써 기본권을 제한할 수 있다고 표현하고 있다.

② 헌법유보원칙

> 헌법에서 직접 기본권 제한에 관한 내용을 규정하는 것으로, 헌법은 정당의 목적과 활동(헌법 제8조 제4항), 언론·출판의 자유(헌법 제21조 제4항), 군인·공무원·경찰공무원 등의 국가배상청구권(헌법 제29조 제2항), 공무원의 근로 3권(헌법 제33조 제2항)에 대하여 규정하고 있다.

③ 의회유보원칙

> 이른바 법률유보의 원칙이라고 하며, 일정한 행정권의 발동은 법률에 근거하여 이루어져야 한다는 원칙이다. 헌법은 국가안전보장·질서유지·공공복리를 위하여 필요한 경우에 '법률'로써 제한할 수 있다고 규정하고 있다(헌법 제37조 제2항).

④ 포괄위임입법금지원칙

> 법률에서 구체적으로 범위를 정하지 않고 일반적·포괄적으로 위임하는 것을 금지하는 원칙이다.

## 12 난이도 하
헌법 - 국회와 행정부 간의 관계

**국회와 행정부 간의 관계를 설명한 것으로 옳지 않은 것은?**

① 국회는 국무총리 또는 국무위원의 해임을 대통령에게 건의할 수 있다.

> 헌법 제63조 제1항

② 대통령은 국회에 출석하여 발언하거나 서한으로 의견을 표시할 수 있다.

> 헌법 제81조

③ 국회는 국정을 감사하거나 특정한 국정사안에 대하여 조사할 수 있다.

> 헌법 제61조 제1항 전단

④ **대통령은 국회에서 의결된 법률안의 일부에 대하여 재의를 요구할 수 있다.**

> 대통령은 법률안의 일부에 대하여 또는 법률안을 수정하여 재의를 요구할 수 없다(헌법 제53조 제3항). ★

## 13 난이도 하
헌법 - 기본권

**현행 헌법에서 명문으로 규정하고 있는 기본권은?**

① 생명권

> 우리 헌법에는 생명권보장에 관한 명문의 규정이 없으나 인간의 존엄과 가치를 규정한 헌법 제10조와 인신의 안전과 자유를 규정한 헌법 제12조에서 그 근거를 구하는 견해가 일반적이다. 헌법재판소는 「생명에 대한 권리는 비록 헌법에 명문규정이 없다 하더라도 인간의 생존본능과 존재목적에 바탕을 둔 선험적이고 자연법적인 권리로서 헌법에 규정된 모든 기본권의 전제로서 기능하는 기본권 중의 기본권이라 할 것이다」라고 판시하여(헌재결[전] 1996.11.28. 95헌바1) 자연법에서 그 근거를 찾고 있다.

② <u>인간다운 생활을 할 권리</u>

> 헌법 제34조 제1항

③ 주민투표권

> 주민투표권은 법률상의 권리이다(지방자치법 제18조 제2항, 주민투표법 제5조).

④ 흡연권

> 헌법상 흡연권에 관한 명문의 규정은 없으나 행복추구권에 관한 헌법 제10조와 사생활의 자유에 관한 헌법 제17조에서 그 근거를 찾을 수 있다.

## 14 난이도 하 | 헌법 - 통치기구(헌법재판소 관장사항)

**우리 헌법재판소의 관장사항이 아닌 것은?**

① 법원의 제청에 의한 법률의 위헌 여부 심판

> 헌법 제111조 제1항 제1호

② 지방자치단체 상호 간의 권한쟁의심판

> 헌법 제111조 제1항 제4호

③ **국회의원에 대한 탄핵심판**

> 헌법은 대통령·국무총리·국무위원·행정각부의 장·헌법재판소 재판관·법관·중앙선거관리위원회 위원·감사원장·감사위원 기타 법률이 정한 공무원이 그 직무집행에 있어서 헌법이나 법률을 위배한 때에는 국회는 탄핵의 소추를 의결할 수 있다(헌법 제65조 제1항)고 규정하고 있으므로 국회의원은 탄핵심판의 대상이 아니다. ★

④ 법률에 대한 헌법소원심판

> 헌법 제111조 제1항 제5호

## 15 난이도 하 | 민사법 - 용익물권

**민법상 용익물권인 것은?**

① 질 권
② **지역권**

> 용익물권에는 지상권·지역권·전세권이 있고, 담보물권에는 유치권, 질권, 저당권이 있다.

③ 유치권
④ 저당권

## 16 난이도 중
민사법 - 물건

민법상 물건에 관한 설명으로 옳지 않은 것은?

① **건물 임대료는 천연과실이다.**

> 집세나 이자 등은 원물을 타인에게 사용시킨 대가로 얻는 과실로 법정과실이다(민법 제101조 제2항).★

② 관리할 수 있는 자연력은 동산이다.

> 유체물 및 전기 기타 관리할 수 있는 자연력은 물건인데(민법 제98조), 부동산(토지 및 그 정착물) 이외의 물건은 동산이므로(민법 제99조) 관리할 수 있는 자연력은 동산이다.★

③ 건물은 토지로부터 독립한 부동산으로 다루어질 수 있다.

> 토지 및 그 정착물은 부동산이므로 건물은 토지로부터 독립한 부동산으로 다루어질 수 있다(민법 제99조 제1항).★

④ 토지 및 그 정착물은 부동산이다.

> 민법 제99조 제1항

## 17 난이도 하
민사법 - 비법인사단(총유)

법인이 아닌 사단의 사원이 집합체로서 물건을 소유할 때의 소유 형태는?

① 단독소유
② 공유
③ 합유
④ **총유**

> 비법인사단은 사단으로서 실질을 갖추고 있으나 법인등기를 하지 아니하여 법인격을 취득하지 못한 사단을 말한다. 대표적인 예로 종중, 교회, 채권자로 이루어진 청산위원회, 주택조합, 아파트 부녀회 등이 있으며, 재산의 귀속 형태는 사원의 총유 또는 준총유이다.

## 18 난이도 하 ■ 민사법 - 불법행위책임의 성립요건

**민법상 불법행위책임의 성립요건이 아닌 것은?**

① 고의나 과실로 인한 가해행위일 것
② 가해행위가 위법성이 있을 것
**③ 가해자의 행위능력이 있을 것**

> 민법 제750조는 일반불법행위 성립요건으로 고의나 과실에 의한 가해행위가 있을 것, 가해행위가 위법할 것, 가해자에게 책임능력이 있을 것, 가해행위로 타인에게 손해가 발생할 것을 요건으로 한다. 따라서 가해자의 행위능력은 일반불법행위 성립요건이 아니다. 책임능력과 행위능력은 구별하여야 한다. 만 19세 이상은 행위능력자이지만 만 19세 미만자는 미성년자로서 제한능력자이다. 제한능력자라고 무조건 책임능력이 부정되지는 않는다. 책임무능력자는 일반적으로 만 14세 미만의 형사미성년자, 심신상실자를 말한다. 따라서 책임능력은 있어도 행위능력이 제한되는 가해자가 있을 수 있는 것이다.

④ 가해행위로 인한 손해가 발생할 것

## 19 난이도 하 ■ 민사법 - 경비업무와 의사표시

**경비회사 甲이 乙과 경비계약을 체결하기 위하여 제안서를 교부하였을 때, 다음 중 옳은 것은?**

① 甲의 의사표시가 진의가 아님을 乙이 알았다면 甲의 의사표시는 무효이다.
> 민법 제107조 제1항 단서

② 甲의 의사표시가 乙의 사기로 인한 것이라면 甲의 의사표시는 무효이다.
> 취소사유이다(민법 제110조 제1항).

③ 甲의 의사표시가 乙의 강박으로 인한 것이라면 甲의 의사표시는 무효이다.
> 취소사유이다(민법 제110조 제1항).

④ 甲과 乙이 서로 통정한 허위의 의사표시라면 甲의 의사표시는 취소할 수 있다.
> 무효사유이다(민법 제108조 제1항).

## 20  난이도 중    ▮민사법 – 경비계약과 손해배상책임

고객 乙이 경비회사 甲을 상대로 손해배상을 원인으로 민사소송을 제기하였을 때, 다음 중 옳지 않은 것은?

① 乙은 강제집행을 보전하기 위하여 가압류 절차를 밟을 수 있다.

> 현재 현상을 방치하면 장래의 강제집행이 불가능하거나 현저히 곤란하게 될 염려가 있는 경우 그 현상의 변경을 금하는 절차로서 가압류 절차나 가처분(집행보전절차)을 밟을 수 있다.

② <u>이 소송목적의 값이 5,000만원 이하라면 소액사건심판법의 절차에 의한다.</u>

> 3,000만원을 초과하지 아니하는 소액사건은 소액사건심판법의 절차에 의한다(소액사건심판규칙 제1조의2). 즉, 3,000만원 이하의 소액사건은 소액사건심판법의 절차에 의하나, 3,001만원 이상의 소액사건은 소액사건심판법의 절차에 의할 수 없다.

③ 항소는 판결서가 송달된 날부터 2주 이내에 하여야 하나, 판결서 송달 전에도 할 수 있다.

> 민사소송법 제396조 제1항★

④ 乙이 미성년자라도 독립하여 법률행위를 할 수 있는 경우에는 소송을 제기할 수 있다.

> 미성년자가 법률행위를 함에는 법정대리인의 동의를 얻어야 하며 단독으로 유효한 법률행위를 할 수 없으나 예외적으로 법정대리인의 동의 없이 할 수 있는 행위에는 독립하여 소송행위를 할 수 있다(민법 제5조).

## 21  난이도 중    ▮민사법 – 경비계약과 손해배상책임

경비회사 甲의 경비원 A는 임산부 B를 경호하다가 A의 과실로 B의 태아 C가 사산되었다면, 다음 중 옳지 않은 것은?(단, 甲은 A의 선임 및 사무 감독에 상당한 주의를 다하지 않았음)

① B는 甲에게 손해배상청구를 할 수 있다.
② B는 A에게 손해배상청구를 할 수 있다.
③ C는 甲에게 손해배상청구를 할 수 없다.
④ <u>C는 A에게 손해배상청구를 할 수 있다.</u>

> "출생 전의 태아에게는 원칙적으로 권리능력이 없으나 불법행위로 인한 손해배상청구, 상속, 유증 등의 경우에는 예외적으로 인정된다"는 것은 태아가 살아 있음을 전제로 한 논의이다. 사안처럼 태아 C가 사산된 경우에는 판례나 학설에 의할지라도 태아 C는 보호받을 수 없다.★★

## 22 난이도 하

형사법 – 개인적 법익에 대한 죄

**형법상 개인적 법익에 대한 죄가 아닌 것은?**

① 절도죄
② 폭행죄
③ **도박죄**

> 도박죄는 사회적 법익에 대한 죄 중 사회의 도덕에 대한 죄에 해당한다.

④ 공갈죄

### 핵심만콕 법익에 따른 범죄의 분류

| | | |
|---|---|---|
| 개인적 법익에 대한 죄 | 생명과 신체에 대한 죄 | 살인죄, 상해와 **폭행의 죄**, 과실치사상의 죄, 낙태의 죄, 유기·학대의 죄 |
| | 자유에 대한 죄 | 협박의 죄, 강요의 죄, 체포와 감금의 죄, 약취·유인 및 인신매매죄, 강간과 추행의 죄 |
| | 명예와 신용에 대한 죄 | 명예에 관한 죄, 신용·업무와 경매에 관한 죄 |
| | 사생활의 평온에 대한 죄 | 비밀침해의 죄, 주거침입의 죄 |
| | 재산에 대한 죄 | **절도의 죄**, 강도의 죄, 사기의 죄, **공갈의 죄**, 횡령의 죄, 배임의 죄, 장물의 죄, 손괴의 죄, 권리행사를 방해하는 죄 |
| 사회적 법익에 대한 죄 | 공공의 안전과 평온에 대한 죄 | 공안을 해하는 죄, 폭발물에 관한 죄, 방화와 실화의 죄, 일수와 수리에 관한 죄, 교통방해의 죄 |
| | 공공의 신용에 대한 죄 | 통화에 관한 죄, 유가증권·인지와 우표에 관한 죄, 문서에 관한 죄, 인장에 관한 죄 |
| | 공중의 건강에 대한 죄 | 먹는 물에 관한 죄, 아편에 관한 죄 |
| | 사회의 도덕에 대한 죄 | 성풍속에 관한 죄, **도박과 복표에 관한 죄**, 신앙에 관한 죄 |
| 국가적 법익에 대한 죄 | 국가의 존립과 권위에 대한 죄 | 내란의 죄, 외환의 죄, 국기에 관한 죄, 국교(國交)에 관한 죄 |
| | 국가의 기능에 대한 죄 | 공무원의 직무에 관한 죄(뇌물 관련 범죄 등), 공무방해에 관한 죄, 도주와 범인은닉의 죄, 위증과 증거인멸의 죄, 무고의 죄 |

## 23  난이도 하                                                  ▮형사법 – 위법성조각사유

**형법상 위법성조각사유에 관한 설명으로 옳지 않은 것은?**

① 자구행위는 사후적 긴급행위이다.

　자구행위는 이미 침해된 청구권을 보전하기 위한 사후적 긴급행위이다.

② <u>정당방위에 대해 정당방위를 할 수 있다.</u>

　정당방위는 위법한 침해에 대한 방어행위이므로 상대방은 이에 대해 정당방위를 할 수는 없으나 긴급피난은 가능하다.

③ 긴급피난에 대해 긴급피난을 할 수 있다.

　긴급피난은 위법한 침해일 것을 요하지 않으므로 긴급피난에 대해서는 긴급피난을 할 수 있다.

④ 정당행위는 위법성이 조각된다.

　형법 제20조

## 24  난이도 중                                                  ▮형사법 – 체포

**형사소송법상 체포에 관한 설명으로 옳지 않은 것은?**

① <u>검사 또는 사법경찰관리가 아닌 자가 현행범인을 체포한 때에는 48시간 이내에 수사기관에 인도해야 한다.</u>

　검사 또는 사법경찰관리가 아닌 자가 현행범인을 체포한 때에는 즉시 검사 또는 사법경찰관리에게 인도하여야 한다(형사소송법 제213조 제1항).

② 현행범인은 누구든지 영장 없이 체포할 수 있다.

　형사소송법 제212조

③ 검사 또는 사법경찰관은 피의자 체포 시 피의사실의 요지, 체포의 이유와 변호인을 선임할 수 있음을 말하고 변명할 기회를 주어야 한다.

　형사소송법 제200조의5

④ 검사가 체포한 피의자를 구속하고자 할 때에는 체포한 때부터 48시간 이내에 구속영장을 청구하여야 한다.

　형사소송법 제200조의4 제1항 후문 전단

## 25 난이도 하  ■ 형사법 - 형사피고인(刑事被告人)

**형사소송에서 피고인에 관한 설명으로 옳지 않은 것은?**

① 피고인은 진술거부권을 가진다.
> 형사소송법 제283조의2 제1항

② 피고인은 당사자로서 검사와 대등한 지위를 가진다.
> 형사소송법 제275조 제3항

③ 검사에 의하여 공소가 제기된 자는 피고인이다.
> 피고인은 형사사건에서 형사책임을 져야 할 자로서 검사에 의해 공소가 제기된 자나 공소가 제기된 것으로 의제된 자로서 신고·출석·재정·복종·수락의무를 지닌다.

④ <u>피고인은 소환, 구속, 압수, 수색 등의 강제처분의 주체가 된다.</u>
> <u>피고인은</u> 소환(형사소송법 제68조), 구속(형사소송법 제69조), 압수(형사소송법 제106조 제1항), 수색(형사소송법 제109조 제1항) 등의 <u>강제처분의 객체가</u> 된다.

**핵심만콕  피의자**
> 죄를 범한 혐의로 수사기관의 수사 대상이 되어 있는 자로서, 아직 공소가 제기되지 않은 자이다. <u>아직 공소가 제기되지 않았다는 점에서 피고인과 구별된다.</u>

## 26 난이도 하  ■ 형사법 - 법관의 제척·기피·회피

**형사소송에서 법관이 불공평한 재판을 할 염려가 있는 경우에 자발적으로 직무집행에서 탈퇴하는 것은?**

① 기 피
> 기피는 제척사유가 있는 법관이 재판에 관여하거나, 기타 불공정한 재판을 할 우려가 있을 때 <u>당사자의 신청에 의해</u> 그 법관을 직무집행에서 탈퇴하게 하는 제도이다.

② <u>회 피</u>
> 회피는 <u>법관이</u> 기피의 사유가 있다고 생각하여 <u>스스로</u> 직무집행에서 탈퇴하는 제도이다.

③ 제 척
> 제척은 법관이 불공평한 재판을 할 현저한 <u>법정의 사유가 있을 때</u>, 그 법관을 직무집행에서 당연히 배제하는 제도이다.

④ 거 부
> 재판 거부는 일반적으로 국내 법원이 외국인에 대하여 재판을 거부하는 것을 말하며 이에는 외국인의 소송을 수리하지 않는 경우(협의의 재판의 거부), 심리 또는 재판의 부당한 지연이나 재판상 보호 절차를 거부하는 경우(재판 절차의 불공정), 명백히 불공평한 재판을 하는 경우(재판 내용의 불공평), 내국인에 대하여 유죄판결을 집행하지 않거나 집행의 부당한 연기·특사를 하는 경우(재판 집행의 불공평) 등을 포함한다.

## 27 난이도 하 | 형사법 - 형사소송법의 기본구조

**우리나라 형사소송법의 기본구조가 아닌 것은?**

① 기소독점주의
② 공개재판주의
③ 증거재판주의
④ **형식적 진실주의**

> 우리나라 형사소송법은 실질적 진실주의를 기본구조로 한다. 형식적 진실주의는 법원이 당사자의 사실상의 주장, 사실의 부인 또는 제출한 증거에 구속되어 이를 기초로 하여 사실의 진부를 인정하는 주의이다.

### 핵심만콕 우리나라 형사소송법의 기본구조

| | |
|---|---|
| 불고불리의 원칙 | 검사가 공소를 제기하지 않으면 법원은 심판을 개시할 수 없으며, 검사가 공소장에 적시한 피고인과 범죄사실에 한해서만 심판할 수 있는 원칙이다(국가소추주의, 기소독점주의, 탄핵주의). |
| 당사자주의와 직권주의의 절충 | 형사소송법은 제정 당시에는 직권주의가 기본이었으나, 헌법재판소는 형사소송의 구조를 당사자주의와 직권주의 중 어느 것으로 할 것인가의 문제는 입법정책의 문제로서 우리나라 형사소송법은 그 해석상 소송절차의 전반에 걸쳐 기본적으로 당사자주의 소송구조를 취하고 있는 것으로 이해하는바(헌재결[전] 1995.11.30. 92헌마44) 비록 논란의 여지가 있지만 우리나라 형사소송법은 직권주의와 당사자주의를 혼합·절충한 구조를 취하고 있다고 표현할 수 있다. 18회 기출 지문에서는 "당사자주의를 기본으로 하고 직권주의를 보충적으로 가미하고 있다."라는 내용이 틀린 지문으로 출제된 바 있어 주의를 요한다. |
| 증거재판주의 | 공소 범죄사실의 인정은 적법한 증거에 의하고, 증거에 대한 가치판단은 법관의 자유재량에 맡기는 자유심증주의를 채택하고 있다(증거법정주의의 예외 인정). |
| 공판중심주의 | 공개주의, 구두변론주의, 직접심리주의, 계속심리주의(집중심리주의) 등으로 실현되고 있다. |
| 실체적 진실주의 | 법원이 객관적 진실을 발견하여 사안의 진상을 규명하자는 주의이다. |

## 28 난이도 중
**형사법 - 상소**

형사소송에서 상소에 관한 설명으로 옳지 않은 것은?

① 검사 또는 피고인은 상소를 할 수 있다.
> 형사소송법 제338조 제1항

② 항소의 제기기간은 7일로 한다.
> 형사소송법 제358조★

③ **항소권자는 항소를 제기하려면 항소기간 내에 항소장을 항소법원에 제출하여야 한다.**
> 항소를 함에는 항소장을 원심법원에 제출하여야 한다(형사소송법 제359조).★

④ 판결에 대한 상소에는 항소와 상고가 있다.
> 상소는 미확정 재판에 대하여 상급법원에 구체적 재판을 구하는 불복신청제도로, 상소의 종류에는 항소·상고·항고(법원의 결정에 대한 상소)가 있다.★

## 29 난이도 상
**상법 일반 - 회사법(주식회사 설립 시 정관의 절대적 기재사항)**

상법상 주식회사 설립 시 정관의 절대적 기재사항이 아닌 것은?

① 목 적
② 상 호
③ **청산인**
> 청산인은 주식회사 정관의 기재사항이 아니고, 법원에 대한 신고사항이다(상법 제532조).

④ 본점의 소재지

---

### 관계법령

**주식회사 설립 시 정관의 절대적 기재사항(상법 제289조)**
① 발기인은 정관을 작성하여 다음의 사항을 적고 각 발기인이 기명날인 또는 서명하여야 한다.
  1. 목 적
  2. 상 호
  3. 회사가 발행할 주식의 총수
  4. 액면주식을 발행하는 경우 1주의 금액
  5. 회사의 설립 시에 발행하는 주식의 수
  6. 본점의 소재지
  7. 회사가 공고를 하는 방법
  8. 발기인의 성명·주민등록번호 및 주소

**청산인의 신고(상법 제532조)**
청산인은 취임한 날로부터 2주간 내에 다음의 사항을 법원에 신고하여야 한다.
  1. 해산의 사유와 그 연월일
  2. 청산인의 성명·주민등록번호 및 주소

## 30 난이도 중

**상법 일반 - 회사법(합명회사)**

**합명회사에 관한 설명으로 옳은 것은?**

① 무한책임사원과 유한책임사원으로 조직한다.

> 상법 제268조 합자회사의 조직 구성에 관한 설명이다.

② **2인 이상의 무한책임사원으로 조직한다.**

> 합명회사는 2인 이상의 무한책임사원으로 조직된 회사이다(상법 제179조). 무한책임사원이라 함은 회사에 대하여 출자의무와 회사채무에 대한 직접·연대·무한의 책임을 부담하는 사원을 말한다.

③ 사원이 출자금액을 한도로 유한의 책임을 진다.

> 상법 제553조 유한회사 사원의 책임에 관한 설명이다.

④ 사원은 주식의 인수가액을 한도로 하는 출자의무를 부담할 뿐이다.

> 상법 제331조 주식회사 주주의 책임에 관한 설명이다.

### 핵심만콕  회사의 종류★★

| 구 분 | 유 형 | 내 용 |
|---|---|---|
| 인적 회사 | 합명회사 | 회사에 대한 출자의무와 회사채권자에 대한 직접·연대·무한의 책임을 지는 2인 이상의 무한책임사원만으로 구성된 회사 |
| | 합자회사 | 무한책임사원과 직접·연대·유한의 책임을 지는 유한책임사원으로 이루어진 회사로서 무한책임사원은 회사의 경영을, 유한책임사원은 자본의 제공을 담당하는데, 무한책임사원은 회사채권자와 직접 연대하여 무한책임을 지는 반면, 유한책임사원은 회사에 대해 일정한 출자의무를 부담할 뿐이므로, 그 출자가액에서 이미 이행한 부분을 공제한 가액의 한도 내에서 책임을 진다. |
| 물적 회사 | 유한회사 | 물적 회사에 인적 회사의 요소를 가미한 중간형태로, 회사채권자에 대해 직접의 책임을 지지 않고, 자신의 출자금액을 한도로 간접·유한의 책임을 지는 1인 이상의 유한책임사원만으로 구성된 회사 |
| | 유한책임회사 | 회사채권자에 대해 출자금액을 한도로 간접·유한의 책임을 지는 1인 이상의 유한책임사원만으로 구성된 회사 |
| | 주식회사 | 회사채권자에 대해 직접의 책임을 지지 않고, 자신이 가진 주식의 인수가액을 한도로 간접·유한의 책임을 지는 1인 이상의 유한책임사원(주주)만으로 구성된 회사 |

## 31  난이도 하    ▮상법 일반 – 보험법(보험계약의 특성)

**보험계약에 관한 설명으로 옳지 않은 것은?**

① 사행계약(射倖契約)이 아니다.

> 사행계약이란 계약당사자가 이행하여야 할 급여의무 또는 급여내용의 전부 또는 일부가 계약성립의 처음부터 불확실성에 의존하여 있는 계약을 말한다. 보험계약은 우연한 사고의 발생으로 인하여 보험금액의 액수가 정해지므로 대표적인 사행계약에 해당한다.

② 유상(有償)·쌍무(雙務)계약이다.

> 보험계약은 보험사고의 발생을 전제로 보험계약자의 보험료 지급에 대하여 보험자가 일정한 보험금액, 기타의 급여를 지급할 것을 약정하므로 유상계약이고, 보험계약자의 보험료 지급채무와 보험자의 위험부담채무가 보험계약과 동시에 채무로서 이행되어야 하므로 대가관계에 있는 쌍무계약이다.

③ 불요식(不要式)의 낙성계약(諾成契約)이다.

> 보험계약은 청약과 승낙이라는 당사자 쌍방의 의사표시의 합치만으로 성립하고 아무런 급여를 요하지 않으므로 낙성계약이며, 또 그 의사표시에는 특별한 방식이 없으므로 법률상 불요식계약이다.

④ 계약관계자에게 선의 또는 신의성실이 요구되는 선의계약이다.

> 고지의무위반으로 인한 계약해지(상법 제651조), 위험변경증가의 통지와 계약해지(상법 제652조), 보험자의 면책사유(상법 제659조 제1항) 등에서 계약관계자에게 선의 또는 신의성실이 요구됨을 추론할 수 있다.

## 32  난이도 하    ▮상법 일반 – 보험법(손해보험의 종류)

**상법상 손해보험이 아닌 것은?**

① 화재보험
② 운송보험
③ 해상보험
④ **생명보험**

> 상법 제4편 제2장에 규정된 손해보험에는 화재보험, 운송보험, 해상보험, 책임보험, 자동차보험, 보증보험이 있다. 생명보험은 상해보험, 질병보험과 더불어 인보험(상법 제4편 제3장)에 해당한다. ★

## 33 난이도 하

■ 사회법 일반 – 산업재해보상보험법

근로자의 업무상 재해보상과 재해근로자의 재활 및 사회복귀를 촉진하고 이에 필요한 보험시설을 설치·운영하며 재해예방과 그 밖에 근로자의 복지 증진을 위한 법률은?

① 근로복지기본법

> 이 법은 근로복지정책의 수립 및 복지사업의 수행에 필요한 사항을 규정함으로써 근로자의 삶의 질을 향상시키고 국민경제의 균형 있는 발전에 이바지함을 목적으로 한다(근로복지기본법 제1조).

② 근로자퇴직급여보장법

> 이 법은 근로자 퇴직급여제도의 설정 및 운영에 필요한 사항을 정함으로써 근로자의 안정적인 노후생활 보장에 이바지함을 목적으로 한다(근로자퇴직급여보장법 제1조).

③ <u>산업재해보상보험법</u>

> 이 법은 산업재해보상보험 사업을 시행하여 근로자의 업무상의 재해를 신속하고 공정하게 보상하며, 재해근로자의 재활 및 사회복귀를 촉진하기 위하여 이에 필요한 보험시설을 설치·운영하고, 재해예방과 그 밖에 근로자의 복지 증진을 위한 사업을 시행하여 근로자 보호에 이바지하는 것을 목적으로 한다(산업재해보상보험법 제1조).

④ 임금채권보장법

> 이 법은 경기 변동과 산업구조 변화 등으로 사업을 계속하는 것이 불가능하거나 기업의 경영이 불안정하여, 임금 등을 지급받지 못하고 퇴직한 근로자 등에게 그 지급을 보장하는 조치를 마련함으로써 근로자의 생활안정에 이바지하는 것을 목적으로 한다(임금채권보장법 제1조).

## 34 난이도 중

■ 사회법 일반 – 근로기준법(근로계약)

근로기준법상 근로계약에 관한 설명으로 옳은 것은?

① 미성년자의 임금청구는 친권자가 대리하여야 한다.

> 미성년자는 독자적으로 임금을 청구할 수 있다(근로기준법 제68조). 따라서 친권자가 미성년자의 임금청구를 대리할 필요가 없다.★

② <u>사용자는 긴박한 경영상의 필요가 있으면 근로자를 해고할 수 있다.</u>

> 근로기준법 제24조 제1항 전문

③ 사용자는 근로계약 불이행에 대한 위약금 예정 계약을 체결할 수 있다.

> 사용자는 근로계약 불이행에 대한 위약금 또는 손해배상액을 예정하는 계약을 체결하지 못한다(근로기준법 제20조).★

④ 근로자에 대한 해고는 반드시 서면으로 할 필요는 없다.

> 사용자가 근로자를 해고하려면 해고사유와 해고시기를 서면으로 통지하여야 한다(근로기준법 제27조 제1항).★

## 35 난이도 중 | 사회법 일반 - 사회보장기본법

**사회보장기본법에 관한 설명으로 옳지 않은 것은?**

① 모든 국민은 사회보장 관계 법령에서 정하는 바에 따라 사회보장급여를 받을 권리를 가진다.

> 사회보장기본법 제9조

② 사회보장에 관한 주요 시책을 심의·조정하기 위하여 국무총리 소속으로 사회보장위원회를 둔다.

> 사회보장기본법 제20조 제1항 ★

③ 국가와 지방자치단체는 모든 국민의 인간다운 생활을 유지·증진하는 책임을 가진다.

> 사회보장기본법 제5조 제1항

④ <u>사회보장수급권은 포기할 수 있으나, 그 포기는 취소할 수 없다.</u>

> 사회보장수급권은 정당한 권한이 있는 기관에 서면으로 통지하여 포기할 수 있고(사회보장기본법 제14조 제1항), 사회보장수급권의 포기는 취소할 수 있다(사회보장기본법 제14조 제2항). ★★

## 36 난이도 하 | 사회법 일반 - 사회보장기본법(공공부조)

**(   )에 들어갈 내용은?**

> 사회보장은 모든 국민이 다양한 사회적 위험으로부터 벗어나 행복한 복지사회를 실현하는 것을 기본 이념으로 한다. (   )는(은) 국가와 지방자치단체의 책임하에 생활유지능력이 없거나 생활이 어려운 국민의 최저생활을 보장하고 자립을 지원하는 제도를 말한다.

① 사회보험

> 사회보장기본법 제3조 제2호

② <u>공공부조</u>

> 제시문의 (   )에는 공공부조가 들어간다(사회보장기본법 제3조 제3호).

③ 사회서비스

> 사회보장기본법 제3조 제4호

④ 평생사회안전망

> 사회보장기본법 제3조 제5호

| 핵심만콕 | 사회보장기본법상의 용어의 정리(사회보장기본법 제3조) |
|---|---|
| 사회보장 | 출산, 양육, 실업, 노령, 장애, 질병, 빈곤 및 사망 등의 사회적 위험으로부터 모든 국민을 보호하고 국민 삶의 질을 향상시키는 데 필요한 소득·서비스를 보장하는 사회보험, 공공부조, 사회서비스를 말한다(제1호). |
| 사회보험 | 국민에게 발생하는 사회적 위험을 보험의 방식으로 대처함으로써 국민의 건강과 소득을 보장하는 제도를 말한다(제2호). |
| 공공부조<br>(公共扶助) | 국가와 지방자치단체의 책임하에 생활유지능력이 없거나 생활이 어려운 국민의 최저생활을 보장하고 자립을 지원하는 제도를 말한다(제3호). |
| 사회서비스 | 국가·지방자치단체 및 민간부문의 도움이 필요한 모든 국민에게 복지, 보건의료, 교육, 고용, 주거, 문화, 환경 등의 분야에서 인간다운 생활을 보장하고 상담, 재활, 돌봄, 정보의 제공, 관련 시설의 이용, 역량 개발, 사회참여 지원 등을 통하여 국민의 삶의 질이 향상되도록 지원하는 제도를 말한다(제4호). |
| 평생사회안전망 | 생애주기에 걸쳐 보편적으로 충족되어야 하는 기본욕구와 특정한 사회위험에 의하여 발생하는 특수욕구를 동시에 고려하여 소득·서비스를 보장하는 맞춤형 사회보장제도를 말한다(제5호). |
| 사회보장<br>행정데이터 | 국가, 지방자치단체, 공공기관 및 법인이 법령에 따라 생성 또는 취득하여 관리하고 있는 자료 또는 정보로서 사회보장정책 수행에 필요한 자료 또는 정보를 말한다(제6호). |

## 37 난이도 하 ▮행정법 일반 – 행정조직법(지방자치단체의 조직)

**지방자치단체의 조직에 관한 설명으로 옳지 않은 것은?**

① 지방자치단체에 주민의 대의기관인 의회를 둔다.

> 지방자치법 제37조

② 지방자치단체의 장은 주민이 보통·평등·직접·비밀선거에 따라 선출한다.

> 지방자치법 제107조

③ **지방자치단체의 장은 법령의 범위 안에서 자치에 관한 조례를 제정할 수 있다.**

> **지방자치단체**는 법령의 범위 안에서 그 사무에 관하여 **조례를 제정할 수 있다**(지방자치법 제28조 제1항 본문). ★★

④ 지방자치단체의 종류는 법률로 정한다.

> 헌법 제117조 제2항

## 38 난이도 중 | 행정법 일반 - 행정행위의 효력(공정력)

행정행위에 취소사유가 있다고 하더라도 당연무효가 아닌 한 권한 있는 기관에 의해 취소되기 전에는 유효한 것으로 통용되는 것은 행정행위의 어떠한 효력 때문인가?

① 강제력
② **공정력**

> 설문은 행정행위의 효력 중 공정력에 관한 설명이다.

③ 불가변력
④ 형식적 확정력

---

**핵심만콕 　 행정행위의 효력★★**

- **구성요건적 효력** : 유효한 행정행위가 존재하는 이상 모든 국가기관은 그 존재를 존중하고 스스로의 판단에 대한 기초로 삼아야 한다는 효력
- **공정력** : 비록 행정행위에 하자가 있는 경우에도 그 하자가 중대하고 명백하여 당연무효인 경우를 제외하고는, 권한 있는 기관에 의해 취소될 때까지는 일응 적법 또는 유효한 것으로 보아 누구든지(상대방은 물론 제3의 국가기관도) 그 효력을 부인하지 못하는 효력
- **구속력** : 행정행위가 그 내용에 따라 관계 행정청, 상대방 및 관계인에 대하여 일정한 법적 효과를 발생하는 힘으로, 모든 행정행위에 당연히 인정되는 실체법적 효력
- **형식적 존속력**
  - **불가쟁력(형식적 확정력)** : 행정행위에 대한 쟁송 제기기간이 경과하거나 쟁송 수단을 다 거친 경우에는 상대방 또는 이해관계인은 더 이상 그 행정행위의 효력을 다툴 수 없게 되는 효력
  - **불가변력(실질적 확정력)** : 일정한 경우 행정행위를 발한 행정청 자신도 행정행위의 하자 등을 이유로 직권으로 취소·변경·철회할 수 없는 제한을 받게 되는 효력
- **강제력**
  - **제재력** : 행정법상 의무위반자에게 처벌을 가할 수 있는 힘을 말한다.
  - **자력집행력** : 행정법상 의무불이행자에게 의무의 이행을 강제할 수 있는 힘을 말한다.

## 39 난이도 중 | 행정법 일반 – 행정작용의 실효성 확보 수단

행정청이 건물의 철거 등 대체적 작위의무의 이행과 관련하여 의무자가 행할 작위를 스스로 행하거나 또는 제3자로 하여금 이를 행하게 하고 그 비용을 의무자로부터 징수하는 행정상의 강제집행 수단은?

① <u>행정대집행</u>

> 설문은 행정상 강제집행 수단인 행정대집행에 관한 내용이다.

② 행정벌

> 행정벌은 행정의 상대방인 국민이 행정법상 의무를 위반하는 경우에 일반통치권에 의하여 그 의무위반자에게 과해지는 제재로서의 처벌을 의미한다.

③ 직접강제

> 직접강제는 의무자가 의무를 이행하지 아니하는 경우에 직접적으로 의무자의 신체 또는 재산에 실력을 가함으로써 행정상 필요한 상태를 실현하는 작용이다.

④ 행정상 즉시강제

> 행정상 즉시강제는 행정상 장해가 존재하거나 장해의 발생이 목전에 급박한 경우에 성질상 개인에게 의무를 명해서는 공행정 목적을 달성할 수 없거나 또는 미리 의무를 명할 시간적 여유가 없는 경우에 개인에게 의무를 명함이 없이 행정기관이 직접 개인의 신체나 재산에 실력을 가해 행정상 필요한 상태의 실현을 목적으로 하는 작용이다.

**핵심만콕  행정작용의 실효성 확보 수단 ★★**

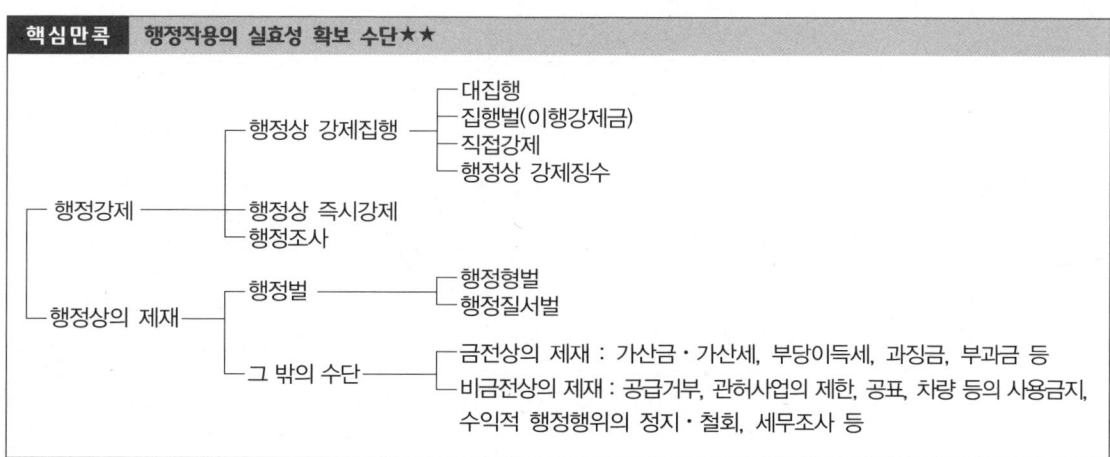

## 40 난이도 하 　　　행정법 일반 - 행정작용법(행정행위)

**행정법상 행정작용에 관한 설명으로 옳지 않은 것은?**

① 기속행위는 행정주체에 대하여 재량의 여지를 주지 않고 그 법규를 집행하도록 하는 행정행위를 말한다.
② 특정인에게 새로운 권리나 포괄적 법률관계를 설정해주는 특허는 형성적 행정행위이다.
③ 의사표시 이외의 정신작용 등의 표시를 요소로 하는 행위는 준법률행위적 행정행위이다.
④ **개인에게 일정한 작위의무를 부과하는 하명은 형성적 행정행위이다.**

> 하명은 명령적 행정행위이다.

**핵심만콕** 행정행위의 구분

| 법률행위적 행정행위 | 명령적 행위 | 하명, 허가, 면제 |
|---|---|---|
|  | 형성적 행위 | 특허, 인가, 대리 |
| 준법률행위적 행정행위 | | 확인, 공증, 통지, 수리 |

# 2018년 민간경비론

문제편 173p

## 정답 CHECK

| 41 | 42 | 43 | 44 | 45 | 46 | 47 | 48 | 49 | 50 | 51 | 52 | 53 | 54 | 55 | 56 | 57 | 58 | 59 | 60 |
|---|---|---|---|---|---|---|---|---|---|---|---|---|---|---|---|---|---|---|---|
| ② | ① | ① | ② | ① | ④ | ④ | ④ | ③ | ① | ② | ④ | ③ | ③ | ② | ① | ③ | ③ | ④ | ④ |
| 61 | 62 | 63 | 64 | 65 | 66 | 67 | 68 | 69 | 70 | 71 | 72 | 73 | 74 | 75 | 76 | 77 | 78 | 79 | 80 |
| ④ | ② | ① | ② | ② | ② | ③ | ② | ③ | ③ | ① | ③ | ① | ④ | ② | ③ | ② | ① | ③ | ② |

### 41　난이도 하　｜민간경비 개설 - 공경비와 민간경비의 비교

민간경비와 공경비의 공통적 임무가 아닌 것은?

① 질서유지
② **범죄수사**

> 법집행(범인체포 및 범죄수사・조사)의 유무는 민간경비와 공경비의 가장 큰 차이점이다.

③ 범죄예방
④ 재산보호

#### 핵심만콕　공경비와 민간경비의 비교 ★

| 구 분 | 공경비(경찰) | 민간경비(개인 또는 경비업체) |
|---|---|---|
| 대 상 | 일반국민(시민) | 계약당사자(고객) |
| 임 무 | 범죄예방 및 범죄대응 | 범죄예방 |
| 공통점 | 범죄예방 및 범죄감소, 위험방지, 질서유지 ||
| 범 위 | 일반(포괄)적 범위 | 특정(한정)적 범위 |
| 주 체 | 정부(경찰) | 영리기업(민간경비회사 등) |
| 목 적 | 법집행(범인체포 및 범죄수사・조사) | 개인의 재산보호 및 손실감소 |
| 제약조건 | 강제력 있음 | 강제력 사용에 제약 있음 |
| 권한의 근거 | 통치권 | 위탁자의 사권(私權) |

## 42 난이도 하  ▍민간경비 개설 – 민간경비 성장의 이론적 배경(경제환원론)

**경제환원론에 관한 설명으로 옳지 않은 것은?**

① 민간경비가 성장함에 따라 민간경비 기업들은 하나의 이익집단을 형성한다고 본다.

> 이익집단이론에 관한 설명이다.    **참고** 2019년 민간경비론 42번 핵심만 콕

② 민간경비시장의 성장을 범죄의 증가에 따른 직접적인 대응이라는 전제하에서 출발한다.
③ 거시적 차원에서 범죄의 증가를 실업의 증가에서 그 원인을 찾으려고 한다.
④ 민간경비시장의 성장을 경제전반의 상태와 운용에 연결시켜서 설명한다.

## 43 난이도 하  ▍민간경비 개설 – 민간경비의 개념

**민간경비의 개념에 관한 설명으로 옳은 것은?**

① 형식적 개념은 공경비와 민간경비가 명확히 구별된다.

> 형식적 의미에서 민간경비 개념은 공경비와 명확히 구별되나 실질적 의미에서 민간경비 개념은 공경비와 유사하다.

② 광의의 개념은 국민의 생명과 재산을 보호하기 위하여 일정한 비용을 지불한 특정 고객에게 안전 관련 서비스를 제공하는 개인만을 의미한다.

> 고객의 생명과 재산을 보호하기 위하여 일정한 비용을 지불한 특정 고객에게 안전 관련 서비스(범죄예방활동)를 제공하는 것은 협의의 개념이고, 광의의 민간경비는 공경비를 제외한 방범, 방재, 방화 등의 포괄적 경비활동을 의미한다.

③ 협의의 개념은 주체면에서 민간과 국가를 포함한다.

> 협의의 민간경비 개념은 주체면에서 고객으로부터 보수를 받고 이에 따른 경비 서비스를 제공하는 개인, 단체, 영리기업에 한정한다.

④ 실질적 개념은 실정법인 경비업법에서 규정하는 허가를 받고 경비업무를 수행하는 활동을 말한다.

> 경비업법에서 규정하는 허가를 받고 경비업무를 수행하는 활동은 형식적 의미의 민간경비이다.

## 44  난이도 중   민간경비 개설 – 민간경비 성장의 이론적 배경(공동화이론)

경찰이 범죄예방이나 통제와 같은 서비스를 제공할 수 있는 능력이 감소됨으로써 발생한 '사각지대'를 민간경비가 보완해준다는 것과 관련된 이론은?

① 비용공동부담이론
② **공동화이론**

> 경찰의 범죄예방능력이 국민의 욕구를 충족시키지 못할 때의 공동상태를 민간경비가 보충함으로써 민간경비가 성장한다는 이론이다.

③ 민영화이론
④ 지역사회활동이론

## 45  난이도 하   민간경비 개설 – 민간경비

민간경비에 관한 설명으로 옳은 것은?

① **영리성을 갖는다.**

> 민간경비업은 영리성(경제적 이익)을 그 특징으로 하지만 공공성도 요구된다.

② 불특정 다수의 시민이 수혜대상이다.

> 민간경비는 일정한 비용을 지불하는 계약자 등 특정 고객을 수혜대상으로 한다.

③ 사전예방과 법집행을 한다.

> 사전예방적 기능을 주요 임무로 하나 법집행은 공경비의 영역이다.

④ 공권력을 추구한다.

> 민간경비는 공경비에 비하여 한정된 권한과 각종 제약을 받는다.

### 46 난이도 하  ▌민간경비의 환경 - 국내·외 치안환경의 변화

**최근 범죄의 변화 양상에 관한 설명으로 옳지 않은 것은?**

① 무선인터넷과 스마트폰 등의 보급 확대로 인하여 사이버범죄가 증가하고 있다.

> 과학기술의 발달로 사이버범죄가 지능화, 전문화되고 있으며 지속적으로 증가하는 추세이다.

② 노령인구가 증가하면서 노인범죄가 사회문제로 대두되고 있다.

> 고령화로 인해 소외된 노인들의 범죄가 계속 증가하면서 심각한 사회문제로 대두되고 있다.

③ 청소년범죄가 흉포화되고 있다.

> 청소년범죄가 흉포화되고 있으며, 범죄연령이 연소화되는 추세이다.

④ **범죄행위 및 방법이 지역화, 기동화, 조직화, 집단화되고 있다.**

> 교통, 통신시설 등의 급격한 발달로 범죄가 광역화·기동화·조직화·대형화되고 있다.

### 47 난이도 하  ▌민간경비의 환경 - 경찰의 범죄예방능력의 한계

**경찰 범죄예방능력의 한계에 관한 설명으로 옳지 않은 것은?**

① 경찰인력이 부족하다.
② 타 부처와의 업무협조가 과중하다.
③ 경찰장비가 부족하고 노후하다.
④ **의사결정구조가 수평적이다.**

> 경찰 조직의 수직적인 의사결정구조가 범죄예방에 효과적이라고 볼 수 없다. 경찰의 범죄예방능력 한계의 발생 원인으로는 경찰인력의 부족, 경찰활동에 대한 주민들의 이해부족, 경찰장비의 부족이나 노후화, 타 부처 협조업무의 과다, 경찰과 민간경비의 치안공조의 미흡 등이 있다.

## 48 난이도 하
민간경비 개설 – 민간경비 성장의 이론적 배경(수익자부담이론)

자본주의 사회에서 공경비가 갖는 근본적인 성격과 역할 및 기능에 관한 통념적 인식에 의문을 제기하면서 출발하고 있는 이론은?

① 공동생산이론

> 공동생산이론은 경찰이 근본적으로 안고 있는 한계를 일부 극복하고, 시민의 안전욕구를 증대시키기 위하여 민간부문의 능동적인 참여를 다각적으로 유도하는 등 민간경비를 공경비의 보조적 차원이 아닌 주체적 차원으로 인식하는 이론이다.

② 공동화이론

> 공동화이론은 경찰이 수행하고 있는 경찰 본연의 기능이나 역할을 민간경비가 보완하거나 대체한다는 이론이다.

③ 비용공동분담이론

> 민간경비의 성장이론과 관련이 없는 이론이다.

④ <u>수익자부담이론</u>

> 수익자부담이론은 경찰의 공권력 작용은 질서유지, 체제수호와 같은 거시적 측면에서 이루어지고, 개인의 안전과 보호는 해당 개인이 책임져야 한다는 자본주의 체제하에서 주장되는 이론이다.

## 49 난이도 하
민간경비의 환경 – 국내·외 치안환경의 변화

민간경비의 국내·외 치안환경 변화에 관한 설명으로 옳지 않은 것은?

① 양극화된 이념체제가 붕괴되면서 다극화된 경제실리체제로 변모하였다.

> 이념적 대결의 양극체제가 붕괴되면서 미국 독주의 다극화된 경제실리주의로 국제정세가 변화되었다.

② 국제화, 개방화로 인하여 국제범죄조직과 국제테러조직의 국내잠입 및 활동이 우려되고 있다.

> 국제화, 개방화로 인해 국내인의 해외범죄, 외국인의 국내범죄, 밀수, 테러 등의 국제범죄가 증가하고 있다.

③ <u>지역별, 권역별 경제공동체인 EU, 북미자유경제권 등이 붕괴되었다.</u>

> 지역별 또는 권역별 경제공동체인 EU, 북미자유경제권 등이 활성화되고 있다.

④ 외국인 노동자, 다문화가정 등으로 인하여 새로운 치안수요가 발생하고 있다.

> 외국인 노동자, 다문화가정 등으로 인하여 국내 체류 외국인이 증가하면서 국제적 치안수요가 발생하고 있다.

## 50 난이도 하  |세계 각국의 민간경비 - 각국 민간경비원의 법적 지위(한국)

**우리나라 민간경비원이 합법적으로 수행할 수 있는 업무는?**

① <u>현행범체포</u>

> 민간경비원의 법적 지위는 일반 시민과 동일하다. 민간경비원과 일반 시민은 현행범을 체포할 수 있으나, 수사권이 인정되지는 않는다. 현행범 이외의 범인을 체포하는 행위는 형법상 체포죄(형법 제276조 제1항) 등에 해당하여 처벌을 받을 수 있다.

② 긴급체포
③ 압수·수색
④ 감 청

## 51 난이도 하  |민간경비의 조직 - 경비업무 유형

**주체에 따른 경비업무의 유형 중 성격이 다른 하나는?**

① 상주경비
② <u>무인기계경비</u>

> <u>민간경비의 유형을 주체에 따라 분류하면 인력경비와 기계경비로 분류할 수 있다. 인력경비는 다시 상주경비, 순찰경비, 요인경호(신변보호경비), 혼잡경비로 구분되고, 기계경비는 무인기계경비와 혼합경비로 구분할 수 있다.</u> 이 중 무인기계경비는 기계경비로만 이루어진 시스템으로 각종 감지기 또는 CCTV 등 감시기계를 설치하여 불법침입이 있으면 경보음을 울리게 하거나 미리 기억된 자동 전화번호를 통해 경찰서 등에 설치된 수신기에 경보음을 울리게 하는 경비형태이다.

③ 신변보호경비
④ 순찰경비

## 52 난이도 중
■ 세계 각국의 민간경비 - 한국의 민간경비 관련 제도

**우리나라의 민간경비 관련 제도에 관한 설명으로 옳지 않은 것은?**

① 1962년 청원경찰법과 1976년 용역경비업법이 제정되면서 민간경비의 법적·제도적 기틀이 마련되었다.

   청원경찰법(1962년)과 용역경비업법(1976년)이 제정되면서 제도적인 발전의 기틀이 마련되었다. ★

② 우리나라의 청원경찰제도는 외국에서 흔히 볼 수 없는 제도이다.

   한국의 청원경찰제도는 경찰과 민간경비제도를 혼용한 것으로 외국에서는 볼 수 없는 특별한 제도이다.

③ 민간조사제도는 경비업법상 규정되어 있지 않다.

   경비업법상 민간조사업무는 경비업무의 한 영역이라고 보기 어렵고, 민간조사원이 별도로 규정되어 있지도 않다. ★

④ **경비지도사의 직무는 경찰관직무집행법에 구체적으로 규정되어 있다.**

   경비지도사의 직무는 경비업법 제12조 제2항에서 규정하고 있다.

## 53 난이도 하
■ 세계 각국의 민간경비 - 각국 민간경비산업 현황(한국)

**우리나라 민간경비산업의 발전 및 특징에 관한 설명으로 옳지 않은 것은?**

① 1986년 아시안게임, 1988년 올림픽, 1993년 엑스포 등 국제행사를 치르면서 크게 발전하였다.

   한국의 민간경비는 경제성장과 함께 1986년 아시안게임, 1988년 서울 올림픽, 1993년 대전 엑스포 등 각종 국제행사를 치르면서 급성장하였다.

② 기계경비가 활성화되고 있으나 아직까지는 인력경비에 대한 의존도가 높다.

   경비회사의 수나 인원 면에서 아직까지는 기계경비보다는 인력경비에 대한 의존도가 높다.

③ **계약경비보다는 상대적으로 비용이 저렴한 자체경비가 발전하고 있다.**

   비용절감 등의 효과로 인하여 자체경비보다는 계약경비가 발전하고 있다. ★

④ 2001년 경비업법 개정으로 특수경비원제도가 도입되어 청원경찰의 입지가 축소되었다.

   2001년 경비업법 개정에서 국가중요시설 경비의 효율성을 제고하는 방안으로 특수경비원제도가 도입되면서 청원경찰의 입지가 축소되었다. ★

## 54 난이도 중 　　　세계 각국의 민간경비 – 각국 민간경비의 역사적 발전(미국)

미국 민간경비의 발전에 관한 설명으로 옳은 것을 모두 고른 것은?

> ㄱ. 건국 초기부터 영국식의 강력한 중앙집권적 경찰 조직이 발전하였다.
>> (×) 건국 초기 미국 국민들은 영국 왕실의 권위주의적인 통치방식을 싫어하고 자치적인 지방분권주의적 통치방식을 선호하였으며, 범죄에 대응하는 방식에 있어서도 강력한 경찰 조직보다는 자치경비 조직의 형태를 추구하였다.
>
> ㄴ. 서부개척시대 철도운송의 발달과 함께 민간경비가 획기적으로 발전하였다.
>> (○) 본격적으로 미국에서 민간경비가 출현한 것은 19세기 중엽 서부개척시대이다. 역마차회사, 철도회사가 동서 간의 철도경비를 위해 자체경비 조직을 갖게 되면서 민간경비 발달의 획기적인 계기가 되었다.
>
> ㄷ. 핑커톤(A. Pinkerton)은 경찰 당국의 자료 요청에 응하여 경찰과 민간경비업체의 바람직한 관계를 정립하는 데 공헌하였다.
>> (○) 핑커톤은 경찰 당국의 자료 요청에 응하여 경찰과 민간경비업체의 바람직한 관계를 정립하였고, 범죄자를 유형별로 정리하는 방식은 오늘날 프로파일링 수사기법에 영향을 주었다.
>
> ㄹ. 2001년 9·11 테러와 같은 국가적 위기상황은 민간경비가 발전하는 중요한 계기가 되었다.
>> (○) 2001년 9·11테러 이후 국토안보부를 설립하였으며 이는 공항경비 등 민간경비산업이 발전하는 중요한 계기가 되었다.
>
> ㅁ. 현재 산업보안자격증인 CPP(Certified Protection Professional) 제도를 연방정부 차원에서 시행하고 있다.
>> (×) CPP는 공인경비사 자격제도로서 현재 미국산업안전협회에서 주정부 관할하에 주정부별로 CPP제도를 시행하고 있다.★

① ㄱ, ㄴ, ㄷ
② ㄱ, ㄹ, ㅁ
③ **ㄴ, ㄷ, ㄹ**
　제시된 내용 중 미국 민간경비의 발전에 관한 설명으로 옳은 것은 ㄴ, ㄷ, ㄹ이다.
④ ㄷ, ㄹ, ㅁ

## 55 난이도 중 | 민간경비의 조직 - 일반경비원 신임교육과목

경비업법령상 일반경비원의 신임교육과목에 해당되지 않는 것은?  기출수정

① 범죄예방론
② **사 격**

　사격은 특수경비원(경비업법 시행규칙 [별표 4])과 청원경찰(청원경찰법 시행규칙 [별표 1])의 신임교육과목이다.★

③ 체포·호신술
④ 직업윤리 및 인권보호

**관계법령** 일반경비원 신임교육의 과목 및 시간(경비업법 시행규칙 [별표 2]) <개정 2024.8.14.>

| 구 분<br>(교육시간) | 과 목 | 시 간 |
|---|---|---|
| 이론교육<br>(4시간) | 「경비업법」 등 관계법령 | 2 |
| | 범죄예방론 | 2 |
| 실무교육<br>(19시간) | 시설경비실무 | 3 |
| | 호송경비실무 | 2 |
| | 신변보호실무 | 2 |
| | 기계경비실무 | 2 |
| | 혼잡·교통유도경비실무 | 2 |
| | 사고 예방대책 | 2 |
| | 체포·호신술 | 2 |
| | 장비사용법 | 2 |
| | 직업윤리 및 인권보호 | 2 |
| 기타(1시간) | 입교식, 평가 및 수료식 | 1 |
| 계 | - | 24 |

## 56 난이도 하 ▮세계 각국의 민간경비 – 각국 민간경비원의 법적 지위

**각국 민간경비원의 법적 지위에 관한 설명으로 옳지 않은 것은?**

① 미국에서 민간경비원의 불법행위는 일반인의 불법행위와 동일한 민사책임을 지지 않는다.

> 미국에서 민간경비원의 불법행위는 일반인의 불법행위와 동일한 민사책임을 부담하도록 하고 있다. 불법행위법은 민간경비원에게 특별한 권한을 부여하고 있지 않으며, 민간경비원의 행위에 대하여 어느 정도의 제한 규정을 두고 있다.

② 미국에서 민간경비원의 심문 또는 질문에 일반 시민이 응답해야 할 의무는 없다.

> 미국에서 일반 시민이 법적으로 억류되어 있는 경우 단순한 질문에 대하여 반드시 대답하여야 할 절대적 규정은 없으며, 묵비권을 행사할 권리를 가진다.

③ 일본에서 형사법상 정당방위나 긴급피난에 의해 이루어진 민간경비원의 행위는 위법성이 조각된다.

> 일본에서 정당방위(일본 형사소송법 제36조)나 긴급피난(일본 형사소송법 제37조) 등에 의하여 이루어진 민간경비원의 행위는 현행범 체포 시와 같이 위법성이 조각된다.

④ 우리나라에서 국가중요시설에 근무하는 특수경비원은 필요한 경우 무기 휴대가 가능하지만 수사권은 인정되지 않는다.

> 우리나라에서 국가중요시설에서 근무하는 특수경비원은 필요한 경우 무기 휴대가 가능하지만(경비업법 제14조 제4항), 수사권은 인정되지 않는다.

## 57 난이도 하 ▮민간경비의 조직 – 민간경비 조직의 운영원리

**민간경비 조직의 운영원리에 관한 설명으로 옳지 않은 것은?**

① 명령통일의 원리 : 직속상관에게 지시를 받고 보고함으로써 책임소재를 명확히 해야 한다.
② 계층제의 원리 : 권한과 책임에 따라 직무를 등급화함으로써 상하 간 지휘·감독 관계를 수립하여야 한다.
③ **조정·통합의 원리 : 조직의 목표 달성을 위해 업무의 조화를 추구한다는 원리로서 전문화·분업화된 조직일수록 그 필요성이 감소한다.**

> 전문화·분업화된 조직일수록 조정·통합의 원리의 필요성이 증가한다.

④ 통솔범위의 원리 : 통솔범위는 한 사람의 관리자가 효과적으로 관리할 수 있는 최대한의 직원 수를 말하는 것으로서 계층의 수가 적을수록 통솔범위가 넓다.

| 핵심만콕 | 민간경비 조직의 운영원리 |
|---|---|
| 명령통일의 원리 | 각 조직구성원은 한 사람의 관리자로부터만 명령을 받아야 한다는 원리로, 경호학에서는 지휘권단일화원칙이라고도 한다. |
| 전문화의 원리 | 조직구성원에게 한 가지 업무를 전담시켜 전문적인 지식·기술을 습득하게 함으로써 전문화를 유도하고, 능률향상을 기대할 수 있는 원리로, 분업-전문화의 원리라고도 한다. |
| 계층제의 원리 | 조직구성원 간에 상하 등급, 즉 계층을 설정하여 각 계층 간에 권한과 책임을 배분하고, 명령계통과 지휘·감독체계를 확립하는 원리를 말한다. |
| 통솔범위의 원리 | 한 사람의 관리자가 통제할 수 있는 부하 또는 조직단위의 수는 그 관리자의 통솔범위 내로 한정되어야 한다는 원리를 말한다. |
| 조정·통합의 원리 | 조직의 공동목표를 달성하기 위해 각 조직구성원들을 통합하고, 집단의 노력을 질서 있게 배열하여 조직의 안정성과 효율성을 도모하는 원리를 말한다. |

## 58 난이도 중 ▮세계 각국의 민간경비 - 각국의 민간경비산업 현황

**미국과 일본의 민간경비산업 현황에 관한 설명으로 옳은 것은?**

① 미국에서 경찰과 민간경비는 상명하복 관계에 있다.

> 현재 미국에서 경찰과 민간경비회사는 범죄예방활동을 위해 긴밀한 상호협조체계를 유지하고 있다.

② 홀크레스트(Hallcrest) 보고서에 의하면 2000년대 이후 미국의 민간경비인력은 경찰인력의 절반 수준으로 성장하고 있다.

> 홀크레스트 보고서에 의하면 경비인력 면에서 민간경비인력 및 예산은 경찰인력의 2배 이상에 달하고 있다.★

③ **일본에서 민간경비원의 교통유도경비는 경찰관의 교통정리와 같은 법적 강제력이 없다.**

> 일본의 경비업법에서는 교통유도경비를 '사람 혹은 차량의 혼잡한 장소와 통행에 위험이 있는 장소에서의 부상 등의 사고 발생을 경계하여 방지하는 업무'로 정의한다. 경찰관이나 교통순경이 실시하는 교통정리와 달리 법적 강제력은 없다.★

④ 일본의 민간경비는 2000년대 이후부터 한국과 중국에 진출을 시도하면서 인력경비가 급속히 성장하고 있다.

> 일본의 민간경비는 기계경비를 중심으로 하여 새로운 시장을 개척하고 있으며, 1980년대 초에 한국에 진출하고, 1980년대 후반에는 중국에 진출하는 등 성장을 계속하고 있다.★

## 59 난이도 중  ▎민간경비의 조직 – 경비부서 관리자의 역할

경비 관리책임자의 조사상 역할로 옳은 것은?

① 기획의 조직화

> 경영상의 역할

② 예산과 재정상의 감독

> 관리상의 역할

③ 사무행정

> 관리상의 역할

④ 감시, 회계, 회사규칙의 위반 확인

> 조사상의 역할

| 핵심만콕 | 경비부서 관리자의 역할★ |
|---|---|
| 예방상의 역할 | 경비원에 대한 감독, 순찰, 화재와 경비원의 안전, 교통통제, 출입금지구역에 대한 감시 |
| 관리상의 역할 | 예산과 재정상의 감독, 경비문제를 관할하는 정책의 설정, 사무행정, 조직체계와 절차 |
| 경영상의 역할 | 기획의 조직화, 조정, 채용, 혁신, 지도·감독 |
| 조사상의 역할 | 경비의 명확성, 감시, 회계, 회사규칙의 위반과 모든 손실에 대한 조사, 일반 경찰관서와 소방관서와의 유대관계, 관련 문서의 확인 |

## 60 난이도 하 | 민간경비의 조직 - 특수경비원의 교육

**경비업법령상 특수경비원의 교육에 관한 설명으로 옳지 않은 것은?** 기출수정

① 특수경비업자는 특수경비원 신임교육을 받지 아니한 자를 특수경비업무에 종사하게 해서는 안 된다.

> 경비업법 제13조 제3항 후단

② 특수경비원으로 채용되기 전 3년 이내에 특수경비업무에 종사했던 경력이 있는 사람은 신임교육대상에서 제외될 수 있다.

> 경비업법 시행령 제19조 제2항

③ 특수경비업자는 소속 특수경비원에 대하여 매월 3시간 이상의 직무교육을 실시해야 한다.

> 경비업법 시행령 제19조 제3항, 동법 시행규칙 제16조 제1항

❹ **특수경비원의 교육 시 특수경비업자의 요청이 있을 경우 관할 경찰서 소속 경찰공무원이 교육기관에 입회하여 지도·감독할 수 있다.**

> 특수경비원의 교육 시 관할 경찰서 소속 경찰공무원이 교육기관에 입회하여 대통령령이 정하는 바에 따라 **지도·감독하여야** 한다(경비업법 제13조 제4항).

## 61 난이도 하 | 민간경비의 조직 - 경비지도사의 직무

**경비업법령상 경비지도사에 관한 내용으로 옳지 않은 것은?** 기출수정

① 경비지도사의 기본 교육시간은 40시간이다.

> 경비업법 시행규칙 [별표 1]

② 기계경비지도사는 오경보방지 등을 위하여 기기관리의 감독을 한다.

> 경비업법 시행령 제17조 제1항 제2호

③ 경호현장에 배치된 경호원에 대한 순회점검 및 감독을 월 1회 이상 실시한다.

> 경비업법 시행령 제17조 제2항, 동법 제12조 제2항 제2호

❹ **경비지도사는 경비원 직무교육 실시대장에 그 내용을 기록하여 1년간 보존하여야 한다.**

> 경비지도사는 경비원에 대한 교육을 실시하고, 직무교육 실시대장에 그 내용을 기록하여 2년간 보존하여야 한다(경비업법 시행령 제17조 제3항).

## 62 난이도 하
**경비와 시설보호의 기본원칙 – 시설물의 물리적 통제시스템**

경비시설물의 물리적 통제시스템에 관한 설명으로 옳지 않은 것은?

① 최근에는 첨단과학기술을 이용한 감지시스템이 개발되어 적용되고 있다.
② 경비시설물 내에 존재하는 내부 자산에 대한 경비보호계획은 별도로 수립하지 않아도 된다.

> 시설물 내에 존재하는 내부 자산들은 그 가치가 다르기 때문에 별도로 경비보호계획을 수립하여 대응하여야 한다.

③ 비상시에만 사용하는 외부 출입구에는 경보장치를 설치하여야 한다.
④ 시설물에 대한 물리적 통제는 기본적으로 경계지역, 건물 외부지역, 건물 내부지역이라는 세 가지 방어선으로 구분된다.

## 63 난이도 중
**경비와 시설보호의 기본원칙 – 경비계획의 수준**

일정한 패턴이 전혀 없는 외부 및 내부의 침입을 발견, 억제, 사정, 무력화할 수 있도록 계획된 시스템을 갖춘 경비수준은?

① 최고수준경비(Level Ⅴ)

> 설문의 경비계획의 수준은 최고수준의 경비이다.

② 상위수준경비(Level Ⅳ)
③ 중간수준경비(Level Ⅲ)
④ 하위수준경비(Level Ⅱ)

### 핵심만콕 경비의 중요도에 따른 분류(경비계획의 수준)★

| 구분 | 내용 |
|---|---|
| 최저수준경비 (Level Ⅰ) | 일정한 패턴이 없는 불법적인 외부침입을 방해할 수 있도록 계획된 경비시스템으로, 보통 출입문, 자물쇠를 갖춘 창문과 같은 단순한 물리적 장벽이 설치된다.<br>예 일반가정 등 |
| 하위수준경비 (Level Ⅱ) | 일정한 패턴이 없는 불법적인 외부침입을 방해하고 탐지할 수 있도록 계획된 경비시스템으로, 일단 최저수준경비의 단순한 물리적 장벽이 설치되고, 거기에 보강된 출입문, 창문의 창살, 보다 복잡한 수준의 자물쇠, 조명시스템, 기본적인 경보시스템 및 안전장치가 설치된다.<br>예 작은 소매상점, 저장창고 등 |
| 중간수준경비 (Level Ⅲ) | 대부분의 패턴이 없는 불법적인 외부침입과 일정한 패턴이 없는 일부 내부침입을 방해·탐지·사정할 수 있도록 계획된 경비시스템으로, 경계지역의 보다 높은 수준의 물리적 장벽, 보다 발전된 원거리 경보시스템, 기본적인 의사소통장비를 갖춘 경비원 등을 갖추고 있다.<br>예 큰 물품창고, 제조공장, 대형소매점 등 |
| 상위수준경비 (Level Ⅳ) | 대부분의 패턴이 없는 외부 및 내부의 침입을 발견·저지·방어·예방할 수 있도록 계획된 경비시스템으로, CCTV, 경계경보시스템, 고도의 조명시스템, 고도로 훈련받은 무장경비원, 경비원과 경찰의 협력시스템 등을 갖추고 있다.<br>예 교도소, 제약회사, 전자회사 등 |
| 최고수준경비 (Level Ⅴ) | 일정한 패턴이 전혀 없는 외부 및 내부의 침입을 발견·억제·사정·무력화할 수 있도록 계획된 경비시스템으로, 최첨단의 경보시스템과 현장에서 즉시 대응할 수 있는 24시간 무장체계 등을 갖추고 있다.<br>예 핵시설물, 중요 군사시설 및 교도소, 정부의 특별연구기관, 일부 외국 대사관 등 |

## 64 난이도 하 ▮민간경비의 조직 – 경비위해분석

**경비위해분석에 관한 설명으로 옳지 않은 것은?**

① 경비활동의 대상이 되는 위험요소들을 파악하는 경비진단활동이다.

> 경비위해분석이란 경비활동의 대상이 되는 위험요소들을 대상별로 추출하여 성격을 파악하는 경비진단활동을 말한다.

② **위험요소의 척도화는 대상물이 갖고 있는 인지된 사실들의 환경을 고려하여 무작위로 배열하는 것이다.**

> 인식된 위험요소의 척도화는 인지된 사실들을 경비대상물이 갖고 있는 환경을 고려하여 위험성이 큰 순서대로 서열화하는 것을 말한다.

③ 비용효과 분석은 투입비용 대비 산출효과를 비교하여 적정한 경비수준을 결정하는 과정이다.

> 비용효과 분석은 투입비용 대비 산출효과를 비교하여 적정한 경비수준을 결정하는 과정으로, 경비활동의 비용효과 분석은 절대적인 잣대로 평가할 수는 없다.

④ 위험요소분석에 있어서 가장 선행되어야 하는 것은 위험요소를 인지하는 것이다.

> 위험요소분석에 있어서 가장 선행되어야 하는 것은 모든 경비지역 내에서 손실의 취약성이 있는 위험요소를 인지하는 것이다.

## 65 난이도 하 ▮민간경비의 환경 – 국가경찰의 임무

**경찰법상 국가경찰의 임무가 아닌 것은?**

① 범죄의 예방·진압 및 수사

② **치안정보의 수집 및 서비스 제공**

> 공공안녕에 대한 위험의 예방과 대응을 위한 정보의 수집·작성 및 배포가 국가경찰의 임무이다(국가경찰과 자치경찰의 조직 및 운영에 관한 법률 제3조 제5호).★

③ 외국 정부기관 및 국제기구와의 국제협력

④ 교통 단속과 위해의 방지

---

**관계법령** 경찰의 임무(국가경찰과 자치경찰의 조직 및 운영에 관한 법률 제3조)

경찰의 임무는 다음 각호와 같다.
1. 국민의 생명·신체 및 재산의 보호
2. 범죄의 예방·진압 및 수사
3. 범죄피해자 보호
4. 경비·요인경호 및 대간첩·대테러 작전 수행
5. 공공안녕에 대한 위험의 예방과 대응을 위한 정보의 수집·작성 및 배포
6. 교통의 단속과 위해의 방지
7. 외국 정부기관 및 국제기구와의 국제협력
8. 그 밖에 공공의 안녕과 질서유지

## 66 난이도 중 | 경비와 시설보호의 기본원칙 - 국가중요시설의 분류

국가중요시설에 관한 설명으로 옳지 않은 것은?  [기출수정]

① "가"급 시설에는 대통령집무실(용산 대통령실), 국회의사당, 정부중앙청사, 국방부 등이 있다.
② **"나"급 시설에는 대검찰청, 경찰청, 한국은행 본점 등이 있다.**

> 한국은행 본점은 "가"급 시설이다.

③ "다"급 시설에는 중앙행정기관의 청사, 한국은행 각 지역본부 등이 있다.
④ "기타"급 시설에는 중앙부처장 또는 시·도지사가 필요하다고 지정한 행정 및 산업시설 등이 있다.

### 핵심만콕 국가중요시설의 분류 기준

| 구 분 | 국가중요시설의 분류 기준 | |
|---|---|---|
| | 중앙경찰학교 2009, 경비 | 국가중요시설 지정 및 방호 훈령 |
| 가급 중요시설 | 국방·국가기간산업 등 국가안전보장에 **고도의 영향**을 미치는 행정 및 산업시설 | • 적에 의하여 점령 또는 파괴되거나, 기능 마비 시 **광범위한 지역의 통합방위작전 수행**이 요구되고, 국민생활에 **결정적인 영향**을 미칠 수 있는 시설<br>• 대통령집무실(용산 대통령실), 국회의사당, 대법원, 정부중앙(서울)청사, 국방부, 국가정보원 청사, 한국은행 본점 |
| 나급 중요시설 | 국가보안상 국가경제·사회생활에 **중대한 영향**을 끼치는 행정 및 산업시설 | • 적에 의하여 점령 또는 파괴되거나, 기능 마비 시 **일부 지역의 통합방위작전 수행**이 요구되고, 국민생활에 **중대한 영향**을 미칠 수 있는 시설<br>• 중앙행정기관 각 부(部)·처(處) 및 이에 준하는 기관, 대검찰청, 경찰청, 기상청 청사, 한국산업은행, 한국수출입은행 본점 |
| 다급 중요시설 | 국가보안상 국가경제·사회생활에 **중요하다고 인정되는** 행정 및 산업시설 | • 적에 의하여 점령 또는 파괴되거나, 기능 마비 시 **제한된 지역에서 단기간 통합방위작전 수행**이 요구되고, 국민생활에 **상당한 영향**을 미칠 수 있는 시설<br>• 중앙행정기관의 청사, 국가정보원 지부, 한국은행 각 지역본부, 다수의 정부기관이 입주한 남북출입관리시설, 기타 중요 국·공립기관 |
| 기타급 중요시설 | 중앙부처의 장 또는 시·도지사가 필요하다고 지정한 행정 및 산업시설 | - |

## 67 난이도 하

■ 경비와 시설보호의 기본원칙 – 외곽경비

**외곽경비에 관한 설명으로 옳지 않은 것은?**

① 외곽경비는 자연적 장애물과 인공적 구조물 등을 이용하여 시설을 보호한다.

> 외곽경비의 목적은 자연적 장애물과 인공적인 구조물 등을 이용하여 범죄자의 침입을 어렵게 하고, 침입 시간을 지연시켜 시설을 보호하는 데 있다.

② 모든 출입구의 수를 파악하고 공기흡입관, 배기관 등은 경비계획에 포함시켜야 한다.

> 모든 출입구의 수를 파악하고 하수구, 배수로, 배수관, 사용하는 터널, 배기관, 공기흡입관, 맨홀 뚜껑, 낙하 장치, 엘리베이터 등도 출입구와 같은 차원에서 경비계획에 포함시켜야 한다.

③ <u>안전유리의 설치 목적은 침입자의 침입시도를 완벽하게 저지하는 것이다.</u>

> <u>안전유리의 설치는 건물 자체에 대한 경비활동의 하나로 외곽경비가 아닌 내부경비에 포함되는 것이고,</u> 안전유리의 설치 목적은 침입자의 침입시도를 완벽하게 저지하는 것이 아니라 침입 시간을 지연시킴으로써 시설을 보호하는 데 있다.

④ 차량출입구는 평상시에는 양방향을 유지하지만 특별하게 차량통제에 대한 필요성에 맞추어 일방으로 통행을 제한할 수 있다.

> 차량출입구는 충분히 넓어야 하며, 평상시에는 양방향을 유지하지만 차량통제에 대한 필요성이 특별하게 생기면 출입구를 해당 시간에 맞추어 일방으로 통행을 제한할 수 있다.

## 68 난이도 하

■ 경비와 시설보호의 기본원칙 – 출입통제방법

**출입통제방법에 관한 설명으로 옳지 않은 것은?**

① 차량은 출입목적에 따라 출입증을 발급하고 주차지역을 지정하여야 하며 반출입 물품에 대해서도 면밀히 조사하여야 한다.

> 출입차량은 목적에 따라 출입증을 발급하고 주차구역을 구분하여 지정해야 한다. 반출입 물품에 대해서도 면밀히 조사해야 한다.

② 직원 출입구는 외부 방문객과 구분하여 하나의 문만 사용하도록 하고 통행하는 직원의 적절한 통제를 위해 출입구의 폭이 최대한 넓어야 한다.

> 상품판매시설의 경우 직원용 출입문과 고객용 출입문을 구분하는 것이 좋고, 직원용 출입구의 폭은 통행하는 직원의 적절한 통제를 위해 가능한 한 최소화하는 것이 좋다.

③ 출입증이 없는 차량의 경우에는 그 용도와 목적을 확인하고 내부에서도 이 차량이 주차할 수 있는 지역을 한정하여야 한다.

> 출입증을 붙이지 않은 차량에 대해서는 일일이 그 용도와 목적을 확인하고 내부에서 이 차량들을 주차시킬 수 있는 지역을 한정해야 한다.

④ 방문객이 통고 없이 방문하는 경우에는 대기실에서 대기하도록 하거나 대기실 외의 이동 시 반드시 방문객임을 표시하는 징표를 부착하여 CCTV 등을 통한 감시와 통제가 이루어져야 한다.

> 통고 없이 방문객이 방문하는 경우에는 대기실에서 대기하도록 하는 것이 가장 효과적이다. 대기실 외의 이동 시 반드시 방문객임을 표시하는 징표를 몸에 부착하고 다니게 하며, CCTV 등을 통한 철저한 감시 및 통제가 필요하다.

## 69 난이도 하 ▮경비와 시설보호의 기본원칙 – 내부절도 경비

**내부절도의 경비에 관한 설명으로 옳지 않은 것은?**

① 주기적 순찰과 감시경비원 및 CCTV의 확충으로 경비인력의 혼합운영이 필요하다.
② 감사부서와의 협조하에 정기적으로 회계감사를 실시한다.
③ **직원의 채용 시 학력, 경력, 전과, 이념 등 신원조사를 실시한다.**

> 직원의 채용단계에서부터 인사담당자와의 협조하에 신원조사를 실시한다. 신원조사 과정에서 검토해야 할 사항으로는 지원자의 가족상황, 결혼 여부, 종교관, 동거인의 인적사항, 주택소유 여부, 지원자의 학력·경력·전과·채무관계 여부 등이다. 직원의 채용 시 이념에 대해서는 특별히 신원조사를 실시하지 않는다.★

④ 사내의 현금보관 금고는 내부인의 접근에도 유의하여야 한다.

## 70 난이도 하 ▮경비와 시설보호의 기본원칙 – 재해예방과 비상계획 수립과정

**재해예방과 비상계획 수립과정으로 옳은 것은?**

> ㄱ. 문제의 인지
> ㄴ. 목표의 설정
> ㄷ. 경비계획안 비교·검토
> ㄹ. 전체계획 검토
> ㅁ. 경비위해요소 조사·분석
> ㅂ. 최선안 선택

① ㄱ → ㄴ → ㄷ → ㄹ → ㅁ → ㅂ
② ㄱ → ㄴ → ㄹ → ㅁ → ㄷ → ㅂ
③ **ㄱ → ㄴ → ㅁ → ㄹ → ㄷ → ㅂ**

> 경비계획 수립의 순서는 문제의 인지(ㄱ) → 목표의 설정(ㄴ) → 경비위해요소 조사·분석(ㅁ) → 전체계획 검토(ㄹ) → 경비계획안의 작성 및 비교·검토(ㄷ) → 최선안 선택(ㅂ) → 경비의 실시 및 평가 → 피드백의 과정을 거친다.

④ ㄱ → ㄷ → ㅁ → ㄹ → ㄴ → ㅂ

## 71 난이도 중

컴퓨터 범죄 및 안전관리 – 신종금융범죄

**다음 사례에 해당하는 신종금융범죄는?**

> 자신의 휴대폰으로 모바일 청첩장을 받은 A씨는 지인의 모바일 청첩장인 것으로 생각하여 문자메시지 내의 인터넷주소를 클릭하였는데 이후 본인도 모르게 악성코드가 설치되어 소액결제가 되는 금융사기를 당하였다.

① **스미싱(Smishing)**

　제시문이 설명하는 신종금융범죄는 스미싱이다.

② 메모리 해킹(Memory Hacking)
③ 파밍(Pharming)
④ 피싱(Phishing)

---

### 핵심만콕  신종금융범죄★★

신종금융범죄란 기망행위(전기통신수단을 이용한 비대면거래)로써 타인의 재산을 편취하는 특수사기범죄로, 주로 금융 분야에서 발생한다.

| | |
|---|---|
| 스미싱(Smishing) | 문자메시지(SMS)와 피싱(Phishing)의 합성어로, '무료쿠폰 제공, 모바일 청첩장, 돌잔치 초대장' 등을 내용으로 하는 문자메시지를 발송하고, 그 문자메시지 내 인터넷 주소를 클릭하면 스마트폰에 악성코드가 설치되어 소액결제 피해를 발생시키거나(소액결제 방식으로 돈을 편취하거나) 개인의 금융정보를 탈취하는 수법을 말한다. |
| 메모리 해킹<br>(Memory Hacking) | PC의 메모리에 상주한 악성코드로 인해 정상 은행사이트에서 보안카드번호 앞뒤 2자리만 입력해도 부당인출되는 수법을 말한다. |
| 파밍(Pharming) | PC가 악성코드에 감염되어 정상 사이트에 접속해도 가짜 사이트로 유도되고, 이를 통해 금융정보를 빼돌리는 수법을 말한다. |
| 피싱(Phishing) | 개인정보(Private Data)와 낚시(Fishing)의 합성어로, 금융기관으로 가장하여 이메일 등을 발송하고, 그 이메일 등에서 안내하는 인터넷주소를 클릭하면 가짜 사이트로 접속을 유도하여 은행계좌정보나 개인신상정보를 불법적으로 알아내 이를 이용하는 수법을 말한다. |

## 72 난이도 중
컴퓨터 범죄 및 안전관리 - 컴퓨터 범죄의 예방대책(관리적 대책)

**컴퓨터 범죄의 예방대책 중 관리적 대책이 아닌 것은?**

① 프로그램 개발 통제
② 스케줄러 점검
③ **컴퓨터 프로그램 보호법 제정**
  입법적 대책에 해당한다.
④ 감사증거기록 삭제 방지

### 핵심만콕 컴퓨터 범죄의 예방대책 ★

| | | |
|---|---|---|
| 컴퓨터 시스템 안전대책 | 물리적 대책 | 건물에 대한 안전조치, 물리적 재해에 대한 보호조치(백업시스템), 출입통제 |
| | 관리적 (인적) 대책 | 직무권한의 명확화와 상호 분리 원칙, 프로그램 개발 통제, 도큐멘테이션 철저, 스케줄러의 점검, 액세스 제한 제도의 도입, 패스워드의 철저한 관리, 레이블링(Labeling)에 의한 관리, 감사증거기록 삭제 방지, 근무자들에 대한 정기적 배경조사, 회사 내부의 컴퓨터 기술자·사용자·프로그래머의 기능을 각각 분리, 안전관리 기타 고객과의 협력을 통한 감시체제, 현금카드 운영의 철저한 관리, 컴퓨터 시스템의 감사 등이 있다. |
| | 기술적 대책 | 암호화, 방화벽(침입차단시스템), 침입탐지시스템(IDS ; Intrusion Detection System) |
| 입법적 대책 | 현행 형법상 규정 | 컴퓨터 업무방해죄(형법 제314조 제2항), 컴퓨터 사기죄(형법 제347조의2), 전자기록 손괴죄(형법 제366조), 사전자기록의 위작·변작죄(형법 제232조의2), 비밀침해죄(형법 제316조 제2항) |
| | 기타 규제법률 | 컴퓨터 통신망 보호(정보통신망 이용촉진 및 정보보호 등에 관한 법률), 통신침해(전기통신기본법, 전기통신사업법, 전파법), 개인정보 침해(개인정보보호법, 신용정보의 이용 및 보호에 관한 법률), 소프트웨어 보호(소프트웨어 진흥법, 저작권법, 특허법), 도청행위(통신비밀보호법), 전자문서(정보통신망 이용촉진 및 정보보호 등에 관한 법률, 물류정책기본법) |
| 형사정책적 대책 | | 수사관의 수사능력 배양, 검사 또는 법관의 컴퓨터 지식 함양 문제는 오늘날 범죄의 극복을 위한 중요한 과제이다. 수사력의 강화, 수사장비의 현대화, 컴퓨터 요원의 윤리교육, 컴퓨터 안전기구의 신설, 컴퓨터 범죄 연구기관의 설치가 요구되고 있다. |

## 73 난이도 하

▎컴퓨터 범죄 및 안전관리 – 컴퓨터 범죄의 특징

**컴퓨터 범죄의 특성이 아닌 것은?**

① **범행의 단절성**

> 범행의 연속성이 컴퓨터 범죄의 특징(범죄행위 측면)이다.

② 광범위성과 자동성
③ 발견·증명의 곤란성
④ 고의 입증의 곤란성

### 핵심만콕  컴퓨터 범죄의 특징 ★

| | |
|---|---|
| 범죄동기 측면 | • 단순한 유희나 향락 추구<br>• 지적 탐험심의 충족 욕구<br>• 정치적 목적이나 산업경쟁 목적<br>• 회사에 대한 사적 보복 목적 |
| 범죄행위자 측면 | • <u>컴퓨터 전문가</u> : 컴퓨터 시스템이나 회사 경영조직에 전문적인 지식을 갖춘 자들이 범죄를 저지른다.<br>• <u>범죄의식 희박</u><br>• <u>연소화 경향</u><br>• <u>초범성</u> : 컴퓨터 범죄행위는 대부분 초범자들이 많다.<br>• <u>완전범죄</u> : 대부분 내부인의 소행이며, 단독범행이 쉽고 완전범죄의 가능성이 높으며, 범행 후 도주할 수 있는 시간적 여유가 충분하다. |
| 범죄행위 측면 | • <u>범행의 연속성</u> : 컴퓨터 부정조작의 경우 행위자가 조작방법을 터득하면 범행이 연속적이며 지속적으로 이루어질 수 있다.<br>• <u>범행의 광역성과 자동성</u><br>　– 광역성(광범위성) : 컴퓨터 조작자는 원격지에서 단말기를 통하여 단시간 내에 대량의 데이터를 처리하므로 광범위하게 영향을 미친다.<br>　– 자동성 : 불법한 프로그램을 삽입한 경우나 변경된 고정자료를 사용할 때마다 자동적으로 범죄를 유발하게 된다.<br>• <u>발각과 증명의 곤란</u> : 데이터가 그 대상이 되므로 자료의 폐쇄성, 불가시성, 은닉성 때문에 범죄사건의 발각과 증명이 어렵다.<br>• <u>고의의 입증 곤란</u> : 단순한 데이터의 변경, 소멸 등의 형태에 불과할 경우 범죄의 고의성을 입증하기 어렵다. |

## 74 난이도 상 | 컴퓨터 범죄 및 안전관리 – OECD가 제시한 2002년 정보시스템 및 네트워크보호 관련 기본원칙

국제경제협력개발기구(OECD)에서 제시한 2002년 정보시스템 및 네트워크보호와 관련된 기본원칙이 아닌 것은?

① 책임성의 원칙
② 윤리성의 원칙
③ 다중협력성의 원칙
④ **개방성의 원칙**

> OECD에서 제시한 2002년 정보시스템 및 네트워크보호와 관련된 기본원칙은 ㉠ 인식·기술·강화 원칙(디지털보안 위험 인식 증진 및 위험감축을 위한 대처기술 등의 강화), ㉡ 책임성의 원칙, ㉢ 윤리성의 원칙, ㉣ 다중협력성의 원칙, ㉤ 디지털보안 위험관리 프레임워크의 구축화, ㉥ 위험평가 관리순환의 원칙, ㉦ 보안조치 통일화 원칙, ㉧ 준비성의 원칙이다.
>
> 〈출처〉 임정헌·윤재석,「OECD 정보보호 가이드라인 개정 현황 분석 및 시사점」, 2014, P. 9~10

## 75 난이도 하 | 컴퓨터 범죄 및 안전관리 – 컴퓨터 범죄의 유형

다음 설명에 해당하는 컴퓨터 범죄의 유형은?

> 컴퓨터 작업 수행 후 주변에서 정보를 획득하는 방법으로, 쓰레기통이나 주위에 버려진 명세서 또는 복사물을 찾아 습득하거나 컴퓨터 기억장치에 남아 있는 것을 찾아내서 획득하는 방법이다.

① 살라미 기법(Salami Techniques)
② **스캐빈징(Scavenging)**

> 제시문이 설명하는 컴퓨터 범죄는 스캐빈징이다.

③ 트랩도어(Trap Door)
④ 슈퍼재핑(Super Zapping)

### 핵심만콕 컴퓨터 범죄수법 ★★

| | |
|---|---|
| 살라미 기법<br>(부분잠식수법) | 금융기관의 컴퓨터 시스템에서 이자 계산 시나 배당금 분배 시 단수 이하로 떨어지는 적은 금액을 특정 계좌로 모으는 수법, 즉 어떤 일을 정상적으로 수행하면서 관심 밖에 있는 조그마한 이익을 긁어모으는 수법이다. |
| 스캐빈징<br>(쓰레기 주워 모으기) | 컴퓨터 작업 수행 후 주변에서 정보를 획득하는 방법으로, 쓰레기통이나 주위에 버려진 명세서 또는 복사물을 찾아 습득하거나 컴퓨터 기억장치에 남아 있는 것을 찾아내서 획득하는 방법이다. |
| 트랩도어<br>(함정문수법) | OS나 대형 응용프로그램을 개발하면서 전체 시험실행을 할 때 발견되는 오류를 쉽게 수정하거나 처음부터 중간에 내용을 볼 수 있는 부정루틴을 삽입해 컴퓨터의 정비나 유지보수를 핑계 삼아 컴퓨터 내부의 자료를 뽑아가는 행위를 말한다. |
| 슈퍼재핑<br>(운영자 가장수법) | 컴퓨터의 고장을 수리하는 것처럼 하면서 그 안에 수록되어 있는 자료를 슈퍼잽(컴퓨터가 고장으로 인해 가동이 불가능할 때 비상용으로 사용되는 프로그램)을 통하여 부정조작하거나 입수하는 수법이다. |

## 76 난이도 하 | 민간경비산업의 과제와 전망 - 청원경찰과 민간경비제도의 이원화에 관한 문제점

**민간경비산업에서 청원경찰과 민간경비제도의 이원화에 관한 문제점이 아닌 것은?**

① 지휘체계의 문제
② 보수 문제
③ **특수경비원 배치 기피**

> 청원경찰과 민간경비제도의 이원화에 관한 문제는 활동 영역, 지휘체계, 배치와 비용, 임용과 직무, 신분, 교육훈련, 무기 휴대, 복장 및 장구, 손해배상 등과 관련하여 논의되고 있는데, 2001년 경비업법의 개정으로 특수경비원제도가 도입되면서 청원경찰과 민간경비원(특수경비원)은 보수 면에서 상당한 차이가 발생하여 청원주가 청원경찰의 배치를 기피하는 경향이다.

④ 신분보장 문제

## 77 난이도 하 | 민간경비산업의 과제와 전망 - 경찰과 민간경비 간 관계 개선방안

**우리나라의 경찰과 민간경비 간의 관계 개선방안이 아닌 것은?**

① 경찰조직 내 일정 규모 이상의 민간경비 전담부서 설치
② **경찰과 민간경비원의 개별순찰제도 활성화**

> 경찰과 민간경비원의 합동순찰제도의 활성화가 관계 개선방안으로 논의된다.

③ 민간경비업체와 경찰 책임자의 정기적인 회의 개최
④ 민간경비와 경찰 간 관련 정보의 적극적 교환

### 핵심만콕 경찰과 민간경비의 상호협력 및 관계 개선책 ★

- 경찰조직 내 일정 규모 이상의 민간경비 전담부서 설치와 행정지도
- 민간경비업체와 경찰책임자와의 정기적인 회의 개최
- 전임책임자제도 운영
- 경찰과 민간경비원의 합동순찰제도 활성화
- 치안수요의 다양성과 전문성에 효율적으로 대응하기 위한 상호협력 필요
- 민간경비와 경찰 상호 간의 역할에 대한 이해의 증진을 위한 노력 필요
- 비상연락망 구축
- 민간경비와 경찰의 상호 정보교환 네트워크 구축
- 민간경비와 경찰의 지역방범 개선을 위한 경비자문서비스센터의 운영
- 업무기준의 명확화를 통한 마찰 해소
- 치안서비스 제공의 주도적 역할을 위한 동반자 의식의 확대 필요

## 78 난이도 하 ▮민간경비산업의 과제와 전망 – 민간경비산업의 문제점(한국)

**우리나라 민간경비산업의 일반적 문제점으로 옳지 않은 것은?**

① 경비업체들이 활동할 수 있는 경비업종이 다른 국가에 비해 다양하게 되어 있다.

> 영국과 미국에서는 경비산업이 아니라 안전산업이라는 개념하에, 시설경비 외에 보디가드, 정보수집, 민간탐정, 범인호송, 민간감옥 운용, 환경보호 등 다양한 안전 관련 산업을 포괄하고 있다. 이러한 관점에서 볼 때 한국의 경비산업은 안전산업의 한 분야에 불과하다고 볼 수 있다.
> 〈출처〉 김두현·박형규, 「민간경비론」, 솔과학, 2018, P. 362

② 경비원의 채용 및 교육훈련이 형식적이고 자격을 검증할 수 있는 객관적인 시스템이 부족하여 전문성이 낮은 수준이다.

③ 대다수의 경비업체들은 영세하여 도급을 받지 못해 폐업하거나, 다른 경비업체로부터 하도급을 받고 있는 상황이다.

④ 경비업체는 정규직원보다 임시계약직이나 시간제 근로자로 채용하고, 경비원들은 조금 더 조건이 좋은 경비업체로 쉽게 이직을 하고 있다.

## 79 난이도 하 ▮민간경비산업의 과제와 전망 – 민간경비산업의 전망(한국)

**우리나라 민간경비산업의 전망에 관한 설명으로 옳은 것은?**

① 시설경비업 : 국가중요시설의 경비를 담당하는 경비원 제도로 청원경찰과의 이원적 체제로 인한 문제점이 상존하고 있어 관련 정비가 시급한 실정이다.

> 특수경비업에 관한 설명이다.

② 특수경비업 : 우리나라 경비업의 가장 큰 비중을 차지하는 분야로 향후 이러한 증가추세는 계속될 전망이다.

> 우리나라의 경비업에서 가장 큰 비중을 차지하는 분야는 시설경비업이다.

③ 기계경비업 : 기존의 상업시설과 홈시큐리티 시스템 등의 첨단기술 발전에 힘입어 주거시설 및 국가안보분야에서의 수요도 혁신적으로 증가될 전망이다.

④ 호송경비업 : 외국 기업인과 가족들의 장기 체류 등으로 수요가 증가하고 있으며, 최근 사회불안이 가중되고 개인의 삶의 질이 높아짐에 따라 이러한 증가추세는 계속될 전망이다.

> 사람의 생명이나 신체에 대한 위해의 발생을 방지하고 그 신변을 보호하는 업무인 신변보호업에 관한 내용이다. 호송경비업은 운반 중에 있는 현금·유가증권·귀금속·상품 그 밖의 물건에 대하여 도난·화재 등 위험발생을 방지하는 업무를 말한다.

| 핵심만콕 | 우리나라 민간경비산업의 전망 |
|---|---|

- 산업화와 정보화 시대에 접어들면서 경찰인력의 부족, 경찰장비의 부족, 경찰업무의 과다로 인하여 민간경비산업은 급속히 성장할 것이다.
- 지역의 특성과 경비 수요에 맞는 민간경비 상품의 개발이 요구될 것이다.
- 민간경비산업의 홍보활동이 적극적으로 전개될 것이다.
- 현재 인력경비 중심의 민간경비산업이 인건비 상승의 여파로 인하여 축소되고, 인건비 절감을 위한 기계경비산업으로의 전환이 빠르게 진행되어 기계경비산업의 성장 속도가 인력경비를 앞설 것이다.
- 물리보안과 사이버보안을 통합한 토탈시큐리티 산업으로 전개될 것이다.

## 80 난이도 하 ▮세계 각국의 민간경비 – 각국 민간경비의 법적 지위(한국)

**우리나라 청원경찰과 민간경비원의 민·형사상 책임에 관한 설명으로 옳은 것을 모두 고른 것은?**

ㄱ. 경비원에게 경비업무의 범위를 벗어난 행위를 하게 할 경우 징역 또는 벌금형에 처해진다.

　(○) 경비업법 제15조의2 제2항을 위반하여 경비원에게 경비업무의 범위를 벗어난 행위를 하게 한 자는 3년 이하의 징역 또는 3천만원 이하의 벌금에 처한다(경비업법 제28조 제2항 제9호).

ㄴ. 청원경찰이 직권을 남용하여 국민에게 해를 끼친 경우 징역이나 금고형에 처해진다.

　(○) 청원경찰이 직무를 수행할 때 직권을 남용하여 국민에게 해를 끼친 경우에는 6개월 이하의 징역이나 금고에 처한다(청원경찰법 제10조 제1항).

ㄷ. 청원경찰의 신분은 공무원이고, 형법이나 기타 벌칙을 적용할 때에는 사인의 신분으로 본다.

　(×) 청원경찰 업무에 종사하는 사람은 형법이나 그 밖의 법령에 따른 벌칙을 적용할 때에는 공무원으로 보내(청원경찰법 제10조 제2항), 청원경찰(국가기관이나 지방자치단체에 근무하는 청원경찰은 제외한다)의 직무상 불법행위에 대한 배상책임에 관해서는 민법의 규정을 따른다(청원경찰법 제10조의2).

① ㄱ
② ㄱ, ㄴ

　제시된 내용 중 옳은 것은 ㄱ, ㄴ이다.

③ ㄱ, ㄷ
④ ㄴ, ㄷ

# 2017년 법학개론

문제편 188p

## 정답 CHECK

| 01 | 02 | 03 | 04 | 05 | 06 | 07 | 08 | 09 | 10 | 11 | 12 | 13 | 14 | 15 | 16 | 17 | 18 | 19 | 20 |
|----|----|----|----|----|----|----|----|----|----|----|----|----|----|----|----|----|----|----|----|
| ① | ③ | ② | ④ | ③ | ① | ② | ① | ③ | ① | ④ | ③ | ① | ③ | ② | ③ | ① | ① | ③ | ④ |
| 21 | 22 | 23 | 24 | 25 | 26 | 27 | 28 | 29 | 30 | 31 | 32 | 33 | 34 | 35 | 36 | 37 | 38 | 39 | 40 |
| ② | ③ | ② | ① | ④ | ③ | ① | ② | ④ | ② | ④ | ③ | ② | ② | ③ | ② | ④ | ④ | ① | ④ |

### 01 난이도 하

법학 일반 – 법원(法源)

**법원(法源)에 관한 설명으로 옳지 않은 것은?**

① 영미법계 국가에서는 판례의 법원성이 부정된다.

> 영미법계 국가에서는 선례구속의 원칙에 따라 판례의 법원성이 인정된다.

② 죄형법정주의에 따라 관습형법은 인정되지 않는다.

> 관습형법금지의 원칙에 관한 설명이다. 즉, 범죄와 형벌은 성문법률에 의하여야 하고, 관습법에 의하여 가벌성을 인정하거나 형을 가중하여서는 안 된다는 원칙이다. 단, 행위자에게 불리한 관습법의 적용은 금지되지만, 유리한 것은 인정된다.

③ 대통령령은 헌법에 근거를 두고 있다.

> 헌법 제75조

④ 민사에 관하여 법률에 규정이 없으면 관습법에 의하고 관습법이 없으면 조리에 의한다.

> 민법 제1조

## 02 난이도 하
법학 일반 – 법의 효력

**법의 효력에 관한 설명으로 옳은 것은?**

① 법은 제정과 동시에 효력이 발생한다.

> 법은 시행일부터 폐지일까지 그 효력을 갖는다.

② 법의 효력기간이 미리 정해진 법률을 특별법이라 한다.

> ②와 같은 법률을 한시법이라 한다. 특별법은 특정인 또는 특정 사항·지역에 한하여 적용되는 것이다.

③ **모든 국민은 소급입법에 의하여 참정권의 제한을 받지 아니한다.**

> 모든 국민은 소급입법에 의하여 참정권의 제한을 받거나 재산권을 박탈당하지 아니한다(헌법 제13조 제2항).

④ 속인주의는 영토주권이 적용되는 원칙이다.

> 속지주의에 대한 내용이다.

## 03 난이도 하
법학 일반 – 법의 이념과 법언(法諺)

**"악법도 법이다"라는 말이 강조하고 있는 법의 이념은?**

① 법적 타당성
② **법적 안정성**

> 악법이라는 이유로 법을 지키지 않는다면 법적 안정성이 무너지게 된다는 것을 강조하는 법언(法諺)이다.

③ 법적 형평성
④ 법적 효율성

### 핵심만콕  법의 이념과 법언(法諺)

| | |
|---|---|
| 정 의 | 정의는 법이 추구하는 이념의 출발점인 동시에 궁극적인 목적이다.★<br>• "세상이 망하더라도 정의를 세우라."<br>• "정의만이 통치의 기초이다." |
| 합목적성 | 법이 따라야 할 가치의 기준으로 같은 것은 같게, 다른 것은 다르게 구별해 주는 구체적인 기준이다.★<br>• "민중의 행복이 최고의 법률이다."<br>• "국민이 원하는 것이 곧 법이다." |
| 법적 안정성 | 법에 의하여 보호되는 사회생활의 안정성으로서, 사회구성원들이 법의 권위를 믿고 안심하고 활동할 수 있는 상태를 말한다.<br>• "악법도 법이다."<br>• "부정의의 법도 무질서보다는 낫다."<br>• "정의의 극치는 부정의의 극치다."<br>• "정의는 망해도 세계는 살아야 한다."<br>• "권리 위에 잠자는 자는 보호받지 못한다." |

## 04 난이도 하
**법학 일반 – 법의 분류**

**법의 분류에 관한 설명으로 옳지 않은 것은?**

① 이익설은 보호법익이 공익이냐 사익이냐에 따라 공법과 사법을 구별한다.
② 형사소송법, 행정소송법은 절차법이다.
③ 일반적으로 승인된 국제법규는 국내법과 같은 효력을 가진다.
④ **민법, 상법, 민사소송법은 사법(私法)이다.**

> 민법과 상법은 사법(私法)이나, 민사소송법은 공법(公法)에 해당한다.

## 05 난이도 중
**법학 일반 – 법의 적용**

**법의 적용에 관한 설명으로 옳은 것은?**

① 구체적 사실을 확정하는 것은 법률문제이다.

> 구체적 사실을 확정하는 것은 법을 적용할 만한 가치가 있는 사실들을 확정하는 것으로 법률문제가 아니다. ★

② 반증을 허용하지 않고 법률이 정한 효력을 당연히 생기게 하는 것을 추정이라고 한다.

> 반증을 허용하지 않는 것은 간주에 해당하며, 추정은 반증을 통해 효력을 뒤집을 수 있다.

③ **추정된 사실과 다른 반증을 들어 추정의 효과를 뒤집을 수 있다.**

> '추정'은 편의상 잠정적으로 사실의 존부를 인정하는 것이므로, 간주된 사실과 다른 사실을 주장하는 자가 반증을 들면 추정의 효과는 발생하지 않는다.

④ 사실의 존재 여부에 관하여 확신을 가지게 하는 것을 간주라고 한다.

> 사실의 존재 여부에 관하여 확신을 가지게 하는 것은 입증이다.

## 06 난이도 하 | 법학 일반 – 법의 해석

( )에 들어갈 용어는?

> ( )은 법문에 일정한 사항을 정하고 있을 때 그 이외의 사항에 관해서도 사물의 성질상 당연히 그 규정에 포함되는 것으로 해석하는 것이다.

① **물론해석**

> 물론해석은 법문에 규정된 사항 이외의 사항도 사물의 성질상 당연히 그 규정에 포함되는 것으로 해석하는 것으로 예를 들어 '실내에 개를 데리고 들어갈 수 없다'는 규정은 개뿐만 아니라 고양이, 돼지 등의 다른 동물도 물론 데리고 들어갈 수 없다고 해석하는 것을 말한다.

② 유추해석

> 유추해석은 두 개의 유사한 사실 중 법규에서 어느 하나의 사실에 관해서만 규정하고 있는 경우에 나머지 다른 사실에 대해서도 마찬가지의 효과를 인정하는 해석방법이다.

③ 확장해석

> 확장해석은 법문상 자구(字句)의 의미를 통상의 의미 이상으로 확장하여 해석하는 방법이다.

④ 변경해석

> 변경해석은 법문의 용어에 착오가 명백한 경우에 그 자구를 보정하여 해석하는 방법이다.

## 07 난이도 하 | 법학 일반 – 권리의 분류

권리의 작용(효력)에 따른 분류에 속하지 않는 것은?

① 항변권

② **인격권**

> 권리는 작용(효력)에 따라 분류하면 지배권, 청구권, 형성권, 항변권으로 나누어지며, 내용에 따라 분류하면 인격권, 신분권, 사원권, 재산권으로 나눌 수 있다.

③ 형성권

④ 청구권

## 08 난이도 하

**법학 일반 – 권리와 의무**

권리·의무에 관한 설명으로 옳지 않은 것은?

① 물권과 채권이 병존하는 경우 채권이 우선하는 것이 원칙이다.

> 물권과 채권이 병존하는 경우, 성립시기를 불문하고 물권이 채권보다 우선하는 것이 원칙이다.

② 납세의무는 공법상 의무이다.
③ 사람은 생존한 동안 권리와 의무의 주체가 된다.
④ 계약해제권은 형성권으로서 그에 대응하는 의무가 없다.

## 09 난이도 하

**법학 일반 – 법과 도덕의 차이점**

법과 도덕의 차이점에 관한 설명으로 옳은 것은?

① 법은 도덕보다 상대적으로 내면성이 강하다.

> 법은 사람의 외면에 나타난 행위만을 규율할 뿐이고 내심에까지 간섭하지 않으나, 도덕은 내심(양심)만을 대상으로 하고 있다.

② 도덕은 법보다 상대적으로 타율성이 강하다.

> 법은 복종자에 대하여 밖에서 의무를 지우는 타율성의 규범이고, 도덕은 고유한 인격을 통한 자발적인 자율성의 규범이다.

③ **법은 양면성이 강하고 도덕은 일면성이 강하다.**

> 권리 및 의무의 측면에서 법은 양면성을 갖지만 도덕은 의무에 대응하는 권리가 없어 일면성(편면성)을 갖는다. ★

④ 도덕은 법보다 규범적인 측면에서 강제성이 강하다.

> 법에는 강제가 있으나 도덕에는 강제가 없다. 즉, 법에 위반되는 행위가 있었을 때에는 강제가 따르는데 도덕의 명령에 위반했을 때에는 이러한 강제가 따르지 않는다.

## 10 난이도 중 　　　　　헌법 – 통치기구(국회의 권한)

**국회의 권한이 아닌 것은?**

① **국무총리 해임권**
　　국회는 국정의 통제기관으로서 국무총리에 대한 해임건의권이 있으나, 직접 해임할 권리를 갖는 것은 아니다.
② 국군 외국파견 동의권
③ 국가 예산안 심의·확정권
④ 국회의원 제명권

### 핵심만콕　국회의 권한 ★

| 구분 | 내용 |
|---|---|
| 입법권 | 법개정안 발의·의결권, 법률안제출권, 법률제정권, 조약의 체결·비준에 대한 동의권, 국회규칙제정권 |
| 재정권 | 조세법률주의(재정의회주의 채택), **예산 및 추가경정예산의 심의·확정권**, 결산심사권, 기채동의권, 예산 외의 국가부담계약체결에 대한 동의권, 예비비 설치에 대한 의결권과 그 지출승인권 등 |
| 헌법기관구성권 | 대법원장·헌법재판소장·국무총리·감사원장 임명동의권, 헌법재판소재판관·선거관리위원회위원의 일부선출권 등 |
| 국정통제권 | 탄핵소추권, **해임건의권**, 긴급재정경제처분 및 명령·긴급명령에 대한 승인권, 국정감사권·국정조사권·계엄해제요구권, **국방·외교정책에 대한 동의권**, 일반사면에 대한 동의권, 국무총리 등의 국회출석요구 및 질문권 등 |
| 국회 내부사항에 관한 자율권 | 국회규칙제정권, **의원의 신분에 관한 권한**(의원의 제명·징계·자격심사), 내부조직권, 내부경찰권 등 |

## 11 난이도 중
헌법 - 헌법의 내용

**헌법의 내용에 관한 설명으로 옳은 것은?**

① 국회 외의 국가기관이 법규를 제정하는 것은 위헌이다.
> 명령과 규칙 등을 보면 국회 외의 국가기관이 법규를 제정할 수 있음을 알 수 있다.

② 국회는 정부의 동의 없이 정부가 제출한 지출예산 각항의 금액을 증가할 수 있다.
> 국회는 정부의 동의 없이 정부가 제출한 지출예산 각항의 금액을 증가하거나 새 비목을 설치할 수 없다(헌법 제57조).

③ 국방부장관은 현역군인의 신분을 유지할 수 있다.
> 군인은 현역을 면한 후가 아니면 국무위원으로 임명될 수 없다(헌법 제87조 제4항).

④ **대법원장과 대법관의 임명권자는 대통령이다.**
> 대법원장은 국회의 동의를 얻어 대통령이 임명하며, 임기는 6년이고 중임할 수 없다. 대법관은 대법원장의 제청으로 국회의 동의를 얻어 대통령이 임명하며, 임기는 6년이고 연임할 수 있다(헌법 제104조 제1항·제2항, 헌법 제105조 제1항·제2항).

## 12 난이도 중
헌법 - 통치기구(헌법재판)

**헌법재판에 관한 설명으로 옳은 것은?**

① 헌법은 헌법재판소장의 임기를 5년으로 규정한다.
> 헌법재판소 재판관의 임기는 6년으로 하며, 법률이 정하는 바에 의하여 연임할 수 있다(헌법 제112조 제1항).

② 헌법재판의 전심절차로서 행정심판을 거쳐야 한다.
> 헌법 중 제5장 '법원'에 관한 부분에서 재판의 전심절차로서 행정심판을 할 수 있다(헌법 제107조 제3항 전문)고 규정하고 있다. ★

③ **헌법재판소는 지방자치단체 상호 간의 권한쟁의심판을 관장한다.**
> 헌법재판소는 국가기관 상호 간, 국가기관과 지방자치단체 간 또는 지방자치단체 상호 간의 권한쟁의에 관한 심판을 한다(헌법 제111조 제1항 제4호).

④ 탄핵 인용결정을 할 때에는 재판관 5인 이상의 찬성이 있어야 한다.
> 헌법재판소에서 법률의 위헌 결정, 탄핵의 결정, 정당해산의 결정 또는 헌법소원에 관한 인용결정을 할 때에는 재판장 6인 이상의 찬성이 있어야 한다(헌법 제113조 제1항).

## 13 난이도 하 　　　　　　　　　　　　　　　　　　　■ 헌법 - 청구권적 기본권

**청구권적 기본권에 관한 설명으로 옳지 않은 것은?**

① 청원은 구두로도 할 수 있다.

> 모든 국민은 법률이 정하는 바에 의하여 **국가기관에 문서로** 청원할 권리를 가진다(헌법 제26조 제1항). 청원은 청원인의 성명(법인인 경우에는 명칭 및 대표자의 성명을 말한다)과 주소 또는 거소를 기재하고 서명한 문서(전자정부법에 의한 전자문서를 포함한다)로 하여야 한다(청원법 제9조 제1항).

② 재판청구권에는 신속한 재판을 받을 권리도 포함된다.

> 헌재결[전] 1996.1.25. 95헌가5, 1994.4.28. 93헌바26 등 참고

③ 형사보상제도는 국가의 무과실책임을 규정한 것이다.

> 헌법 제28조 - 형사보상 및 명예회복에 관한 법률

④ 헌법은 범죄행위로 인한 피해구조에 관해 규정하고 있다.

> 헌법 제30조

## 14 난이도 중 　　　　　　　　　　　　　　　　　　　■ 헌법 - 기본권의 분류

**다음 기본권 중 의무의 성격을 동시에 갖지 않는 것은?**

① 환경권

> 모든 국민은 건강하고 쾌적한 환경에서 생활할 권리를 가지며, 국가와 국민은 환경보전을 위하여 노력하여야 한다(헌법 제35조 제1항).

② 근로의 권리

> 모든 국민은 근로의 의무를 진다(헌법 제32조 제2항 전문).★

③ 근로자의 단체행동권

> 근로자의 단체행동권은 권리적 성격만을 갖는 기본권이다(헌법 제33조).

④ 교육을 받을 권리

> 모든 국민은 그 보호하는 자녀에게 적어도 초등교육과 법률이 정하는 교육을 받게 할 의무를 진다(헌법 제31조 제2항).

## 15 난이도 중   ∥민사법 – 연대채무

**연대채무에 관한 설명으로 옳은 것은?**

① 어느 연대채무자에 대한 법률행위의 무효나 취소의 원인은 다른 연대채무자의 채무에 영향을 미친다.

> 어느 연대채무자에 대한 법률행위의 무효나 취소의 원인은 다른 연대채무자의 채무에 영향을 미치지 아니한다(민법 제415조).

② **어느 연대채무자에 대한 이행청구는 다른 연대채무자에게도 효력이 있다.**

> 민법 제416조

③ 어느 연대채무자에 대한 채권자의 지체는 다른 연대채무자에게는 효력이 없다.

> 어느 연대채무자에 대한 채권자의 지체는 다른 연대채무자에게도 효력이 있다(민법 제422조).

④ 어느 연대채무자와 채권자 간에 채무의 경개가 있는 때에도 채권은 소멸하지 않는다.

> 어느 연대채무자와 채권자 간에 채무의 경개가 있는 때에는 채권은 모든 연대채무자의 이익을 위하여 소멸한다(민법 제417조).

## 16 난이도 중   ∥민사법 – 대리

**민법상 대리에 관한 설명으로 옳지 않은 것은?**

① 행위능력자가 아니라도 대리인이 될 수 있다.

> 민법 제117조

② 권한을 정하지 아니한 대리인도 보존행위를 할 수 있다.

> 민법 제118조 제1호

③ **복대리인은 제3자에 대해서 본인과 동일한 권리의무가 있다.**

> 복대리인은 본인이나 제3자에 대하여 대리인과 동일한 권리의무가 있다(민법 제123조 제2항). ★

④ 대리인이 수인인 경우에는 원칙적으로 각자가 본인을 대리한다.

> 민법 제119조 본문

## 17 난이도 중 　　　　　　　　　　　　　　　　　　　　민사법 - 유치권

**유치권에 관한 설명으로 옳지 않은 것은?**

① 유치권의 행사는 채권의 소멸시효의 진행에 영향을 미친다.

> 유치권의 행사는 채권의 소멸시효의 진행에 영향을 미치지 아니한다(민법 제326조).

② 유치권자는 채권의 변제를 받기 위하여 유치물을 경매할 수 있다.

> 민법 제322조 제1항

③ 유치권자는 채권 전부의 변제를 받을 때까지 유치물 전부에 대하여 그 권리를 행사할 수 있다.

> 민법 제321조

④ 유치권은 점유의 상실로 인하여 소멸한다.

> 민법 제328조

## 18 난이도 하 　　　　　　　　　　　　　　　　　　민사법 - 경비업무와 손해배상책임

**경비견을 보관하는 경비원의 책임에 관한 설명으로 옳지 않은 것은?**

① 경비원의 과실로 경비견이 고객의 애완동물을 죽인 경우, 형사상 재물손괴죄의 책임을 진다.

> 형사상 재물손괴죄는 과실로 인한 손괴의 경우에는 성립하지 않기 때문에 민법상 손해배상을 청구할 수 있음은 별론으로 하고 형사상의 책임은 발생하지 않는다.

② 경비견이 지나가는 행인을 물어 사망케 한 경우, 형사상 과실치사죄의 책임을 질 수 있다.

> 형법 제267조

③ 경비견이 지나가는 행인을 물어 손해를 가한 경우, 민사상 손해배상책임이 있다.

> 민법 제759조 제1항 본문·제2항

④ 경비견의 보관에 상당한 주의의무를 다한 것을 입증한 경우, 민사상 손해배상책임을 지지 않는다.

> 민법 제759조 제1항 단서·제2항

## 19 난이도 하 　　　　　　　　　　　　　　　　민사법 - 경비업자의 책임

경비업무 중 근무태만으로 도난사고가 발생하여 고객이 재산상의 손해를 입은 경우 경비업자의 책임은?

① 하자담보

> 민법 제570조 내지 제584조

② 사무관리

> 민법 제734조 내지 제740조

③ **채무불이행**

> 근무태만으로 도난사고가 발생한 것은 채무의 내용에 좇은 이행을 하지 아니한 것이므로 경비업자는 채무불이행책임을 지게 된다(민법 제390조 본문).

④ 부당이득

> 민법 제741조 내지 제749조

## 20 난이도 하 　　　　　　　　　　　　　　　　민사법 - 경비업무와 손해배상책임

경호업체 甲의 경비원 A가 회사의 업무 수행을 위하여 회사 소유의 자동차를 운전하다가 교통사고를 일으켜 B에게 상해를 입힌 사건에 관한 설명으로 옳지 않은 것은?

① 甲은 A의 사용자로서 B에 대하여 손해배상책임을 부담한다.

> 민법 제756조 제1항 본문

② 甲이 A의 선임 및 그 사무감독에 상당한 주의를 했다면 B에 대하여 손해배상책임이 없다.

> 민법 제756조 제1항 단서

③ 甲을 갈음하여 그 사무를 감독하는 자도 손해배상책임을 부담할 수 있다.

> 민법 제756조 제2항

④ <u>A가 회사의 업무 수행 중에 사고가 발생했으므로 B는 A에 대해서는 손해배상을 청구할 수 없다.</u>

> A 역시 일반 불법행위의 책임이 있으므로 B는 A에 대해서 손해배상을 청구할 수 있다(민법 제750조).

## 21 난이도 하 ■ 민사법 – 경비계약의 무효사유

**경비계약이 무효가 아닌 것은?**

① 상대방과 통정하여 허위의 청약의사표시를 한 경우

> 민법 제108조 제1항

② **강박에 의해 승낙의 의사표시를 한 경우**

> 사기나 강박에 의한 의사표시는 취소할 수 있다(민법 제110조 제1항). 나머지는 모두 무효사유에 해당한다.

③ 무경험으로 인하여 계약내용이 현저하게 공정을 잃은 경우

> 민법 제104조

④ 진의가 아닌 청약임을 알고서 승낙한 경우

> 민법 제107조 제1항 단서

## 22 난이도 중 ■ 형사법 – 국민참여재판법

**국민의 형사재판 참여에 관한 법률의 내용으로 옳지 않은 것은?**

① 피고인이 국민참여재판을 원하지 않는 경우에는 국민참여재판을 할 수 없다.

> 국민의 형사재판 참여에 관한 법률 제5조 제2항 전단★

② 국민참여재판은 필요적 변호사건이다.

> 이 법에 따른 국민참여재판에 관하여 변호인이 없는 때에는 법원은 직권으로 변호인을 선정하여야 한다(국민의 형사재판 참여에 관한 법률 제7조).

③ **배심원은 만 18세 이상의 대한민국 국민 중에서 선정된다.**

> 배심원은 만 20세 이상의 대한민국 국민 중에서 이 법으로 정하는 바에 따라 선정된다(국민의 형사재판 참여에 관한 법률 제16조).★

④ 배심원의 평결과와 다른 판결을 선고할 수 있다.

> 재판장은 판결선고 시 피고인에게 배심원의 평결과를 고지하여야 하며, 배심원의 평결과와 다른 판결을 선고하는 때에는 피고인에게 그 이유를 설명하여야 한다(국민의 형사재판 참여에 관한 법률 제48조 제4항).

## 23 난이도 하 | 형사법 – 수사의 일반원칙

수사의 일반원칙이 아닌 것은?

① 임의수사의 원칙
② **수사자유의 원칙**

> 수사의 일반원칙으로 임의수사의 원칙, 영장주의 원칙, 강제수사 법정주의 원칙, 수사비례의 원칙, 수사 비공개의 원칙 등이 있다.

③ 영장주의 원칙
④ 강제수사 법정주의 원칙

### 핵심만콕  수사의 일반원칙

| | |
|---|---|
| 직권수사의 원칙 | 수사는 수사기관이 주관적으로 범죄의 혐의가 있다고 판단하는 때에는 <u>객관적 혐의가 없을 경우에도 수사를 개시할 수 있다.</u> |
| 수사비례의 원칙 | 수사의 수단은 수사의 목적을 달성하는 데 적합하고(적합성), 다른 수단에 의해서는 그 목적을 달성할 수 없을 뿐만 아니라(필요성), 그 목적과 수단 사이에 비례가 유지되어야 한다는 원칙(상당성)을 말한다. |
| 임의수사의 원칙 | 수사는 원칙적으로 임의수사에 의하고 강제수사는 법률에 규정된 경우에 예외적으로 허용된다는 원칙을 말한다. |
| 강제수사 법정주의 | 수사상의 강제처분은 법률에 특별한 규정이 없으면 하지 못한다는 원칙이다. 강제수사는 엄격한 법정 규제가 가해지고 있기 때문에 법정의 요건과 절차를 준수하지 아니하고 획득한 증거는 증거능력이 부정된다. |
| 불구속 수사의 원칙 | 피의자에 대한 수사는 불구속상태에서 함을 원칙으로 한다. |
| 영장주의 원칙 | 형사절차상 강제처분(체포·구속·압수 등)을 함에 있어서는 사법권 독립에 의하여 그 신분이 보장되는 법관이 발부한 영장에 의하지 않으면 안 된다는 원칙이다(헌법 제12조 제3항). 다만, 강제처분의 긴급성에 대처할 필요가 있거나 남용의 우려가 없는 경우에 예외를 인정하고 있다. |

## 24

**형법상 과실치상죄의 법정형이 아닌 것은?**

① 징 역

> 과실로 인하여 사람의 신체를 상해에 이르게 한 자는 500만원 이하의 벌금, 구류 또는 과료에 처한다(형법 제266조 제1항).

② 벌 금
③ 구 류
④ 과 료

## 25

**형사소송법상 비상상고에 관한 설명으로 옳지 않은 것은?**

① 검찰총장은 판결이 확정한 후 그 사건의 심판이 법령에 위반한 것을 발견한 때에는 대법원에 비상상고를 할 수 있다.

> 형사소송법 제441조★

② 공판기일에는 검사는 신청서에 의하여 진술하여야 한다.

> 형사소송법 제443조

③ 대법원은 신청서에 포함된 이유에 한하여 조사하여야 한다.

> 형사소송법 제444조 제1항★

④ 비상상고가 이유 없다고 인정한 때에는 결정으로써 이를 기각하여야 한다.

> 비상상고가 이유 없다고 인정한 때에는 판결로써 이를 기각하여야 한다(형사소송법 제445조).

## 26 난이도 중 | 형사법 – 종국재판의 종류 및 사유(공소기각의 판결)

**형사소송법상 공소기각의 판결을 해야 하는 경우가 아닌 것은?** `기출수정`

① 피고인에 대하여 재판권이 없을 때
② 친고죄 사건에 대하여 고소가 취소되었을 때
③ **공소가 취소되었을 때**

> '공소가 취소되었을 때'는 공소기각의 결정을 해야 하는 경우이다.

④ 공소제기의 절차가 법률의 규정을 위반하여 무효일 때

### 핵심만콕 종국재판의 종류 및 구체적 사유 ★★

| 종류 | 사유 |
|---|---|
| 유죄판결 | 사건의 실체에 관하여 피고인 범죄사실의 증명이 있는 때 |
| 무죄판결<br>(형사소송법 제325조) | • 피고사건이 범죄로 되지 아니하는 때(구성요건해당성이 없거나 또는 위법성조각사유나 책임조각사유가 존재한다는 것이 밝혀진 경우)<br>• 범죄사실의 증명이 없는 때 |
| 관할위반의 판결<br>(형사소송법 제319조) | 피고사건이 법원의 관할에 속하지 아니하는 때 |
| 공소기각의 결정<br>(형사소송법 제328조 제1항) | 🔑 공·취·사·소 / 수·법·계·관·경 / 범·사·포·아<br>• 공소가 취소되었을 때(제1호)<br>• 피고인이 사망하거나 또는 피고인인 법인이 존속하지 아니하게 되었을 때(소멸)<br>• 동일사건이 사물관할을 달리하는 수개의 법원에 계속되거나 관할이 경합하는 경우(제12조 또는 제13조)의 규정과 관련하여 재판할 수 없는 때(제3호)<br>• 공소장에 범죄가 될 만한 사실이 포함되지 아니할 때(제4호) |
| 공소기각의 판결<br>(형사소송법 제327조) | 🔑 재·절·무 / 위반 공소 / 친·반<br>• 피고인에 대하여 재판권이 없을 때(제1호)<br>• 공소제기의 절차가 법률의 규정을 위반하여 무효일 때(제2호)<br>• 공소가 제기된 사건에 대하여 다시 공소가 제기되었을 때(제3호)<br>• 제329조(공소취소와 재기소)를 위반하여 공소가 제기되었을 때(제4호)<br>• 고소가 있어야 공소를 제기할 수 있는 사건(친고죄)에서 고소가 취소되었을 때(제5호)<br>• 피해자의 명시한 의사에 반하여 공소를 제기할 수 없는 사건(반의사불벌죄)에서 처벌을 원하지 아니하는 의사표시를 하거나 처벌을 원하는 의사표시를 철회하였을 때(제6호) |
| 면소판결<br>(형사소송법 제326조) | 🔑 확·사·시·폐<br>• 확정판결이 있은 때(제1호)<br>• 사면이 있은 때(제2호)<br>• 공소시효가 완성되었을 때(제3호)<br>• 범죄 후 법령개폐로 형이 폐지되었을 때(제4호) |

## 27  난이도 중 | 형사법 – 선고유예

**형법상 선고유예의 규정 내용이 아닌 것은?**

① 선고유예기간 중 벌금형 이상의 판결이 확정된 때에는 유예한 형을 선고한다.

> 형의 선고유예를 받은 자가 유예기간 중 자격정지 이상의 형에 처한 판결이 확정되거나 자격정지 이상의 형에 처한 전과가 발견된 때에는 유예한 형을 선고한다(형법 제61조 제1항). ★

② 형을 병과할 경우에도 형의 전부 또는 일부에 대하여 그 선고를 유예할 수 있다.

> 형법 제59조 제2항

③ 형의 선고를 유예하는 경우에 보호관찰을 명할 수 있다.

> 형법 제59조의2 제1항

④ 형의 선고유예를 받은 날로부터 2년을 경과한 때에는 면소된 것으로 간주한다.

> 형법 제60조

---

### 핵심만콕  선고유예(宣告猶豫)

- **의의** : 범죄의 정도가 가벼운 자에 대하여 일정 기간 형의 선고를 유예하고, 그 유예기간 중 특정한 사고 없이 유예기간을 경과하면 면소된 것으로 간주하는 제도이다. 이 경우에 재범방지를 위하여 지도 및 원호가 필요한 때에는 보호관찰을 받을 것을 명할 수 있으며, 그 기간은 1년으로 한다.
- **요건** : 1년 이하의 징역, 금고, 자격정지 또는 벌금의 형을 선고할 경우, 제51조(양형의 조건)의 사항을 고려하여 뉘우치는 정상이 뚜렷하고, 자격정지 이상의 형을 받은 전과가 없어야 한다. 형을 병과할 경우에도 형의 전부 또는 일부에 대하여 선고를 유예할 수 있다(형법 제59조).
- **효과** : 형의 선고유예를 받은 날로부터 2년을 경과한 때에는 면소된 것으로 간주한다(형법 제60조). 반면 형의 선고유예를 받은 자가 유예기간 중 자격정지 이상의 형에 처한 판결이 확정되거나 자격정지 이상의 형에 처한 전과가 발견된 때에는 유예한 형을 선고한다(형법 제61조 제1항).

## 28 난이도 하

형사법 – 형사피고인(刑事被告人)

**형사소송법상 피고인에 관한 설명으로 옳지 않은 것은?**

① 피고인은 공판정에서 진술을 거부할 수 있다.

> 형사소송법 제283조의2 제1항

② **피고인은 불공평한 재판을 할 염려가 있는 경우 법관의 제척을 신청할 수 있다.**

> 법관이 불공평한 재판을 할 염려가 있는 경우 검사 또는 피고인은 법관의 기피를 신청할 수 있다(형사소송법 제18조 제1항 제2호).

③ 피고인이 법인인 때에는 그 대표자가 소송행위를 대표한다.

> 형사소송법 제27조 제1항

④ 신체구속을 당한 피고인은 변호인과 접견할 수 있다.

> 변호인(辯護人)과의 자유로운 접견(接見)은 신체구속을 당한 사람에게 보장된 변호인(辯護人)의 조력(助力)을 받을 권리(權利)(헌법 제12조 제4항)의 가장 중요한 내용이다(헌재결[전] 1992.1.28. 91헌마111).

## 29 난이도 하

상법 일반 – 보험법(보험계약)

**( )에 들어갈 용어를 순서대로 나열한 것은?**

> 보험계약은 ( )가 약정한 보험료를 지급하고 재산 또는 생명이나 신체에 불확정한 사고가 발생할 경우에 ( )가 일정한 보험금이나 그 밖의 급여를 지급할 것을 약정함으로써 효력이 생긴다.

① 피보험자, 보험수익자
② 피보험자, 보험계약자
③ 보험계약자, 피보험자
④ **보험계약자, 보험자**

> 보험계약은 당사자 일방(보험계약자)이 약정한 보험료를 지급하고 재산 또는 생명이나 신체에 불확정한 사고가 발생할 경우에 상대방(보험자)이 일정한 보험금이나 그 밖의 급여를 지급할 것을 약정함으로써 효력이 생긴다(상법 제638조).

## 30

**상법상 주식회사에 관한 설명으로 옳지 않은 것은?**

① 회사가 공고를 하는 방법은 정관의 절대적 기재사항이다.

> 상법 제289조 제1항 제7호

② <u>회사가 가진 자기주식에도 의결권이 있다.</u>

> 회사가 가진 자기주식은 의결권이 없다(상법 제369조 제2항).

③ 각 발기인은 서면에 의하여 주식을 인수하여야 한다.

> 상법 제293조

④ 창립총회에서는 이사와 감사를 선임하여야 한다.

> 상법 제312조

## 31

**보험계약의 성질로 옳지 않은 것은?**

① 유상계약성
② 사행계약성
③ 쌍무계약성
④ <u>요식계약성</u>

> 보험계약은 유상·쌍무계약이다. 그리고 청약과 승낙이라는 당사자 쌍방의 의사표시의 합치만으로 성립하고, 또한 특별한 방식을 요하지 않는 불요식 낙성계약이다. 또한 장래의 우연한 사고의 발생에 따라 보험금 지급 여부가 달려 있다는 점에서 사행계약의 일종이다.

## 32 난이도 중 　　상법 일반 - 보험법(손해보험증권의 필요적 기재사항)

**상법상 손해보험증권의 필요적 기재사항이 아닌 것은?**

① 보험의 목적
② 보험사고의 성질
③ **보험계약의 종류**

> 손해보험증권에는 보험의 목적, 보험사고의 성질, 무효와 실권의 사유, 보험계약의 연월일 등을 기재하고 보험자가 기명날인 또는 서명하여야 한다(상법 제666조).

④ 무효와 실권의 사유

---

**관계법령　손해보험증권(상법 제666조) ★**

손해보험증권에는 다음의 사항을 기재하고 보험자가 기명날인 또는 서명하여야 한다.
1. 보험의 목적
2. 보험사고의 성질
3. 보험금액
4. 보험료와 그 지급방법
5. 보험기간을 정한 때에는 그 시기와 종기
6. 무효와 실권의 사유
7. 보험계약자의 주소와 성명 또는 상호
7의2. 피보험자의 주소, 성명 또는 상호
8. 보험계약의 연월일
9. 보험증권의 작성지와 그 작성 연월일

---

## 33 난이도 하 　　사회법 일반 - 노동조합 및 노동관계조정법(부당노동행위 구제절차)

**부당노동행위의 구제절차에 관한 설명으로 옳지 않은 것은?**

① 부당노동행위로 인하여 그 권리를 침해당한 근로자는 노동위원회에 그 구제를 신청할 수 있다.

> 노동조합 및 노동관계조정법 제82조 제1항

② **노동위원회에 대한 구제의 신청은 부당노동행위를 안 날로부터 6월 이내에 하여야 한다.**

> 사용자의 부당노동행위로 인하여 그 권리를 침해당한 근로자 또는 노동조합은 노동위원회에 그 구제를 신청할 수 있다(노동조합 및 노동관계조정법 제82조 제1항). 제1항의 규정에 의한 구제의 신청은 부당노동행위가 있은 날(계속하는 행위는 그 종료일)부터 3월 이내에 이를 행하여야 한다(동법 제82조 제2항).

③ 노동위원회는 부당노동행위가 성립한다고 판정한 때에는 사용자에게 구제명령을 발하여야 한다.

> 노동조합 및 노동관계조정법 제84조 제1항 전단

④ 노동위원회의 구제명령은 행정소송의 제기에 의하여 그 효력이 정지되지 아니한다.

> 노동조합 및 노동관계조정법 제86조

## 34 난이도 하 　사회법 일반 – 근로기준법(법정근로시간의 유연화)

근로기준법상 2주 또는 3개월 이내의 일정한 단위기간을 평균하여 법정근로시간을 초과하지 않는 범위 내에서 특정한 날이나 특정한 주의 근로시간을 초과하여 근무할 수 있도록 운영하는 제도는?　기출수정

① 선택적 근로시간제
② **3개월 이내의 탄력적 근로시간제**

> 설문은 법정근로시간의 유연화 방책으로 마련된 규정인 3개월 이내의 탄력적 근로시간제(근로기준법 제51조)에 관한 설명이다.

③ 연장근로제
④ 유급휴가대체제도

## 35 난이도 하 　사회법 일반 – 국민연금법

국민연금법에 관한 설명으로 옳은 것은?

① 만 20세 이상 만 70세 미만의 국내 거주 국민은 국민연금 가입 대상이 된다.

> 국내에 거주하는 국민으로서 18세 이상 60세 미만인 자는 국민연금 가입 대상이 된다(국민연금법 제6조 본문).

② 부담금이란 사업장가입자의 근로자가 부담하는 금액을 말한다.

> "부담금"이란 사업장가입자의 사용자가 부담하는 금액을 말한다(국민연금법 제3조 제1항 제11호).★

③ **기여금이란 사업장가입자가 부담하는 금액을 말한다.**

> 국민연금법 제3조 제1항 제12호

④ 이 법을 적용할 때 배우자, 남편 또는 아내에는 사실상의 혼인관계에 있는 자는 제외된다.

> 이 법을 적용할 때 배우자, 남편 또는 아내에는 사실상의 혼인관계에 있는 자를 포함한다(국민연금법 제3조 제2항).

## 36 난이도 하

**사회법 일반 - 고용보험법상 급여**

고용보험법에서 규정하는 급여가 아닌 것은?

① 육아휴직급여

> 고용보험법 제70조

② **요양급여**

> 국민건강보험법 제41조, 산업재해보상보험법 제40조

③ 구직급여

> 고용보험법 제40조

④ 출산전후휴가급여

> 고용보험법 제75조

## 37 난이도 중

**행정법 일반 - 행정작용법(하자 있는 행정행위의 전환)**

하자 있는 행정행위가 다른 행정행위의 적법요건을 갖춘 경우, 다른 행정행위의 효력발생을 인정하는 것은?

① 하자의 승계

> 2 이상의 행정행위가 연속적으로 행하여진 경우, 선행 행정행위에 하자가 있으면 후행 행정행위에 하자가 없더라도 선행 행정행위를 이유로 하여 이를 다툴 수 있는지의 문제이다.

② 행정행위의 철회

> 처분청이 어떤 사유로 인하여 유효하게 성립된 행정행위를 장래에 향하여 소멸시키는 행정행위이다.

③ 행정행위의 직권취소

> 일단 유효하게 성립한 행정행위를 처분청 등이 그 성립에 흠이 있음을 이유로 직권으로 그 효력을 소멸시키는 것이다.

④ **하자 있는 행정행위의 전환**

> 설문의 내용은 하자 있는 행정행위의 전환에 관한 설명이다.

## 38 난이도 하

**행정법 일반 - 행정법의 개요(행정주체)**

행정주체가 아닌 것은?

① 한국은행
② 서울특별시
③ 대한민국
④ **경찰청장**

> 행정주체는 행정법 관계에서 행정권을 행사하고 그 행위의 법적 효과가 귀속되는 당사자로 국가나 지방자치단체, 공공조합, 공재단, 영조물법인 등의 공공단체와 공무수탁사인을 말한다. 경찰청장은 행정관청에 해당한다. 행정관청은 행정에 관한 국가의 의사를 결정·표시·집행하는 권한을 가진 행정기관이다.

## 39 난이도 하

**행정법 일반 - 행정작용의 실효성 확보(행정상 강제집행)**

행정상 강제집행이 아닌 것은?

① **즉시강제**

> 행정상 강제집행에는 대집행, 집행벌(이행강제금), 직접강제, 강제징수가 있다. ★ 즉시강제는 행정상 장해가 존재하거나 장해의 발생이 목전에 급박한 경우에 성질상 개인에게 의무를 명해서는 공행정 목적을 달성할 수 없거나 또는 미리 의무를 명할 시간적 여유가 없는 경우에 개인에게 의무를 명함이 없이 행정기관이 직접 개인의 신체나 재산에 실력을 가해 행정상 필요한 상태의 실현을 목적으로 하는 작용을 말한다.

② 강제징수
③ 직접강제
④ 이행강제금

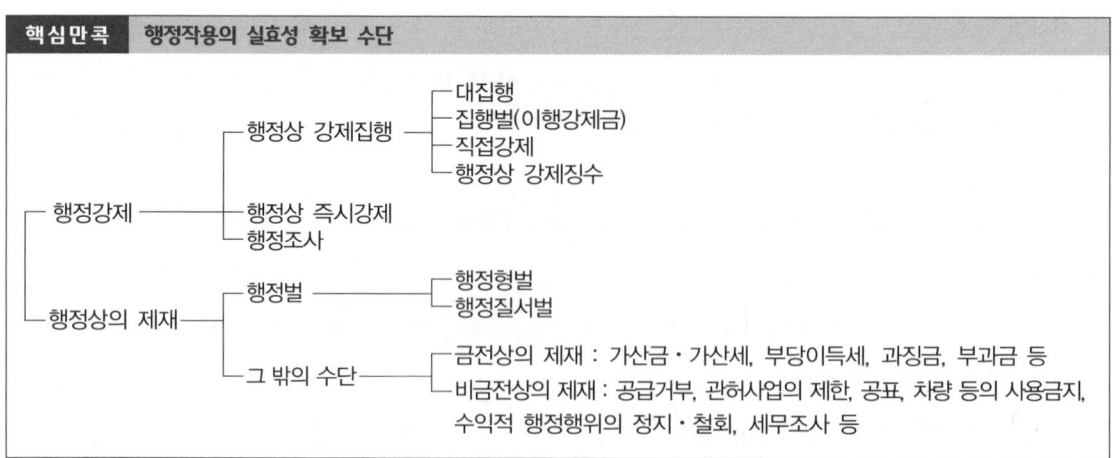

**핵심만콕 행정작용의 실효성 확보 수단**

- 행정강제
  - 행정상 강제집행
    - 대집행
    - 집행벌(이행강제금)
    - 직접강제
    - 행정상 강제징수
  - 행정상 즉시강제
  - 행정조사
- 행정상의 제재
  - 행정벌
    - 행정형벌
    - 행정질서벌
  - 그 밖의 수단
    - 금전상의 제재 : 가산금·가산세, 부당이득세, 과징금, 부과금 등
    - 비금전상의 제재 : 공급거부, 관허사업의 제한, 공표, 차량 등의 사용금지, 수익적 행정행위의 정지·철회, 세무조사 등

## 40 난이도 하

행정법 일반 – 행정작용법(행정행위의 분류)

행정작용에 관한 설명으로 옳지 않은 것을 모두 고른 것은?

ㄱ. 하명은 명령적 행정행위이다.
ㄴ. 인가는 형성적 행정행위이다.
ㄷ. 공증은 법률행위적 행정행위이다.
ㄹ. 공법상 계약은 권력적 사실행위이다.

① ㄱ, ㄴ
② ㄱ, ㄷ
③ ㄴ, ㄹ
④ ㄷ, ㄹ

공증은 확인·통지·수리와 함께 준법률행위적 행정행위에 속하며, 공법상 계약은 비권력적 행정작용이다.

### 핵심만콕 행정행위의 구분

| 법률행위적 행정행위 | 명령적 행위 | 하명, 허가, 면제 |
|---|---|---|
| | 형성적 행위 | 특허, 인가, 대리 |
| 준법률행위적 행정행위 | | 확인, 공증, 통지, 수리 |

# 2017년 민간경비론

> 문제편 200p

## 정답 CHECK

| 41 | 42 | 43 | 44 | 45 | 46 | 47 | 48 | 49 | 50 | 51 | 52 | 53 | 54 | 55 | 56 | 57 | 58 | 59 | 60 |
|---|---|---|---|---|---|---|---|---|---|---|---|---|---|---|---|---|---|---|---|
| ④ | ① | ② | ④ | ① | ④ | ② | ③ | ③ | ④ | ① | ② | ③ | ④ | ③ | ④ | ① | ② | ① | ③ |
| 61 | 62 | 63 | 64 | 65 | 66 | 67 | 68 | 69 | 70 | 71 | 72 | 73 | 74 | 75 | 76 | 77 | 78 | 79 | 80 |
| ① | ④ | ③ | ① | ④ | ② | ② | ③ | ② | ③ | ④ | ③ | ① | ④ | ② | ③ | ② | ④ | ① | ③ |

### 41 난이도 하 ┃민간경비 개설 – 민간경비의 개념

민간경비의 개념에 관한 설명으로 옳지 않은 것은?

① 공공기관에 의한 공경비활동을 제외한 모든 경비활동은 광의의 개념이다.
② 민간이 주체가 되는 모든 경비활동은 협의의 개념이다.
③ 고객의 생명과 신체 및 재산을 보호하는 활동은 최협의의 개념이다.
④ **우리나라 경비업법에 의한 개념은 실질적 의미의 개념이다.**

> 경비업법에 의해 허가받은 업무를 수행하는 경비활동은 형식적 의미의 민간경비이다.

**핵심만콕** 민간경비의 개념 ★

| | |
|---|---|
| 협의의 개념 | 고객의 생명·신체·재산보호, 질서유지를 위한 개인 및 기업(조직)의 범죄예방활동(방범활동)을 의미한다. |
| 광의의 개념 | 공경비를 제외한 경비의 3요소인 방범·방재·방화를 포함하는 포괄적 경비활동을 의미한다. 최근에는 산업보안 및 정보보안 그리고 사이버보안에 이르기까지 광범위하고 첨단화된 범죄예방기능을 포함하는 개념으로 사용되고 있다. |
| 실질적 개념 | 고객의 생명·신체·재산보호, 사회적 손실감소와 질서유지를 위한 일체의 활동을 의미하는데, 실질적 개념에서 경찰과 민간경비는 그 주체가 국가와 민간이라는 점에서 차이가 있을 뿐, 본질적으로는 차이가 없다. |
| 형식적 개념 | 실정법인 경비업법에 의해 허가받은 법인이 동법에서 규정하고 있는 업무를 수행하는 활동을 의미하는데, 형식적 개념에서 경찰과 민간경비는 명확하게 구별된다. |

## 42 난이도 하
민간경비 개설 – 민간경비의 특성

**민간경비의 특성으로 옳지 않은 것은?**

① <u>영리성을 추구하지만 공공성은 배제된다.</u>

> 민간경비업은 영리성(경제적 이익)을 그 특징으로 하지만 공공성도 요구된다. 즉, 민간경비가 수행하는 치안서비스가 공공서비스로서 원래는 국가가 수행하여야 하나 민간부문이 대신하여 치안서비스를 제공함으로써 민간경비도 공공성을 가지고 있다는 의미이다.

② 국가마다 제도적 차이가 있다.
③ 범죄 발생의 사전예방적 기능을 주요 임무로 한다.
④ 서비스 제공 책임은 고객과의 계약관계를 통해 형성된다.

## 43 난이도 상
경비와 시설보호의 기본원칙 – 범죄예방 구조모델론

**브랜팅햄(P. J. Brantingham)과 파우스트(F. L. Faust)가 주장한 범죄예방 구조모델론 중 다음에 해당하는 것은?**

> 일반적 사회환경 중 범죄의 원인이 되는 조건들을 발견, 개선하는 예방활동

① 상황적 범죄예방
② **1차적 범죄예방**

> 제시된 내용은 브랜팅햄(P. J. Brantingham)과 파우스트(F. L. Faust)가 주장한 범죄예방 구조모델론 중 1차적 범죄예방에 관한 설명이다.

③ 2차적 범죄예방
④ 3차적 범죄예방

**핵심만콕 범죄예방의 접근방법 및 과정 ★**

| 구 분 | 1차적 범죄예방 | 2차적 범죄예방 | 3차적 범죄예방 |
|---|---|---|---|
| 대 상 | 일반 시민 | 우범자 및 우범집단 | 범죄자 |
| 내 용 | 일반적 사회환경 중에서 범죄원인이 되는 조건들을 발견·개선하는 예방활동 | 잠재적 범죄자를 초기에 발견하고 이들의 범죄행위를 저지하기 위한 예방활동 | 실제 범죄자(전과자)를 대상으로 더 이상 범죄가 발생하지 않도록 하는 예방활동 |

〈참고〉 최선우, 「민간경비론」, 진영사, 2015, P. 395

## 44 난이도 하 ▮민간경비 개설 - 공경비와 민간경비의 비교

**민간경비와 공경비에 관한 설명으로 옳은 것은?**

① 민간경비는 강제력 사용에 제약을 받지 않는다.

> 민간경비는 각종 강제력 사용 권한이 극히 한정되어 있고, 각종 제약을 받는다.

② 공경비의 주체는 영리기업이다.

> 공경비의 주체는 정부(경찰)이다.

③ 민간경비의 주체는 지방자치단체이다.

> 민간경비의 주체는 영리기업(민간경비회사)이다.

④ <u>민간경비는 고객의 재산보호와 손실감소를 목적으로 한다.</u>

## 45 난이도 중 ▮민간경비의 환경 - 치안서비스 공동생산이론

**치안서비스 공동생산이론에 관한 설명으로 옳지 않은 것은?**

① <u>민간경비는 집단적 이익의 실현을 위해 규모를 팽창시킨다.</u>

> 민간경비가 자신의 집단적 이익을 극대화하기 위하여 규모를 팽창시키고, 새로운 규율이나 제도를 창출시키는 등의 노력을 한다는 이론은 이익집단이론이다.

② 민간경비를 공경비의 보조적 차원이 아닌 주체적 차원으로 인식한다.
③ 치안서비스 제공은 경찰의 역할수행과 민간경비의 공동참여로 이루어진다.
④ 시민의 안전욕구를 증대시키기 위해 민간부문의 능동적 참여를 다각적으로 유도한다.

## 46 난이도 중 | 민간경비 개설 - 민간경비 성장의 이론적 배경(공동화이론)

**경찰의 기능이나 역할 한계를 민간경비가 보완한다는 이론은?**

① 경제환원이론

> 경제환원이론은 경기침체로 인하여 실업자가 늘어나면 자연적으로 범죄가 증가하여 민간경비가 범죄에 직접 대응하므로 민간경비 시장이 성장·발전한다는 이론이다.

② 수익자부담이론

> 수익자부담이론은 경찰의 공권력 작용은 질서유지, 체제수호와 같은 거시적 측면에서 이루어지고, 개인의 안전과 보호는 해당 개인이 책임져야 한다는 자본주의 체제하에서 주장되는 이론이다.

③ 이익집단이론

> 이익집단이론은 민간경비도 자신의 집단적 이익을 극대화하기 위하여 규모를 팽창시키고, 새로운 규율이나 제도를 창출시키는 등의 노력을 한다는 이론이다.

④ **공동화이론**

> 공동화이론은 경찰의 범죄예방능력이 국민의 욕구를 충족시키지 못할 때의 공동상태를 민간경비가 보충함으로써 민간경비가 성장한다는 이론이다.

## 47 난이도 중 | 경비와 시설보호의 기본원칙 - 환경설계를 통한 범죄예방(CPTED)

**환경설계를 통한 범죄예방(CPTED)에 관한 설명으로 옳은 것은?**

① 환경의 효율적 이용을 통한 범죄예방을 위하여 자연적 전략에서 기계적 전략으로 그 중심을 바꾸는 데 기여하였다.

> 셉테드(CPTED)의 기본전략은 자연적 전략, 조직적 전략, 기계적 전략이 모두 종합되어 있으므로, CPTED의 기본전략은 자연적 전략에서 조직적·기계적 전략으로 그 중심을 바꾸는 데 기여하였다는 말은 옳지 않은 설명이다.★

② **1차적 기본전략은 자연적인 통제, 자연적인 감시, 영역성 강화라는 세 가지 차원에서 출발한다.**
③ 시민의 삶의 질 향상과는 관계없이 범죄예방만을 추구한다.

> 전통적 CPTED는 단순히 외부 공격으로부터 보호대상을 강화하는 THA(Target Hardening Approach)방법을 사용하여 공격자가 보호대상에 접근하지 못하도록 하고, 현대적 CPTED는 시민들의 삶의 질 향상까지 고려하여 시행하고 있다.

④ 범죄원인을 환경적 요인보다 개인적 요인에서 찾는다.

> 범죄원인을 개인적 요인보다는 환경적 요인에서 찾고 있다.

## 48 난이도 중 | 세계 각국의 민간경비 - 각국 민간경비산업 현황(한국)

**우리나라의 민간경비제도에 관한 설명으로 옳지 않은 것은?**

① 청원경찰제도는 우리나라에만 있는 독특한 제도이다.
② 경비지도사는 경비원들의 지도·감독 및 교육을 임무로 한다.
③ <u>2000년 경비업법이 개정되어 특수경비업무가 도입되었다.</u>

> 2001년 경비업법 전부개정 시 경비업의 종류에 기계경비업무, 특수경비업무가 추가되었고, 기계경비산업이 급속히 발전하여 기계경비업무를 신고제에서 허가제로 변경하였으며, 특수경비원제도가 도입되었다.

④ 1999년 용역경비업법이 경비업법으로 변경되었다.

---

**핵심만콕 2001년 경비업법 개정 주요내용 ★★**

- 기계경비업무를 경비업의 종류로 추가하면서, 신고제에서 허가제로 변경
- 국가중요시설의 경비를 담당하는 특수경비업무를 경비업의 종류로 신설
- 경비업 허가의 실효성을 확보하기 위하여 경비업 허가를 5년마다 갱신
- 국가중요시설을 경비하는 특수경비자는 부득이한 사유로 경비업무를 계속할 수 없는 경우에 대비하여 경비대행업자를 지정하도록 함
- 기계경비업자는 경비대상시설에 대한 경보를 수신한 때에는 신속하게 대응조치를 취하도록 하고, 계약상대방에게 기기사용요령 등을 설명하도록 함
- 관할 경찰관서장이 무기관리상황을 지도·감독하고, 특수경비원의 복종의무 및 경비구역 이탈금지의무와 무기안전수칙을 구체적으로 명시
- 특수경비원의 쟁의행위 금지규정 신설

---

## 49 난이도 중 | 세계 각국의 민간경비 - 각국 민간경비의 역사적 발전

**각국 민간경비의 발전과정에 관한 설명으로 옳은 것은?**

① 영국은 공경찰활동이 사경찰활동보다 먼저 존재하여 사경찰 도입의 필요성을 불러오는 계기가 되었다.

> 영국에서는 사설 경찰활동이 공적인 경찰활동보다 먼저 존재하였으며, 다양한 범죄에 대한 개인권리보호의 미흡으로 인하여 공경찰의 도입 필요성을 제기하는 계기가 되었다.★

② 미국의 민간경비산업은 소규모화되고 있으며, 변화속도가 느려지는 특징을 가진다.

> 미국 민간경비산업은 기업과 시스템의 통합이 이루어져 거대화가 진행되고 있으며, 또한 관련 분야의 세분화가 이루어지면서 그 속도가 빨라지고 있다.

③ <u>일본 경비업체 세콤(SECOM)은 스웨덴 경비회사 SP(Security Patrol)와 제휴하여 경비시스템을 도입하였다.</u>

> 일본에서 전업(專業) 경비업자가 출현한 것은 제2차 세계대전 후 1962년 7월에 일본경비보장주식회사(SECOM의 전신으로 스웨덴의 경비회사와 제휴)가 설립된 것에서 비롯되었다.

④ 한국은 1972년 청원경찰법과 1980년 용역경비업법을 제정하여 경비업이 정착되었다.

> 한국은 1962년 청원경찰법이 제정되었으며, 1976년 용역경비업법이 제정되었다.★

## 50 난이도 중     |세계 각국의 민간경비 – 각국 민간경비의 역사적 발전

**민간경비와 관련된 인물과 내용의 연결이 옳지 않은 것은?**

① 로버트 필(Robert Peel) : 1829년 수도경찰법을 의회에 제출하여 영국 수도경찰 창설
② 헨리 필딩(Henry Fielding) : 영국에서 급료를 받는 민간경비제도를 제안했으며, 보우가의 주자(The Bow Street Runners) 등을 만드는 데 기여
③ 헨리(Henry)국왕 : 민간경비 차원에서 공경비 차원의 경비개념으로 바뀌게 되는 「레지스 헨리시법(The legis Henrici Law)」 공포
④ **에드윈 홈즈(Edwin Holmes) : 시카고 경찰국 최초 형사로 임명되었으며, 철도수송 경비회사 설립**

> 앨런 핑커톤에 관한 설명이다. 에드윈 홈즈는 1858년 야간경비회사로서 홈즈방호회사를 설립하여 최초의 중앙감시방식의 경보서비스 사업을 시작하였다.

## 51 난이도 상     |세계 각국의 민간경비 – 각국 민간경비의 법적 지위(미국)

**미국 민간경비원의 법적 지위에 관한 설명으로 옳지 않은 것은?**

① **민간경비원의 불법행위는 일반인의 불법행위와 동일한 민사책임을 지지 않는다.**

> 민간경비원의 불법행위는 일반인의 불법행위와 동일한 민사책임을 부담하도록 하고 있다. 불법행위법은 민간경비원에게 특별한 권한을 부여하고 있지 않으며, 민간경비원의 행위에 대하여 어느 정도 제한을 규정하고 있다.

② 경찰관이 행하는 수색과 민간경비원이 행하는 수색에는 상당한 차이가 있다.
③ 비렉(A. J. Bilek)은 민간경비원의 유형을 '경찰관 신분을 가진 민간경비원', '특별한 권한이 있는 민간경비원', '일반 시민과 같은 민간경비원'으로 구분한다.
④ 민간경비원에 의한 심문 또는 질문에 대해서 일반 시민이 반드시 응답하여야 할 규정은 없다.

## 52 난이도 중 | 세계 각국의 민간경비 – 각국 민간경비의 역사적 발전(한국)

**우리나라의 민간경비에 관한 설명으로 옳지 않은 것은?**

① 현대적 의미의 민간경비 효시는 미군부대의 용역경비를 담당한 것이라고 할 수 있다.
② **경비원이 되려는 사람은 법령이 정하는 교육기관에서 미리 일반경비원 신임교육을 받을 수 없다.**

> 경비원이 되려는 사람은 대통령령으로 정하는 교육기관에서 미리 일반경비원 신임교육을 받을 수 있다(경비업법 제13조 제2항).

③ 2001년 경비업법의 개정으로 기계경비업무가 신고제에서 허가제로 변경되었다.
④ 경찰은 민간경비 교육기관을 지정하여 경비원 신임교육을 내실화하고 있다.

## 53 난이도 하 | 민간경비 개설 – 경비업법상 경비업무

**경비업법에 규정된 업무 유형이 아닌 것은?**

① 특수경비업무
② 기계경비업무
③ **민간조사업무**

> 경비업법 제2조 제1호는 시설경비업무, 호송경비업무, 신변보호업무, 기계경비업무, 특수경비업무, 혼잡・교통유도경비업무 6종을 경비업무로 규정하고 있다. 이에 따라 민간조사업무는 경비업법상 경비업무의 한 영역이라 보기 어려우며, 민간조사원이 경비업법상 별도로 규정되어 있지도 않다. 또한 우리나라에서는 민간조사제도가 하나의 정형화된 형식을 갖추고 제도적으로 정착되어 운영되고 있지도 않다.

④ 호송경비업무

## 54 난이도 중 ▎민간경비산업의 과제와 전망 – 대규모 상업·주거시설의 민간경비

대규모 상업·주거시설의 민간경비에 관한 설명으로 옳은 것은?

① 대규모 상업시설의 소유자들은 보안과 안전에 대한 책임이 감소된다.

> 대규모 상업시설의 소유자들은 시설의 접근성 및 편리성을 극대화시키면서 동시에 이에 대한 보안과 안전에 대한 책임 역시 비례적으로 증가한다. 공적 영역과 사적 영역의 구분방식으로는 설명하기 힘든 준공적 공간 또는 혼성적 공간들은 여전히 사법의 적용을 받기 때문이다.

② 대규모 상업시설의 안전 확보를 위하여 일반인의 접근을 차단한다.

> 대규모 상업시설에서 민간경비는 소비욕구를 최대화하기 위해 공중의 접근을 극대화시키는 동시에, 상업적 활동을 침해하는 사람들의 불법행위를 통제하는 역할을 수행한다.

③ 대규모 주거시설 내의 방범과 위험관리는 경찰에 의해 수행된다.

> 대규모 주거시설에서의 범죄예방활동과 위험관리는 공동체 구성원의 참여가 중요하다.

④ **대규모 주거시설의 경우 다양한 위험을 종합적으로 관리할 수 있는 시스템을 구축한다.**

## 55 난이도 상 ▎민간경비의 환경 – 경찰방범활동(방범홍보)

각종 경찰업무에 대한 사항과 민원사항, 중요시책 등을 매스컴 등을 통해 주민에게 널리 알려서 방범의식을 고양하는 동시에 각종 범죄를 방지하기 위한 경찰활동은?

① 경찰방문

> 경찰방문은 경찰관이 관할 구역 내의 각 가정, 상가 및 기타시설 등을 방문하여 청소년선도, 소년소녀가장 및 독거노인·장애인 등 사회적 약자 보호활동 및 안전사고방지 등의 지도·상담·홍보 등을 행하며 민원사항을 청취하고, 필요시 주민의 협조를 받아 방범진단을 하는 등의 예방경찰활동을 말한다.

② 방범진단

> 방범진단은 범죄예방 및 안전사고 방지를 위해 관내 금융기관 등 현금다액취급업소, 상가, 여성운영업소 등에 대하여 방범시설 및 안전설비의 설치상황, 자위방범역량 등을 점검하여 미비점을 보완하도록 지도하기 위한 경찰활동을 말한다.

③ **방범홍보**

> 설문은 경찰방범활동 중 방범홍보에 관한 설명이다. 참고로 경찰방범활동이란 외근 경찰관의 일상생활을 내용으로 하는 근무로 범죄 발생을 미연에 방지하기 위하여 순찰, 불심검문, 방범심방, 방범진단, 방범상담, 방범홍보, 방범단속 등을 행하는 것을 말한다.

④ 생활방범

> 생활방범은 일상생활에서 범죄가 발생하지 않도록 미리 그 원인을 제거하고 범인성 환경(범죄를 촉진시키고 또한 유인하는 환경)을 정비하여 그 피해가 확산되는 것을 방지하는 제반활동을 말한다.

## 56 난이도 하 ▎민간경비의 환경 – 국가경찰의 임무

현행 법령상 국가경찰의 임무에 해당하는 것을 모두 고른 것은? 기출수정

> ㄱ. 국민의 생명·신체 및 재산의 보호
> ㄴ. 범죄의 예방·진압 및 수사
> ㄷ. 경비·주요 인사 경호 및 대간첩·대테러 작전 수행
> ㄹ. 공공안녕에 대한 위험의 예방과 대응을 위한 정보의 수집·작성 및 배포
> ㅁ. 교통 단속과 교통 위해의 방지
> ㅂ. 외국 정부기관 및 국제기구와의 국제협력

① ㄱ, ㄹ, ㅂ
② ㄴ, ㄷ, ㅁ, ㅂ
③ ㄱ, ㄴ, ㄷ, ㄹ, ㅁ
④ ㄱ, ㄴ, ㄷ, ㄹ, ㅁ, ㅂ

제시된 내용은 모두 현행법상 규정되어 있는 국가경찰의 임무에 해당한다(경찰관직무집행법 제2조).

### 관계법령  경찰의 직무범위(경찰관직무집행법 제2조)

경찰관은 다음 각호의 직무를 수행한다.
1. 국민의 생명·신체 및 재산의 보호
2. 범죄의 예방·진압 및 수사
2의2. 범죄피해자 보호
3. 경비, 주요 인사(人士) 경호 및 대간첩·대테러 작전 수행
4. 공공안녕에 대한 위험의 예방과 대응을 위한 정보의 수집·작성 및 배포
5. 교통 단속과 교통 위해(危害)의 방지
6. 외국 정부기관 및 국제기구와의 국제협력
7. 그 밖에 공공의 안녕과 질서 유지

## 57 난이도 중 | 민간경비의 환경 - 국내 치안환경의 변화

국내 치안환경의 변화로 옳지 않은 것은?

① 경찰의 단속으로 마약범죄 감소

> 국내 마약류 사범은 2000년대 이래로 지속적으로 역대 최다치를 기록하고 있으며, 마약류 압수량 또한 지속적인 증가세를 보여 확산세가 매우 심각한 상황이다.

② 고령화로 인한 노인범죄의 사회문제 대두
③ 과학기술의 발달로 사이버범죄 증가
④ 경제적 양극화 심화로 다양한 유형의 범죄 발생

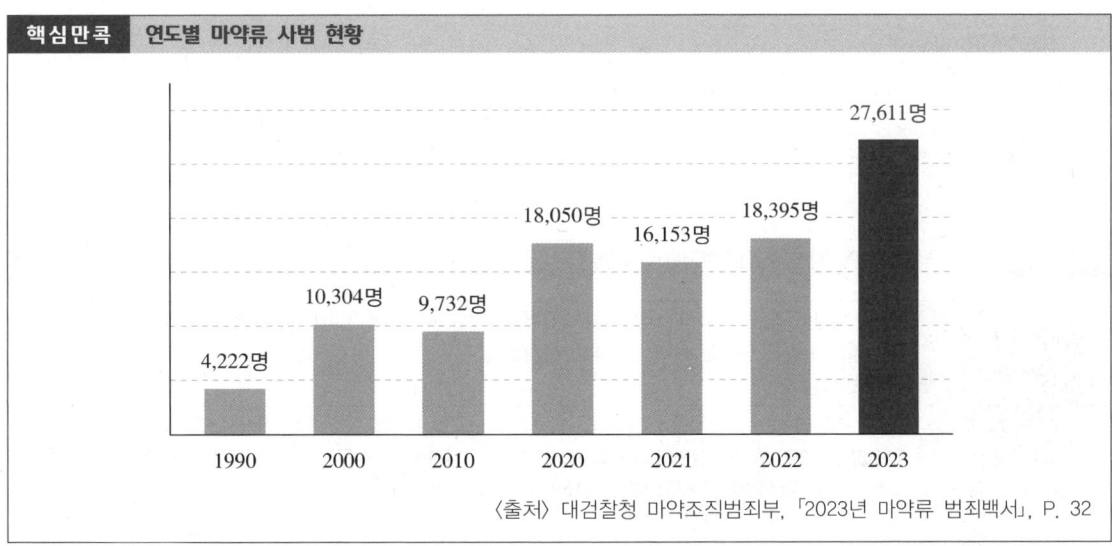

핵심만콕 연도별 마약류 사범 현황

〈출처〉 대검찰청 마약조직범죄부, 「2023년 마약류 범죄백서」, P. 32

## 58 난이도 하 | 민간경비의 조직 - 기계경비

기계경비에 관한 설명으로 옳지 않은 것은?

① 장기적으로 볼 때 운영비용의 절감 효과를 기대할 수 있다.
② 적용 대상은 상주경비, 요인경호, 혼잡경비 등이다.

> 상주경비, 요인경호, 혼잡경비 등은 인력경비의 대표적인 적용 대상에 해당한다. 인력경비란 인력을 통해 각종 위해(범죄·화재·재난)로부터 인적·물적 가치를 보호하는 경비를 말하는 것으로서 경비기기를 수단으로 하는 기계경비와 구분된다.

③ 화재예방과 같은 다른 예방시스템과 통합적 운용이 가능하다.
④ 기계경비시스템의 3대 기본요소는 불법침입에 대한 감지 및 경고, 침입정보의 전달, 침입행위에 대한 대응이다.

## 59 난이도 중 | 경비와 시설보호의 기본원칙 – 경비계획의 수준

경비의 중요도에 따른 분류 중 중간수준경비(Level Ⅲ)에 해당하는 대상은?

① 물품창고, 제조공장 수준의 경비

> 중간수준경비(Level Ⅲ)는 대부분의 패턴이 없는 불법적인 외부침입과 일정한 패턴이 없는 일부 내부침입을 방해·탐지·사정할 수 있도록 계획된 경비시스템으로, 경계지역의 보다 높은 수준의 물리적 장벽, 보다 발전된 원거리 경보시스템, 기본적인 의사소통장비를 갖춘 경비원 등을 갖추고 있다(예 큰 물품창고, 제조공장, 대형 소매점 등).

② 교도소, 제약회사, 전자회사 수준의 경비

> 상위수준경비(Level Ⅳ)

③ 정부의 특별연구기관, 외국 대사관 수준의 경비

> 최고수준경비(Level Ⅴ)

④ 작은 소매상점, 저장창고 수준의 경비

> 하위수준경비(Level Ⅱ)

### 핵심만콕 경비의 중요도에 따른 분류(경비계획의 수준) ★

| 구분 | 내용 |
|---|---|
| 최저수준경비<br>(Level Ⅰ) | 일정한 패턴이 없는 불법적인 외부침입을 방해할 수 있도록 계획된 경비시스템으로, 보통 출입문, 자물쇠를 갖춘 창문과 같은 단순한 물리적 장벽이 설치된다.<br>예 일반가정 등 |
| 하위수준경비<br>(Level Ⅱ) | 일정한 패턴이 없는 불법적인 외부침입을 방해하고 탐지할 수 있도록 계획된 경비시스템으로, 일단 최저수준경비의 단순한 물리적 장벽이 설치되고, 거기에 보강된 출입문, 창문의 창살, 보다 복잡한 수준의 자물쇠, 조명시스템, 기본적인 경보시스템 및 안전장치가 설치된다.<br>예 작은 소매상점, 저장창고 등 |
| 중간수준경비<br>(Level Ⅲ) | 대부분의 패턴이 없는 불법적인 외부침입과 일정한 패턴이 없는 일부 내부침입을 방해·탐지·사정할 수 있도록 계획된 경비시스템으로, 경계지역의 보다 높은 수준의 물리적 장벽, 보다 발전된 원거리 경보시스템, 기본적인 의사소통장비를 갖춘 경비원 등을 갖추고 있다.<br>예 큰 물품창고, 제조공장, 대형소매점 등 |
| 상위수준경비<br>(Level Ⅳ) | 대부분의 패턴이 없는 외부 및 내부의 침입을 발견·저지·방어·예방할 수 있도록 계획된 경비시스템으로, CCTV, 경계경보시스템, 고도의 조명시스템, 고도로 훈련받은 무장경비원, 경비원과 경찰의 협력시스템 등을 갖추고 있다.<br>예 교도소, 제약회사, 전자회사 등 |
| 최고수준경비<br>(Level Ⅴ) | 일정한 패턴이 전혀 없는 외부 및 내부의 침입을 발견·억제·사정·무력화할 수 있도록 계획된 경비시스템으로, 최첨단의 경보시스템과 현장에서 즉시 대응할 수 있는 24시간 무장체계 등을 갖추고 있다.<br>예 핵시설물, 중요 군사시설 및 교도소, 정부의 특별연구기관, 일부 외국 대사관 등 |

## 60 난이도 하
**민간경비의 조직 – 기계경비와 인력경비**

### 기계경비와 인력경비에 관한 설명으로 옳지 않은 것은?

① 기계경비는 순수 무인기계경비와 혼잡 기계경비 두 종류로 나눌 수 있다.
② CCTV를 통한 불법침입자 감지는 기계경비의 대표적인 사례라고 할 수 있다.
③ **인력경비는 야간 경비활동의 효율성이 증가하는 장점이 있다.**

> 야간 경비활동의 효율성 증가는 인력경비가 아닌 기계경비의 장점이다.

④ 일정 구역을 정기적으로 순찰하여 범죄 등으로부터 고객의 인적·물적 안전을 확보하는 경비활동은 인력경비의 일종이다.

## 61 난이도 중
**민간경비의 조직 – 자체경비와 계약경비**

### 자체경비와 계약경비에 관한 설명으로 옳은 것은?

① **자체경비는 계약경비에 비해 사용자에 대한 충성심이 높다.**
② 자체경비는 경비서비스를 전문으로 하는 외부 경비업체와 계약을 통해 운용하는 것을 말한다.

> 계약경비는 경비서비스를 전문으로 하는 외부 경비업체와의 계약을 통해 운용하는 것을 말한다.

③ 계약경비는 직업적 안정성으로 인해 자체경비보다 이직률이 낮다.

> 계약경비는 자체경비에 비해 직업적 안정성이 떨어지기 때문에 이직률이 높다.

④ 계약경비는 기업체 등이 조직 내에 자체적으로 경비인력을 조직화하여 운용하는 것을 말한다.

> 자체경비는 기업체 등이 조직 내에 자체적으로 경비인력을 조직화하여 운용하는 것을 말한다.

## 62 난이도 중 ▮민간경비의 조직 - 민간경비 조직의 특수성

**민간경비 조직의 특수성으로 옳지 않은 것은?**

① 위험성
② 돌발성
③ 기동성
④ <u>고립성</u>

> 민간경비 조직의 특수성에는 위험성, 돌발성, 기동성, 조직성 등이 있으며, 이러한 특수성은 공경비(경찰)와 마찬가지로 민간경비의 조직화 과정에서도 중요하게 고려된다. 고립성은 권력성, 정치성, 보수성과 더불어 공경비인 경찰 조직이 지니는 특수성과 관련된 요소들이다.

---

**핵심만콕** 민간경비 조직과 경찰 조직의 특수성★★

- <u>민간경비 조직</u> : <u>위험성</u>, <u>돌발성</u>, <u>기동성</u>, 조직성 등
- <u>경찰 조직</u> : <u>위험성</u>, 돌발성, <u>기동성</u>, 조직성, <u>권력성</u>, <u>정치성</u>, <u>고립성</u>, <u>보수성</u>

〈출처〉 최선우, 「민간경비론」, 진영사, 2014

---

## 63 난이도 하 ▮민간경비의 조직 - 민간경비 교육훈련의 목적

**민간경비의 교육훈련 목적으로 옳지 않은 것은?**

① 조직 경영전략의 전개에 필요한 인력 확보
② 조직 통제와 조정 문제의 감소
③ <u>경비원의 업무상 실수에 대한 제재 수단</u>

> 교육훈련을 통해 경비원들의 업무 숙달은 빨라질 것이며, 업무가 숙달되면 직무수행상 능력부족으로 저지르게 되는 사고나 과오를 방지할 수 있고, 따라서 그로 인한 인적·물적 낭비를 줄일 수 있다. 교육훈련은 업무상 실수를 사전에 줄이는 수단으로 이용하는 것이지, 실수에 대한 제재 수단으로 이용하는 것은 아니다.

④ 조직의 안정성과 융통성 확보

## 64 난이도 중 | 민간경비의 조직 – 민간경비 조직의 운영원리(통솔범위)

민간경비 조직편성의 원리 중 한 사람의 관리자가 효율적으로 관리할 수 있는 최대한의 부하의 수를 의미하는 것은?

① 통솔범위

> 설문은 통솔범위의 원리에 관한 설명이다.

② 계층제
③ 전문화
④ 명령통일

## 65 난이도 중 | 경비와 시설보호의 기본원칙 – 경비계획 수립의 기본원칙

경비계획 수립의 기본원칙에 관한 설명으로 옳지 않은 것은?

① 건물 출입구 수는 안전규칙의 범위 내에서 최소한으로 유지되어야 한다.
② 경비원의 대기실은 시설물의 출입구와 비상구에서 인접한 곳에 위치하여야 한다.
③ 비상시에만 사용하는 외부출입구에는 경보장치를 설치하여야 한다.
④ **효과적인 경비를 위해 물건을 선적하거나 수령하는 지역은 통합되어야 한다.**

> 효과적인 경비를 위해서는 안전경비조명이 설치되어야 하고 물건을 선적하거나 수령하는 지역은 분리되어야 한다.
> 참고 2021년 민간경비론 65번 핵심만 콕

## 66 난이도 중

경비위해요소 분석에 관한 설명으로 옳지 않은 것은?

① 경비계획에 있어 가장 먼저 실시해야 하는 것은 경비위해요소 분석이다.
② **경비위해요소 중 화학공장의 화학적 화재나 폭발 위험은 인위적 위해에 해당한다.**

> 경비위해요소 중 화학공장의 화학적 화재나 폭발 위험은 특정한 위해에 해당한다. 즉, 특정한 위해란 특정 시설물 또는 지역, 국가 등에 따라 성질이나 유형이 다양하게 나타나는 위해를 말한다.

③ 경비위해요소 분석단계는 '경비위험요소 인지 → 손실발생 가능성 예측 → 경비위험도 평가 → 경비비용효과 분석'의 순이다.
④ 경비비용효과 분석은 투입비용에 대한 산출효과를 비교하여 적절한 경비수준을 결정하는 과정을 말한다.

## 67 난이도 하

외곽경비에 관한 설명으로 옳지 않은 것은?

① 기본 목적은 범죄자의 불법침입 지연이다.
② **비상시에만 사용되는 문은 평상시에 개방되어 있어야 한다.**

> 비상시에만 사용되는 문은 평상시에는 폐쇄하여 잠겨 있어야 한다.

③ 철책, 도로상의 방책, 차폐물은 인위적 방벽에 해당된다.
④ 모든 출입구의 수를 파악하고, 엘리베이터 등도 외곽경비계획에 포함시켜야 한다.

## 68 난이도 하

내부경비에 관한 설명으로 옳지 않은 것은?

① 내부 출입통제는 시설물 내의 불법침입이나 절도 등을 막기 위함이다.
② 경비원 상호 간에 순찰정보를 교환하여야 한다.
③ **안전유리는 가격이 저렴하며 불연성 물질이고 가볍기 때문에 설치하기 쉬운 장점이 있다.**

> 안전유리는 불연성 물질이기 때문에 화재 시에도 잘 타지 않으며, 가볍기 때문에 설치하기 쉬운 장점이 있는 반면, 가격이 비싸다는 단점이 있다. 또한 안전유리는 동일한 두께의 콘크리트 벽에 비해 충격에 강하고 외관상 미적 효과가 있다.

④ 자물쇠는 보호장치의 기능과 침입 시간을 지연시키는 기능도 한다.

## 69 난이도 중 | 경비와 시설보호의 기본원칙 – 경비조명등의 종류 및 특징

**조명등의 종류와 그 특징에 관한 설명으로 옳지 않은 것은?**

① 백열등 : 가정집에서 보편적 사용되지만 수명이 짧다.
② **수은등 : 주황빛을 띠고 약한 빛을 방출하나, 백열등보다 수명이 길다.**
   수은등은 푸른색의 매우 강한 빛을 방출하며, 수명이 길기 때문에 백열등보다 효과적이다.
③ 나트륨등 : 연한 노란색을 발하며, 안개가 많은 지역에 효과적이다.
④ 석영등 : 매우 밝은 하얀빛을 빠르게 발산하므로 경계구역과 사고 발생 다발지역에 유용하다.

### 핵심만콕  경비조명등의 종류와 조명장비의 형태 ★★

| 경비조명등 | | 조명장비 | |
|---|---|---|---|
| 백열등 | • 가정집에서 주로 사용되는 조명으로 점등과 동시에 빛을 방출<br>• 경비조명으로 광범위하게 이용 | 가로등 | • 설치 장소와 방법에 따라 대칭적인 방법과 비대칭적인 방법으로 설치<br>• 대칭적인 가로등은 빛을 골고루 발산하며, 특별히 높은 지점의 조명을 필요로 하지 않는 넓은 지역에서 사용되며, 설치 위치도 보통 빛이 비춰지는 지역의 중앙에 위치<br>• 비대칭적인 가로등은 조명이 필요한 지역에서 다소 떨어진 장소에 사용 |
| 가스방전등 | 수은등 : 푸른색의 강한 빛, 긴 수명 | 투광조명등 | • 300~1,000W까지 사용<br>• 특정 지역에 빛을 집중시키거나 직접적으로 비추는 광선의 형태로 상당히 밝은 빛을 만들 수 있음 |
| | 나트륨등 : 연한 노란색의 빛을 내며 안개지역에 사용 | 프레이넬등 | • 300~500W까지 사용<br>• 넓은 폭의 빛을 내는 조명으로 경계구역에의 접근방지를 위해 길고 수평하게 빛을 확장하는데 유용하게 사용<br>• 수평으로 약 180°, 수직으로 15~30° 정도의 폭이 좁고 긴 빛을 투사<br>• 비교적 어두운 시설물에서 침입을 감시하는 경우 유용하게 사용 |
| 석영등 | • 매우 밝은 하얀 빛<br>• 경계구역과 사고 발생 다발지역에 사용<br>• 가격이 비쌈 | 탐조등 | • 250~3,000W까지 다양하게 사용<br>• 사고 우려지역을 정확하게 관찰하기 위해 사용하는 데 백열등이 자주 이용<br>• 휴대가 가능<br>• 외딴 산간지역이나 작은 배로 쉽게 시설물에 접근할 수 있는 위치에 설치 |

## 70 난이도 중 | 경비와 시설보호의 기본원칙 - 핀날름쇠 자물쇠

열쇠의 양쪽에 홈이 불규칙적으로 파여져 있는 형태로 일반산업뿐만 아니라 일반주택에서도 널리 사용되는 자물쇠는?

① 돌기 자물쇠(Warded Locks)
② 판날름쇠 자물쇠(Disc Tumbler Locks)
③ **핀날름쇠 자물쇠(Pin Tumbler Locks)**

> 설문은 핀날름쇠 자물쇠(Pin Tumbler Locks)에 관한 설명이다. 판날름쇠 자물쇠(Disc Tumbler Locks)는 한쪽에만 홈이 있지만, 핀날름쇠 자물쇠는 양쪽 모두에 홈이 불규칙적으로 파여져 있는 형태이다. 따라서 상대적으로 보다 복잡하며, 안전성을 제공할 수 있기 때문에 판날름쇠 자물쇠보다 널리 사용된다.

④ 암호사용 자물쇠(Code Operated Locks)

## 71 난이도 하 | 경비와 시설보호의 기본원칙 - 비상사태 발생 시 민간경비원의 역할

비상사태 발생 시 민간경비원의 역할로 옳지 않은 것은?

① 비상사태에 대한 초동조치
② 특별한 대상(장애인, 노약자)의 보호 및 응급조치
③ 경제적으로 보호해야 할 자산의 보호
④ **외부지원기관(경찰서, 소방서, 병원 등)의 지휘·감독**

> 민간경비원의 비상사태 발생 시 임무로는 비상사태에 대한 신속한 초동조치, 외부지원기관(경찰서, 소방서, 병원 등)과의 통신업무, 특별한 대상자(장애인, 노약자 등)의 보호 및 응급조치, 경제적으로 보호해야 할 자산의 보호, 비상인력과 시설 내의 이동통제, 출입구와 비상구 및 위험지역의 출입통제 등이 있다.

## 72 난이도 중　　컴퓨터 범죄 및 안전관리 – 신종금융범죄

**다음 사례에 해당하는 신종금융범죄는?**

> A씨는 자신이 사용하는 PC가 악성코드에 감염된 것을 모르고, 정상 홈페이지라고 여긴 가짜 사이트로 유도되어 요구하는 금융정보를 입력하였는데, 자신도 모르게 금융정보를 탈취당하여 범행계좌로 이체되는 금융사기를 당하였다.

① 메모리 해킹(Memory Hacking)

② 스미싱(Smishing)

③ **파밍(Pharming)**

> 제시문은 최근 이슈화되고 있는 신종금융범죄 중 악성코드에 감염된 사용자 PC를 조작하여 금융정보를 빼내는 수법인 파밍(Pharming)에 관련된 내용이다.　　참고 2021년 민간경비론 72번 핵심만 콕

④ 피싱(Phishing)


## 73 난이도 중　　컴퓨터 범죄 및 안전관리 – 각종 사이버테러

**컴퓨터의 각종 사이버테러에 관한 설명으로 옳지 않은 것은?**

① **논리폭탄(Logic Bomb)** : 컴퓨터에 고출력 전자기장을 발생시켜 컴퓨터의 하드디스크 자기기록정보를 파괴시키는 행위

> 허프건(Huffgun)에 관한 설명이다. 논리폭탄(Logic bomb)은 13일의 금요일 등 컴퓨터의 일정한 작동 시마다 부정행위가 일어날 수 있도록 프로그램을 조작하는 수법이다.

② 스팸(Spam) : 악의적인 내용을 담은 전자우편을 인터넷상의 불특정 다수에게 무차별로 살포하여 컴퓨터 시스템을 마비시키거나 온라인 공해를 일으키는 행위

③ 플레임(Flame) : 네티즌들이 공통의 관심사를 논의하기 위해 개설한 토론방에 고의로 가입하여 개인 등에 대한 악성루머를 유포하는 행위

④ 스토킹(Stalking) : 인터넷을 이용하여 타인의 신상정보를 공개하거나 거짓 메시지를 남겨 괴롭히는 행위

## 74 난이도 하

■컴퓨터 범죄 및 안전관리 - 컴퓨터 암호화 시스템

**컴퓨터 암호화 시스템에 관한 설명으로 옳지 않은 것은?**

① 컴퓨터 암호는 특정 시스템에 대한 접근권을 가진 이용자의 식별장치라 할 수 있다.
② 암호화는 허가받지 않은 접근을 차단해 정보의 보안성을 확보하기 위한 것이다.
③ 컴퓨터 보안을 위해서는 가능한 한 암호수명을 짧게 하고 패스워드를 자주 변경하는 것이 좋다.
④ **암호설정은 완전한 보안을 위해 특수문자보다는 단순 숫자조합을 사용하는 것이 바람직하다.**

> 암호설정은 완전한 보안을 위해 단순 숫자조합보다는 특수문자 등을 사용하여 조합하는 것이 바람직하다.

## 75 난이도 하

■컴퓨터 범죄 및 안전관리 - 외부침입에 대한 안전조치

**컴퓨터 안전대책 중 외부침입에 대한 안전조치에 관한 설명으로 옳지 않은 것은?**

① 환기용 창문, 공기 조절용 배관이나 배수구 등을 통한 침입을 차단한다.
② **폭발물에 의한 침입에 대비한 구조적 보호장치를 마련할 필요는 없다.**

> 시설물 폭파 등에 의한 방법으로 침입할 수도 있기 때문에 이를 막기 위한 구조적 장치도 반드시 마련되어야 한다.

③ 시설물 외부에는 컴퓨터 센터를 보호하는 담이나 장벽 같은 것을 설치하여야 한다.
④ 각 출입구마다 화재 관련 법규와 안전검사 절차를 거친 방화문이 설치되어야 한다.

---

**핵심만콕  컴퓨터 안전대책 - 외부침입에 대한 안전조치**

- 부정한 수단이나 실력행사로 컴퓨터 센터에 침입하는 것을 예방하기 위해서는 건물 내부에 각종 안전관리설비를 갖추고 출입구는 엄격히 통제되어야 한다.
- 화재로 불이 옮겨 붙는 위험을 막기 위하여 다른 건물과 충분히 거리를 두고 있어도 건물 내에는 각종 방화설비를 설치하는 것이 좋다.
- 각 출입구마다 화재 관련 법규와 안전검사 절차를 갖춘 방화문이 설치되어야 한다.
- 어떤 경우에도 시설물 외부에는 컴퓨터 센터를 보호하는 담이나 장벽 같은 것이 설치되어야 하고, 컴퓨터 센터 내부에는 충분한 조명시설을 갖추어야 한다.
- 외부침입자가 은폐물로 이용할 수 있는 장식적인 식수나 조경은 삼가야 한다. ★
- 정사각형 모양의 환기용 창문, 쓰레기 낙하구멍, 공기 조절용 배관이나 배수구 등을 통한 침입을 차단할 수 있어야 한다. ★
- 시설물 폭파 등에 의한 방법으로 침입할 수도 있기 때문에 이를 막기 위한 구조적 장치도 반드시 마련되어야 한다. ★

## 76 난이도 중 ㅣ컴퓨터 범죄 및 안전관리 - 컴퓨터 시스템의 물리적 안전대책

컴퓨터 시스템의 물리적 안전대책에 관한 설명으로 옳지 않은 것은?

① 컴퓨터실 내부에는 예비전력장치를 구비하여야 한다.
② 컴퓨터실 내부에는 화재방지장치를 설치하여야 한다.
③ **불의의 사고에 대비하여 프로그램 백업과 시스템 백업을 선택적으로 할 수 있다.**

> 불의의 사고에 대비해 시스템 백업은 물론 프로그램 백업도 필수적으로 이루어져야 하며, 오퍼레이팅 시스템과 업무처리 프로그램도 반드시 복제 프로그램을 작성해두어야 한다.

④ 컴퓨터실의 위치 선정 시 화재, 홍수, 폭발의 위험과 외부침입자에 의한 위험으로부터 안정성을 고려하여야 한다.

---

**핵심만콕**  컴퓨터 시스템의 물리적 안전대책

- 컴퓨터실 및 파일 보관장소는 허가된 사람에 의해서만 출입이 가능하도록 하고 접근 권한의 갱신은 정기적으로 검토될 필요가 있다.
- 컴퓨터실은 벽면이나 바닥을 강화콘크리트 등으로 보호하고 화재에 대비하여 불연재를 사용하여야 한다.
- 컴퓨터실의 내부에는 화재방지장치를 설치해야 하며 갑작스러운 정전에 대비하여 무정전장치를 설치해야 한다.
- 컴퓨터실은 출입자기록제도를 시행하고 지정된 비밀번호는 주기적으로 변경해 주는 것이 좋다.
- 불의의 사고에 대비해 시스템 백업은 물론 프로그램 백업도 이루어져야 하며, 오퍼레이팅 시스템과 업무처리 프로그램은 반드시 복제 프로그램을 작성해두어야 한다.★

## 77 난이도 중 ▮컴퓨터 범죄 및 안전관리 - 컴퓨터 범죄의 유형(컴퓨터 스파이)

**다음에서 설명하는 컴퓨터 범죄 유형은?**

○ 컴퓨터 시스템의 자료를 권한 없이 획득하거나 불법이용 또는 누설하여 타인에게 경제적 손해를 야기하는 행위를 말한다.
○ 자료와 프로그램의 불법획득과 이용이라는 2개의 행위로 이루어진다.

① 컴퓨터 부정조작

> 컴퓨터 부정조작은 행위자가 컴퓨터의 처리결과 혹은 출력인쇄를 변경시키거나, 자신이나 제3자가 재산적 이익을 얻도록 컴퓨터 시스템 자료처리 영역의 정상적인 운영을 방해하는 행위이다.

② **컴퓨터 스파이**

> 제시문이 설명하는 컴퓨터 범죄는 컴퓨터 스파이이다.

③ 컴퓨터 부정사용

> 컴퓨터 부정사용은 컴퓨터에 접속할 정당한 권한이 없는 자가 사용자의 허락 없이 무단으로 타인의 컴퓨터를 자기의 목적 달성을 위하여 일정한 시간 동안 사용하는 행위로서, 시간절도라고도 한다.

④ 컴퓨터 파괴

> 컴퓨터 파괴는 컴퓨터 하드웨어의 전부 또는 일부를 파괴하거나 작동이 되지 않도록 하는 행위와 데이터나 프로그램을 저장하고 있는 매체, 즉 자기테이프, 자기디스크 등을 파괴하는 행위를 말한다.

## 78 난이도 하 ▮민간경비산업의 과제와 전망 - 경찰과 민간경비의 상호관계

**경찰과 민간경비의 상호관계에 관한 설명으로 옳지 않은 것은?**

① 치안수요의 다양성과 전문성에 효율적으로 대응하기 위한 상호 협력 필요
② 상호 정보교환 네트워크 구축 필요
③ 경찰과 민간경비의 협력은 국가예산 절감에 기여
④ **치안서비스 제공의 주도적 역할을 위한 동반자 의식 축소 필요**

> 치안수요의 다양성과 전문성에 효과적으로 대응하기 위해서는 양자가 상호 역할의 중요성과 필요성을 인식하고 치안서비스의 공동생산의 동반자관계를 정립해 나가는 노력이 필요하다.

## 79 난이도 중 | 민간경비산업의 과제와 전망 – 융합보안

융합보안의 개념에 관한 설명으로 옳은 것은?

① 물리적 보안요소와 정보보안요소를 통합해 효율성을 높이는 활동이다.

> 융합보안(Convergence Security)이란 물리보안과 정보보안을 융합한 경비개념으로, 물리적 보안요소(CCTV, 출입통제장치 등)·기술적 보안요소(불법침입자 정보인식시스템 등)·관리적 보안요소(조직·인사관리 등)를 상호 연계하여 시큐리티의 효율성을 높이고자 하는 접근방법이다.

② 차량통제와 물품 반출입통제를 동시에 제한하는 활동이다.
③ 컴퓨터 시스템과 네트워크상에서 저장 및 전달되고 있는 정보를 안전하게 관리·보호하는 활동이다.
④ 권한 없는 접근의 제지 및 억제, 지연 그리고 범죄 등에 의한 위험 및 위험의 감지 등의 활동을 말한다.

## 80 난이도 하 | 민간경비산업의 과제와 전망 – 민간경비산업의 전망(한국)

우리나라 민간경비산업의 전망에 관한 설명으로 옳은 것을 모두 고른 것은?

> ㄱ. 기계경비보다 인력경비의 빠른 성장
>   (×) 기계경비산업의 성장 속도가 인력경비를 앞설 것이다.
> ㄴ. 지역 특성에 맞는 민간경비 상품의 개발 필요
>   (○) 지역의 특성과 경비 수요에 맞는 민간경비 상품의 개발이 요구될 것이다.
> ㄷ. 민간경비산업의 홍보활동을 소극적으로 전개
>   (×) 민간경비산업의 홍보활동이 적극적으로 전개될 것이다.
> ㄹ. 물리보안과 사이버보안을 통합한 토탈시큐리티 산업으로 전개
>   (○) 물리보안과 사이버보안을 통합한 토탈시큐리티 산업으로 전개될 것이다.

① ㄱ, ㄴ
② ㄱ, ㄷ
③ ㄴ, ㄹ

> 제시된 내용 중 우리나라 민간경비산업의 전망으로 옳은 것은 ㄴ, ㄹ이다.

④ ㄷ, ㄹ

# 2016년 법학개론

문제편 214p

## 정답 CHECK

| 01 | 02 | 03 | 04 | 05 | 06 | 07 | 08 | 09 | 10 | 11 | 12 | 13 | 14 | 15 | 16 | 17 | 18 | 19 | 20 |
|----|----|----|----|----|----|----|----|----|----|----|----|----|----|----|----|----|----|----|----|
| ② | ④ | ② | ③ | ④ | ① | ① | ① | ④ | ② | ② | ③ | ④ | ③ | ① | ④ | ④ | ② | ① | ② |
| 21 | 22 | 23 | 24 | 25 | 26 | 27 | 28 | 29 | 30 | 31 | 32 | 33 | 34 | 35 | 36 | 37 | 38 | 39 | 40 |
| ③ | ④ | ② | ① | ③ | ③ | ③ | ④ | ② | ③ | ① | ③ | ④ | ② | ④ | ② | ③ | ① | ① | ④ |

## 01 난이도 하

**법학 일반 – 법의 효력**

기출수정

**법의 시간적 효력에 관한 설명으로 옳은 것은?**

① 법률은 시행일을 특별히 규정하지 않는 한 공포한 날로부터 효력을 발생한다.

> 법률은 특별한 규정이 없는 한 공포한 날로부터 20일을 경과함으로써 효력을 발생한다(헌법 제53조 제7항).

② **형법에서는 범죄 후 법률이 변경되어 형이 구법(舊法)보다 가벼워진 경우에는 신법(新法)에 따른다.**

> 범죄 후 법률이 변경되어 그 행위가 범죄를 구성하지 아니하게 되거나 형이 구법(舊法)보다 가벼워진 경우에는 신법(新法)에 따른다(형법 제1조 제2항).

③ 신법우선의 원칙은 특별법이 개정되는 경우에는 적용되지 않는다.

> 특별법우선의 원칙이 적용되지 않는 한 특별법의 개정에도 신법우선의 원칙이 적용된다.

④ 신법이 시행되면 구법에 의하여 이미 발생한 기득권은 보장되지 않는다.

> 법률불소급의 원칙에 따라 구법에 의해 취득한 기득권은 신법에 의해 소급하여 박탈하지 못한다.

---

**관계법령** 　**범죄의 성립과 처벌(형법 제1조)**

① 범죄의 성립과 처벌은 행위 시의 법률에 따른다.
② 범죄 후 법률이 변경되어 그 행위가 범죄를 구성하지 아니하게 되거나 형이 구법(舊法)보다 가벼워진 경우에는 신법(新法)에 따른다.
③ 재판이 확정된 후 법률이 변경되어 그 행위가 범죄를 구성하지 아니하게 된 경우에는 형의 집행을 면제한다.

## 02 난이도 하 | 법학 일반 - 법원(관습법)

**관습법에 관한 설명으로 옳지 않은 것은?**

① 민법은 관습법의 보충적 효력을 인정한다.

> 민사에 관하여 법률에 규정이 없으면 관습법에 의하고 관습법이 없으면 조리에 의한다(민법 제1조).

② 상법에서는 민법보다 상관습법을 우선 적용한다.

> 상사에 관하여 본법에 규정이 없으면 상관습법에 의하고 상관습법이 없으면 민법의 규정에 의한다(상법 제1조).

③ 죄형법정주의에 따라 관습형법은 인정되지 않는다.

> 형법은 죄형법정주의의 파생원칙으로 관습형법금지의 원칙이 적용된다. 따라서 구성요건의 확대 또는 형의 가중에는 관습형법이 인정되지 않지만, 행위자에게 유리한 구성요건의 축소 또는 형의 감경 등에는 예외적으로 관습형법을 적용할 수 있다.

④ **헌법재판소는 관습헌법을 인정하지 않는다.**

> 헌법재판소는 2004년 신행정수도건설특별조치법이 위헌이라는 근거로 관습헌법의 위배를 들었으며, 관습헌법을 변경 또는 폐기하기 위해서는 헌법개정절차가 필요하다고 하였다(헌재결[전] 2004.10.21. 2004헌마554·566 병합).

## 03 난이도 하 | 법학 일반 - 법의 분류

**실체법과 절차법에 관한 설명으로 옳지 않은 것은?**

① 실체법은 권리·의무의 실체적인 사항을 규정한 법이다.

② **행정심판법은 실체법에 해당한다.**

> 행정심판법은 행정심판 절차를 통하여 행정청의 위법 또는 부당한 처분이나 부작위로 침해된 국민의 권리 또는 이익을 구제하고, 행정의 적정한 운영을 꾀함을 목적으로 한다(행정심판법 제1조). 즉, 행정심판의 절차를 규정한 절차법에 해당한다.★

③ 절차법은 권리·의무의 실현을 위한 수단과 방법을 규정한 법이다.

④ 부동산등기법은 절차법에 해당한다.

## 04 난이도 하 ▮법학 일반 – 법의 체계

**법의 체계에 관한 설명으로 옳지 않은 것은?**

① 국가에 의하여 제정되는 법규범은 실정법에 해당한다.

> 실정법은 법적 타당성과 적합성을 기준으로 국가에 의하여 제정된 법이다.

② 관습법은 불문법에 해당한다.

> 관습법은 판례법, 조리와 더불어 불문법에 해당한다.

③ **헌법, 행정법, 상법 및 형사소송법 등은 공법에 속한다.**

> 상법은 민법과 함께 대표적인 사법에 속한다.

④ 지방자치단체는 법령의 범위 안에서 자치에 관한 규정을 제정할 수 있다.

> 헌법 제117조 제1항 후단

## 05 난이도 하 ▮법학 일반 – 법의 해석

**법의 해석에 관한 설명으로 옳지 않은 것은?**

① 법해석의 방법은 해석의 구속력 여부에 따라 유권해석과 학리해석으로 나눌 수 있다.
② 법해석의 목표는 법적 안정성을 저해하지 않는 범위 내에서 구체적 타당성을 찾는 데 두어야 한다.
③ 법의 해석에 있어 법률의 입법취지도 고려의 대상이 된다.
④ **민법, 형법, 행정법에서는 유추해석이 원칙적으로 허용된다.**

> 형법의 경우 불이익한 유추해석은 죄형법정주의에 반하게 되므로 원칙적으로 허용되지 않으나 유리한 유추해석은 예외적으로 허용된다.

## 06 난이도 하
**법학 일반 – 법의 적용**

법의 적용에 관한 설명으로 옳지 않은 것은?

① 법의 적용은 법원의 재판에 한정된다.

> 법의 적용은 구체적 사안을 추상적인 법규범에 적용하는 것으로, 법원의 재판에 한정되지 않는다. ★

② 사실의 인정을 위하여 증거를 내세우는 것을 입증이라고 한다.
③ 간주된 사실은 반증을 들어 이를 뒤집을 수 없다.
④ 추정된 사실과 다른 주장을 하는 자는 반증을 들어 추정의 효과를 뒤집을 수 있다.

## 07 난이도 하
**법학 일반 – 권리의 분류(지배권)**

다음 중 지배권이 아닌 것은?

① 채권

> 지배권은 권리의 객체를 직접적·배타적으로 지배할 수 있는 권리로서 물권(소유권, 저당권 등), 무체재산권(저작권 등), 친권 등이 있다. 반면 채권은 타인에 대하여 일정한 급부 또는 행위(작위·부작위)를 적극적으로 요구할 수 있는 청구권에 해당한다.

② 소유권
③ 저당권
④ 저작권

## 08 난이도 상
**법학 일반 – 아리스토텔레스의 정의론**

아리스토텔레스의 정의론에 관한 설명으로 옳은 것은?

① 정의는 일반적 정의와 특수적 정의로 나뉜다.

> 아리스토텔레스의 정의론에 따르면 정의는 일반적(광의) 정의와 특수적(협의) 정의로 나뉘며, 특수적 정의는 다시 평균적(절대적·형식적 평등) 정의와 배분적(상대적·실질적 평등) 정의로 구분된다. ★★

② 일반적 정의는 평균적 정의와 배분적 정의로 나뉜다.
③ 평균적 정의는 상대적·실질적 평등을 의미한다.
④ 배분적 정의는 절대적·형식적 평등을 의미한다.

## 09 난이도 하 ▌법학 일반 – 권리와 의무

**권리와 의무에 관한 설명으로 옳은 것은?**

① 권리와 의무는 사법(私法)관계에서만 표리관계를 이룬다.

> 사법관계에 한정되지 않는다. 일반적으로 권리와 의무는 모든 법률관계에서 표리관계를 이루며 서로 대응한다. 그러나 권리만 존재하는 경우(취소권, 추인권, 해제권 등과 같은 형성권)가 있는가 하면, 권리를 수반하지 않는 예외적인 경우(헌법상 납세·국방의 의무, 청산인의 공고의무 등) 또한 존재한다.

② 계약해제권은 청구권으로서 그에 대응하는 의무가 있다.

> 해제권은 형성권으로서 그에 대응하는 의무가 없다.

③ 형성권은 청구권자의 이행청구에 대하여 이를 거절하는 형식으로 행사된다.

> 항변권에 관한 설명이다. 형성권은 권리자의 일방적 의사표시에 의해 법률관계를 변동시킬 수 있는 권리이다.

④ <u>자연인과 법인은 권리와 의무의 주체가 된다.</u>

> 자연인(민법 제3조), 법인(민법 제34조)

## 10 난이도 중 ▌헌법 – 헌법개정절차

**헌법개정절차에 관한 설명으로 옳지 않은 것은?**

① 헌법개정은 국회재적의원 과반수 또는 대통령의 발의로 제안된다.

> 헌법 제128조 제1항

② **헌법개정안은 발의된 날부터 30일 이내에 국회재적의원의 3분의 2 이상이 찬성해야 의결된다.**

> 헌법개정안은 공고된 날부터 60일 이내에 국회재적의원의 3분의 2 이상의 찬성을 얻어야 의결된다(헌법 제130조 제1항).★

③ 대통령의 임기연장을 위한 헌법개정은 그 제안 당시의 대통령에 대하여는 효력이 없다.

> 헌법 제128조 제2항

④ 헌법개정안은 국회가 의결한 후 30일 이내에 국민투표에 붙여야 한다.

> 헌법 제130조 제2항

## 11 난이도 중 ■헌법 - 청구권적 기본권

**청구권적 기본권에 관한 설명으로 옳지 않은 것은?**

① 국민이 국가기관에 청원할 때에는 법률이 정하는 바에 따라 문서로 해야 한다.

> 헌법 제26조 제1항

② **형사피고인과 달리 형사피의자에게는 형사보상청구권이 없다.**

> **형사피의자 또는 형사피고인으로서 구금되었던 자가 법률이 정하는 불기소처분을 받거나 무죄판결을 받은 때에는 법률이 정한 바에 의하여 국가에 정당한 보상을 청구할 수 있다(헌법 제28조).★**

③ 군인이 훈련 중에 받은 손해에 대하여는 법률이 정하는 보상 외에는 이중배상이 금지된다.

> 헌법 제29조 제2항

④ 재판청구권에는 공정하고 신속한 공개재판을 받을 권리뿐만 아니라 재판절차에서 진술할 권리도 포함된다.

> 헌법 제27조 제3항·제5항

## 12 난이도 하 ■헌법 - 기본권의 주체

**기본권의 주체에 관한 설명으로 옳은 것을 모두 고른 것은?**

> ㄱ. 외국인은 대한민국에 입국할 자유를 보장받는다.
>
>> (×) 외국인이 입국할 때에는 유효한 여권과 법무부장관이 발급한 사증(査證)을 가지고 있어야 한다(출입국관리법 제7조 제1항).
>
> ㄴ. 태아는 제한적으로 기본권의 주체가 될 수 있다.
>
>> (○) 태아보호를 위한 입법주의와 관련하여 우리 민법은 태아는 원칙적으로 권리능력이 없지만, 구체적 사례에서 개별적으로 이미 출생한 것으로 인정해주는 개별적 보호주의에 입각하고 있다.
>
> ㄷ. 사법인(私法人)은 언론·출판의 자유, 재산권의 주체가 된다.
>
>> (○) 원칙적으로 공법인과 달리 사법인은 언론·출판의 자유, 재산권의 주체가 된다.

① ㄱ, ㄴ
② ㄱ, ㄷ
③ ㄴ, ㄷ

> 제시된 내용 중 기본권의 주체에 관한 설명으로 옳은 것은 ㄴ과 ㄷ이다.

④ ㄱ, ㄴ, ㄷ

## 13 난이도 하 | 헌법 – 탄핵소추

**탄핵소추에 관한 설명으로 옳지 않은 것은?**

① 대통령이 그 직무집행에 있어서 헌법이나 법률을 위배한 때에는 탄핵소추의 대상이 된다.
> 헌법 제65조 제1항

② 대통령에 대한 탄핵소추는 국회재적의원 3분의 2 이상의 찬성이 있어야 의결된다.
> 헌법 제65조 제2항 단서

③ 대통령이 탄핵소추의 의결을 받은 때에는 국무총리, 법률이 정한 국무위원의 순서로 그 권한을 대행한다.
> 헌법 제71조

④ **탄핵결정으로 공직으로부터 파면되면 민사상의 책임은 져야 하나, 형사상의 책임은 면제된다.**
> 탄핵결정은 공직으로부터 파면함에 그친다. 그러나 이에 의하여 민사상이나 형사상의 책임이 면제되지는 아니한다(헌법 제65조 제4항).

## 14 난이도 중 | 헌법 – 헌법재판소의 관장사항

**헌법 규정상 헌법재판소가 관장하는 사항으로 옳은 것은?**

① 위헌·위법명령 심사권
> 명령·규칙 또는 처분이 헌법이나 법률에 위반되는 여부가 재판의 전제가 된 경우에는 대법원은 이를 최종적으로 심사할 권한을 가진다(헌법 제107조 제2항).

② 선거와 관련된 선거소송과 당선소송
> 선거소송 및 당선소송은 대법원에 제기하는 소송이다(공직선거법 제222조·제223조).

③ **지방자치단체 상호 간의 권한쟁의 심판**
> 헌법 제111조 제1항 제4호

④ 재판에 대한 헌법소원심판
> 공권력의 행사 또는 불행사로 인하여 헌법상 보장된 기본권을 침해받은 자는 법원의 재판을 제외하고는 헌법재판소에 헌법소원심판을 청구할 수 있다(헌법재판소법 제68조 제1항 본문).

---

**관계법령  헌법 제111조**

① 헌법재판소는 다음 사항을 관장한다.
  1. 법원의 제청에 의한 법률의 위헌여부 심판
  2. 탄핵의 심판
  3. 정당의 해산 심판
  4. 국가기관 상호 간, 국가기관과 지방자치단체 간 및 지방자치단체 상호 간의 권한쟁의에 관한 심판
  5. 법률이 정하는 헌법소원에 관한 심판

## 15 난이도 중 | 민사법 - 대리

민법상 대리에 관한 설명으로 옳지 않은 것은?

① 행위능력자가 아니면 대리인이 될 수 없다.

> 대리인은 행위능력자임을 요하지 아니한다(민법 제117조). ★

② 대리인이 파산하면 대리권은 소멸된다.

> 민법 제127조 제2호

③ 불법행위에서는 대리가 인정될 수 없다.

> 불법행위에는 대리가 허용되지 않고, 그 효과는 행위자에게 발생한다.

④ 복대리인은 그 권한 내에서 본인을 대리한다.

> 민법 제123조 제1항


## 16 난이도 중 | 민사법 - 단기소멸시효

민법상 소멸시효기간이 3년인 것은?

① 의복의 사용료 채권
② 여관의 숙박료 채권
③ 연예인의 임금 채권
④ 도급받은 자의 공사에 관한 채권

> 도급받은 자의 공사에 관한 채권이 민법 제163조 제3호의 3년의 단기소멸시효가 적용될 뿐, 나머지는 모두 1년의 단기소멸시효가 적용된다.

### 핵심만콕

| 1년의 소멸시효(민법 제164조) | 3년의 소멸시효(민법 제163조) |
| --- | --- |
| 1. 여관, 음식점, 대석, 오락장의 숙박료, 음식료, 대석료, 입장료, 소비물의 대가 및 체당금의 채권<br>2. 의복, 침구, 장구 기타 동산의 사용료의 채권<br>3. 노역인, 연예인의 임금 및 그에 공급한 물건의 대금채권<br>4. 학생 및 수업자의 교육, 의식 및 유숙에 관한 교주, 숙주, 교사의 채권 | 1. 이자, 부양료, 급료, 사용료 기타 1년 이내의 기간으로 정한 금전 또는 물건의 지급을 목적으로 한 채권<br>2. 의사, 조산사, 간호사 및 약사의 치료, 근로 및 조제에 관한 채권<br>3. 도급받은 자, 기사 기타 공사의 설계 또는 감독에 종사하는 자의 공사에 관한 채권<br>4. 변호사, 변리사, 공증인, 공인회계사 및 법무사에 대한 직무상 보관한 서류의 반환을 청구하는 채권<br>5. 변호사, 변리사, 공증인, 공인회계사 및 법무사의 직무에 관한 채권<br>6. 생산자 및 상인이 판매한 생산물 및 상품의 대가<br>7. 수공업자 및 제조자의 업무에 관한 채권 |

## 17 난이도 하    민사법 – 연대채무

**민법상 연대채무자 1인에게 생긴 사유 중 절대적 효력이 인정되는 경우가 아닌 것은?**

① 상계
② 면제
③ 혼동
④ **시효중단**

> 민법상 연대채무자 1인에게 생긴 사유 중 절대적 효력이 인정되는 경우로는 이행청구(제416조), 경개(제417조), 상계(제418조), 면제(제419조), 혼동(제420조), 소멸시효(제421조), 채권자지체(제422조)가 있다. 반면 **시효중단은 상대적 효력이 인정되는 경우이다**(제423조 참조).

## 18 난이도 하    민사법 – 물권의 종류(유치권)

**민법상 동산과 부동산 모두에 성립할 수 있는 물권은?**

① 질권

> 질권의 객체인 물건은 일정한 재산권 또는 동산에 한정된다(민법 제329조, 제345조).

② **유치권**

> 유치권의 객체인 물건에는 동산뿐만 아니라 부동산도 포함된다.

③ 지역권

> 지역권은 일정한 목적을 위하여 타인의 토지를 자기토지의 편익에 이용하는 권리로서 부동산을 객체로 한다(민법 제291조).

④ 지상권

> 지상권은 타인의 토지에 건물 기타 공작물이나 수목을 소유하기 위하여 그 토지를 사용하는 권리로서 부동산을 객체로 한다(민법 제279조).

## 19  난이도 하  | 민사법 – 경비업자의 책임

**경비원이 근무 중 과실로 행인을 다치게 한 경우, 경비업자가 행인에 대하여 지는 책임은?**

① <u>사용자의 책임</u>

> 타인을 사용하여 어느 사무에 종사하게 한 자는 피용자가 그 사무집행에 관하여 제3자에게 가한 손해를 배상할 책임이 있는데(민법 제756조 제1항 본문), 이를 사용자책임이라 한다. 여기서 경비업자는 사용자, 경비원은 피용자에 해당한다.

② 채무불이행의 책임
③ 도급인의 책임
④ 공작물 점유자의 책임

## 20  난이도 하  | 민사법 – 경비계약의 무효사유

**경비계약이 무효로 되는 경우는?**

① 사기에 의해 청약의 의사표시를 한 경우

> 사기에 의해 청약의 의사표시를 한 경우 이를 취소할 수 있다(민법 제110조 제1항).

② <u>진의가 아닌 청약임을 알고서 승낙한 경우</u>

> 의사표시는 표의자가 진의 아님을 알고 한 것이라도 그 효력이 있다. 그러나 상대방이 표의자의 진의 아님을 알았거나 이를 알 수 있었을 경우에는 무효로 한다(민법 제107조 제1항). ②는 상대방이 진의가 아닌 청약임을 알고서 승낙한 경우이므로 무효에 해당한다.

③ 동기의 착오로 승낙의 의사표시를 한 경우

> 판례는 동기의 착오를 이유로 취소할 수 없지만, 동기가 계약의 내용이 된 경우에는 일정한 요건(동기가 중요부분의 착오에 해당하고, 그에 대해 중대한 과실이 없을 것)을 충족하면 취소할 수 있다고 하였다(대판 2018.4.21. 2017다229536).

④ 계약내용의 중요부분에 착오가 있는 경우

> 계약내용의 중요부분에 착오가 있는 때에는 취소할 수 있다(민법 제109조 제1항 본문).

## 21 난이도 하  | 민사법 - 경비업자의 손해배상책임

경비업자 甲이 乙과 체결한 경비계약상의 채무를 이행하지 않은 경우, 甲의 乙에 대한 손해배상책임에 관한 설명으로 옳지 않은 것은?

① 甲의 채무불이행으로 인한 손해배상은 통상의 손해를 그 한도로 한다.

> 민법 제393조 제1항

② 甲과 乙이 행한 채무불이행에 관한 손해배상액의 예정은 이행의 청구나 계약의 해제에 영향을 미치지 않는다.

> 민법 제398조 제3항

③ **특별한 사정으로 인한 손해는 甲이 그 사정을 알았을 때에 한하여 배상의 책임이 있다.**

> 특별한 사정으로 인한 손해는 채무자(甲)가 그 사정을 알았거나 알 수 있었을 때에 한하여 배상의 책임이 있다(민법 제393조 제2항).

④ 乙에게도 과실이 있는 때에는 법원은 甲의 주장이 없더라도 손해배상의 책임 및 그 액을 정함에 이를 참작해야 한다.

> 민법 제396조

## 22 난이도 하  | 형사법 - 죄형법정주의의 파생원칙(내용)

죄형법정주의의 내용이 아닌 것은?

① 소급효금지의 원칙
② 관습형법금지의 원칙
③ 유추해석금지의 원칙
④ **상대적 부정기형금지의 원칙**

> **핵심만콕** 죄형법정주의의 파생원칙 ★
>
> - 관습형법금지의 원칙(법률주의, 성문법주의)
> - 소급효금지의 원칙
> - 유추해석금지의 원칙
> - 명확성의 원칙(절대적 부정기형금지의 원칙)
> - 적정성의 원칙

## 23 난이도 하
**형사법 – 형법상 범죄**

형법에 규정된 범죄가 아닌 것은?

① 컴퓨터 등 사용사기죄
> 형법 제347조의2

② <u>과실손괴죄</u>
> 형법상 손괴죄는 고의범만 처벌하고 있다.

③ 직권남용죄
> 형법 제123조

④ 인신매매죄
> 형법 제289조

## 24 난이도 하
**형사법 – 고소와 고발**
기출수정

고소와 고발에 관한 설명으로 옳지 않은 것은?

① <u>피해자가 아니면 고발할 수 없다.</u>
> 누구든지 범죄가 있다고 사료하는 때에는 고발할 수 있다(형사소송법 제234조 제1항).

② 고소를 취소한 자는 다시 고소할 수 없다.
> 형사소송법 제232조 제2항

③ 고소의 취소는 대리인으로 하여금 하게 할 수 있다.
> 형사소송법 제236조

④ 고소와 고발은 서면 또는 구술로써 검사 또는 사법경찰관에게 해야 한다.
> 형사소송법 제237조 제1항

---

**관계법령  고소의 취소(형사소송법 제232조)**
① 고소는 제1심 판결선고 전까지 취소할 수 있다.
② 고소를 취소한 자는 다시 고소할 수 없다.
③ 피해자의 명시한 의사에 반하여 공소를 제기할 수 없는 사건에서 처벌을 원하는 의사표시를 철회한 경우에도 제1항과 제2항을 준용한다.

## 25 난이도 중 | 형사법 - 형사소송법의 기본원리

우리나라 형사소송법의 기본원리에 관한 설명으로 옳은 것은?

① 규문주의를 취하고 있다.
> 규문주의는 법원이 스스로 절차를 개시하여 심리·재판하는 주의이다.

② 탄핵주의를 배척하고 있다.
> 우리나라는 소추기관의 소추에 의해 법원이 절차를 개시하는 탄핵주의를 취하고 있다.

③ **국가소추주의를 취하고 있다.**
> 형사소송법 제246조

④ 당사자주의를 기본으로 하고 직권주의를 보충적으로 가미하고 있다.
> 형사소송법은 제정 당시에는 직권주의가 기본이었으나, 헌법재판소는 형사소송(刑事訴訟)의 구조(構造)를 당사자주의(當事者主義)와 직권주의(職權主義) 중 어느 것으로 할 것인가의 문제는 입법정책(立法政策)의 문제로서 우리나라 형사소송법(刑事訴訟法)은 그 해석상 소송절차(訴訟節次)의 전반에 걸쳐 기본적으로 당사자주의(當事者主義) 소송구조(訴訟構造)를 취하고 있는 것으로 이해하는바(헌재결[전] 1995.11.30. 92헌마44) 비록 논란의 여지가 있지만 우리나라 형사소송법은 직권주의와 당사자주의를 혼합·절충한 구조를 취하고 있다고 표현할 수 있다.

## 26 난이도 하 | 형사법 - 긴급체포

다음 (    )에 들어갈 숫자로 옳은 것은?

> 형사소송법상 검사 또는 사법경찰관이 피의자를 긴급체포한 경우 피의자를 구속하고자 할 때에는 체포한 때부터 (    )시간 이내에 구속영장을 청구해야 한다.

① 12
② 24
③ **48**
> 검사 또는 사법경찰관이 긴급체포 규정에 의하여 피의자를 체포한 경우 피의자를 구속하고자 할 때에는 지체 없이 검사는 관할 지방법원판사에게 구속영장을 청구하여야 하고, 사법경찰관은 검사에게 신청하여 검사의 청구로 관할 지방법원판사에게 구속영장을 청구하여야 한다. 이 경우 구속영장은 피의자를 체포한 때부터 (48)시간 이내에 청구하여야 하며, 긴급체포서를 첨부하여야 한다(형사소송법 제200조의4 제1항).

④ 72

## 27 난이도 상

**형사법 – 종국재판의 종류 및 사유(공소기각 판결)**

**친고죄에 있어서 고소가 취소된 때, 법원이 행하는 재판의 종류는?**

① 무죄판결

> 형사소송법 제325조

② 면소판결

> 형사소송법 제326조

③ **공소기각판결**

> 고소가 있어야 공소를 제기할 수 있는 사건에서 고소가 취소되었을 때에는 판결로써 공소기각의 선고를 하여야 한다(형사소송법 제327조 제5호).
> 참고 2017년 법학개론 26번 핵심만 콕

④ 공소기각결정

> 형사소송법 제328조 제1항

## 28 난이도 중

**형사법 – 상소**

**형사소송법상 상소에 관한 설명으로 옳지 않은 것은?**

① 상고심은 원칙적으로 법률심이다.

> 1심과 2심(항소심)은 '사실관계'를 확정하는 사실심, 3심(상고심)은 '법리'를 심리하는 법률심으로 운용한다.

② 법원의 결정에 불복하는 상소는 '항고'이다.

> 형사소송법 제402조

③ 피고인을 위하여 항소한 사건에는 불이익변경금지의 원칙이 적용된다.

> 형사소송법 제368조

④ **항소의 제기기간은 14일로 한다.**

> 항소의 제기기간은 7일로 한다(형사소송법 제358조). 반면 민사소송법상 항소는 원칙적으로 판결서가 송달된 날부터 2주 이내에 하여야 한다(민사소송법 제396조 제1항 본문).★★

## 29 난이도 하 | 상법 일반 - 회사법(합명회사)

상법상 합명회사에 관한 규정이다. 다음 ( )에 들어간 숫자로 옳은 것은?

> 회사의 설립의 무효는 그 사원에 한하여, 설립의 취소는 그 취소권 있는 자에 한하여 회사성립의 날로부터 ( )년 내에 소만으로 이를 주장할 수 있다.

① 1
② **2**

> 회사의 설립의 무효는 그 사원에 한하여, 설립의 취소는 그 취소권 있는 자에 한하여 회사성립의 날로부터 **2년** 내에 소만으로 이를 주장할 수 있다(상법 제184조 제1항).

③ 3
④ 4

## 30 난이도 중 | 상법 일반 - 회사법(주식회사)

상법상 주식회사에 관한 설명으로 옳지 않은 것은?

① 주식회사는 주주가 출자한 자본으로 구성되는 물적 회사이다.

> 주식회사는 상법에 의하여 유한책임을 지는 다수의 주주가 출자하여 설립된 물적 회사이다.

② 주식은 자본을 이루는 최소의 구성단위이다.

> 주식은 자본의 균등한 구성단위로서의 의미뿐만 아니라 사원으로서의 지위라는 의미도 가지고 있다.

③ <u>주식회사의 자본은 5천만원 이상이어야 한다.</u>

> 과거 주식회사는 자본금이 5천만원 이상인 경우에만 설립할 수 있었으나, <u>현재는 최저자본금 제도가 폐지되었다.</u>★

④ 발행주식의 총수는 주식회사 설립등기의 기재사항이다.

> 상법 제317조 제2항 제3호★

## 31 난이도 중 　　　　　　　　　　　　　　　상법 일반 – 보험법(보험계약)

**상법상 보험에 관한 설명으로 옳은 것은?**

① 손해보험계약은 금전으로 산정할 수 있는 이익에 한하여 보험계약의 목적으로 할 수 있다.

　손해보험계약은 금전으로 산정할 수 있는 이익에 한하여 보험계약의 목적으로 할 수 있다(상법 제668조).★

② 보험계약은 그 계약 전의 어느 시기를 보험기간의 시기로 할 수 없다.

　보험계약은 그 계약 전의 어느 시기를 보험기간의 시기로 할 수 있다(상법 제643조). 이를 소급보험이라 한다.★★

③ 보험금청구권의 소멸시효는 1년이다.

　보험금청구권은 3년간, 보험료 또는 적립금의 반환청구권은 3년간, 보험료청구권은 2년간 행사하지 아니하면 시효의 완성으로 소멸한다(상법 제662조).★

④ 보험자가 파산선고를 받은 때에도 보험계약자는 계약을 해지할 수 없다.

　보험자가 파산의 선고를 받은 때에는 보험계약자는 계약을 해지할 수 있다(상법 제654조 제1항).

## 32 난이도 하 　　　　　　　　　　　　　　　상법 일반 – 보험법(인보험)

**상법상 인보험에 해당하는 것을 모두 고른 것은?**

　ㄱ. 해상보험
　ㄴ. 생명보험
　ㄷ. 운송보험
　ㄹ. 상해보험

① ㄱ, ㄴ
② ㄱ, ㄷ
③ ㄴ, ㄹ

　인보험은 피보험자의 생명이나 신체에 관하여 보험사고가 발생한 경우에 보험자(보험회사)가 보험계약으로 정하는 바에 따라 보험금이나 그 밖의 급여를 지급하는 보험이다(상법 제727조 제1항). 상법상 인보험에는 생명보험, 상해보험, 질병보험이 있다.

④ ㄷ, ㄹ

## 33 난이도 하
**사회법 일반 – 근로기준법의 내용**

근로기준법의 내용으로 옳지 않은 것은?

① 사용자는 근로자를 해고하려면 해고사유와 해고시기를 서면으로 통지해야 한다.

> 근로기준법 제27조 제1항

② 사용자는 근로계약 불이행에 대한 위약금 또는 손해배상액을 예정하는 계약을 체결하지 못한다.

> 근로기준법 제20조

③ 사용자로부터 부당해고를 당한 근로자는 노동위원회에 구제를 신청할 수 있다.

> 근로기준법 제28조 제1항

④ <u>사용자가 지방노동위원회의 구제명령에 불복하여 중앙노동위원회에 재심신청을 한 경우 그 구제명령의 효력은 정지된다.</u>

> 노동위원회의 구제명령, 기각결정 또는 재심판정은 중앙노동위원회에 대한 재심신청이나 행정소송 제기에 의하여 그 효력이 정지되지 아니한다(근로기준법 제32조). ★

## 34 난이도 중
**사회법 일반 – 산업재해보상보험법(중증요양상태)**

산업재해보상보험법상 다음 설명에 해당하는 용어는? [기출수정]

> 업무상의 부상 또는 질병에 따른 정신적 또는 육체적 훼손으로 노동능력이 상실되거나 감소된 상태로서 그 부상 또는 질병이 치유되지 아니한 상태를 말한다.

① 진 폐

> 분진을 흡입하여 폐에 생기는 섬유증식성 변화를 주된 증상으로 하는 질병을 말한다(산업재해보상보험법 제5조 제7호).

② **중증요양상태**

> 산업재해보상보험법 제5조 제6호

③ 장 해

> 부상 또는 질병이 치유되었으나 정신적 또는 육체적 훼손으로 인하여 노동능력이 상실되거나 감소된 상태를 말한다(산업재해보상보험법 제5조 제5호).

④ 장 애

> 산업재해보상보험법 제5조(정의)에 정의되어 있지 않다.

## 35 난이도 하
■ 사회법 일반 – 사회보장법(사회보험 분야에 해당하는 법률)

**사회보험 분야에 해당하는 법률이 아닌 것은?**

① 고용보험법
② 국민연금법
③ 국민건강보험법
④ **국민기초생활보장법**

> 사회보험은 국가가 사회정책을 수행하기 위해서 보험의 원리와 방식을 도입하여 만든 사회경제제도로서, ㉠ 산업재해보상보험, ㉡ 건강보험 또는 질병보험, ㉢ 연금보험, ㉣ 고용보험제도가 있다. 국민기초생활보장법은 공공부조와 관련된 법이다.

## 36 난이도 하
■ 사회법 일반 – 사회보장기본법

**사회보장기본법에 관한 내용으로 옳지 않은 것은?**

① 국가와 지방자치단체는 사회보장에 관한 책임과 역할을 합리적으로 분담해야 한다.

> 사회보장기본법 제5조 제2항

② **국내에 거주하는 외국인은 국적을 불문하고 우리나라의 사회보장제도의 혜택을 받을 수 없다.**

> 국내에 거주하는 외국인에게 사회보장제도를 적용할 때에는 상호주의의 원칙에 따르되, 관계법령에서 정하는 바에 따른다(사회보장기본법 제8조).

③ 사회보장수급권은 관계법령에서 정하는 바에 따라 다른 사람에게 양도할 수 없다.

> 사회보장기본법 제12조 전단

④ 사회보장수급권은 정당한 권한이 있는 기관에 서면으로 통지하여 포기할 수 있다.

> 사회보장기본법 제14조 제1항

## 37 난이도 중 ▮행정법 일반 - 행정작용의 실효성 확보(행정벌)

**행정벌에 관한 설명으로 옳은 것은?**

① 행정벌은 장래의 의무 이행을 촉구하기 위한 행정상 강제집행을 말한다.

> 행정벌은 과거의 의무 위반에 대한 제재를 목적으로 하는 행정상 제재이다.

② 행정벌은 행정형벌, 행정질서벌, 행정상 직접강제로 구분된다.

> 행정벌은 행정형벌과 행정질서벌(과태료)로 구분된다. 행정상 직접강제는 행정상 강제집행에 속한다. ★

③ **행정질서벌은 행정법규 위반에 대하여 과태료를 부과하는 행정벌이다.**

> 행정벌에는 행정형벌과 행정질서벌이 있는데, 행정형벌이 형사처벌인 데 반하여 행정질서벌은 상대적으로 경미한 행정법규 위반에 대한 과태료처분으로 행정형벌과 행정질서벌은 병과가 가능하다.

④ 행정질서벌의 부과·징수는 형사소송법에 따른다.

> 행정질서벌은 <u>질서위반행위규제법에 따라</u> 부과 및 징수한다. ★

## 38 난이도 하 ▮행정법 일반 - 행정기관의 종류(행정관청)

**행정에 관한 국가의사를 결정·표시하는 권한을 가진 행정기관의 종류는?**

① **행정관청**

> 행정관청이란 국가의사를 결정하여 이를 자기의 이름으로 외부에 표시하는 권한을 가진 행정기관을 말하며, 행정청은 국가뿐만 아니라 지방자치단체의 의사를 결정하여 자신의 이름으로 외부에 표시할 수 있는 권한을 가진 행정기관을 말한다.

② 보좌기관

> 보좌기관은 행정청 또는 그 보조기관을 보좌하는 기관이다.

③ 자문기관

> 자문기관은 행정청에 전문적인 의견(자문)을 제시하는 것을 임무로 하는 기관이다.

④ 집행기관

> 집행기관은 행정청의 의사를 실력을 행사하여 구체적으로 집행하는 기관이다.

## 39 난이도 하 | 행정법 일반 – 행정행위(인가)

행정청이 타인의 법률행위를 보충하여 그 행위의 효력을 완성시켜 주는 행정행위의 강학상의 용어는?

① **인 가**

> 인가는 타인의 법률행위를 보충하여 그 법률상 효력을 완성시켜 주는 행정행위를 말한다.

② 면 제

> 면제는 법령에 의하여 부여된 작위의무, 수인의무, 급부의무를 특정한 경우에 해제하여 주는 행정행위를 말한다.

③ 허 가

> 허가는 법령에 의하여 일반적·상대적으로 금지되어 있는 행위를 일정한 요건을 갖춘 경우에 해제하여 적법하게 할 수 있게 하는 행정행위를 말한다.

④ 특 허

> 특허는 특정인에 대하여 일정한 법률적 권리나 능력, 포괄적 법률관계를 설정하는 설권적·형성적 행정행위이다.

## 40 난이도 하 | 행정법 일반 – 행정작용의 분류(행정지도)

행정작용 중 원칙적으로 비권력적 사실행위에 해당하는 것은?

① 공법상 계약
② 행정상 즉시강제
③ 행정처분
④ **행정지도**

> 행정지도는 비권력적 사실행위에 해당되기 때문에 원칙적으로 처분성이 부정된다. 다만, 행정지도에 불응한 것에 대해 불이익한 처분을 받은 경우에는 그 처분에 대해 행정쟁송이 가능하다. 그리고 공법상 계약은 비권력적 행정행위이다.

# 2016년 민간경비론

> 문제편 226p

### 정답 CHECK

| 41 | 42 | 43 | 44 | 45 | 46 | 47 | 48 | 49 | 50 | 51 | 52 | 53 | 54 | 55 | 56 | 57 | 58 | 59 | 60 |
|---|---|---|---|---|---|---|---|---|---|---|---|---|---|---|---|---|---|---|---|
| ② | ① | ③ | ④ | ② | ② | ① | ④ | ③ | ① | ③ | ③ | ④ | ① | ③ | ① | ① | ① | ② | ② |
| 61 | 62 | 63 | 64 | 65 | 66 | 67 | 68 | 69 | 70 | 71 | 72 | 73 | 74 | 75 | 76 | 77 | 78 | 79 | 80 |
| ④ | ④ | ① | ② | ④ | ① | ② | ③ | ④ | ④ | ④ | ③ | ① | ④ | ③ | ③ | ② | ② | ③ | ② |

## 41  난이도 중     ┃민간경비 개설 - 민간경비 성장의 이론적 배경(경제환원론)

민간경비의 성장이론 중 경제환원론에 관한 설명으로 옳지 않은 것은?

① 거시적 차원에서 범죄의 증가원인을 실업의 증가에서 찾는다.
② **경제침체와 민간경비 부문의 수요증가의 관계를 인과적 성격으로 보고 있다.**

> 경제침체와 민간경비 부문의 수요증가 간의 관계는 인과적 성격의 것이 아니라 단순한 상관관계의 성격을 갖는다. 경제환원론은 특정한 현상을 경제와 직접적인 관련이 없음에도 원인을 경제적인 측면에서 설명하려는 관점이다. ★★

③ 경제침체기 미국 민간경비시장의 성장과정에 대한 경험적 관찰에 기초한 이론이다.
④ 사회현상이 직접적으로 경제와 무관하더라도 발생원인을 경제문제에서 찾고자 한다.

## 42 난이도 하 | 민간경비 개설 - 민간경비 성장의 이론적 배경(이익집단이론)

**민간경비의 성장이론 중 이익집단이론에 관한 설명으로 옳은 것은?**

① <u>그냥 내버려 두면 보호받지 못한 채로 방치될 재산 등을 민간경비가 보호한다.</u>

> 이익집단이론은 경제환원론적 이론이나 공동화이론을 부정하는 입장에서 '그냥 내버려 두면 보호받지 못한 채로 방치될 만한 재산을 민간경비가 보호한다'는 이론으로, 민간경비도 자신의 집단적 이익을 극대화하기 위해 규모를 팽창시키고 새로운 규율이나 제도를 창출시키는 등의 노력을 해야 한다고 주장한다.

② 공경비의 힘이 미치지 못하는 치안환경의 사각지대를 민간경비가 메워주어야 한다.

> 공동화이론에 관한 설명이다.

③ 정부의 비용절감을 위하여 공경비의 역할을 줄이는 대신 민간경비의 역할이 확대된다.

> 민영화이론에 관한 설명이다.

④ 사회구성원 개개인 차원의 안전과 사유재산의 보호는 해당 개인이나 집단이 담당하여야 한다.

> 수익자부담이론에 관한 설명이다.

## 43 난이도 하 | 민간경비 개설 - 공경비와 민간경비의 비교

**민간경비와 공경비의 공통점에 관한 설명으로 옳은 것은?**

① 특정 고객을 서비스 대상으로 하고 있다.

> 특정 고객을 서비스 대상으로 하는 것은 민간경비이다. 공경비는 일반국민을 대상으로 한다.

② 범인체포 및 범죄수사와 조사를 목적으로 하고 있다.

> 공경비는 범인체포 및 범죄수사와 조사 등 법집행을 목적으로 하나, 민간경비는 개인의 재산보호 및 손실감소를 목적으로 한다.

③ <u>범죄예방 및 위험방지, 질서유지업무를 수행하고 있다.</u>

> 민간경비와 공경비의 공통점이다.

④ 임무 수행 시 강제력 사용에 있어 제약을 받지 않고 있다.

> 공경비는 범죄대응 측면에서 업무수행을 위해 강제권을 포함한 권한이 주어지나, <u>민간경비는 권한이 극히 한정되어 있고, 각종 제약을 받는 등 제한적이다.</u>

## 44 난이도 하 | 세계 각국의 민간경비 - 민간경비의 역할 및 업무범위

우리나라 민간경비의 역할 및 업무범위로 옳지 않은 것은? 기출수정

① 기계경비업무
② 신변보호업무
③ 시설경비업무
④ **민간조사업무**

> 경비업법 제2조 제1호는 시설경비업무, 호송경비업무, 신변보호업무, 기계경비업무, 특수경비업무, 혼잡·교통유도경비업무 6종을 경비업무로 규정하고 있다. 이에 따라 민간조사업무는 경비업법상 경비업무의 한 영역이라 보기 어려우며, 민간조사원이 경비업법상 별도로 규정되어 있지도 않다. 또한 우리나라에서는 민간조사제도가 하나의 정형화된 형식을 갖추고 제도적으로 정착되어 운영되고 있지도 않다.

## 45 난이도 하 | 민간경비 개설 - 민간경비와 공경비

민간경비와 공경비에 관한 설명으로 옳지 않은 것은?

① 민간경비원은 현행범을 영장 없이 체포할 수 있다.
> 현행범인은 누구든지 영장 없이 체포할 수 있다(형사소송법 제212조).

② **민간경비의 역할은 범죄의 예방, 진압 및 수사가 포함된다.**
> 민간경비의 역할은 어디까지나 범죄예방 및 손실예방에 한정되나, 공경비(경찰경비)의 역할은 범죄예방뿐 아니라 범죄의 진압 및 범죄수사 등도 포함한다.

③ 경비업자는 불특정 다수인에게 경비서비스를 제공할 의무가 없다.
> 민간경비업자는 불특정 다수인에게 경비서비스를 제공할 의무가 없다.

④ 민간경비의 목적은 사익보호이고, 공경비의 목적은 공익 및 사익보호이다.
> 공경비의 대상은 불특정 다수의 일반국민(공익)이고, 민간경비의 대상은 특정 고객(사익)이다.

## 46 난이도 중

**세계 각국의 민간경비 – 각국 민간경비의 역사적 발전(한국)**

우리나라 민간경비에 관한 설명으로 옳지 않은 것은?

① 1999년에 용역경비업법을 경비업법으로 법률명을 변경하였다.
② 민간경비서비스 제공 주체가 되려는 자는 관할 관청에 신고하여야 한다.

> 경비업을 영위하고자 하는 법인(민간경비서비스의 제공 주체가 되려는 자)은 도급받아 행하고자 하는 경비업무를 특정하여 그 법인의 주사무소의 소재지를 관할하는 시·도 경찰청장의 허가를 받아야 한다(경비업법 제4조 제1항).

③ 1978년 내무부장관의 승인으로 사단법인 한국용역경비협회가 설립되었다.
④ 경찰은 사회 전반의 범죄대응역량을 강화하기 위해 민간경비업을 적극적으로 지도·육성하고 있다.

## 47 난이도 중

**세계 각국의 민간경비 – 각국 민간경비산업 현황(한국)**

우리나라 민간경비산업에 관한 설명으로 옳지 않은 것은?

① 2001년 경비업법의 개정으로 기계경비업무가 허가제에서 신고제로 변경되었다.

> 2001년 경비업법이 전면개정되면서 경비업의 종류에 명시적으로 기계경비업무가 추가되고, 특수경비업무가 신설되었다. 나아가 기계경비산업이 급속히 발전하여 기계경비업무를 신고제에서 허가제로 변경하였으며, 특수경비원제도를 도입하였다. ★

② 우리나라의 민간경비산업은 1986년 아시안게임, 1988년 서울올림픽, 1993년 대전엑스포를 계기로 급성장하였다.
③ 1970년대 후반부터 일부 업체는 미국이나 일본 등지에서 방범기기를 구입하거나 종합적인 경비시스템 구축을 위한 노하우를 도입하였다.
④ 우리나라의 민간경비산업은 양적 팽창을 이뤄냈지만 인력경비 중심의 영세한 경호·경비업체의 난립으로 민간경비의 발전에 걸림돌로 작용하고 있다.

## 48 난이도 하
**세계 각국의 민간경비 - 각국 민간경비산업 현황(한국)**

우리나라 민간경비산업 현황에 관한 설명으로 옳지 않은 것은?

① 청원경찰제도는 외국에서는 보기 어려운 특별한 제도이다.
② 민간경비업의 경비인력 및 업체 수가 일부 지역에 편중되어 있다.
③ 비용절감 등의 효과로 인하여 자체경비보다 계약경비가 발전하고 있다.
④ **경비회사의 수나 인원 면에서 아직까지 기계경비에 대한 의존도가 높다.**

> 기계경비가 많이 발전하였음에도 불구하고 아직까지 인력경비 위주의 영세성을 벗어나지 못하고 있는 경비업체가 많고, 인력경비 없이 기계경비시스템만으로는 경비활동의 목표 달성이 가능한 수준에는 이르지 못하고 있다.

## 49 난이도 상
**세계 각국의 민간경비 - 각국의 민간경비 발전과정**

각국의 민간경비 발전과정에 관한 설명으로 옳지 않은 것은?

① 일본은 경비업법 제정 당시에는 신고제로 운영되었다가 1982년 허가제로 바뀌었다.
② 한국은 청원경찰법, 용역경비업법이 제정되어 제도적인 발전의 기틀을 마련하였다.
③ **일본은 1972년에 경비업법을 제정하여 민간경비의 규제보다는 보호 및 자율적 성장을 위한 계기를 마련하였다.**

> 일본은 1972년 경비업법 제정 이래 일관되게 경비업을 규제의 대상으로 보아 왔으나, 2003년의 '긴급치안대책프로그램'을 통해 민간경비의 규제보다는 보호 및 자율적 성장을 위한 계기를 마련하였다.

④ 미국 연방정부는 서부개척시대에 철도경찰법을 제정하여 일정한 구역 내에서 경찰권한을 부여한 민간경비조직을 설치하였다.

## 50 난이도 하 ▮세계 각국의 민간경비 – 각국 민간경비의 역사적 발전과정(미국)

**미국의 민간경비 발전과정에 관한 설명으로 옳지 않은 것은?**

① <u>철도경찰의 설립과 민간경비의 발전에 큰 역할을 한 사람은 헨리 필딩(Henry Fielding)이다.</u>

> 철도경찰의 설립과 민간경비의 발전에 큰 역할을 한 사람은 앨런 핑커톤이다. 영국의 헨리 필딩(Henry Fielding)은 보우가 주자시대의 치안판사로 재직하면서 타락한 보우가의 치안을 바로잡기 위해 방범대를 구성한 인물이다. ★

② 제1차 세계대전 직전까지의 산업화·도시화에 따른 산업시설 보호와 스파이 방지를 위하여 자본가들의 민간경비 수요가 증가하였다.

③ 제2차 세계대전 이후에는 군사, 산업시설의 안전보호와 군수물자 및 장비 또는 기밀 등의 보호를 위한 경비수요의 증가가 민간경비 발전의 토대가 되었다.

④ 1800년대 서부지역 개발과 관련하여 철도가 운행되고, 철도는 사람들이 거주하지 않는 불모지를 통과하는 경우가 많아 민간경비산업이 발전하였다.

## 51 난이도 중 ▮세계 각국의 민간경비 – 각국의 민간경비제도 발전

**각국의 민간경비제도 발전에 관한 설명으로 옳지 않은 것은?**

① 미국에서 항공교통량의 급증에 따른 항공기납치는 민간경비산업의 성장에 영향을 끼쳤다.
② 한국은 청원경찰과 민간경비 간 지휘체계, 신분보장 등 이원화와 관련된 문제가 대두되고 있는 실정이다.
③ <u>일본과 한국은 국가가 관리·규제하는 공인탐정제도를 도입하기 위한 입법적 노력을 지속적으로 펼치고 있다.</u>

> 한국의 경우, 지난 2020년 신용정보법의 개정으로 정보원, 탐정, 그 밖에 이와 비슷한 명칭을 사용하는 일을 금지하는 조항이 삭제되어 탐정업 자체가 불법은 아니게 되었다. 그러나 후속 법안이 마련되지 않아 탐정업이 체계적으로 관리되고 있다고는 보기 어려운 실정이다. 반면, 일본의 경우에는 2006년 6월에「탐정업법」이 제정되어 운용 중에 있으며, 현재 약 6만 명의 탐정들이 활동하고 있고 최근까지도 일본에서 탐정업은 자유업인 일반서비스업종의 하나로 취급되고 있다. ★

④ 미국에서 19세기 말 유럽사회의 사회주의, 무정부주의의 영향을 받은 노동자운동은 민간경비산업의 발달에 영향을 주었다.

## 52 난이도 하
■ 세계 각국의 민간경비 - 각국 민간경비의 역사적 발전(미국)

**핑커톤(Allan Pinkerton)에 관한 설명으로 옳지 않은 것은?**

① 위폐사범 일당을 검거하는 데 결정적 공헌을 하여 부보안관으로 임명되었다.
② 범죄자를 유형별로 정리하여 프로파일링(profiling) 수사기법의 전형을 세웠다.
③ 1858년에 최초의 경보회사(Central-Station Burglar Alarm Company)를 설립하였다.

> 1858년 최초의 경보회사를 설립한 사람은 에드윈 홈즈이다. 에드윈 홈즈는 야간경비회사로서 홈즈방호회사를 설립하여 최초의 중앙감시방식의 경보서비스 사업을 시작하였다.★

④ 경찰당국의 자료요청에 응하여 경찰과 민간경비업체의 바람직한 관계를 정립하였다.

## 53 난이도 하
■ 민간경비의 조직 - 인력경비와 기계경비

**인력경비와 비교하여 기계경비의 장점으로 옳지 않은 것은?**

① 인명피해를 예방할 수 있다.
② 장기적으로 비용절감 효과를 가져올 수 있다.
③ 잠재적인 범죄자 등에 대해 경고 효과가 크다.
④ 상황 발생 시 현장에서 신속하게 대응할 수 있다.

> 기계경비의 단점은 상황 발생 시 현장에서의 신속한 대처가 어려우며, 현장에 출동하는 시간이 필요하다는 것이다.

## 54  난이도 하   ▎민간경비의 조직 – 경비 실시 방식에 따른 분류(1차원적 경비)

**경비원에 의한 경비 등과 같이 단일 예방체제에 의존하는 경비형태는?**

① **1차원적 경비**

> 경비실시방식에 따른 경비의 분류 중 1차원적 경비에 관한 내용이다.

② 단편적 경비
③ 반응적 경비
④ 총체적 경비

**핵심만콕  경비 실시 방식에 따른 경비의 분류**

| 1차원적 경비 | 경비원에 의한 경비 등과 같이 단일 예방체제에 의존하는 경비형태를 말한다. |
|---|---|
| 단편적 경비 | 포괄적·전체적 계획 없이 필요할 때마다 단편적으로 손실예방 등의 역할을 수행하기 위해 추가되는 경비형태를 말한다. |
| 반응적 경비 | 단지 특정한 손실이 발생할 때마다 그 사건에만 대응하는 경비형태를 말한다. |
| 총체적 경비 (종합적 경비) | 특정의 위해요소와 관계없이 언제 발생할지도 모르는 상황에 대비하여 인력경비와 기계경비를 종합한 표준화된 경비형태를 말한다. |

## 55  난이도 하   ▎민간경비의 조직 – 계약경비와 자체경비

**계약경비와 비교하여 자체경비의 장점으로 옳지 않은 것은?**

① 이직률이 낮은 편이다.
② 자질이 우수한 사람들이 지원한다.
③ **인사관리 및 행정관리가 용이하다.**

> 자체경비는 신규모집계획, 선발인원의 신원확인 및 훈련프로그램에 대한 개발과 관리를 자체적으로 실시함으로 인하여 인사관리 및 행정관리가 힘들고 비용이 많이 소모된다.

④ 경비원 등에 대한 통제를 강화할 수 있다.

## 56 난이도 하 | 민간경비의 조직 – 민간경비 조직의 운영원리

**민간경비 조직의 운영원리로 옳지 않은 것은?**

① <u>일반화의 원리</u>

> 일반화의 원리는 민간경비 조직의 운영원리에는 해당되지 않는다.

② 명령통일의 원리
③ 계층제의 원리
④ 조정·통합의 원리

### 핵심만콕 민간경비 조직의 운영원리

| | |
|---|---|
| 명령통일의 원리 | 각 조직구성원은 한 사람의 관리자로부터만 명령을 받아야 한다는 원리로, 경호학에서는 지휘권단일화원칙이라고도 한다. |
| 전문화의 원리 | 조직구성원에게 한 가지 업무를 전담시켜 전문적인 지식·기술을 습득하게 함으로써 전문화를 유도하고, 능률향상을 기대할 수 있는 원리로, 분업-전문화의 원리라고도 한다. |
| 계층제의 원리 | 조직구성원 간에 상하 등급, 즉 계층을 설정하여 각 계층 간에 권한과 책임을 배분하고, 명령계통과 지휘·감독체계를 확립하는 원리를 말한다. |
| 통솔범위의 원리 | 한 사람의 관리자가 통제할 수 있는 부하 또는 조직단위의 수는 그 관리자의 통솔범위 내로 한정되어야 한다는 원리를 말한다. |
| 조정·통합의 원리 | 조직의 공동목표를 달성하기 위해 각 조직구성원들을 통합하고, 집단의 노력을 질서 있게 배열하여 조직의 안정성과 효율성을 도모하는 원리를 말한다. |

## 57 난이도 상 | 세계 각국의 민간경비 – 교통유도경비

**교통유도경비에 관한 설명으로 옳지 않은 것은?**

① <u>일본의 경우 민간경비원이 실시하는 교통유도경비업무는 경찰관이 실시하는 교통정리와 마찬가지로 법적 강제력이 있다.</u>

> <u>일본의 교통유도경비업무</u>는 차량으로 혼잡한 장소 또는 차량의 통행으로 위험발생 가능 장소에 대하여 부상 등의 사고 발생을 경계 및 방지하는 업무로서 주로 차량 및 보행자를 유도하여 안전을 확보하는 것을 말한다. 교통유도경비를 실시하고 있는 경비원을 교통유도원이라고 하며, <u>경찰관이나 교통순경이 실시하는 교통정리와 달리 법적 강제력은 없다.</u> ★

② 교통유도경비업무란 도로에 접속한 공사현장 및 사람과 차량을 통행에 위험이 있는 장소 또는 도로를 점유하는 행사장에서 부상 등 사고 발생을 방지하는 업무이다.
③ 일본 경비업법에서 정의하고 있는 경비업무 중에는 '사람 혹은 차량의 혼잡한 장소와 통행에 위험이 있는 장소에서의 부상 등의 사고 발생을 경계하여 방지하는 업무'를 포함한다.
④ 미국의 교통유도원(Flagger)제도는 각 주에서는 다양한 방법 및 기관을 통해 교육과정을 개설하고 있으며, 일부 주에서는 필기 및 실기시험을 통과한 후 인증서를 발급하여 유도원 채용 시 반드시 인증서를 제출하도록 하는 등 체계적으로 관리하고 있다.

> **핵심만콕** 미국의 교통유도경비제도 ★
>
> 미국의 경우 2009년도 16개 주에서 실시하던 교통유도경비제도를 2010년도에는 49개의 주에서 도로공사 및 건설공사 현장에서 차량 및 보행자의 안전을 확보하기 위하여 실시하고 있다. 미국에서는 공사장의 내·외부 안전을 위해 안전시설, 교통소통, 수신호 등 다양한 안전관리기법을 각 주의 규정과 MUTCD(Manual on Uniform Traffic Control Devices)에 의거하여 적용·운영하고 있다.

## 58  난이도 중   민간경비의 조직 – 경비위해요소 분석

**경비위해요소의 분석단계로 옳은 것은?**

① <u>위해요소 인지 → 위해요소 손실발생 예측 → 위해정도 평가 → 비용효과 분석</u>

> 경비위해요소의 분석단계는 위해요소 인지단계 → 위해요소 손실발생(가능성) 예측단계 → 위해정도 평가단계 → 비용효과 분석단계 순으로 구분된다.

② 위해요소 손실발생 예측 → 위해요소 인지 → 위해정도 평가 → 비용효과 분석
③ 위해요소 인지 → 위해요소 손실발생 예측 → 비용효과 분석 → 위해정도 평가
④ 위해요소 손실발생 예측 → 위해요소 인지 → 비용효과 분석 → 위해정도 평가

> **핵심만콕** 경비위해요소의 분석단계

| | |
|---|---|
| 경비위해요소 인지단계 | 개인 및 기업의 보호영역에서 손실을 일으키기 쉬운 취약부분을 확인하는 단계 |
| 손해발생 가능성 예측단계 | 경비보호대상의 보호가치에 따른 손실발생 가능성을 예측하는 단계 |
| 경비위험도(손실) 평가단계 | 특정한 손실이 발생하였다면 얼마나 심각한 영향을 미쳤는가를 고려하는 단계 |
| 경비비용효과 분석단계 | 범죄피해로 인한 인적·물적 피해의 정도, 고객의 정신적 안정성, 개인 및 기업체의 비용부담 정도 등을 고려하는 단계 |

## 59 난이도 하

**경비와 시설보호의 기본원칙 – 경비계획의 수준**

**다음에 해당하는 경비중요도에 따른 분류는?**

> 일정한 패턴이 없는 외부의 행동을 방해하고 탐지할 수 있도록 계획된 체계라 할 수 있다. 단순한 물리적 장벽과 자물쇠가 설치되고 거기에 보강된 출입문, 창문의 창살, 보다 복잡한 수준의 자물쇠, 조명시스템, 기본적 경보시스템, 기본적 안전 장벽 등이 설치될 수 있다. 작은 소매상점, 저장창고 등이 해당된다.

① 최저수준경비(Level Ⅰ)
② **하위수준경비(Level Ⅱ)**
   제시된 내용은 하위수준경비에 해당한다.
③ 중간수준경비(Level Ⅲ)
④ 상위수준경비(Level Ⅳ)

### 핵심만콕  경비의 중요도에 따른 분류(경비계획의 수준) ★

| 구분 | 내용 |
|---|---|
| 최저수준경비<br>(Level Ⅰ) | 일정한 패턴이 없는 불법적인 외부침입을 방해할 수 있도록 계획된 경비시스템으로, 보통 출입문, 자물쇠를 갖춘 창문과 같은 단순한 물리적 장벽이 설치된다.<br>예 일반가정 등 |
| 하위수준경비<br>(Level Ⅱ) | 일정한 패턴이 없는 불법적인 외부침입을 방해하고 탐지할 수 있도록 계획된 경비시스템으로, 일단 최저수준경비의 단순한 물리적 장벽이 설치되고, 거기에 보강된 출입문, 창문의 창살, 보다 복잡한 수준의 자물쇠, 조명시스템, 기본적인 경보시스템 및 안전장치가 설치된다.<br>예 작은 소매상점, 저장창고 등 |
| 중간수준경비<br>(Level Ⅲ) | 대부분의 패턴이 없는 불법적인 외부침입과 일정한 패턴이 없는 일부 내부침입을 방해·탐지·사정할 수 있도록 계획된 경비시스템으로, 경계지역의 보다 높은 수준의 물리적 장벽, 보다 발전된 원거리 경보시스템, 기본적인 의사소통장비를 갖춘 경비원 등을 갖추고 있다.<br>예 큰 물품창고, 제조공장, 대형소매점 등 |
| 상위수준경비<br>(Level Ⅳ) | 대부분의 패턴이 없는 외부 및 내부의 침입을 발견·저지·방어·예방할 수 있도록 계획된 경비시스템으로, CCTV, 경계경보시스템, 고도의 조명시스템, 고도로 훈련받은 무장경비원, 경비원과 경찰의 협력시스템 등을 갖추고 있다.<br>예 교도소, 제약회사, 전자회사 등 |
| 최고수준경비<br>(Level Ⅴ) | 일정한 패턴이 전혀 없는 외부 및 내부의 침입을 발견·억제·사정·무력화할 수 있도록 계획된 경비시스템으로, 최첨단의 경보시스템과 현장에서 즉시 대응할 수 있는 24시간 무장체계 등을 갖추고 있다.<br>예 핵시설물, 중요 군사시설 및 교도소, 정부의 특별연구기관, 일부 외국 대사관 등 |

## 60 난이도 중 — 민간경비의 조직 – 경비원의 교육

**경비업법상 경비원의 교육에 관한 설명으로 옳지 않은 것은?**

① 경비원이 되려는 사람은 교육기관에서 미리 일반경비원 신임교육을 받을 수 있다.

> 경비업법 제13조 제2항

② **일반경비원의 교육 시 관할 경찰서 소속 경찰공무원이 교육기관에 입회하여 지도·감독하여야 한다.**

> **특수경비원의 교육 시** 관할 경찰서 소속 경찰공무원들이 교육기관에 입회하여 지도·감독하여야 한다(경비업법 제13조 제4항). ★

③ 특수경비업자는 특수경비원 신임교육을 받지 아니한 자를 특수경비업무에 종사하게 하여서는 아니 된다.

> 경비업법 제13조 제3항 후단

④ 경비업자는 경비업무를 적정하게 실시하기 위하여 경비원으로 하여금 경비원 신임교육 및 직무교육을 받게 하여야 한다.

> 경비업법 제13조 제1항 본문

## 61 난이도 중 — 세계 각국의 민간경비 – 민간경비원의 법적 지위와 권한

**민간경비원의 법적 지위와 권한에 관한 설명으로 옳지 않은 것은?**

① 민간경비원은 정당방위나 자구행위를 할 수 있다.
② 민간경비원의 법적 지위는 일반 시민과 같은 사인(私人)에 불과하다.
③ 특수경비원은 인질·간첩 또는 테러사건에 있어서 은밀히 작전을 수행하는 부득이한 경우에는 경고 없이 소총을 발사할 수 있다.
④ **특수경비원은 배치된 기관·시설 또는 사업장 등의 구역을 관할하는 시·도 경찰청장의 감독을 받아 그 경비구역만의 경비를 목적으로 경찰관직무집행법에 따른 경찰관의 권한을 행사한다.**

> 청원경찰은 배치된 기관·시설 또는 사업장 등의 구역을 관할하는 경찰서장의 감독을 받아 그 경비구역만의 경비를 목적으로 경찰관직무집행법에 따른 경찰관의 권한을 행사한다(청원경찰법 제3조). ★★

## 62 난이도 하
**경비와 시설보호의 기본원칙 – 내부경비(CCTV)**

### CCTV에 관한 설명으로 옳지 않은 것은?

① 다수의 장소를 관찰할 수 있다.
② 보이지 않는 영역을 관찰할 수 있다.
③ 다수인에 의한 동시관찰을 할 수 있다.
④ **환경이 열악하거나 근접이 가능한 장소만 관찰할 수 있다.**

> CCTV는 원거리에서도 관찰이 가능하며, 사람의 접근이 불가능한 지역도 관찰이 가능하다. 집중적으로 감시가 가능하며 비공개된 장소에서도 비밀관찰이 가능하다.

## 63 난이도 하
**경비와 시설보호의 기본원칙 – 화재의 분류와 표시 색상**

### 화재의 분류와 표시 색상의 연결이 옳은 것은?

① **유류화재 – 황색**

> 화재의 분류와 표시 색상의 연결이 옳다. ②의 가스화재는 황색, ③의 전기화재는 청색, ④의 금속화재는 무색과 연결된다.

② 가스화재 – 청색
③ 전기화재 – 백색
④ 금속화재 – 적색

**핵심만콕  소화기의 유형 ★★**

| 구 분 | 화재의 유형 | 표시색 |
|---|---|---|
| A | 일반화재(목재, 섬유류, 종이, 플라스틱) | 백 색 |
| B | 유류화재(휘발유, 콩기름) | 황 색 |
| C | 전기화재(전기설비, 전기기구) | 청 색 |
| D | 금속화재(마그네슘, 티타늄 등 가연성 금속) | 무 색 |
| E | 가스화재(액화·압축·융해가스 등 가연성 가스) | 황 색 |

## 64 | 난이도 하 | 경비와 시설보호의 기본원칙 - 비상사태 발생 시 민간경비원의 역할

**비상사태 발생 시 민간경비원의 역할에 관한 설명으로 옳지 않은 것은?**

① 출입구와 비상구의 출입을 통제(Control)하여야 한다.
② 비상인력과 경비대상시설 밖의 이동을 통제(Control)하여야 한다.

> 비상인력과 경비대상시설 내의 이동을 통제하여야 한다.★ 민간경비원의 비상사태 발생 시 임무로는 경찰과의 통신업무 및 경제적으로 보호해야 할 가치가 있는 것들에 대한 보호조치 실행, 비상인력과 시설 내의 이동통제, 출입구와 비상구 및 위험지역의 출입통제 등이 있다.

③ 보호할 가치가 있는 자산에 대하여 보호조치를 실시하여야 한다.
④ 장애인 등 특별한 대상의 보호 및 응급조치를 실시하여야 한다.

## 65 | 난이도 하 | 경비와 시설보호의 기본원칙 - 외곽경비

**외곽경비에 관한 설명으로 옳지 않은 것은?**

① 자연적인 장벽에는 강, 절벽 등이 해당된다.
② 담장 위에 철조망을 설치하면 방범효율이 증대된다.
③ 외곽경비는 장벽, 출입구, 건물 자체 순으로 수행된다.
④ 경계구역 내에서는 가시지대를 넓히기 위해 모든 장애물을 제거할 필요는 없다.

> 외부의 불법침입에 대비하여 가시적인 범위 내에서의 감시가 가능하도록 양쪽 벽면을 유지시키고, 경계구역 내에서 가시지대를 가능한 한 넓히기 위하여 모든 장애물을 양쪽 벽으로부터 제거한다.★

## 66 | 난이도 하 | 경비와 시설보호의 기본원칙 - 외곽경비

**외곽경비에 관한 설명으로 옳지 않은 것은?**

① 배기관, 맨홀뚜껑은 경비계획에 포함시킬 필요가 없다.

> 모든 출입구 수를 파악하고 배기관, 맨홀뚜껑 등도 경비계획에 포함시켜야 한다.

② 비상시에만 사용하는 문은 평상시에는 잠겨 있어야 한다.
③ 상품판매시설은 직원용 출입구와 고객용 출입구를 구분하는 것이 좋다.
④ 일정 기간 동안 또는 비상시에만 사용하는 문의 잠금장치는 특수하게 만들어야 한다.

## 67 난이도 중 | 경비와 시설보호의 기본원칙 – 경비계획 수립

**경비계획 수립의 순서로 옳은 것은?**

> ㄱ. 경비요소 및 위해분석
> ㄴ. 경비문제 발생 및 인지
> ㄷ. 경비목표 설정
> ㄹ. 경비대안 비교검토 및 최종안 선택
> ㅁ. 경비 실시 및 평가

① ㄱ - ㄴ - ㄷ - ㄹ - ㅁ
② **ㄴ - ㄷ - ㄱ - ㄹ - ㅁ**

> 경비계획 수립의 순서는 경비문제 발생 및 인지(ㄴ) → 경비목표 설정(ㄷ) → 경비요소 및 위해분석(ㄱ) → 경비대안 비교검토 및 최종안 선택(ㄹ) → 경비 실시 및 평가(ㅁ) 순이다.

③ ㄷ - ㄱ - ㄴ - ㄹ - ㅁ
④ ㄷ - ㄴ - ㄹ - ㄱ - ㅁ

## 68 난이도 하 | 경비와 시설보호의 기본원칙 – 비상계획서에 포함되어야 할 사항

**비상계획서에 포함되어야 할 사항으로 옳지 않은 것은?**

① 명령지휘부의 지정
② 외부기관과의 통신수단 마련
③ **대중 및 언론에 대한 정보 차단**

> 대중 및 언론에 대한 정보제공이 포함되어야 한다.

④ 비상시 사용될 장비·시설의 위치 지정

## 69 난이도 중 | 컴퓨터 범죄 및 안전관리 – 정보보호의 기본원칙

**정보보호의 기본원칙 중 윤리성에 관한 설명은?**

① 정보시스템 소유자와 공급자의 책임을 명확하게 해야 한다.
> 정보보호의 기본원칙 중 책임성의 원칙에 관한 설명이다.

② 정보시스템보안은 정보의 합법적 사용 및 전달과 상호조화를 이루도록 해야 한다.
> 정보보호의 기본원칙 중 민주주의 원칙에 관한 설명이다.

③ 정보와 정보시스템의 사용을 허가받은 사람이 언제든지 사용할 수 있도록 보장해야 한다.
> 정보보호의 목표 중 가용성(Availability)에 관한 설명이다.

④ <u>정보시스템과 정보시스템의 보안은 타인의 권리와 합법적 이익이 존중·보호될 수 있도록 사용되어야 한다.</u>
> 정보보호의 기본원칙 중 윤리성의 원칙에 관한 설명이다.

### 핵심만콕  정보보호의 기본원칙

| | |
|---|---|
| 책임성의 원칙 | 정보시스템의 소유자, 공급자, 사용자 및 기타 관련자들의 책임과 책임추적성이 명확해야 한다는 원칙 |
| 인식성의 원칙 | 정보시스템의 소유자, 공급자, 사용자 및 기타 관련자들은 시스템에 일관된 보안을 유지할 수 있도록 시스템에 대한 관련 지식을 쌓고 위험요소의 존재를 인식하고 이에 대한 대책을 파악할 수 있어야 한다는 원칙 |
| 윤리성의 원칙 | 정보시스템과 정보시스템의 보안은 타인의 권리와 합법적 이익이 존중·보호될 수 있도록 제공·사용되어야 한다는 원칙 |
| 다중협력성의 원칙 | 정보시스템의 보안을 위한 방법, 실행, 절차는 기술적·행정적·운영적·상업적·교육적 그리고 법제도적인 관점 등을 포함한 가능한 모든 사항을 고려해야 한다는 원칙 |
| 균형성·비례성의 원칙 | 정보시스템의 보안수준, 비용, 방법, 실행 그리고 절차 등은 시스템에 의해 보호받는 대상의 가치와 잠재적인 손실의 심각성 및 발생 가능성 등을 고려하여 적합하고 균형 있게 이루어져야 한다는 원칙 |
| 통합성의 원칙 | 최적의 정보시스템의 보안을 이루기 위해서는 보안시스템의 방법, 실행, 절차 등이 상호 동등한 입장에서 조정·통합되고, 아울러 조직의 다른 부서의 업무 관련 방법, 실행, 절차와도 상호 조정·통합될 수 있도록 해야 한다는 원칙 |
| 적시성의 원칙 | 국제적·국가적 수준에서 공공분야와 민간분야는 시의 적절하게 상호 동등한 입장에서 조정되어 정보시스템의 보안에 대한 예방활동과 사후대응활동이 이루어져야 한다는 원칙 |
| 재평가의 원칙 | 정보시스템 자체 및 이에 대한 보안체계가 시간이 지남에 따라 변화하기 때문에 정보시스템의 보안은 주기적으로 재평가되어야 한다는 원칙 |
| 민주주의 원칙 | 민주사회에서 정보시스템의 보안은 정보(데이터)의 합법적 사용 및 전달과 상호 조화를 이루도록 해야 한다는 원칙 |

〈출처〉 최선우, 「민간경비론」, 진영사(송광호, 「민간경비론」, 에듀피디, 2021, P. 263에서 재인용)

## 70   난이도 하   | 컴퓨터 범죄 및 안전관리 – 컴퓨터 범죄의 특징

**컴퓨터 범죄의 특징으로 옳은 것은?**

① 범죄행위자의 고령화 경향

> 범죄행위자의 **연소화** 경향 : 컴퓨터 지식을 갖춘 비교적 젊은 층의 컴퓨터 범죄자들이 많다.

② 범죄행위의 증명 용이

> 범죄행위의 발각과 **증명의 곤란** : 데이터가 그 대상이 되므로 자료의 폐쇄성, 불가시성, 은닉성 때문에 범죄 사건의 발각과 증명이 어렵다.

③ 범죄행위의 단발성

> 범죄행위의 **연속성** : 컴퓨터 부정조작의 경우 행위자가 조작방법을 터득하면 범행이 연속적이며 지속적으로 이루어질 수 있다.

④ **범죄행위자의 초범성**

> 범죄행위자의 대부분이 초범자인 경우가 많다.

## 71   난이도 하   | 컴퓨터 범죄 및 안전관리 – 컴퓨터 범죄의 예방대책(입법적 대책)

**컴퓨터 범죄예방을 위한 법적 안전대책은?**

① 시스템 백업

> 물리적 대책이다.

② 침입차단시스템

> 기술적 대책이다.

③ 스케줄러 점검

> 관리적 대책이다.

④ **컴퓨터 스파이에 대한 처벌**

> 컴퓨터 스파이에 대한 처벌은 현행 형법상의 규정 및 기타 규제법률을 통한 입법적 대책에 속한다.

### 핵심만콕  컴퓨터 범죄의 예방대책

| 컴퓨터 시스템 안전대책 | 물리적 대책 | 건물에 대한 안전조치, 물리적 재해에 대한 보호조치(백업시스템), 출입통제 |
|---|---|---|
| | 관리적 (인적) 대책 | 직무권한의 명확화와 상호 분리 원칙, 프로그램 개발 통제, 도큐멘테이션 철저, 스케줄러의 점검, 액세스 제한 제도의 도입, 패스워드의 철저한 관리, 레이블링(Labeling)에 의한 관리, 감사증거기록 삭제 방지, 근무자들에 대한 정기적 배경조사, 회사 내부의 컴퓨터 기술자·사용자·프로그래머의 기능을 각각 분리, 안전관리 기타 고객과의 협력을 통한 감시체제, 현금카드 운영의 철저한 관리, 컴퓨터 시스템의 감사 등이 있다. |
| | 기술적 대책 | 암호화, 방화벽(침입차단시스템), 침입탐지시스템(IDS ; Intrusion Detection System) |
| 입법적 대책 | 현행 형법상 규정 | 컴퓨터 업무방해죄(형법 제314조 제2항), 컴퓨터 사기죄(형법 제347조의2), 전자기록 손괴죄(형법 제366조), 사전자기록의 위작·변작죄(형법 제232조의2), 비밀침해죄(형법 제316조 제2항) |
| | 기타 규제법률 | 컴퓨터 통신망 보호(정보통신망 이용촉진 및 정보보호 등에 관한 법률), 통신침해(전기통신기본법, 전기통신사업법, 전파법), 개인정보 침해(개인정보보호법, 신용정보의 이용 및 보호에 관한 법률), 소프트웨어 보호(소프트웨어 진흥법, 저작권법, 특허법), 도청행위(통신비밀보호법), 전자문서(정보통신망 이용촉진 및 정보보호 등에 관한 법률, 물류정책기본법) |
| 형사정책적 대책 | | 수사관의 수사능력 배양, 검사 또는 법관의 컴퓨터 지식 함양 문제는 오늘날 범죄의 극복을 위한 중요한 과제이다. 수사력의 강화, 수사장비의 현대화, 컴퓨터 요원의 윤리교육, 컴퓨터 안전기구의 신설, 컴퓨터 범죄 연구기관의 설치가 요구되고 있다. |

## 72  난이도 중        컴퓨터 범죄 및 안전관리 - 컴퓨터 범죄수법

어떤 조건을 넣어주고 그 조건이 충족될 때마다 자동으로 불법행위가 이루어지도록 하는 것으로 컴퓨터의 일정한 사항이 작동 시마다 부정행위가 일어날 수 있도록 프로그램을 조작하는 컴퓨터 범죄수법은?

① 트로이목마(Trojan horse)

프로그램 속에 은밀히 범죄자만 아는 명령문을 삽입하여 이를 범죄자가 이용하는 수법을 말한다.

② 데이터 디들링(Data diddling)

'자료의 부정변개'라고도 하며, 데이터를 입력하는 동안이나 변환하는 시점에서 최종적인 입력 순간에 자료를 절취 또는 변경, 추가, 삭제하는 모든 행동을 말한다.

③ **논리폭탄(Logic bomb)**

설문은 논리폭탄에 대한 내용이다.

④ 살라미 기법(Salami techniques)

어떤 일을 정상적으로 수행하면서 관심을 두지 않는 조그마한 이익들을 긁어모으는 수법이다.

## 73 난이도 중
컴퓨터 범죄 및 안전관리 – 신종금융범죄수법

문자메시지(SMS)와 피싱(Phishing)의 합성어로 '무료쿠폰 제공, 돌잔치 초대장, 모바일 청첩장' 등을 내용으로 하는 문자메시지 내의 인터넷 주소를 클릭하면 악성코드가 스마트폰에 설치되어 피해자가 모르는 사이에 소액결제피해 발생 또는 개인의 금융정보를 탈취하는 신종금융범죄수법은?

① **스미싱(Smishing)**

> 설문은 스미싱에 대한 내용이다.

② 메모리 해킹(Memory hacking)

> PC의 메모리에 상주한 악성코드로 인해 정상 은행사이트에서 보안카드번호 앞뒤 2자리만 입력해도 부당인출되는 수법을 말한다.

③ 파밍(Pharming)

> PC가 악성코드에 감염되어 정상 사이트에 접속해도 가짜 사이트로 유도되고, 이를 통해 금융정보를 빼돌리는 수법을 말한다.

④ 보이스 피싱(Voice phishing)

> 스마트폰과 같은 전기전자통신수단을 이용해 피해자를 속여 재산상의 손해를 입히는 사기범죄이다.
> 〈출처〉 대구경찰청 홈페이지(https://www.dgpolice.go.kr/PageLink.do?link=/dgpo/05/60)

## 74 난이도 하
민간경비산업의 과제와 전망 – 민간경비산업의 발전방안 및 전망(한국)

우리나라 민간경비산업의 발전방안 및 전망으로 옳지 않은 것은?

① 경비원의 적정 임금을 보장하여야 한다.
② 경찰과 민간경비원의 합동순찰제도를 도입하여야 한다.
③ 지역적 특성을 고려한 민간경비 상품을 개발하여야 한다.
④ **기계경비산업보다 인력경비산업의 성장속도가 훨씬 빠를 것이다.**

> 우리나라 민간경비산업은 인력경비업체가 대부분을 차지하고 있으나 향후 인건비 절감 등을 위해서 인력경비보다 기계경비의 성장이 가속화될 것이다.

## 75 난이도 중 ┃민간경비산업의 과제와 전망 - 경찰과 민간경비의 상호협력방안

**경찰과 민간경비의 상호협력방안에 관한 설명으로 옳지 않은 것은?**

① 지역방범 및 정보교환 네트워크 구축
② 관련 전문지식, 교육훈련 등의 지속적 교환
③ **지휘·감독 강화를 통한 수직적 관계의 유지**

> 민간경비의 지속적인 발전과 건전한 육성을 위해 또한 경찰과 민간경비의 효율적인 방범협력체제 구축을 위해서는 실제로 민간경비를 지도·감독하는 데 가장 중요한 일선경찰서에 민간경비 전담부서 설치 및 운영이 필요하며, 양자 간의 대등한 협력관계가 유지되기 위해서는 경비업체의 체질개선을 위한 노력(경비업체의 영세성 탈피와 전문화, 민간경비 교육훈련시스템의 개선 등)이 필요하다.

④ 민간경비의 오경보(False alarm) 감소를 위한 상호노력

## 76 난이도 하 ┃민간경비 개설 - 공경비와 민간경비

**민간경비와 경찰의 차이점으로 옳은 것은?**

① 전달 조직 : 민간경비는 정부, 경찰은 정부 및 영리기업

> 민간경비는 영리기업이, 경찰은 정부가 주체이다.

② 권력 : 민간경비는 권력 보유, 경찰은 원칙적 권력 미보유

> 민간경비는 권력을 미보유하나, 경찰은 권력보유가 원칙이다.

③ **권한의 근거 : 민간경비는 위탁자의 사권(私權), 경찰은 통치권**

> 공경비는 통치권, 민간경비는 위탁자의 사권에 권한의 근거가 있다.

④ 역할 : 민간경비는 범죄예방 및 범죄진압, 경찰은 범죄예방 및 손실예방

> 민간경비는 범죄예방 및 손실예방을, 경찰은 범죄예방 및 범죄진압을 임무로 한다.

## 77  난이도 하　　　▍민간경비산업의 과제와 전망 – 한국 민간경비산업의 문제점

**우리나라 민간경비산업의 문제점으로 옳지 않은 것은?**

① 경비업체의 영세성
② **경비원의 낮은 이직률**

> ②는 자체경비의 장점에 관한 내용으로 해당 설문과 거리가 멀다.

③ 청원경찰과 민간경비의 이원적 운영
④ 청원경찰에 비해 민간경비원의 직업적 안정성 확보의 어려움

## 78  난이도 중　　　▍세계 각국의 민간경비 – 미국의 경찰과 민간경비원의 관계

**미국의 경찰과 민간경비원의 관계에 관한 설명으로 옳지 않은 것은?**

① 범죄예방활동을 위하여 상호 간 긴밀한 협조관계를 유지하고 있다.
② **경비원 선발을 위한 배경조사에 있어서 상호 협력이 되고 있지 않다.**

> 경비원 선발을 위한 배경조사에 있어서도 상호 협력이 잘 이루어지고 있다. 우선 경비원의 신원확인을 하고자 하는 경비업주는 민간경비원의 배경조사를 위한 전과조회에 대한 규정을 명시하고 있는「민간경비고용인가법」에 의해 미국 법무부 장관의 면허를 받아야 한다. 면허를 받은 민간경비원의 고용주는 경비원이 되고자 하는 사람으로부터 동의서를 받고 그 사람의 지문을 채취(전자지문도 가능)하여 주(州)의 신원식별국(the State Identification Bureau, 이하 SIB)으로 보내게 되면, SIB에서 대상자에 대한 주단위의 전과기록을 조회한다.★

③ 주(州)마다 차이는 있지만 경찰관 신분으로 민간경비회사에서 Part-time job을 하기도 한다.
④ 주(州)마다 차이는 있지만 경찰과 민간경비원 상호 간에 보수, 신분상의 차이를 느끼지 않는다.

---

**핵심만콕　미국의 경찰과 민간경비원의 관계★★**

미국의 민간경비시장은 엄청난 성장을 거듭하여 왔다. 현재 경찰과 민간경비와의 관계는 범죄예방활동을 위하여 긴밀한 상호협조체제를 유지하고 있고 각 주(州)마다 약간의 차이는 있지만 경찰이 민간경비회사에 Part-time Job을 실시할 만큼 상호 간의 직위·보수·신분상의 커다란 차이를 느끼지 않으면서 함께 범죄예방활동을 실시해 오고 있는 것이다. 미국 사회의 범죄예방(Crime Prevention)에 대하여는 민간경비 및 주(州)경찰에서 담당하며 또한 각각의 주(州)마다 운영하고 있는 범죄예방단체에서 실시하고 있다. 이러한 다차원적인 범죄예방활동에도 많은 범죄가 발생하는 가운데 미국의 경찰 및 민간경비업체에서는 상호협력하에 많은 활동을 하고 있다.

## 79 난이도 하 | 경비와 시설보호의 기본원칙 - 외곽경비(경비조명)

경비조명에 관한 설명으로 옳지 않은 것은?

① 조명시설의 위치가 경비원의 시야를 방해해서는 안 된다.
② 보안조명은 타인의 사생활을 방해하도록 설치되어서는 안 된다.
③ **석영등은 노란 빛을 내며 매우 강한 빛을 방출하여 안개 발생지역에서도 식별 가능하도록 할 수 있는 등이다.**

> 석영등은 백열등처럼 매우 밝은 하얀 빛을 빨리 발산하므로, 매우 밝은 조명을 요하는 곳, 경계구역과 사고 발생 다발지역에 사용하기에 매우 유용하지만 가격이 비싸다는 단점이 있다.

④ 프레이넬등은 넓은 폭의 빛을 내는 조명등으로서 비교적 어두운 시설물에 침입을 감시하는 경우 유용하게 사용되는 등이다.

## 80 난이도 하 | 민간경비의 환경 - 경찰방범활동의 장애요인

경찰방범활동의 장애요인으로 옳지 않은 것은?

① 경찰인력의 부족
② **민간경비업체의 증가**

> 경찰방범활동의 장애(한계)요인에는 경찰인력의 부족, 경찰장비의 부족 및 노후화, 경찰의 민생치안부서 근무기피현상, 타 부처 업무협조의 증가, 경찰에 대한 주민들의 고정관념으로 인한 이해부족 등을 꼽을 수 있는데, ②를 통해서 이러한 장애요인을 극복할 수 있다.

③ 타 부처의 업무협조 증가
④ 경찰관의 민생안전부서 근무기피

# 2015년 법학개론

문제편 240p

## 정답 CHECK

| 01 | 02 | 03 | 04 | 05 | 06 | 07 | 08 | 09 | 10 | 11 | 12 | 13 | 14 | 15 | 16 | 17 | 18 | 19 | 20 |
|---|---|---|---|---|---|---|---|---|---|---|---|---|---|---|---|---|---|---|---|
| ③ | ② | ③ | ① | ② | ① | ② | ④ | ① | ① | ④ | ③ | ③ | ① | ② | ① | ③ | ④ | ② | ③ |
| 21 | 22 | 23 | 24 | 25 | 26 | 27 | 28 | 29 | 30 | 31 | 32 | 33 | 34 | 35 | 36 | 37 | 38 | 39 | 40 |
| ① | ③ | ③ | ② | ① | ③ | ② | ① | ④ | ① | ① | ③ | ③ | ④ | ④ | ④ | ④ | ② | ④ | ② |

### 01 난이도 하
**법학 일반 – 법과 도덕의 비교**

법과 도덕의 차이점에 관한 설명으로 옳지 않은 것은?

① 법은 강제성이 있지만 도덕은 강제성이 없다.
② 법은 타율성을 갖지만 도덕은 자율성을 갖는다.
③ **법은 내면성을 갖지만 도덕은 외면성을 갖는다.**

> 법은 외면성을 갖지만 도덕은 내면성을 갖는다.

④ 법은 양면성을 갖지만 도덕은 일면성을 갖는다.

### 02 난이도 중
**법학 일반 – 법의 효력**

법의 효력에 관한 설명으로 옳지 않은 것은?

① 법률의 시행기간은 시행일부터 폐지일까지이다.

> 법의 효력은 시행일로부터 폐지일까지 계속되는데 이를 시행기간 또는 유효기간이라 한다.

② **법률은 특별한 규정이 없는 한 공포일로부터 30일을 경과하면 효력이 발생한다.**

> 법률은 특별한 규정이 없는 한 공포한 날로부터 20일을 경과함으로써 효력을 발생한다(헌법 제53조 제7항).

③ 범죄 후 법률의 변경이 피고인에게 유리한 경우에는 소급적용이 허용된다.

> 형법 제1조 제2항

④ 외국에서 범죄를 저지른 한국인에게 우리나라 형법이 적용되는 것은 속인주의에 따른 것이다.

> 형법 제3조(내국인의 국외범) 속인주의

## 03 난이도 중
**법학 일반 – 법의 체계**

**법의 체계에 관한 설명으로 옳은 것은?**

① 강행법과 임의법은 실정성 여부에 따른 구분이다.

> 강행법과 임의법은 당사자의 의사로 법 적용을 배제할 수 있는지에 따른 구분이다.

② 고유법과 계수법은 적용 대상에 따른 구분이다.

> 고유법과 계수법은 연혁에 따른 구분이다.

③ <u>일반법과 특별법은 적용되는 효력 범위에 따른 구분이다.</u>

> 일반법과 특별법은 적용되는 법의 효력 범위가 일반적인가 또는 특수적인가에 의한 분류로서, 대체로 일반법은 그 효력 범위가 넓고 특별법은 비교적 좁은 효력 범위를 갖는다.

④ 공법과 사법으로 분류하는 것은 영미법계의 특징이다.

> 공법과 사법으로 분류하는 것은 대륙법계의 특징이다. ★

## 04 난이도 하
**법학 일반 – 사회법**

**사회법에 관한 설명으로 옳지 않은 것은?**

① <u>공법영역에 사법적 요소를 가미하는 제3의 법영역이다.</u>

> 사회법은 자본주의의 문제점(사회적 약자 보호)을 합리적으로 해결하기 위해 근래에 등장한 법으로, 점차 사법과 공법의 성격을 모두 가진 제3의 법영역으로 형성되었으며, <u>법의 사회화·사법의 공법화 경향을 띤다.</u>

② 노동법, 경제법, 사회보장법은 사회법에 속한다.
③ 자본주의의 부분적 모순을 수정하기 위한 법이다.
④ 사회적·경제적 약자의 이익 보호를 목적으로 한다.

## 05 난이도 하　　　　　　　　　　　　　　　　　　법학 일반 – 법의 적용

**법의 적용에 관한 설명으로 옳지 않은 것은?**

① 법을 적용하기 위한 사실의 확정은 증거에 의한다.
② **확정의 대상인 사실이란 자연적으로 인식한 현상 자체를 말한다.**

> 확정의 대상인 사실은 법적으로 가치 있는 구체적 사실이어야 한다. ★

③ 사실의 추정은 확정되지 못한 사실을 그대로 가정하여 법률효과를 발생시키는 것이다.
④ 간주는 법이 의제한 효과를 반증에 의해 번복할 수 없다.

## 06 난이도 하　　　　　　　　　　　　　　　　　　법학 일반 – 법의 효력

**법의 효력에 관한 설명으로 옳지 않은 것은?**

① 민법은 특별한 규정이 있는 경우 외에는 법률불소급의 원칙이 적용된다.

> 민법은 1960년 시행 민법 제정 당시 부칙 제2조에서 소급효를 원칙으로 하였다. 즉, 본법(민법)은 특별한 규정이 있는 경우 외에는 본법 시행일 전의 사항에 대하여도 이를 적용한다. 그러나 이미 구법에 의하여 생긴 효력에 영향을 미치지 아니한다(1960년 시행 민법 부칙 제2조)고 규정하였다. ★

② 소급법률에 의한 참정권 제한 금지는 헌법에 규정되어 있다.

> 헌법 제13조 제2항

③ 법이 효력을 가지려면 실효성과 타당성이 동시에 있어야 한다.

> 법이 효력을 갖기 위해서는 규범적 타당성과 사실적 실효성을 동시에 갖추어야 한다.

④ 하위 법규범으로 상위 법규범을 개폐할 수 없다.

> 상위법우선의 원칙

---

**관계법령　헌법 제13조**

① 모든 국민은 행위 시의 법률에 의하여 범죄를 구성하지 아니하는 행위로 소추되지 아니하며, 동일한 범죄에 대하여 거듭 처벌받지 아니한다.
② 모든 국민은 소급입법에 의하여 참정권의 제한을 받거나 재산권을 박탈당하지 아니한다.

## 07 난이도 중
**법학 일반 – 권리의 분류(일신전속권)**

권리의 주체와 분리하여 양도할 수 없는 권리는?

① 실용신안권
② <u>초상권</u>

> 권리의 주체와 분리하여 양도할 수 없는 권리라 함은 권리의 귀속과 행사가 특정 주체에게 전속되는 일신전속권으로 초상권이 이에 해당한다. ①은 무체재산권으로서, ③·④는 물권으로서 지배권에 해당한다. ★

③ 법정지상권
④ 분묘기지권

## 08 난이도 하
**법학 일반 – 사권의 분류**

권리에 관한 설명으로 옳지 않은 것은?

① 인격권은 권리자 자신을 객체로 하는 권리이다.
② 사원권은 단체의 구성원이 그 구성원의 지위에서 단체에 대하여 가지는 권리이다.
③ 형성권은 권리자의 일방적 의사표시에 의해 권리변동의 효과가 발생하는 권리이다.
④ <u>지배권은 배타적 지배를 하면서 타인의 청구를 거절할 수 있는 권리이다.</u>

> 지배권은 배타적 지배를 할 수 있는 권리이고, 타인의 청구를 거절할 수 있는 권리는 항변권이다.

## 09 난이도 중
**법학 일반 – 권리와 구별되는 개념**

권리와 구별되는 개념에 관한 설명으로 옳은 것은?

① <u>의사무능력자는 권능의 주체가 될 수 있다.</u>

> 사람은 생존한 동안 권리와 의무의 주체가 된다(민법 제3조). 의사무능력자는 행위능력에만 제한을 받으므로, 권리에서 파생되는 개개의 법률상의 작용인 권능의 주체는 될 수 있다.

② 법규정에 의해 인정되는 반사적 이익은 권리가 될 수 있다.

> 반사적 이익은 권리가 아니다.

③ 권원은 그 작용에 따라 지배권, 청구권, 형성권, 항변권으로 분류된다.

> 작용에 따라 지배권, 청구권, 형성권, 항변권으로 분류되는 것은 권리이다.

④ 권한은 일정한 법률적 또는 사실적 행위를 정당화시키는 법률상의 원인을 말한다.

> 일정한 법률적 또는 사실적 행위를 정당화시키는 법률상의 원인은 권원이다.

## 10 난이도 하

**헌법 – 헌법의 기본질서**

우리나라 헌법의 기본질서에 해당하지 않는 것은?

① 사법국가적 기본질서

> 우리나라 헌법은 전문과 헌법 제4조에서 자유민주적 기본질서를 명시적으로 규정하고 있고, 헌법 제119조 제2항이 사회적 시장경제질서를, 헌법 제5조 제1항은 평화주의적 국제질서를 표방하고 있다. 그러나 사법국가적 기본질서는 규정하고 있지 않다.

② 자유민주적 기본질서
③ 사회적 시장경제질서
④ 평화주의적 국제질서

---

**관계법령**

**헌법 전문**
유구한 역사와 전통에 빛나는 우리 대한국민은 3·1운동으로 건립된 대한민국임시정부의 법통과 불의에 항거한 4·19민주이념을 계승하고, 조국의 민주개혁과 평화적 통일의 사명에 입각하여 정의·인도와 동포애로써 민족의 단결을 공고히 하고, 모든 사회적 폐습과 불의를 타파하며, 자율과 조화를 바탕으로 자유민주적 기본질서를 더욱 확고히 하여 정치·경제·사회·문화의 모든 영역에 있어서 각인의 기회를 균등히 하고, 능력을 최고도로 발휘하게 하며, 자유와 권리에 따르는 책임과 의무를 완수하게 하여, 안으로는 국민생활의 균등한 향상을 기하고 밖으로는 항구적인 세계평화와 인류공영에 이바지함으로써 우리들과 우리들의 자손의 안전과 자유와 행복을 영원히 확보할 것을 다짐하면서 1948년 7월 12일에 제정되고 8차에 걸쳐 개정된 헌법을 이제 국회의 의결을 거쳐 국민투표에 의하여 개정한다.

**헌법 제4조**
대한민국은 통일을 지향하며, 자유민주적 기본질서에 입각한 평화적 통일 정책을 수립하고 이를 추진한다.

**헌법 제5조**
① 대한민국은 국제평화의 유지에 노력하고 침략적 전쟁을 부인한다.

**헌법 제119조**
② 국가는 균형 있는 국민경제의 성장 및 안정과 적정한 소득의 분배를 유지하고, 시장의 지배와 경제력의 남용을 방지하며, 경제주체 간의 조화를 통한 경제의 민주화를 위하여 경제에 관한 규제와 조정을 할 수 있다.

## 11  난이도 하                                    ┃헌법 – 헌법의 최고원리

헌법상 기본권 보장의 대전제가 되는 최고의 원리는?

① 생명권의 보호
② 근로3권의 보장
③ 사유재산권의 보호
④ **인간의 존엄과 가치**

> 헌법은 제10조에서 인간의 존엄과 가치의 존중, 행복추구권을 규정하여 기본권 보장의 대전제로 삼고, 이하에서 각종 개별적 기본권을 보장하고 있다.

## 12  난이도 하                                    ┃헌법 – 법인이 누릴 수 있는 헌법상 권리

헌법상 법인이 누릴 수 있는 권리에 해당하지 않는 것은?

① 결사의 자유
② 거주이전의 자유
③ **프라이버시권**

> 헌법 제17조에 따른 프라이버시권은 개인의 사생활을 보호하기 위한 권리로서 성질상 법인에게 적용되는 권리는 아니다.

④ 재판을 받을 권리

## 13  난이도 중                                    ┃헌법 – 국회의원의 헌법상 권리와 의무

헌법상 국회의원의 권리와 의무에 관한 설명으로 옳지 않은 것은?

① 법률이 정하는 직을 겸할 수 없다.

> 헌법 제43조 ★

② 국가이익을 우선하여 양심에 따라 직무를 행한다.

> 헌법 제46조 제2항

③ **현행범인이라도 회기 중에는 국회의 동의 없이 체포 또는 구금되지 아니한다.**

> 국회의원은 현행범인인 경우를 제외하고는 회기 중 국회의 동의 없이 체포 또는 구금되지 아니한다(헌법 제44조 제1항). ★★

④ 국회에서 직무상 행한 발언과 표결에 관하여 국회 외에서 책임을 지지 아니한다.

> 헌법 제45조

## 14 난이도 중

■ 헌법 - 통치기구(헌법재판소)

**헌법재판소에 관한 설명으로 옳지 않은 것은?**

① 포괄적인 재판권과 사법권을 가진다.

> 우리나라 헌법은 대법원에 대하여 포괄적인 재판권과 사법권을 부여하지만 헌법재판소에 대하여는 헌법 제111조 제1항과 제113조 제2항에 따른 위헌법률심판권, 탄핵심판권, 위헌정당해산심판권, 권한쟁의심판권, 헌법소원심판권, 헌법재판소 규칙제정권만을 부여한다. ★

② 헌법 규정에 대하여는 위헌심판을 할 수 없다.

> 위헌법률심판제도는 '법률'이 '헌법'에 위반되는지를 심판하는 것이므로, 헌법의 개별규정에 대한 위헌법률심판은 인정되지 않는다(헌재결[전] 1995.12.28. 95헌바3).

③ 공권력의 행사 또는 불행사로 기본권을 침해받은 자는 헌법소원심판을 청구할 수 있다.

> 헌법재판소법 제68조 제1항 본문

④ 법률이 헌법에 위반되는가의 여부가 재판의 전제가 되었을 때 법원은 직권 또는 당사자의 신청에 의해서 위헌법률심판을 제청한다.

> 헌법재판소법 제41조 제1항

## 15 난이도 하

■ 민사법 - 전형계약

**민법상 전형계약이 아닌 것은?**

① 화해
② 경개

> 「민법」상 규정된 15가지 전형계약에는 증여, 매매, 교환, 소비대차, 사용대차, 임대차, 고용, 도급, 여행계약, 현상광고, 위임, 임치, 조합, 종신정기금, 화해가 있다. 경개, 공탁, 대물변제 등은 무명계약에 속한다. ★

③ 현상광고
④ 종신정기금

## 16 난이도 중 | 민사법 – 제한능력자의 법률행위

**제한능력자의 법률행위에 관한 설명으로 옳지 않은 것은?**

① 피성년후견인이 법정대리인의 동의를 얻어서 한 재산상 법률행위는 유효하다.

> 피성년후견인의 법정대리인인 성년후견인은 피성년후견인의 재산상 법률행위에 대한 대리권과 취소권 등을 갖지만, 피성년후견인의 재산상 법률행위는 법정대리인의 동의를 얻었더라도 취소할 수 있으므로 원칙적으로 동의권은 인정되지 않는다. 따라서 그러한 법률행위는 유효하지 않다. ★

② 법정대리인이 대리한 피한정후견인의 재산상 법률행위는 유효하다.

> 한정후견인은 대리권, 취소권, 동의권을 가지므로 옳은 내용이다.

③ 법정대리인이 범위를 정하여 처분을 허락한 재산은 미성년자가 임의로 처분할 수 있다.

> 민법 제6조

④ 제한능력자가 속임수로써 자기를 능력자로 믿게 한 경우 그 법률행위를 취소할 수 없다.

> 민법 제17조 제1항

## 17 난이도 하 | 민사법 – 보증채무

**보증채무에 관한 설명으로 옳지 않은 것은?**

① 주채무가 소멸하면 보증채무도 소멸한다.

> 부종성

② 보증채무는 주채무가 이행되지 않을 때 비로소 이행하게 된다.

> 보충성(민법 제428조 제1항)

③ 채무를 변제한 보증인은 선의의 주채무자에 대해서는 구상권을 행사하지 못한다.

> 주채무자의 부탁으로 보증인이 된 자가 과실 없이 변제 기타의 출재로 주채무를 소멸하게 한 때에는 주채무자에 대하여 구상권이 있다(민법 제441조 제1항).

④ 채권자가 보증인에 대하여 이행을 청구하였을 때, 보증인은 주채무자에게 먼저 청구할 것을 요구할 수 있다.

> 최고, 검색의 항변권(민법 제437조 본문)

## 18  난이도 하  | 민사법 – 경비계약

**경비계약에 관한 설명으로 옳지 않은 것은?**

① 경비업자가 경비계약을 체결하는 상대방은 경비대상시설의 소유자 또는 관리자이다.

> 경비업법 제7조 제1항 전단은 경비업자는 경비대상시설의 소유자 또는 관리자의 관리권의 범위 안에서 경비업무를 수행하여야 한다고 하여 경비업자가 경비계약을 체결하는 상대방은 원칙적으로 경비대상시설의 소유자 또는 관리자임을 알 수 있다.

② 경비업자는 경비계약상 채무를 선량한 관리자의 주의로 이행하여야 한다.

> 경비계약은 유상의 도급계약이므로 원칙적으로 경비업자는 경비계약상의 채무를 선량한 관리자 주의로 이행하여야 한다.

③ 보수는 시기의 약정이 없으면 관습에 의하고, 관습이 없으면 경비업무를 종료한 후 지체 없이 지급하여야 한다.

> 민법 제665조 제2항 – 제656조 제2항 준용

④ **경비업무 도급인이 파산하면 경비업자는 경비계약을 해제하고 경비업무 도급인에게 손해배상을 청구할 수 있다.**

> 도급인이 파산선고를 받은 때에는 수급인 또는 파산관재인은 계약을 해제할 수 있다. 이 경우 각 당사자는 상대방에 대하여 계약해제로 인한 손해의 배상을 청구하지 못한다(민법 제674조). ★

## 19  난이도 중  | 민사법 – 경비업자의 채무불이행책임

**경비업자의 채무불이행책임이 발생하는 경우가 아닌 것은?**

① 경비원의 부주의로 경비대상시설이 파손된 경우

② **경비원이 업무수행 과정에서 과실로 제3자에게 부상을 입힌 경우**

> 경비원이 경비업무 집행의 과정에서 과실로 제3자에게 부상을 입힌 경우 경비원은 민법 제750조 일반 불법행위책임을 지게 되고, 경비업자는 제3자와 계약상 채권채무관계가 존재하지 않으므로 채무불이행책임을 지지는 않으나 불법행위책임으로서 민법 제756조(사용자의 배상책임) 책임을 질 수는 있다.

③ 경비원이 업무수행 과정에서 근무태만으로 인하여 도난사고가 발생한 경우

④ 경비원이 업무수행 과정에서 취득한 고객의 비밀을 누설하여 손해를 끼친 경우

## 20 난이도 중 | 민사법 - 경비업무와 손해배상

아파트 경비원이 근무 중 인근의 상가 건물에 화재가 난 것을 보고 달려가서 화재를 진압한 행위에 관한 설명으로 옳지 않은 것은?

① 경비업무의 범위를 벗어난 행위이기 때문에 경비원에게 화재를 진압할 법적 의무가 없다.

> 경비업무는 당사자 일방이 어느 일을 완성할 것을 약정하고 상대방이 그 일의 결과에 대하여 보수를 지급할 것을 약정함으로써 그 효력이 생기는 도급의 일종으로 아파트 경비원은 인근의 상가 건물에 화재가 난 경우 그 화재를 진압할 법적 의무가 없다.

② 경비원은 상가 건물주에게 이익이 되는 방법으로 화재를 진압해야 한다.

> 민법 제734조 제1항

③ **상가 건물주의 이익에 반하지만 공공의 이익을 위해 화재를 진압하다가 손해를 끼친 경우, 경비원은 과실이 없더라도 손해를 배상할 책임이 있다.**

> 상가 건물주의 이익에 반하지만 공공의 이익에 적합한 때에는 비록 화재를 진압하다가 손해를 끼친 경우라도 경비원은 중대한 과실이 없으면 배상할 책임이 없다(민법 제734조 제3항).

④ 경비원이 상가 건물 임차인의 생명을 구하기 위해 화재를 진압하다가 발생한 손해는 고의나 중과실이 없으면 배상할 책임이 없다.

> 민법 제735조(긴급사무관리)

## 21 난이도 상 | 민사법 - 경비업무와 손해배상

경비업체 甲과 상가 건물의 건물주 乙이 경비계약을 체결한 경우, 경비원 A가 오토바이를 타고 순찰을 하던 중 부주의로 행인 B를 치어 상해를 입혔고 넘어진 오토바이로 인해 상가 건물의 화단이 훼손되었다. 甲과 A의 책임에 관한 설명으로 옳지 않은 것은?

① A는 乙에게 채무불이행에 기한 손해배상책임을 부담한다.

> A는 화단 훼손행위에 대하여 乙에게 불법행위에 따른 손해배상책임을 진다. 채무불이행에 따른 손해배상책임은 계약상 채권·채무관계가 성립한 경우 해당 채무를 이행하지 않은 때 발생하는 책임이다.

② B는 甲에게 사용자책임을 물어 직접 손해배상을 청구할 수 있다.

> 민법 제756조

③ B는 A에게 불법행위에 기한 손해배상을 청구할 수 있다.

> 민법 제750조

④ 甲은 A의 화단 훼손행위에 의한 손해를 乙에게 배상하여야 한다.

> A의 화단 훼손행위에 대하여 A는 乙에게 불법행위에 따른 손해배상책임을 지는데, 이 경우 경비업체 甲은 상가 건물의 건물주 乙에게 경비업무 계약을 완전하게 이행하지 못한 채무불이행책임을 부담하거나 사용자책임을 부담할 수도 있다.

## 22  난이도 하                                              형사법 – 오상방위

**물건을 배달하러 온 택배기사를 강도로 착각하여 폭행을 가한 경비원의 행위에 해당하는 것은?**

① 정당방위

> 정당방위는 현재의 부당한 침해로부터 자기 또는 타인의 법익(法益)을 방위하기 위하여 한 상당한 이유 있는 행위를 의미한다(형법 제21조 제1항).

② 우연방위

> 우연방위는 정당방위 상황임에도 이를 인식하지 못하고 행한 방위행위를 의미한다.

③ **오상방위**

> 오상방위는 정당방위의 요건이 되는 사실, 즉 자기나 타인의 법익에 대한 현재의 부당한 침해가 없는데도 그것이 있다고 잘못 생각하여 행한 방위행위로 불법고의는 인정되나 책임고의가 조각되어 과실범 처벌이 가능하다(多數說). 반면 판례는 착오에 정당한 이유가 있으면 정당방위로 취급하여 위법성을 조각시킨다.

④ 과잉방위

> 과잉방위는 정당방위행위가 그 정도를 초과하여 상당성이 없는 경우를 의미한다.

---

**관계법령   정당방위(형법 제21조)**

① 현재의 부당한 침해로부터 자기 또는 타인의 법익(法益)을 방위하기 위하여 한 행위는 상당한 이유가 있는 경우에는 벌하지 아니한다.
② 방위행위가 그 정도를 초과한 경우에는 정황(情況)에 따라 그 형을 감경하거나 면제할 수 있다.
③ 제2항의 경우에 야간이나 그 밖의 불안한 상태에서 공포를 느끼거나 경악(驚愕)하거나 흥분하거나 당황하였기 때문에 그 행위를 하였을 때에는 벌하지 아니한다.

## 23 난이도 중

형사법 - 재산에 대한 죄

형법상 재산에 대한 죄를 모두 고른 것은?

ㄱ. 뇌물죄
ㄴ. 배임죄
ㄷ. 손괴죄
ㄹ. 신용훼손죄
ㅁ. 장물죄

① ㄱ, ㄴ, ㄷ
② ㄱ, ㄷ, ㄹ
③ ㄴ, ㄷ, ㅁ

> 형법상 재산에 대한 죄로는 형법 각칙 제38장(절도와 강도의 죄)·제39장(사기와 공갈의 죄)·제40장(횡령과 배임의 죄)·제41장(장물에 관한 죄) 및 제42장(손괴죄)가 있다. 뇌물죄는 국가적 법익에 대한 죄 중 공무원의 직무에 관한 죄이고, 신용훼손죄는 개인적 법익에 대한 죄 중 신용·업무와 경매에 관한 죄이다.

④ ㄴ, ㄹ, ㅁ

## 24 난이도 중

형사법 - 형사소송법의 특징

우리나라의 형사소송법에 관한 설명으로 옳은 것은?

① 형법의 적용 및 실현을 목적으로 하는 실체법이다.

> 형사소송법은 형법의 적용 및 실현을 목적으로 하는 절차법이다.

② 공판절차뿐만 아니라 수사절차도 규정하고 있다.

> 형사소송법은 제2편 제1장에서 수사, 제2장에서 공소, 제3장에서 공판절차를 각각 규정하고 있다.

③ 순수한 직권주의를 기본구조로 하고 있다.

> 형사소송법은 제정 당시에는 직권주의가 기본이었으나, 헌법재판소는 형사소송의 구조를 당사자주의와 직권주의 중 어느 것으로 할 것인가의 문제는 입법정책의 문제로서 우리나라 형사소송법은 그 해석상 소송절차의 전반에 걸쳐 기본적으로 당사자주의 소송구조를 취하고 있는 것으로 이해하는바(헌재결[전] 1995.11.30. 92헌마44) 비록 논란의 여지가 있지만 우리나라 형사소송법은 직권주의와 당사자주의를 혼합·절충한 구조를 취하고 있다고 표현할 수 있다.

④ 형식적 진실발견, 적정절차의 원칙, 신속한 재판의 원칙을 지도이념으로 한다.

> 형사소송법은 형식적 진실발견이 아니라 실체적 진실발견을 지도이념으로 한다.

## 25 난이도 하 ▮형사법 – 법관의 제척, 기피, 회피

법관이 불공평한 재판을 할 현저한 법정의 사유가 있을 때, 해당 법관을 그 재판에서 배제하는 제도는?

① 제 척

> 제척(除斥)은 법관이 불공정한 재판을 할 현저한 법정의 이유가 있을 때 그 법관을 직무집행에서 당연히 배제하는 제도이다(형사소송법 제17조).

② 기 피

> 기피(忌避)는 제척사유가 있는 법관이 재판에 관여하거나, 기타 불공정한 재판을 할 우려가 있을 때 당사자의 신청에 의해 그 법관을 직무집행에서 탈퇴하게 하는 제도이다(형사소송법 제18조).

③ 회 피

> 회피(回避)란 법관이 기피의 사유가 있다고 생각하여 스스로 직무집행에서 탈퇴하는 제도이다(형사소송법 제24조).

④ 포 기

> 포기는 형사소송법상 재판의 공정성 확보를 위한 수단이 아니다.

## 26 난이도 중 ▮형사법 – 임의수사

형사소송법상 임의수사에 해당하는 경우를 모두 고른 것은?

ㄱ. 검 증
ㄴ. 피의자 신문
ㄷ. 사실조회
ㄹ. 수 색

① ㄱ, ㄴ
② ㄱ, ㄷ
③ ㄴ, ㄷ

> 임의수사란 강제력을 행사하지 않고 당사자의 승낙을 얻어서 하는 수사를 말하며, 피의자 신문, 사실조회, 출석요구, 참고인진술 청취 등의 방법이 있다.★

④ ㄴ, ㄹ

| 핵심만콕 | 수사의 방법 |
|---|---|

임의수사가 원칙이고, 강제수사는 예외적으로 법의 규정이 있을 때 가능하다.
- 임의수사
  - 의의 : 강제력을 행사하지 않고 당사자의 승낙을 얻어서 행하는 수사
  - 방법 : 출석요구, 참고인진술 청취, 통역・번역・감정의 위촉, 피의자 신문, 사실조회(형사소송법 제199조 제2항) 등
- 강제수사
  - 영장 없는 수사 : 현행범 체포(형사소송법 제212조), 특수한 경우의 압수・수색・검증(형사소송법 제216조 제1항 제2호) 등
  - 영장에 의한 수사 : 구속(형사소송법 제201조), 압수・수색(형사소송법 제215조) 등
  - 수사기관의 청구에 의해서 법관이 하는 것 : 증거보전(형사소송법 제184조) 등

## 27 난이도 하 | 형사법 - 비상구제절차

형사상 유죄의 확정판결에 중대한 사실오인이 있는 경우 판결을 받은 자의 이익을 위하여 판결의 부당함을 시정하는 비상구제절차는?

① 상 소

상소는 미확정 재판에 대하여 상급법원에 구체적 재판을 구하는 불복신청제도로서, 상소의 종류에는 항소・상고・항고가 있다.

② **재 심**

재심은 유죄의 확정판결에 대하여 주로 사실인정의 부당을 시정하기 위하여 인정되는 절차이다(형사소송법 제420조 내지 제440조).

③ 항 고

항고는 법원의 결정에 대한 상소이다.

④ 비상상고

비상상고는 확정판결에 대하여 그 심판의 법령위반을 이유로 하여 인정되는 비상구제절차로서 신청권자가 검찰총장에 국한되고, 관할 법원이 대법원이며, 법령의 해석・적용의 과오를 시정하는 데에 목적이 있어 판결의 효력이 피고인에게 미치지 아니한다는 점에서 재심과 구별된다(형사소송법 제441조 내지 제447조).

## 28 난이도 중

**형사법 - 종국재판의 종류 및 사유(면소판결)**

면소의 판결을 하는 경우가 아닌 것은?

① **피고인에 대하여 재판권이 없을 때**

> 형사소송법 제327조 제1호 공소기각판결 사유에 해당한다.

참고 2019년 법학개론 25번 핵심만 콕

② 공소시효가 완성되었을 때
③ 범죄 후 법령개폐로 형이 폐지되었을 때
④ 사면이 있은 때

## 29 난이도 하

**상법 일반 - 상법의 개요(상사에 관한 법규범 적용순서)**

상사에 관한 법규범의 적용순서를 바르게 나열한 것은?

① 상법 - 상사자치법 - 상관습법 - 민법
② 상법 - 민법 - 상관습법 - 상사자치법
③ 상사자치법 - 상법 - 민법 - 상관습법
④ **상사자치법 - 상법 - 상관습법 - 민법**

> 상사에 관한 법규범의 적용은 상사자치법 → 상사특별법 → 상법 → 상관습법 → 민법 → 조리 순이다(상법 제1조 참고).

## 30 난이도 상

**상법 일반 - 회사법(주식회사 정관의 변태설립사항)**

주식회사 정관의 변태설립사항이 아닌 것은?

① **발기인의 성명과 주소**

> 상법 제289조 제1항 제8호의 정관의 절대적 기재사항에 해당한다.

② 현물출자를 하는 자의 성명
③ 회사성립 후에 양수할 것을 약정한 재산의 가격
④ 회사가 부담할 설립비용

| 핵심만콕 | 정관의 기재사항 |
|---|---|
| 절대적 기재사항<br>(상법 제289조 제1항) | • 목 적<br>• 상 호<br>• 회사가 발행할 주식의 총수<br>• 액면주식을 발행하는 경우 1주의 금액<br>• 회사의 설립 시에 발행하는 주식의 수<br>• 본점의 소재지<br>• 회사가 공고를 하는 방법<br>• 발기인의 성명·주민등록번호 및 주소 |
| 상대적 기재사항<br>(= 변태설립사항, 상법 제290조) | 다음의 사항은 정관에 기재함으로써 그 효력이 있다.<br>• 발기인이 받을 특별이익과 이를 받을 자의 성명<br>• 현물출자를 하는 자의 성명과 그 목적인 재산의 종류, 수량, 가격과 이에 대하여 부여할 주식의 종류와 수<br>• 회사성립 후에 양수할 것을 약정한 재산의 종류, 수량, 가격과 그 양도인의 성명<br>• 회사가 부담할 설립비용과 발기인이 받을 보수액 |

## 31 난이도 상 　　　　　　　　　　　　　　　　　　　　　상법 일반 – 회사법(주식회사)

주식회사에 관한 설명으로 옳지 않은 것은?

① 자본금은 특정 시점에서 회사가 보유하고 있는 재산의 현재가치로서 주식으로 균등하게 분할되어 있다.

　회사의 자본금은 상법에서 달리 규정한 경우 외에는 발행주식의 액면총액으로 한다(상법 제451조 제1항).

② 무액면주식의 발행도 허용되며, 액면주식이 발행되는 경우 1주의 금액은 100원 이상 균일하여야 한다.

　상법 제329조 제1항 내지 제3항

③ 주주는 주식의 인수가액을 한도로 출자의무를 부담할 뿐, 회사의 채무에 대하여 책임을 지지 않는다.

　상법 제331조

④ 주권 발행 이후 주주는 자신의 주식을 자유롭게 양도 및 처분을 할 수 있다.

　주권 발행 이후의 주식의 양도는 원칙적으로 허용된다(상법 제335조 제1항 본문) 다만, 회사는 정관으로 정하는 바에 따라 그 발행하는 주식의 양도에 관하여 이사회의 승인을 받도록 할 수 있다(상법 제335조 제1항 단서).

## 32 난이도 하 | 상법 일반 - 보험법(손해보험)

**상법상 손해보험에 해당하는 것은 모두 몇 개인가?**

ㄱ. 책임보험
ㄴ. 화재보험
ㄷ. 해상보험
ㄹ. 생명보험
ㅁ. 상해보험
ㅂ. 재보험

① 2개
② 3개
③ **4개**

> 상법 제4편 제2장의 손해보험에는 화재보험, 운송보험, 해상보험, 책임보험, 자동차보험, 보증보험이 있다. 생명보험(ㄹ)과 상해보험(ㅁ)은 질병보험과 더불어 인보험(상법 제4편 3장)에 해당한다. ★

④ 5개

## 33 난이도 하 | 사회법 일반 - 근로기준법(통상임금)

**통상임금에 관한 설명으로 옳지 않은 것은?**

① 근로자에게 정기적, 일률적으로 소정근로 또는 총 근로에 대하여 지급하기로 정한 금액을 말한다.

> 근로기준법 시행령 제6조 제1항

② 근로자가 실제로 연장·야근·휴일근로를 제공하기 전에 미리 확정되어 있어야 한다.

> 대판[전합] 2013.12.18. 2012다89399·2012다94643

③ **해고예고수당, 법정수당, 연차유급휴가수당 및 평균임금의 최고한도 보장의 산정 기초가 된다.**

> 통상임금은 평균임금의 **최저한도 보장**(근로기준법 제2조 제2항), 해고예고수당(근로기준법 제26조), 연장·야간·휴일근로수당(근로기준법 제56조), 연차유급휴가수당(근로기준법 제60조) 및 출산전후휴가급여(고용보험법 제75조) 등을 산정하는 데 기초가 된다.

④ 임금의 명칭이나 지급주기의 장단 등 형식적인 기준이 아니라 임금의 객관적 성질이 통상임금의 법적 요건을 충족하여야 한다.

> 대판[전합] 2013.12.18. 2012다89399·2012다94643

## 34 난이도 중 | 사회법 일반 - 산업재해보상보험법(업무상 재해)

**산업재해보상보험법상 업무상 재해가 인정되는 사고에 해당하지 않는 것은?**

① 휴게시간 중 사업주의 지배관리하에 있다고 볼 수 있는 행위로 발생한 사고
② 사업주가 주관하거나 사업주의 지시에 따라 참여한 행사나 행사준비 중에 발생한 사고
③ 사업주가 제공한 시설물 등을 이용하던 중 시설물의 결함이나 관리소홀로 발생한 사고
④ **사업주의 지배관리하에 있지 않은 대중교통수단을 이용하여 출퇴근 중에 발생한 사고**

> 사업주가 제공한 교통수단이나 그에 준하는 교통수단을 이용하는 등 사업주 지배관리하에서 출퇴근 중 발생한 사고에 대해서 업무상의 재해가 인정된다(산업재해보상보험법 제37조 제1항 제3호 가목). ★★

### 관계법령 업무상의 재해의 인정 기준(산업재해보상보험법 제37조)

① 근로자가 다음 각호의 어느 하나에 해당하는 사유로 부상·질병 또는 장해가 발생하거나 사망하면 업무상의 재해로 본다. 다만, 업무와 재해 사이에 상당인과관계(相當因果關係)가 없는 경우에는 그러하지 아니하다.

1. 업무상 사고
   가. 근로자가 근로계약에 따른 업무나 그에 따르는 행위를 하던 중 발생한 사고
   나. 사업주가 제공한 시설물 등을 이용하던 중 그 시설물 등의 결함이나 관리소홀로 발생한 사고
   다. 삭제 〈2017.10.24.〉
   라. 사업주가 주관하거나 사업주의 지시에 따라 참여한 행사나 행사준비 중에 발생한 사고
   마. 휴게시간 중 사업주의 지배관리하에 있다고 볼 수 있는 행위로 발생한 사고
   바. 그 밖에 업무와 관련하여 발생한 사고

2. 업무상 질병
   가. 업무수행 과정에서 물리적 인자(因子), 화학물질, 분진, 병원체, 신체에 부담을 주는 업무 등 근로자의 건강에 장해를 일으킬 수 있는 요인을 취급하거나 그에 노출되어 발생한 질병
   나. 업무상 부상이 원인이 되어 발생한 질병
   다. 「근로기준법」 제76조의 제2에 따른 직장 내 괴롭힘, 고객의 폭언 등으로 인한 업무상 정신적 스트레스가 원인이 되어 발생한 질병
   라. 그 밖에 업무와 관련하여 발생한 질병

3. 출퇴근 재해
   가. 사업주가 제공한 교통수단이나 그에 준하는 교통수단을 이용하는 등 사업주의 지배관리하에서 출퇴근하는 중 발생한 사고
   나. 그 밖에 통상적인 경로와 방법으로 출퇴근하는 중 발생한 사고

## 35 난이도 하

**사회법 일반 – 사회보장법(사회보험법)**

사회보험법에 해당하지 않는 것은?

① 고용보험법
② 기초노령연금법
③ 산업재해보상보험법
④ **국민기초생활보장법**

> 우리나라의 4대 사회보험제도에는 업무상의 재해에 대한 산업재해보상보험, 질병과 부상에 대한 건강보험 또는 질병보험, 폐질·사망·노령 등에 대한 연금보험, 실업에 대한 고용보험제도가 있다. 「국민기초생활보장법」은 생활이 어려운 사람에게 필요한 급여를 실시하여 이들의 최저생활을 보장하고 자활을 돕는 것을 목적으로 하며(제1조), 강제가입의 원칙, 국가관리의 원칙, 국가부담의 원칙이 적용되는 사회보험법과는 구별된다.

**핵심만콕  사회보장법 관련 주요 법률 ★★**

- 사회보장기본법
- 사회보험법 : 국민연금법, 국민건강보험법, 산업재해보상보험법, 고용보험법 등
- 공공부조법 : 국민기초생활보장법, 의료보호법 등
- 사회복지사업법 : 국민기초생활보장법, 아동복지법, 노인복지법, 장애인복지법, 한부모가족지원법, 영유아보육법, 성매매방지 및 피해자보호 등에 관한 법률, 정신건강증진 및 정신질환자 복지서비스 지원에 관한 법률, 성폭력방지 및 피해자보호 등에 관한 법률, 가정폭력방지 및 피해자보호 등에 관한 법률 등(사회복지사업법 제2조 제1호)
- *국민기초생활보장법은 공공부조법이면서 동시에 사회복지사업법에 해당

## 36 난이도 중

**사회법 일반 – 사회보장법(국민연금법상 국민연금의 특성)**

국민연금법상 국민연금의 특성으로 옳지 않은 것은?

① 사회보험
② 공적연금
③ 단일연금체계
④ **전부 적립방식**

> 국민연금은 사회보험의 하나로 국가가 운영주체가 되는 공적연금이고 노후소득 보장체계의 안정성을 도모하기 위해 공적연금 등에 의해 지탱하는 단일연금체계이며, 미래에 필요한 총 지출을 기금 적립금과 운용수익으로 완전히 충당할 수 없어 일정 부분만을 적립하고 나머지는 급여로 지출하는 부분 적립방식을 따르고 있다.

## 37 난이도 중

**행정법 일반 – 행정법의 개요(행정기관)**

행정기관에 관한 설명으로 옳은 것은?

① 행정청의 자문기관은 합의제이며, 그 구성원은 공무원으로 한정된다.

> 자문기관의 구성원은 공무원에 한정되지 않고 외부인이 될 수도 있다.

② 보좌기관은 행정조직의 내부기관으로서 행정청의 권한 행사를 보조하는 것을 임무로 하는 행정기관이다.

> 행정청에 소속되어 행정청의 권한 행사를 보조하는 행정기관은 보좌기관이 아니라 보조기관이다.

③ 국무조정실, 각 부의 차관보·실장·국장 등은 행정조직의 보조기관이다.

> 대통령비서실장, 국무조정실장, 그리고 행정 각부의 차관보·장관정책보좌관·대변인 등은 우리나라 중앙행정기관에 설치되어 있는 대표적인 보좌기관(참모기관)이다. 차관·국장·과장 등은 보조기관에 해당한다.

**④ 행정청은 행정주체의 의사를 결정하여 외부에 표시하는 권한을 가진 기관이다.**

> 행정관청이란 국가의사를 결정하여 이를 자기의 이름으로 외부에 표시하는 권한을 가진 행정기관을 말하며, 행정청은 국가뿐만 아니라 지방자치단체의 의사를 결정하여 자신의 이름으로 외부에 표시할 수 있는 권한을 가진 행정기관을 말한다.

## 38 난이도 하

**행정법 일반 – 행정법의 개요(행정주체)**

행정법상 행정주체에 해당하지 않는 것은?

① 국 가

**② 지방자치단체장**

> 지방자치단체장은 행정주체가 아닌, 행정청으로서 행정기관에 해당한다.

③ 영조물법인

④ 공무수탁사인

## 39 난이도 중

**행정법 일반 – 행정행위의 효력(구성요건적 효력)**

법무부장관이 외국인 A에게 귀화를 허가한 경우, 선거관리위원장은 귀화허가가 무효가 아닌 한 귀화허가에 하자가 있더라도 A가 한국인이 아니라는 이유로 선거권을 거부할 수 없고, 법무부장관의 귀화허가에 구속되는 행정행위의 효력은?

① 공정력
② 구속력
③ 형식적 존속력
④ **구성요건적 효력**

설문은 국가기관이 다른 국가기관의 행정행위에 대하여 존중을 해야 한다는 의미인바 구성요건적 효력에 해당한다.

### 핵심만콕 행정행위의 효력★★

- **구성요건적 효력** : 유효한 행정행위가 존재하는 이상 모든 국가기관은 그 존재를 존중하고 스스로의 판단에 대한 기초로 삼아야 한다는 효력
- **공정력** : 비록 행정행위에 하자가 있는 경우에도 그 하자가 중대하고 명백하여 당연무효인 경우를 제외하고는, 권한 있는 기관에 의해 취소될 때까지는 일응 적법 또는 유효한 것으로 보아 누구든지(상대방은 물론 제3의 국가기관도) 그 효력을 부인하지 못하는 효력
- **구속력** : 행정행위가 그 내용에 따라 관계 행정청, 상대방 및 관계인에 대하여 일정한 법적 효과를 발생하는 힘으로, 모든 행정행위에 당연히 인정되는 실체법적 효력
- **형식적 존속력**
  - **불가쟁력(형식적 확정력)** : 행정행위에 대한 쟁송 제기기간이 경과하거나 쟁송 수단을 다 거친 경우에는 상대방 또는 이해관계인은 더 이상 그 행정행위의 효력을 다툴 수 없게 되는 효력
  - **불가변력(실질적 확정력)** : 일정한 경우 행정행위를 발한 행정청 자신도 행정행위의 하자 등을 이유로 직권으로 취소·변경·철회할 수 없는 제한을 받게 되는 효력

## 40 난이도 중

**행정법 일반 – 행정작용의 실효성 확보(행정상 즉시강제)**

경찰관이 목전에 급박한 장해를 제거할 필요가 있거나 그 성질상 미리 의무를 명할 시간적 여유가 없을 때, 자신이 근무하는 국가중요시설에 무단으로 침입한 자의 신체에 직접 무기를 사용하여 저지하는 행위는?

① 행정대집행

> 의무자가 의무를 불이행한 데 대한 제1차적 수단으로 당해 행정청이 의무자가 행할 작위를 스스로 행하거나 또는 제3자로 하여금 이를 행하게 하고 그 비용을 의무자로부터 징수하는 것이다(예 철거명령을 따르지 않은 무허가건물의 강제철거).

② **행정상 즉시강제**

> 설문은 행정상 즉시강제에 대한 내용이다. 대표적으로 마약중독자의 강제수용, 감염병 환자의 강제입원, 위험의 방지를 위한 출입 등이 이에 해당한다.

③ 행정상 강제집행

> 행정법상 의무의 불이행에 대하여 행정권이 의무자의 신체 또는 재산에 직접 실력을 가하여 그 의무를 이행시키거나 이행된 것과 동일한 상태를 실현시키는 작용이다.

④ 집행벌

> 행정상 강제집행의 일종으로, 행정법상의 의무 불이행이 있는 경우에 그 의무자에게 심리적 압박을 가해 의무의 이행을 간접적으로 강제하기 위해 과하는 금전적 제재이다.

# 2015년 민간경비론

> 문제편 252p

### 정답 CHECK

| 41 | 42 | 43 | 44 | 45 | 46 | 47 | 48 | 49 | 50 | 51 | 52 | 53 | 54 | 55 | 56 | 57 | 58 | 59 | 60 |
|---|---|---|---|---|---|---|---|---|---|---|---|---|---|---|---|---|---|---|---|
| ③ | ① | ③ | ① | ① | ② | ① | ① | ③ | ② | ④ | ③ | ④ | ① | ① | ④ | ② | ② | ③ | ④ |
| 61 | 62 | 63 | 64 | 65 | 66 | 67 | 68 | 69 | 70 | 71 | 72 | 73 | 74 | 75 | 76 | 77 | 78 | 79 | 80 |
| ② | ② | ④ | ① | ① | ① | ③ | ② | ③ | ④ | ④ | ② | ④ | ③ | ③ | ③ | ② | ④ | ② | ④ |

### 41  난이도 하                       ▌민간경비 개설 – 공경비와 민간경비의 비교

**민간경비와 공경비의 제관계에 관한 설명으로 옳지 않은 것은?**

① 민간경비의 주체는 민간영리기업이고, 공경비는 국가(지방자치단체)이다.
② 민간경비의 법률관계의 근거는 경비계약이고, 공경비는 법령이다.
③ **민간경비의 역할은 범죄예방과 범죄진압이고, 공경비는 범죄예방과 손실예방이다.**

> 민간경비의 역할은 범죄예방과 손실예방에 있고 공경비의 역할은 범죄예방 및 범죄진압에 있다.

④ 민간경비의 직접적인 목적은 사익보호이고, 공경비는 공익 및 사익보호이다.


### 42  난이도 하                    ▌민간경비 개설 – 민간경비 성장의 이론적 배경(수익자부담이론)

**수익자부담이론에 관한 설명으로 옳지 않은 것은?**

① **회사 등의 안전과 보호는 국가가 담당해야 한다.**

> 수익자부담이론은 자본주의사회에 있어 경찰의 공권력 작용은 원칙적으로 거시적 측면에서 질서유지나 체제수호 등과 같은 역할과 기능으로 한정시키고, 사회구성원 개개인 차원이나 여타 집단과 조직 등의 안전과 보호는 결국 해당 개인이나 조직이 담당하여야 한다는 인식에 기초한 이론이다. 따라서 회사 등의 안전과 보호는 회사가 담당해야 한다.

② 경찰은 체제수호 등과 같은 역할과 기능에 한정되어야 한다.
③ 사회구성원 개개인 차원의 안정과 보호는 해당 개인이 담당해야 한다.
④ 경찰의 공권력 작용은 거시적 측면에서 수행되어야 한다.

## 43 난이도 하 ┃민간경비 개설 - 민간경비의 성장이론

**민간경비 성장이론에 관한 설명으로 옳은 것은?**

① 공동화이론은 경제적 관점의 이론이다.

> 공동화이론은 사회적 관점의 이론이다.

② 경제환원이론은 사회적 관점의 이론이다.

> 경제환원이론은 경제적 관점의 이론이다.

③ <u>공동생산이론은 경찰이 안고 있는 한계를 일부 극복하고 시민의 안전욕구를 증대시키기 위하여 민간부문의 능동적 참여를 다각적으로 유도하는 이론이다.</u>

> 공동생산이론은 민간경비를 공경비의 보조적 차원이 아닌 주체적 차원으로 인식하여 민간부분의 능동적 참여를 다각적으로 유도하는 이론이다.

④ 공동화이론은 그냥 내버려 두면 보호받지 못한 채로 방치될 재산을 민간경비가 보호한다는 이론이다.

> **이익집단이론에 관한 설명이다.** 공동화이론은 경찰이 수행하고 있는 경찰 본연의 기능이나 역할을 민간경비가 보완하거나 대체한다는 이론이다.★★

## 44 난이도 하 ┃민간경비 개설 - 민간경비 성장의 이론적 배경(민영화이론)

**민영화이론에 관한 설명으로 옳지 않은 것은?**

① <u>2000년대 이후 복지국가 이념을 구현하고자 등장한 이론이다.</u>

> 민영화이론은 1980년대 이후 복지국가의 이념에 대한 반성으로서 국가독점에 의한 비효율성을 극복하고자 시장경쟁논리를 도입한 이론이다.★

② 2010년 최초로 설립된 민영교도소는 민영화의 사례이다.
③ 공공지출과 행정비용의 감소효과를 유발하기 위한 방법이다.
④ 국민들이 서비스공급에 참여할 수 있으며, 서비스 선택의 폭을 확대시켜 준다.

## 45 난이도 하
민간경비 개설 – 민간경비의 특징

**민간경비에 관한 설명으로 옳지 않은 것은?**

① 공공성, 공익성, 비영리성을 특징으로 한다.

> 공공성, 공익성, 비영리성은 공경비의 특징이다. 민간경비는 공공성, 공익성, 영리성을 그 특징으로 한다.

② 계약자 등 특정인을 수혜대상으로 한다.
③ 공경비에 비해 한정된 권한을 가지며 각종 제약을 받는다.
④ 시설주의 시설물 보호, 특정 고객의 생명·재산보호 등을 목적으로 한다.

## 46 난이도 하
민간경비 개설 – 경비업법상 경비업무

**경비업법상 규정된 경비업무의 종류는?**

① 인력경비
② 기계경비

> 기계경비업무는 경비업법 제2조 제1호 라목에 규정되어 있다.

③ 자체경비
④ 계약경비

### 관계법령 정의(경비업법 제2조)

이 법에서 사용하는 용어의 정의는 다음과 같다. 〈개정 2024.1.30.〉
1. "경비업"이라 함은 다음 각목의 1에 해당하는 업무(이하 "경비업무"라 한다)의 전부 또는 일부를 도급받아 행하는 영업을 말한다.
    가. 시설경비업무 : 경비를 필요로 하는 시설 및 장소(이하 "경비대상시설"이라 한다)에서의 도난·화재 그 밖의 혼잡 등으로 인한 위험발생을 방지하는 업무
    나. 호송경비업무 : 운반 중에 있는 현금·유가증권·귀금속·상품 그 밖의 물건에 대하여 도난·화재 등 위험발생을 방지하는 업무
    다. 신변보호업무 : 사람의 생명이나 신체에 대한 위해의 발생을 방지하고 그 신변을 보호하는 업무
    라. 기계경비업무 : 경비대상시설에 설치한 기기에 의하여 감지·송신된 정보를 그 경비대상시설 외의 장소에 설치한 관제시설의 기기로 수신하여 도난·화재 등 위험발생을 방지하는 업무
    마. 특수경비업무 : 공항(항공기를 포함한다) 등 대통령령이 정하는 국가중요시설(이하 "국가중요시설"이라 한다)의 경비 및 도난·화재 그 밖의 위험발생을 방지하는 업무
    바. 혼잡·교통유도경비업무 : 도로에 접속한 공사현장 및 사람과 차량의 통행에 위험이 있는 장소 또는 도로를 점유하는 행사장 등에서 교통사고나 그 밖의 혼잡 등으로 인한 위험발생을 방지하는 업무

## 47 난이도 중 ㅤㅤㅤㅤㅤㅤㅤ┃세계 각국의 민간경비 - 각국 민간경비의 역사적 발전과정(한국)

**우리나라 민간경비업의 발전과정에 관한 설명으로 옳지 않은 것은?**

① <u>용역경비업법은 1962년 주한 미8군의 용역경비를 실시하기 위하여 제정되었다.</u>

> 우리나라는 1970년대에 접어들며 급속하게 산업화·도시화되고 이와 함께 강력범죄의 발생 역시 급등하기 시작하였다. 이로 인해 치안유지에 대한 수요는 증가하는 반면, 국가가 보유한 경찰력에는 한계가 있었다. 이러한 한계에 부딪치면서 이를 극복하여 국민의 안전을 보호하기 위해 <u>1976년 용역경비업법이 제정되었다.</u>

② 1960~1970년대에 청원경찰에 의한 국가 주요 기간산업체의 경비가 주류를 이루었다.

③ 1980년대 대기업의 참여로 민간경비산업은 본격적으로 발전하기 시작하였다.

④ 2001년 경비업법 개정으로 특수경비원제도가 도입되었으며, 청원경찰과 민간경비의 이원화문제가 대두되었다.

## 48 난이도 중 ㅤㅤㅤㅤㅤㅤㅤ┃세계 각국의 민간경비 - 각국 민간경비의 역사적 발전과정(일본)

**일본의 민간경비에 관한 설명으로 옳지 않은 것은?**

① <u>제2차 세계대전 이전에는 야경, 순시, 보안원 등의 이름으로 계약경비를 실시하여 왔다.</u>

> 제2차 세계대전 이전, 대부분의 일본 산업계에서는 야경, 수위, 순시 또는 보안원 등의 이름으로 각기 <u>자체경비를 실시하여 왔다.</u>★

② 1964년 동경올림픽 선수촌 경비를 계기로 민간경비의 역할이 널리 인식되었다.

③ 1970년 오사카 만국박람회(EXPO) 개최 시 민간경비가 투입되었다.

④ 일본 민간경비는 1980년대에 한국과 중국에 진출하였다.

## 49

**우리나라 민간경비산업에 관한 설명으로 옳지 않은 것은?**

① 경비회사의 수나 인원 면에서 기계경비보다 인력경비에 대한 의존도가 높다.
② 국가중요시설의 효율성 제고방안으로 특수경비원제도가 도입되어 청원경찰의 입지가 축소되었다.
③ **2000년대 어려움을 겪던 기존의 영세한 민간경비업체들이 대기업의 경비시장 진출을 환영하였다.**

> 영세한 민간경비업체들은 대기업의 경비시장 진출로 시장에서의 입지가 더욱 축소되고 있었기에 대기업의 진출을 반기지 않았다.

④ 경찰은 사회 전반의 범죄대응역량을 강화하기 위해 민간경비업을 적극적으로 지도·육성하고 있다.

## 50

**각국의 민간경비 발전과정에 관한 설명으로 옳지 않은 것은?**

① 우리나라는 한국전쟁 이후 주한미군에 대한 군납경비를 통해 민간경비산업이 태동하게 되었다.
② **우리나라는 경비지도사 시험을 1995년 제1회부터 매년 정기적으로 실시하고 있다.**

> 우리나라 경비지도사 시험은 1997년 2월 23일에 제1회 시험을 실시하였고, 제2회 시험은 1999년, 제3회 시험은 2001년 실시하였다. 2002년 11월 10일 시행된 제4회 시험부터 매년 실시하고 있다. ★

③ 일본에서 현대 이전의 민간경비는 헤이안(平安)시대에 출현한 무사계급에서 뿌리를 찾을 수 있다.
④ 미국에서 핑커톤(A. Pinkerton)은 1850년대에 탐정사무소를 설립하였다.

## 51

**영국 민간경비의 발달에 관한 내용으로 옳지 않은 것은?**

① 민간경비가 크게 성장한 시기는 산업혁명시대이다.
② 규환제도는 개인 각자가 침입자를 추적·체포하는 것이 임무이다.
③ 민간경비 차원의 경비개념에서 공경비 차원의 치안개념으로 발전시킨 것은 레지스 헨리시법(The Legis Henrici Law)이다.
④ **최초의 형사기동대에 해당하는 범죄예방조직을 만든 사람은 올리버 크롬웰(Oliver Cromwell)이다.**

> 1785년경 최초의 형사기동대에 해당하는 범죄예방조직을 만드는 데 기여한 사람은 헨리 필딩(Henry Fielding)이다.

## 52 난이도 중
### 세계 각국의 민간경비 – 각국 민간경비의 역사적 발전과정

**각국의 민간경비의 역사적 발전과정에 관한 설명으로 옳지 않은 것은?**

① 일본의 경비택시제도는 긴급사태 발생 시 택시가 출동하여 관계기관에 연락하거나 가까운 의료기관에 통보하는 제도이다.
② 미국은 경찰관 신분을 가진 민간경비원이 활동하는 경우가 있다.
③ <u>우리나라는 1960년대 이후 경제성장에 따른 산업시설의 증가와 더불어 영미법상의 제도인 청원경찰제도가 도입되었다.</u>

> 우리나라는 1960~70년대 청원경찰에 의한 국가 주요 기간산업체의 경비가 주류를 이루었는데 <u>한국의 청원경찰제도는 경찰과 민간경비제도를 혼용한 것으로 외국에서는 볼 수 없는 특별한 제도이다.</u> ★

④ 식민지시대 미국의 법집행과 관련된 기본적 제도는 영국의 영향을 받은 보안관(sheriff), 치안관(constable), 경비원(watchman) 등이 있다.

## 53 난이도 하
### 민간경비 개설 – 민간경비의 성장요인

**민간경비의 성장요인으로 옳지 않은 것은?**

① 범죄 및 손실문제의 증가
② 개인 및 조직의 안전의식 증대
③ 국가(공권력)의 한계인식
④ <u>개인주의의 확산</u>

> 민간경비의 성장요인과 개인주의의 확산과는 직접적 연관성이 없다.

**핵심만콕 민간경비의 성장요인**

- 경비수요의 급증 : 기계화·도시화 등으로 범죄가 증가하고 첨단화·지능화되어 가는 범죄현상으로 과학적인 인력경비나 기술에 대한 수요 증가
- 공권력의 한계인식 : 경찰력 대부분이 시국치안에 동원되어 민생치안에 대한 인력부족을 가져옴
- 안전의식 증대 : 경찰에 의존하기보다 자신은 스스로 지키자는 자구의식의 증대

## 54 난이도 하  ▎민간경비의 조직 - 기계경비시스템의 범죄 대응과정

**기계경비시스템의 범죄 대응과정에 관한 설명으로 옳은 것은?**

① 경찰관서에 직접 연결하는 경비시스템의 오작동은 경찰력의 낭비가 발생할 수 있다.

　경비시스템의 오작동으로 경찰력의 낭비가 발생하지 않도록 각종 기기를 관리하여야 한다.

② 대처요원에게 신속하게 연락하며, 각종 물리적 보호장치가 작동되도록 하는 것은 침입에 대한 정보전달과정이다.

　대처요원에게 신속하게 연락하고 각종 물리적 보호장치가 작동되도록 하는 것은 침입에 대한 대응과정이다.★

③ 경비업법령상 관제시설에서 경보를 수신한 경우 늦어도 30분 이내에 도착할 수 있는 대응체계를 갖추어야 한다.

　기계경비업무를 수행하는 경비업자는 관제시설 등에서 경보를 수신한 때에는 경보를 수신한 때부터 늦어도 25분 이내에는 도착시킬 수 있는 대응체제를 갖추어야 한다(경비업법 시행령 제7조).

④ 기계경비시스템은 '불법침입에 대한 감지 및 경고 → 침입에 대한 대응 → 침입정보의 전달' 과정을 거친다.

　기계경비시스템은 '불법침입에 대한 감지 및 경고 → 침입정보의 전달 → 침입에 대한 대응'의 과정을 거친다.

## 55 난이도 하  ▎민간경비의 조직 - 기계경비의 장·단점

**기계경비에 관한 장·단점으로 옳은 것은?**

① 유지보수에 적지 않은 비용과 전문인력이 요구된다.

　유지보수에 적지 않은 비용과 전문인력이 요구되는 것은 기계경비의 단점에 해당한다.

② 단기적으로 설치비용이 적게 든다는 장점이 있다.

　장기적으로 소요비용이 절감되는 효과가 있지만 최초의 기초 설치비용이 많이 든다.

③ 시간적 취약대인 야간에 경비효율이 현저히 감소한다고 볼 수 있다.

　시간적 취약대인 야간에도 기계경비시스템이 작동하기 때문에 효율성이 높아 시간적 제약을 적게 받는다.

④ 감시장치의 경우 감시기록유지가 어려워 사후에 범죄의 수사 단서로 활용하기 어렵다.

　기록장치에 의해 감시기록이 저장되어 증거보존의 효과가 있다.

## 56 난이도 중 | 민간경비의 조직 - 위험관리의 과정

위험관리(risk management)의 과정을 순서대로 나열한 것은?

> ㄱ. 우선순위의 설정
> ㄴ. 위험요소의 분석
> ㄷ. 안전성·보안성의 평가
> ㄹ. 위험요소의 감소
> ㅁ. 위험요소의 확인

① ㄴ - ㄱ - ㅁ - ㄷ - ㄹ
② ㄴ - ㄷ - ㄱ - ㄹ - ㅁ
③ ㅁ - ㄱ - ㄴ - ㄷ - ㄹ
④ <u>ㅁ - ㄴ - ㄱ - ㄹ - ㄷ</u>

> 위험관리의 과정은 위험요소의 확인(ㅁ) → 위험요소의 분석(ㄴ) → 우선순위의 설정(ㄱ) → 위험요소의 감소(ㄹ) → 안전성·보안성의 평가(ㄷ) 순이다.

## 57 난이도 중 | 민간경비의 조직 - 민간경비의 조직운영원리

다음에 해당하는 민간경비의 조직운영원리는?

> 상관은 부하에게 권한의 일부를 위임하고 그 부하는 자기의 권한보다 작은 권한을 바로 밑의 부하에게 위임하는 등급화 과정을 거치게 되며, 이를 통해 명령·복종관계를 명확히 하고 명령이 조직의 정점에서부터 최하위에까지 도달하도록 한다.

① 전문화의 원리
② **계층제의 원리**

> 제시문은 민간경비의 조직운영원리 중 계층제의 원리에 관한 내용이다. 참고 2016년 민간경비론 56번 핵심만 콕

③ 명령통일의 원리
④ 통솔범위의 원리

## 58  난이도 하  ■민간경비 개설 - 치안서비스의 순수공공재 이론의 특성

**치안서비스의 순수공공재 이론 중 다음 내용에 해당되는 특성은?**

> 치안서비스의 이용에 있어서 '추가 이용자의 추가 비용이 발생하지 않는다.'

① 비배제성
② **비경합성**

　제시문은 비경합성에 관한 내용이다.

③ 비거부성
④ 비한정성

### 핵심만콕  순수공공재 이론의 특성(기준)

| | |
|---|---|
| 비경합성<br>(공동소비) | 어떤 서비스를 소비할 때 한 사람이 그 서비스를 소비하더라도 다른 사람의 소비기회가 줄어들지 않음을 의미하는데, "치안서비스의 이용에 있어서 추가 이용자의 추가 비용이 발생하지 않는다"는 것을 내용으로 한다. |
| 비배제성 | 어떤 서비스를 소비할 때 생산비를 부담하지 않은 사람이라 해도 그 서비스의 소비에서 배제시킬 수 없음을 의미하는데, "치안서비스라는 재화는 이용 또는 접근에 대해서 제한할 수 없다"는 것을 내용으로 한다. |
| 비거부성 | 어떤 서비스가 공급될 때 모든 사람이 자신의 의지와는 상관없이 그 서비스를 소비하게 됨을 의미하는데, "치안서비스의 객체인 시민들은 서비스의 이용에 대한 선택권이 없다"는 것을 내용으로 한다. |

## 59  난이도 중  ■민간경비의 조직 - 혼잡경비

**혼잡경비에 관한 설명으로 옳지 않은 것은?** 　기출수정

① 혼잡한 상황에서 발생할 가능성이 있는 여러 가지 안전사고를 경계하고 예방하는 제반활동이다.
② 지방자치단체가 주관하는 축제·행사에서 안전사고에 대비하는 질서유지활동이다.
③ **혼잡경비업무의 대상은 장소와 시설에 국한된다.**

> 혼잡경비는 경비대상에 따라 여러 가지 유형으로 분류할 수 있는데, 대표적으로 교통유도경비와 이벤트경비(86아시안게임, 88서울올림픽, 93대전엑스포, 2002한·일 공동월드컵 등)가 있다. 이 중 이벤트 경비업무는 크게 이벤트 행사에 참석한 '참가자를 대상으로 한 경비'와 '시설과 장소를 대상으로 한 경비'로 구분할 수가 있다. 이에 따라 혼잡경비업무의 대상은 장소와 시설에 국한되지 않는다고 볼 수 있다.
> 〈참고〉 박성수, 「민간경비론」, 윤성사, 2021, P. 202~203

④ 일본의 경우 혼잡경비를 경비업법에서 규정하고 있으며, 교통유도업무가 대부분을 차지하고 있다.

## 60 난이도 상 | 민간경비의 조직 – 민간경비의 조직형태

**민간경비의 조직형태에 관한 설명으로 옳은 것은 모두 몇 개인가?**

> ○ 자체경비는 개인 및 기관, 기업 등이 중요하다고 판단되는 자신들의 보호대상을 보호하기 위하여 자체적으로 관련 업무를 수행할 수 있는 경비부서를 조직화하는 것이다.
> ○ 계약경비는 개인 및 기관, 기업 등이 중요하다고 판단되는 자신들의 보호대상을 보호하기 위하여 외부와의 계약을 통해서 경비인력 또는 경비시스템을 도입·운영하는 것이다.
> ○ 청원경찰은 자체경비의 일종이다.
> ○ 현행 경비업법은 계약경비를 전제로 한 것이다.

① 1개
② 2개
③ 3개
④ **4개**

> 제시문의 내용은 민간경비의 조직형태에 관한 설명으로 모두 옳다.

## 61 난이도 중 | 경비와 시설보호의 기본원칙 – 경비계획 수립의 기본원칙

**경비계획 수립의 기본원칙으로 옳은 것은?**

① 건물 출입구 수는 안전규칙의 범위 내에서 최대한으로 유지되어야 한다.
> 건물 출입구 수는 안전규칙 범위 내에서 최소한으로 유지되어야 한다.

② **통행이 많은 곳에 경비실을 설치하고, 직원들의 출입구는 주차장에서 가급적 멀리 떨어진 곳에 설치한다.**

③ 항구·부두 지역 등은 운전자가 바로 물건을 창고 지역으로 차량을 움직이도록 하고, 경비원에게 물건의 선적이나 하자를 확인할 수 있도록 설계되어야 한다.
> 항구·부두 지역은 차량이 바로 물건을 창고 지역으로 움직이지 못하게 해야 하고 경비원에게 선적이나 하차를 보고하여야 한다.★

④ 효과적인 경비를 위해서는 안전조명이 설치되어야 하고 물건의 선적 지역과 수령 지역은 통합되어야 한다.
> 물건을 선적하거나 받는 지역은 넓게 분리되어야 한다.★

## 62

**경비위해요소 분석에 관한 설명으로 옳지 않은 것은?**

① 경비위해요소는 자연적 위해, 인위적 위해, 특정한 위해 등으로 구분할 수 있다.
② **경비위해요소의 분석단계는 '경비의 위험요소 인지 → 경비의 비용효과 분석 → 경비 위험도 평가'의 순이다.**

> 경비위해요소 분석단계는 '경비위험요소 인지단계 → 손실발생 가능성 예측단계 → 경비위험도 평가단계 → 경비비용효과 분석단계' 순이다.

③ 위험요소의 인지는 경비대상시설이 안고 있는 경비상의 취약점을 파악하는 것이다.
④ 비용효과 분석은 투입비용에 대한 산출효과를 비교하여 적절한 경비수준을 결정하는 과정을 말한다.

## 63

**경비업법령상 경비지도사의 직무에 관한 내용으로 옳지 않은 것은?**

① 기계경비지도사는 기계경비업무를 위한 기계장치를 운용·감독한다.

> 경비업법 제12조 제2항 제5호, 동법 시행령 제17조 제1항 제1호

② 기계경비지도사는 오경보방지 등을 위하여 기기관리의 감독을 한다.

> 경비업법 제12조 제2항 제5호, 동법 시행령 제17조 제1항 제2호

③ 경비지도사는 경비현장에 배치된 경비원에 대한 순회점검 및 감독을 월 1회 이상 수행하여야 한다.

> 경비업법 시행령 제17조 제2항

④ **경비지도사는 경비원 직무교육 실시대장에 그 내용을 기록하여 1년간 보존하여야 한다.**

> 경비지도사는 경비원에 대한 교육을 실시하고, 경비원 직무교육 실시대장에 그 내용을 기록하여 2년간 보존하여야 한다(경비업법 시행령 제17조 제3항).

## 64 난이도 하
경비와 시설보호의 기본원칙 – 비상사태 발생 시 민간경비원의 역할

**비상사태 발생 시 민간경비원의 역할로 옳지 않은 것은?**

① 비상사태 발생의 책임소재 파악

> 민간경비원의 비상시 임무로는 경찰과의 통신업무 및 경제적으로 보호해야 할 가치가 있는 것들에 대한 보호조치 실행, 비상인력과 시설 내의 이동통제, 출입구와 비상구 및 위험지역의 출입통제 등이 있으며, 책임소재의 파악은 그 역할에 포함되지 않는다.

② 출입구와 비상구, 위험지역의 출입통제
③ 경제적 가치가 있는 것들에 대한 보호조치의 실행
④ 외부지원기관(경찰서, 소방서, 병원 등)과의 통신업무

## 65 난이도 하
경비와 시설보호의 기본원칙 – 외곽경비

**외곽경비에 관한 설명으로 옳은 것은?**

① 외곽경비의 기본 목적은 불법침입을 지연시키는 것이다.

> 외곽경비의 기본 목적은 자연적 장애물과 인공적인 구조물 등을 이용하여 범죄자의 침입을 어렵게 하고, 침입시간을 지연시킴으로써 시설·물건 및 사람을 보호하는 데 있다.

② 모든 출입구 수를 파악하고 공기흡입관, 배기관 등은 경비계획에 포함시킬 필요가 없다.

> 모든 출입구 수는 필히 파악될 필요가 있으며, 공기흡입관, 배기관 등도 경비계획에 포함시켜야 한다.

③ 안전유리의 설치 목적은 침입자의 침입시도를 완벽하게 저지하는 것보다는 침입 시간을 지연시키는 데 있다.

> 안전유리의 설치는 건물 자체에 대한 경비활동의 하나로 외곽경비가 아닌 내부경비에 포함되는 것이다. ★★

④ 차량출입구는 충분히 넓어야 하며 평상시에는 한쪽 방향으로만 유지한다.

> 차량출입구는 충분히 넓어야 하며, 평상시에는 양방향을 유지하지만 차량통제에 대한 필요성이 특별하게 생기면 출입구는 해당 시간에 맞추어 일방으로만 통행을 제한할 수 있다.

## 66 난이도 상 ▮경비와 시설보호의 기본원칙 – 환경설계를 통한 범죄예방(CPTED)

**환경설계를 통한 범죄예방(CPTED)에 관한 설명으로 옳지 않은 것은?**

① 환경의 효율적인 이용을 통해 범죄예방의 목적을 달성하기 위하여 자연적 전략에서 조직적·기계적 전략으로 그 중심을 바꾸는 데 기여하였다.

> 셉테드(CPTED)는 물리적 환경설계를 통해 범죄예방의 목적을 달성하는 것으로, 도시시설 등을 건축할 때 설계단계부터 범죄예방이 가능한 환경을 조성하는 기법이다. CPTED의 기본전략은 자연적 전략, 조직적 전략, 기계적 전략이 모두 종합되어 있으므로, ①에서 CPTED가 자연적 전략에서 조직적·기계적 전략으로 그 중심을 바꾸는 데 기여하였다는 표현은 옳지 않은 설명이다. **참고** 2022년 민간경비론 44번 핵심만 콕

② 기본전략은 자연적인 접근통제, 자연적인 감시, 영역성의 강화라는 세 가지 차원에서 출발한다.
③ 동심원 영역론(concentric zone theory)도 CPTED의 접근방법의 하나라고 볼 수 있다.
④ 범죄원인을 개인적 요인보다는 환경적 요인에서 찾고 있다.

## 67 난이도 중 ▮경비와 시설보호의 기본원칙 – 내부경비(감지기)

**다음 감지기에 관련된 내용으로 잘못 연결된 것은?**

① 자석감지기 – 영구자석과 리드(reed)
② 적외선감지기 – 투광기와 수광기
③ **초음파감지기 – 가청주파수**

> 가청주파수는 사람의 귀로 느낄 수 있는 음파의 주파수 영역으로 초음파감지기와는 관련이 없으며, 초음파감지기는 송신장치와 수신장치를 설치하여 양 기계 간에 진동파를 주고받는 과정에서 어떠한 물체가 들어오면 그 파동이 변화됨을 감지하는 장치이다.

④ 열감지기 – 원적외선 변화량

## 68 난이도 하 ▮경비와 시설보호의 기본원칙 – 내부경비(잠금장치)

**잠금장치에 관한 설명으로 옳지 않은 것은?**

① 패드록은 시설물과 탈부착이 가능한 형태로 작동하며 강한 외부충격에도 견딜 수 있도록 되어 있다.
② <u>판날름 자물쇠는 열쇠의 홈이 한쪽에만 있어 홈과 맞지 않는 열쇠를 꽂으면 열리지 않도록 되어 있다.</u>

> <u>판날름 자물쇠에 관한 설명이다.</u> 핀날름 자물쇠는 열쇠의 홈이 한쪽이 아닌 양쪽 모두에 불규칙적으로 파여 있는 형태로, 판날름 자물쇠보다 상대적으로 복잡하며 안정성을 제공할 수 있기 때문에 널리 사용되고 있다.

③ 카드식 잠금장치는 전기나 전자기 방식으로 암호가 입력된 카드를 인식시킴으로써 출입문이 열리도록 한 장치이다.
④ 돌기 자물쇠는 단순 철판에 홈도 거의 없는 것이 대부분이며 예방기능이 취약하다.


## 69 난이도 하 ▮경비와 시설보호의 기본원칙 – 내부경비(경보센서의 종류)

**단순한 접촉의 유무를 탐지하여 경보를 전달하는 장치로서 문틀과 문 사이에 접지극을 설치하는 경보센서는?**

① 광전자식 센서

> 레이저광선을 발사하여 비교적 넓은 범위에서 침입자를 탐지하는 센서로서 레이저광선을 외부침입자가 건드리면 경보되는 감지기이다.

② 자력선식 센서

> 자력선을 발생하는 장치를 설치한 후에 이 선을 건드리는 물체가 나타나면 경보를 발하는 센서로서, <u>센서가 발사한 자기력에 이상이 감지되면 중앙관제센터에 알려짐과 동시에 경보나 형광불이 작동한다. 주로 교도소나 대형은행 등의 지붕, 천장, 담벼락 등에 설치한다.</u>

③ <u>전자기계식 센서</u>

> <u>단순한 접촉의 유무를 감지하는 경비센서로서 문틀과 문 사이에 접지극을 설치하고 이것이 붙어 있으면 정상적으로 작동하게 되고, 문이 열리면 회로가 차단되어 센서가 작동하게 된다. 창문을 통한 침입을 감지하기 위해 설치되고 비용이 저렴하다.</u>

④ 압력반응식 센서

> <u>센서에 직·간접적인 압력이 가해지면 작동하는 센서로서, 주로 자동문이나 카펫 밑에 지뢰 매설식으로 설치한다.</u>

## 70 난이도 중 ▮경비와 시설보호의 기본원칙 – 폭발물에 의한 테러 위협 시 대응

**폭발물에 의한 테러 위협 시 대응에 관한 설명으로 옳지 않은 것은?**

① 폭발물에 의한 테러 위협을 당하면 우선적으로 사람을 건물 밖으로 대피시켜야 한다.
② 건물 내 폭발물에 의한 위협이 발생되었을 때 경비책임자는 경찰과 소방서에 통보하고 후속조치를 기다려야 한다.
③ 폭발물이 발견되면 그 지역을 출입하는 사람이나 출입이 제한된 사람들의 명단을 신속히 파악한다.
④ **폭발물의 폭발력 약화를 위해서 모든 창과 문은 닫아 두어야 한다.**

> 폭발물의 폭발력을 약화시키기 위해서 모든 창문과 문은 열어두어야 한다.

## 71 난이도 하 ▮컴퓨터 범죄 및 안전관리 – 정보보호의 목표

**정보보호의 목표가 아닌 것은?**

① 무결성(integrity)
② 비밀성(confidentiality)
③ 가용성(availability)
④ **적법성(legality)**

> 정보보호의 목표로는 비밀성·무결성·가용성이 있으며 적법성은 이에 해당하지 않는다.

## 72 난이도 하 ▮경비와 시설보호의 기본원칙 – 화재유형별 소화기의 구분

**인화성 액체, 가연성 액체 등이 타고 나서 재가 남지 않는 화재를 유류화재라 한다. 유류화재에 대한 소화기의 적응화재별 표시로 옳은 것은?**

① A급
② **B급**

> B급은 유류화재를 의미하고 A급은 일반화재, C급은 전기화재, D급은 금속화재, E급은 가스화재를 나타낼 때 사용한다.

③ C급
④ D급

## 73 난이도 하 ▮컴퓨터 범죄 및 안전관리 – 사이버테러

**컴퓨터 사이버테러에 관한 설명으로 옳지 않은 것은?**

① 허프건(Huffgun) – 고출력 전자기장을 발생시켜 컴퓨터의 자기기록정보를 파괴한다.
② 플레임(Flame) – 네티즌들이 공통의 관심사를 논의하기 위해 개설한 토론방에 고의로 가입하여 개인 등에 대한 악성루머를 유포한다.
③ 스누핑(Snooping) – 인터넷상에 떠도는 IP(Internet Protocol) 정보를 몰래 가로채는 행위이다.
④ **논리폭탄(Logic bomb) – 고출력 에너지로 순간적인 마이크로웨이브파를 발생시켜 컴퓨터 내의 전자 및 전기회로를 파괴한다.**

> 전자폭탄에 관한 설명이다. 논리폭탄(Logic Bomb)은 컴퓨터의 일정한 작동 시마다 부정행위가 일어날 수 있도록 프로그램을 조작하는 수법이다.

## 74 난이도 하 ▮컴퓨터 범죄 및 안전관리 – 컴퓨터 시스템 안전대책

**컴퓨터 시스템 안전대책에 관한 설명으로 옳지 않은 것은?**

① 컴퓨터실과 파일보관 장소는 허가받은 사람만이 출입할 수 있도록 엄격히 통제하여야 한다.
② 컴퓨터기기의 경우 물에 접촉하면 치명적인 손상을 가져오기 때문에 이산화탄소나 할론가스를 이용한 소화장비를 설치·사용하여야 한다.
③ **컴퓨터 시스템의 보안성 유지를 위하여 프로그램 개발자와 컴퓨터 운영자를 통합하여 운용한다.**

> 컴퓨터 시스템의 보완성을 유지하기 위해서는 프로그래머, 조작요원, 시험 및 회계요원, 유지보수 요원들 간의 접촉을 최대한 줄이거나 차단시켜야 하며 통합적으로 운용하여서는 안 된다.

④ 컴퓨터 시스템 사용이 불가능하게 될 경우를 대비하여 백업용 컴퓨터 기기를 준비해 둔다.

## 75 난이도 하 ▮컴퓨터 범죄 및 안전관리 – 컴퓨터 범죄의 특징

**컴퓨터 범죄의 특징으로 옳지 않은 것은?**

① 발견·증명의 곤란성
② 광범위성과 자동성
③ **범행의 불연속성**

> 컴퓨터 범죄는 범죄행위 측면에 있어 범행의 연속성을 특징으로 한다. ★
> 참고 2018년 민간경비론 73번 핵심만 콕

④ 고의 입증의 곤란성

## 76 난이도 하
민간경비산업의 과제와 전망 – 민간경비와 경찰의 상호관계

**민간경비와 경찰의 상호관계에 관한 설명으로 옳지 않은 것은?**

① 민간경비는 경찰이 제공하는 서비스의 보충적·보조적 기능을 수행하는 것으로 인식되고 있다.
② 경찰활동의 재원은 세금이지만 민간경비의 재원은 고객이 지급하는 도급계약의 대가(代價)라고 할 수 있다.
③ **민간경비의 모든 운영 및 활동은 관할 경찰서장의 허가 및 지도·감독을 받게 되어 있다.**

> 민간경비의 모든 운영 및 활동에 대하여 관할 경찰서장의 허가 및 지도·감독을 받아야 하는 것은 아니다.

④ 사회경제적 요인 등으로 인해 민간경비의 역할이 중요시되고 점차 독자적으로 시장규모를 확대시켜 나가고 있다.


## 77 난이도 하
민간경비산업의 과제와 전망 – 경비업의 허가(경비업자의 신고사항)

**경비업법령상 경비업의 허가를 받은 법인이 신고하여야 할 사항이 아닌 것은?**

① 영업을 폐업하거나 휴업한 때
② **기계경비업무를 개시하거나 종료한 때**

> 경비업의 허가를 받은 법인은 **특수경비업무**를 개시하거나 종료한 때에는 시·도 경찰청장에게 신고하여야 한다(경비업법 제4조 제3항 제5호).

③ 법인의 명칭이나 대표자·임원을 변경한 때
④ 법인의 주사무소나 출장소를 신설·이전 또는 폐지한 때


## 78 난이도 중
세계 각국의 민간경비 – 민간경비원 관리 및 자격증제도

**민간경비원 관리와 감독 관련 자격증제도에 관한 설명으로 옳지 않은 것은?**

① CPP는 미국산업안전협회에서 시행하는 공인경비사 자격제도이다.
② 우리나라는 2013년 경비업법상 경비지도사의 직무로 집단민원현장에 배치된 경비원에 대한 지도·감독이 추가되었다.
③ 일본의 경비원지도교육책임자는 국가공안위원회에서 관리한다.
④ **우리나라의 경비지도사자격증은 3년마다 갱신해야 한다.**

> 우리나라는 경비지도사자격증을 일정한 기간을 정하여 갱신하는 절차가 없다.

## 79 난이도 중
**│세계 각국의 민간경비 – 각국 민간경비의 법적 지위**

**민간경비원의 권한관계에 관한 설명으로 옳지 않은 것은?**

① 민간경비원은 자구행위를 할 수 있다.

> 민간경비원의 법적 지위는 일반 사인과 같으므로 일정한 경우에 정당방위, 긴급피난, 자구행위 등을 할 수 있다.

② **민간경비원은 현행범을 체포할 수 없다.**

> 민간경비원의 법적 지위는 일반 사인과 같으므로 현행범을 체포할 수는 있으나(형사소송법 제212조), 법적 제재를 가할 수는 없다.

③ 특수경비원이 휴대할 수 있는 무기종류는 권총 및 소총으로 한다.

> 경비업법 시행령 제20조 제5항

④ 청원경찰은 경비구역 내에서 경비목적을 위해 필요한 경우 불심검문 및 무기 사용을 할 수 있다.

> 청원경찰법 제3조, 경찰관직무집행법 제3조·제10조의4

## 80 난이도 하
**│민간경비산업의 과제와 전망 – 민간경비산업의 전망(한국)**

**우리나라 민간경비산업의 전망에 관한 설명으로 옳은 것을 모두 고른 것은?**

> ㄱ. 경찰업무의 과다로 민간경비업은 급속히 발전할 것이다.
> ㄴ. 민간경비업의 홍보활동이 적극적으로 전개될 것이다.
> ㄷ. 지역 특성에 맞는 민간경비 상품의 개발이 요구될 것이다.
> ㄹ. 경찰 및 교정업무의 민영화 추세는 민간경비업 증가의 한 요인이 된다.

① ㄴ, ㄹ
② ㄱ, ㄴ, ㄷ
③ ㄱ, ㄷ, ㄹ
④ **ㄱ, ㄴ, ㄷ, ㄹ**

> 제시된 내용은 모두 우리나라 민간경비산업의 전망에 관한 설명으로 옳다.

# 참고문헌

## 제1과목 법학개론
- 이재열 외 6인, 법학개론, 집현재, 2023
- 홍성찬, 법학원론, 박영사, 2021
- 김향기, 법학개론, 대명출판사, 2021
- 최종고, 법학통론, 박영사, 2019
- 박상기 외, 법학개론, 박영사, 2018
- 허영, 헌법이론과 헌법, 박영사, 2021
- 김학성·최희수, 헌법학원론, 피앤씨미디어, 2021
- 정종섭, 헌법학원론, 박영사, 2018
- 권영성, 헌법학원론, 법문사, 2010
- 곽윤직·김재형, 민법총칙, 박영사, 2020
- 곽윤직·김재형, 물권법, 박영사, 2019
- 곽윤직, 채권총론, 박영사, 2020
- 곽윤직, 채권각론, 박영사, 2018
- 양창수, 민법입문, 박영사, 2020
- 김준호, 민법강의, 법문사, 2022
- 이시윤, 신민사소송법, 박영사, 2021
- 호문혁, 민사소송법, 법문사, 2020
- 이재상·장영민·강동범, 형법총론, 박영사, 2020
- 이재상·장영민·강동범, 형법각론, 박영사, 2021
- 신동운, 형법총론, 법문사, 2021
- 신동운, 형법각론, 법문사, 2018
- 이재상·조균석, 형사소송법, 박영사, 2021
- 신동운, 간추린 형사소송법, 법문사, 2021
- 정찬형, 상법강의(상), 박영사, 2021
- 정찬형, 상법강의(하), 박영사, 2020
- 홍정선, 신행정법특강, 박영사, 2021
- 김동희·최계영, 행정법 Ⅰ, 박영사, 2021
- 김동희, 행정법 Ⅱ, 박영사, 2021
- 정하중, 행정법개론, 법문사, 2020
- 장태주, 행정법개론, 법문사, 2011
- 법제처 홈페이지, http://www.law.go.kr

## 제2과목 민간경비론
- 박성수, 민간경비론, 윤성사, 2021
- 송광호, 민간경비론, 에듀피디, 2021
- 최경철·안황권, New Target 민간경비론, 웅비, 2020
- 김대권 외, Hi-Pass 민간경비론, 백산출판사, 2019
- 김두현 외, 신민간경비론, 솔과학, 2018
- 이강열, 기계경비개론, 진영사, 2018
- 서진석, 민간경비론, 진영사, 2018
- 김순석 외, 신경향 민간경비론, 백산출판사, 2013
- 송상욱 외, 핵심 민간경비론, 진영사, 2009
- 법제처 홈페이지, http://www.law.go.kr

**2025 시대에듀 경비지도사 1차 10개년 기출문제해설 [일반 · 기계경비]**

| | |
|---|---|
| 개정18판2쇄 발행 | 2025년 04월 10일(인쇄 2025년 09월 18일) |
| 초 판 발 행 | 2008년 07월 10일(인쇄 2008년 06월 05일) |
| 발 행 인 | 박영일 |
| 책 임 편 집 | 이해욱 |
| 편 저 | 시대에듀 경비지도사 교수진 |
| 편 집 진 행 | 이재성 · 고광옥 · 백승은 |
| 표지디자인 | 박종우 |
| 편집디자인 | 표미영 · 임창규 |
| 발 행 처 | (주)시대고시기획 |
| 출 판 등 록 | 제10-1521호 |
| 주 소 | 서울시 마포구 큰우물로 75 [도화동 538 성지 B/D] 9F |
| 전 화 | 1600-3600 |
| 팩 스 | 02-701-8823 |
| 홈 페 이 지 | www.sdedu.co.kr |
| I S B N | 979-11-383-8786-6 (13350) |
| 정 가 | 30,000원 |

※ 이 책은 저작권법의 보호를 받는 저작물이므로 동영상 제작 및 무단전재와 배포를 금합니다.
※ 잘못된 책은 구입하신 서점에서 바꾸어 드립니다.

**합격의 공식** ▶
**온라인 강의**

혼자 공부하기 힘드시다면 방법이 있습니다.
시대에듀의 동영상 강의를 이용하시면 됩니다.
www.sdedu.co.kr ➜ 회원가입(로그인) ➜ 강의 살펴보기

## 정답 마킹표(40문/4지선다)

| 연도 | | 과목 | |
|---|---|---|---|
| 시간 | | 회독 | |
| 문번 | CHECK | 문번 | CHECK |
| 1 | ① ② ③ ④ | 21 | ① ② ③ ④ |
| 2 | ① ② ③ ④ | 22 | ① ② ③ ④ |
| 3 | ① ② ③ ④ | 23 | ① ② ③ ④ |
| 4 | ① ② ③ ④ | 24 | ① ② ③ ④ |
| 5 | ① ② ③ ④ | 25 | ① ② ③ ④ |
| 6 | ① ② ③ ④ | 26 | ① ② ③ ④ |
| 7 | ① ② ③ ④ | 27 | ① ② ③ ④ |
| 8 | ① ② ③ ④ | 28 | ① ② ③ ④ |
| 9 | ① ② ③ ④ | 29 | ① ② ③ ④ |
| 10 | ① ② ③ ④ | 30 | ① ② ③ ④ |
| 11 | ① ② ③ ④ | 31 | ① ② ③ ④ |
| 12 | ① ② ③ ④ | 32 | ① ② ③ ④ |
| 13 | ① ② ③ ④ | 33 | ① ② ③ ④ |
| 14 | ① ② ③ ④ | 34 | ① ② ③ ④ |
| 15 | ① ② ③ ④ | 35 | ① ② ③ ④ |
| 16 | ① ② ③ ④ | 36 | ① ② ③ ④ |
| 17 | ① ② ③ ④ | 37 | ① ② ③ ④ |
| 18 | ① ② ③ ④ | 38 | ① ② ③ ④ |
| 19 | ① ② ③ ④ | 39 | ① ② ③ ④ |
| 20 | ① ② ③ ④ | 40 | ① ② ③ ④ |
| 정답 | | 오답 | |
| 점수 | | | |

MEMO

## 정답 마킹표(40문/4지선다)

| 연도 | | 과목 | |
|---|---|---|---|
| 시간 | | 회독 | |
| 문번 | CHECK | 문번 | CHECK |
| 1 | ① ② ③ ④ | 21 | ① ② ③ ④ |
| 2 | ① ② ③ ④ | 22 | ① ② ③ ④ |
| 3 | ① ② ③ ④ | 23 | ① ② ③ ④ |
| 4 | ① ② ③ ④ | 24 | ① ② ③ ④ |
| 5 | ① ② ③ ④ | 25 | ① ② ③ ④ |
| 6 | ① ② ③ ④ | 26 | ① ② ③ ④ |
| 7 | ① ② ③ ④ | 27 | ① ② ③ ④ |
| 8 | ① ② ③ ④ | 28 | ① ② ③ ④ |
| 9 | ① ② ③ ④ | 29 | ① ② ③ ④ |
| 10 | ① ② ③ ④ | 30 | ① ② ③ ④ |
| 11 | ① ② ③ ④ | 31 | ① ② ③ ④ |
| 12 | ① ② ③ ④ | 32 | ① ② ③ ④ |
| 13 | ① ② ③ ④ | 33 | ① ② ③ ④ |
| 14 | ① ② ③ ④ | 34 | ① ② ③ ④ |
| 15 | ① ② ③ ④ | 35 | ① ② ③ ④ |
| 16 | ① ② ③ ④ | 36 | ① ② ③ ④ |
| 17 | ① ② ③ ④ | 37 | ① ② ③ ④ |
| 18 | ① ② ③ ④ | 38 | ① ② ③ ④ |
| 19 | ① ② ③ ④ | 39 | ① ② ③ ④ |
| 20 | ① ② ③ ④ | 40 | ① ② ③ ④ |
| 정답 | | 오답 | |
| 점수 | | | |

MEMO

## 정답 마킹표(40문/4지선다)

| 연 도 | | 과 목 | |
|---|---|---|---|
| 시 간 | | 회 독 | |
| 문 번 | CHECK | 문 번 | CHECK |
| 41 | ① ② ③ ④ | 61 | ① ② ③ ④ |
| 42 | ① ② ③ ④ | 62 | ① ② ③ ④ |
| 43 | ① ② ③ ④ | 63 | ① ② ③ ④ |
| 44 | ① ② ③ ④ | 64 | ① ② ③ ④ |
| 45 | ① ② ③ ④ | 65 | ① ② ③ ④ |
| 46 | ① ② ③ ④ | 66 | ① ② ③ ④ |
| 47 | ① ② ③ ④ | 67 | ① ② ③ ④ |
| 48 | ① ② ③ ④ | 68 | ① ② ③ ④ |
| 49 | ① ② ③ ④ | 69 | ① ② ③ ④ |
| 50 | ① ② ③ ④ | 70 | ① ② ③ ④ |
| 51 | ① ② ③ ④ | 71 | ① ② ③ ④ |
| 52 | ① ② ③ ④ | 72 | ① ② ③ ④ |
| 53 | ① ② ③ ④ | 73 | ① ② ③ ④ |
| 54 | ① ② ③ ④ | 74 | ① ② ③ ④ |
| 55 | ① ② ③ ④ | 75 | ① ② ③ ④ |
| 56 | ① ② ③ ④ | 76 | ① ② ③ ④ |
| 57 | ① ② ③ ④ | 77 | ① ② ③ ④ |
| 58 | ① ② ③ ④ | 78 | ① ② ③ ④ |
| 59 | ① ② ③ ④ | 79 | ① ② ③ ④ |
| 60 | ① ② ③ ④ | 80 | ① ② ③ ④ |
| 정 답 | | 오 답 | |
| 점 수 | | | |

MEMO

## 정답 마킹표(40문/4지선다)

| 연 도 | | 과 목 | |
|---|---|---|---|
| 시 간 | | 회 독 | |
| 문 번 | CHECK | 문 번 | CHECK |
| 41 | ① ② ③ ④ | 61 | ① ② ③ ④ |
| 42 | ① ② ③ ④ | 62 | ① ② ③ ④ |
| 43 | ① ② ③ ④ | 63 | ① ② ③ ④ |
| 44 | ① ② ③ ④ | 64 | ① ② ③ ④ |
| 45 | ① ② ③ ④ | 65 | ① ② ③ ④ |
| 46 | ① ② ③ ④ | 66 | ① ② ③ ④ |
| 47 | ① ② ③ ④ | 67 | ① ② ③ ④ |
| 48 | ① ② ③ ④ | 68 | ① ② ③ ④ |
| 49 | ① ② ③ ④ | 69 | ① ② ③ ④ |
| 50 | ① ② ③ ④ | 70 | ① ② ③ ④ |
| 51 | ① ② ③ ④ | 71 | ① ② ③ ④ |
| 52 | ① ② ③ ④ | 72 | ① ② ③ ④ |
| 53 | ① ② ③ ④ | 73 | ① ② ③ ④ |
| 54 | ① ② ③ ④ | 74 | ① ② ③ ④ |
| 55 | ① ② ③ ④ | 75 | ① ② ③ ④ |
| 56 | ① ② ③ ④ | 76 | ① ② ③ ④ |
| 57 | ① ② ③ ④ | 77 | ① ② ③ ④ |
| 58 | ① ② ③ ④ | 78 | ① ② ③ ④ |
| 59 | ① ② ③ ④ | 79 | ① ② ③ ④ |
| 60 | ① ② ③ ④ | 80 | ① ② ③ ④ |
| 정 답 | | 오 답 | |
| 점 수 | | | |

MEMO

**정답 마킹표(40문/4지선다)**

| 연도 | | 과목 | |
|---|---|---|---|
| 시간 | | 회독 | |
| 문번 | CHECK | 문번 | CHECK |
| 1 | ① ② ③ ④ | 21 | ① ② ③ ④ |
| 2 | ① ② ③ ④ | 22 | ① ② ③ ④ |
| 3 | ① ② ③ ④ | 23 | ① ② ③ ④ |
| 4 | ① ② ③ ④ | 24 | ① ② ③ ④ |
| 5 | ① ② ③ ④ | 25 | ① ② ③ ④ |
| 6 | ① ② ③ ④ | 26 | ① ② ③ ④ |
| 7 | ① ② ③ ④ | 27 | ① ② ③ ④ |
| 8 | ① ② ③ ④ | 28 | ① ② ③ ④ |
| 9 | ① ② ③ ④ | 29 | ① ② ③ ④ |
| 10 | ① ② ③ ④ | 30 | ① ② ③ ④ |
| 11 | ① ② ③ ④ | 31 | ① ② ③ ④ |
| 12 | ① ② ③ ④ | 32 | ① ② ③ ④ |
| 13 | ① ② ③ ④ | 33 | ① ② ③ ④ |
| 14 | ① ② ③ ④ | 34 | ① ② ③ ④ |
| 15 | ① ② ③ ④ | 35 | ① ② ③ ④ |
| 16 | ① ② ③ ④ | 36 | ① ② ③ ④ |
| 17 | ① ② ③ ④ | 37 | ① ② ③ ④ |
| 18 | ① ② ③ ④ | 38 | ① ② ③ ④ |
| 19 | ① ② ③ ④ | 39 | ① ② ③ ④ |
| 20 | ① ② ③ ④ | 40 | ① ② ③ ④ |
| 정답 | | 오답 | |
| 점수 | | | |

MEMO

**정답 마킹표(40문/4지선다)**

| 연도 | | 과목 | |
|---|---|---|---|
| 시간 | | 회독 | |
| 문번 | CHECK | 문번 | CHECK |
| 1 | ① ② ③ ④ | 21 | ① ② ③ ④ |
| 2 | ① ② ③ ④ | 22 | ① ② ③ ④ |
| 3 | ① ② ③ ④ | 23 | ① ② ③ ④ |
| 4 | ① ② ③ ④ | 24 | ① ② ③ ④ |
| 5 | ① ② ③ ④ | 25 | ① ② ③ ④ |
| 6 | ① ② ③ ④ | 26 | ① ② ③ ④ |
| 7 | ① ② ③ ④ | 27 | ① ② ③ ④ |
| 8 | ① ② ③ ④ | 28 | ① ② ③ ④ |
| 9 | ① ② ③ ④ | 29 | ① ② ③ ④ |
| 10 | ① ② ③ ④ | 30 | ① ② ③ ④ |
| 11 | ① ② ③ ④ | 31 | ① ② ③ ④ |
| 12 | ① ② ③ ④ | 32 | ① ② ③ ④ |
| 13 | ① ② ③ ④ | 33 | ① ② ③ ④ |
| 14 | ① ② ③ ④ | 34 | ① ② ③ ④ |
| 15 | ① ② ③ ④ | 35 | ① ② ③ ④ |
| 16 | ① ② ③ ④ | 36 | ① ② ③ ④ |
| 17 | ① ② ③ ④ | 37 | ① ② ③ ④ |
| 18 | ① ② ③ ④ | 38 | ① ② ③ ④ |
| 19 | ① ② ③ ④ | 39 | ① ② ③ ④ |
| 20 | ① ② ③ ④ | 40 | ① ② ③ ④ |
| 정답 | | 오답 | |
| 점수 | | | |

MEMO

## 정답 마킹표(40문/4지선다)

| 연도 | | 과목 | |
|---|---|---|---|
| 시간 | | 회독 | |
| 문번 | CHECK | 문번 | CHECK |
| 41 | ① ② ③ ④ | 61 | ① ② ③ ④ |
| 42 | ① ② ③ ④ | 62 | ① ② ③ ④ |
| 43 | ① ② ③ ④ | 63 | ① ② ③ ④ |
| 44 | ① ② ③ ④ | 64 | ① ② ③ ④ |
| 45 | ① ② ③ ④ | 65 | ① ② ③ ④ |
| 46 | ① ② ③ ④ | 66 | ① ② ③ ④ |
| 47 | ① ② ③ ④ | 67 | ① ② ③ ④ |
| 48 | ① ② ③ ④ | 68 | ① ② ③ ④ |
| 49 | ① ② ③ ④ | 69 | ① ② ③ ④ |
| 50 | ① ② ③ ④ | 70 | ① ② ③ ④ |
| 51 | ① ② ③ ④ | 71 | ① ② ③ ④ |
| 52 | ① ② ③ ④ | 72 | ① ② ③ ④ |
| 53 | ① ② ③ ④ | 73 | ① ② ③ ④ |
| 54 | ① ② ③ ④ | 74 | ① ② ③ ④ |
| 55 | ① ② ③ ④ | 75 | ① ② ③ ④ |
| 56 | ① ② ③ ④ | 76 | ① ② ③ ④ |
| 57 | ① ② ③ ④ | 77 | ① ② ③ ④ |
| 58 | ① ② ③ ④ | 78 | ① ② ③ ④ |
| 59 | ① ② ③ ④ | 79 | ① ② ③ ④ |
| 60 | ① ② ③ ④ | 80 | ① ② ③ ④ |
| 정답 | | 오답 | |
| 점수 | | | |

MEMO

## 정답 마킹표(40문/4지선다)

| 연도 | | 과목 | |
|---|---|---|---|
| 시간 | | 회독 | |
| 문번 | CHECK | 문번 | CHECK |
| 41 | ① ② ③ ④ | 61 | ① ② ③ ④ |
| 42 | ① ② ③ ④ | 62 | ① ② ③ ④ |
| 43 | ① ② ③ ④ | 63 | ① ② ③ ④ |
| 44 | ① ② ③ ④ | 64 | ① ② ③ ④ |
| 45 | ① ② ③ ④ | 65 | ① ② ③ ④ |
| 46 | ① ② ③ ④ | 66 | ① ② ③ ④ |
| 47 | ① ② ③ ④ | 67 | ① ② ③ ④ |
| 48 | ① ② ③ ④ | 68 | ① ② ③ ④ |
| 49 | ① ② ③ ④ | 69 | ① ② ③ ④ |
| 50 | ① ② ③ ④ | 70 | ① ② ③ ④ |
| 51 | ① ② ③ ④ | 71 | ① ② ③ ④ |
| 52 | ① ② ③ ④ | 72 | ① ② ③ ④ |
| 53 | ① ② ③ ④ | 73 | ① ② ③ ④ |
| 54 | ① ② ③ ④ | 74 | ① ② ③ ④ |
| 55 | ① ② ③ ④ | 75 | ① ② ③ ④ |
| 56 | ① ② ③ ④ | 76 | ① ② ③ ④ |
| 57 | ① ② ③ ④ | 77 | ① ② ③ ④ |
| 58 | ① ② ③ ④ | 78 | ① ② ③ ④ |
| 59 | ① ② ③ ④ | 79 | ① ② ③ ④ |
| 60 | ① ② ③ ④ | 80 | ① ② ③ ④ |
| 정답 | | 오답 | |
| 점수 | | | |

MEMO

## 정답 마킹표(40문/4지선다)

| 연 도 | | | | 과 목 | | | |
|---|---|---|---|---|---|---|---|
| 시 간 | | | | 회 독 | | | |
| 문 번 | CHECK | | | 문 번 | CHECK | | |
| 1 | ① ② ③ ④ | | | 21 | ① ② ③ ④ | | |
| 2 | ① ② ③ ④ | | | 22 | ① ② ③ ④ | | |
| 3 | ① ② ③ ④ | | | 23 | ① ② ③ ④ | | |
| 4 | ① ② ③ ④ | | | 24 | ① ② ③ ④ | | |
| 5 | ① ② ③ ④ | | | 25 | ① ② ③ ④ | | |
| 6 | ① ② ③ ④ | | | 26 | ① ② ③ ④ | | |
| 7 | ① ② ③ ④ | | | 27 | ① ② ③ ④ | | |
| 8 | ① ② ③ ④ | | | 28 | ① ② ③ ④ | | |
| 9 | ① ② ③ ④ | | | 29 | ① ② ③ ④ | | |
| 10 | ① ② ③ ④ | | | 30 | ① ② ③ ④ | | |
| 11 | ① ② ③ ④ | | | 31 | ① ② ③ ④ | | |
| 12 | ① ② ③ ④ | | | 32 | ① ② ③ ④ | | |
| 13 | ① ② ③ ④ | | | 33 | ① ② ③ ④ | | |
| 14 | ① ② ③ ④ | | | 34 | ① ② ③ ④ | | |
| 15 | ① ② ③ ④ | | | 35 | ① ② ③ ④ | | |
| 16 | ① ② ③ ④ | | | 36 | ① ② ③ ④ | | |
| 17 | ① ② ③ ④ | | | 37 | ① ② ③ ④ | | |
| 18 | ① ② ③ ④ | | | 38 | ① ② ③ ④ | | |
| 19 | ① ② ③ ④ | | | 39 | ① ② ③ ④ | | |
| 20 | ① ② ③ ④ | | | 40 | ① ② ③ ④ | | |
| 정 답 | | | | 오 답 | | | |
| 점 수 | | | | | | | |

MEMO

## 정답 마킹표(40문/4지선다)

| 연 도 | | | | 과 목 | | | |
|---|---|---|---|---|---|---|---|
| 시 간 | | | | 회 독 | | | |
| 문 번 | CHECK | | | 문 번 | CHECK | | |
| 1 | ① ② ③ ④ | | | 21 | ① ② ③ ④ | | |
| 2 | ① ② ③ ④ | | | 22 | ① ② ③ ④ | | |
| 3 | ① ② ③ ④ | | | 23 | ① ② ③ ④ | | |
| 4 | ① ② ③ ④ | | | 24 | ① ② ③ ④ | | |
| 5 | ① ② ③ ④ | | | 25 | ① ② ③ ④ | | |
| 6 | ① ② ③ ④ | | | 26 | ① ② ③ ④ | | |
| 7 | ① ② ③ ④ | | | 27 | ① ② ③ ④ | | |
| 8 | ① ② ③ ④ | | | 28 | ① ② ③ ④ | | |
| 9 | ① ② ③ ④ | | | 29 | ① ② ③ ④ | | |
| 10 | ① ② ③ ④ | | | 30 | ① ② ③ ④ | | |
| 11 | ① ② ③ ④ | | | 31 | ① ② ③ ④ | | |
| 12 | ① ② ③ ④ | | | 32 | ① ② ③ ④ | | |
| 13 | ① ② ③ ④ | | | 33 | ① ② ③ ④ | | |
| 14 | ① ② ③ ④ | | | 34 | ① ② ③ ④ | | |
| 15 | ① ② ③ ④ | | | 35 | ① ② ③ ④ | | |
| 16 | ① ② ③ ④ | | | 36 | ① ② ③ ④ | | |
| 17 | ① ② ③ ④ | | | 37 | ① ② ③ ④ | | |
| 18 | ① ② ③ ④ | | | 38 | ① ② ③ ④ | | |
| 19 | ① ② ③ ④ | | | 39 | ① ② ③ ④ | | |
| 20 | ① ② ③ ④ | | | 40 | ① ② ③ ④ | | |
| 정 답 | | | | 오 답 | | | |
| 점 수 | | | | | | | |

MEMO

## 정답 마킹표(40문/4지선다)

| 연 도 | | 과 목 | |
|---|---|---|---|
| 시 간 | | 회 독 | |

| 문 번 | CHECK | 문 번 | CHECK |
|---|---|---|---|
| 41 | ① ② ③ ④ | 61 | ① ② ③ ④ |
| 42 | ① ② ③ ④ | 62 | ① ② ③ ④ |
| 43 | ① ② ③ ④ | 63 | ① ② ③ ④ |
| 44 | ① ② ③ ④ | 64 | ① ② ③ ④ |
| 45 | ① ② ③ ④ | 65 | ① ② ③ ④ |
| 46 | ① ② ③ ④ | 66 | ① ② ③ ④ |
| 47 | ① ② ③ ④ | 67 | ① ② ③ ④ |
| 48 | ① ② ③ ④ | 68 | ① ② ③ ④ |
| 49 | ① ② ③ ④ | 69 | ① ② ③ ④ |
| 50 | ① ② ③ ④ | 70 | ① ② ③ ④ |
| 51 | ① ② ③ ④ | 71 | ① ② ③ ④ |
| 52 | ① ② ③ ④ | 72 | ① ② ③ ④ |
| 53 | ① ② ③ ④ | 73 | ① ② ③ ④ |
| 54 | ① ② ③ ④ | 74 | ① ② ③ ④ |
| 55 | ① ② ③ ④ | 75 | ① ② ③ ④ |
| 56 | ① ② ③ ④ | 76 | ① ② ③ ④ |
| 57 | ① ② ③ ④ | 77 | ① ② ③ ④ |
| 58 | ① ② ③ ④ | 78 | ① ② ③ ④ |
| 59 | ① ② ③ ④ | 79 | ① ② ③ ④ |
| 60 | ① ② ③ ④ | 80 | ① ② ③ ④ |
| 정 답 | | 오 답 | |
| 점 수 | | | |

MEMO

## 정답 마킹표(40문/4지선다)

| 연 도 | | 과 목 | |
|---|---|---|---|
| 시 간 | | 회 독 | |

| 문 번 | CHECK | 문 번 | CHECK |
|---|---|---|---|
| 41 | ① ② ③ ④ | 61 | ① ② ③ ④ |
| 42 | ① ② ③ ④ | 62 | ① ② ③ ④ |
| 43 | ① ② ③ ④ | 63 | ① ② ③ ④ |
| 44 | ① ② ③ ④ | 64 | ① ② ③ ④ |
| 45 | ① ② ③ ④ | 65 | ① ② ③ ④ |
| 46 | ① ② ③ ④ | 66 | ① ② ③ ④ |
| 47 | ① ② ③ ④ | 67 | ① ② ③ ④ |
| 48 | ① ② ③ ④ | 68 | ① ② ③ ④ |
| 49 | ① ② ③ ④ | 69 | ① ② ③ ④ |
| 50 | ① ② ③ ④ | 70 | ① ② ③ ④ |
| 51 | ① ② ③ ④ | 71 | ① ② ③ ④ |
| 52 | ① ② ③ ④ | 72 | ① ② ③ ④ |
| 53 | ① ② ③ ④ | 73 | ① ② ③ ④ |
| 54 | ① ② ③ ④ | 74 | ① ② ③ ④ |
| 55 | ① ② ③ ④ | 75 | ① ② ③ ④ |
| 56 | ① ② ③ ④ | 76 | ① ② ③ ④ |
| 57 | ① ② ③ ④ | 77 | ① ② ③ ④ |
| 58 | ① ② ③ ④ | 78 | ① ② ③ ④ |
| 59 | ① ② ③ ④ | 79 | ① ② ③ ④ |
| 60 | ① ② ③ ④ | 80 | ① ② ③ ④ |
| 정 답 | | 오 답 | |
| 점 수 | | | |

MEMO

**정답 마킹표(40문/4지선다)**

| 연 도 | | | | | 과 목 | | | | |
|---|---|---|---|---|---|---|---|---|---|
| 시 간 | | | | | 회 독 | | | | |
| 문 번 | CHECK | | | | 문 번 | CHECK | | | |
| 1 | ① | ② | ③ | ④ | 21 | ① | ② | ③ | ④ |
| 2 | ① | ② | ③ | ④ | 22 | ① | ② | ③ | ④ |
| 3 | ① | ② | ③ | ④ | 23 | ① | ② | ③ | ④ |
| 4 | ① | ② | ③ | ④ | 24 | ① | ② | ③ | ④ |
| 5 | ① | ② | ③ | ④ | 25 | ① | ② | ③ | ④ |
| 6 | ① | ② | ③ | ④ | 26 | ① | ② | ③ | ④ |
| 7 | ① | ② | ③ | ④ | 27 | ① | ② | ③ | ④ |
| 8 | ① | ② | ③ | ④ | 28 | ① | ② | ③ | ④ |
| 9 | ① | ② | ③ | ④ | 29 | ① | ② | ③ | ④ |
| 10 | ① | ② | ③ | ④ | 30 | ① | ② | ③ | ④ |
| 11 | ① | ② | ③ | ④ | 31 | ① | ② | ③ | ④ |
| 12 | ① | ② | ③ | ④ | 32 | ① | ② | ③ | ④ |
| 13 | ① | ② | ③ | ④ | 33 | ① | ② | ③ | ④ |
| 14 | ① | ② | ③ | ④ | 34 | ① | ② | ③ | ④ |
| 15 | ① | ② | ③ | ④ | 35 | ① | ② | ③ | ④ |
| 16 | ① | ② | ③ | ④ | 36 | ① | ② | ③ | ④ |
| 17 | ① | ② | ③ | ④ | 37 | ① | ② | ③ | ④ |
| 18 | ① | ② | ③ | ④ | 38 | ① | ② | ③ | ④ |
| 19 | ① | ② | ③ | ④ | 39 | ① | ② | ③ | ④ |
| 20 | ① | ② | ③ | ④ | 40 | ① | ② | ③ | ④ |
| 정 답 | | | | | 오 답 | | | | |
| 점 수 | | | | | | | | | |

MEMO

**정답 마킹표(40문/4지선다)**

| 연 도 | | | | | 과 목 | | | | |
|---|---|---|---|---|---|---|---|---|---|
| 시 간 | | | | | 회 독 | | | | |
| 문 번 | CHECK | | | | 문 번 | CHECK | | | |
| 1 | ① | ② | ③ | ④ | 21 | ① | ② | ③ | ④ |
| 2 | ① | ② | ③ | ④ | 22 | ① | ② | ③ | ④ |
| 3 | ① | ② | ③ | ④ | 23 | ① | ② | ③ | ④ |
| 4 | ① | ② | ③ | ④ | 24 | ① | ② | ③ | ④ |
| 5 | ① | ② | ③ | ④ | 25 | ① | ② | ③ | ④ |
| 6 | ① | ② | ③ | ④ | 26 | ① | ② | ③ | ④ |
| 7 | ① | ② | ③ | ④ | 27 | ① | ② | ③ | ④ |
| 8 | ① | ② | ③ | ④ | 28 | ① | ② | ③ | ④ |
| 9 | ① | ② | ③ | ④ | 29 | ① | ② | ③ | ④ |
| 10 | ① | ② | ③ | ④ | 30 | ① | ② | ③ | ④ |
| 11 | ① | ② | ③ | ④ | 31 | ① | ② | ③ | ④ |
| 12 | ① | ② | ③ | ④ | 32 | ① | ② | ③ | ④ |
| 13 | ① | ② | ③ | ④ | 33 | ① | ② | ③ | ④ |
| 14 | ① | ② | ③ | ④ | 34 | ① | ② | ③ | ④ |
| 15 | ① | ② | ③ | ④ | 35 | ① | ② | ③ | ④ |
| 16 | ① | ② | ③ | ④ | 36 | ① | ② | ③ | ④ |
| 17 | ① | ② | ③ | ④ | 37 | ① | ② | ③ | ④ |
| 18 | ① | ② | ③ | ④ | 38 | ① | ② | ③ | ④ |
| 19 | ① | ② | ③ | ④ | 39 | ① | ② | ③ | ④ |
| 20 | ① | ② | ③ | ④ | 40 | ① | ② | ③ | ④ |
| 정 답 | | | | | 오 답 | | | | |
| 점 수 | | | | | | | | | |

MEMO

## 정답 마킹표(40문/4지선다)

| 연 도 | | 과 목 | |
|---|---|---|---|
| 시 간 | | 회 독 | |
| 문 번 | CHECK | 문 번 | CHECK |
| 41 | ① ② ③ ④ | 61 | ① ② ③ ④ |
| 42 | ① ② ③ ④ | 62 | ① ② ③ ④ |
| 43 | ① ② ③ ④ | 63 | ① ② ③ ④ |
| 44 | ① ② ③ ④ | 64 | ① ② ③ ④ |
| 45 | ① ② ③ ④ | 65 | ① ② ③ ④ |
| 46 | ① ② ③ ④ | 66 | ① ② ③ ④ |
| 47 | ① ② ③ ④ | 67 | ① ② ③ ④ |
| 48 | ① ② ③ ④ | 68 | ① ② ③ ④ |
| 49 | ① ② ③ ④ | 69 | ① ② ③ ④ |
| 50 | ① ② ③ ④ | 70 | ① ② ③ ④ |
| 51 | ① ② ③ ④ | 71 | ① ② ③ ④ |
| 52 | ① ② ③ ④ | 72 | ① ② ③ ④ |
| 53 | ① ② ③ ④ | 73 | ① ② ③ ④ |
| 54 | ① ② ③ ④ | 74 | ① ② ③ ④ |
| 55 | ① ② ③ ④ | 75 | ① ② ③ ④ |
| 56 | ① ② ③ ④ | 76 | ① ② ③ ④ |
| 57 | ① ② ③ ④ | 77 | ① ② ③ ④ |
| 58 | ① ② ③ ④ | 78 | ① ② ③ ④ |
| 59 | ① ② ③ ④ | 79 | ① ② ③ ④ |
| 60 | ① ② ③ ④ | 80 | ① ② ③ ④ |
| 정 답 | | 오 답 | |
| 점 수 | | | |

MEMO

## 정답 마킹표(40문/4지선다)

| 연 도 | | 과 목 | |
|---|---|---|---|
| 시 간 | | 회 독 | |
| 문 번 | CHECK | 문 번 | CHECK |
| 41 | ① ② ③ ④ | 61 | ① ② ③ ④ |
| 42 | ① ② ③ ④ | 62 | ① ② ③ ④ |
| 43 | ① ② ③ ④ | 63 | ① ② ③ ④ |
| 44 | ① ② ③ ④ | 64 | ① ② ③ ④ |
| 45 | ① ② ③ ④ | 65 | ① ② ③ ④ |
| 46 | ① ② ③ ④ | 66 | ① ② ③ ④ |
| 47 | ① ② ③ ④ | 67 | ① ② ③ ④ |
| 48 | ① ② ③ ④ | 68 | ① ② ③ ④ |
| 49 | ① ② ③ ④ | 69 | ① ② ③ ④ |
| 50 | ① ② ③ ④ | 70 | ① ② ③ ④ |
| 51 | ① ② ③ ④ | 71 | ① ② ③ ④ |
| 52 | ① ② ③ ④ | 72 | ① ② ③ ④ |
| 53 | ① ② ③ ④ | 73 | ① ② ③ ④ |
| 54 | ① ② ③ ④ | 74 | ① ② ③ ④ |
| 55 | ① ② ③ ④ | 75 | ① ② ③ ④ |
| 56 | ① ② ③ ④ | 76 | ① ② ③ ④ |
| 57 | ① ② ③ ④ | 77 | ① ② ③ ④ |
| 58 | ① ② ③ ④ | 78 | ① ② ③ ④ |
| 59 | ① ② ③ ④ | 79 | ① ② ③ ④ |
| 60 | ① ② ③ ④ | 80 | ① ② ③ ④ |
| 정 답 | | 오 답 | |
| 점 수 | | | |

MEMO

**정답 마킹표(40문/4지선다)**

| 연도 | | 과목 | |
|---|---|---|---|
| 시간 | | 회독 | |

| 문번 | CHECK | | | | 문번 | CHECK | | | |
|---|---|---|---|---|---|---|---|---|---|
| 1 | ① | ② | ③ | ④ | 21 | ① | ② | ③ | ④ |
| 2 | ① | ② | ③ | ④ | 22 | ① | ② | ③ | ④ |
| 3 | ① | ② | ③ | ④ | 23 | ① | ② | ③ | ④ |
| 4 | ① | ② | ③ | ④ | 24 | ① | ② | ③ | ④ |
| 5 | ① | ② | ③ | ④ | 25 | ① | ② | ③ | ④ |
| 6 | ① | ② | ③ | ④ | 26 | ① | ② | ③ | ④ |
| 7 | ① | ② | ③ | ④ | 27 | ① | ② | ③ | ④ |
| 8 | ① | ② | ③ | ④ | 28 | ① | ② | ③ | ④ |
| 9 | ① | ② | ③ | ④ | 29 | ① | ② | ③ | ④ |
| 10 | ① | ② | ③ | ④ | 30 | ① | ② | ③ | ④ |
| 11 | ① | ② | ③ | ④ | 31 | ① | ② | ③ | ④ |
| 12 | ① | ② | ③ | ④ | 32 | ① | ② | ③ | ④ |
| 13 | ① | ② | ③ | ④ | 33 | ① | ② | ③ | ④ |
| 14 | ① | ② | ③ | ④ | 34 | ① | ② | ③ | ④ |
| 15 | ① | ② | ③ | ④ | 35 | ① | ② | ③ | ④ |
| 16 | ① | ② | ③ | ④ | 36 | ① | ② | ③ | ④ |
| 17 | ① | ② | ③ | ④ | 37 | ① | ② | ③ | ④ |
| 18 | ① | ② | ③ | ④ | 38 | ① | ② | ③ | ④ |
| 19 | ① | ② | ③ | ④ | 39 | ① | ② | ③ | ④ |
| 20 | ① | ② | ③ | ④ | 40 | ① | ② | ③ | ④ |

| 정답 | | 오답 | |
|---|---|---|---|
| 점수 | | | |

MEMO

---

**정답 마킹표(40문/4지선다)**

| 연도 | | 과목 | |
|---|---|---|---|
| 시간 | | 회독 | |

| 문번 | CHECK | | | | 문번 | CHECK | | | |
|---|---|---|---|---|---|---|---|---|---|
| 1 | ① | ② | ③ | ④ | 21 | ① | ② | ③ | ④ |
| 2 | ① | ② | ③ | ④ | 22 | ① | ② | ③ | ④ |
| 3 | ① | ② | ③ | ④ | 23 | ① | ② | ③ | ④ |
| 4 | ① | ② | ③ | ④ | 24 | ① | ② | ③ | ④ |
| 5 | ① | ② | ③ | ④ | 25 | ① | ② | ③ | ④ |
| 6 | ① | ② | ③ | ④ | 26 | ① | ② | ③ | ④ |
| 7 | ① | ② | ③ | ④ | 27 | ① | ② | ③ | ④ |
| 8 | ① | ② | ③ | ④ | 28 | ① | ② | ③ | ④ |
| 9 | ① | ② | ③ | ④ | 29 | ① | ② | ③ | ④ |
| 10 | ① | ② | ③ | ④ | 30 | ① | ② | ③ | ④ |
| 11 | ① | ② | ③ | ④ | 31 | ① | ② | ③ | ④ |
| 12 | ① | ② | ③ | ④ | 32 | ① | ② | ③ | ④ |
| 13 | ① | ② | ③ | ④ | 33 | ① | ② | ③ | ④ |
| 14 | ① | ② | ③ | ④ | 34 | ① | ② | ③ | ④ |
| 15 | ① | ② | ③ | ④ | 35 | ① | ② | ③ | ④ |
| 16 | ① | ② | ③ | ④ | 36 | ① | ② | ③ | ④ |
| 17 | ① | ② | ③ | ④ | 37 | ① | ② | ③ | ④ |
| 18 | ① | ② | ③ | ④ | 38 | ① | ② | ③ | ④ |
| 19 | ① | ② | ③ | ④ | 39 | ① | ② | ③ | ④ |
| 20 | ① | ② | ③ | ④ | 40 | ① | ② | ③ | ④ |

| 정답 | | 오답 | |
|---|---|---|---|
| 점수 | | | |

MEMO

## 정답 마킹표(40문/4지선다)

| 연 도 | | 과 목 | |
|---|---|---|---|
| 시 간 | | 회 독 | |
| 문 번 | CHECK | 문 번 | CHECK |
| 41 | ① ② ③ ④ | 61 | ① ② ③ ④ |
| 42 | ① ② ③ ④ | 62 | ① ② ③ ④ |
| 43 | ① ② ③ ④ | 63 | ① ② ③ ④ |
| 44 | ① ② ③ ④ | 64 | ① ② ③ ④ |
| 45 | ① ② ③ ④ | 65 | ① ② ③ ④ |
| 46 | ① ② ③ ④ | 66 | ① ② ③ ④ |
| 47 | ① ② ③ ④ | 67 | ① ② ③ ④ |
| 48 | ① ② ③ ④ | 68 | ① ② ③ ④ |
| 49 | ① ② ③ ④ | 69 | ① ② ③ ④ |
| 50 | ① ② ③ ④ | 70 | ① ② ③ ④ |
| 51 | ① ② ③ ④ | 71 | ① ② ③ ④ |
| 52 | ① ② ③ ④ | 72 | ① ② ③ ④ |
| 53 | ① ② ③ ④ | 73 | ① ② ③ ④ |
| 54 | ① ② ③ ④ | 74 | ① ② ③ ④ |
| 55 | ① ② ③ ④ | 75 | ① ② ③ ④ |
| 56 | ① ② ③ ④ | 76 | ① ② ③ ④ |
| 57 | ① ② ③ ④ | 77 | ① ② ③ ④ |
| 58 | ① ② ③ ④ | 78 | ① ② ③ ④ |
| 59 | ① ② ③ ④ | 79 | ① ② ③ ④ |
| 60 | ① ② ③ ④ | 80 | ① ② ③ ④ |
| 정 답 | | 오 답 | |
| 점 수 | | | |

MEMO

## 정답 마킹표(40문/4지선다)

| 연 도 | | 과 목 | |
|---|---|---|---|
| 시 간 | | 회 독 | |
| 문 번 | CHECK | 문 번 | CHECK |
| 41 | ① ② ③ ④ | 61 | ① ② ③ ④ |
| 42 | ① ② ③ ④ | 62 | ① ② ③ ④ |
| 43 | ① ② ③ ④ | 63 | ① ② ③ ④ |
| 44 | ① ② ③ ④ | 64 | ① ② ③ ④ |
| 45 | ① ② ③ ④ | 65 | ① ② ③ ④ |
| 46 | ① ② ③ ④ | 66 | ① ② ③ ④ |
| 47 | ① ② ③ ④ | 67 | ① ② ③ ④ |
| 48 | ① ② ③ ④ | 68 | ① ② ③ ④ |
| 49 | ① ② ③ ④ | 69 | ① ② ③ ④ |
| 50 | ① ② ③ ④ | 70 | ① ② ③ ④ |
| 51 | ① ② ③ ④ | 71 | ① ② ③ ④ |
| 52 | ① ② ③ ④ | 72 | ① ② ③ ④ |
| 53 | ① ② ③ ④ | 73 | ① ② ③ ④ |
| 54 | ① ② ③ ④ | 74 | ① ② ③ ④ |
| 55 | ① ② ③ ④ | 75 | ① ② ③ ④ |
| 56 | ① ② ③ ④ | 76 | ① ② ③ ④ |
| 57 | ① ② ③ ④ | 77 | ① ② ③ ④ |
| 58 | ① ② ③ ④ | 78 | ① ② ③ ④ |
| 59 | ① ② ③ ④ | 79 | ① ② ③ ④ |
| 60 | ① ② ③ ④ | 80 | ① ② ③ ④ |
| 정 답 | | 오 답 | |
| 점 수 | | | |

MEMO

## 정답 마킹표(40문/4지선다)

| 연 도 | | 과 목 | |
|---|---|---|---|
| 시 간 | | 회 독 | |

| 문 번 | CHECK | 문 번 | CHECK |
|---|---|---|---|
| 1 | ① ② ③ ④ | 21 | ① ② ③ ④ |
| 2 | ① ② ③ ④ | 22 | ① ② ③ ④ |
| 3 | ① ② ③ ④ | 23 | ① ② ③ ④ |
| 4 | ① ② ③ ④ | 24 | ① ② ③ ④ |
| 5 | ① ② ③ ④ | 25 | ① ② ③ ④ |
| 6 | ① ② ③ ④ | 26 | ① ② ③ ④ |
| 7 | ① ② ③ ④ | 27 | ① ② ③ ④ |
| 8 | ① ② ③ ④ | 28 | ① ② ③ ④ |
| 9 | ① ② ③ ④ | 29 | ① ② ③ ④ |
| 10 | ① ② ③ ④ | 30 | ① ② ③ ④ |
| 11 | ① ② ③ ④ | 31 | ① ② ③ ④ |
| 12 | ① ② ③ ④ | 32 | ① ② ③ ④ |
| 13 | ① ② ③ ④ | 33 | ① ② ③ ④ |
| 14 | ① ② ③ ④ | 34 | ① ② ③ ④ |
| 15 | ① ② ③ ④ | 35 | ① ② ③ ④ |
| 16 | ① ② ③ ④ | 36 | ① ② ③ ④ |
| 17 | ① ② ③ ④ | 37 | ① ② ③ ④ |
| 18 | ① ② ③ ④ | 38 | ① ② ③ ④ |
| 19 | ① ② ③ ④ | 39 | ① ② ③ ④ |
| 20 | ① ② ③ ④ | 40 | ① ② ③ ④ |

| 정 답 | | 오 답 | |
|---|---|---|---|
| 점 수 | | | |

MEMO

## 정답 마킹표(40문/4지선다)

| 연 도 | | 과 목 | |
|---|---|---|---|
| 시 간 | | 회 독 | |

| 문 번 | CHECK | 문 번 | CHECK |
|---|---|---|---|
| 1 | ① ② ③ ④ | 21 | ① ② ③ ④ |
| 2 | ① ② ③ ④ | 22 | ① ② ③ ④ |
| 3 | ① ② ③ ④ | 23 | ① ② ③ ④ |
| 4 | ① ② ③ ④ | 24 | ① ② ③ ④ |
| 5 | ① ② ③ ④ | 25 | ① ② ③ ④ |
| 6 | ① ② ③ ④ | 26 | ① ② ③ ④ |
| 7 | ① ② ③ ④ | 27 | ① ② ③ ④ |
| 8 | ① ② ③ ④ | 28 | ① ② ③ ④ |
| 9 | ① ② ③ ④ | 29 | ① ② ③ ④ |
| 10 | ① ② ③ ④ | 30 | ① ② ③ ④ |
| 11 | ① ② ③ ④ | 31 | ① ② ③ ④ |
| 12 | ① ② ③ ④ | 32 | ① ② ③ ④ |
| 13 | ① ② ③ ④ | 33 | ① ② ③ ④ |
| 14 | ① ② ③ ④ | 34 | ① ② ③ ④ |
| 15 | ① ② ③ ④ | 35 | ① ② ③ ④ |
| 16 | ① ② ③ ④ | 36 | ① ② ③ ④ |
| 17 | ① ② ③ ④ | 37 | ① ② ③ ④ |
| 18 | ① ② ③ ④ | 38 | ① ② ③ ④ |
| 19 | ① ② ③ ④ | 39 | ① ② ③ ④ |
| 20 | ① ② ③ ④ | 40 | ① ② ③ ④ |

| 정 답 | | 오 답 | |
|---|---|---|---|
| 점 수 | | | |

MEMO

## 정답 마킹표(40문/4지선다)

| 연 도 | | 과 목 | |
|---|---|---|---|
| 시 간 | | 회 독 | |
| 문 번 | CHECK | 문 번 | CHECK |
| 41 | ① ② ③ ④ | 61 | ① ② ③ ④ |
| 42 | ① ② ③ ④ | 62 | ① ② ③ ④ |
| 43 | ① ② ③ ④ | 63 | ① ② ③ ④ |
| 44 | ① ② ③ ④ | 64 | ① ② ③ ④ |
| 45 | ① ② ③ ④ | 65 | ① ② ③ ④ |
| 46 | ① ② ③ ④ | 66 | ① ② ③ ④ |
| 47 | ① ② ③ ④ | 67 | ① ② ③ ④ |
| 48 | ① ② ③ ④ | 68 | ① ② ③ ④ |
| 49 | ① ② ③ ④ | 69 | ① ② ③ ④ |
| 50 | ① ② ③ ④ | 70 | ① ② ③ ④ |
| 51 | ① ② ③ ④ | 71 | ① ② ③ ④ |
| 52 | ① ② ③ ④ | 72 | ① ② ③ ④ |
| 53 | ① ② ③ ④ | 73 | ① ② ③ ④ |
| 54 | ① ② ③ ④ | 74 | ① ② ③ ④ |
| 55 | ① ② ③ ④ | 75 | ① ② ③ ④ |
| 56 | ① ② ③ ④ | 76 | ① ② ③ ④ |
| 57 | ① ② ③ ④ | 77 | ① ② ③ ④ |
| 58 | ① ② ③ ④ | 78 | ① ② ③ ④ |
| 59 | ① ② ③ ④ | 79 | ① ② ③ ④ |
| 60 | ① ② ③ ④ | 80 | ① ② ③ ④ |
| 정 답 | | 오 답 | |
| 점 수 | | | |

MEMO

## 정답 마킹표(40문/4지선다)

| 연 도 | | 과 목 | |
|---|---|---|---|
| 시 간 | | 회 독 | |
| 문 번 | CHECK | 문 번 | CHECK |
| 41 | ① ② ③ ④ | 61 | ① ② ③ ④ |
| 42 | ① ② ③ ④ | 62 | ① ② ③ ④ |
| 43 | ① ② ③ ④ | 63 | ① ② ③ ④ |
| 44 | ① ② ③ ④ | 64 | ① ② ③ ④ |
| 45 | ① ② ③ ④ | 65 | ① ② ③ ④ |
| 46 | ① ② ③ ④ | 66 | ① ② ③ ④ |
| 47 | ① ② ③ ④ | 67 | ① ② ③ ④ |
| 48 | ① ② ③ ④ | 68 | ① ② ③ ④ |
| 49 | ① ② ③ ④ | 69 | ① ② ③ ④ |
| 50 | ① ② ③ ④ | 70 | ① ② ③ ④ |
| 51 | ① ② ③ ④ | 71 | ① ② ③ ④ |
| 52 | ① ② ③ ④ | 72 | ① ② ③ ④ |
| 53 | ① ② ③ ④ | 73 | ① ② ③ ④ |
| 54 | ① ② ③ ④ | 74 | ① ② ③ ④ |
| 55 | ① ② ③ ④ | 75 | ① ② ③ ④ |
| 56 | ① ② ③ ④ | 76 | ① ② ③ ④ |
| 57 | ① ② ③ ④ | 77 | ① ② ③ ④ |
| 58 | ① ② ③ ④ | 78 | ① ② ③ ④ |
| 59 | ① ② ③ ④ | 79 | ① ② ③ ④ |
| 60 | ① ② ③ ④ | 80 | ① ② ③ ④ |
| 정 답 | | 오 답 | |
| 점 수 | | | |

MEMO